suhrkamp taschenbuch 4644

Im Dezember 2000 zieht Rana Dasgupta nach Delhi – und landet in einem Moloch, der direkt der Phantasie von Zola oder Scorsese entsprungen sein könnte. Die wirtschaftliche Öffnung Indiens im Jahr 1991 hat Kräfte entfesselt, die wie eine Naturkatastrophe über die Stadt hinwegfegen: Kapitalistische Räuberbarone stecken aggressiv ihre Claims ab, Bargeld wird lastwagenweise durch die Straßen gekarrt, Premierminister Manmohan Singh, der einst die Liberalisierung des Landes angestoßen hat, lässt beim lokalen Lamborghini-Händler anrufen. Er kann nicht mehr schlafen, seit die Nouveaux Riches vor seiner Residenz ihre Luxuskarossen ausfahren.

Mit dem Einfühlungsvermögen und der Sprachgewalt eines großen Erzählers schildert Dasgupta die Welt hinter den Fassaden der scheinbar endlos nach oben weisenden Wachstumsraten. Er trifft Milliardäre und Slumbewohner, Drogendealer und Gurus und stellt fest, dass in der Heimat seiner Vorfahren heute vor allem eines regiert: das Geld.

Rana Dasgupta, 1971 im englischen Canterbury geboren, veröffentlichte bislang die Romane »Solo« und »Die geschenkte Nacht«. »Solo« wurde 2010 mit dem Commonwealth Writers' Prize für den besten Debütroman ausgezeichnet. Rana Dasgupta lebt in Delhi.

Rana Dasgupta

Delhi

Im Rausch des Geldes

Aus dem Englischen von
Barbara Heller und
Rudolf Hermstein

Suhrkamp

Die Arbeit der Übersetzer am vorliegenden Text wurde vom
Deutschen Übersetzerfonds e. V. gefördert.

Bibliografische Information der Deutschen Nationalbibliothek
Die Deutsche Nationalbibliothek verzeichnet diese Publikation
in der Deutschen Nationalbibliografie;
detaillierte bibliografische Daten sind im Internet über
http://dnb.d-nb.de abrufbar.

Erste Auflage 2015
suhrkamp taschenbuch 4644

Druck und Bindung: CPI – Ebner & Spiegel, Ulm
Covercollage: Rosa Kammermeier
(unter Verwendung von Motiven von iStockphoto und
Unlisted Images/Fotosearch.com)
Umschlaggestaltung: Herburg Weiland
Printed in Germany
ISBN 978-3-518-46644-5

An die Ungeborenen

»Oh, moon of Alabama
We now must say good-bye
We've lost our good old mamma
And must have dollars
Oh, you know why.«

Bertolt Brecht,
Aufstieg und Fall der Stadt Mahagonny

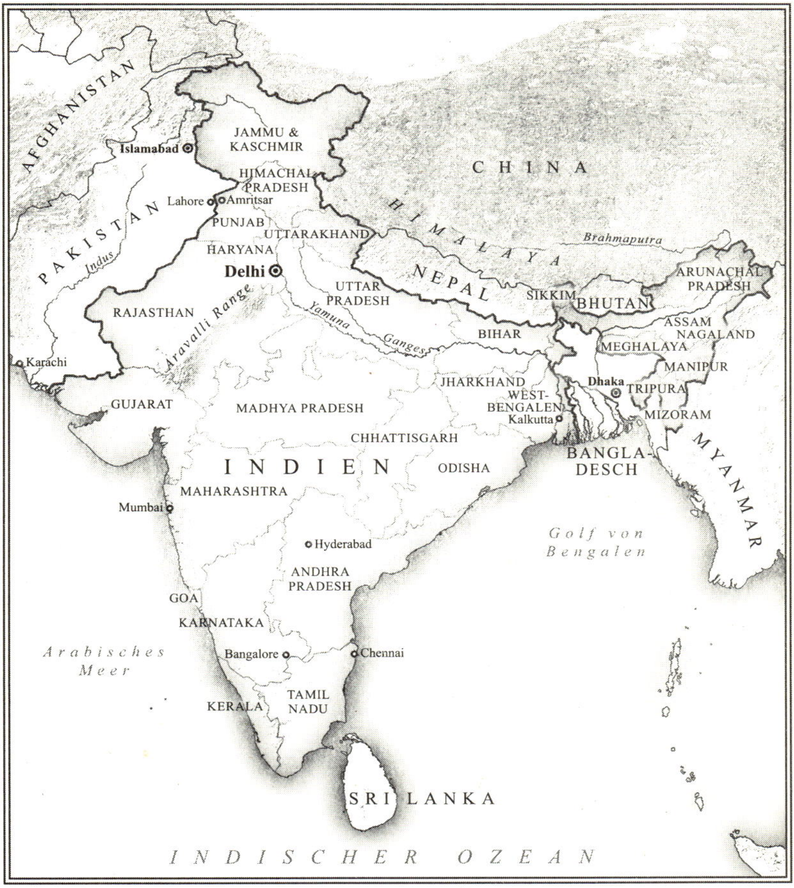
AFGHANISTAN
PAKISTAN
Islamabad
Lahore
Amritsar
Karachi
Indus
JAMMU & KASCHMIR
HIMACHAL PRADESH
PUNJAB
UTTARAKHAND
HARYANA
Delhi
RAJASTHAN
Aravalli Range
CHINA
HIMALAYA
Brahmaputra
NEPAL
SIKKIM
BHUTAN
ARUNACHAL PRADESH
ASSAM
NAGALAND
MEGHALAYA
MANIPUR
TRIPURA
MIZORAM
Dhaka
UTTAR PRADESH
Yamuna
Ganges
BIHAR
JHARKHAND
WEST-BENGALEN
Kalkutta
GUJARAT
MADHYA PRADESH
CHHATTISGARH
ODISHA
BANGLA-DESCH
MYANMAR
INDIEN
MAHARASHTRA
Mumbai
Hyderabad
Golf von Bengalen
ANDHRA PRADESH
GOA
KARNATAKA
Arabisches Meer
Bangalore
Chennai
TAMIL NADU
KERALA
SRI LANKA
INDISCHER OZEAN

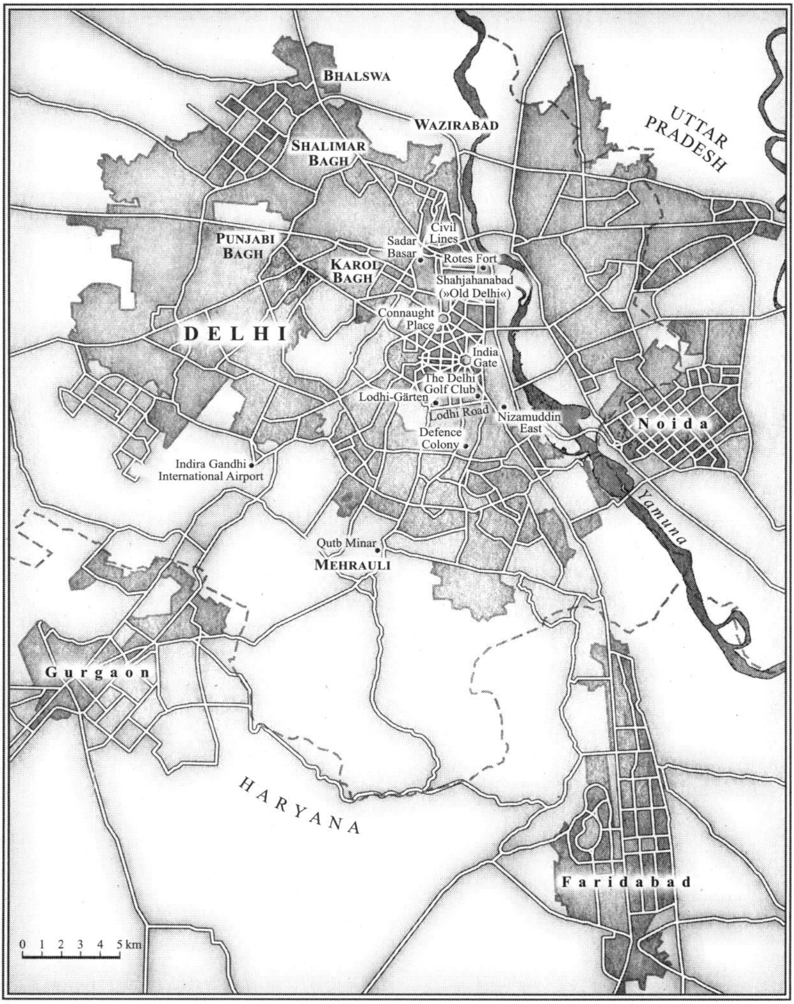

BHALSWA
WAZIRABAD
SHALIMAR BAGH
UTTAR PRADESH
PUNJABI BAGH
Civil Lines
Sadar Basar
Rotes Fort
KAROL BAGH
Shahjahanabad (»Old Delhi«)
Connaught Place
DELHI
India Gate
The Delhi Golf Club
Lodhi-Gärten
Lodhi Road
Nizamuddin East
Noida
Defence Colony
Indira Gandhi International Airport
Yamuna
Qutb Minar
MEHRAULI
Gurgaon
HARYANA
Faridabad
0 1 2 3 4 5 km

Vorbemerkung

Dieses Buch würde nicht existieren ohne die Großzügigkeit einer ganzen Reihe von Menschen aus Delhi, die bereit waren, mit mir über ihr Leben, ihre Gedanken und Erfahrungen zu sprechen. Viele dieser Diskussionen berührten sehr persönliche oder gar intime Themen, weshalb ich alle Namen (so es sich nicht um Personen des öffentlichen Lebens handelt) geändert habe. Ich möchte die Leserinnen und Leser bitten, die Offenheit dieser Menschen – die teilweise Risiken auf sich nahmen, um mit mir zu sprechen – zu respektieren, nicht zu versuchen, diese Personen zu identifizieren, und ihre Identität nicht preiszugeben, falls sie der einen oder dem anderen im Einzelfall bekannt sein sollte.

Da ich mich an einem Ort befinde – und wir in einer Welt leben –, wo die intellektuellen Fähigkeiten eines Menschen so sehr danach beurteilt werden, wie gut sie oder er mit der englischen Sprache zurechtkommt, habe ich mich entschieden, alle Personen in diesem Buch dasselbe Standardenglisch sprechen zu lassen. Ich wollte nicht, dass ihre sehr unterschiedlichen Sprachkenntnisse selbst zu einem Thema werden. In Wirklichkeit war Englisch für viele dieser Menschen nur die zweite oder dritte Sprache, und sie haben sie nicht in dieser standardisierten Weise gebraucht. Andere waren des Englischen überhaupt nicht mächtig, weshalb die entsprechenden Interviews (mithilfe eines Dolmetschers) auf Hindi geführt wurden.

Im indischen Sprachgebrauch ist es üblich, große Geldbeträge in »Lakhs« und »Crores« anzugeben. Ein Lakh entspricht 100 000 Rupien oder etwa zweitausend US-Dollar; hundert Lakhs sind ein Crore, also zehn Millionen Rupien (etwa 200 000 Dollar). Da sie so viel von der spezifischen Haltung und dem Tonfall transportieren, in dem in Indien über ökonomische Fragen diskutiert wird, habe ich diese Ausdrücke beibehalten.

In einigen Teilen der Welt versteht man unter einem »Bungalow« ein bescheidenes, vielleicht sogar mickriges eingeschossiges Gebäude. Die Engländer bezeichneten mit diesem Wort jedoch die frei stehenden, häufig großzügigen und luxuriösen Häuser, die sie in den Kolonien für die Angehörigen der Verwaltungselite errichteten. So wird das Wort bis heute in Delhi – in dessen von der Kolonialmacht errichtetem Zentrum viele solcher Gebäude stehen – und daher auch in diesem Buch verwendet.

In seinem Mittelpunkt stehen die Angehörigen des aufstrebenden, wohlhabenden Teils der urbanen indischen Bevölkerung; Menschen, die sich selbst als wichtigste Akteure – und Profiteure – der Globalisierung verstehen. Es hat sich eingebürgert, diese Gruppe als »neue indische Mittelklasse« zu bezeichnen, eine Formel, die auch ich im Folgenden gebrauche. Doch selbst wenn ihr Lebensstil mittlerweile dem der amerikanischen oder europäischen Mittelklasse in gewisser Weise ähneln mag, passt der Begriff nicht so wirklich gut zur Situation in Indien. Während ich diese Zeilen schreibe, macht der Anteil der Haushalte mit einem Jahreseinkommen von über 500 000 Rupien (etwa 10 000 Dollar) nicht einmal zehn Prozent der indischen Bevölkerung aus. Wenn also im Kontext Indiens von den Ideen, der Kleidung oder sonstigen Besitztümern der Mittelklasse die Rede ist, geht es eigentlich um die Elite des Landes. Da die Wirtschaft des Subkontinents entlang der Kaufkraft dieser entstehenden Klasse neu organisiert wird – und da dies zu Konflikten um Land und Ressourcen geführt hat, unter denen der weit größere Bevölkerungsanteil zu leiden hat, der in Armut in den ländlichen Regionen lebt (viele dieser Menschen verdienen im Jahr gerade einmal fünfhundert Dollar) –, ist es wichtig, im Hinterkopf zu behalten, dass die indische Mittelschicht keine bescheidenen oder unschuldigen Interessen verfolgt. Der Begriff »Bourgeoisie«, den ich ebenfalls gelegentlich verwende, trifft ihre Situation besser. Gleichzeitig zählten sich jedoch gerade deshalb viele Menschen zur Mittelklasse, weil sie sich mit den Werten des Hartarbeitens und des Etwasbeitragenwollens identifizierten, die man mit diesem Wort assoziiert. Und weil sie sich von einer anderen, kleineren Elite abgrenzen wollten, deren Angehörige noch wesentlicher reicher und mächtiger waren als sie selbst, nämlich von jenen Moguln aus Politik und Wirtschaft, die sie für egoistisch und rücksichtslos hielten und denen sie eine zutiefst zerstörerische Wirkung auf die Gesellschaft als ganze zuschrieben. Diese Unterscheidung ist ebenfalls bedeutsam, weshalb ich die gängige Terminologie von »Mittelklasse« und »Elite« weitgehend beibehalte, auch wenn die Mittelklasse mit der Mitte nicht das Geringste zu tun hat.

Landschaft

Der März ist der schönste Monat, er schüttet makellose Blüten über die abweisenden Frangipanis aus – die kunstvoll über das Grundstück verteilt sind, in anmutigem Gegensatz zu den Wachmännern, die mich durchwinken, als ich auf das Haus zufahre.

Der Tag geht zu Ende. Die Abendblumen kommen zu ihrem Recht, die Luft wogt von Düften. Vor mir, unter einem samtenen Himmel, leuchtet das gläserne Haus wie ein riesiges gelbes Aquarium.

Ich parke meinen Wagen weisungsgemäß und gehe über die mit niedrigen Lampen beleuchteten Gartenwege. An jeder Ecke wartet ein Wachmann und zeigt mir den Weg zur nächsten. Sie reichen mich weiter, die Wachmänner, einer an den anderen, und melden mit krächzenden Walkie-Talkies mein Fortkommen an diejenigen ihrer Kollegen, die ich schon passiert habe. Ich komme vor dem Haus an.

Das Gebäude gleicht zwei einander überkreuzenden Raumstationen, eine aus Glas, die andere aus Stein. Die eine schwebt losgelöst von der Erde, eine glänzende Brücke ins Nirgendwo, an ihrer Unterseite leuchtende Landescheinwerfer.

Alles ist unglaublich gepflegt. Die Ecken sind gerade und scharf begrenzt. Kein Steinchen entkommt den mit Kies bestreuten Zierstreifen, die den Pfad säumen.

Die Wachmänner weisen mich an, durch das Haus hindurch zum Swimmingpool zu gehen. Sie zeigen auf einen von Spots erleuchteten Gang. Die Schiebetüren sind halb zugezogen, versperren eine Seite des Eingangs: Ich steuere auf die andere, offene Seite zu und – höre ich die Warnrufe der Wächter vor- oder nachher? – marschiere geradewegs in eine Glasscheibe, die so sauber und reflexfrei ist, dass ich, obwohl ich eben davon abgeprallt bin, mich eben vor Schmerz gekrümmt habe, dennoch nicht überzeugt bin, dass sie tatsächlich da ist.

Die Wachmänner lachen. Einer läuft herbei, um dem dämlichen Besucher zu helfen. Er rät mir, doch lieber nicht durch die Scheibe, sondern durch die Tür hineinzugehen – eine normale Tür, von Schieben keine Rede. Er demonstriert mir, wie eine Tür funktioniert, damit ich mich nicht noch einmal verletze.

Ich gehe durch das Haus. Eine Halle dehnt sich vor mir, durchgestylt wie ein Designerhotel. Samtene Lampenschirme in hochfrequenten Farben hängen von der Decke. Designersofas gruppieren sich hier und da um Kristalltische. An den Wänden riesige Leinwände, bemalt mit der Art kraftvollem Softporno, wie man ihn von Plakaten für DJ-Tanzabende kennt. Lounge-Musik ertönt aus Lautsprechern, die überall im Gebäude versteckt angebracht sind.

Ich komme auf der anderen Seite heraus, und dort ist alles in dem geheimnisvollen, erotischen Blau beleuchtet, das bei Nacht aus privaten Pools emporsteigt. Ich werde zu einem Sessel am Beckenrand geführt. Ein Glas mit einer versiegelten Wasserflasche wird vor mich hingestellt.

»Sir ist in einer Minute bei Ihnen.«

In einer Stadt der Euphemismen wird ein solches Anwesen »Farmhaus« genannt.

Natürlich betreibt hier niemand Landwirtschaft. Doch als in den siebziger Jahren Delhis Elite anfing, südlich der Stadt große Grundstücke zu erwerben, um dort private Anwesen zu errichten, wurde der gesamte Landstrich den Vorschriften entsprechend agrarischer Nutzung gewidmet, und mit einem Anflug von Schicklichkeitsgefühl, das sich auf die Namen der Dinge erstreckte, wenn auch nicht auf die Dinge selbst, nannten die reichen Leute ihre neuen herrschaftlichen Wohnsitze »Farmhäuser«. Das war vor allem deshalb wichtig, weil viele der ersten Farmhäuser von denselben Bürokraten und Politikern gebaut wurden, die diese Vorschriften erlassen hatten – äußerst korrekten Menschen, für die Unregelmäßigkeiten in der Bezeichnung der Dinge ein Verstoß gegen die Würde ihres Amtes waren.

In den seither vergangenen Jahrzehnten haben die Farmhäuser südlich von Delhi nicht nur an Zahl zugenommen, wiederholt den Besitzer gewechselt und schließlich die Legitimität erlangt, die jeder Landnahme zuwächst, wenn erst einmal genug Zeit vergangen ist. Sie sind auch zum Inbegriff des Lebens der Reichen und gut Vernetzten in der Stadt geworden, deren staunenswerte Partys, Autosammlungen, Skulpturengärten und springfreudige australische Wildtiere außerhalb solch fantastischer Besitzungen unvorstellbar wären. In keiner anderen indischen Metropole sonnt sich die urbane Elite in solch pastoraler Beschaulichkeit: Das ist eine Besonderheit der Hauptstadt. Es ist nachgerade frappant, wie die Reichen Delhis, eine exemplarisch großstädtische Gruppe von Menschen, die zu ihrem Geld kommen, indem sie sich unermüdlich in den vielen Clubs und Korridoren der Stadt vernetzen, das Urbane meiden. Im Gegensatz zu den Reichen in Mumbai oder New York träumen sie nicht von Wohnungen mit Aussicht auf die glitzernde Stadt, der sie ihr Vermögen verdanken. Sie fühlen sich nicht zur Dynamik der Straßen, der Gehsteige und des Gewühls hingezogen, die ein so kühner Teil der großen Städte des neunzehnten und zwanzigsten Jahrhunderts war. Nein: Wenn Delhis Reiche morgens aufwachen, blicken sie gern auf leere, manikürte Rasenflächen, die sich bis zu den von Stacheldraht gekrönten Mauern erstrecken.

Das moderne Delhi entstand aus der Katastrophe der Teilung Indiens, deren verheerende Auswirkungen seine Kultur in Richtung Sicherheit und Autarkie lenkten. Die Besitzungen, auf denen Delhis reichste Bürger Zuflucht vor der Gesellschaft suchen, sind nur die aufwändigsten Erscheinungsformen eines verbreiteteren isolationistischen Ethos. Immerhin ist ja Delhi der Vorreiter der privaten »townships« Indiens, in denen das von Großunternehmen verwaltete Leben eingezäunt ist, so dass ihre Bewohner von den breiten Strömungen des Landes unberührt bleiben. Delhis Satellitenstadt Gurgaon, in den neunziger Jahren von dem Immobilien-Giganten DLF gegründet, ist die größte dieser *townships* in Asien und hat inzwischen überall im Land Nachahmer gefunden. Wo bis vor dreißig Jahren nur Ackerland war, ragen heute Wohnblocks und Wolkenkratzer in den Himmel, die so aussehen, als entstammten sie einem in einer übersaturierten Zukunft angesiedelten Computerspiel. Gurgaon erweckt nicht den Anschein, allgemein zugänglich zu sein: Die zahllosen Armen beispielsweise, die seine Häuser und Büros reinigen und bewachen, dürfen dort nicht wohnen. Wer in Gurgaon lebt, lebt in einer Wohnanlage, die von Überwachungskameras und bewaffneten

Wachleuten gegen die Außenwelt abgeschirmt ist und deren Bewohner Großunternehmen dafür bezahlen, dass sie sich um ihre Grundbedürfnisse kümmern: Müllabfuhr, Wasserversorgung und sogar, für den häufigen Fall, dass die staatliche Stromversorgung zusammenbricht, die Erzeugung von Elektrizität. Die Stadt spricht daher vor allem Menschen an, denen das Wirtschaftsunternehmen inzwischen als eine weitaus fruchtbarere Form der sozialen Organisation erscheint als der Staat und die sich zu Enklaven effizienten, postöffentlichen Lebens hingezogen fühlen.

Es ist ein altehrwürdiger Ort, an dem ich jetzt mein Mineralwasser trinke. Seit weit über tausend Jahren haben Männer und Frauen auf dem Boden, auf dem meine Füße ruhen, ihren Lebensunterhalt verdient. Von meinem Platz am Pool aus kann ich zu dem hoch aufragenden Qutb Minar aufschauen, dem Siegesturm, der in alten Zeiten nach der Eroberung Delhis durch zentralasiatische Invasoren erbaut wurde: Wuchtig und gerieft, akzentuiert er seit acht Jahrhunderten Abende wie diesen, auch heute noch das einzige Gebilde von Menschenhand, das den fahlen Himmel für sich beansprucht.

Auf diesem Besitz haben die Landschaftsgärtner keine Gelegenheit ausgelassen, das Land mit einem Teppich zu überziehen, doch in den Wäldern und dem Brachland der Umgebung, an allen Straßen ringsum, drängen reich verzierte Grabmäler, Paläste und Moscheen aus der hartnäckigen Vergangenheit ans Licht – und während ich hier in der einbrechenden Nacht warte, spüre ich, wie selbst durch die harte Betonkruste des einundzwanzigsten Jahrhunderts Gespenster aus der Erde steigen, die Geister derer, die über Jahrhunderte Vieh geweidet, Feldfrüchte angebaut, Götter verehrt, Siedlungen errichtet, Lieder gesungen, Petitionen an Herrscher gerichtet und ihre Toten bestattet haben. Just hier, wo diese stummen Pfade jetzt vollkommen eben verlaufen, auf diesem Boden, der jetzt mit smaragdgrünem Rasen versiegelt ist.

Aus den gechlorten Tiefen des Pools steigt noch etwas anderes auf: die Erinnerung an einen Traum. Vor acht Jahrhunderten lag einmal nur wenige Schritte von hier der Sultan Iltutmish im Schlaf. Plötzlich flogen die Tore seines Schlummers auf – und vor sich erblickte er den Propheten Mohammed auf Buraq, seinem geflügelten Reittier. Buraq betrachtete den Sultan mit einem Gesicht, das bald das eines Mannes, bald das einer Frau, bald das eines Pferdes war, und mit seinen mächtigen Schwingen entfachte er einen unbezähmbaren Sturm. Der Sultan spürte, dass er gerufen wurde, und als Ross und Reiter sich zurückzogen, folgte er ihnen. Als sie einen bestimmten Ort erreichten, schlug der Hengst mit dem Huf auf die Erde, und ein Wasserstrahl sprang daraus hervor.

Dann schloss sich die Kammer des Traums wieder.

Am Morgen begab sich der Sultan zu dem Ort, an den er im Traum geführt worden war. Als er dort ankam, sah er in der Erde ein Zeichen – den Abdruck von Buraqs mächtigem Huf –, und er befahl, an dieser Stelle einen Brunnen zu bohren. Nicht lange, und es entstand ein prachtvoller See mit einer Moschee in der Mitte, die nur per Boot zu erreichen war; das Ufer säumten herrschaftliche Villen sowie ein ausgedehntes Lager für all die Musiker, die zur Unterhaltung einer solchen Versammlung benötigt wurden – und die Menschen dankten ihrem Herrscher für seine weisen und ruhmreichen Taten.

Iltutmish ließ in der Nähe auch einen fünf Etagen tiefen, von Säulenterrassen umgebenen Stufenbrunnen anlegen, an dem sich die Menschen aus der Stadt am Wasser treffen und miteinander plaudern konnten. Ein zweiter, noch üppiger gestalteter Stufenbrunnen wurde zwei Jahrhunderte später nahebei gebaut, so dass dieser Ort der glühendheißen Sommer unter Reisenden ob seines Wasserreichtums gerühmt wurde.

Dass diese Speicher so ergiebig waren, hatte mit ihrer Lage zu tun. Sie befanden sich am Fuß des langen, felsigen Abhangs, über den das Wasser vom Aravelligebirge herabgeleitet wurde, das sich vom Bundesstaat Gujarat bis fast vor die Tore Delhis hinzieht. In dieser staubigen, mit Sträuchern bewachsenen Landschaft wurden die Brunnen zudem in einem Wald angelegt, dessen dicht durchwurzelter Boden nicht weggeweht wurde oder das System verlanden ließ, sondern das Wasser wie ein Schwamm festhielt und es dabei sogar noch filterte. Aus diesem Grund waren die kommunalen Speicher mehr als sechs Jahrhunderte lang mit Wasser gefüllt. Noch in den sechziger Jahren boten sie den einheimischen Jungen Gelegenheit zu sportlicher Betätigung: Sie vollbrachten das erstaunliche Kunststück, bis auf den

Grund hinabzutauchen, um hineingeworfene Münzen heraufzuholen.

Heute sind es nur noch trockene Krater in der Erde, deren Boden mit Plastiktüten und toten Tauben übersät ist.

Nicht nur der Grundwasserspiegel sank in diesen Jahrhunderten immer intensiverer Entnahme, in denen sich die Zahl derer, die in diesem knochentrockenen Gebiet zusammengedrängt leben, den zwanzig Millionen angenähert hat. Die Brunnen waren auch auf ein ausgedehntes, empfindliches System kapillarer Vorgänge angewiesen, das seither durch den Überbau des modernen Lebens zerstört worden ist. Die vielen zubetonierten Flächen verhindern, dass das Wasser in die Kapillaren eindringen kann, die durch das Verschwinden der Wälder ohnehin schon weitgehend ausgetrocknet sind. Industrielle Entwässerungsanlagen entziehen den uralten Flussläufen das Wasser, Asphaltstraßen hindern es am Einsickern in den Boden.

Das Knistern solcher Brüche und Risse ist für das moderne Ohr kaum vernehmbar. Diese neuzeitlichen Zumutungen sind so sehr Teil unseres Daseins, dass es uns schwerfällt, die Größe jener anderen, fremden Systeme zu würdigen, die ihnen zum Opfer gefallen sind. Wir sind darauf programmiert, das prämoderne Ingenieurswesen als infantil anzusehen und die phantasmagorischen Träume mittelalterlicher Kaiser mit Skepsis zu betrachten. Doch wenn man sieht, wie Frauen in der heutigen Stadt Wasser für ihre Familien aus tröpfelnden Rohrleitungen oder vollgelaufenen Schlaglöchern holen, können sich die Majestät des Traums und die in seinem Namen vollbrachten großen Werke wieder ins Bewusstsein drängen.

Liegt es an dieser Geschichte, dass es sich so *passend* anfühlt, an diesem Swimmingpool zu sitzen? Immerhin sind Pools seit Jahrhunderten Delhis Rettung gewesen. Und in unserer abergläubischen Epoche, da Wasser Glaube ist, nicht Wissenschaft, da die alten Speicher ausgetrocknet sind und ihre Technik vergessen ist, da Hausbewohner kaum eine Ahnung haben, woher ihr Wasser kommt, da alle wie besessen aus der Erde pumpen, was sie nur können, solange sie es noch können – hat dieser ruhige, sinnträchtige Pool etwas exquisit Dekadentes.

Rakesh erscheint im Laufschritt, um mich zu begrüßen. Wir sind uns noch nie begegnet. Er strahlt einen unmittelbaren Charme aus, der sich zum Teil darauf gründet, wie rückhaltlos er sich in unsere Begegnung stürzt. Er sieht mir beim Sprechen direkt in die Augen und flicht häufig meinen Vornamen ins Gespräch ein. Er lässt mir Wein bringen und vergewissert sich, dass er mir schmeckt. Solche Manieren gehören für Delhis Geschäftsleute, diese Meister der Überredungskunst, zur täglichen Routine – doch ich genieße sie trotzdem.

»Ehrlich gesagt habe ich eine Zeit lang versucht, Ihnen auszuweichen«, gesteht er lächelnd. »Ich spreche nie über mich selbst oder darüber, was ich mache. Was ich tue, tue ich für mich selbst, ich tue es für meine Familie, und ich tue es für meine Freunde. Für niemanden sonst. Es ist mir scheißegal, wie andere darüber denken.«

Zwei Platten mit diversen Horsd'œuvres werden gebracht. Für jeden eine.

»Aber dann hab ich mit Mickey gesprochen. Wir haben uns über Sie unterhalten. Er hat gesagt, Sie sind okay. Also habe ich beschlossen, Ihnen meine Geschichte zu erzählen.«

Was mich an den Unternehmerfamilien in Delhi erstaunt, sind die wenigen Förmlichkeitsgrade. Die Türen sind fest verschlossen, bis sie es nicht mehr sind – und dann steht alles offen. Wer mit der Empfehlung eines Freundes kommt, ist automatisch ein »bro« – wie man im Slang sagt –, ein Bruder. Das ist das Clan-Ethos, bald bezaubernd, bald äußerst ärgerlich, das so vieles in der Stadt am Laufen hält.

In diesen inklusiven Zeiten, das verdient erwähnt zu werden, ist es zunehmend angebracht, auch eine Frau als »bro« anzusprechen.

»Ich habe Amerika nie gemocht«, sagt Rakesh. »Ich habe mein Studium nicht dort abgeschlossen, sondern in England. Außerdem hatte ich in England Verwandte; in Amerika war ich einfach zu weit von zu Hause weg. Aber ich mag die amerikanische Kultur ganz allgemein nicht. Sie ist mir zu opportunistisch. Zu wenig *kultiviert.*

Als ich meinen Bachelor in Betriebswirtschaft hatte, sollte ich aus England zurückkommen und in die Firma meines Vaters eintreten. Ich wollte aber nicht zurück. Zum Glück hatte ein enger Freund der Familie in Amsterdam eine Textilfirma. Etwas ganz anderes als das, was mein Vater machte und was ich jetzt mache. Bei ihm durfte ich ein zweijähriges Praktikum absolvieren.«

Er spricht mit Wärme von seiner Vergangenheit. In der Ferne spaziert seine Frau mit ihrem kleinen Sohn an der Hand über die Marmorwege des Anwesens.

»Dann ist mein Vater nach Amsterdam gekommen, um mit mir über meine Rückkehr zu sprechen. Ich habe mich in Amsterdam sehr wohl gefühlt, aber er hat mich mehr oder weniger überredet, wieder nach Hause zu kommen. Na gut, nicht *mehr oder weniger.* Damals bin ich also in seine Autoteilefirma eingetreten. Und ich dachte: ›*Ich hab nicht die geringste Ahnung von der Autobranche.*‹ Ich sagte mir, die beste Art zu lernen besteht darin, das Produkt tatsächlich eigenhändig herzustellen. Das habe ich dann genau ein Jahr und vier Monate lang getan, als einfacher Fabrikarbeiter. Auf eigenen Wunsch, ganz auf eigenen Wunsch. Denn ich wusste, ich würde es nur so lernen.

Neun Monate war ich in Japan. In Hamamatsu, einer Großstadt ungefähr anderthalb Stunden von Tokio entfernt, wo Suzuki seinen Hauptsitz hat. Ich kann Ihnen sagen, das war – diese Art zu lernen, ohne die ich es nie geschafft hätte – ich meine, heute, wie ich hier sitze, wenn ich das nicht gemacht hätte, ich wäre ein anderer Mensch. Unglaublich, das Ganze – ich bin jeden Tag um fünf aufgestanden, ich hatte ein Zimmer, das war so klein, dass man nicht mal ein Bügelbrett aufstellen konnte – Sie wissen ja, die Japaner legen großen Wert auf Disziplin.

Die Firma, in der ich arbeitete, hatte gerade einen Kooperationsvertrag mit meinem Vater geschlossen. Wir hatten ein sehr angenehmes Verhältnis – die Japaner sind normalerweise sehr zurückhaltend und so –, weil der Firmenchef mich quasi an Sohnes statt angenommen hat. Mein Schreibtisch stand direkt neben seinem. Die hatten Großraumbüros, also keine Raumteiler und Zellen. Das Unternehmen machte damals einen Umsatz von dreihundert Millionen Dollar – das war 1990. Aber an meinem Schreibtisch habe ich nur abends meine Berichte geschrieben. Den ganzen Tag über war ich in den Werkhallen, im Lager und so.«

Rakeshs Familie ist seit rund 125 Jahren in der nordindischen

Schmuckbranche tätig. Er entstammt einer Gemeinschaft von Händlern, für die das Geschäft viel mehr war und ist als eine Möglichkeit, sich seinen Lebensunterhalt zu verdienen: Es ist ein Ethos, eine Daseinsform, eine soziale Identität. Die Handelsverbindungen seiner Vorfahren erstreckten sich nicht nur über den gesamten indischen Subkontinent, sondern auch entlang der Handelswege, die westwärts nach Arabien und Afrika und ostwärts nach China führten. Diese Netzwerke beruhten zum einen auf einzigartigen Geschäftspraktiken, die darauf abzielten, Vertrauenslücken zu schließen, die sich daraus ergaben, dass sie viele verschiedene Nationalitäten, Religionen und Sprachen umfassten, und zum anderen auf der Eigenart des Schmuckhandels selbst. Wegen des sehr hohen Wertes der Ware warf jedes Glied der Lieferkette ein Kreditproblem auf: Die Händler konnten die Stücke, die sie übernahmen, normalerweise nicht sofort bezahlen. Das gesamte länderübergreifende System beruhte deshalb darauf, dass die Händler extrem wertvolle Stücke gegen ein bloßes Zahlungsversprechen aus der Hand gaben. Das Problem lag auf der Hand: Wie konnte man sicher sein, dass der Händler, dem man einen derartigen Kredit gewährt hatte, sich jemals wieder würde blicken lassen?

Natürlich kamen säumige Schuldner nicht ungestraft davon: Die gesamte Händlerschaft wirkte zusammen, um sicherzustellen, dass solche Menschen für ihre Übertretungen büßen mussten – oder dass sie zumindest nie mehr an dem betreffenden Ort als Händler auftraten. Die Kaufleute investierten auch sehr viel in ihre Reputation, was sich unmittelbar in geschäftlichem Erfolg auszahlte. Sie lebten wie die Fürsten, so dass jedermann sehen konnte, wie gut situiert sie waren. Sie spendeten für Moscheen, Tempel und die Armen, sie beschäftigten Dichter, die ihren Reichtum und ihre Rechtschaffenheit besangen, und machten in Verhandlungen viel Aufhebens von ihrem gekränkten Stolz – »Ich? Das würden Sie *mir* zutrauen? Sie tun mir Unrecht.«

Vor allem aber suchten sie Mittel und Wege, die rein kommerziellen Beziehungen in andere Formen gegenseitiger Abhängigkeit umzugießen, um so Betrügereien zu erschweren oder unmöglich zu machen. Sie banden ihre Partner durch Geschenke, Gefälligkeiten und

Gastfreundschaft an sich – und sogar durch Eheschließungen zwischen ihren Familien. Sie gewährten einander eine intime Vertrautheit, über die sie mit Worten der Freundschaft oder gar Brüderlichkeit sprachen – und dieses innige Verhältnis war durchaus tief und aufrichtig, es sei denn, einer der Geschäftspartner ließ sich etwas zuschulden kommen. Ein Dasein außerhalb des Geschäftslebens gab es im Grunde nicht: Haushalt und Familie wurden so gestaltet, dass sie das Geschäft trugen und aufwerteten – und vertrauenswürdige Partner und Erben hervorbrachten –, während das Streben nach Freundschaft und Geselligkeit nie gänzlich von dem Ziel losgelöst war, die für den Handel erforderlichen Beziehungen zu festigen.

Dieses Ethos haben die Unternehmerfamilien in diesem Teil der Welt abgewandelt, aber nicht abgeschafft. Es fällt auf, wie viele von ihnen sich am Vorbild der japanischen Unternehmen orientierten, die in den Achtziger- und Neunzigerjahren so wichtig für die Entwicklung der indischen Industrie waren, denn trotz ihrer Größe funktionierten sie doch nach den bescheidenen Prinzipien der Gastfreundschaft und der Loyalität, die von den Geschäftsleuten Delhis verstanden und respektiert wurden. Amerikanische Unternehmen hingegen zeigten sich – bei aller offenkundigen Dynamik – auf der persönlichen Ebene unangenehm distanziert und kleinlich. Wenn die heutige indische Wirtschaft wie ein befremdliches Gespinst aus persönlichen Beziehungen und Vetternwirtschaft erscheint, ist dies zum Teil auf das Erbe einst erhabener Traditionen des internationalen Handels zurückzuführen, die zwar mittlerweile von den vermeintlich allgegenwärtigen großen Aktiengesellschaft in den Schatten gestellt werden, jedoch nach wie vor die Unternehmenskultur prägen.

»Mein Vater verließ die Schmuckbranche und führte mit seinem Bruder ein erfolgreiches Textilunternehmen, bis sie sich 1993 gütlich trennten: ›Du hast einen Sohn, ich habe einen Sohn: Lass uns getrennte Wege gehen.‹ Ist das nicht hochanständig? Daraufhin gründete mein Vater ein neues Unternehmen zur Fertigung von Autositzen. Später kam die Produktion von Autospiegeln hinzu. 1999 gründeten wir die Kunststoffsparte, und im selben Jahr ging ich als Lehrling nach Japan. Mein Vater ließ mir freie Hand beim Aufbau der Kunststoffsparte und der Produktion von Himmeln.«

»Was sind Himmel?«

»Dachhimmel, das, was Sie innen am Autodach haben. Es sieht aus wie Stoff, ist aber keiner. Es ist Polyurethan, ein sehr komplexes Material – es ist nicht gewebt, es ist alles Mögliche. Erst kommen mehrere Schichten übereinander, dann werden die Dinger gepresst, in einer Wasserstrahl-Schneidanlage geschnitten und schließlich fertiggestellt. Keine einfache Sache.

Unser Wendepunkt kam 2005. Bis dahin hatten wir nur einen einzigen Abnehmer – Maruti Suzuki –, aber langfristig waren wir auf der Suche nach Expansionsmöglichkeiten. Dann bot sich uns die Gelegenheit, ein Unternehmen für Metallteilfertigung zu übernehmen, ein Joint Venture von Suzuki. Man muss eins wissen: Als Suzuki nach Indien kam, gab es keine Lieferkette. Suzuki musste sie selbst entwickeln. Und um eine Lieferkette zu entwickeln, mussten sie Menschen motivieren. Um Menschen zu motivieren, gründeten sie Joint Ventures. Eines der Joint Ventures war das meines Vaters. Ein weiteres war das von uns übernommene Unternehmen, das Kraftstofftanks, Auspuffsysteme, Federungen und Achsen herstellte. Durch diese Übernahme erweiterten wir unsere Kundenbasis. Heute beliefern wir fünf bis sechs große Autobauer.«

Inzwischen ist es dunkel geworden, und durch die Panoramafenster des Hauses sieht man in das strahlend erhellte Innere. Rakesh zeigt mir seinen Vater, einen kraftvollen Mann noch in den besten Jahren, der in diesem Moment durch den Salon geht. Drei Generationen leben in diesem Haus zusammen. Unternehmerfamilien fühlen sich solchen Traditionen stark verpflichtet.

»Zurzeit machen wir einen Jahresumsatz von sechsundzwanzig Milliarden Rupien, und diese Zahl will ich in den nächsten vier Jahren verdoppeln. Das ist über eine Milliarde Dollar. Ist Ihnen klar, was das bedeutet? Wir haben sechzehn Jahre gebraucht, um dahin zu kommen, wo wir heute sind, und ich will in nur vier Jahren dasselbe noch einmal erreichen. Ein Teil davon wird aus strategischen Übernahmen stammen, der Rest aus organischem Wachstum – das alles ist in meinem mittelfristigen Plan festgelegt.

In zwei Jahren hoffe ich dreißig Prozent meiner Erlöse außerhalb Indiens zu erzielen. Zurzeit sind es etwa fünf Prozent. Dieser Markt hat ein so großes Wachstumspotenzial, dass man nicht nach draußen zu schauen braucht. Und wir bereiten uns immer noch darauf vor, uns die solide Basis zu verschaffen, die wir brauchen, um global tätig zu werden. Es ist nicht so einfach, auf globaler Ebene zu agieren. Mir bieten sich jeden Tag Übernahmemöglichkeiten, aber allzu oft läuft es so, dass man die Firmen einfach übernimmt und später damit auf die Nase fällt. Wir machen das, wenn wir dafür gerüstet sind – wir planen Übernahmen im Nahen Osten und in Europa, werden das aber nur umsetzen, wenn wir wissen, dass es wirklich vernünftig ist.«

»Wem gehört Ihr Unternehmen?«

»Im Lauf der Zeit ist es vollständig professionalisiert worden, wir haben einen Vorstand, einen Aufsichtsrat und all das. Aber die Eigentumsverhältnisse sind völlig klar. Die Metallsparte gehört zu hundert Prozent mir, die Innenausstattungssparte meinem Vater. Und innerhalb der nächsten zwei Jahre wird auch der gesamte Bereich Innenausstattung unter meine Kontrolle kommen. Ich habe meinem Vater klipp und klar erklärt, dass ich keinerlei Unklarheiten haben möchte, keine Verwirrung. Es muss feststehen, dass sich niemand in mein Unternehmen drängen kann. Abgesehen davon kann er tun und lassen, was er will.«

Ein Mann kommt zum Pool herausgeschlendert. Rakesh stellt ihn mir als seinen Schwager vor – er trägt spitze Schuhe, ein frisches Hemd und viel Goldschmuck. Offenkundig will er sich ein paar schöne Stunden machen. Sein Parfüm verdrängt den Duft der Abendblumen. Durchs Fenster sehe ich, wie livrierte Kellner einen langen weißen Tisch für zwölf Personen decken. Inzwischen sind auch andere angekommen und trinken drinnen. Es scheint offenbar ein allabendliches Ritual zu sein: Ich gewinne den Eindruck, dass sehr viele Leute die Gewohnheit haben, ihren Tag hier zu beenden.

»Das Gute an Indien ist, dass wir über solide Grundlagen verfügen. Das Einzige, was uns herunterziehen könnte, sind Infrastruktur und Bildung. Ohne diese Regierung würden wir wirklich Kinder ausbilden und Straßen bauen. Und dann die Korruption! Kennen Sie die Umwelt-Inspektoren? Die können einen in Geiselhaft nehmen. Ich habe neunzehn Produktionsstätten. Selbst wenn jeder dieser Betriebe sich hundertprozentig an die Umweltauflagen hält – die legen einen trotzdem aufs Kreuz. Das ist ein ernstes Problem. Ein sehr ernstes. Die können einem den Laden dichtmachen, und dann ist man tot.

Ich muss meine Kunden im *Stundentakt* beliefern. Ohne Unterbrechungen. Ich halte nur Lagerbestände für drei, vier Stunden. Und wissen Sie, für wie viele Autos ich im Durchschnitt Teile liefere? Schätzen Sie mal. Einfach so. Pro Tag. Okay, ich sag's Ihnen. Fünfeinhalbtausend Autos täglich. Können Sie sich die Lieferkette, den Materialbedarf, die Logistik vorstellen? In der Automobilbranche lernt man, mit äußerster Präzision zu arbeiten. Man kann nicht mit schlechten Autoteilen herumpfuschen, weil das zu Todesfällen führen kann. Man muss unglaublich genau sein. Ich kann meinen Kunden nicht sagen, dass ich ihre Anforderungen zu 99,9 Prozent erfülle. Wenn minderwertige Teile eingebaut werden und es gibt eine Rückrufaktion, ist meine gesamte Unternehmensgruppe schlagartig weg vom Fenster.«

»Wie haben Sie das alles gelernt?«, frage ich.

»Fast alles habe ich bei Suzuki gelernt. Dieses Unternehmen ist für mich das beste der Welt. Ohne jeden Zweifel. Sehen Sie sich die Systeme, die Prozesse, die Mitarbeiter an. Den kollaborativen Ansatz beim Management der Lieferkette. Da heißt es nicht: ›Du hast Scheiße gebaut, also verpiss dich.‹ Wenn man Scheiße gebaut hat, aber lernwillig ist, wenn man den geistigen Zuschnitt hat, dass man zu seinen Fehlern steht, aber bereit ist, sich diesen Leuten zu öffnen, sagen sie: ›Wir bringen's dir bei, und wir behalten dich dein Leben lang.‹ Das ist die Einstellung, die diese Jungs haben. Die japanische Einstellung.«

Rakesh schaut zu Freunden hinein, die eben eingetroffen sind – einige sind mit einem »Wie geht's« zu ihm herausgekommen. Ab und zu erscheinen Mitarbeiter von ihm und stellen ihm Fragen zur Logistik, und nach jeder Störung setzt er seinen Satz dort fort, wo er ihn unterbrochen hat. Ich stelle mir vor, wie effizient er arbeitet, wie rasch und zielbewusst er von einer Aufgabe zur nächsten fortschreitet.

Aber er muss sich um seine Gäste kümmern. Wir erheben uns.

Das Haus ist wie ein Reality-Theater: Hinter den Glasscheiben eine beleuchtete Bühne mit Figuren in den verschiedensten Kostümen. An einem Ende sitzen Freunde bequem auf weichen Sofas, ihre italienischen Schuhe wippen in der Luft, am anderen legt ein Kellner in einer weißen Livree frische Blumen ins Wasser des Marmorbrunnens. Über ihm hängen riesige Kandelaber aus hellblauem Muranoglas.

»Ich habe zwei Leben«, sagte Rakesh, in die Betrachtung der Szene versunken. »Ich besitze ein Unternehmen der Automobilbranche, aber auch eine Immobilienfirma. Tagsüber trage ich eine Scheiß-Uniform. Ich führe ein offenes Haus: Können Sie sich vorstellen, was das bei einem 26-Milliarden-Unternehmen bedeutet? Aber was Sie hier vor sich sehen, ist der Wohlstand, den mein Immobiliengeschäft generiert. Nicht mein Automobilgeschäft. In der Immobilienbranche sind wir schon seit sehr langer Zeit engagiert – zum Teil geerbter Besitz, zum Teil einige große Investitionen, die mein Vater eine Zeit lang getätigt hat und deren Wert astronomische Höhen erreicht hat. Zwei Leben, aber ich vermenge die beiden Leben in keiner Weise.«

Er ist stolz auf sein Haus und möchte mir noch ein paar Highlights zeigen, bevor ich mich verabschiede. Überall sieht man Anleihen bei Fünfsternehotels. Es gibt einen Massageraum und einen dazugehörigen Ruheraum. Einen Schönheitssalon. Ein Teppanyaki-Restaurant.

Er geht rasch umher und erläutert Details: »Ich wusste von Anfang an, dass ich Wasser in der Nähe meines Esstischs haben wollte, deshalb dieser Brunnen.« Er ist besessen von kleinen Unzulänglichkeiten. Er erzählt von dem Architekten, von dem er sich im Streit getrennt hat – offenbar weil der es wagte, eigene Ideen zu haben: »Manchmal will ich nur, dass der andere versteht, was in meinem Kopf ist, und es herausholt.« Für den Fall, dass ich seine Fantasie unterschätzen sollte, beeilt er sich zu erklären, dass das, was ich um mich herum sehe, noch nichts Endgültiges ist. Im Zigarrenzimmer muss noch ein Belüftungssystem installiert werden. Und das Heilbad ist noch nicht fertig.

Einer der Männer im Raum springt auf, als er Rakesh erblickt. Sie geben sich die Hand.

»Das ist mein Künstler«, sagt Rakesh zu mir. »Er nervt oft, aber er ist gut.«

Der »Künstler« ist gekommen, um Rakesh die Probedrucke einer Party-Einladung zu zeigen, die er entworfen hat. Rakesh zeigt sie mir: eine große, gepolsterte Karte mit silbernen Filigranmustern. »Die ist für meine große Party. Ich feiere jedes Jahr eine.«

»Hier?«

»In meinem Haus? Wo denken Sie hin! Die würden mir die Bude zerlegen. Die Party findet in einem anderen Farmhaus statt, das wir haben, auf der anderen Straßenseite. Da lassen wir's richtig krachen.«

Das Reden über die Partys erregt Rakesh, er hat schon das eine oder andere Glas Wein intus, und während er mich zur Tür bringt, denkt er an libidinöse Dinge. Er sucht etwas auf seinem Smartphone und zeigt es mir. Auf dem Display ein Foto.

»So habe ich ausgesehen, als ich in London war. Sehen Sie die blauen Kontaktlinsen? Und wie viel Haare ich da noch hatte!«

Es ist ein unglaublich sinnliches Bild, aufgenommen vor fünfzehn Jahren. Als ich ihm das Telefon zurückgebe, betrachtet er das Foto sehnsüchtig.

»Jetzt – na ja, jetzt bin ich verheiratet, verdammt, ich reise, ich esse … Und das Leben ist sehr stressig. Ich stehe ständig unter Druck. Ich denke immer das Schlimmste von mir und meinem Unternehmen. Man könnte meinen, wir hätten es zu etwas gebracht, aber mein Ehrgeiz reicht viel weiter. Ich kann mich nicht entspannen, Mann – das ist das Scheißproblem. Die meiste Zeit arbeite ich zwölf, dreizehn Stunden am Tag, sechs Tage die Woche. Entspannen kann ich mich nur bei der Massage. An manchen Wochenenden fahre ich in Urlaub, aber ich kann mich nicht entspannen, nicht mal am Strand.«

Wir kommen an die Haustür. Sollte ich beim Aufprall auf die Glasscheibe irgendwelche Schmierer hinterlassen haben, sind sie beseitigt worden.

»Letzten Endes kommt es nur auf Werte an, Rana. Heutzutage haben die Eltern keine Zeit mehr für ihre Kinder, also überschütten sie sie mit Geld. Deshalb kennen die Kinder keine Werte. Sie geben jede Menge Geld aus für all diesen Plunder und kommen nirgendwohin. Geld ist das Einzige, was sie kennen. Aber Geld macht dich nicht zu einem bedeutenderen Menschen. Es bedeutet nur, dass Gott es besonders gut mit dir gemeint hat.

Jeder arbeitet hart. Wirklich *jeder*. Sie kennen den Mann mit dem Ochsenkarren? Der arbeitet auch hart. Wieso bin dann ich hier, und er ist dort? Das hat Gott so gewollt. Deshalb muss man das respektieren. Sie sind der Auserwählte. Gott hat es gut mit Ihnen gemeint – wenn Sie Ihren Wohlstand nicht mit anderen teilen, wozu ist er dann gut? Ich liebe meine Eltern, ich liebe meine Familie. Ich tue alles für sie. Ich würde auch für Mickey alles tun. Wenn er eines Tages kommen und sagen würde: ›Geh weg aus diesem Haus, ich will hier einziehen‹ – ich würde es ihm zuliebe tun.«

Mickey ist ein prominenter Immobilienmagnat, jünger und reicher als Rakesh. Ich frage ihn, wie sie sich kennengelernt haben.

»Ich war aus Japan zurückgekommen, und außer Autositzen haben wir auch Bestuhlungen für Säle produziert. Er hat damals gerade seine erste Shoppingmall gebaut, und ich habe die Sitze für das Kino geliefert, also bin ich in sein Büro gegangen, um seine Jungs kennenzulernen. Und als ich gerade wieder gehen wollte und die Treppe hinunter bin, kam er herauf und fragte mich, wer ich sei, und in den dreißig Sekunden auf der Treppe spürte ich schon diese unglaubliche Chemie zwischen uns. Ich schickte ihm in dem Jahr eine Einladung zu meiner Party, aber meine Securitys, diese Idioten, hatten vergessen, seine Unbedenklichkeit festzustellen, und wiesen ihn am Eingang ab. Er sagte mir gar nichts davon. Unfassbar, sein Takt und seine Bescheidenheit. Im nächsten Jahr habe ich ihn wieder eingeladen. Und auf dieser Party haben wir den Grundstein für unsere Beziehung gelegt. Wir sind uns an dem Abend gleich sehr nahe gekommen, und so ist es seither geblieben.«

Wir gehen in die Nacht hinaus. »Tatsache ist aber«, sagt Rakesh, »dass man in dieser Gaunerwelt zu nett zu anderen sein kann. Die Leute halten es für selbstverständlich, dass man nett zu ihnen ist. Ich bin nett. Ich bin nicht rücksichtslos, ehrlich. Das ist wahrscheinlich mein Fehler. Ich sollte besser rücksichtslos sein.«

Und wie zur Erklärung fügt er hinzu:

»Wir kommen nackt auf die Welt, und wir verlassen sie verdammt noch mal nackt.«

Ich gehe über den Parkplatz, der sich mit den Sportwagen von Rakeshs Freunden gefüllt hat. Der Mond scheint hell. Ich steige in mein Auto und fahre die Einfahrt hinunter, die Wachleute winken. Ich komme an den mächtigen Generatoren vorbei, die das Anwesen mit Strom versorgen. Am Wachhaus. Schließlich wird das Tor geöffnet, und ich fahre auf die Straße hinaus. Ich fahre über die trostlosen, von hohen Mauern gesäumten Sträßchen, die sich zwischen den Farmhäusern durchschlängeln, erreiche die tosende Hauptstraße und fahre in die Stadt zurück.

In Delhi ist die Straße der Ort, der den Menschen ihr Bild von der *ganzen Stadt* vermittelt. Es ist eine Stadt der Ausgrenzung und Isolierung, eine Stadt der Clans und Hierarchien, in der nur wenige Menschen, gleich, welcher Gesellschaftsschicht sie angehören, den Gedanken des Abbaus gesellschaftlicher Unterschiede ansprechend finden. Und sie hat keine wahrhaft demokratischen Räume. Delhis bizarres Vokabular von Wohnadressen – das zum großen Teil aus der Zeit stammt, als die Stadt eine von den Briten verwaltete Kommune war, mit all er dazugehörigen gesellschaftlichen und sicherheitstechnischen Paranoia – sagt viel darüber aus, was die Menschen in dieser Stadt von ihrem Zuhause erwarten: Sie leben in *Wohnkomplexen* und *-siedlungen*, die Teile von *Blocks* sind, und diese wiederum sind Unterteilungen von *Sektoren*, *Enklaven* und *Kolonien*. In wohlhabenden Vierteln verhindern Tore und Wachmänner das unbefugte Überschreiten der Trennlinien. Das gesellschaftliche Leben folgt demselben Prinzip. Delhi ist nicht wie Mumbai, wo man in Bars und Restaurants schnell mit Einheimischen ins Gespräch kommt; hier muss man vorgestellt werden. Die Leute wollen wissen, wer man ist, bevor sie einen hereinlassen, und deshalb spielen Namen und Adressen eine so große Rolle im gesellschaftlichen Umgang: Man muss kundtun, wohin und zu wem man gehört, um ein vollgültiges Mitglied der Gesellschaft zu sein. Am oberen Ende der Skala tragen Orte gesellschaftlicher Begegnung dem Bedürfnis nach Absonderung durch astronomische Preise Rechnung. Das ist der Grund, weshalb auch vor nicht besonders attraktiven Nachtclubs Menschen Schlange stehen, die bereit sind, zwanzigtausend Rupien, umgerechnet vierhundert Dollar, Eintritt zu bezahlen.

Nicht einmal Delhis U-Bahn kann alle Bevölkerungsschichten vereinen: Obwohl sie täglich 2,3 Millionen Passagiere befördert, wird sie sowohl von den ärmsten als auch von den reichsten Bürgern gemieden. Deshalb sind es vielleicht die wogenden, hupenden, verpesteten Hauptverkehrsadern wie die, auf der ich jetzt fahre – und auf der praktisch jedermann gezwungen ist, sich im selben Tempo wie ich fortzubewegen –, auf denen die Einwohner ihre urbane Offenbarung erfahren: die ganze Stadt, in Reih und Glied.

Was hier vielleicht als Erstes auffällt: Zufußgehen ist hier eigentlich nicht vorgesehen. Delhi wird manchmal mit Los Angeles verglichen – wegen der autobahnähnlichen Durchgangsstraßen, die in den letzten fünfzehn Jahren entstanden sind und die jegliche Fortbewegung außer der des Automobils ignorieren; zu Fuß zu gehen kann deshalb äußerst mühselig sein. Mittelschicht-Neulinge aus anderen Städten versuchen es manchmal, doch noch bevor besorgte Einheimische herbeieilen können, um ihnen zu sagen, wie unangebracht das für Menschen ihres Standes ist, kommen sie von selbst darauf, dass Delhis Bürgersteige, soweit überhaupt vorhanden, ein Witz sind. So mancher, der auf einem dieser maroden Dinger losmarschiert, stellt fest, dass es irgendwo ein abruptes Ende findet; setzt er seine Wanderung trotzdem fort, muss er über Trümmerhaufen klettern, Ziegelsteine vor sich hinlegen, um große Tümpel überqueren zu können, und wie von Furien gehetzt über achtspurige Straßen sprinten. Und so beschließt er dann doch recht bald, sich ein Auto zu kaufen. Das ist der Grund, warum auf Delhi ein so überproportional hoher Anteil am indischen Autoboom entfällt – dem Boom, der Rakeshs ehrgeizige Wachstumspläne nährt. Das dichtbevölkerte Bombay, das mit Zügen gut bedient ist, bietet Autokäufern immer weniger Vorteile; in Delhi, mit seinen breiten, strahlenförmig angeordneten Boulevards, funktioniert nichts so gut wie der Besitz eines eigenen Fahrzeugs, und deshalb versinkt die Hauptstadt, in der die Zahl der zugelassenen Autos im Jahr 1980 noch vierstellig war, jetzt schier unter der Masse ihrer Automobile.

Angehörige der Mittelschicht nehmen daher das Schauspiel der Stadt durch ihre Autofenster wahr. Wollte ein Maler diese mittelständische Ansicht malen – so wie beispielsweise viele Maler des neunzehnten Jahrhunderts Paris aus der Perspektive seiner neuen kosmopolitischen Boulevards gemalt haben –, würden keine überlegt gestalteten, anheimelnden Bilder dabei herauskommen. Er würde sich nicht, wie die Impressionisten, eingehend mit Details von Kostümen und Gesten befassen, nicht das Cafélicht auf den Gesichtern von Passanten und auch nicht die beinahe unmerklichen Interaktionen darstellen können, die sich zwischen Fremden an einem öffentlichen Ort ereignen. Nein, es würde eine Folge stroboskopischer Einzelbilder entstehen: die aufblitzenden Titelbilder von *Vogue* und *Autocar*, ein Zeitschriftenverkäufer, der zwischen den an einer Ampel haltenden Fahrzeugen hin und her hetzt, das windzerzauste Haar einer Frau und ihres Kindes auf dem Soziussitz eines vorbeibrausenden Motorrads, das eine Auge eines streunenden Hundes im Scheinwerferlicht, die funkelnden Instrumente einer Hochzeitskapelle – und die wirbelnde Tanzprozession und das überirdisch weiße Pferd des Bräutigams –, die geschminkten Lippen einiger Eunuchen, die ihre Gesichter an die Scheibe drücken, eine zusammengekauerte menschliche Gestalt unter einer Decke auf dem Mittelstreifen der Straße, ein Gesicht in einem anderen Auto, auf das für einen Sekundenbruchteil Streiflicht fällt, während Scheinwerfer im Rückspiegel blenden – und eine Vielzahl anderer, formloser Gestalten, tierisch und menschlich, deren Identität kaum zu erkennen ist.

Das habe ich im Blickfeld, während ich fahre. Autoscheinwerfer schwenken kreuz und quer in alle Richtungen, allesamt aufgeblendet, und durch die Schattenbereiche huschen menschliche Körper, kaum von der Nacht zu unterscheiden. Ständig wird gehupt, denn der Verkehr ist kein Strom, der einen mit sich führt, sondern ein Dschungel, durch den man sich durchhacken muss. Die Leute fahren, als seien alle anderen gegen sie, und so ist es ja auch: Jede Lücke, die sie nicht mit der ganzen Geschwindigkeit, der ganzen Größe ihres Fahrzeugs nutzen, wird sofort von jemand anderem erobert. Man sieht es auch hier, an einer roten Ampel: Alle vergewissern sich ständig, dass kein anderer vorhat, ihnen ihren Vorteil abzujagen. Einige Autos ganz vorn schießen natürlich einfach durch den Querverkehr hindurch über die Kreuzung – um allen zu zeigen, dass sie nicht bereit sind, sich plebejischen Zwängen wie Verkehrsampeln zu beugen. Die übrigen Autos fahren langsam vorwärts, um möglichst viel Boden zu annektieren und ihre Nachbarn daran zu hindern, ihnen davonzufahren, sobald die Ampel umspringt. Die Meute drängelt vorwärts und strömt nach und nach auf die Kreuzung.

Das Warten an einer Ampel ist keine leere Zeit. Im Gegenteil. Gerade während dieses Waffenstillstands bricht plötzlich die Angst vor dem Schlachtfeld aus. Die Fahrer werden von Furcht gepeinigt. Sie zünden sich Zigaretten an, fluchen, schlagen auf das Lenkrad ein, hupen ohnmächtig. Das Warten ist unerträglich.

Schließlich springt die Ampel auf Grün. Und in diesem Moment würgen die Fahrer der vordersten Autos ihre röhrenden, aufheulenden, unbezähmbaren Motoren ab.

Ein wütendes Hupkonzert erhebt sich hinter ihnen – *die Ampel ist grün, das Versprechen wird enttäuscht, es ist zu schrecklich, wir haben schon immer geahnt, dass die Welt sich als Schwindel erweisen würde …* –, bis die abgestorbenen Motoren wieder zum Leben erweckt werden und der Schwarm sich in Bewegung setzt.

Eine merkwürdige Form von Leistungsangst.

Ich bin einmal mit einem israelischen Psychologen gefahren, den dieses Spektakel zutiefst verstörte. »*Wir* hatten den Holocaust«, sagte er. »Aber wir führen uns nicht so auf. Das haben wir hinter uns. Was ich hier sehe, ist Sklavenverhalten. Der reine Überlebenskampf. Woher kommt diese Angst, nicht zu bekommen, was man will?«

In anderen indischen Städten wird nicht so gefahren. Aber Delhi ist ein Ort, an dem alle davon ausgehen – viel mehr als beispielsweise in Bangalore oder Mumbai –, dass die Welt darauf programmiert ist, ihnen alles zu verweigern, und dass sie deshalb, um halbwegs vernünftig leben zu können, ständig hetzen und gegen die Regeln verstoßen müssen. Jeder, mich eingeschlossen, greift auf Bestechung und Beziehungen zurück, um die Dinge zu ergattern, die er braucht – ein Visum, einen Führerschein, eine schnelle Lösung für einen Rechtsstreit, einen Platz in einer Schule, eine Einladung zu einem Event –, und wenn diese Stadt von Statusfragen besessen scheint, so aus gutem Grund: Macht, Wohlstand und Netzwerke garantieren ein ungleich leichteres und besseres Leben. Menschen, die Schulen und Krankenhäuser leiten, verbringen einen Großteil ihrer Zeit nicht mit der Leitung ihrer Schule oder ihres Krankenhauses, sondern damit, sich um die zahllosen wichtigen Leute samt Anhang zu kümmern, die sich vordrängeln, sich eine Vorzugsbehandlung sichern wollen – wodurch das System dieser Einrichtungen in ähnlich chaotische Unordnung gerät wie das auf den Straßen. Aber niemand möchte zur anonymen Masse derer gehören, denen nie etwas gelingt. Man könnte meinen, ein Ort so tief verwurzelter Ungleichheit wie Delhi müsse eine Sehnsucht nach demokratischen Verhältnissen wecken, doch das ist nicht der Fall: Delhis Fantasien sind feudal. Selbst Menschen mit eher geringem gesellschaftlichem Einfluss achten die Privilegien derer, die viel davon besitzen – vielleicht in der Hoffnung, eines Tages den gleichen Dispens von Gesetz und Gepflogenheit erlangen zu können. Man braucht sich nur die allgegenwärtige Werbung mit ihrer unsinnigen Vermengung von Massenkultur und Aristokratie anzusehen: Dieser oder jener wohlfeile Konsumartikel wird Sie zu einem Menschen machen, der nie mehr an den Schranken stoppen muss, die alle anderen zurückhalten.

Privilegien beherrschen auch die Straßen. Der Kampf um die Vorfahrt wird nicht auf Augenhöhe geführt. Es mag schwierig sein, den Status eines Menschen richtig einzuschätzen, der sich hinter getönten Autoscheiben verbirgt, aber in dieser neuen Epoche, die frühere, schwerer entzifferbare Statusformen mit dem einen allumfassenden Faktor *Kosten* überschrieben hat, ist schlicht und einfach immer der mit dem teuersten Auto am Drücker. Der Mercedes blinkt den Maruti an, damit er ihn vorlässt, und der Maruti macht folgsam Platz. BMW-Limousinen sind so gut isoliert, dass ihre Insassen das Hupen, mit der die Chauffeure alle aus dem Weg scheuchen, gar nicht hören. Kanariengelbe Hummer scheren aus dem Stau aus, rumpeln verbotswidrig über die Betonbegrenzungen auf die leere Bustrasse und fahren mit Vollgas den Massen davon – und die Verkehrspolizisten sehen weg, denn welcher Beamte wäre bereit, die jungen Reichen herauszufordern und damit sein Leben aufs Spiel zu setzen? Ja, dem Markenprivileg wird notfalls sogar mit Gewalt Geltung verschafft: Ein Hyundai-Fahrer steigt aus und tritt gegen die Türen eines Maruti, der ihn zum Hinterhertrödeln genötigt hat, und junge Männer in einem Mercedes machen Jagd auf einen Tata-Fahrer, der es gewagt hat, sie aus dem Fenster zu beschimpfen, holen ihn ein und ohrfeigen ihn wie ein aufsässiges Kind. So ist es nur allzu verständlich, dass kaum jemand ein billigeres Auto fährt, als er sich leisten kann. Die Investition in das bestmögliche Vehikel wirft satte Dividenden ab.

Man kann sich vorstellen, wo bei alledem die vielen anderen bleiben. Die Autos herrschen zwar unumschränkt, befördern aber noch nicht einmal zwanzig Prozent der Teilnehmer am Straßenverkehr. Die allermeisten fahren mit Autorikschas, mit dem Bus oder mit Motorrollern. Und ein nicht geringer Teil bewegt sich per Rad oder zu Fuß auf den überfüllten Straßen. Diese Menschen gehören ganz überwiegend den unteren Einkommensschichten an, und die Autofahrer nehmen kaum Rücksicht auf sie; deshalb entfällt auf sie der größte Teil von Delhis eindrucksvoller Bilanz an Verkehrstoten. Die Fahrzeuge krachen zwar pausenlos ineinander, fahren aber selten so schnell, dass die Insassen ernstlich Schaden nehmen. Viel größer sind die Schäden dagegen bei denen, die sich ungepanzert diesen Blechlawinen aussetzen müssen.

Und für Tausende Einwohner Delhis sind diese Straßen nicht einfach nur Verkehrswege, sondern ihr Zuhause, und ihre Körper sind nie weit von bewegten Fahrzeugen entfernt.

Zu dieser Abendstunde kann ich schon sehen, wie sie sich an ihren Schlafplätzen niederlassen. Da sind die Scharen von Erschließungs- und Sanierungsflüchtlingen, die ein relativ stabiles Leben geführt haben, bis sie von den neuen Fabriken und Wohnanlagen des indischen Booms vertrieben wurden. Da sind die Hilfsarbeiter und Pilger, die in die Stadt gekommen sind, um hier ihren Geschäften nachzugehen und wieder zu verschwinden, und da sind diejenigen, die so mittellos und entwurzelt sind, dass sie es nicht einmal geschafft haben, die Bestandteile eines Zeltes für sich zusammenzubauen. Sie schlafen hier, im wandernden Gleißen der Scheinwerfer, den Kopf unter ihre Decke gezogen.

Der erhöhte Mittelstreifen dieser viel befahrenen Straße – vielleicht so breit wie zwei Erwachsene – mag als eine nicht eben ideale Liegestatt erscheinen. Aber der Verkehr auf beiden Seiten hält immerhin Hunde und andere tierische Quälgeister fern. Natürlich richtet er nichts gegen Hitze, Kälte oder Stechmücken aus – und dem Nüchternen bringt er nur eine Art Halbschlaf, den Schlaf, der von der nie erlahmenden Aufmerksamkeit kommt. Immerhin können auch die Armen ausgeraubt werden. Selbst die erfahrenste Pflasterschläferin kann in die Fahrbahn rollen. Und wenn nicht sie selbst, so doch ihre Kinder, die viel unruhiger sind, wenn sie träumen.

Rikschafahrer schlafen in ihren Fahrzeugen. Diese schirmen sie ein wenig ab, sind aber auch nicht unproblematisch. Der Sitz einer Fahrradrikscha ist zwar weicher als das Pflaster, bietet aber nur Platz für den Rumpf; die Fahrer müssen sich deshalb auf höchst skurrile Weise gymnastisch um ihre Fahrzeuge wickeln. Man sieht sie auch jetzt, die Füße durch ein Geländer gesteckt oder in Seilschlingen, die von Bäumen herabhängen.

Die umherziehenden Massen bewahren ihre Habseligkeiten im Mobiliar der Stadt auf. Zu dieser Nachtzeit kann man Menschen sehen, die auf ein Gebäude klettern, um einen Sack mit Bettzeug vom Dach zu holen, auf das sie es am Morgen geworfen haben. Es gibt kaum eine Astgabel, kaum eine Betonnische, die nicht mit den Kleidern und Plastikflaschen von Delhis Obdachlosen vollgestopft ist. Kleidersäcke hängen von jedem Vorsprung an jeder Mauer. Planen und Bambusstangen von abgerissenen Anbauten sind in Baumwipfeln befestigt, Bestandteile neuer Gebäude.

Dass die äußeren Oberflächen der Stadt als riesiges Schlafzimmer, Bad und Klosett für die Hunderttausenden dienen, die ohne Dach über dem Kopf in ihr leben, lässt die Straßen heruntergekommen wirken. Doch diese ausgefransten Ränder – an Mauern befestigte Pappe mit den Abdrücken derer, die sich im Schlaf an sie lehnen, zusamengerollter Bindfaden an Nägeln, zum Lüften über einen Zaun gehängte Decken – gehören noch zu den pittoreskeren Aspekten dieser wimmelnden Straßen. Denn was diejenigen anrichten, die diese Stadt regieren, ist genauso stümperhaft und noch viel trauriger. Die Straße beispielsweise, auf der ich gerade fahre, ist vor Kurzem verbreitert worden: Dazu wurden die Häuserfronten auf beiden Seiten aufgerissen, und monatelang hat dieser Bereich ausgesehen wie ein Kriegsgebiet. Das ist umso frappanter, als das Leben in den aufgeschnittenen Räumen weitergeht, wie jeder Vorbeifahrende sehen kann. Selbst in den oberen Stockwerken, wo man über den gezackten Rand des

Fußbodens in den Tod stürzen könnte, brennt Licht; Schreibtische stehen an Wänden, Angestellte halten sich des Verkehrslärms wegen beim Telefonieren die Hand übers Ohr. Kalender an den Wänden flattern im Sog vorbeifahrender Lastwagen, Deckenventilatoren verquirlen die Auspuffgase von der Straße.

Draußen ragen gesprengte Bäume wie abgebrannte Zündhölzer aus dem Schutt.

Ich fahre unter einer der unansehnlichen Überführungen durch, über die Delhis kreisende Straßen steigen und fallen wie eine Achterbahn. Diese verstreuten Megalithen wirken nicht wie ein geschlossenes System: Jeder von ihnen huldigt einem anderen Verkehrsprinzip, und keiner sieht aus wie der andere. Errichtet wurden sie von verschiedenen Baufirmen, von denen jede mit einem anderen Entwurf, anderen Materialien und anderen Typen von Straßenlaternen gearbeitet und zum Schluss andere ornamentale Schnörkel angebracht hat. Fährt man von einer dieser Überführungen zur nächsten, verbreitert und verengt sich die Fahrbahn willkürlich, was zu dem für die Fortbewegung in dieser Stadt so typischen Stop-and-go führt. Zwei Überführungen enden an derselben Stelle, als hätten sie nichts voneinander gewusst, so dass schnelle Verkehrsströme in einem Kreuz-und-quer-Sumpf von Fahrzeugen enden, aus dem man erst nach zwanzig Minuten wieder auftaucht.

Wie so vieles in der Infrastruktur der Stadt sehen diese zahnlückigen Überführungen schon unmittelbar nach ihrer Fertigstellung uralt aus. An die noch nicht lange zurückliegende, viele Milliarden Dollar teure Verschönerung Delhis, die gerade rechtzeitig für die Commonwealth Games von 2010 abgeschlossen wurde, erinnert heute kaum noch etwas: In der Mitte der Hauptverkehrsstraßen bröckeln große Teile der neuen Trennwände auf die Fahrbahnen, und in den rostenden Games-Stadien mit ihren rissigen, leeren Parkplätzen stürzen die Dächer ein. Die vielen tausend Bäume, die gepflanzt wurden, um die scharfen Kanten von so viel neuem Beton zu kaschieren, sind längst verdorrt, so als sei nie geplant gewesen, dass sie die Spiele überdauern. Delhis Zeit ist makaber: Es ist eine rasch zerfließende Zeit, die dafür sorgt, dass Bushaltestellen undicht werden und Wohnblocks einstürzen, noch bevor sie fertiggestellt sind. Eine Zeit, die Schlaglöcher in vier Wochen alte Straßen gräbt, die gerade so gut gebaut sind, dass sie die Einweihungsfeier intakt überstehen. Eine Zeit, die erst vor Kurzem durch Slums geschlagene breite Straßen sofort wieder überflüssig werden lässt, weil die hochmodernen Sportstätten, zu denen sie führen, dichtgemacht und dem Verfall preisgegeben wurden. Wenn man hier lebt, existiert man in einer Zeit, in der alles alt ist, mag es auch noch so neu sein, und in der alles unwiderruflich dem Verfall und dem Niedergang preisgegeben ist.

Nichts bleibt: Alles vergeht vor aller Augen, und es fällt schwer, die eigene Seele vor dieser allgemeinen Tendenz zu bewahren. Vielleicht erklärt das, warum die perfekte Ordnung und Sauberkeit auf Rakeshs Besitz so faszinierend war. Im Kontext von Delhi kommt ihr beinahe existenzielle Bedeutung zu, so als habe Rakesh mit jedem Steinchen, das seine Gärtner aus dem Weg fegen, versucht, sich selbst gegen die allgemeine Vergänglichkeit immun zu machen.

Ich fahre durchs Herz des britischen Delhi, das im Verwaltungszentrum der Stadt noch erhalten und deshalb vom allgegenwärtigen Niederreißen und Neuaufbauen weitgehend verschont geblieben ist. Unter dem üppigen, prachtvollen Blätterdach der Bäume fließt der Verkehr ungehindert. Ich überhole zwei Elefanten, die gemächlich die Straße entlangtrotten. Hier und da bleiben sie kurz stehen, um Äste abzureißen, auf denen sie dann nachdenklich herumkauen, während sie von ihrer Arbeit heimwärts ziehen. Die Autoscheinwerfer beleuchten ihre O-Beine nur bis zu den Knien hinauf; die große Kuppel ihres Rückens, auf dem der schläfrige Reiter sitzt, überragt ringsum alles und verliert sich im Dunkeln.

Beim Anblick dieser Tiere wallt jedes Mal Liebe zu Delhi in mir auf. Selbst in dieser Megastadt sind sie noch riesig – riesig genug, um eine Art Ableiter für die Konflikte der Stadt zu sein und wie ein Regenwald das Gift aus ihrer Luft zu filtern.

Gleich nach den Elefanten taucht noch ein anderes Ungetüm vor mir auf: ein Wassertankwagen. Große Teile von Delhi, und nicht nur die armen, verfügen nicht über Wasserleitungen und müssen ihre Haushaltstanks mühsam und kostspielig aus solchen Tankwagen auffüllen. Ich habe noch nie einen gesehen, der nicht katastrophal undicht gewesen wäre. Anscheinend gehört es zum kalten Humor dieser Stadt, in der das Wasser so kostbar ist, dass die dafür zuständige Behörde die Hälfte davon auf staubige Straßen gießt.

Rostig und ramponiert, lässt der Tankwagen die amtlich verordnete Sintflut an mehreren Stellen seiner Unterseite entweichen. Als zusätzlichen Gag haben die Fahrer den Deckel der Einfüllöffnung offen gelassen, so dass jedes Mal, wenn der Wagen bremst, ein ansehnlicher Schwall herausschwappt.

Jetzt hält er an einer Ampel, und ich halte ebenfalls.

Die Ampel zeigt gleichzeitig ein rotes Dauerlicht und ein gelbes Blinklicht. An anderen Stellen habe ich auch schon gelbes Dauerlicht zusammen mit grünem oder rotem und grünem Blinklicht gesehen, oder in alle Richtungen blinkendes Gelblicht. Man könnte dieses erweiterte Verkehrsampel-Vokabular als eine Art Festbeleuchtung ansehen, nur dass es leider aus schierer Ohnmacht und Düsternis entstanden ist – aus der Unfähigkeit der Behörden, nächtliche Autofahrer daran zu hindern, über solche Kreuzungen zu rasen, egal, welche Farbe die Ampel zeigt, und so sich selbst und andere umzubringen. Herkömmliches Rotlicht war vielleicht zu statisch oder zu altmodisch, um dem modernen Lebens-, Geld- und Alkoholrausch Einhalt zu gebieten. Also beschloss man, etwas Temperamentvolleres, Frischeres einzuführen. Mehrfarbig blinkende Ampeln könnten die Menschen ja veranlassen, wenn schon nicht anzuhalten, dann zumindest einen Moment lang zu zögern.

In anderen Fällen wird die schwindende Kraft der Lichtsymbole durch schriftliche Erläuterungen unterstützt: »Bei Rot nicht fahren. Nur bei Grün fahren.«

Auf den Gehsteigen häufen sich die verrosteten Leichen der letzten Verkehrsampelgeneration.

Ein Mann mit abgetrennten Armen bettelt an den Fenstern stehender Autos; er kann das Geld natürlich nicht entgegennehmen, hält aber jedem Großzügigen seine Hosentasche hin. Ich frage mich, wie ein Mann ohne Arme isst. Ich frage mich, wie er seine Hose aufknöpft.

Die Kreuzung ist riesig und liegt unter Dauerbeschuss durch Neonröhren. Die Straßen sind durch leicht erhabene dreieckige Verkehrsinseln voneinander getrennt, auf denen dicht bei dicht Menschen schlafen. Ein großer klimatisierter Bus quert meine Fahrbahn, voll besetzt mit europäischen Touristen, die in Reiseführern lesen – oder ebenfalls schlafen.

Rings um die Kreuzung ragen Plakatwände auf. Ein Plakat wirbt für eine neue private Wohnsiedlung namens Cape Town. Es zeigt computergenerierte Bilder von sonnigen Wohnungen, säuberlich geparkten BMWs, schmucken Blumenrabatten und reichen, glücklichen, hellhäutigen Menschen am Swimmingpool. Vor zehn Jahren wäre eine solche Anlage nach einer amerikanischen Örtlichkeit benannt worden. Seitdem sind Delhis Konsumenten jedoch welterfahrener geworden, und die amerikanische Suburb ist zu demokratisch und zu offen für ihren Geschmack. Glamour suchen sie jetzt in Südafrika, Russland oder Dubai, wo man die Dinge besser im Griff hat.

Ein anderes Plakat bewirbt eine Shoppingmall. Es zeigt einen Mann, der vor Verbraucherglück schier platzt, weil er die Wahl unter so vielen verschiedenen Anzügen hat. Der Slogan lautet »Change Keeps Boring Away«. Ich brauche eine Weile, um zu verstehen, was damit gemeint ist. Nachdem ich gerade vierzig Minuten durch eine ziemlich durchlöcherte Stadt gefahren bin, denke ich im ersten Moment bei »Boring« an Ölbohrungen. Oder die riesigen Löcher, die sich in dieser Übergangsperiode in Delhis Bewusstsein aufgetan haben. Doch dann wird mir klar, dass neologistischerweise »boredom« gemeint ist, Langeweile. In dieser brodelnden Metropole der Jungmillionäre und der imperialen Ambitionen, in der Menschen, die vor fünfzehn Jahren noch nie eine Mikrowelle gesehen hatten, jetzt Lamborghinis fahren, ist die größte Bedrohung offenbar die Langeweile.

Neben den Plakatwänden befindet sich ein großer Müllhaufen. Schweine wühlen zwischen Plastiktüten und verfaulenden Essensresten. Ich lese den Text auf dem ramponierten Schild darüber: »Exkrement kennt keine Grenzen.« Ich sehe noch einmal hin. Diesmal lese ich: »Exzellenz kennt keine Grenzen.«

Ich muss wohl müde sein.

Die Ampel springt um. Der Tankwagen fährt ruckend an, und wieder schwappt eine Menge Wasser heraus und klatscht auf die Straße.

Ich fahre unter einer weiteren gigantischen Überführung durch, unter der Wäsche aufgehängt ist, Erwachsene schlafen und Kinder mit Stöckchen spielen. Ich bin auf der letzten Etappe meiner Heimfahrt.

Plötzlich werden die Autos um mich herum langsamer. Der Verkehrsstrom teilt sich, und ich sehe direkt vor mir einen zerlumpten jungen Mann. Ich bremse, erwarte, dass er mir aus dem Weg geht. Aber er rührt sich nicht vom Fleck, starrt mich hochmütig an und hält gebieterisch die Hand hoch. Mein Wagen kommt ein paar Zentimeter vor ihm zum Stehen. Sekundenlang sehen wir uns in die Augen. Er ist etwa sechzehn und sein Haar ist wild zerzaust. Um den Hals trägt er zahlreiche Girlanden mit Flitterzeug, verziert mit Bildern elementarer göttlicher Macht. Kali, Durga, Shiva. Es sind so viele, dass ihm der Flitter bis über die Ohren reicht und das halbe Gesicht verdeckt.

Über den Girlanden trägt er an geflochtenen Bändern eine ähnliche Anzahl von Plastikkarten: Magnetstreifenkarten mit digitalen Passfotos, wie viele Angestellte sie brauchen, um Zutritt zu ihren Büros zu erlangen. Es sind dreißig oder vierzig Stück, Schlüssel zu den neuen globalen Netzwerken.

Dieses Prinzip hat den Menschen in diesem so oft ausgeplünderten Teil der Welt lange Zeit gute Dienste geleistet: Bleib bei deinen alten Göttern, aber ignoriere die neuen nicht.

Der junge Mann nimmt eine der Karten und hält sie gebieterisch hoch: »Du fährst erst, wenn ich es sage.« Er schaut mir in die Augen, und sein Blick ist flammend und majestätisch. Einen undefinierbaren Moment lang starren wir uns noch an: Er hält meinen Blick fest, bis er überzeugt ist, dass ich seine Autorität anerkannt habe. Dann schlendert er in die vorbeirasenden Verkehrsströme. Ich sehe ihm nach, nehme den Fuß von der Bremse und fahre endlich nach Hause.

Erstes Kapitel

Von den indischen Städten sagt man, das 19. Jahrhundert sei das Jahrhundert der einstigen britischen Hauptstadt Kalkutta gewesen, das 20. das Jahrhundert Bombays, des Zentrums der Filmindustrie und der Konzerne, das 21. aber sei das Jahrhundert Delhis.

Bis 1911, als die Briten ihren Regierungssitz nach Delhi verlegten, war das in der östlichen Provinz Bengalen gelegene Kalkutta die Hauptstadt Indiens. Jahrzehntelange Wechselbeziehungen mit den Angehörigen der Kolonialverwaltung hatten dort eine anglisierte Mittelschicht entstehen lassen, die den Briten eine Vielzahl von Beamten und Experten zuführte. Einer von ihnen war der Vater meines Vaters, der als Buchhalter für britische Firmen in ganz Nordindien tätig war.

Durch die Teilung von 1947 zerfiel das britische Territorium in die beiden neuen Staaten Indien und (Ost- und West-)Pakistan. Mein Großvater war damals Hauptbuchhalter bei der Commercial Union Assurance in Lahore, und dorthin reichen die frühesten Erinnerungen meines Vaters zurück. Es sind schöne Erinnerungen: Die Familie war wohlhabend, die Stadt harmonisch. Mein Vater denkt voller Wärme an das lebendige Miteinander von Hindus, Muslimen und Sikhs an seiner Schule zurück, an den gütigen muslimischen Schulleiter ebenso. Im Verlauf seines zehnten Lebensjahres aber wurde deutlich, dass politische Umtriebe dieses friedliche Leben zunichtemachen würden. Als die Teilung näherrückte, begann sich Allauddin Kahn, Polizeichef von Lahore und Bridgepartner meines Großvaters, um die Sicherheit seines Hindu-Freundes zu sorgen. Er schickte ihm seinen Wagen, ließ ihn mit seiner Familie zum Bahnhof bringen und ordnete Wachen ab, die sie im Zug bis nach Amritsar auf der anderen Seite der künftigen Trennlinie begleiteten. Wahrscheinlich hat Allauddin Kahn ihnen das Leben gerettet, denn während der späteren Ausschreitungen wurde das Haus, in dem sie gewohnt hatten, niedergebrannt. Der Hausbesitzer, ein Hindu, und seine Familie wurden ermordet.

Die Familie meines Vaters kehrte nach Bengalen zurück, wo die andere, die östliche Teilung im Gange war, und mein Vater fand sich auf der anderen Seite des Spiels wieder. Er erinnert sich an den unwirklichen Anblick niedergemetzelter Muslime, die wie Trophäen in den Straßen Kalkuttas aufgereiht lagen.

Irgendetwas scheint nach diesen Umwälzungen in meinem Großvater zerbrochen zu sein. Er wurde schwermütig und zog sich immer mehr zurück. Zwar fand er noch einmal eine gut bezahlte Stelle, gab sie aber einer Prinzipienfrage wegen bald wieder auf. Plötzlich stand seine elfköpfige Familie ohne Einkommen da. Der Strom wurde abgestellt, Nahrungsmittel oder Kerzen konnte man sich nicht mehr leisten. Mein Großvater musste sich an Geldverleiher wenden, um seine Rechnungen bezahlen zu können. Standen dann ihre Schläger vor der Tür und wollten die Schulden eintreiben, war es mein dreizehnjähriger Vater, der draußen auf der Straße um Aufschub betteln musste, weil sich mein Großvater, der von alldem nichts wissen wollte, in einem Zimmer eingeschlossen hatte, wo er Zigaretten rauchte und englische Spionageromane las.

Freunde und Verwandte hielten sich fern. Mein Vater fand einen Job, er hausierte mit Speiseöl und bewahrte so die Familie vor dem Verhungern.

Als Erstes suchte er Leute auf, die er kannte. Eines Tages klopfte er bei einer Tante an, und als sie sah, wie mager er war, setzte sie ihm ein Mittagessen vor. Anschließend trug er seine Ware zu einer anderen Tante, die ihm ebenfalls eine Mahlzeit anbot. Da er nicht wusste, wann er das nächste Mal etwas zu essen bekommen würde, nahm er die Einladung an. Als er es sich gerade schmecken ließ, kam die erste Tante zu Besuch und ertappte ihn dabei, wie er sich zum zweiten Mal den Magen vollschlug. Wenn mein Vater diese Geschichte erzählt, zittert er noch heute, sechzig Jahre später, bei dem Gedanken an die demütigende, verzweifelte Situation, in der er sich damals befand.

Doch die Dinge wandten sich zum Besseren: Mein Großvater fand wieder Arbeit, als Hauptbuchhalter bei einer britischen Traktorfirma mit Sitz in Delhi. Die Familie zog in die Hauptstadt und ließ sich in einem Bezirk namens Karol Bagh nieder, einem ehemaligen Mogulgarten, wie schon der Name (»bagh«) sagt. Zu Beginn des 20. Jahrhunderts hatten sich dort Menschen angesiedelt, deren Dörfer man dem Erdboden gleichgemacht hatte, um Platz für die britische Stadt zu schaffen, und später waren in noch weit größerer Zahl Teilungsflüchtlinge hinzugekommen. In den fünfziger Jahren gab es in Karol Bagh noch viel Grün. Sein Schulweg führte meinen Vater, wie er sich erinnert, durch Parks und ruhige Straßen. »Delhi war schön«, sagt er. »Ich habe mir ein Fahrrad geliehen und bin auf den leeren Prachtstraßen durch die ganze Stadt geradelt.«

In einer Zeit, in der das Ideal jeder indischen Mittelschichtfamilie eine Lebensstellung war, hielt sich mein Großvater nicht länger als ein Jahr auf seinem Posten. Von Missgunst gegenüber seinem schottischen Vorgesetzten erfüllt, einem Mr. McPherson, beschloss er, sich beim Generaldirektor der Firma in Kalkutta über ihn zu beschweren. Unter Ausnutzung seiner Position als Chefbuchhalter überredete er den Finanzchef, ihm das Geld für einen Erster-Klasse-Fahrschein nach Kalkutta auszuhändigen, und machte sich auf, um Genugtuung zu erlangen. Er wurde auf der Stelle entlassen.

Mein Großvater war anglophil. Seine Maxime in der Kindererziehung lautete: »Sie müssen Englisch sprechen.« Er bestand darauf, dass bei Tisch Englisch gesprochen wurde, und wenn er unterwegs war, schrieb er seinen Kindern in fein ziselierter Schrift englische Briefe. Doch seit seiner Vertreibung aus Lahore machte ihm seine Situation in britischen Betrieben offenbar so schwer zu schaffen, dass er wegen tatsächlicher oder eingebildeter Beleidigungen regelmäßig in Rage geriet, zum Missfallen aller um ihn herum. Die Familie verarmte von Neuem und kehrte nach Kalkutta zurück. Arbeitsstellen kamen und gingen. Als ein englischer Vorgesetzter meinen Großvater aufforderte, das Rauchen im Büro zu unterlassen, verstand er das als einen antiindischen Affront und kündigte.

Meine Großmutter, die aus einer vermögenden Familie stammte, trieben diese Jahre der Angst, des Hungers und der gesellschaftlichen Ächtung fast in den Wahnsinn, Jahre, in denen die Kinder ihre Schularbeiten im Treppenhaus machen mussten, wo ein verständnisvoller Sikh-Hausmeister eigens zu diesem Zweck das Licht brennen ließ. Sie schwelgte endlos in Erinnerungen an das an Pakistan verlorene Lahore; dort hatten sie ihr Auskommen gehabt, dort waren sie glücklich gewesen.

Vor diesem Hintergrund fasste mein Vater den Plan, die Familie zu retten. Deutschland bot damals billige Schiffspassagen an und garantierte allen, die als Gastarbeiter ins Land kamen, einen Arbeitsplatz. Das wollte mein Vater als Brücke zu einem Studium in England nutzen. Nach seiner Rückkehr, so stellte er sich vor, würden Hunger und Arbeitslosigkeit für immer der Vergangenheit angehören.

In den Wochen vor seiner Abreise saß sein anglophiler Vater auf dem Balkon und rief den Leuten auf der Straße voller Stolz zu: »Mein Sohn geht nach England!«

Mein Vater schiffte sich in Bombay ein und verbrachte auf der Fahrt über das Arabische Meer, durch den Suezkanal und ins Mittelmeer zwei der sorglosesten Wochen seines Lebens. In Genua ging er an Land und fuhr mit dem Zug weiter nach Stuttgart, wo er sich für ein Jahr als Hilfsarbeiter in einer Papierfabrik verdingte. 1962 kam er nach London. Er studierte Rechnungswesen und arbeitete nebenher bei British Rail. Von seinem ersten Lohn kaufte er einen Parker-Füllfederhalter für seinen Vater, der ihm mit den Worten dankte: »Ich kann mit fester Überzeugung sagen, dass der Füllfederhalter, den Du mir geschickt hast, der berühmteste in ganz Indien ist. Zumindest in Kalkutta gibt es niemanden mit Augen im Kopf, der ihn noch nicht gesehen hat.«

Auf Zimmersuche in London, kam mein Vater zu einem jungen jüdischen Paar im Osten der Stadt. Die Frau war aus Hitler-Deutschland geflohen und als einziges Mitglied ihrer Familie den Vernichtungslagern der Nazis entgangen. Er mochte die beiden, und sie mochten ihn. Ein Zimmer in ihrem Haus war jedoch an einen weißen Südafrikaner vermietet, dem der Schreck in die Glieder fuhr, als er hörte, dass mein Vater einzuziehen gedachte. Bestürzt nahm er die Vermieterin beiseite: »Ich kann unmöglich mit einem Farbigen unter einem Dach leben!«

»Dann packen Sie am besten gleich Ihre Sachen«, gab sie zurück und warf ihn hinaus. Mein Vater wohnte jahrelang in dem Haus.

London, so hatte er sich vorgenommen, sollte nur eine Durchgangsstation sein. Seine Heimat war Kalkutta, und dorthin wollte er zurück. Er vermisste seine geliebte klassische hindustanische Musik, die damals in Kalkutta eine erstaunliche Blüte erlebte – wie oft hatte er als Jugendlicher draußen vor den Fenstern gelauscht, weil er sich keine Eintrittskarte für die nächtlichen Konzerte leisten konnte. Und er hatte keinen Einspruch erhoben, als seine Familie noch vor seiner Abreise eine Verlobung für ihn arrangierte, ein Versuch, ihn für die Dauer seiner Abwesenheit gegen die verderblichen Avancen westlicher Mädchen zu impfen.

Doch das London der frühen sechziger Jahre versetzte meinen Vater in Begeisterung. Schon immer hatte er von Zwängen frei sein wollen, und nun fand er sich in einer unbeschwerten Welt voller neuer Menschen und Erfahrungen wieder. Er befasste sich mit europäischer Geschichte. Er verliebte sich in den Jazz: In der Albert Hall hörte er Ella Fitzgerald und Louis Armstrong. Er war Teil einer Berufswelt von erfreulicher Einfachheit: Man arbeitete hart, und man wurde befördert. Bald schon konnte er Geld nach Hause schicken. Er war umgeben von anderen Zugereisten, die wie er plötzlich aller Bindungen ledig und bereit waren, Entbehrungen auf sich zu nehmen. Er hatte Freundinnen. Er ging ins Kino und sah sich Shows im West End an.

Am 12. November 1965 kaufte er sich in der Mittagspause eine Zeitung und las darin, dass Rhodesien seine Unabhängigkeit vom britischen Empire erklärt hatte; in London hatte man am Tag zuvor per Telegramm davon erfahren. Er hatte die Verwerfungen der Unabhängigkeit am eigenen Leib erlebt und war wie elektrisiert, als er von diesem kühnen Abfall einer anderen britischen Kolonie erfuhr. Er betrat ein Restaurant und bekam den einzigen noch freien Platz zugewiesen, an einem Tisch, an dem bereits eine hübsche junge Frau saß. In seine Zeitung vertieft, sah er jedoch erst auf, als die Bedienung sein Essen versehentlich vor seine Nachbarin und ihres vor ihn hinstellte. Lachend tauschten sie die Teller, kamen ins Gespräch und verabredeten sich für den nächsten Tag.

Der Beginn dieser Beziehung war ungewöhnlicher für meine Mutter als für meinen Vater. Er hatte etwas von der Welt gesehen, er war weit weg von zu Hause, und er war siebenundzwanzig Jahre alt. Meine Mutter war achtzehn und arbeitete als Sekretärin bei einer Versicherung. Sie entstammte einer Arbeiterfamilie und wohnte noch bei ihren Eltern in einer Kleinstadt in Essex, in der das Leben um Kirchenfeste, Nachbarschaftsklatsch und den Fisch zum freitäglichen Abendessen kreiste. Bis zu diesem Tag im Jahr 1965 hatte sie erst einen einzigen Inder kennengelernt. Viele in ihrem Umfeld empörten sich über ihre Freundschaft mit meinem Vater. Ihre Eltern waren kreuzunglücklich, Freundinnen redeten nicht mehr mit ihr. Doch die Romanze dauerte an. Sie fuhren in Urlaub nach Italien. Um seiner Familie die Schönheiten Europas zu zeigen, die er nun genießen konnte, schickte mein Vater Fotos nach Kalkutta, jedoch nicht ohne sie zuvor mit der Schere zu bearbeiten, damit man das westliche Mädchen nicht sah, mit dem er reiste.

Noch immer glaubte er an ein Durchgangsstadium und nahm an, dass er irgendwann nach Indien zurückkehren würde. Doch die Zeit verstrich, und er glitt tiefer in sein englisches Leben hinein. Nicht lange, und er war verheiratet, lebte in Kent und spielte in der Kricketmannschaft der Dorfes, in dem sie wohnten. Nicht lange, und er hatte Kinder und eine hervorragende Stellung bei einem multinationalen Unternehmen. Nicht lange, und er blieb.

Mein Vater hat eine Bilderbuchkarriere gemacht, seine beiden Kinder haben in Oxford studiert, und für Verdienste um seine Wahlheimat wurde ihm der Order of the British Empire verliehen. Er ist der Inbegriff des erfolgreichen Migranten, aber das ist nicht die ganze Geschichte. Es erklärt nicht die Apathie, die ihn nach seinem Eintritt in den Ruhestand befiel, das Gefühl, nie wirklich angekommen zu sein. Es erklärt nicht den Anflug von Trauer, der sich hinter seinem noch immer vitalen Äußeren verbirgt, einer Trauer, die er auch selbst nicht recht in Worte zu fassen vermag und der er freien Lauf lässt, wenn er bei geschlossener Tür in der Badewanne liegt und klassische hindustanische Musik hört. Es ist die Trauer einer Art Exil – unaufgezwungen, unbeabsichtigt sogar und gleichwohl real. Ein Exil, weil er sein Leben an einen Ort gebunden hatte, an dem die Menschen nichts von den einschneidenden, aufwühlenden Erlebnissen wissen, die ihn geprägt haben. Ein Exil auch, weil er jede Möglichkeit der Rückkehr eingebüßt hatte, weil er für seine Verwandten in

Kolkata nach und nach zu einem Fremden geworden ist, den sie nicht mehr verstehen und dessen Leben sich nicht mehr in ihres fügt: Sie fühlen sich unbehaglich und befangen in seiner Gegenwart. Seine Eltern sind schon lange tot. Einige seiner Geschwister haben ihn in Cambridge besucht, doch haben diese Besuche nie ganz die Erfüllung gebracht, die er sich wünscht. Die äußeren Insignien seines Lebens – ein Haus, Fotos, eine Ansammlung von Gegenständen – offenbaren irgendwie nicht das Leben selbst, und noch in seinem eigenen Wohnzimmer kann Unverständnis herrschen. Noch unbefriedigender sind für ihn mittlerweile seine eigenen Reisen nach Kalkutta – »nach Hause«, wie er noch immer sagt –, denn die Umgebung, in der er aufgewachsen ist, hat sich in den letzten fünfzig Jahren radikal verändert und er findet dort nichts mehr von sich wieder. Heute sieht ihn Kolkata, dessen Name ebenfalls geändert wurde, ständig am Rande eines Wutausbruchs: weil es nicht mehr ist, was es sein sollte, weil Leute weggegangen sind, weil er seinen Geschwistern nicht begreiflich machen kann, wer er ist, weil ihn selbst in dem Haus, in dem die Bilder seiner Eltern einen Ehrenplatz einnehmen, niemand mehr versteht.

Lange vor alldem, im Jahr 1963 – ganz zu Anfang, vor meiner Mutter, vor seinem beruflichen Erfolg –, war mein Vater einmal mit der Londoner U-Bahn unterwegs. In der schwarzen Fläche des Fensters gegenüber sah er sein Spiegelbild und aus dem Augenwinkel noch etwas anderes: eine Vision seines Vaters, wie er in Kalkutta tot in einen Leichenwagen gehoben wurde. Es war, als geschähe das in dem U-Bahn-Abteil selbst, und es wirkte so realistisch, dass er sogar den Namen des Bestattungsinstituts an dem Wagen lesen konnte. Bei seinen Freunden angekommen, erzählte er ihnen davon und fing so bitterlich an zu weinen, dass sie es nicht über sich brachten, ihm zu sagen, was sie soeben durch ein Telegramm erfahren hatten. Erst später an dem Abend kam es heraus.

Mein Vater war damals erst anderthalb Jahre weg von Kalkutta. Auch deshalb empfindet er seine Erfolge als so unvollständig. Der Mensch, für den – oder dem zum Trotz – er sich so viel abverlangte, hat keinen dieser Erfolge mehr miterlebt.

Zu Beginn unseres Jahrhunderts arbeitete ich bei einer Marketingberatung in New York. Der Job wurde immer mehr zur Belastung: Der Roman, an dem ich abends zu schreiben versuchte, nahm mich zunehmend in Anspruch, und obendrein war ich in eine Frau verliebt, die auf der anderen Seite des Erdballs lebte – in Delhi. Und so folgte ich Ende 2000 dem Weg meines Vaters – in entgegengesetzter Richtung.

Mit einem einzigen Koffer und einem Karton voller Notizen und Artikel, die ich für meine schriftstellerische Arbeit gesammelt hatte, kam ich in Delhi an. Alles, was ich sonst noch besaß, hatte ich bei einem Onkel in New Jersey untergestellt. Ich ging davon aus, dass ich bald wieder zurück sein würde. Ich wusste nicht, wie lange es dauerte, einen Roman zu schreiben, aber mehr als ein halbes Jahr würde es schon nicht sein. Ich hatte nicht vor, in Delhi zu bleiben. Als Kind hatte ich auf der Fahrt nach Kalkutta einige Male dort Station gemacht, und ich hatte die Stadt als eine verpestete, reizlose, wuchernde Agglomeration in Erinnerung. Ich zweifelte nicht daran, dass es mir gelingen würde, die geliebte Frau von dort weg ins glitzernde Manhattan zu locken.

Doch als ich in Delhi ankam, fielen diese Pläne schnell in sich zusammen. Zu sagen, ich hätte mich in die Stadt verliebt, wäre zu simpel – genauso wahr ist, dass sich Hass gegen sie in mir regte. Was ich erlebte, war ein überwältigendes Eintauchen. Ein Hineingezogenwerden, als läge Delhis Anziehungskraft jenseits von Mögen oder Nichtmögen, denn im Jahr 2000 befand sich dort alles, was es an meinen bisherigen Wohnorten an Komfort und Sicherheit gab, noch in stürmischer Entwicklung, und die Stadt war ein Hexenkessel von Potenzial und Verheißung. Ich war durch puren Zufall in einen der großen Strudel der Epoche geraten, und ohne es jemals geplant zu haben, blieb ich.

Und ich bin immer noch dort – hier. Gute zehn Jahre später schleppt mein Onkel in New Jersey meine verstaubten Habseligkeiten weiterhin bei jedem Umzug von Keller zu Keller.

Zu der Zeit, als ich ankam, hatte Delhi ein Jahrzehnt der Veränderungen hinter sich, die sich aus der »Liberalisierung« von 1991 ergaben:

Reformen, die zum Abbau der seit der Unabhängigkeit bestehenden geschlossenen Planwirtschaft führten und das Land für internationale Waren-, Medien- und Kapitalströme öffneten.

Das Leben in der Stadt hatte sich in den neunziger Jahren vor allem um Prozesse gedreht, die man als Veränderungen ihrer »Software« bezeichnen könnte, während ihre »Hardware« weitgehend unberührt blieb. Kommerzielles – auch ausländisches – Fernsehen schallte durch die Wohnungen der Mittelschicht, und in den weiß getünchten Räumen gediehen ganz neue Träume. Die ursprüngliche Bauweise der Häuser aber – Balkone für den Winter, abgedunkelte Zimmer für den Sommer – blieb erhalten. Es gab nun importierte Jeans zu kaufen, in deren Besitz man bisher nur über Auslandskontakte gelangt war, aber die Läden befanden sich nach wie vor in den engen alten Quartieren des Connaught Place – des einstigen Geschäftszentrums der britischen Ära – oder in den maroden Stadtteilmärkten aus den sechziger Jahren. Der große Tumult von Schöpfung und Zerstörung, in dessen Zeichen ich mit Delhi Bekanntschaft schloss, das rabiate Niederreißen der Hardware unter dem Banner der Globalisierung – »From Walled City to World City – von der ummauerten Stadt zur Weltstadt«, wie eine führende Zeitung titelte – lag damals noch in der Zukunft.

Dieses Niederreißen ließ vieles verschwinden, was bis dahin in Delhi einen festen Platz gehabt hatte. Die Behausungen Hunderttausender Armer wichen Shoppingmalls und Wohnkomplexen, ein gigantischer Verdrängungsprozess, der einige Bewohner Delhis reich, viele Arme zu Flüchtlingen in ihrer eigenen Stadt und das Leben der Arbeiterfamilien generell prekärer machte. Viele Geschäfte ärmerer Betreiber wurden nach dem Jahr 2000 unter ästhetischen Maßgaben vernichtet, so etwa die improvisierten Teestände, an denen man für zwei Rupien [zwei Cent] einen heißen Tee mit Zucker bekam, auf einem Plastikstuhl Platz nahm und sich seltsam abgeschottet fühlte von dem Menschen- und Verkehrsgewühl ringsum. Doch die Welle der Zerstörung erfasste auch zahllose Gebäude wohlhabender Bürger: Sie nutzten den Immobilienboom jenes Jahrzehnts, ließen ihre Häuser abreißen und bauten Apartmentblocks, um sie zu verkaufen. Um bei begrenzter Bodenfläche den größtmöglichen Gewinn zu erzielen, verzichtete man bei diesen nüchternen Blocks auf die großzügigen Terrassen und Balkone der früheren Architektur. Das Leben zog sich in die klimatisierten Räume zurück, und damit löste sich das Geflecht der Plaudereien von Balkon zu Balkon auf, das einst die Nachmittage durchzogen hatte.

Im Jahr 2000 aber hatte diese Entwicklung noch nicht begonnen, und in weiten Teilen der Stadt lebten die Menschen wie bisher in einer älteren Zeit, einer wohlig-verträumten Zeit. Teilungsflüchtlinge hatten sie aus ihren Kleinstädten und Dörfern mitgebracht, und sie haftete noch den Wohnumgebungen an, die sie sich damals geschaffen hatten. Das kleine Apartment, das ich in jenem Winter bezog, lag in einem ursprünglich für solche Flüchtlinge vorgesehenen Viertel. Aus dem Fenster sah ich sie, alt geworden und in Umschlagtücher gehüllt, reglos auf Dächern und Balkonen sitzen, während ihre Kinder bei der Arbeit und ihre Enkel in der Schule waren. Der nordindische Winter ist kalt, in den unbeheizten, für die Sommerhitze konzipierten Häusern mit ihren Steinböden herrscht drinnen dieselbe Temperatur wie draußen, und so genossen meine Nachbarn die gleichen winterlichen Freuden wie ihre ländlichen Vorfahren: dampfenden Ingwertee in den Händen, die bleiche Nachmittagssonne auf dem Gesicht. Diese ehrwürdigen Nachbarn strahlten die Gelassenheit einer anderen Epoche auf die Menschen in ihrer Umgebung aus: Sammler von Altglas und Altpapier, die gemächlich von Haus zu Haus radelten, Gemüseverkäufer, die ihre Karren friedfertig und geduldig durch die sonnengefleckten Straßen schoben. Da und dort rief eine alte Frau ihre Bestellung zu ihnen hinunter, und ein Preis wurde ausgehandelt. Dann ließ sie das Geld in einem Korb von ihrem Dach herab, der Händler nahm es heraus, legte die Ware hinein, und langsam, ganz langsam wurde der Korb wieder hochgezogen.

Im damaligen Delhi kehrte abends schon früh Ruhe ein. Heute kann man sich das kaum noch vorstellen, denn in den Jahren nach meiner Ankunft entstand ein glitzernder Archipel von Cafés, Restaurants, Bars und Clubs, und mittlerweile ist an den Wochenendabenden kaum noch ein Durchkommen in dem Verkehrsgewühl und den Scharen begieriger Kneipengänger. Im Jahr 2000 aber gab es das alles noch nicht, damals beherrschte ein älterer Konservatismus Delhis

Nächte, und die meisten Viertel waren nach Ladenschluss um neun wie ausgestorben. Meinen Nachbarn, die an die Tugenden von Häuslichkeit und Frühaufstehen glaubten, stand der Sinn ohnehin nicht nach abendlichem Ausgehen. Tief geprägt von den Schrecken und Verlusten der Teilung, war diese Mittelschichtgeneration genügsam und dem äußeren Leben gegenüber misstrauisch. Geld in Restaurants auszugeben – und von fremden Händen zubereitete Speisen zu verzehren – war ihr ein Gräuel. In ihr Delhi kam ich, ein Delhi, das – ganz im Gegensatz zu dem New York, das ich verlassen hatte – wenig daran interessiert war, zu verführen oder zu unterhalten: War der Tag zu Ende, schickte es seine Bewohner nach Hause.

Selbst in den Künstlerkreisen, in denen ich nun verkehrte, spielte sich abendliche Unterhaltung wie seit Jahrzehnten im häuslichen Bereich ab. Wir gingen nicht aus, weil es nichts gab, wohin wir hätten gehen können. Wir trafen uns in der einen oder anderen Wohnung – klein, kahl und damals noch billig –, saßen in verqualmten Räumen um ein Sammelsurium von Rum- und Whiskyflaschen herum auf Kissen am Boden und redeten.

Jedes Gespräch ist von der Zeit durchtränkt, in der es stattfindet, und in diesen Nächten voller Gespräche erkannte ich, dass ich an einem besonderen Ort und in einer besonderen Zeit gelandet war.

Die Künstler und Intellektuellen in meinem Umfeld sprachen in einer Tonlage, die mir an keinem anderen Ort je begegnet ist, seit damals auch nicht mehr an diesem. Es waren brillante, originelle Köpfe, doch die überbordende Energie ihrer Debatten speiste sich auch aus der Stadt selbst. Das Alte ging unter, das Neue zog herauf, und wir lebten in dem Raum dazwischen, in dem nichts geklärt, alles potenziell war. Jeder versuchte sich vorzustellen, was aus der Stadt – und dem eigenen Leben – werden mochte. Man lebte mit leerem Magen, sättigte sich mit Büchern und Gesprächen, denn Denkformen, die in stabilen Zeiten als schematisch und abgehoben gelten, werden vertraut und notwendig, wenn alle Grenzen wegfallen. Der Mensch braucht die Philosophie, weil er den Umbruch in sich selbst nicht zu verstehen vermag. Er braucht mehr als das, was er bereits hat, mehr Ideen, mehr Worte, mehr Sprache – und er wirft sich in den Diskurs, egal, ob es ihn schlaflose Nächte kostet.

Ein Großteil dieser Energie war in hohem Maße lokal geprägt. Die Stadt veränderte sich in verblüffender Weise, und es entstand der Eindruck, das Leben hier würde herrlich werden, es würde befreit sein von den Zwängen der Vergangenheit, und aus seiner Erde würden viele unbekannte Früchte sprießen. Ein anderer literarischer Neuankömmling in der Stadt schrieb ein Gedicht mit der Überschrift »In den Anfangstagen der U-Bahn von Delhi«,[1] ein Titel, der sowohl die Aufbruchsstimmung jener Jahre als auch den großen Idealismus einfing, den das neue U-Bahn-Netz hervorrief; die erste Strecke wurde kurz nach meiner Ankunft in Betrieb genommen. Die Hightech-Züge und -Stationen schienen eine Ära hochwertiger öffentlicher Infrastruktur einzuläuten, errichtet – jawohl, auch Indien *can do*! – ohne die bei solchen Projekten sonst übliche Inkompetenz und Korruption. Die mühelos unter der Stadt hindurchgleitenden Züge, die den täglichen Kampf und das Chaos auf Delhis Straßen umgingen und umstandslos durch reiche wie durch arme Viertel brausten, schienen eine neue – auch soziale und wirtschaftliche – Mobilität für diese traditionell so sehr auf Abgrenzung und Hierarchie bedachte Stadt anzukündigen.

Doch die Erwartungen dieser Jahre reichten weit über die Stadt hinaus. Sie entsprangen einem universellen Anspruch: *Was hier passiert, wird die ganze Welt verändern.*

Die Menschen, die ich kennenlernte, waren Kosmopoliten, und sie waren hocherfreut darüber, dass in ganz Indien Mauern fielen. Jeglichem Nationalismus abhold, liebten sie die Schätze, die über das Internet zu ihnen gelangten. Doch ihre Skepsis – und die Geschichte antiimperialistischen Gedankenguts in diesem Teil der Welt – ließ sie die wirtschaftlichen und sozialen Grundlagen westlicher Gesellschaften auch kritisch sehen, und das Letzte, was sie wollten, war die Herausbildung einer ähnlichen Gesellschaft im Gefolge der Öffnung Indiens. Ihre intellektuelle Inspiration bezogen sie großenteils von internen Kritikern des westlichen Kapitalismus: amerikanischen Free-Software-Theoretikern, der Hausbesetzerbewegung in den Niederlanden, Künstlern in Großbritannien, die die kommerzielle Verfügung über Nahrungsmittel und Eigentum infrage stellten, Rechtswissenschaftlern in Harvard und Oxford, die alternative Theorien zum Eigentum an Saatgut, Bildern und Ideen entwickelten. Diese Problemkreise waren von höchster Relevanz für das Indien nach der Liberalisierung, denn *Eigentum* war hier das große Thema. In vielen Lebensbereichen waren grundlegende Ressourcen – bestimmte Formen von Land, Wissen und Kultur beispielsweise – stets frei von Eigentum gewesen. Als Indien jedoch internationalen Handelsabkommen beitrat, ging die Entwicklung in Richtung der Privatisierung dieser bis dahin »gemeinschaftlichen« Güter. Meine Freunde in Delhi befürchteten, dass die Unternehmenskultur, die sich als der Königsweg zum Reichtum anpries, ohne eine umfassende Anpassung an hiesige Verhältnisse zu einer neuen Art von Mangel führen würde.

Zugleich ahnte man, dass eine solche Anpassung Visionen neuer, hybrider Formen des Kapitalismus ermöglichen würde, die nicht nur hier, sondern überall in der Welt zu einer Quelle der Inspiration werden konnten. New York erlebte zu dieser Zeit den verheerenden Schock des elften September, und unter dem Druck der aufkeimenden Angst vor dem Islam in den westlichen Gesellschaften erwies sich deren Multikulturalismus – und auch ihr Überlegenheitsgefühl – als brüchig. Dieser Multikulturalismus schloss zwar Menschen von vielerlei Herkunft und Glauben ein, erwartete von ihnen jedoch, dass sie ein hohes Maß an Homogenität akzeptierten: Alle hatten sich an ein und dieselbe Rechtsordnung zu halten und alles abzulegen, was nicht mit dem Leistungs- und Nüchternheitsethos des Staates vereinbar war. In Delhi, dessen fünfzehn Millionen Einwohner daran gewöhnt waren, mit Menschen zu leben, mit denen sie keinerlei Berührungspunkte hatten, bot das Leben ein ungleich vielfältigeres und paradoxeres Spektakel – das aber gleichwohl flexibel und funktional erschien. Diese Fähigkeit der Drittweltstadt, ein völliges Fehlen gegenseitigen Verstehens unter ihrer Einwohnerschaft zu akzeptieren – nicht zu sagen »Hilf mir, dich zu verstehen, damit ich mit dir leben kann«, sondern »Ich werde ohne Vorbedingung mit dir leben, denn ich werde dich nie verstehen« –, war nicht nur zutiefst human, sondern als allgemeines Ethos der Globalisierung auch vielversprechender, denn in diesen Zeiten globaler Verflechtungen stehen wir natürlich alle in Beziehungen mit Menschen, die wir nie kennenlernen oder verstehen werden. Vielleicht finden sich in den Städten der Dritten Welt, die lange als Orte der Trostlosigkeit und Verzweiflung galten, implizite Formen eines Wissens, von dem man überall profitieren könnte.

Doch es wurde nicht nur geredet. Delhi sprudelte über von neuer Kultur. Als ich mich hinsetzte, um mein erstes Buch zu schreiben – und feststellte, dass Delhi mich weit mehr inspirierte als New York –, sah ich mich allenthalben von Leuten umgeben, die Ähnliches unternahmen. Die in Delhi lebende Autorin Arundhati Roy, die Erste aus dieser Szene, die international wahrgenommen wurde, hatte vor Kurzem den Booker Prize gewonnen, und plötzlich schrieben junge Leute überall in dieser unliterarischen Stadt Bücher und Drehbücher. Andere Zwanzig- bis Vierzigjährige gründeten Verlage, Magazine und Zeitungen. Cafés und Kneipen versuchten mit Dichterlesungen und Filmvorführungen neue Gäste anzulocken.

Am dynamischsten entwickelte sich die Kunstszene. Sie versammelte eine bunte Mischung von Menschen, die nach Delhi gekommen waren, weil sie hier gute Universitäten und billige Ateliers vorfanden – oder auch nur, weil sie dem Raunen der damals so greifbaren Verheißung gefolgt waren, Delhi werde ihnen ihr neues Ich offenbaren. Ich erinnere mich an eine experimentelle Ausstellung in einem leer stehenden Haus: Auf dem Boden waren Wasserpfützen, und man musste sich im Schein der provisorischen Beleuchtung mühsam durch die Flure tasten. Leute unterhielten sich in Badewannen, Kunstwerke waren an die Wände der Bäder gemalt oder lagen in Küchenschubladen versteckt. Die Ausstellung spiegelte etwas von den Auflösungsprozessen jener Tage wider, aber auch von der verblüffenden, wunderbaren neuen Realität, die nun hervortreten würde. Es war eine unbestreitbar coole Show, und niemand wunderte sich, als sich Bianca Jagger im blütenweißen Kostüm ihren Weg durch die feuchten Räume bahnte. Noch heute reden die Leute von diesem Abend, der einen Vorgeschmack auf Künftiges bot: Wenige Jahre später waren einige der Künstler von damals zu Lieblingen der internationalen Kunstszene avanciert. Kunstsammler in aller Welt wollten ein Stück vom Aufschwung Indiens haben – etwas, das den Gerüchten um den Aufstieg Asiens, um die abstrakten Höhenflüge der Bombay Stock Exchange etwas Greifbares verlieh – und kauften Stahl- und Marmorskulpturen auf, deren gewaltige Ausmaße von den epischen Umständen zeugten, denen sie entsprungen waren. Künstler bezogen hangargroße Ateliers, sie wurden ohne fremde Hilfe multinational – wie alle guten Unternehmen des 21. Jahrhunderts ließen sie bald in China produzieren – und verkauften ihre Werke für eine Million Dollar das Stück. Ihr rascher Aufstieg von originellen Randfiguren zu reichen Kraftzentren beeindruckte zwangsläufig selbst eine künstlerisch so desinteressierte Gesellschaft wie die Delhis, und sehr bald wurden auch Künstler in das Pantheon indischen Ruhms aufgenommen. Sie waren reich geworden, und man glaubte, sie hätten nie etwas anderes im Sinn gehabt. Ich aber hatte sie schon davor gekannt, als noch kein Geld am Horizont erschienen war, als nur ein einziger Gedanke sie bewegt hatte: wie die große Stimme in eine Form zu gießen sei, deren Ruf so viele von uns hörten, hier, in den Anfangstagen der U-Bahn von Delhi.

Zehn Jahre später war von diesem utopistischen Getöse nichts mehr übrig.

Diese wunderbaren frühen Jahre lagen bereits in weiter Ferne. Die Zukunft war da, und sie war nicht sehr beeindruckend. Dunkle Energien hatten sich der Stadt bemächtigt, und sie war wieder ins Unbedeutende, Belanglose zurückgefallen. Hatten wir geglaubt, Delhi könne den Rest der Welt etwas über das Leben im 21. Jahrhundert lehren, so wurden wir enttäuscht. Landraub und die altbekannte Korruption, die in diesen späteren Jahren so ins Kraut schossen, der Machtzuwachs der Eliten auf Kosten anderer, die Umkehr alles Langsamen, Vertrauten, Charakteristischen ins Schnelle, Monumentale, Anonyme – all das machte es schwer, noch von einer Zukunft voller Überraschungen zu träumen. Das Geld regierte Delhi in einer Weise, wie es nicht einmal im »materialistischen« Westen der Fall war, und der Lebensstil, der sich um uns herum entwickelte, war ein schwacher, farbloser Abklatsch dessen, was westliche Gesellschaften hervorgebracht hatten: Bürokomplexe, Wohnblocks, Shoppingmalls, rings umgeben von Millionen Menschen, die sie niemals betreten würden, es sei denn, um die Böden zu fegen.

Zudem löste ein abrupter Anstieg urbaner Gewalt – am spektakulärsten in Form einer bedrückenden Serie grauenvoller Sexualverbrechen – allgemeines Entsetzen über die Art von Gesellschaft aus, die in der rasant sich wandelnden Metropole Gestalt annahm. Tausende gingen auf die Barrikaden, um ihr Mitgefühl mit den Opfern und ihre Empörung über die Schutzlosigkeit zu bekunden, die sie nun in den Straßen ihrer eigenen Stadt empfanden, und Delhi wurde zu einem Ort bestürzter Innenschau. Manche hatten gehofft, solche Gedanken in dieser Zeit des wirtschaftlichen Aufschwungs für immer ad acta legen zu können; aus der Kolonialzeit überkommen, bewegten sie Inder und Ausländer gleichermaßen und besagten, dass Indiens Kultur minderwertig und atavistisch sei. Die grausamen Berichte in den Lokalteilen der Zeitungen weckten in vielen starke Zweifel an der Berechtigung dieser Hoffnungen. Die Stadt schuf nun kein Paradies mehr, das die Welt inspirieren sollte – sie versuchte vielmehr, sich vom Tor zur Hölle zurückzuziehen.

Am Ende des Jahrzehnts beschloss ich, ein Buch über die Stadt meiner Wahl zu schreiben, nicht zuletzt um diesen Wandel, den ich mit Millionen anderer erlebt hatte, besser zu verstehen. Nach meinem Eindruck waren hier ungezügelte menschliche Energien am Werk – Geld, Veränderungswille und Ehrgeiz, aber auch Angst, Asketismus und Geschichtstrauma –, und man konnte der Realität der Stadt nur dadurch auf die Spur kommen, dass man Bewohner fragte, wie sie lebten und wie sie sich fühlten. Bevorzugte Sprache im Diskurs über Indiens Wandel waren Statistiken, denn wie sonst sollte man das Dasein einer so disparaten Milliardenbevölkerung darstellen? Doch die geschmeidigen Aufwärtskurven des boomenden Indien sagten nichts darüber aus, mit welcher Wucht jeder neue Tag die Bewohner Delhis traf. Sie rührte von der tiefgreifenden Verzerrung des täglichen Lebens her, die die Menschen hin und her riss zwischen Hochstimmung und Entsetzen, zwischen alten und neuen Wertordnungen, zwischen Selbstverwirklichung und Selbstvernichtung. Es gab keine Chiffre für den Schmerz einer zunehmend globalisierten Gesellschaft, und die Statistikbegeisterung im Verein mit der Vernachlässigung des Paradoxen, des Traumhaften und des Zweifels war gerade Teil des Problems. Allzu oft ging man davon aus, dass das Innenleben einer dem Anschein nach prosperierenden Bevölkerung genauso ebenmäßig zu sein habe wie ihr äußerer Rahmen, in Wirklichkeit aber wurden die rapiden Veränderungen dieser Schwellenlandmetropole von vielen als ein verwirrender schwerer Sturm empfunden. Man verdiente mehr Geld, aber die Dinge ergaben weniger Sinn.

Der Fehler lag allerdings zwangsläufig nicht so sehr in den Dingen als vielmehr in der Vorstellungskraft. Es schien, als sei Delhi irgendwie noch nicht imaginiert worden, und im Gegensatz zu den Bewohnern vielfach imaginierter Städte – Paris, New York, Mumbai – hatten wir in Delhi kaum Codes zur Verfügung, mit denen wir das Datenchaos um uns herum hätten ordnen können. Die »Stadt« existierte noch nicht: Fürs Erste war sie noch ein bloßes Kraftfeld wild wuchernder Impulse – auch deshalb fühlten wir uns so gereizt und erschöpft. »Sinnlos!«, riefen die Lokalblätter nach jeder neuen Gräueltat und reproduzierten damit unentwegt eine von Delhis jahrhundertealten Ideen: dass alles letztlich ohne Sinn ist. Doch ich fragte mich, ob es nicht möglich sei, die Geschichte auf den Kopf zu stellen. Zwar sahen wir uns gefangen im Strudel der Veränderung, gleichwohl aber war allenthalben Sinn zu erkennen, und selbst das Grauen sagte etwas aus. Einzelne zumindest waren von ihrer eigenen Bedeutung zutiefst überzeugt, auch wenn sie an den anderen verzweifelten. Mit ihnen wollte ich beginnen, mit dem reißenden Strom des Innenlebens dieser Stadt, dort wollte ich den Rhythmus suchen, die Geschichte, das Geflecht, aus dem die Charakteristika einer Stadt erwachsen mochten. Für mein Gefühl ergab das alles sehr wohl einen Sinn. Es konnte sehr wohl eine »Stadt« geschaffen werden.

Doch das Buch, das ich zu schreiben begann, war nur teilweise ein Buch über Delhi. Es war ebenso ein Buch über das globale System selbst. Die Szenen, die ich um mich herum beobachtete, schienen mir nicht nur für diesen Ort von Belang. Und ich hielt sie auch nicht für Szenen eines »primitiven« Teils des Systems, der sich mühte, den höher entwickelten Westen einzuholen. Für mich waren es vielmehr hypermoderne Szenen, die sich in unterschiedlicher Ausprägung überall an den Felswänden des heutigen globalen Kapitalismus abspielten. Mein Buch kam mir vor wie ein Bericht aus der globalen

Zukunft, denn in »aufstrebenden« Zentren wie diesem, die den internationalen Kapitalismus der Mitte des 20. Jahrhunderts – die Zeit seiner größten Inklusivität und Hoffnung – verpasst hatten, war die jüngste Schicht der globalen Zeit am besten zu beobachten. Nicht mehr im Westen, so dachte ich, sondern an Orten wie diesem fanden Menschen aus aller Welt ihre Zukunft am deutlichsten vorgezeichnet.

So gesehen blieb ich dem Universalismus meiner ersten Zeit in Delhi treu. Doch war es nun ein dunklerer Universalismus und einer, bei dem ich mich weit mehr anstrengen musste, um den Idealismus darin aufzuspüren.

Mein Vater war besorgt, als ich nach Delhi ging. Er hatte Indien zu lange gemieden, um seinen Sohn mit Gleichmut ziehen zu lassen. Mit der Zeit aber erkannte er, welche Möglichkeiten diese unerwartete Veränderung barg. Sie eröffnete ihm einen Weg zurück in seine Vergangenheit, und ich wurde zum Mittler zwischen seinem Leben als Erwachsener und seiner Jugend. Als er und meine Mutter mich in Delhi besuchten, sah ich ihn so lebhaft wie seit Jahren nicht mehr. Sein jugendliches Ich kam wieder zum Vorschein, wenn er Hindi sprach – seit seiner Zeit in Delhi war das kaum jemals mehr der Fall gewesen – und in den Musikgeschäften nach CDs seiner geliebten klassischen hindustanischen Musik stöberte. In seinem Enthusiasmus bat er mich, ihn zu dem Haus zu fahren, in dem er in den fünfziger Jahren mit seiner Familie gewohnt hatte.

Und so machten wir – er, meine Mutter und ich – uns auf den Weg nach Karol Bagh. »15/64 Western Extension Area, Ajmal Khan Road«, sang er bedeutungsvoll auf dem Rücksitz. Wir fuhren durch die breiten staufreien Straßen des Behördenviertels und bogen in Richtung Karol Bagh ab. Der Nachmittag neigte sich dem Ende zu, und vor den zahllosen Läden dort wimmelte es von Lieferwagen. Die Geschäfte der Punjabi-Händler, die 1947 hierhergekommen waren, florierten, und das Viertel platzte aus allen Nähten. Läden und Kaufhäuser schoben sich bis auf die Straßen vor, Apartmentblocks waren noch in der kleinsten Lücke nach oben und außen gewachsen, und den Rest füllten parkende Autos. Wir verpassten unsere Abzweigung und mussten wenden, ein Fehler, der uns eine halbe Stunde kostete. Wir steckten im Verkehr fest und schauten zu, wie sich die Fahrradrikschas durch das Gewühl schlängelten und Frauen vor den Sari-Läden absetzten. Im abgasverpesteten Kraftfeld der Märkte Delhis ist das Auto das denkbar ungünstigste Verkehrsmittel, und kein Markt ist so verpestet wie der von Karol Bagh.

Mein Vater wurde immer grimmiger, je tiefer wir in den Feierabendtrubel vordrangen. »Karol Bagh war mal ein *bagh*«, sagte er, »ein Garten. Ich bin mit dem Rad durch die Straßen hier gefahren. Was ist passiert?« Wieder und wieder fragten wir nach der Adresse: »15/64 Western Extension Area?« Doch niemand konnte uns weiterhelfen. Meine Mutter las die Hausnummern von den Eingangstüren ab, sie kletterten immer höher und näherten sich vielversprechend unserem Ziel, dann kapitulierte sie und begann eine neue Reihe. Das Haus gab es offenbar nicht mehr. Wo es einmal gestanden haben musste, ragten nun stählerne Kaufhausfassaden auf. Die Aussicht, noch weitere Male wenden zu müssen, erschien uns zu zermürbend, und mein Vater sagte entnervt: »Lasst uns nach Hause fahren. In dem Chaos kommt man ja nicht vorwärts.«

Auf der Rückfahrt ließ die Enttäuschung über eine weitere fehlgeschlagene Heimkehr meinen Vater verstummen, und ich selbst dachte bei mir, dass es für den Schock, den er empfand, nicht einmal seiner sechzig Jahre währenden Abwesenheit bedurft hätte. Selbst Menschen, die Karol Bagh nie verlassen hatten, selbst Männer und Frauen, vor deren eigenen Augen sich all die Veränderungen der letzten sechs Jahrzehnte vollzogen hatten, schüttelten manchmal ungläubig den Kopf, wenn sie an die Vergangenheit zurückdachten. Alte Leute versuchten anderen, die nicht dabei gewesen waren, zu beschreiben, *wie es damals war*, vermochten es aber oft kaum in Worte zu fassen. Worte und Erinnerungen blockierten – denn der Mensch ist unglaublich anpassungsfähig und stellt sich so verblüffend effizient auf eine veränderte Umgebung ein, dass er sich nur noch mit Mühe entsinnen kann, wie etwas früher war – oder wie er selbst früher war. Dieser Prozess hatte sich im Delhi des beginnenden 21. Jahrhunderts massiv beschleunigt. Der Wandel vollzog sich in solch frappierendem Tempo, dass Menschen jeden Alters von ihrer eigenen jüngeren Vergangenheit abgeschnitten wurden. Sie sahen die riesigen Shoppingmalls, deren Bau sie einst empört und erzürnt hatte, und wussten schon nicht mehr, was vorher dort gestanden hatte und warum sie so entschieden dagegen gewesen waren. Der gescheiterte Versuch meines Vaters, sein Delhi von einst wiederzufinden, war nur ein Beispiel eines allgemeinen Phänomens. Niemand, auch die Jüngeren nicht, konnte das Delhi, dem er entstammte, wiederfinden, weil es nicht mehr existierte.

Wir stellen uns Migration gern als räumliche Bewegung vor, in mancher Hinsicht aber ist diese Form der Migration eine Seitwärtsbewegung in dem weitaus gewaltigeren Exodus, an dem jeder teilnimmt, der mitten im Strudel des Kapitalismus lebt: der Migration über die Ebenen der Zeit hinweg.

Ich finde es deshalb interessant, dass mein Vater seine Bindungen an verlorene Orte im Alter auf das Sammeln von Uhren – und nicht beispielsweise von Landkarten – verlagert hat. Wie so viele Migranten haben ihn *Erbstücke* schon immer fasziniert. Sein beruflicher Erfolg führte ihn in den Dunstkreis des englischen Bürgertums, dessen Häuser angefüllt waren mit Erbstücken: Truhen und Zierrat, Gemälde und Vasen. Er dagegen besaß nicht einen einzigen Gegenstand, der Zeugnis davon hätte ablegen können, aus welchem Land oder aus welcher Familie er stammte. Und so hat mein bescheidener Vater in den vergangenen Jahren damit angefangen, beträchtliche Summen für eine Sammlung französischer Reiseuhren aus dem 19. Jahrhundert auszugeben. Er ist weder besonders frankophil, noch empfindet er es – außer was die Geschichte der Uhrmacherei anbelangt – als romantisch, dass diese Chronometer in Paris hergestellt wurden. Wichtig ist ihm, dass sie schon sein Leben lang und noch viel länger getickt, dass sie nicht nur während der gesamten Geschichte des unabhängigen Indien, sondern auch schon während der britischen Herrschaft viertelstündlich geläutet haben. Und so bringen sie mit jeder ihrer kakophonischen Lautäußerungen in seinem Haus in Cambridge all die entgangene Zeit zurück. Altehrwürdig, wie sie sind, lassen sie die Zeit ruhig und vollständig erscheinen, fassen die gesamte Geschichte zusammen und speichern sie, so dass sie niemals versickern wird.

Zweites Kapitel

1991

> »Ich bin sehr stolz darauf, Inderin zu sein. Wenn mich als Kind jemand fragte, woher ich komme, war es mir immer peinlich, sagen zu müssen, dass ich aus Indien sei. Aber in den neunziger Jahren hat sich etwas geändert. Jetzt bin ich sehr stolz, dass ich von hier bin. Wissen Sie, damals gab es hier nichts, und alles war furchtbar schmutzig. Jetzt fahren BMWs auf den Straßen. Bis ich fünfzig bin, werden wir alles erreicht haben. Die Generation meiner Kinder wird es mit eigenen Augen sehen. Alles ist möglich, die Menschen haben so viel Energie. Und das passiert alles hier.«
>
> Indira, Schmuckdesignerin

Am 24. Juli 1991 verkündete der neue indische Finanzminister Manmohan Singh in seiner Haushaltsrede, sein Land werde sich von nun an die Prinzipien der Marktwirtschaft und des freien Unternehmertums zu eigen machen. Das Leben änderte sich schlagartig, selbst in seinen einfachsten Grundlagen. Eine neue Landschaft tauchte auf. Jemand drückte es mir gegenüber so aus: »Bis dahin hatte ich nie die Farbe Rosa gesehen.«

Man könnte sagen, dass Indiens Abkehr von der orthodoxen Lehre der zentral geplanten, geschlossenen Wirtschaft, die seit der Unabhängigkeit vorgeherrscht hatte, nur langsam vonstattenging. Immerhin gehörte Indiens traditionelles Vorbild, die Sowjetunion, inzwischen der Vergangenheit an. Eine Doktrin der Liberalisierung und Deregulierung der Wirtschaft – der »Washingtoner Konsens« – hatte sich in den Machtzentren der Welt im Lauf des vorangegangenen Jahrzehnts durchgesetzt und zu der, häufig erzwungenen, Transformation großer Teile Lateinamerikas und Afrikas geführt. Selbst innerhalb Indiens hatten die Befürworter der freien Marktwirtschaft – unter ihnen kein Geringerer als der angesehene Wirtschaftswissenschaftler Manmohan Singh selbst – seit den siebziger Jahren auf eine Lockerung der staatlichen Kontrollen gedrängt. Doch solche als »wirtschaftsfreundlich« und »unpopulär« geltenden Konzepte hatten sich stets als politisch nicht durchsetzbar erwiesen, und sogar diejenigen Konzessionen, die vor 1991 verwirklicht worden waren, wurden vor anstehenden Wahlen meist wieder rückgängig gemacht. Tatsache war, dass jeder Politiker, der öffentlich erklärte, das sogenannte »sozialistische« System funktioniere nicht, sich dem Vorwurf aussetzte, dem sakrosankten Vermächtnis des indischen Gründervaters Jawaharlal Nehru untreu geworden zu sein.

Wie Manmohan Singh ein halbes Jahrhundert später hatte auch Nehru in Cambridge studiert – ebenso wie seine Gegenspieler im Kampf um die Unabhängigkeit, der englische König und Kaiser von Indien, George VI., und Vizekönig Lord Mountbatten. (Nehru hatte als Einziger dieser drei sein Studium abgeschlossen.) Nehru, der in Harrow zur Schule gegangen war, hatte von 1905 bis zum Abschluss seines Grundstudiums 1912 in England gelebt und glich in fast jeder Hinsicht mehr den britischen Herrschern, die unter seiner Regie vertrieben worden waren, als den 350 Millionen Menschen, über die er anschließend herrschte. Doch von der Gesellschaft, die er in Indien aufbauen wollte, hatte er völlig andere Vorstellungen als die abziehenden Briten. Was ihn in Cambridge fasziniert hatte, war nicht die Laisser-faire-Doktrin des Britischen Weltreichs, sondern der intellektuelle Sozialismus der Fabian Society. Der überbordende Luxus der britischen Landadligen, Industriellen und Bankiers war ihm zuwider, für sie war seiner Ansicht nach in der modernen Republik kein Platz. Er wollte Indien nicht nur von der britischen Herrschaft befreien, sondern auch von dem Wirtschaftssystem, mit dem Großbritannien das Land, dessen Pro-Kopf-Einkommen sich zwischen 1757 und 1947 nicht erhöht hatte, seiner Meinung nach in die Armut getrieben hatte.[2]

Das war auch keineswegs nur Nehrus Privatmeinung. Die Unabhängigkeitsbewegung verdankte ihre Entstehung zum Teil einem 1901 erschienenen Buch – *Poverty and Un-British Rule in India* –, dessen ausführliche Analyse der indischen Wirtschaft zu dem Ergebnis kam, dass die Hauptursache der damaligen Armut in dem massiven Abfluss indischen Reichtums unter britischer Herrschaft lag – eines Reichtums, der sich noch im 17. Jahrhundert auf nicht weniger als fünfundzwanzig Prozent des gesamten Bruttoinlandsprodukts aller

Länder der Welt belaufen hatte. Der Autor des Buches, Dadabhai Naoroji, war kein hitzköpfiger Dilettant. Er war nicht nur Schriftsteller, Verleger und Professor an der Universität Bombay sowie am University College in London, sondern auch ein wohlhabender, erfolgreicher Baumwollkaufmann, der als erster indischer Großunternehmer eine eigene britische Tochterfirma gründete. Darüber hinaus rief Naoroji eine der ersten Gesellschaften zur Förderung des Ansehens und der Interessen der indischen Völker ins Leben. Er wandte sich immer mehr der Politik zu und wurde Premierminister von Baroda und später liberaler Unterhausabgeordneter für den Londoner Wahlkreis Finsbury Central: Als erster Inder, der ins britische Parlament einzog, konnte er dem Londoner Establishment seine Analyse der Ungerechtigkeiten der britischen Kolonialherrschaft in Indien und Irland vortragen. Zu der Zeit, als Nehru aus Cambridge zurückkehrte, war auch Naoroji wieder in Indien und absolvierte seine dritte Amtszeit als Präsident des Indischen Nationalkongresses – des politischen Instruments für die spätere Unabhängigkeitsbewegung Indiens und die Konstituierung der Kongresspartei nach der Unabhängigkeit, die bis in die siebziger Jahre die indische Demokratie beherrschte –, ein Amt, das später Nehru selbst innehaben sollte.

Als Nehrus politische Laufbahn begann – zehn Jahre nachdem er nach Indien zurückgekehrt war –, begeisterte er sich für die bolschewistische Revolution, und innerhalb der Unabhängigkeitsbewegung war er derjenige, der sich am entschiedensten für die Planwirtschaft einsetzte. Nehru war ein Modernist, und er war erfüllt von dem modernen Traum einer totalen Gesellschaft, in der Ungerechtigkeit, Ungleichheit, ja überhaupt alle niederen menschlichen Triebkräfte durch ein perfektes politisches System abgeschafft werden sollten. Sein Besuch in der UdSSR zur Zehnjahresfeier der Revolution im Jahr 1927 erfüllte ihn mit Hoffnung und Begeisterung. Das Buch, das er später über diesen Aufenthalt schrieb, fließt über vor Bewunderung für die sowjetischen Errungenschaften: die Industrie, die Kunst, die hochgesinnten Beamten – ein so majestätisches Unterfangen, dass es sogar schwerfiel, seine Misserfolge allzu harsch zu beurteilen. In Russland sah Nehru nicht – oder vermochte nicht zu sehen – die Herrschaft der im Luxus lebenden Wenigen über die elenden Vielen. Das Bild, das er mitnahm, war das von Michail Kalinin, dem Vorsitzenden des Zentralen Exekutivkomitees – und Staatsoberhaupt –, der Bauernkleider trug und kaum mehr verdiente als ein einfacher Arbeiter. »Russland interessiert uns also«, schrieb er,

> »weil es uns helfen kann, eine Lösung für die großen Probleme zu fnden, mit denen die Welt heute konfrontiert ist. Es interessiert uns besonders, weil die Verhältnisse dort den Verhältnissen in Indien gar nicht so unähnlich waren, ja, sogar noch immer sind. Beide sind riesige Agrarländer, und die Industrialisierung steckt noch in den Anfängen, und beide sind mit Armut und Analphabetentum konfrontiert. Wenn Russland hier eine zufriedenstellende Lösung findet, erleichtert das uns in Indien die Arbeit.«[3]

Als Ministerpräsident startete Nehru dann ein gewagtes Experiment – dessen Ungereimtheiten sich nur so lange überspielen ließen, wie er mit seiner einzigartigen Ausstrahlung selbst dafür sorgen konnte. Einerseits gelang es ihm unglaublicherweise, dieses weitgehend feudale Land auf einen Schlag in eine Demokratie umzuformen. Die Verfassung garantierte volljährigen Bürgern das uneingeschränkte Wahlrecht, obwohl nur zwölf Prozent von ihnen lesen und schreiben konnten und trotz der verbreiteten Ansicht, dass es gefährlich – und unnötig – sei, die Geschicke des Landes in die Hände von Menschen zu legen, die von Demokratie so wenig verstanden, dass sie nicht einmal auf den Gedanken kamen, nach ihr zu verlangen. Nehru und seine Kollegen in der Verfassunggebenden Versammlung waren in dieser Hinsicht geradezu rührend überzeugte Liberale, die ohne zu zögern allen Bürgern Gerechtigkeit, Gleichheit und Freiheit zusicherten und die Freiheit der Presse garantierten. Dass dieses gewagte Unternehmen – die Einführung von Demokratie und stabilen liberalen Institutionen – sich auszahlte und Bestand hatte, wird mit Fug und Recht als ein außerordentliches Verdienst der politischen Gründerväter Indiens angesehen und hat Nehru selbst posthum einen Ruf von nachgerade göttlicher Rechtschaffenheit und Weitsicht verschafft.

Andererseits war er angesichts der rasanten industriellen Entwicklung Japans und der Sowjetunion der Meinung, dass der Staat allein in der Lage sein werde, das Wachstum der Wirtschaft so zu beschleunigen, dass die hochfliegenden Träume seiner jungen Nation Wirklichkeit werden konnten. Deshalb führte er eine Planwirtschaft nach dem Vorbild der UdSSR ein. Wachstum und Modernisierung Indiens sollten durch eine Reihe von Fünfjahresplänen erreicht werden, die die Ressourcen des Landes in koordinierten großen Schritten nutzen würden. Dieses Konzept erreichte seinen Höhepunkt intellektueller Strenge mit dem Zweiten Plan, aufgestellt von einem Mann namens Prasanta Chandra Mahalanobis, der das Indian Statistical Institute gegründet hatte und über eine Kombination von Eigenschaften verfügte, die ihm Nehrus Wohlwollen gewann: die fachkundige Wertschätzung großer Systeme, einen akademischen Grad in Physik aus Cambridge und die Liebe zur altindischen Philosophie. Nach seiner Aufnahme in die Planungskommission besuchte Mahalanobis England, die Vereinigten Staaten, Frankreich und die UdSSR, um mit führenden Statistikern und Ökonomen die Frage zu erörtern, wie es am besten zu bewerkstelligen sei, dass staatliche Investitionen die Sektoren erreichten, die sie benötigten – und dies zur richtigen Zeit und in angemessener Höhe –, um auf diese Weise ein ganzheitliches, langfristiges Wachstum sicherzustellen.

In Mahalanobis' Konzept sind die strategisch wichtigen Industriezweige – wie Öl und Gas, Atomenergie, Verteidigung, Flugzeugbau, Eisen und Stahl, Stromerzeugung und -transport, Elektroanlagenbau, Telekommunikation, Kohle und strategische Mineralien – ausschließlich dem Staat vorbehalten, während in einer zweiten Kategorie – unter anderem Chemie, Pharmazie, Düngemittel, Papier und Straßenverkehr – sowohl der Staat als auch Privatunternehmen tätig sein können. Die übrigen Industriezweige – beispielsweise Konsumgüter – bleiben Privatunternehmen überlassen. Die Privatwirtschaft war allerdings strengen Kontrollen unterworfen: Unternehmen durften weder neue Produkte einführen noch neue Betriebe gründen, Arbeitnehmer entlassen oder größere Investitionen tätigen, ohne jeweils entsprechende staatliche Genehmigungen einzuholen. Es war ein sehr restriktives System, das sich aber als lukrativ für die etablierten Interessen erweisen sollte, weshalb das indische Big Business ihm nicht grundsätzlich ablehnend gegenüberstand. Diejenigen Großunternehmen, die der Verstaatlichung entgingen, wurden von der

Kongresspartei mit Argusaugen beobachtet; als Gegenleistung für ihre Fügsamkeit erhielten sie leichten Zugang zu kommerziellen Lizenzen, was ihnen die Konkurrenz vom Leib hielt und ihnen hohe Profite garantierte, selbst wenn – wie sehr häufig – ihre Produkte von unsäglich schlechter Qualität waren. (Perverserweise entwickelte sich die miserable Qualität indischer Produkte im Lauf der Zeit zu einer weiteren Rechtfertigung des Systems, denn nach einer Öffnung der Märkte hätten ausländische Unternehmen Indien mit Produkten von diabolischer Perfektion überschwemmt, und viele indische Unternehmen wären im eigenen Land zugrunde gegangen.)

Nehru kümmerte sich jedoch kaum um die Qualität von Konsumgütern. Er hatte einen Hang zum Monumentalen. Gern ließ er sich vor großen Staudämmen fotografieren, die zwei weitere grundlegende Entwicklungsmomente erzeugten – elektrischen Strom und Bewässerung – und für die er geradezu euphorische Gefühle hegte: Die gigantische Bhakra-Talsperre nannte er – er war nicht nur ein moderner, sondern auch ein säkularer Mensch – »den neuen Tempel des wieder erstarkenden Indien«. Auch die drei großen Stahlwerke, die in diesen Jahren errichtet wurden, bedeuteten ihm viel, denn sie bewiesen, dass Indien in der Lage war, seine eigenen mineralischen Ressourcen einzusetzen und ohne Hilfe von außen lebenswichtige Industriekomplexe zu schaffen. Wichtig war ihm auch, dass Indien sich bedeutender Einrichtungen für Forschung und Gelehrsamkeit rühmen konnte: Er stattete den in Cambridge ausgebildeten Elementarteilchen- und Atomphysiker Homi Bhaba – der zwei führende Forschungsinstitute gründete, das Tata Institute of Fundamental Research und das Atomic Energy Establishment in Trombay – mit schier unbegrenzten Geldmitteln aus und richtete die großzügig finanzierten Netzwerke des Indian Institute of Technology und des Indian Institute of Management ein, um einheimischen Nachwuchs für eine technokratische Zukunft heranzubilden.

Diese Institutionen sollten dann auch eine entscheidende Rolle in unserem Jahrhundert spielen, denn aus ihnen gingen viele der Männer und Frauen hervor, die nicht nur für den indischen Technologie-Boom verantwortlich waren und sind, sondern auch für den der Vereinigten Staaten, denn viele von ihnen landeten schließlich in Silicon

Valley. Generell war Nehrus Vision von einer blühenden Wirtschaft allerdings weniger beständig als seine Vision vom politischen Leben. Wie sich herausstellte, waren die tatsächlichen ökonomischen Prozesse selbst für so begabte Planer wie seine viel zu komplex: Der zweite Fünfjahresplan wurde fallengelassen, weil seine Theorien angesichts unerwarteter Entwicklungen in der realen Welt – wie Devisenmangel und Inflation – versagten. Bei Nehrus Tod und dem Ende des dritten Fünfjahresplans waren die Hoffnungen der frühen Jahre in weite Ferne gerückt: Vielen Wirtschaftszweigen war durch Überregulierung und Kapitalmangel die Luft abgeschnürt worden, und das Land litt unter schweren Engpässen auf dem Agrarmarkt. Nehru hinterließ eine lahmende Wirtschaft, deren Wiederbelebung zum Gegenstand erbitterter Debatten in den folgenden knapp drei Jahrzehnten werden sollte.

Dass diese Debatten sich so quälend lange hinzogen, lag jedoch zum Teil daran, dass Nehrus Sicht von Indien noch lange nach seinem Tod eine geradezu religiöse Wertschätzung erfuhr, obwohl das Wirtschaftssystem, auf der sie großenteils basierte, vor sich hin kümmerte. Es war eine hochfliegende, brahmanische Sicht, die für Geldverdienen und weltliche Eitelkeiten nur Verachtung übrig hatte; privates Unternehmertum und das Kaufen und Verkaufen von Konsumgütern – zumal Luxusgütern – galten als vulgär und brachten im Leben der Nation kaum Freiheit oder Anerkennung ein. Die Nation selbst war angemessener Gegenstand jeglichen Strebens, und die geschlossene Wirtschaft war auch eine Art Warnung vor einer allzu eingehenden Beschäftigung mit der Außenwelt. In den Jahren nach Nehrus Tod verebbte sein Kosmopolitismus, und das Leben in Indien nahm eine eigenartige, selbstbezogene Struktur an, während die weitere Welt nach und nach selbst für die Gebildeten und Wohlhabenden immer entlegener und verbotener wurde. In den siebziger und weitgehend auch in den achtziger Jahren beispielsweise waren private Auslandsreisen zwar offiziell erlaubt, aber wegen der strengen Devisenkontrollen selbst für die wenigen schwierig, die sich ein Flugticket leisten konnten. Auslandsgespräche mussten einen Tag vorher angemeldet werden. Ausländische Firmen konnten sich nur ganz vereinzelt an indischen Firmen beteiligen oder eigene Unternehmen in Indien gründen, und die Einfuhr ausländischer Produkte war weitgehend verboten.

Im Lauf der Zeit führten diese Einschränkungen zu seltsamen Fantasien über die Außenwelt, die, ähnlich wie Häftlingsträume, nervenaufreibend und mehrdeutig waren. Einerseits war man von allem Internationalen im höchsten Grade fasziniert: So waren etwa diejenigen, die damals doch ins Ausland reisten, eine Klasse für sich, und ganze Städte strömten zum Flughafen, um die Heimkehrenden mit Girlanden zu begrüßen und die Radios und Parfüms zu bestaunen, die sie aus anderen Ländern mitbrachten. Gleichzeitig herrschte aber große Angst vor dem Bösen, das fremde Länder anrichten konnten, und die Barrieren, die Indiens Unschuld schützten, wirkten deshalb sehr beruhigend. Angesichts der langen Perioden heimtückischer Fremdherrschaft, die das Land erduldet hatte, weckten die Möglichkeiten ausländischer Infiltration und Korruption paranoide Reaktionen. So waren beispielsweise Pakistan und die CIA den Indern als Unglücksbringer geradezu übernatürlich gegenwärtig.

Aus alldem wird vielleicht verständlich, warum Indien nicht daran denken konnte, seine staatlichen Kontrollen abzubauen und sich dem globalen Kapital in die Arme zu werfen, bis das Land buchstäblich keine andere Wahl mehr hatte – obwohl die indische Wirtschaft jahrzehntelang offensichtlich im Argen lag und Länder wie Südkorea und Taiwan in den siebziger und achtziger Jahren ein spektakuläres Wachstum verzeichneten. Schon der bloße Gedanke grenzte an Blasphemie. Doch im Juli 1991 war das vorherrschende System endgültig am Ende, und es gab tatsächlich keine Alternative mehr. Die Kongresspartei war durch Skandale geschwächt und zutiefst erschüttert durch die Ermordung ihres Vorsitzenden Rajiv Gandhi, Nehrus Enkel, eines ehemaligen Ministerpräsidenten, und die Wirtschaft steckte in einer tiefen Krise. Da das Land trotz der immer wieder propagierten angeblichen Autarkie von jeher nicht genug exportiert hatte, um seine Importe bezahlen zu können, waren seine Devisenreserven bis zur Jahresmitte auf gut eine halbe Milliarde Dollar zusammengeschmolzen, was gerade einmal für die wichtigsten Importe der nächsten drei Wochen reichte. In dieser brenzligen Lage beschaffte sich die Regierung vom Internationalen Währungsfonds einen Notkredit in Höhe von zwei Milliarden Dollar. Der hatte jedoch seinen Preis. Vor allem in Form von gediegenem Gold: Zur Absicherung des Kredits musste Indien siebenundsechzig Tonnen seiner Goldreserven verpfänden; siebenundvierzig Tonnen wurden unverzüglich per Luftfracht an die Bank of England und zwanzig an die Schweizer UBS überstellt. Die zweite Bedingung für die Vergabe des Kredits war die sofortige Einführung von Reformen im Sinne einer freien Marktwirtschaft.

Manmohan Singh war zum Finanzminister ernannt worden, weil er solche Reformen seit vielen Jahren angemahnt hatte, selbst als sie noch ein antiindisches Tabu waren, und erschien deshalb als der richtige Mann für ihre Umsetzung. Was er dann 1991 ankündigte, ging sogar weit über das hinaus, was die aktuelle Krise erforderlich machte: Sein Konzept lief auf ein umfassendes System hinaus, an dem er seit den sechziger Jahren gearbeitet hatte, als er seine Dissertation über den Außenhandel schrieb. Dieses System versprach den Anbruch einer neuen Wirtschaftsepoche und konnte, wie er in seiner bemerkenswerten Haushaltsrede ausführte, nicht von heute auf morgen etabliert werden: »Weder die Regierung noch die Wirtschaft kann Jahr für Jahr über ihre Verhältnisse leben. Uns fehlt mittlerweile jeder Handlungsspielraum, um noch von geborgtem Geld oder geborgter Zeit leben zu können. Jedes weitere Hinausschieben des längst überfälligen makroökonomischen Wandels würde bedeuten, dass unsere Zahlungsbilanzsituation, die schon jetzt äußerst prekär ist, vollends unbeherrschbar werden und die bereits hohe Inflationsrate die Grenze des Erträglichen übersteigen würde.«

Seit dieser Rede ist die indische Wirtschaft um bis zu zehn Prozent jährlich gewachsen und hat Kanada und Russland überholt. Heute gehört Indien zu den zehn größten Wirtschaftsmächten der Welt. Aus heutiger Sicht ist es daher verwunderlich, wie zaghaft und kleinmütig Singh sein System vorstellte – ein System, das uns im Nachhinein als alternativlos erscheint. Er schreckte auch nicht vor den kuriosesten logischen Verrenkungen zurück: Obwohl er einen klaren Plan für den weitreichenden Abbau des alten Wirtschaftssystems vorlegte, federte er seine Darstellung rundum mit Lobgesängen auf den Sozialismus und auf Nehru ab, so als könnte die Kehrtwendung nur durch die Fortführung, ja Vollendung des alten Systems bewerkstelligt werden. Er legte größten Wert auf die Feststellung, dass sein Projekt ein von Grund auf indisches sei und dass die »herkömmlichen« Einstellungen zum Ausland bestehen bleiben würden. Beispielsweise äußerte er immer wieder den sattsam bekannten Abscheu vor dem »geist- und herzlosen Konsumwahn, den wir von den wohlhabenden Gesellschaften des Westens übernommen haben«. Und nachdem er schließlich erklärt hatte, Indien werde sich nun in die globale Wirtschaft eingliedern, gab er die Parole »we shall overcome« aus – ein Zitat aus einem bekannten Protestsong der amerikanischen Bürgerrechtsbewegung, das zwar seinem Publikum intakte Werte vorgaukeln konnte, in diesem Kontext jedoch völlig unpassend war, denn gegen welche Unterdrücker richtete es sich jetzt? Doch es war eine gerade wegen ihrer Ungereimtheiten umso enthüllendere Rede, denn dass Singhs Metaphern im aktuellen Zusammenhang verwirrend waren, lag daran, dass er sie aus Nehrus Zeit übernommen hatte. Dem Finanzminister, der selbst kein großer Redner war, ging es offenkundig darum, seine Treue zu dem großen Rhetoriker der Nation darzutun. So habe: »Victor Hugo einmal gesagt: ›Keine Macht der Welt kann eine Idee aufhalten, deren Zeit gekommen ist.‹ Ich möchte dieses hohe Haus darauf hinweisen, dass Indiens Aufstieg zu einer bedeutenden Wirtschaftsmacht eine solche Idee ist. Lassen Sie es uns der Welt laut und deutlich verkünden. Indien ist jetzt hellwach. Wir werden es schaffen. We shall overcome.«

Mit diesem wenig plausiblen Weckruf erinnerte Singh an Nehrus Verkündung der Unabhängigkeit Indiens von den Mauern des Roten Forts herab. »Schlag Mitternacht«, hatte er ausgerufen, als der 15. August 1947 eingeläutet wurde, »wenn die Welt schläft, wird Indien zu Leben und Freiheit erwachen.« Da Indien schon 1947 auf so spektakuläre Weise erwacht war, schien die Mitteilung, dass es 1991 noch immer wach sei, nicht weiter aufregend, aber man verstand, worum es ihm ging.

Denn Singhs Scheu, sich zu seiner eigenen Revolution zu bekennen, war nur allzu begründet. Ein Sturm der Entrüstung hatte sich bereits erhoben, weil die Goldreserven des Staates in den Tresoren der einstigen Kolonialherren verschwunden waren. Und jetzt herrschte verbreitet Unruhe über die neue Strategie und die Rolle des Auslands – des Internationalen Währungsfonds – bei ihrer Formulierung. Die *New York Times* schrieb dazu: »Indien, das sich noch immer als eine blockfreie sozialistische Führungsmacht sieht, betrachtet [wirtschaftliche Reformen] mit Schmerzen, ja Beschämung [...]. Das wird als eine Art Einmischung in Indiens Autonomie angesehen werden.«[4]

In unserer Epoche, da wir das Gefühl für die globale Macht von der Sowjetunion unterstützter Systeme – und auch der unter anderen von Nehru befürworteten »blockfreien« Bewegung – verloren haben, kennen wir nur noch eine Art von »Globalisierung«. Wir können uns daher kaum noch vorstellen, wie sich eine riesige Nation dafür entscheiden konnte, sich dieser Form der Globalisierung zu entziehen, und erinnern uns kaum noch daran, wie gefährlich es vor zwanzig Jahren erscheinen musste, sich für sie einzusetzen. Indiens Einzug ins globale System war, wie der vieler anderer Länder etwa zur selben Zeit, nicht die reibungslose Rückkehr zu einem natürlichen Zustand, als die er in unserer jetzt nahtlos kapitalistischen Welt (die ihr Verständnis für Vielfalt und Alternativen weitgehend eingebüßt hat) oft gesehen wird. Es war in vieler Hinsicht eine demütigende Niederlage für alles, worauf die Größe des Landes beruhte, und erzeugte ein schizophrenes Vermächtnis. Indien kam zur Globalisierung im selben Sinne, wie jemand zu einer Erbschaft kommt: mit der Aussicht auf wirtschaftliche Möglichkeiten und dem Gefühl eines schweren Verlustes. Das Geld strömte herein, aber alles Höhere und Nährende verschwand, und nur eine Flut von Niedrigem konnte an seine Stelle treten.

Drittes Kapitel

Ich fahre an einem Plakat vorbei, das für einen Fernsehsender wirbt, der sich auf Wirtschaftsnachrichten spezialisiert hat. Es zeigt das strahlende Gesicht einer Geschäftsfrau und den Text: »1 hour of viewing can impact your bottomline«.
Da das Foto am Halsansatz der Frau aufhört und wir ihren Po nicht sehen können, nehme ich an, dass es statt »bottomline« eigentlich »bottom line«, also Bilanz heißen soll. Zugleich hat ihr Lächeln aber doch etwas Verschmitztes.

»Die ersten Leute, mit denen wir sprachen, lehnten die Stellen ab, die wir ihnen anboten, weil sie dachten, es sei verrückt von uns anzunehmen, wir könnten für außerhalb Indiens ansässige internationale Firmen arbeiten. Alle meinten, die indischen Standards wären zu niedrig.«

Ich sitze im Büro von Raman Roy*, dem Vorstandsvorsitzenden von Quatrro, einer BPO-Firma. Raman trägt eine Brille mit kleinen runden Gläsern und ein kariertes Freizeithemd. Er ist Anfang fünfzig und hat ein joviales, betont egalitäres Auftreten.

»Es gab so viele Skeptiker«, fährt er fort. »Die glaubten nicht, dass wir in der Lage wären, Qualität zu liefern. Sie taten sich sehr schwer mit der Vorstellung, dass ein Inder die Arbeit eines Weißen machen kann. Hierzulande schauen wir immer noch zur weißen Hautfarbe auf.«

Aber wie sich zeigen sollte, konnte auch das genaue Gegenteil eintreten.

»Manchmal mussten sich unsere Mitarbeiter dafür entschuldigen, dass sie bessere Arbeit leisteten als ihre Ausbilder. Das hat ihr Denken verändert. Sie wissen, dass sie sich niemandem unterlegen fühlen müssen.«

---

* Klarname

Nehrus Unabhängigkeitsrede, einer der am häufigsten zitierten rhetorischen Texte des 20. Jahrhunderts, enthält einen krassen Fehler.

Wenn in Indien Mitternacht ist, schläft »die Welt« mitnichten. Wenn in Indien Mitternacht ist, ist in London Abendbrotzeit und in San Francisco Cappuccino-Zeit. Und wie sich nach 1991 herausstellte, ließen sich aufgrund dieser schlichten geografischen Tatsache Milliarden verdienen.

Wenn es eine wirtschaftliche Entwicklung gab, die zum Inbegriff des neuen, globalisierten Indien wurde, dann war es das »Business Process Outsourcing« (BPO), also das Auslagern kompletter Geschäftsprozesse. Die Grundidee war, dass – moderne Telekommunikation vorausgesetzt – die verschiedenen Funktionen eines Unternehmens nicht alle am selben Ort angesiedelt sein müssen. Man konnte sie jetzt ohne Einbußen an Funktionalität weltweit verteilen. Enorme Kostenvorteile ließen sich dadurch realisieren, dass man Aktivitäten, die nicht zu den Kernaufgaben zählten, in Niedriglohnländer verlagerte. Obwohl diese Neuverteilung in anderen Weltgegenden bereits begonnen hatte, waren es vor allem die Unternehmer im liberalisierten Indien, die aus der Theorie eine die Welt verändernde Realität machten. Und einer dieser Unternehmer war Raman Roy.

Zur Zeit der Liberalisierung arbeitete Raman bei American Express, einem der ausländischen Unternehmen, die seit britischen Zeiten in Indien geblieben waren. Im neuen Klima der neunziger Jahre half Raman, seine amerikanischen Bosse davon zu überzeugen, dass sie gut daran täten, die gesamte Buchhaltung für den asiatisch-pazifischen Raum in Delhi anzusiedeln, wo die Kosten niedrig und englischsprachige Mitarbeiter zahlreich waren.

Man kann sich heute vielleicht kaum noch vorstellen, wie unwahrscheinlich das damals erscheinen musste. Für die meisten Amerikaner war Indien ein fernes, primitives Land, und der Gedanke, größere Teile eines amerikanischen Finanzgiganten dorthin auszulagern, war gelinde gesagt unkonventionell. Doch wie viele exzentrische Ideen half auch diese den betroffenen Menschen, die Welt mit neuen Augen zu sehen. Nach und nach verlegte American Express immer größere Teile seiner »Backoffice«-Prozesse nach Delhi, und Raman erkannte, dass hier ungeahnte Schätze zu heben waren.

Mitte der neunziger Jahre konzentrierten sich mehrere enorm starke Kräfte auf dieses kleine Experiment. In Indien wurden die Beschränkungen für Unternehmertum und Kapital in rascher Folge aufgehoben, und Investitionen aus dem Ausland nährten den daraus resultierenden unternehmerischen Rausch. An die Spitze dieser Bewegung setzten sich sehr bald die neuen IT-Firmen, die vor allem im Süden des Landes gegründet wurden. Die prominenteste von ihnen war das in Bangalore ansässige Unternehmen Infosys, das ab 1999 an der NASDAQ notiert wurde und dessen Börsenwert sich schon ein Jahr nach der Einführung auf dreißig Milliarden Dollar belief. Dieser Aufstieg beruhte nicht einfach nur darauf, dass diese Firmen internationalen Konzernen Softwaresysteme lieferten, für die sie nur halb so viel verlangten wie ihre amerikanischen Konkurrenten. Nein: Ihr indischer Standort verschaffte ihnen nicht nur Kostenersparnisse, sondern auch einen nicht weniger wichtigen Zeitvorteil. Indische Berater in Amerika arbeiteten tagsüber bei ihren amerikanischen Klienten und schickten dann einen Bericht nach Indien; indische Softwareteams arbeiteten während *ihres* Tages – der amerikanischen Nacht –, und die amerikanischen Klienten konnten gleich am nächsten Morgen die Ergebnisse sehen. So wurden aus einem Kalendertag zwei Arbeitstage herausgeholt. Als Raman Roy darüber nachdachte, amerikanische Firmen aufzuspalten und ihre verschiedenen Funktionen in unterschiedlichen Teilen der Welt anzusiedeln, stellte er fest, dass andere Leute in Indien ebenfalls schon daran arbeiteten, die Welt auf ähnliche Weise zu verändern.

Es ist kein Zufall, dass dieses Denken sich in einer einstmals geschlossenen und vom Staat kontrollierten Wirtschaft entwickelte. Die aus dieser Umgebung stammenden Unternehmer machten sich mit revolutionärem Eifer daran, die nationalen Grenzen niederzureißen, die sie in ihrer Kindheit eingeengt hatten – ein Elan, der viele Amerikaner und Europäer nervte, die im weiteren Verlauf feststellen mussten, dass große Teile ihres Lebens vom anderen Ende der Welt aus verwaltet wurden. Diese intelligenten Bilderstürmer glaubten an Technologie und Großunternehmen und hofften, durch deren Macht so gut wie alles umstürzen zu können, was in Indien vor 1991 existiert hatte. Dennoch waren sie Inder, und wenn sie sich die amerikanische

Businesswelt ansahen, taten sie es mit fremden, nicht daran gewöhnten Augen. »Wieso sind die nicht selbst darauf gekommen, es so zu machen?«, fragten sie sich und gingen daran, alles umzukrempeln.

Vielleicht profitierten sie davon, dass sie aus einem Land kamen, in dem Händlerfamilien seit Jahrhunderten ihre Mitglieder in verschiedene Weltgegenden geschickt hatten, um das kommerzielle Gefälle nutzen zu können. Spricht man mit Mitgliedern dieser Familien, selbst mit solchen, die in ihrem persönlichen Leben durchaus provinziell sind – und beispielsweise ihre Kinder nur innerhalb der eigenen Kaste verheiraten –, findet man oft eine erstaunliche Gleichgültigkeit gegenüber Standorten und Entfernungen. Tatsächlich sind es gerade die präzise reglementierten Strukturen ihrer Familie, die sie frei machten für solch eine flexible, unsentimentale Einstellung zu Standortfragen. Das Einzige, was zählt, sind Kosten und Einkünfte, und wenn die Letzteren die Ersteren überwiegen, dann ist es ein guter Deal, seien die geografischen Auswirkungen auch noch so bizarr.

Nicht ganz von ungefähr wurde diese indische Form des Globalismus just in dem Moment entfesselt, in dem sie sich mit einem anderen größeren Wandel der Weltwirtschaft verbinden konnte. Im vorausgegangenen Jahrzehnt hatten amerikanische Firmen bereits manuelle Arbeit nach Übersee ausgelagert, sowohl als Maßnahme zur Kostensenkung als auch als politischen Angriff auf die inländischen Arbeiter, die über eine erheblich stärkere Verhandlungsposition verfügten als die Menschen in aller Welt, die zunehmend an ihrer Stelle schufteten. Diese Idee des global verteilten, reibungsarmen Unternehmens hatte für amerikanische – und viele europäische – Chefetagen der damaligen Zeit etwas geradezu Heroisches, und als die neuen Kommunikationstechniken zusehends die Entfernungen schrumpfen ließen, war es nur folgerichtig, sich zu fragen, ob sich nicht auch andere, nichtmanuelle Tätigkeiten mit ähnlichem finanziellem und politischem Nutzen nach Übersee auslagern ließen. Da viele dieser Tätigkeiten zahlreiche englischsprachige Mitarbeiter erforderten, bot sich Indien mit seinem erheblich niedrigeren Kostenniveau als naheliegender Kandidat an. Der Einsatz indischer anstelle amerikanischer Softwareentwickler zeigte, dass hier ein großes Potenzial vorhanden war, und damit war der Weg dafür bereitet, dass amerikanische Unternehmen nach und nach Teile ihrer eigenen internen Operationen abtrennten und nach Indien verlagerten.

Ein weiterer Faktor für die Entstehung des indischen Business Process Outsourcing war, dass es unmittelbar vor den Toren der indischen Hauptstadt ein riesiges Areal mit Hightech-Immobilien gab, in denen all diese Unternehmensteile untergebracht werden konnten: die neue Satellitenstadt Gurgaon. DLF, die Immobilienfirma hinter diesem Projekt, hatte seit den achtziger Jahren nach und nach Ackerland südwestlich von Delhi aufgekauft. Als die Restriktionen gegen die Ansiedlung ausländischer Unternehmen in Indien aufgehoben wurden, stieg der Wert dieses Gebiets ins Unermessliche. Gurgaon stellte die erforderliche Infrastruktur für eine umfassende Neuausrichtung der weltweiten unternehmerischen Kräfte zur Verfügung. An Delhi angrenzend, jedoch im Nachbarstaat Haryana gelegen, war es praktischerweise nicht weit vom internationalen Flughafen der Hauptstadt entfernt und als Standort weitaus attraktiver als irgendeine Stadt in Uttar Pradesh, dem anderen Nachbarstaat, der für seine hohe Kriminalitätsrate bekannt war. Ende der neunziger Jahre ließen sich in Gurgaon scharenweise Unternehmen nieder, von denen viele aus der räumlich beengten Wirtschaftsmetropole Mumbai kamen.

Ausgelöst hatte diesen Ansturm auf das Buschland von Haryana die Ankündigung von General Electric, dem siebtgrößten Konzern der Welt, dass man eine neue Niederlassung in Gurgaon gründen werde. Das neue Unternehmen sollte unter dem Namen GE Capital International Services die weltweiten Backoffice-Operationen für GE Capital, das Finanzunternehmen von GE, durchführen. 1996 bekam Raman Roy einen Anruf: Ob er daran interessiert wäre, seine Experimente bei American Express bei »GECIS« weiterzuentwickeln. Im Oberoi Hotel in Delhi besprach er das Angebot mit dem Präsidenten und Vorstandsvorsitzenden von GE Capital, Gary Wendt.

In einer Epoche staunenswerter unternehmerischer Energie war Wendt eine der wichtigsten Triebfedern. Er war sich der gewaltigen Chancen einer globalen Deregulierung bewusst. Als er das Kommando übernahm, besaß GE Capital keine Niederlassungen außerhalb der Vereinigten Staaten. Bis er nach Delhi kam, war das Unternehmen in fünfundvierzig Ländern vertreten. Unter Wendt waren die Finanzdienstleistungen zum größten und profitabelsten Unternehmensbereich der General-Electric-Gruppe geworden und hatten damit jede andere Abteilung des Konzerns überflügelt. Wendt war ein Management-Genie und hatte begriffen, dass Kosten und Erträge im Zeitalter der Globalisierung von Grund auf restrukturiert werden konnten.

»Der Mann war ein Einzelgänger«, sagt Raman. »Er hatte sofort gesehen, welches Potenzial in dem steckte, was wir bei American Express gemacht hatten. Er fragte mich: ›Was meinen Sie, wie hoch ist unser Verlust, wenn die Sache nicht läuft?‹ Ich legte noch drei Millionen auf den Betrag drauf, über den wir schon geredet hatten, und sagte: ›Zehn Millionen Dollar.‹ ›Wunderbar‹, sagte er. ›Das sind Peanuts. Ich zahle das Geld für Sie auf ein Konto ein, und niemand wird Sie fragen, wie Sie es ausgegeben haben. Bauen Sie einfach nur etwas Ähnliches auf wie bei American Express.‹ Ohne ihn wäre es nie dazu gekommen. Ich hätte niemals die Genehmigung für die gewaltigen Summen bekommen, die ich für Satellitenschüsseln und alles andere ausgab.«[5]

Raman hatte schon zehn Jahre als Pionier des Outsourcing gearbeitet, als er zu GECIS kam, und er hatte eine genauere Vorstellung als seine amerikanischen Vorgesetzten davon, wohin diese Erkundung führen konnte. Im Jahr 1998 gründete er in dem Büro in Gurgaon provisorisch das erste internationale Callcenter. Die Mitarbeiter in diesem Büro bearbeiteten Kreditkarten-Kundendienstanrufe aus den Vereinigten Staaten. Seine Vorstandskollegen bei GE in Indien hatten ihm ausdrücklich verboten, dieses Experiment durchzuführen, deshalb machte er es heimlich und lud Gary Wendt ein, es sich einmal anzusehen.

»Es war so ähnlich eingerichtet wie einer dieser alten Friseurläden. Ich hängte eigenhändig Vorhänge auf, die die einzelnen Mitarbeiter voneinander trennten. Hätten mich meine Kollegen dabei beobachtet, wäre ich entlassen worden. Auf den Bildschirmen erschienen sensible Daten, und die ganze Sache war ziemlich behelfsmäßig. Ich hatte keinen Etat – ich fing mit ganzen zwanzig Leuten an.

Als Gary Wendt zu Besuch kam, war er sprachlos. Ich sehe ihn noch vor mir, wie er kopfschüttelnd die Treppe herunterkam. ›Ich weiß nicht‹, sagte er, ›ob Ihnen klar ist, was für eine Revolution Sie in Gang gesetzt haben.‹ Er ging wieder und setzte sich von da an bei GE mit Engelszungen für das Konzept ein. Unsere Kosten pro Einheit lagen unter fünfzig Prozent der bisherigen, und unsere Qualität war höher. In den Vereinigten Staaten arbeiteten sie mit Schulabbrechern; wir beschäftigten Akademiker. Nicht lange, und wir stellten unsere Dienstleistungen nicht nur GE Capital, sondern dem gesamten Konzern zur Verfügung.

Um so weit zu kommen, musste ich allerdings massive Lobbyarbeit leisten. Die internationale Telekommunikation war noch ein staatliches Monopol, und die Regierung war misstrauisch. Als ich um internationale Bandbreite für diesen ersten Friseurladen bat, dachten die, ich betreibe Spionage, denn bis dahin hatte noch niemand so viel Kapazität verlangt. Und es war zwar möglich, eine private internationale Leitung zu mieten, aber verboten, sie an irgendein öffentliches Netz anzuschließen, womit man das staatliche Monopol umgangen hätte – die Strafe lag in der Gegend von 150 000 Dollar pro Tag. Wir brauchten acht Monate, um uns davon befreien zu lassen, und auch dann bekamen wir nur ein Pilotprojekt bewilligt. Die haben nicht verstanden, was wir machten. Wir mussten Callcenter-Definitionen aus dem Internet ausdrucken und sie den Beamten zeigen, damit sie begriffen, was wir wollten.«

Raman ist einer jener Menschen, denen die Genugtuung zuteilwird, dass sich ihr stilles Wirken zu einer globalen Revolution entwickelt. »Unser ursprüngliches Ziel war, etwa tausend Leute zu beschäftigen. Aber die Sache wuchs weit darüber hinaus. Schließlich waren es Hunderttausende, und die Neuerung veränderte die gesamte Gesellschaft.« Schon bald waren diese Jobs so begehrt, dass das Unternehmen die Polizei alarmieren musste, wenn Einstellungsgespräche stattfanden, solche Menschenmassen fanden sich vor dem Büro ein. Die Leute kamen mit der ganzen Familie und warteten tagelang. Das Unternehmen musste Essen und Wasser verteilen.

GECIS erbrachte vielfältige Dienstleistungen für die General-Electric-Firmen. Kundendienstanrufe machten nur einen kleinen Teil der nach Indien ausgelagerten unternehmerischen Funktionen aus, die mit der Zeit immer komplexer und spezialisierter wurden. Systeme und Ausbildung wurden zu einem hohen Effektivitätsniveau weiterentwickelt, und die indischen Mitarbeiter brauchten nicht mehr nur Routineaufgaben zu erfüllen: Viele von ihnen absolvierten Schulungen in den USA und entwickelten sich zu hochgeschätzten Mitarbeitern des globalen Konzerns.

Nach einer Weile hatte Raman immer öfter das Gefühl, dass man sich eine noch viel größere Gelegenheit entgehen ließ. »Es war wunderbar, all die Segnungen des Managerlebens genießen zu können, große Autos, Clubs und all das, aber ich sah die Möglichkeit, etwas noch viel Größeres zu vollbringen. Ich sagte GE, die eigentliche Chance läge darin, Outsourcing-Dienste auch anderen Unternehmen zur Verfügung zu stellen, aber sie wollten sie für sich behalten. Deshalb gründete ich im Jahr 2000 Spectramind und bot diese Dienstleistungen allen Großkonzernen an – Microsoft, Dell, HP, Cisco, AOL, American Express, Citibank. Innerhalb weniger Jahre zog GE nach. Sie verkauften GECIS, und es wurde eine selbstständige Firma mit dem Namen Genpact, die Outsourcing-Dienste für alle im Angebot hatte.«

Nach wie vor in Gurgaon ansässig, ist Genpact heute mit einem Jahresumsatz von über einer Milliarde Dollar so groß wie einige seiner Fortune-1000-Klienten. Das Unternehmen hat andere Outsourcing-Firmen in so weit verstreuten Ländern wie Guatemala, China, Polen, Südafrika und den Philippinen übernommen, beschäftigt weltweit über fünfzigtausend Menschen und bietet Dienstleistungen in rund dreißig Sprachen an. Es ist auf seinem Gebiet so gut, dass es sogar in den Vereinigten Staaten bedeutende Firmenübernahmen getätigt hat. Dank seiner Spezialisierung kann es Funktionen, die nicht zu den Kernaufgaben gehören, effizienter und mit höherer Qualität ausführen, als es die meisten Konzerne selbst vermöchten. Beispielsweise hat es wesentliche Bereiche des Rechnungswesens der US-Einzelhandelskette Walgreens übernommen, die es jetzt als ausgelagerte Funktionen in Amerika ausführt.

Nachdem Spectramind von dem indischen Computergiganten Wipro aufgekauft worden war, schied Raman, der nach wie vor große Pläne hatte, was die Kultur von Großunternehmen anging, aus dem

Unternehmen aus, um Quatrro zu gründen. Während die Löhne in Indien steigen und eher anspruchslose Arbeiten bereits in andere Länder ausgelagert werden, visiert Quatrro immer höhere Stufen der Wertschöpfungskette an. Unter den mehreren tausend Beschäftigten, die ihr Können Großunternehmen in aller Welt zur Verfügung stellen, befinden sich Ärzte, Anwälte, Ingenieure und Journalisten. Und Quatrro zielt noch auf einen weiteren Markt. »Niemand kümmerte sich damals um kleine und mittelgroße amerikanische Firmen«, sagt Raman. »Die brauchen Dienstleistungen aller Art, mit denen sie sich nicht selbst befassen wollen – vom Risikomanagement bis hin zur Steuerbuchhaltung. Und es gibt sehr viele. Die Honorare sind wesentlich niedriger: Meine Klienten zahlen im Durchschnitt nur fünftausend Dollar monatlich. Aber ich habe zehntausend Klienten.«

Raman hat vermutlich ein ansehnliches Privatvermögen angehäuft, aber das trägt offenbar am wenigsten zu seiner Zufriedenheit bei. Was ihn fasziniert, ist der Wandel. Er investiert aus eigener Tasche in die Projekte junger Unternehmer, denn Unternehmertum ist seiner Ansicht nach die stärkste positive Kraft der Welt.

»Die BPO-Branche hat als Katalysator gewirkt. Gegenwärtig setzt sie in Indien etwa fünfzehn Milliarden Dollar um. Sie beschäftigt achthunderttausend Menschen. Zählt man die indirekte Beschäftigung hinzu, sind es vier Millionen. Und es ist kein Zufall, dass über diese Leute inzwischen Romane geschrieben und Filme gedreht werden, weil sie in vieler Hinsicht die Avantgarde des neuen Indien waren. Sie arbeiteten hart, waren technisch versiert und mussten sich der globalen Umwelt aussetzen. Sie waren Protagonisten eines massiven Wandels.

Bis in die neunziger Jahre gab es so wenig Arbeitsmöglichkeiten, dass viele im Bildungswesen blieben und ihren Master nur machten, um ihr Gesicht zu wahren. Um zu verheimlichen, dass sie im Grunde genommen arbeitslos waren. Als wir GECIS gründeten, gab es deshalb in Delhi ein großes Reservoir an gut ausgebildeten Leuten, die nur darauf warteten, für uns zu arbeiten. Aber schon bald fanden wir vor Ort keine Bewerber mehr und mussten im weiteren Umkreis auf die Suche gehen. Damals wohnten in jedem zweiten Appartement in Gurgaon Leute, die aus kleineren Städten zugezogen waren, um in unserer Branche zu arbeiten.

Diese Menschen wollten ein anderes Leben führen. Wir profitierten von den neuen Zielvorstellungen, die die Leute damals aus dem Fernsehen bezogen: Auf einmal wollten junge Leute arbeiten und ihr eigenes Geld verdienen. In der BPO-Branche konnten die Menschen schon in jungen Jahren finanziell auf eigenen Beinen stehen, und das veränderte ihr Leben von Grund auf. Vor allem das der Frauen. Gurgaon war einer der ersten Orte im Land, wo es eine florierende Ausgehszene für junge Singles gab. Noch dazu eine sehr gute Szene, ganz anders als in Delhi, das von Beamten und reichen Familien dominiert wird. Gehen Sie auf eine Party in Gurgaon, und Sie werden viel mehr Intelligenz und viel mehr Bescheidenheit vorfinden. Daraus erwächst die Zukunft.«

Zu Beginn unseres Jahrhunderts kam ein junger Mann nach Delhi. Es gab viele seinesgleichen, und er hätte von überall her kommen können, aber er kam aus Kalkutta. Er hieß Siddhartha.

Siddhartha war einer der zahllosen Jugendlichen aus der Mittelschicht, die damals in so vielen indischen Städten frustriert herumgeisterten. Er wuchs in behüteten, konservativen Verhältnissen auf und scheiterte mit seinen Versuchen, einer der rührigen Unternehmer zu werden, die in jenen Jahren die Handelswirtschaft übernahmen. Die Epoche der gut bezahlten lebenslangen Beamtenpositionen, für die Siddhartha vom Typ her prädestiniert gewesen wäre, war längst zu Ende, und wegen seiner Schüchternheit und seiner mittelmäßigen akademischen Qualifikation war an einen Aufstieg in die Klasse der leitenden Angestellten von Großunternehmen – das neue Leistungsziel der Mittelschicht – gar nicht zu denken.

»Wir wussten nichts über Delhi, als wir hier ankamen. Wir hatten nur eine Tasche mit Klamotten und hausten in einem winzigen Appartement, das einem unserer Freunde gehörte. Es war ein Muslim-Viertel, und wir waren Hindus und hatten Angst vor allem Unbekannten. Die Straßen waren schmutzig und voller Kühe. Ich hatte keine Anstellung in Aussicht, aber in Kalkutta hatten wir unsere Möglichkeiten ausgeschöpft, und wir dachten, hier hätten wir bessere Chancen. In Kalkutta hieß es immer, in Delhi und Mumbai könne man es weiter bringen. Und für Angehörige der Mittelschicht ist Delhi viel attraktiver als Mumbai. Leute, die arbeiten, ziehen Delhi vor; Leute, die schauspielern, bevorzugen Mumbai.«

Einschneidende Veränderungen lagen Siddhartha nicht gerade, aber diese wurde ihm dadurch erleichtert, dass sein jüngerer Bruder vor ihm nach Delhi gegangen war und innerhalb einer Woche eine Stelle gefunden hatte; er hatte einfach alle möglichen Geschäfte abgeklappert.

»Deswegen bin ich hierhergekommen. Aber es ist nicht leicht, einen Job zu finden, der den eigenen Vorstellungen entspricht. Das war mir nicht klar. Meine Mutter war damals Verkäuferin in einem Bekleidungsgeschäft in Kalkutta, mein Bruder hatte eine Stellung in einer Buchhandlung in Delhi gefunden, und ich dachte, wenn ich auch in einem Laden arbeite, kommen wir nie auf einen grünen Zweig. Also versuchte ich es in richtigen Firmen. Ich bewarb mich um eine Verkäuferstelle, die in der Zeitung annonciert war. Ich fuhr mit dem Bus quer durch Delhi und verlief mich total auf der Suche nach der Adresse. Als ich endlich ankam, war ich durchgeschwitzt und wurde sofort abgelehnt. Alle anderen Bewerber kamen mit dem Motorrad und hatten alles, was man für so einen Job haben musste. Ich hatte nichts.

Nach einer Weile gingen meine Ersparnisse zur Neige, und ich hatte immer noch keine Arbeit. Also ging ich ins Oberoi Hotel, das Pagen einstellte. Man bot mir zweihundert Rupien pro Nacht, von elf Uhr abends bis sieben Uhr morgens.

Als ich am ersten Abend ankam, verpasste man mir eine Uniform. Aber ich kam mir darin richtig albern vor. Nach den ersten drei oder vier Stunden dachte ich: ›Das ist nichts für mich.‹ Ich hängte die Uniform auf und verließ das Hotel um drei Uhr morgens. Ich ging zu Fuß nach Hause, den ganzen Weg, fünfzehn Kilometer. Und dabei fragte ich mich ständig, was ich machen sollte. Wie sollte ich überleben, wenn mir mein Stolz so wichtig war?«

Bald darauf traf Siddhartha zufällig einen Bekannten der Familie, der ihm eine Anstellung in seiner Firma für Innenausstattungen gab. Seine Aufgabe bestand darin, von einem Standort zum anderen zu fahren und zu kontrollieren, wie die Maler und Schreiner vorankamen. Sein Gehalt betrug 2500 Rupien [52 Dollar] pro Monat.

Siddhartha hasste diesen Job. Aber er verschaffte ihm Zeit. Und irgendwann hörte er einen Ausdruck, den er noch nie gehört hatte: »Business Process Outsourcing.«

»Für mich hieß ›BPO‹ so viel wie Callcenter – ich wusste nicht, dass Unternehmen außer dem Kundendienst auch viele andere Tätigkeitsbereiche auslagerten. Ich wollte also in einem Callcenter arbeiten. Ich sprach fließend Englisch, aber bei den Vorstellungsgesprächen in den internationalen Callcentern sagte man mir: ›Sie haben einen zu starken Akzent.‹ Also nahm ich mir indische Callcenter vor und bekam einen Job bei Tata Indicom. Die Schicht dauerte von elf Uhr abends bis acht Uhr morgens. Wir wurden mit einem Bus abgeholt und in das Callcenter gefahren. Die Anrufer waren Kunden, die irgendwelche Probleme hatten – sie konnten keine SMS verschicken, ihre Gespräche wurden unterbrochen –, und wir halfen ihnen weiter. Ich meldete mich freiwillig für die Nachtschicht, weil die Zahl der Anrufe tagsüber praktisch nicht zu bewältigen war, und außerdem konnte ich mich so am Tag nach anderen Jobs umsehen. Monatelang sah ich meinen Bruder kaum noch, denn wenn er zur Arbeit ging, kam ich nach Hause und umgekehrt.

Die Nachtarbeit war interessant. Wir waren nur Männer, und die Hälfte der Anrufer waren Frauen, die plaudern wollten. Beziehungen entwickelten sich: Mit der Zeit lernten wir die Anruferinnen kennen und stellten sie zu dem Kollegen durch, den sie sprechen wollten. Da rief schon mal jemand quer durch den Raum: ›He, Karthik, Mrs. Santoshi bittet um deinen Rückruf.‹ ›Ach ja, die hat heute Geburtstag: Ich hab versprochen, sie anzurufen.‹ Solche Anrufe durften nicht lange dauern, denn alles wurde abgehört. Aber manche dieser Flirts führten zu richtigen Beziehungen.

Nachtarbeit hat aber auch Nachteile. Vor allem den, dass der Vorgesetzte einen nie zu sehen bekommt. Man ist nur irgendein Mitarbeiter. Nur eine Nummer. Alle Kollegen, die tagsüber arbeiteten, wurden befördert, und ich beschloss, dass ich meinen Vorgesetzten einmal persönlich sprechen musste. In einem großen Unternehmen bekommt man nichts einfach so, man muss immer darum bitten.

Als Erstes sagte man mir, ich sollte in ein paar Tagen wiederkommen. Das tat ich. Dann hieß es: ›Sie sind nicht für eine Beförderung vorgesehen.‹ Ich fragte: ›Warum nicht? Ich erfülle doch alle Anforderungen.‹ Ich weiß nicht, was an dem Tag in mich gefahren war, aber ich war richtig hartnäckig. Also sagte der Mann: ›Entweder Sie arbeiten weiter, oder Sie kündigen. Befördert werden Sie nicht.‹ Darauf sagte ich: ›Dann kündige ich.‹ Und ging hinaus.«

Wir sitzen in Siddharthas Wohnung. Sie liegt in einer der Siedlungen, die nach der Delhi Development Authority, die sie errichtet hat, »DDA-Wohnungen« genannt werden. In den fünfziger Jahren in Anlehnung an Wohnanlagen im Ostblock entworfen, wurden diese DDA-Wohnungen bis in die achtziger Jahre überall in Delhi ohne wesentliche architektonische Änderungen gebaut. Die Qualität ließ jedoch in den späteren Jahren, als der Idealismus der DDA sich verflüchtigte, erheblich nach: Die frühen Anlagen wie die, in der wir uns befinden, wirken ruhig und solide, während die später erbauten bereits zerfallen.

Für diejenigen Mittelschicht-Familien, die zwischen den sechziger und den achtziger Jahren in die Hauptstadt zogen – Lehrer, Wissenschaftler und Ärzte zum Beispiel –, waren DDA-Wohnungen der Inbegriff von Häuslichkeit. Ihre hektargroßen gelb getüpfelten Fassaden, ihre Briefkasten-Batterien, ihre grasbewachsenen Höfe mit Blumen und Kinderschaukeln, ihre labyrinthischen Treppenhäuser, alle mit denselben massenproduzierten Lettern beschriftet – von denen heute viele übermalt sind –, bildeten den Hintergrund für so manche Kindheit in Delhi.

Es ist ein Wochenendnachmittag, und wir sitzen am Wohnzimmerfenster, aus dem man in den Garten sieht, wo ein Gärtner Reihen von Topfpflanzen gießt. Siddharthas Mutter bereitet in der Küche das Mittagessen zu. Sein Bruder schaut Kricket.

»Hinterher wurde mir klar, was für einen grauenhaften Fehler ich gemacht hatte. Ich war wieder genau da, wo ich angefangen hatte. Ich wusste nicht, was ich machen sollte. Ich konnte ja nicht zurückgehen und sagen: ›Tut mir leid, ich hab's nicht so gemeint.‹ Also hab ich mich auf die Suche nach einem neuen Job gemacht. Es war wirklich schwierig. Ich hab den ganzen Tag zu Hause gesessen und meiner

Mutter in Kalkutta vorgemacht, ich ginge zur Arbeit, denn ich hatte ihr nicht erzählt, was passiert war.«

Schließlich sah Siddhartha in einer Zeitung eine Anzeige für eine Jobbörse. Er fuhr hin und wurde zu einem Vorstellungsgespräch bei GECIS in Gurgaon eingeladen.

»Ich hatte damals keine Ahnung, wie ich nach Gurgaon kommen sollte. Ich bin um sechs Uhr morgens aus dem Haus, um auch ja bis neun dort zu sein. Und ich bekam den Job. Meine Schicht fiel mit dem amerikanischen Tag zusammen – ich arbeitete von acht Uhr abends bis vier Uhr morgens und bearbeitete Versicherungsansprüche.

Ich war so froh. Wir alle freuten uns. Ich bekam ein Monatsgehalt von einem ausländischen Unternehmen. Vorher war ich ausgelagert gewesen – ich stand nicht auf der Gehaltsliste von Tata Indicom, sondern auf der des Callcenters, das für sie arbeitete. In meinem Bewerbungsgespräch bei GE fragte ich deshalb, ob ich auf der Gehaltsliste des Unternehmens stehen würde. Und damit fing alles an.

Schon bald nach meinem Eintritt bei GECIS verkaufte GE seine Anteile an der Firma, und sie benannte sich in Genpact um. Da sie nicht mehr zu GE gehörte, konnte sie ihre Dienstleistungen auch anderen anbieten. Wir arbeiteten für Unternehmen wie Pfizer, Wachovia und Cadbury. Weil wir so viele Jahre für GE tätig gewesen waren, fiel es uns leicht, andere globale Unternehmen als Klienten zu gewinnen.«

Siddhartha hatte den Durchbruch geschafft. Er leitete die Arbeit von Genpact für Pfizer und bezog ein ansehnliches Einkommen. Sein Bruder arbeitete inzwischen auch in einem Callcenter, und zusammen verdienten sie etwa 1500 Dollar im Monat, wovon sie die Hälfte auf die Seite legten.

»Meine Mutter gab ihre Stelle in Kalkutta auf und zog zu uns. Bis dahin hatten wir es als Junggesellen mit manchen Dingen nicht so genau genommen, aber wenn ein weibliches Familienmitglied anwesend ist, kann man das nicht machen. Wir sind in eine bessere Wohnung gezogen. Ich habe Geschäftsreisen nach Europa und Amerika unternommen. Im Jahr darauf bekam ich eine Stelle bei der Barclays Bank. Wir haben ein Grundstück in Kalkutta gekauft und darauf ein Haus gebaut. Dann sind wir hierhergezogen.«

Siddhartha hat durchaus das Gefühl, dass das Glück ihm hold war.

»Mit der Globalisierung ist für die Mittelschicht alles anders geworden. Ich hatte die Generation vor uns in Kalkutta gesehen – Leute, die in den Dreißigern waren, als ich ein Teenager war –, und von denen hatte nie einer einen Job bekommen. Die machten ihren Collegeabschluss und wurden alle Privatlehrer. Das war die einzige Arbeit, die sie kriegen konnten. Ab und zu einmal bekam einer einen Job bei einer großen Firma und zog von Kalkutta weg. Das war die Ausnahme, und alle redeten darüber. Aber dank der BPO-Welt bekommt man heute ganz leicht einen Job. So gesehen haben die jungen Leute heutzutage ein sehr gutes Leben.«

Siddharthas Mutter ruft uns zum Essen. Wir gehen ins Esszimmer, wo für uns drei Männer gedeckt ist. Siddharthas Mutter wird uns bedienen und selbst erst später essen. Wir setzen uns vor die Töpfe mit dampfendem Reis, Huhn und Daal.

»Ich liege ihm ständig in den Ohren«, sagt seine Mutter, während sie Berge von Reis auf unsere Teller häuft, »dass es Zeit ist zu heiraten. Jetzt, wo es uns gut geht, sollte er daran denken, sich eine Frau zu suchen! Zehn Jahre lang haben die beiden nur gearbeitet. Nie an sich selbst gedacht, kein Vergnügen gehabt, nichts.«

Siddhartha schweigt. Er wartet, bis seine Mutter hinausgeht.

»Lange Zeit hab ich nicht daran gedacht zu heiraten, weil ich nicht wollte, dass mir jemand bei meiner Arbeit und meinen Ersparnissen dreinredet. Jetzt will ich heiraten und kann nicht. Eine arrangierte Ehe kommt für mich nicht infrage, weil ich mich nicht für mein ganzes Leben an eine Frau binden kann, mit der ich mich nur eine Stunde lang unterhalten habe. Außerdem sind alle Frauen in meinem Alter schon verheiratet. Und ich bin kein so toller Typ, der einfach ausgeht und junge Frauen anspricht.

Die Leute, die heute in den Zwanzigern sind, wissen nicht, wie das echte Indien war. Sie nehmen das Leben leicht, weil sie nie die Realität kennengelernt haben. Sie wissen nicht, wie hart das Leben sein kann. Die Menschen nehmen das Leben nicht mehr ernst, weil sie wissen, dass sie jederzeit einen Job bekommen. Ich rede nicht gern mit Leuten dieser Generation. Mir bringt es mehr, mich mit älteren Menschen zu unterhalten, die Not und Mühsal am eigenen Leib erlebt haben. Die reden vernünftiger.«

Siddhartha hat ein sehr zwiespältiges Verhältnis zu der Welt, die ihm seine materielle Lebensgrundlage bietet. Sie erscheint ihm voller moralischer Bedrohungen, und dass er nicht verheiratet ist, bildet nur einen Aspekt der beinahe mönchischen Abgeschiedenheit seines Privatlebens. Zwar hat er sich in den letzten zehn Jahren voll und ganz auf die finanziellen Segnungen der neuen Geschäftswelt konzentriert, er ist aber andererseits sehr darauf bedacht, deren gesellschaftliche und spirituelle Folgen einzudämmen. Er nimmt nie an den vielen Partys und Ausflügen teil, die seine jungen Kollegen veranstalten. Nach einem Jahrzehnt in der Hauptstadt ist sein Misstrauen gegenüber deren Kultur noch immer ungebrochen. Er hofft, eines Tages nach Kalkutta zurückkehren und wieder unter Menschen leben zu können, deren Wertvorstellungen seinen eigenen entsprechen.

»In Delhi sehe ich diese Werte nicht. Ich würde nie eine Frau heiraten, die schulterfrei ins Büro geht. Eine Frau kann sehr attraktiv sein, auch ohne sich zu entblößen. In Kalkutta sieht man kaum jemals Frauen in so freizügigen Kleidern. Wieso sollte man sich so anziehen? Indien hat eine Kultur. Wir sind nicht Amerika. Indien hat eine eigene Kultur, aber wir laufen Gefahr, sie zu verlieren, weil wir nichts mehr zu schätzen wissen. Alles fällt uns heute in den Schoß, und die Menschen denken nur noch daran, Geld auszugeben und Spaß zu haben.«

Vielleicht ist das der Grund, warum Siddhartha und sein Bruder auch nach zehn Jahren in Delhi noch kaum etwas ihr eigen nennen. Ihre Wohnung ist auffallend leer. Ein paar Klappstühle, ein kleiner Fernseher und ein Klimagerät sind so ziemlich das Einzige, was sie über das vom Vermieter gestellte Basismobiliar hinaus angeschafft haben. In jedem Zimmer hängt eine batteriebetriebene Uhr an der Wand, sonst nichts. Im Zimmer der Mutter stehen ein kleiner Schrein und ein Foto von ihrem verstorbenen Mann. Kleider und persönliche Sachen sind in Blechschränken weggeschlossen. Die wenigen Gegenstände in dem eingebauten Bücherregal in einer Wohnzimmerecke unterstreichen nur noch, wie groß und leer es ist: ein kleines Modell des Eiffelturms und ein Satz Glasuntersetzer, noch in der Plastikverpackung, mit Bildern der Sehenswürdigkeiten und Boulevards von Paris. Außerdem eine Ganesh-Figur, eine künstliche Pflanze und fünf bengalische Romane.

Man hat das Gefühl, dass sie in einem Zustand permanenter Vorläufigkeit leben und nichts anschaffen wollen, was sie daran hindern könnte, dieser kulturlosen Stadt irgendwann den Rücken zu kehren.

»Es muss eine Kultur geben, die wir von unseren Vorfahren ererbt haben. Nimm nur mal die Pubs. So etwas hat es in Indien früher nie gegeben. Jetzt gehen die jungen Leute hin, das gehört zu ihrem Lebensstil. Während sie früher mit zwanzigtausend Rupien pro Monat auskamen, brauchen sie nun dreißigtausend. Ich sage nicht, dass man nicht in Kneipen gehen sollte, aber man darf nicht sich selbst und die eigene Kultur verlieren. Sonst wird das eine Welt, in der jeder gegen jeden kämpft.«

Als ich kürzlich an der Feier von Siddharthas arrangierter Eheschließung teilnahm, wurde mir bewusst, dass er in gewissem Sinne die Kultur seiner Vorfahren auf augenfällige Weise bewahrt hat. Siddhartha ist nämlich ein Cousin von mir; wir haben einen längst verstorbenen bengalischen Großvater gemeinsam, der eine fast neurotische Bewunderung für die englische Sprache hegte. Der unbefangene Umgang der Familie mit dem Englischen hat sich über die Generationen hinweg erhalten und dafür gesorgt, dass Siddhartha sich so viele Jahrzehnte später einen Job in einem Callcenter in Delhi sichern konnte.

Viertes Kapitel

»Auf meiner ersten Party in Delhi sah ich ein knutschendes Pärchen und fragte mich: *Wie kann man nur – in aller Öffentlichkeit?* Es war ein Schock. Aber es war auch schön. Ich begriff, was für Möglichkeiten ich hier hatte. Eine unkonventionelle Jugend und ein unkonventioneller Berufsweg lagen vor mir.«

Ramesh

Das Aufkommen des Privatunternehmertums setzte im Leben vor allem junger Menschen neue Energien frei. Nach 1991 musste die gesamte kapitalistische Infrastruktur neu errichtet werden, und es gab spannende Arbeitsmöglichkeiten in allen Bereichen. Delhi als Zentrum der indischen Publizistik wurde zum Schauplatz einer wahren Explosion neuer Zeitungen, Zeitschriften, Fernsehsender und Werbeagenturen, und junge Leute mit Studienabschlüssen in bisher als brotlos geltenden Fächern wie Englische Literatur oder Geschichte leiteten nun plötzlich Firmen, erzielten hohe Einkommen – und arbeiteten extrem hart. Ihre Eltern, von denen viele im Staatsdienst tätig und ruhige Vierzigstundenwochen gewöhnt waren, sahen fassungslos mit an, wie ihre Kinder um elf Uhr abends aus dem Büro kamen und dann per Telefon noch weitere Anweisungen von ihren schlaflosen Chefs entgegennahmen. Ebenso unbegreiflich erschien es ihnen, dass ihre Nachkommen praktisch im jährlichen Wechsel von Job zu Job hüpften und ihr Einkommen dabei jedes Mal weiter in die Höhe trieben. Sie waren in der Überzeugung aufgewachsen, dass nichts wichtiger sei als das Vermeiden von Risiken und dass man eine gute Stelle ein Leben lang behielt. Die Jungen aber schienen unwiderstehlich angezogen von der Entweihung des Status quo, als seien die wahren Segnungen des Kapitalismus nur dadurch zu erlangen.

Viele junge Leute machten Überstunden nicht nur, weil sie es mussten, sondern auch, weil sie es mochten. Es war eine Zeit, in der das

Unternehmen oftmals als belebend empfunden wurde, ganz anders als die Familie. Viele suchten dort Bedürfnisse zu befriedigen, die mit ihrer Arbeit gar nichts zu tun hatten, und sei es nur die Möglichkeit, sich fern von der Familie aufzuhalten. Die Mission des Privatunternehmertums war neu und kühn, und sie konnte enge, angstfreie kollegiale Beziehungen schaffen. Immer wieder berichteten junge Leute, dass ihre Eltern oder Ehepartner nicht verstünden, was sie machten, oder mit anderen Worten: wer sie waren. In den euphorischen Anfangsjahren des Privatunternehmertums wurde die Firma nicht selten zu einer Art Ersatzfamilie, und junge Führungskräfte entwickelten einen artifiziellen Firmenjargon, um sich vom Ethos ihrer Blutsverwandten abzugrenzen. Sie hatten keinen Ruf mehr, sie hatten eine *Marke*. Dinge, die sie gut konnten, waren *Kernkompetenzen*. Sie beratschlagten nicht, sie *brainstormten*. Ihre DNA leitete sich vom Unternehmen her, dessen Charakteristika sie mehr und mehr zu ihren eigenen machten.

Die Energie, mit der diese Menschen ein Gefühl der Sinnhaftigkeit aus den neuen Institutionen des globalen Kapitalismus zu beziehen suchten, hatte viel mit dem Verfall einstiger Ideale zu tun. Die Begeisterung für die Wirtschaft war oft gerade in jenen Familien am größten, in denen das Ethos der Genügsamkeit, des Dienens und der Nation am tiefsten verwurzelt war. Viele dieser Familien hatten sich betrogen gefühlt, als das System in den siebziger Jahren all seinen Dekor einbüßte, denn was darunter zum Vorschein kam, war nichts als ein Kampf um Macht und Geld, und man konnte Menschen, die so etwas wertschätzten, nun nicht mehr ohne Weiteres verachten. Nehrus idealistische Visionen ließen zahlreiche Angehörige der Mittelschicht enttäuscht zurück, was wiederum die Ideale selbst in Verruf brachte. Viele, die in den achtziger und neunziger Jahren erwachsen wurden, spotteten über den Glauben ihrer Eltern an abstrakte Ideen und verinnerlichten erleichtert das Prinzip des Profits. Es war ein neues Realitätsprinzip, und in seinem Zeichen erfanden sie sich eilends neu.

Rameshs Vater arbeitete in einer Kleinstadt in Rajasthan bei einer Behörde. Ramesh glaubte zu ersticken in der engen, konservativen Welt seiner Kindheit und machte sich voller Zuversicht nach Delhi auf, um dort Betriebswirtschaft zu studieren. Nach seinem Abschluss blieb er und absolvierte mehrere Bürojobs bei diversen Zeitungen, ohne ein bestimmtes Ziel vor Augen zu haben. Als er in der Werbung landete, war das, als hätte man ihm ein Aufputschmittel gespritzt.

»Erst als ich in der Werbung anfing, habe ich herausgefunden, wer ich eigentlich bin. Bis dahin hatte ich einen geregelten Arbeitstag: Um fünf habe ich meine Sachen gepackt und bin nach Hause, dann habe ich den ganzen Abend mit der Familie zusammengesessen. Jetzt mache ich um ein Uhr morgens Schluss, und manchmal komme ich zwei oder drei Tage überhaupt nicht nach Hause. Ich habe immer Handtuch und Zahnbürste im Auto. Weil meine Arbeit so aufregend ist.«

Ramesh ist geradezu lachhaft glücklich. Ich habe selten jemanden kennengelernt, der die Welt so rundum positiv sieht. Er schreibt das seiner Arbeit zu und spricht von ihr fast wie von einer Art Seelendisziplin.

»Man kann nur dann erfolgreich sein, wenn man diese Marken auch lebt, wenn man zu diesen Marken wird. Es ist wie im Buddhismus. Es durchdringt einen ganz, es erobert auch das Privatleben. Ich erkläre die Marken meinen Eltern, meiner Frau, meinen Freunden. Das strömt nur so aus mir heraus, weil ich die Marken in mir trage.«

Als Rameshs Frau schwanger wurde, wollte sie mit ihm aus Delhi weg, dorthin zurück, wo ihre und Rameshs Familie lebten. Doch das war ihm unmöglich.

»Ich stand dort völlig neben mir, ich konnte keinen inneren Frieden finden. Schließlich habe ich meine Frau überredet, in Delhi zu bleiben. Sonst wäre ich erstickt. Aber es war schwer für sie. Sie wollte mich um sich haben, und ich kam immer erst um Mitternacht nach Hause. Sie hat lange gebraucht, um sich damit abzufinden. Aber so nach und nach konnte ich ihr Verständnis wecken, genau wie bei einer Werbekampagne. Ich habe es ihr in Analogien erklärt. Als sie sich während der Schwangerschaft über meine Arbeitszeiten beklagte, sagte ich: ›Denk an dich selbst. Du trägst ein neues Wesen in dir. Bei mir ist das *jeden Tag* so. Durch meine Kampagnen spüre ich diese Schmerzen jeden Tag. Ich kenne das Glücksgefühl, wenn dieses Wesen schließlich das Licht der Welt erblickt.‹ Da hat sie begriffen, und jetzt ist sie einverstanden mit dem, was ich mache.«

Dass Ramesh hart arbeitet, steht außer Frage, aber viel Zeit fließt auch in die Beziehung zu seinen Kollegen.

»Wir sind ein zwölfköpfiges Team, und wir stehen uns sehr nahe. Wir treten füreinander ein. Hat einer von uns ein privates Problem, kümmern wir uns darum. Wir arbeiten hart – einer für alle, alle für einen. Wenn es beruflich etwas zu feiern gibt, gehen wir alle zusammen einen trinken.«

Junge Leute wie Ramesh lassen sich schnell zu den beiden allgegenwärtigen Drogen des kapitalistischen Systems verführen: Koffein und Alkohol.

Die wohl augenfälligste Entwicklung im Konsumbereich waren zu Beginn der nuller Jahre die neuen Kaffeehausketten, die gar nicht schnell genug weitere Filialen eröffnen konnten, um jungen Leuten die ersehnten Ausgehmöglichkeiten zu bieten. In den Cafés waren ganz andere Gespräche möglich als zu Hause oder im Büro, und an den Wochenenden waren sie bis in den letzten Winkel von fröhlichem Stimmengewirr erfüllt. Anders als Bars, in denen bis spätnachts Alkohol ausgeschenkt wurde, boten die Cafés jungen Leuten aus konservativen Familien eine relativ harmlose Möglichkeit, die Grenze der heimischen Sphäre zu durchbrechen, die für viele dieser Familien gleichbedeutend war mit der Trennlinie zwischen dem Gesunden, Lebensbejahenden – drinnen – und dem Korrupten, Vergifteten – draußen. Die neue Geselligkeit in den Cafés vermittelte eine andere, wenn nicht gar entgegengesetzte Sicht der Dinge. Und wie alle indischen Großstädte, wurde auch Delhi, das aufgrund seiner Lage im Norden des Landes keine nennenswerte historische Beziehung zum Kaffee besaß, von dem Getränk überschwemmt, sein Duft zog durch jede Shoppingmall, jeden Bürokomplex, und die braune Flüssigkeit floss durch die Adern dieser neuen, mit permanentem Schlafentzug lebenden Generation, die nun nicht mehr aus einer Tasse *trank*, sondern wie ihr amerikanisches Pendant an einem verschlossenen, geruchlosen Becher *saugte* wie an der Plastikbrust des Kapitalismus.

Nach Büroschluss aber brauchten viele dieser Menschen einen stärkeren Kick. Persönliche Bedenken gegen den Genuss von Alkohol lösten sich in diesem Jahrzehnt weitgehend in Luft auf; allerdings erzählten viele junge Leute ihren Eltern lieber nicht, was sie so trieben.

Zu Beginn des neuen Jahrtausends wirkte es noch seltsam verkrampft, wenn junge Leute in einer Bar zusammen tranken: Die Mädchen saßen kichernd an einem Tischende, die Jungen mit gewollt unbeteiligter Miene am anderen, die Gläser wie Fremdkörper in ihren Händen. Doch das änderte sich schnell, und die neue Arbeits- und Ausgehkultur setzte ihren betäubenden Rhythmus durch. Frauen ignorierten nun die für sie bestimmte »Mocktail«-Liste auf der Getränkekarte, und für viele Menschen beiderlei Geschlechts wurde der Alkohol zur unentbehrlichen Stütze, um den beruflichen und familiären Stress durchzuhalten. Bars schossen wie Pilze aus dem Boden und waren allabendlich bis auf den letzten Platz besetzt mit Leistungsträgern – diesen neu erfundenen Menschen des indischen 21. Jahrhunderts –, die nach der Arbeit erst einmal Dampf ablassen wollten.

In Künstlerkreisen wurden die überkommenen Werte und Strukturen noch radikaler infrage gestellt. Die meisten Leute, die ich in meiner ersten Zeit in Delhi kennenlernte, waren noch vor ihrem zwanzigsten Lebensjahr von zu Hause ausgezogen. In nordindischen Familien der Mittelschicht war das unüblich. Oft hatte es viel Mut erfordert und wurde auch Jahre später noch immer nicht gebilligt. Die Eltern ließen sich nicht blicken in den Wohnungen, in denen ihr Nachwuchs ein so unorthodoxes Leben führte, oft wussten sie nicht einmal, wo – oder mit wem – ihre Kinder wohnten, und in ihren eigenen Kreisen gebrauchten sie Ausreden für deren Fehlen im Elternhaus. Nur eine Heirat konnte die Dinge wieder zurechtrücken – aber nur wenige heirateten tatsächlich. Gerade dieser Druck hatte viele aus dem Haus getrieben. Sie wollten kreativ arbeiten – eine Art Arbeit, für die ihre Eltern oft wenig Sympathie oder gar Verständnis aufbrachten –, was jedoch nur Teil eines allgemeineren Bestrebens war, das Leben selbst neu zu gestalten. Kreativität war alles, nicht nur als beruflicher Aktivposten, der kreative Produkte hervorbrachte, sondern auch als Leitprinzip eines Lebens, das auf völlig neuen Vorstellungen von Ethik, Gefühlen und Beziehungen beruhte.

Viele hatten die unglückliche Ehe ihrer Eltern vor Augen gehabt, manche hatten miterlebt, dass Familienmitglieder mit Kindesmissbrauch und Gewalt hinter verschlossenen Türen ungestraft davonkamen, und es war zunehmend der Eindruck entstanden, dass sich hinter der wohlanständigen nordindischen Fassade Heuchelei und Verfall verbargen. Ihre Entscheidung für künstlerisches Arbeiten – mit der sie sich über die risikofeindliche Kultur ihrer Familien hinwegsetzten und auf die materiellen Güter verzichteten, die ihnen ihre Talente in der expandierenden Wirtschaft nach 1991 hätten verschaffen können –, ihre Entscheidung für einen unkonventionellen Lebensstil – außerhalb des Elternhauses und im emotionalen Vertrauen auf neue, selbstgewählte Familien – war der offensichtliche Versuch, die Wertvorstellungen ihrer Eltern so weitgehend wie irgend möglich abzustreifen. Sie hatten flüchtige Liebesbeziehungen, sie begannen eine Schwulenszene aufzubauen – und sie machten das Thema Freundschaft zum Gegenstand ausgedehnter Überlegungen und Diskussionen. In dem Umfeld, das sie hinter sich gelassen hatten, war Familie oft alles und Freundschaft nur etwas Vorläufiges, Opportunistisches gewesen, und nun bemühten sich Künstler und Intellektuelle in Delhi um ein neues Konzept von Freundschaft als eine ursprünglichere, uneingeschränktere Form der Bindung.

Einige von ihnen waren in Delhi aufgewachsen, andere nicht. Allen aber bot Delhi eine Kombination von guten Verdienstmöglichkeiten und niedrigen Lebenshaltungskosten, wie sie für Künstlergemeinschaften in aller Welt so unentbehrlich ist. Menschen, die schreiben konnten, kamen aus ganz Indien und auch aus vielen anderen Ländern hierher, um sich bei den neuen Zeitungen und Zeitschriften ihren Lebensunterhalt zu verdienen und nach Büroschluss an anderen Projekten zu arbeiten. Künstler verschafften sich Finanzspritzen als Grafikdesigner für die expandierende Werbeindustrie oder als Kameraleute beim Fernsehen; neue Sender mussten damals ein vierundzwanzigstündiges Programm füllen, litten aber unter einem akuten Mangel an Leuten, die etwas von Kameras verstanden. Einige finanzierten ihr von Anspruchslosigkeit und alternativer Sexualität geprägtes Dasein damit, dass sie ihre Kreativität in den Dienst der Gestaltung verschwenderischer Hochzeitsfeiern der Reichen stellten.

Ein weiterer starker Magnet für aufgeweckte junge Leute waren Delhis Weltklasse-Universitäten und -Forschungsinstitute. Auch sie boten – ebenso wie die ausländischen Botschaften und Kulturzentren in der Hauptstadt – Beschäftigungsmöglichkeiten, die sich mit einem alternativen Lebensstil vereinbaren ließen.

Und das Leben kostete nicht viel in den neunziger Jahren. In den ruhigsten Gegenden der Stadt hatten die Häuser oft kleine Dienstbotenwohnungen auf dem Dach, Spiegelbilder einer früheren, paternalistischeren Beziehung zwischen den vermögenden Familien und ihren Hausangestellten. Doch die Sichtweisen hatten sich geändert, und diese Beziehung war mit den Jahren ausgetrocknet. Jetzt herrschte in der Stadt ein Überfluss an armen Migranten vom Land, ihre Slums lagen praktischerweise in nächster Nähe der reichen Viertel, und deren Bewohner konnten jede benötigte Dienstleistung kaufen, ohne diejenigen, die sie erbrachten, beherbergen und Verantwortung für ihre Familien übernehmen zu müssen. (Viele von ihnen machten sich dennoch für den Abriss der Slums in ihrer Nähe stark; kam es tatsächlich dazu, reagierten sie erstaunt und empört, wenn ihre Hausmädchen nicht mehr zur Arbeit erschienen.) Die Dienstbotenunterkünfte wurden vermietet. Zu klein und unpraktisch für Familien, aber oft mit traumhaften Terrassen ausgestattet, die sich zum Haschischrauchen in der Wintersonne förmlich anboten, kosteten diese Dachwohnungen um die fünfzig Dollar im Monat – ein Betrag, den Leute mit vermarktbaren Fähigkeiten locker verdienen konnten, ohne deswegen auf Freizeit verzichten zu müssen – und füllten sich mit jungen Männern und Frauen, die für sich sein und ein kreatives Leben führen wollten.

Diese Menschen bildeten erklärtermaßen eine Subkultur, die für die Stadt als Ganzes nicht repräsentativ war. In Delhi konnten sie sich auch deshalb entfalten, weil sich niemand für sie interessierte. Gerade die Apathie der Mittelschicht mit ihrer Kultur der Indifferenz und Selbstbezogenheit ermöglichte es Menschen, die ihr Leben lang einem Übermaß an Kontrolle und Kommentierung ausgesetzt gewesen waren, in den selbstbezogenen Enklaven der Stadt eine kostbare Form der Freiheit zu finden: Anonymität.

Doch viele von ihnen sprudelten über von Energie und Begabung, sie erlangten Beachtung und Einfluss und eroberten sich einen unverhältnismäßig bedeutenden Platz in der Kultur der Stadt. Sie waren, wie ein prominenter Künstler aus ihren Reihen es formulierte, Delhis »Bastarde«: Menschen ohne Stand und Stammbaum, die auf eine anders geartete Zukunft setzten und es in vielen Fällen ganz nach oben schafften. Jüngere sahen voller Respekt und Bewunderung zu ihnen auf, weil sie eine allzu starre Stadt um eine ganze Skala an Gefühlen und Möglichkeiten für das Leben bereichert und dazu beigetragen hatten, diese karge Bürokraten- und Einwandererstadt zum kulturellen Zentrum Indiens im 21. Jahrhundert zu machen.

Manish Arora*, heute ein erfolgreicher Modedesigner, hatte, als er 1991 nach Delhi kam, noch keinerlei Vorstellung davon, was er hier machen wollte. Er wusste nur, dass er sein Elternhaus in Bombay verlassen und für sich allein leben musste.

»Allein zu leben war in der Familie, aus der ich stamme, etwas eher Ungewöhnliches. Man wohnte bei seinen Eltern, bis man heiratete. Es gab schon einen Riesenwirbel, als ich überhaupt nur davon sprach, dass ich vielleicht in Delhi studieren wollte.«

»Wegen Sex?«

»Ich hatte Sex, seit ich dreizehn oder vierzehn war. Das war nicht das Problem. In Delhi war Sex zwar leichter zu haben, aber deswegen wollte ich nicht hierher. Ich war siebzehn, ich studierte Wirtschaft in Bombay, aber ich war kein sehr guter Student, ich war nicht glücklich. Zufällig sah ich in der Zeitung eine Anzeige von diesem Institut in Delhi – dem National Institute of Fashion Technology – und dachte: ›Ich bewerbe mich einfach mal.‹ Meine Cousins in Delhi schickten mir das Formular, und ich meldete mich, ohne groß darüber nachzudenken, zur Aufnahmeprüfung an. Als ich hinkam, waren da Hunderte von Bewerbern, alle mit Unmengen Zeichen- und Malsachen – und ich hatte nur einen Kugelschreiber in der Tasche, mehr nicht. Ich wusste nicht einmal, dass die Prüfung sieben Stunden dauern sollte. In der Pause rannte ich zu einem öffentlichen Telefon, um meiner Mutter zu sagen, dass ich noch am Leben war.

* Klarname

Später wurde ich zu einem Vorstellungsgespräch nach Delhi eingeladen. Und auch da machte ich mir weiter keine Gedanken. Meine Eltern auch nicht: ›Das ist nur ein Vorwand, um seine Cousins mal wieder zu besuchen.‹ Und selbst nach dem Vorstellungsgespräch dachte ich keine Sekunde daran, dass man mich nehmen würde. Aber als ich nach Bombay zurückkam, wartete dort ein Brief mit der Zusage für einen Studienplatz auf mich. Damals gab es nur einen einzigen Campus, und nur dreißig Studenten aus ganz Indien wurden pro Jahr aufgenommen. Ich habe mich natürlich riesig gefreut. Aber als es losging, nahm ich die Sache immer noch nicht so richtig ernst. Das erste Semester habe ich auch prompt in den Sand gesetzt. Und irgendwann mittendrin – ich weiß nicht, wie es dazu kam – dachte ich plötzlich: *Hier bin ich genau richtig.* Und damit fing alles an.«

Manishs Mode mutet an wie das Produkt eines außergewöhnlich freien Geistes. Sie ist bunt und extravagant – sie hat etwas von Zirkus, Bombay-Kitsch und Pop-Art –, und sie weckt ein Gefühl unbändiger Freude, aber Schnitt, Stickerei und Verarbeitung sind von der Präzision einer Miniaturmalerei: Manish ist zugleich auch Traditionalist, und seine geniale Anwendung althergebrachter indischer Techniken zeigt, wie sehr er ihre Disziplin verinnerlicht hat. Diese Balance von Freiheit und Beschränkung entfesselt in ihm, so scheint es, eine fieberhafte Produktivität: Neben seiner eigenen Marke entwirft Manish Arora auch Fish Fry, eine Sportbekleidungslinie, die von Reebok produziert wird, und zahllose Einzelkollektionen für andere Firmen.

Jüngst haben sich seine Aktivitäten noch einmal vervielfacht, denn er wurde als Kreativdirektor von Paco Rabanne nach Paris geholt. Es war das erste Mal, dass ein französisches Modehaus die kreative Leitung einem Designer aus Asien übertrug. Dass Paco Rabanne auf Manish setzte, um den seit Langem schwächelnden Geschicken der Firma neuen Auftrieb zu verleihen, sagte nicht nur über Manishs schöpferische Fähigkeiten viel aus, sondern auch über das sich wandelnde Verhältnis der französischen Modebranche zum Rest der Welt. Manish wohnt heute in Paris und Delhi.

»Meine Eltern leben in Mumbai, stammen aber aus dem Punjab. Beide Familien kamen nach der Teilung herüber. Mein Vater arbeitet seit vierzig Jahren in Mumbai, aber sie haben absolut nichts von der Stadt für sich übernommen, sie sind immer noch genau so, wie Eltern in einer Kleinstadt im Punjab eben sind. Meine Mutter ist noch nie aus Indien herausgekommen. Sie sind ziemlich naiv.

Ich bin ihr einziges Kind, deshalb bedeutet ihnen mein Erfolg sehr viel. Heute macht es ihnen nichts mehr aus, dass ich nicht verheiratet bin. Auf einmal ist alles vergessen. Auch deshalb muss ich erfolgreich bleiben: damit sie glücklich sind. Aber sie haben keine Ahnung, was ich mache. Sie freuen sich einfach nur, wenn sie mein Bild in der Zeitung sehen. Sie wissen zum Beispiel gar nicht, dass ich für Paco Rabanne arbeite. Sie wissen nur, dass ihr Sohn einen Job in Paris hat, und das genügt ihnen. Sie verstehen – die Sorte Eltern sind sie. Sie wissen nicht mal, wer Paco Rabanne ist. Aber das hat auch etwas sehr Liebenswertes. Ich bin froh, dass es so ist.

Als Kind habe ich allerdings schlimme Zeiten erlebt. Meine Eltern verstanden sich nicht, aber eine Scheidung kam nicht infrage. Das ist in dem Umfeld, aus dem ich komme, heute noch so. Man streitet sich ständig und bleibt trotzdem sein Leben lang zusammen. Jetzt sind sie natürlich alt, und alles ist gut, aber meine Kindheit war eine Katastrophe. Auch deshalb bin ich aus Bombay weg: Ich war als Kind psychisch labil. Delhi fand ich so schön, weil es mich von alldem frei gemacht hat, weil ich hier tolle Freunde gefunden und mich selbst besser kennengelernt habe.«

Manesh kichert ironisch, um seinen Worten den feierlichen Ernst zu nehmen. Er ist klein – nicht größer als ich –, und sein spitzes Gesicht, das in einen grauen Kinnbart ausläuft, seine geschwungenen Augenbrauen und die tiefliegenden leuchtenden Augen geben ihm etwas leicht Diabolisches. Man spürt, dass er sein Selbstbewusstsein aus Ereignissen in seinem Leben schöpft, die er nur unter Aufbietung aller in ihm schlummernden Kräfte überstanden hat.

»Heute kann ich, glaube ich, sagen, dass ich gerade deshalb versucht habe, das zu machen, was ich machen wollte. Hätte ich eine glückliche Kindheit gehabt, wäre ich jetzt vielleicht der größte Langweiler. Ich würde irgendein ödes Geschäft führen und wäre verheiratet, um zu verbergen, dass ich schwul bin. Nein: Ich wollte weg, und das hat mich meiner Ansicht nach zu dem gemacht, der ich heute bin, weitgehend zumindest. Denn tief drinnen sagte ich mir, dass ich raus will aus dem Ganzen und dass ich stolz auf mich sein will. Von meinen Eltern habe ich keine Zuwendung erfahren – vielleicht habe ich sie deshalb anderswo gesucht. Das hieß: Ich musste gut sein auf meinem Gebiet, um anerkannt zu werden. Man kann gar nicht genug davon bekommen. Manchmal arbeitet man nur wegen der Anerkennung so hart. Vielleicht hat mich Geld deshalb nie interessiert. Ich brauche etwas anderes im Leben: dass ich ständig gesagt bekomme, wie großartig ich meine Arbeit mache. Und dass ich dieses Lob auch wirklich verdiene – und zwar nicht, weil ich in einem einzigen Film mitgespielt habe und über Nacht zum Star geworden bin. Dafür lebe ich. Weil ich als Kind nicht viel Anerkennung bekommen habe.

Als ich in meinen Zwanzigern war, habe ich in Delhi eine einschneidende Erfahrung gemacht. Ich war jahrelang total auf einen bestimmten Mann fixiert. Ich hätte alles getan, um mit ihm zusammen zu sein. Die verrücktesten Dinge. Ich war nicht einfach nur verknallt – die Geschichte zog sich über fünf oder sechs Jahre hin. Meine Freunde meinten, ich sei blind, ich sei besessen, aber es hörte einfach nicht auf. Es war der Horror. Und plötzlich – ich weiß nicht, was mit mir los war –, plötzlich war ich raus aus der Sache, und ich sah den Rest meines Lebens vor mir und sagte: ›Wow. *Jetzt* …‹ Kennen Sie so etwas? Man muss sich selbst retten. Durch das alles war ich gezwungen, erfolgreich zu sein, etwas anzustreben, was viel mehr wert ist als Geld.

Ich brauche nicht viel Geld. Ich habe keine Kinder, und solange ich meine Freunde treffen kann, bin ich zufrieden. Ich gehöre nicht zu den Leuten, die unbedingt einen Luxusschlitten besitzen müssen. Der typische Mann in Delhi – egal, ob hetero oder schwul – will mit dem angesagtesten Wagen vor einem Hotel vorfahren, und wenn er aussteigt, sollen alle herschauen. Nur dafür legt er sich einen Porsche zu. Aber mich interessiert so etwas nicht, vielleicht weil ich so oft in Frankreich bin. In Paris kommt man auf eine Party bei einem berühmten Künstler und trifft da ganz reiche und ganz arme Leute, alle auf Augenhöhe. Niemand schert sich darum. Oder ein schwerreicher Typ fährt einen uralten Motorroller, weil er eben an ihm hängt. So etwas gibt es hier nicht. Wer hier Geld hat, kauft sich sogar ein

Auto, das ihm gar nicht gefällt, nur weil es angeblich das beste ist. Das liebe ich an Frankreich: Man schätzt dich dort nicht wegen deines Geldes. Hier will jeder sofort wissen: ›Was machen Sie beruflich?‹ Das ist immer die erste Frage.«

Wie man sich denken kann, arbeitet Manish wie ein Besessener.

»Ich lebe für meine Arbeit. Daran glaube ich, und da hat nichts anderes Platz. Ich bin hundertprozentig darauf fokussiert. Das macht es mir möglich, mich mit allen Aspekten des Modegeschäfts zu befassen, nicht nur mit dem Designen. Die Zeit dazu habe ich. In Paris stehe ich um halb sieben auf und fange um halb neun an. Die Kleider, die ich entwerfe, transportiere ich selbst, in Kartons, mit der Metro. Können Sie sich das in Delhi vorstellen – ein Designer, der seine Sachen selbst transportiert? Die Modeschöpfer hier halten sich für Superstars und vergessen, dass es ihr Job ist, jede Saison noch bessere Kleider zu machen. Und ein Job ist es tatsächlich. Es ist verdammt harte Arbeit. Nur weil man in Indien ständig in der Zeitung steht, darf man das nicht vergessen, man darf sich nicht aufführen wie ein Star. Haben Sie mal gesehen, wie viel die Zeitungen hier über Modedesigner schreiben? Haben die nichts Besseres zu tun?

Indien ist einfach nicht modebewusst. Niemand hier versteht etwas von Mode. Niemand kennt sich selbst so gut, dass er weiß, was er will. Die Leute haben heute Geld, und sie sind markenbewusst, aber das ist auch schon alles. In Delhi besitzt eine Person, die als Fashionista oder Diva gilt, zwar die richtigen Produkte, aber sie hat keine Ahnung. Das ist in Japan anders. Dort ist die Mode zwar auch noch nicht so alt, aber die Leute verstehen etwas davon. Frag eine Frau in Delhi, warum sie eine Louis-Vuitton-Tasche hat, und sie wird dir antworten, dass ›man‹ so etwas eben hat. Frag eine Frau in Japan, und sie wird dir die komplette Geschichte von Louis Vuitton erzählen.

Aber als ich in Delhi anfing, war diese Ignoranz ein Vorteil für mich. Seit ich so viel in Paris bin, habe ich das Gefühl, damals zur richtigen Zeit am richtigen Ort gewesen zu sein. In Delhi habe ich als Assistent bekannter indischer Designer gearbeitet, und die waren ziemlich naiv. Ich habe mir alles durch Learning by Doing angeeignet, ich hatte ja von nichts eine Ahnung. Die Zeitschrift *Interview* zum Beispiel – idiotisch, aber wahr –, die kannte ich gar nicht, ich hatte sie, bis meine Kleider auf dem Titelbild erschienen, noch nie gesehen. Modemagazine konnten mich nicht einschüchtern, weil ich sie gar nicht zur Kenntnis nahm. Es gibt immer noch so viel zu lernen für mich, da kommt mir meine Naivität zugute. Wer in London arbeitet, weiß schon alles, wenn er anfängt, das macht es schwieriger, etwas Eigenständiges zu schaffen und sich immer wieder neu zu beweisen. Wäre ich nach London gegangen, wäre ich vielleicht längst ausgebrannt.«

Er holt seinen Laptop hervor und zeigt mir ein Video von seiner letzten, als Zaubershow inszenierten Modenschau in Paris. Er erklärt mir, wie so eine Show konzipiert wird: Die Kollektion wird so entworfen, dass sie Käufer aus Europa, Amerika, Asien und dem Nahen Osten gleichermaßen anspricht. Seine Sätze beginnen mit: »Ich weiß, es interessiert Sie nicht, aber …«, und dann fährt er fort, mir Materialien und Webarten zu beschreiben, mir zu erklären, wie dieses genäht, jenes am Computer entworfen und mit Laser zugeschnitten wurde, und erzählt von den Outfits, die er für Lady Gaga entworfen hat.

»Ich wünschte, meine Eltern könnten verstehen, was ich mache. Aber das Problem habe ich mit vielen Leuten: Ich entwickle mich so schnell, weil ich Erfahrungen mache, die außer mir niemand versteht. Das Wissen, das ich mir Tag für Tag aneigne, bereichert mich mental, es schärft meinen Geist, es befähigt mich, mit jeder Situation und jeder Person umzugehen. Ich habe zweihundert Nespresso-Boutiquen gestaltet. Acht Monate lang für eine Kaffeefirma zu arbeiten – stellen Sie sich das vor. Ich habe mir angeschaut, wie Mercedes-Fahrzeuge produziert werden. Es ist verblüffend, wie viel man dabei lernt. Ich staune jeden Tag über mein eigenes Leben. Jeden Tag. Bei Paco Rabanne können sie meinen Enthusiasmus gar nicht fassen: *Die* wundern sich über *mich*, weil man sich, wenn man hier aufwächst, an alles gewöhnt, verstehst du? Nichts ist ein Problem. Ich kann mir die Meinungen von zehn Leuten anhören und trotzdem machen, was ich will. Vor zwei Jahren wäre das noch nicht möglich gewesen. Es kommt durch meine Arbeit mit Marken wie Nespresso, da gibt es Auflagen und Richtlinien, da bekommt man gesagt, was man darf und was nicht – dadurch bin ich inzwischen so versiert, dass ich mit allem fertigwerde.

Ich sage mir immer noch: ›Fuck! Ich bin Designer bei Paco Rabanne!‹ So empfinde ich es, und warum sollte ich nicht auch darüber reden? Es ist ein tolles Gefühl. Schon erstaunlich, dass ich es so empfinden kann. Natürlich muss ich schuften wie ein Pferd. Aber dazu bin ich auch bereit.«

Schon seit einer Weile rufen ihn immer wieder Freunde an. Er wird woanders erwartet.

»Ich mag Delhi nicht mehr so wie früher«, sagt er. »Vor zehn Jahren war ich begeistert. Vielleicht habe ich damals nicht so mitbekommen, was hier los ist. Heute liest man in der Zeitung ständig von all den schrecklichen Dingen, die hier passieren. Morgen Abend fliege ich nach Paris zurück, und ich kann es kaum erwarten. Aber eins muss man Delhi lassen. Die Schwulenszene hier ist super. Fast jeden Abend findet irgendwo eine Party mit Hunderten, manchmal sogar Tausenden von Leuten statt. Als ich hierherkam, gab es das alles noch nicht. Schwule hatten nur eine einzige Möglichkeit, wenn sie Sex wollten: Sie mussten einen geilen Taxifahrer ficken, dessen Frau zu Hause auf dem Dorf geblieben war. Andere Schwule zu finden, war unmöglich. Man musste sich mit sexuell ausgehungerten Heteros begnügen, frustrierten Fernfahrern zum Beispiel, die in dem Park am Connaught Place darauf warteten, sich einen blasen zu lassen. Aber heute ist es kein Problem mehr, Schwule zu treffen. Keine andere Stadt in Indien hat so eine Szene wie Delhi, eine bessere sogar als viele Städte im Westen, würde ich sagen. Mein Freund stammt aus Bologna – heute hat man in Delhi eine größere Auswahl an Schwulenbars und Schwulenpartys als in Bologna. Seit die legal sind, trauen sich die Leute auch mehr. Da gehen junge Männer hin, die es sich eigentlich gar nicht leisten können, aber sie kratzen ihr letztes Geld dafür zusammen, weil sie der Meinung sind, dass sie ein Recht darauf haben. Schon erstaunlich.«

Manish ist auf dem Sprung. Zum Abschluss sagt er, ich sei schrecklich angezogen, und rät mir, meinen Stil zu ändern. Das stimmt mich ein bisschen traurig. Ich habe mich ziemlich ins Zeug gelegt für ein Treffen mit diesem Modeschöpfer.

Beim Zahlen frage ich ihn, ob er die Anerkennung gefunden habe, die er gesucht hat.

»Ich habe einen Fan in Tokio. Ich liebe Tokio. Die Menschen dort sind ganz anders als überall sonst auf der Welt. Mein größter Fan lebt dort, eine Frau. Sie ist verrückt. Sie lebt und atmet nur für mich. Wenn sie hört, dass ich krank bin, bricht sie in Tränen aus. Wenn ich irgendwo auf der Welt eine Show habe, egal wo, fliegt sie für einen Tag hin. Bei ihrem letzten Geburtstag war ich die Überraschung. Ich wurde eigens für ihre Party eingeflogen. Das ist für mich ein wahrer Fan. Wenn irgendjemand auf der Welt mich liebt, dann sie.«

Es heißt, manchen genüge es, von einem Menschen geliebt zu werden, andere bräuchten die Liebe vieler und wieder andere die der ganzen Welt. Doch selbst, wenn man zu Letzteren gehört, scheint sich in der Zuwendung eines Einzelnen die Liebe der vielen zu manifestieren.[6]

Fünftes Kapitel

»Die Polizei in Noida rettete am Dienstag zwei Schwestern, die sich seit sieben Monaten in ihrem Haus eingeschlossen hatten und dort unter menschenunwürdigen Bedingungen lebten. Die Schwestern, beide in den Vierzigern, wurden ins Krankenhaus eingeliefert, eine von ihnen in lebensbedrohlichem Zustand infolge schwerer Unterernährung und Dehydratation.

Beide Frauen sind promoviert und haben bis vor Kurzem erfolgreich in ihren Berufen gearbeitet. Der Tod ihres Vaters, eines Offiziers, vor einigen Jahren soll sie in eine schwere Depression gestürzt haben. Mit ihrem in Delhi lebenden Bruder sind sie zerstritten. Er und seine Familie haben dem Vernehmen nach seit vier Jahren keinen Kontakt mehr mit ihnen. Durch den Tod ihres Hundes vor einigen Monaten soll sich ihre Depression weiter verschlimmert haben.

›Die Frauen waren bei ihrer Einlieferung extrem abgemagert‹, so ein Arzt des Krankenhauses. ›Die Ältere war bewusstlos und litt an inneren und oralen Blutungen. Die Jüngere ist räumlich und zeitlich stark desorientiert.‹«

Pressebericht, April 2011[7]

Beobachter in den älteren Zentren des globalen Marktes glaubten genau zu wissen, was solche Entwicklungen im fernen Indien bedeuteten. Die Technologieunternehmen, die Cafés, die gemischtgeschlechtlichen Gruppen, die sich nach Büroschluss in einer Bar trafen, die alternativen Lebensstile: Amerikaner erkannten in alldem sogleich – Amerika. Kundige Blätter wie die *New York Times* »erklärten« ihren Lesern, wie sich die Landschaft des erwachenden asiatischen Riesen durch die Verbreitung des Cappuccino-Trinkens sehr schnell ihrer eigenen anglich. »Wie Indien Amerika wurde«[8] lautete die Überschrift eines Artikels:

»Vor Kurzem gaben Starbucks und Amazon ihre Absicht bekannt, auf dem indischen Markt aktiv zu werden. [...] Dies könnte, wie eine indische Zeitung es formulierte, ›der letzte Schritt zur Globalisierung sein.‹ Für mich aber signalisiert die Ansiedlung der beiden Firmen – dieser Symbole der amerikanischen Konsumgesellschaft ebenso wie der Westküsten-Techiekultur, die auch Indiens boomenden Technologiesektor durchdringt – etwas Spezifischeres. Sie läutet die jüngste Phase in dem erstaunlichen Prozess der Amerikanisierung Indiens ein.«

Das zwischen Indien und den USA herrschende Misstrauen, ein Relikt des Kalten Krieges, wurde mit großem Überschwang zu Grabe getragen, als Bill Clinton Indien im März 2000 den ersten Staatsbesuch eines US-Präsidenten seit 1978 abstattete. Seine Reise erfolgte auf dem Höhepunkt des von Technologiewerten angeführten NASDAQ-Booms, und Clinton beeilte sich, den Beitrag zu würdigen, den Inder zur beispiellosen Entwicklung des amerikanischen Kapitalismus in dieser Phase geleistet hatten. »Allein im Silicone Valley befinden sich heute 750 Firmen in indoamerikanischer Hand«, sagte er und bekundete seine Hochachtung für Unternehmer wie den Technologie-Tycoon Vinod Khosla, der nach seinem Abschluss am Indian Institute of Technology in Delhi nach Stanford ging und Sun Microsystems mitbegründete, und Vinod Dham, der am Delhi College of Engineering studierte, anschließend in die USA auswanderte und bei Intel maßgeblich an der Entwicklung des Pentium-Prozessors beteiligt war. Doch Clinton fügte hinzu: »Indien befindet sich auf dem Weg vom Braindrain zum Braingain, denn viele kehren wieder nach Hause zurück.« Indien, so sagte er unter Anspielung auf erfolgreiche Unternehmen wie Infosys, »steigt rasch zur Software-Supermacht auf und beweist damit, dass Entwicklungsländer in der globalisierten Welt nicht nur erfolgreich, sondern auch führend sein können.«[9]

Clintons wohlwollende Worte klangen nicht wie die einer kühldistanzierten Supermacht, sondern eher wie die eines emotionalen älteren Bruders. Tatsächlich hatten Amerika und Indien in ihrer DNA vieles gemeinsam: Auch Amerika hatte sich die Unabhängigkeit von Großbritannien erkämpft, wenn auch 170 Jahre früher als Indien, und dass die beiden Länder sich nun so enger wirtschaftlicher Beziehungen erfreuten, verdankte sich zum Teil der gemeinsamen, hier wie dort von der Geschichte ererbten Sprache. Beide waren Demokratien, beide waren extrem vielgestaltig, aber durch eine liberale

Verfassung geeint. Und beide zeigten eine natürliche Veranlagung zum freien Unternehmertum. Clinton schloss seine Erklärung, die ein Bekenntnis zur Unverzichtbarkeit brüderlicher Liebe hätte sein können, mit den Worten: »Unsere Zukunft hängt nicht zuletzt von einer guten Partnerschaft mit Indien ab.«

Es war ein Thema, das indische Ideologen im darauffolgenden Jahrzehnt facettenreich ausgestalteten. Mit der wachsenden Bedeutung Chinas und dem amerikanischen Engagement in Indiens Nachbarland Pakistan und in Afghanistan im Zuge des Krieges gegen den Islam wurden indische Eliten zu glühenden Verfechtern der »natürlichen« Partnerschaft ihres Landes mit der Supermacht. »Was Umfang und Ambitioniertheit unser politischen Experimente angeht, sind wir durchaus vergleichbar«, schrieb der indische Historiker Ramachandra Guha im Nachrichtenmagazin *Time*[10] – eine Aussage, die natürlich als höchst eigennützig gelten konnte, wie das bedeutendste Produkt dieser Partnerschaft zeigt, das indisch-amerikanische Atomabkommen von 2008. Da Indien sich weigerte, dem Atomwaffensperrvertrag beizutreten, war dieses Abkommen zwar unvereinbar mit bestehendem amerikanischem Recht, aber die Inder leisteten geschickte Lobbyarbeit für sein Zustandekommen, mit dem Argument, dass Indiens Interessen in dieser Zeit asiatischer Instabilität ein wichtiger Vorposten amerikanischer Interessen seien. »Das Atomabkommen [...] betrachten die Inder als eine grundsätzliche Anerkennung ihres Status als Großmacht«, schrieb Fareed Zakaria, Kolumnist bei *Newsweek* und prominenter Befürworter der indisch-amerikanischen Partnerschaft. Sollte es zu einer Destabilisierung des globalen nuklearen Gleichgewichts kommen, sei das kein Grund zur Sorge, denn »Indiens Ziele decken sich exakt mit denen Amerikas«.[11]

Angesichts der immer vielfältigeren Herausforderungen, denen sich Amerikas Vorherrschaft ausgesetzt sah, hatte es auch für die USA etwas Beruhigendes, Indien als ein »zweites Amerika« zu betrachten. Sollte sich das Zentrum globaler Macht nach Asien verlagern, sollte Amerikas Hegemonie bröckeln, bot Indien möglicherweise eine Garantie für den Fortbestand amerikanischer Werte. Die künftigen Manager der Welt mochten zwar anders aussehen, waren von ihrem Wesen her aber genau gleich. Mit anderen Worten: Die

Zukunft der Welt barg keine unliebsamen Überraschungen. Sie würde genauso sein wie die Gegenwart.

Doch die in amerikanischen Zeitungen so emphatisch beschriebenen indischen Idyllen junger Paare in Shoppingmalls und Jazz hörender Führungskräfte hatten herzlich wenig mit den Menschen zu tun, die Indiens Verwandlung am eigenen Leib erlebten. »Globalisierung« hieß nicht Homogenisierung und auch nicht Amerikanisierung. Der Einzug amerikanischer Markennamen änderte nichts daran, dass Indien ein sehr viel ärmeres Land war als die USA, ein Land, dessen Verhältnis zum westlichen Kapitalismus voller historischer Ambivalenzen steckte. Was sich in Indien herausbildete, hatte Amerika nie gekannt. Inder, die in den Shoppingmalls Kaffee tranken, bezogen daraus eine ganz anders geartete Befriedigung als die Menschen auf der anderen Seite des Erdballs. Die Shoppingmall war nur ein Element der fragmentierten inneren und äußeren Landschaft – denn es bestand keine Kontinuität zwischen der Welt einer Mall und der Welt außerhalb ihrer Mauern, wo Straßenhändler, Elendsviertel und Verkehrsstaus den Konsumenten erwarteten, sobald er die Mall verließ. Die Shoppingmall selbst war zudem von einem reißenden wirtschaftlichen Strom angespült worden, der das Oberste zuunterst gekehrt und dabei Menschliches und Göttliches zerstört, Dinge und Energien auseinandergerissen und in den Trümmern fremde Bedürfnisse und Rituale abgesetzt hatte. So friedlich und zivilisiert der globale Kapitalismus in seinen alten Hochburgen auch gewirkt haben mochte – als er plötzlich in neue Regionen einbrach, nahm er sich ganz anders aus. Daran lag es, dass das System an seinen Rändern nicht jene ruhigen, fügsamen Westler hervorbrachte, die so oft als fester Bestandteil des Pakets betrachtet wurden.

Grob materialistische Darstellungen der aufstrebenden Mittelschicht Indiens gingen davon aus, dass ihre Angehörigen dank weitaus höherer Einkommen als vor zwanzig Jahren auch weitaus glücklicher sein müssten. Doch vieles von dem, was dem Leben das Glück entzogen hatte, blähte sich in dieser Zeit in gleichem Maße auf, und viele Menschen verspürten keinerlei spirituellen Gewinn. Zwar genoss man jetzt eine aufregende Freiheit des Geldverdienens und Konsumierens, aber entsprechend gering waren die Garantien: Ging etwas schief, war man auf sich allein gestellt. Die Mittelschicht, die von der neuen Marktfreiheit profitierte, erkannte oft zu spät, dass ihr Leben trotz hoher Einkommen in vieler Hinsicht gefährdeter war als das der Ärmsten in manch anderer Gesellschaft.

Ich stelle das Auto auf dem Parkplatz einer der neuen Privatkliniken in Delhi ab und gehe auf das Gebäude zu. Im Näherkommen sehe ich zu meinem Schrecken, dass direkt vor dem Haupteingang eine Tote mit dem Gesicht nach unten auf einer Trage liegt. Sie versperrt den Weg, und ich muss ihr ausweichen, um hineinzugelangen. Sie ist korpulent und noch nicht alt. Ich nehme im Warteraum Platz, wo ich mich mit einigen Leuten treffen will, die aber noch nicht da sind. Durch die Scheibe schaue ich mit wachsender Sorge zu der Frau hinaus. Schließlich gehe ich zum Eingang zurück, um zu sehen, was es mit ihr auf sich hat.

Bei der Toten steht jetzt ein junger Mann, ihr Sohn, wie sich herausstellt.

»Sie war drei Wochen hier in der Klinik. Dann wurde sie entlassen, und wir haben sie nach Hause geholt, aber es ging ihr immer schlechter, und heute Morgen ist sie gestorben. Wir wussten nicht, was tun, und haben sie wieder hierhergebracht.«

Er hat geweint. Er zieht ihr das Tuch über den Kopf, das man über sie gebreitet hat.

»Wir haben um eine Trage gebeten und sie aus dem Auto geholt, aber als wir sie hier reinbringen wollten, haben sie uns nicht gelassen. Sie sagen, es geht sie nichts mehr an. Jetzt wissen wir nicht, was wir machen sollen.«

Wir blicken auf die Frau hinab, die dort in der heißen Morgensonne liegt.

Ein Auto hält vor dem Eingang. Der Bruder des jungen Mannes steigt aus, und gemeinsam heben sie die Tote von der Trage, um sie auf den Rücksitz des Auto zu verfrachten. Sie ist groß, und das Auto ist klein. Den verzweifelten Männern gelingt es nicht, ihre Beine anzuwinkeln und sie hineinzuquetschen. Es ist eine unerträgliche Szene.

In dem Moment kommt ein weiterer Verwandter angefahren. Er

umarmt die Brüder flüchtig und macht sich ein Bild der Lage. Dann stürmt er wütend in das Gebäude und kommt mit zwei Klinikangestellten wieder heraus. Ein lautstarker Streit entspinnt sich, und einer der Angestellten ruft immer wieder: »Sie ist nicht mehr unsere Patientin. Wir können keine Verantwortung für sie übernehmen.«

»Den beiden ist gerade die Mutter gestorben!«, ruft der Verwandte. »Sie brauchen Ihre Hilfe! Wie sollen sie die Frau denn transportieren?«

Eine Menschenmenge hat sich angesammelt, die Situation wird untragbar für die Klinik, und schließlich gibt man sich geschlagen. Wenige Minuten später fährt ein Krankenwagen vor, die Tote wird hineingehoben, und eine kleine Prozession macht sich auf den Weg zum Verbrennungsplatz. Die Menge zerstreut sich, und ich setze mich wieder ins Wartezimmer.

Es ist ein Raum mit guter Ausstattung und schlechten Bildern an den Wänden, wie sie solche Räume überall auf der Welt zieren. Das Schild über dem Eingang weist wie in jedem indischen Krankenhaus die Patienten auf das Verbot der »vorgeburtlichen Geschlechtsbestimmung« hin – eine wichtige, wenn auch bei Weitem nicht sichere Maßnahme gegen die Tötung weiblicher Föten. Da es sich um eine Privatklinik handelt, findet man hier allerlei kundenfreundliche Extras: einen Kummerkasten zum Beispiel und über dem Informationsschalter ein Schild mit der Aufschrift »Kann ich Ihnen helfen?«. Auf einem Fernsehschirm laufen Computeranimationen von medizinischen Eingriffen, die hier angeboten werden. Poster werben für die laserchirurgische Behebung von Sehfehlern sowie diverse Verfahren zur Behandlung von Narben, Schwangerschaftsstreifen und Falten. Die glücklichen, gesunden Familien auf diesen Bildern sind weiß, wie so oft in der heutigen indischen Werbung.

Privatkliniken wie diese sind ein markantes neues Element in der indischen Landschaft. Bis in die achtziger Jahre standen die Krankenhäuser ausnahmslos unter staatlicher Regie. Indien hatte eine hervorragende Ärzteschaft, und einige dieser staatlichen Krankenhäuser, so etwa Delhis All India Institute of Medical Sciences, in den fünfziger Jahren von Nehru als Vorzeige-Forschungsinstitut gegründet, genossen internationales Renommee. Diese älteren Einrichtungen versorgen auch jetzt noch die Mehrheit der Bevölkerung, können aber gerade deshalb nicht die hoch entwickelte Apparatemedizin bieten, die der Mittelschicht aus amerikanischen TV-Krankenhausserien so vertraut ist. Diese »Weltklasse«-Versorgung holen sich die Reichen in den neuen Privatkliniken, die sich fast alle im Mehrheitsbesitz von Milliardärsfamilien befinden, Angehörigen der etablierten Machtelite, die über die nötigen politischen Beziehungen verfügen, um sich den für den Bau solcher Kliniken erforderlichen städtischen Grund und Boden sichern zu können. Drei dieser Krankenhausmoguln leben in Delhi und entstammen ein und demselben Punjabi-Clan, dessen Mitglieder wie die der meisten führenden Unternehmerfamilien als Teilungsflüchtlinge in die Hauptstadt kamen. Sie betreiben Finanzierungs- und Versicherungsgesellschaften, klinische Forschungsunternehmen, Filmproduktionsfirmen, Fluglinien – und Hunderte von Kliniken, nicht nur in Indien, sondern weltweit. In Indien bieten diese Privatkliniken – stylish, bestens ausgestattet und teuer – der Mittelschicht ein ganz neues Krankenhauserlebnis und leisten darüber hinaus in der Ära des Medizintourismus und der Telemedizin seit Langem Pionierarbeit bei der Erschließung völlig neuartiger globaler Gesundheitsmärkte.

Der Raum ist voll von Menschen. Da und dort entdecke ich einen abgemagerten Denguefieber-Patienten im Kreis besorgter Verwandter – der Monsun ist gerade vorüber, und die Stechmücken haben Hochsaison. Mir gegenüber sitzt ein alter Mann im Rollstuhl; seine Frau telefoniert, sein Sohn streichelt ihm die Hände und spricht ihm beruhigend ins Ohr. Drei Australierinnen neben mir, indisch gekleidet und mit klimpernden Fußkettchen, debattieren darüber, wann sie am Flughafen sein müssen.

Eine stattliche Frau betritt mit zwei jungen Leuten das Gebäude und winkt mir zu. Sie trägt einen Sari und eine große Brille. Ich habe sie auf einer Party kennengelernt. Ihr Name ist Aarti. Sie stellt mir die beiden mit lauter Stimme vor.

»Das ist Amit, von dem ich Ihnen erzählt habe«, sagt sie, »und das ist Shibani.«

Wir begrüßen uns. Shibani lächelt höflich. Amit scheint sich unbehaglich zu fühlen. Ich schlage vor, in die Cafeteria zu gehen, und wir machen uns dorthin auf den Weg. Amit plaudert ungezwungen, während wir all die Menschen passieren, die vor den Sprechzimmern warten. Beim Anblick einer arabischen Familie in makellosen Gewändern kommt mir der Gedanke, dass einem oft erst in einer Klinik bewusst wird, wie viele Ausländer in dieser Stadt leben. Das Café, Filiale einer bekannten Kette, verströmt denselben widerlichen Geruch wie alle Cafés dieses Namens. Er kommt von den Muffins, die in der Mikrowelle glühend heiß gemacht und mit Messer und Gabel serviert werden.

Der Fernseher, auf MTV eingestellt, läuft stumm. Wir bestellen Cappuccino.

»Sie haben sich hier in der Klinik kennengelernt, nicht wahr?«, frage ich, als wir Platz nehmen.

»Ja, auf der Intensivstation«, antwortet Aarti. »Wir waren jeden Tag dort und haben uns gegenseitig unsere Geschichte erzählt.«

Ich schätze sie auf Ende fünfzig. Sie entstammt der begüterten Punjabi-Elite, und sie spricht laut und selbstbewusst. Dagegen flüstert Amit fast.

»Ich hätte nie gedacht, dass ich noch mal hierherkommen würde«, sagt er.

Ich frage ihn, was mit seiner Mutter war, aber er überlässt die Antwort seiner Cousine.

»Der Tod seiner Mutter hat ihn so traumatisiert«, sagt sie, »dass er monatelang nicht mehr arbeiten konnte. Und jetzt arbeitet er umso mehr, weil er es zu Hause nicht aushält.«

Und sie erzählt. Vor einigen Jahren bekam Amits damals vierundvierzigjährige Mutter plötzlich Schluckbeschwerden, und er brachte sie in eine von Delhis großen Privatkliniken. Als die Ärzte nach zweimonatigen Untersuchungen noch immer nicht wussten, was ihr fehlte, rieten sie Amit, sich an die Spezialisten des All India Institute of Medical Sciences zu wenden. Dort war jedoch kein Bett frei, und die Spezialisten hatten keine Zeit. Die Hälfte der Ärzte wanderte damals von dort in die Privatklinik ab, in der wir jetzt sitzen. Einer von ihnen forderte Amit auf, ihn hier zu konsultieren. Nach dreitägigen Untersuchungen präsentierte er eine Diagnose: Amits Mutter leide an Polymyositis, einer entzündlichen Muskelerkrankung.

Shibani und Amit sind Mitte zwanzig. Shibani ist still und ernst; sie trägt einen eng geschnittenen Salwar Kamiz. Amit trägt Jeans und T-Shirt. Während Shibani erzählt, zeigt er mir wortlos ein Foto seiner Mutter auf seinem Handy. Eine rundliche, lächelnde Frau im Sari.

»Das war vor der ganzen Geschichte«, erklärt Shibani.

Und sie fährt fort: »Als Erstes hat der Arzt gesagt, er will ihr eine Spritze geben. Die sollte vier Lakh [8000 Dollar] kosten. Amit hatte das Geld nicht und fragte seinen Onkel, ob er es ihm leihen könnte. Der Arzt hatte gemeint, die Spritze würde die Muskeln seiner Mutter wieder aufbauen, und es gebe keine Alternative dazu. Also mussten wir es tun.«

Bei der Injektion handelte es sich um intravenöses Immunglobulin, das sich als unterstützende Maßnahme bei der Behandlung von Polymyositis bewährt hat. Man weiß jedoch noch nicht viel über diese Therapie, und dass sie vorgeschlagen wird, bevor Kortikosteroide zum Einsatz kommen, ist ungewöhnlich. Nach der Spritze schickte der Arzt Amits Mutter nach Hause und gab Amit und Shibani Anweisungen, wie sie ihr durch einen Schlauch in der Nase Proteinpulver verabreichen sollten. Zu Hause aber füllte sich ihre Lunge durch den ständigen Speichelfluss – sie konnte weder schlucken noch ausspucken – mit Sekret. Aus Angst, sie könnte ersticken, brachten sie sie mitten in der Nacht wieder in die Klinik. Dort legte man ihr eine Sauerstoffmaske an und diagnostizierte eine Lungenentzündung. Weitere Untersuchungen am nächsten Tag ergaben, dass sie außerdem an einer Nierenentzündung litt. Sie wurde unverzüglich auf die Intensivstation verlegt.

Der Arzt blieb gelassen.

»Dass es so kommen würde, war mir klar«, sagte er. »Hätte ich Sie aber über alle Nebenwirkungen des Immunglobulins aufgeklärt, hätten Sie die Behandlung abgelehnt.«

Er hängte Amits Mutter an die Dialyse. Statt des Schlauchs im Arm wurde ihr nun ein Dauerkatheter in die Brust gelegt. Dann machte sich der Arzt daran, ihre Atemwege vom Speichel zu befreien. Zur Stärkung ihrer Lunge verabreichte er ihr eine weitere Dosis Immunglobulin. Er nahm einen Luftröhrenschnitt vor und führte einen Schlauch in ihre Luftröhre ein, um den Speichel abzuleiten.

»Es sollte nur für zwei Wochen sein«, erzählt Shibani. »Aber nach zwei Wochen hieß es, sie braucht einen Dauerkatheter, der erste sei nur eine vorübergehende Maßnahme gewesen. Der Dauerkatheter kostete weitere 75 000 Rupien [1500 Dollar].

Wir gaben Unsummen aus. Der Tagessatz in der Intensivstation lag bei 16 000 Rupien [320 Dollar], Sauerstoff und Dialyse kamen auf 45 000 Rupien [900 Dollar] pro Tag. Jeden Abend musste Amit zu Verwandten in der ganzen Stadt, um sich Geld zu leihen. Die Leute gaben uns sogar von ihren Rücklagen für eine Hochzeit.

Man weiß einfach nicht, was man tun soll. Wenn man die Patientin, die Frau, die einen großgezogen hat, da liegen sieht, ist das eine so emotionale Situation, dass man einfach nicht mehr klar denken kann. Und das wird ausgenutzt.

Wochenlang ging das so. Jeden Tag hieß es ›Ihre Mutter erholt sich‹, und wir schöpften neue Hoffnung. Dann hieß es wieder ›Ihre Mutter erholt sich nicht‹.«

Es ist ruhig an unserem Tisch. Shibani spricht leise, wir anderen hören zu. Amit blickt in seine noch halb volle Tasse, Aarti sieht in den heißen Vormittag hinaus, in den gepflegten Garten.

»Inzwischen war ihre Blutplättchenzahl auf ein kritisches Maß gesunken. Und der Speichelfluss war nach wie vor nicht unter Kontrolle, so dass sie auch nicht mehr sprechen, geschweige denn essen konnte. Der Arzt gab ihr ein neues Medikament für 1,7 Lakh [3400 Dollar]. Es sollte ihren Organismus wieder aufbauen und den Speichelfluss normalisieren. Die Wirkung war gleich null. Die Ärzte sagten: ›Es kann natürlich nicht wirken. Durch die Dialyse wird es ja wieder ausgeschwemmt.‹

Auf der Intensivstation war die Hölle los. Die Leute starben wie die Fliegen, alle waren permanent in Panik, und niemand kümmerte sich um Amits Mutter. Wir durften sie auch nicht besuchen. Kein Arzt ließ sich bei ihr blicken, die Ärzte hatten überhaupt keine Verbindung zu ihren Patienten. Wir bekamen keinerlei Information außer ›Sie braucht mehr Medikamente‹. Wir konnten nichts tun, nur zahlen. Jeden Abend bekamen wir die Rechnung für den Tag und bezahlten sie in bar von dem, was wir uns bei der Verwandtschaft zusammengeliehen hatten. Wenn man zur Zahlstelle kam, sah man, wie dort riesige Truhen voller Tausend- und Fünfhundertrupienscheine hinrausgetragen wurden, um zur Bank gebracht zu werden.«

Aarti lacht spöttisch.

»Wir baten darum«, fährt Shibani fort, »Amits Mutter von der Intensiv- auf die Normalstation zu verlegen, damit wir bei ihr sein konnten. Das geschah auch. Aber inzwischen war sie in einem grauenvollen Zustand. Sie hatte sich wundgelegen, und sie weinte ständig. ›Holt mich hier raus!‹, sagte sie nur noch.

Wir fragten die Ärzte, was wir tun sollten. Die Antwort war: ›Sie isst nichts. Wir müssen sie über eine Magensonde ernähren.‹ Während wir das noch mit ihnen besprachen, kam eine Schwester und sagte uns, dass Amits Mutter gestorben war.«

Die Tränen laufen Amit herunter, als Shibani davon erzählt.

»Und wissen Sie«, fährt sie fort, »was der Arzt da gesagt hat? ›Wenn wir sie auf die Intensivstation zurückverlegen und an ein Beatmungsgerät anschließen, kommt sie vielleicht wieder zu sich. Das können wir versuchen.‹ Da sagte ich: ›Unter einer Bedingung: Ich bleibe die ganze Zeit dabei und schaue, was Sie machen.‹ Er antwortete: ›Angehörigen ist der Zutritt zur Intensivstation verboten.‹ Da sagten wir: ›Dann lassen wir es.‹ Und er: ›Bitte – wenn Sie nicht wollen, dass Ihre Mutter am Leben bleibt … Sie hat eine Überlebenschance von einem Prozent – mit welchem Recht entscheiden Sie, dass sie nicht weiterleben soll? Aber wenn Sie kein Geld haben …‹

Aber für uns war das Maß voll. Es war vorbei. Das sagten wir dem Arzt, und er ließ uns allein.

Wir wollten Amits Mutter noch einmal sehen und gingen zu ihr hinein. Sofort kam jemand, um das Geld zu kassieren, das wir noch zu zahlen hatten. An ihrem Totenbett. ›Es stehen noch zwei Lakh [4000 Dollar] aus. Zahlen Sie die bitte.‹ An ihrem Totenbett. Ohne jeden Respekt. In Indien achtet man die Toten doch. Es war so brutal.«

»Als meine Mutter eingeäschert wurde, sagte mir der Priester, dass ihre Knochen zu Pulver zerfallen waren«, meldet sich Amit zu Wort.

Shibani kocht vor Wut bei der Erinnerung.

»Die Leute sterben grundlos«, sagt sie. »Wir haben wenigstens ein bisschen Geld. Andere Patienten wurden aus der Klinik rausgeworfen, wenn das Geld von ihrer Versicherung aufgebraucht war. Die Ärzte machten sich kaum noch die Mühe, sie wieder zuzunähen. Wer kein Geld hat, kommt hier gar nicht erst rein.«

»Diese Kliniken sind total korrupt«, sagt Aarti. »Die Patienten bedeuten Profit, sonst nichts. Wenn die Ärzte nicht weiterwissen, diagnostizieren sie Krebs, dann können sie die Leute mit den teuersten Medikamenten vollpumpen. Indien ist doch ein gläubiges, spirituelles Land – aber die Menschlichkeit bleibt auf der Strecke. Sehr wenig Gutes wird getan, und sehr viel Leid wird zugefügt.«

»Was war mit Ihrem Mann?«, frage ich sie.

»Er ist auch hier gestorben. Kurz vor Amits Mutter. Er war so ein guter Mann. Wir hatten dreiundvierzig schöne Jahre zusammen. Das können heutzutage nur noch wenige von sich sagen. Ich war mit einem Mann verheiratet, der immer an mich gedacht und sich immer um mich gekümmert hat.«

Aarti scheint älter zu sein, als sie aussieht.

»Er stammte aus einer bekannten Familie mit berühmten Journalisten, Wissenschaftlern und Filmstars. Er war beruflich sehr erfolgreich, und wir verkehrten in gehobenen Kreisen. Ich kenne jeden, der in Delhi jemand ist.«

Aarti braucht einen Moment, um ihre gesellschaftliche Stellung darzulegen. Was sie erzählt, gewinnt zusätzliches Gewicht dadurch, dass sie *jemand* ist.

»Ich selbst stamme auch aus einer bekannten Familie«, sagt sie. »Meine Großväter waren beide adelig. Mein Vater kam aus Jalandhar und war Chefingenieur bei der Bahn. Er wurde zum Ritter geschlagen und bekam den britischen Verdienstorden. Die Familie war berühmt in Delhi und stand Indira Gandhi sehr nahe. Die Familie meiner Mutter kam aus Lahore – 1947 verlor sie alles und ging nach Delhi. Mein Großvater war geschäftlich sehr erfolgreich und erwarb eine große Villa im Diplomatenviertel.«

Sie ist so typisch Delhi. Das macht mich wahnsinnig.

»Mein Mann war nie krank. Er war 1,85 groß und bärenstark. Er brauchte keine Brille, er war sein Leben lang bei keinem Zahnarzt und hatte noch alle seine Zähne. Mit siebzig hat er Fünfunddreißigjährige im Badminton noch haushoch geschlagen. Er hat nie Mittagsschlaf gemacht. Ich kann mich nicht erinnern, dass er außer ein paar Erkältungen und einer Rückenverletzung in den dreiundvierzig Jahren unserer Ehe je etwas gehabt hätte.

Im Oktober 2009 bekam er plötzlich Probleme. Am vierten November kam er ins Krankenhaus, und am fünften Februar war er tot.

Man fand nie heraus, was ihm fehlte, obwohl ich seine Befunde an Dutzende von Ärzten geschickt habe. Es fing mit einem viralen Fieber an, und er wurde sehr schwach. Über längere Zeit hatte er leichtes Fieber. Alle möglichen Untersuchungen wurden gemacht, und man schickte uns zu einem Endokrinologen, der ihm teure Medikamente verschrieb. Er bekam kalte Schweißausbrüche davon und dann einen Schlaganfall.

Er hatte ja sein Leben lang keine Medikamente genommen. Wenn er mal ein Aspirin brauchte, halbierte er es. Er vertrug die viele Medizin nicht. Viermal am Tag wurden Antibiotika in seinen Organismus gepumpt, jeweils für fünftausend Rupien [hundert Dollar]. ›Was soll das?‹, fragte ich die Ärzte. ›Sie haben nur Medikamente und Geld im Kopf, aber ich liebe ihn, und ich sehe, wie schlecht es ihm geht.‹

Dann fingen sie eine Chemotherapie an – ohne Diagnose! Sie wussten überhaupt nicht, was ihm fehlte. Es waren renommierte Ärzte, und ich dachte, ich muss tun, was sie sagen. Aber jedes Mal, wenn ich auf sie hörte, ging es meinem Mann nur noch schlechter. Erst als ich nicht mehr auf sie hörte, wurde es besser.

Ich holte ihn aus dieser Klinik weg und brachte ihn in eine andere. Seine Befunde nahm ich mit, aber alle Untersuchungen wurden noch einmal durchgeführt – eine unglaubliche Verschwendung. Jetzt sollte eine Biopsie der Lymphknoten gemacht werden, die durch die ganzen Medikamente angeschwollen waren. Ein kleiner Eingriff unter Lokalanästhesie, hieß es.

Die Nacht davor verbrachte ich bei ihm im Zimmer. Plötzlich, es muss ungefähr ein Uhr gewesen sein, wachte ich auf und sah eine Krankenschwester an seinem Bett stehen, eine wunderschöne Frau. ›Was für eine Schönheit!‹, hätten Sie gesagt, wenn Sie sie gesehen hätten. Sie hatte ein Formular dabei, auf dem er unterschreiben sollte, dass die Klinik berechtigt sei, einen sehr viel teureren Eingriff unter

Vollnarkose durchzuführen. Stellen Sie sich das vor! Mein Mann war kaum bei sich von den vielen Medikamenten, und wenn er aufgewacht wäre, hätte ihn dieser Engel mitten in der Nacht aufgefordert, das Formular zu unterschreiben. Ich sagte, so sei das nicht geplant, und schickte sie weg. Am nächsten Morgen brachte ich meinen Mann wieder in eine andere Klinik.«

Die Kombination von Kostenexplosion und Informationsdefizit ist tückisch und führt zu einer paranoiden Panik, die alles nur noch schlimmer macht. Patienten konsultieren zwanzig Ärzte, weil sie keinem trauen. Sie brechen Therapien ab und wandern von Klinik zu Klinik, mit dem Ergebnis, dass keine kontinuierliche Behandlung stattfindet.

»In der neuen Klinik erholte sich mein Mann allmählich. Er bekam weniger Medikamente. Seine Thrombozyten waren auf 45 000 pro Mikroliter gesunken – normal sind mindestens 150 000 –, und jetzt stiegen sie wieder an. Er hätte die Klinik nach ein paar Tagen verlassen können, aber um mehr Geld aus ihm herauszuschlagen, wurden seine Blutwerte gefälscht.

Er war schon startbereit und band sich gerade seinen Schal um. Er fand es schrecklich im Krankenhaus und war heilfroh herauszukommen. Normalerweise erschienen die Blutwerte automatisch auf dem Monitor in seinem Zimmer. An diesem Morgen nicht. Er hatte schon seinen Mantel an, aber bevor die Werte da waren, konnten wir nicht gehen. Grund zur Sorge bestand nicht, denn seine Thrombozyten waren auf 90 000 gestiegen.

Ich fragte nach, warum die Blutwerte nicht gekommen seien. Niemand wusste es. ›Ich rufe selbst im Labor an‹, sagte der Arzt. Während des Telefonats sah er mich an, und dann sagte er, ohne überhaupt zugehört zu haben, die Thrombozytenzahl sei wieder auf 43 000 zurückgegangen und mein Mann bräuchte schnellstens eine Bluttransfusion.

Ich geriet in Panik. Wenn seine Werte innerhalb von zehn Stunden so stark gesunken waren, wie weit konnten sie dann noch sinken? Nach Hause konnte er jetzt auf keinen Fall, er hätte ja ins Koma fallen können. ›Es tut mir leid, Liebster‹, sagte ich, ›aber du brauchst eine Transfusion.‹ Ich konnte nicht mehr klar denken und kam gar nicht auf die Idee, dass da etwas nicht stimmen könnte. Ich musste schleunigst einen Spender finden. Mein Neffe aus Gurgaon kam, so schnell er konnte. Als er hörte, dass man ihm fünf Liter Blut abnehmen musste, wurde er ganz bleich, aber er war einverstanden. Heute ist er für mich wie ein dritter Sohn. Ich werde ihm das nie vergessen.

Am Abend war dann alles für die Transfusion bereit. Vorher wurde routinemäßig noch einmal ein Blutbild gemacht. Die Thrombozytenzahl lag bei 90 000! Sie war also überhaupt nicht gesunken! Man hatte uns die Blutwerte am Morgen nicht gegeben, um noch einmal 50 000 Rupien [tausend Dollar] für eine Transfusion kassieren zu können.

Während der ganzen Zeit hatte ein Sikh-Arzt in Texas, ein Krebsspezialist, der eine Freundin von mir behandelt hatte, alles mitverfolgt. Er war der einzige von all den Ärzten, der sich die Befunde und Berichte, die ich ihm schickte, genau ansah. Jeden Abend rief er auf eigene Kosten an, um sich berichten zu lassen, was vor sich ging. In seiner Stimme lag so viel Menschlichkeit. Er wusste, was passieren würde, und sagte: ›Es könnte sein, dass sich Flüssigkeit in seiner Lunge ansammelt, da müssen Sie aufpassen.‹ Ich sagte das den Ärzten, aber sie hörten gar nicht zu, diese Dreckskerle, und prompt ist es dann so gekommen. Der Arzt aus Texas sagte, ich sollte zusehen, dass man meinem Mann keine Steroide gibt, aber als wir in die Klinik hier kamen, wurden ihm Steroide in hohen Dosen verabreicht. Das machte sein Organismus nicht mehr mit.

Diese Klinik hier hat ihn umgebracht. Mit ihrer Medikamentenbesessenheit haben sie ihn getötet. Dabei ging es ihm schon etwas besser. Aber die Intensivstation – wo ich Amit und Shibani kennengelernt habe – hat ihm den Rest gegeben. Ich war nur ein paar Minuten draußen, und als ich wieder in sein Zimmer kam, steckten lauter Schläuche in ihm, er stöhnte furchtbar und konnte kaum noch atmen. Am Hals hatte er links und rechts Brandmale, für die ich nie eine Erklärung gefunden habe. Ich ließ ihn auf die Normalstation verlegen – ich wollte, dass er in meinen Armen stirbt, ohne all die fremden Gesichter ringsum. Die Ärzte hatten ihm einen Zentralvenenkatheter gelegt, weil sie nicht die Geduld hatten, sein Lungenödem zu behandeln. Als ich mir die Unterlagen noch einmal vornahm, sah ich, dass sein Herz zwei Minuten danach aufgehört hatte zu schlagen.

Nachdem er gestorben war, begann ich Nachforschungen anzustellen. Anfangs kam ich nur langsam vorwärts, weil ich vor Kummer ganz krank war. Aber jetzt mache ich mich ernsthaft daran. Ich recherchiere alles. Wissenserwerb ist nie Zeitverschwendung. Geld kann man verschwenden. Partymachen und Feiern können Zeitverschwendung sein. Wissen nie.

Vor zwanzig Jahren überredete die Schwester meines Mannes ihren Vater, ihr das Haus der Familie zu überschreiben, damit sie es ohne Zustimmung meines Mannes an einen Bauunternehmer verkaufen konnte. Von da an stand ich auf Kriegsfuß mit ihr. Ich hatte damals ein florierendes Geschäft, aber ich legte alles auf Eis und stürzte mich in den Rechtsstreit. Mein Mann war dazu nicht in der Lage, er war einem Zusammenbruch nahe, als seine Schwester und sein Vater sich gegen ihn stellten. Zwei Jahre lang tat ich nichts anderes. Ich las juristische Fachbücher und arbeitete mich in die Rechtswissenschaft ein. Ich lernte, wie das alles funktionierte. Ich lernte, mich durch das Dickicht aus Anwälten und Richtern durchzukämpfen. Und ich focht den Fall vor Gericht aus. Ich hatte eine ganze Gaunerbande von Bauunternehmern und Immobilienleuten gegen mich, aber nach zwei Jahren hatte ich den Prozess gewonnen. In dieser Zeit machte ich allen das Leben zur Hölle; am Ende schlugen sie nur noch die Hände über dem Kopf zusammen und flehten mich an, sie in Ruhe zu lassen. Niemand konnte glauben, dass man so einen Fall innerhalb von zwei Jahren abschließen kann; normalerweise dauert das zwanzig Jahre. Ich hatte Dokumente ausgegraben, mit denen keiner gerechnet hatte: uralte, in Alt-Delhi verschollene Liegenschaftsakten.

Damals habe ich mich in die Juristerei eingearbeitet, und jetzt werde ich mich in die Medizin einarbeiten. Nach dem Rechtsstreit konnte ich mindestens zwanzig Leuten in ähnlichen Angelegenheiten helfen, und wenn ich herausgefunden habe, was mit meinem Mann war, werde ich noch viel mehr Menschen helfen. Mein Wissensdurst ist groß. Ich verehre das Wissen. Wer die Fragen beantworten kann, die mich umtreiben, ist in meinen Augen ein höheres Wesen.

Wir hatten keine Krankenversicherung. Wir haben alles selbst bezahlt. Die Ärzte wollten ihn für vier Wochen an ein Beatmungsgerät anschließen, um dreißig Lakh [60 000 Dollar] von uns kassieren zu können. Und an die Dialyse wollten sie ihn hängen, weil die Klinik ein neues Dialysegerät hatte. Dabei waren seine Nieren völlig in Ordnung.

Schreckliche Dinge sind dort passiert. Eine Frau war mit einem Herzinfarkt eingeliefert worden. Ihre Arme waren vom Handgelenk bis zur Schulter blau vom vielen Blutabnehmen. Wie viele Untersuchungen muss man denn bei einer Frau mit einem Herzinfarkt machen? Aber auch wenn man noch so viele Fragen stellt: Die Ärzte genießen volle juristische Immunität: Sie lassen einen für jede Maßnahme ein Formular unterschreiben, das sie von jeglicher Haftung freistellt. Immer bieten sie irgendeine Wundermedizin an, ein Allheilmittel, das Unsummen kostet. Und wenn man vierzig oder fünfzig Lakh ausgegeben hat und einfach nicht mehr kann, dann übergeben sie einem den Leichnam und werfen einen raus.«

Unser Kaffee ist kalt geworden.

Shibani und Amit nicken einander zu. Zwischen Cousin und Cousine herrscht ein erstaunliches Einvernehmen. Shibani ist so bescheiden im Auftreten und doch so stark und eindrucksvoll.

»Sie haben alles Menschenmögliche für Ihre Mutter und Ihre Tante getan«, sage ich zu ihnen. »Das muss ihr viel bedeutet haben.«

Shibani wirft Amit einen Blick zu.

»Wir sind gar nicht Cousin und Cousine«, sagt sie. »Wir sind ein Paar. Aber da wir nicht verheiratet sind, hätte ich gar nichts für Amits Mutter tun können. Deshalb geben wir uns für Cousin und Cousine aus. Der erste Arzt sagte zu mir: ›Die Patientin ist nicht Ihre Mutter, und Sie sind nicht mit diesem Mann verheiratet – mit welchem Recht kümmern Sie sich um sie?‹ Aber ich musste es tun, Amit hat ja gearbeitet.«

Für Aarti ist die Information auch neu, aber sie sagt nichts dazu. Im Hintergrund ertönt ein paar Sekunden lang das Kreischen der elektrischen Kaffeemühle. Wir vier warten geduldig schweigend ab, bis sie verstummt; keiner will gehen.

Schließlich sagt Aarti: »Mein Mann war Tangotänzer, Walzertänzer, Sportsmann. Ein Energiebündel. Er war verliebt in das Leben.

Als er krank wurde, sagte er zu mir: ›Wenn ich meine Beine nicht mehr benutzen kann, will ich nicht mehr leben.‹ Ich antwortete: ›Aber du hast doch mich. Wir waren mit dreiundvierzig gesunden gemeinsamen Jahren gesegnet. Was macht es da, wenn einer von uns krank ist? Wir können noch viele weitere Jahre zusammen haben. Ich werde alles aufgeben und mich nur noch um dich kümmern.‹

Und das habe ich in den drei Monaten auch getan. Er war in dieser Zeit nie allein. Ich habe nicht zugelassen, dass er in einem Flur abgestellt wird, wie es ja ständig passiert. Ich sagte: ›Kommt nicht infrage, dass er mit seinem Bett auf dem Flur steht, wo jeder ihn anstarren kann. Er bleibt in seinem Zimmer, und wenn er dran ist, kommt er herunter.‹

Aber am Schluss, als ich ihn mit den ganzen Schläuchen auf der Intensivstation sah, brach ich zusammen und sagte: ›Geh, Liebster, geh, bleib nicht länger auf dieser Welt. Das ist kein Leben für dich.‹ Und ich holte ihn dort weg und brachte ihn in sein Zimmer zurück. Ich spielte schöne Andachtsmusik aus unserer Sikh-Tradition und massierte ihm die ganze Nacht über den Kopf. Er war ruhig, er stöhnte weder noch machte er sonst irgendwelche Geräusche. Er lag im Sterben. Aber in dieser Nacht starb er noch nicht. Er wusste, dass ich dann ganz auf mich allein gestellt sein würde. Er wartete bis zum nächsten Nachmittag, als alle da waren und er sicher sein konnte, dass ich Menschen um mich hatte, die mich liebten. So fürsorglich war er sogar noch auf dem Sterbebett.

Ich habe dafür gesorgt, dass er einen schönen Tod hatte. Das ist für mich das einzig Befriedigende an der Geschichte.«

Aarti erzählt das alles ganz sachlich. Emotionen zeigt sie nicht – außer vielleicht einer gewissen Verve, denn sie ist eine Frau, die unter widrigen Umständen zur Hochform aufläuft.

»Dreiundvierzig Jahre lang hat er mir an jedem Valentinstag Rosen geschenkt. Einmal, in Bombay, konnte er sich keine zwölf leisten, da hat er mir sechs gekauft. In anderen Jahren waren es zwölf oder sogar vierundzwanzig.

Dieses Jahr sagte ich bei einem Telefongespräch mit meiner Schwester in London: ›Ich muss mich daran gewöhnen, dass ich keine Rosen mehr zum Valentinstag bekomme.‹ Aber als ich am vierzehnten Februar abends nach Hause kam, war da ein riesiger Rosenstrauß von ihr. Und auf der Karte stand: ›Aarti, er hat dich nicht verlassen. Er wird dich immer lieben. Die Rosen sind von ihm.‹«

Überall auf der Welt geraten Menschen vor allem durch Krankheit in finanzielle Schwierigkeiten, und in Indien ist das nicht anders. Doch vor der Liberalisierung waren die Gesundheitskosten weitaus geringer, nicht nur weil die Arzthonorare niedriger lagen, sondern auch weil die Medizin noch nicht so stark technisiert war. Kernspintomografen beispielsweise waren dünn gesät, und die meisten Ärzte stellten ihre Diagnosen ohne teure Untersuchungen dieser Art. Auch Medikamente und therapeutische Geräte waren primitiver, bevor im Gefolge der Liberalisierung die großen internationalen Pharmaunternehmen in Indien Fuß fassten. Schwerwiegende Gesundheitsprobleme führten zwar zwangsläufig zu finanziellen Belastungen, doch konnten Angehörige der Mittelschicht die Kosten meist aufbringen, wenn Familie und Freunde zusammenlegten.

Das System funktionierte auch deshalb, weil die Ärzteschaft ein hohes Maß an Prestige und Glaubwürdigkeit genoss. Viele Ärzte staatlicher Krankenhäuser besserten zwar ihr Einkommen nach Dienstschluss mit Privatsprechstunden zu Hause auf, in der Klinik aber bezogen sie ein festes Gehalt und waren nicht finanziell an diagnostischen und therapeutischen Maßnahmen beteiligt. Ihr medizinisches Urteil war in den Augen ihrer Patienten unbestechlich. Man konnte, wenn man einen Arzt konsultierte, sicher sein, dass sein Interesse ähnlich gelagert war wie das eigene.

Nach der Liberalisierung wurde dieses Gleichgewicht empfindlich gestört. Die staatlichen Krankenhäuser waren zu diesem Zeitpunkt bereits deutlich unterfinanziert, und die Mittelschicht strömte in die neuen Privatkliniken. Die waren jedoch so teuer, dass im Falle lang andauernder schwerer Krankheiten selbst wohlhabende Familien alles verlieren konnten. Die Mittelschicht begann damals in die von privaten Finanzinstituten angebotenen neuen Krankenversicherungspakete zu investieren, die aber oft nur relativ begrenzte Therapien abdeckten. Selbst die umfassendsten dieser Pakete kamen nicht für die Behandlung verschiedener chronischer Erkrankungen auf – diverse Krebsarten, alle HIV-induzierten Leiden, sämtliche jenseits des fünfundsechzigsten Lebensjahres auftretenden Krankheiten –, und die Erstattungsgrenze pro Patient und Jahr war niedrig angesetzt, meist zwischen 5000 und 20 000 Dollar. Das risikoreichste Terrain war in keiner Weise finanziell abgesichert.

Diese ohnehin schon bedrohliche Situation verschärfte sich noch durch die offensichtliche Profitorientiertheit der Privatkliniken. Dass es sich um *Wirtschaftsunternehmen* handelte, stand außer Frage: Sie sahen aus wie Unternehmen, sie expandierten in unternehmerischem Tempo – sie kauften sich gegenseitig auf –, und sie wurden von einigen der größten Investoren des Landes betrieben. Den Patienten war vollauf bewusst, wie aggressiv große indische Konzerne vorgingen, und sie wussten auch, dass diese Kliniken so etwas wie feudalistische Einrichtungen waren, deren Gebaren kaum einer Kontrolle durch unabhängige Organe unterlag. Entsprechend groß war die Unsicherheit unter den Patienten, was ihre Behandlung anging. War diese oder jene Maßnahme notwendig, oder wollte man ihnen nur das Geld aus der Tasche ziehen?

Wie jeder weiß, der sich in einem anderen Land niederlässt, gewöhnt man sich am schwersten an ein fremdes Gesundheitssystem. Das neue Gesundheitswesen in Indien hätte selbst dann Misstrauen geweckt, wenn seine Integrität über jeden Zweifel erhaben gewesen wäre – was es in vielen Fällen natürlich war. Doch auch im medizinischen Establishment regte sich große Unruhe: Viele Ärzte bestätigten, dass der Sturm nicht nur in den Köpfen der Patienten tobte. Ein Chirurg an einem führenden staatlichen Krankenhaus sah seine gesamte Zunft durch die neuen Privatkliniken bedroht.

»Das sind die reinsten Gelddruckmaschinen«, sagte er. »Denen geht es schlicht und einfach um Gewinnmaximierung, und das führt zu einem gefährlichen Niedergang medizinischer Gewissenhaftigkeit und Redlichkeit.

Ein Beispiel: Ein leitender Chirurg an dem staatlichen Krankenhaus, an dem ich arbeite, kündigte seine Stellung und ging an eine der großen Privatkliniken. Man bot ihm dort ein Jahresgehalt von 2,4 Crore [480 000 Dollar], das Zehnfache seines bisherigen Gehalts, machte das aber davon abhängig, dass er der Klinik Einnahmen in Höhe von zwölf Crore [2,4 Millionen Dollar] pro Jahr verschaffte. Da das selbst mit einem Maximum an Operationen nicht einmal halbwegs zu schaffen war, mussten diagnostische Maßnahmen den Rest erbringen. Das ist der Grund für die explosionsartige Zunahme der Untersuchungen. Patienten werden mehrfach zum MRT geschickt, damit Ärzte ihre Vorgaben erfüllen können. Manche werden dadurch einer sehr hohen Strahlenbelastung ausgesetzt.

Bestimmte chirurgische Eingriffe werden praktisch ohne Indikation durchgeführt. Bei Beschwerden im Oberbauch wird kurzerhand die Gallenblase entfernt. Vierzig Prozent dieser Operationen sind unnötig. Das wissen die Patienten aber nicht. Ärztliche Kunstfehler nachzuweisen ist nahezu unmöglich.

Sehen Sie sich die Kaiserschnittraten an. Einige der berühmtesten Geburtshelfer entbinden siebzig bis achtzig Prozent der Kinder per Kaiserschnitt. Kaum ein Krankenhaus in der Stadt bietet noch natürliche Entbindungen an. Warum? Weil ein Kaiserschnitt mehr Geld bringt als eine natürliche Geburt, aber vor allem, weil der Termin planbar ist und mehr Frauen in einem Terminplan unterzubringen sind. Das ist wesentlich effizienter.

Die Pharma- und Medizingerätehersteller haben bei therapeutischen Entscheidungen ein gewichtiges Wort mitzureden, denn was die Patienten ebenfalls nicht wissen: Viele Ärzte arbeiten unmittelbar mit diesen Unternehmen zusammen. Pharmafirmen zahlen Onkologen zehn Prozent der Kosten einer von ihnen verordneten Chemotherapie; eine repräsentative Zahl wäre hier ein Crore [200 000 Dollar] pro Monat. Favorit ist der Bauchspeicheldrüsenkrebs, denn wenn der Patient das Stadium erreicht hat, in dem er eine Chemotherapie braucht, stirbt er ohnehin innerhalb der nächsten sechs Monate – der Arzt kann also verordnen, was er will.

Diese Kliniken sind äußerst undurchsichtige Gebilde, selbst noch, was ihr Geschäftsgebaren angeht. Der Staat gewährt exorbitante Zuschüsse für den Erwerb von Grundstücken und gibt oft auch Geld für den Bau solcher Kliniken, unter der Bedingung, dass ein Drittel der Betten den Armen vorbehalten bleibt. Aber keine Klinik hält sich an diese Verpflichtung; auf die entsprechenden Gewinne zu verzichten, kommt für sie nicht infrage. Später verkaufen sie Anteile ihrer Firma für Hunderte Millionen Dollar an der Börse und werden von der Presse als Selfmade-Milliardäre gerühmt. Dabei haben sie ihr Vermögen überwiegend dank staatlicher Subventionen erworben.«

Der Arzt spricht ganz ruhig, aber zutiefst empört.

»Sie sollten in Ihrem Buch nur darüber schreiben«, sagt er. »Ich selbst kann es nicht, weil das Kollegen von mir sind. Aber irgendjemand muss es tun. Geben Sie sich einmal als Patient aus, und warten Sie ab, was passiert. Machen Sie publik, dass Sie eine Niere brauchen, und warten Sie ab, was passiert. Ein Anästhesist an meinem Krankenhaus war in einen ausgedehnten Organhandel mit Nieren verwickelt. Eine Nierentransplantation ist einfach; man könnte sie sogar in einer Privatwohnung durchführen. Indien ist die Diabetes-Hochburg der Welt, sehr viele Menschen hier steuern unaufhaltsam auf die terminale Niereninsuffizienz zu, es ist einfach furchtbar. Hinzu kommt, dass viele Arme eine Niere verkaufen wollen. Die Folgen liegen auf der Hand.

Das ist ein ganz finsteres Kapitel. Woher nimmt diese Branche zum Beispiel ihre Leichen? Durch all die neuen Pharmaunternehmen und Forschungslabors steigt ja die Nachfrage. Gewebebanken brauchen Leichen. Jede Firma, die Implantate herstellt, muss sie an Leichen testen. Dem *Myosore Anatomy Act* von 1958 zufolge dürfen nur Leichen, auf die niemand Anspruch erhebt, für medizinische Versuchszwecke verwendet werden. Aber die großen Medizinunternehmen brauchen weit mehr. Die Folge ist, dass neuerdings ständig Leichen gestohlen werden. Sie verschwinden aus Bestattungsinstituten und landen in medizinischen Ausbildungsstätten und Unternehmen.«

Ich erzähle ihm, dass ich vor Kurzem einen Mann kennengelernt habe, der eine zahnmedizinische Hochschule mit Leichen beliefert. Auf meine Frage, wo er sie hernehme, antwortete er, dass er sie aus dem Hindon fische, einem Nebenfluss der Jamuna. Er sitze jeden Tag am Ufer und warte darauf, dass eine Leiche vorbeitreibt.

Der Arzt lächelt.

»Der Hindon fließt durch Ghaziabad. Viele von den Menschen, die mit ihrer Leiche letztlich Zahnarztkarrieren fördern, sind vermutlich Besitzstreitigkeiten zum Opfer gefallen. Von Rivalen kaltgemacht. Ein treffendes Bild für die heutige Medizin in Indien: Das Chaos unserer Gesellschaft wird in Profit umgemünzt.«

Sechstes Kapitel

Ein Mann erzählt mir, dass seine Ehe in die Brüche geht. Eine Rolle spielt dabei eine Affäre seiner Frau an ihrem Arbeitsplatz. So wie er davon spricht, glaube ich nicht recht an diese Affäre. Ich äußere mich bewusst unverblümt, um zu sehen, ob er dabei bleibt.

»Sie hatte also eine Affäre«, sage ich. »Das muss ja –«

»Ich *dachte* zumindest, sie hätte eine Affäre –«

»Sie *dachten,* sie hätte eine Affäre –«

»Sie dachte, *ich* hätte eine Affäre. Deshalb dachte ich, *sie* hätte eine Affäre.«

Er weiß ganz genau, so wird mir klar, dass sie keine Affäre hatte. Trotzdem *dachte* er es, als eine Art Rache.

Unzufriedenheit war in diesen Jahren ein permanentes Ärgernis in Delhi, wie ein schlechtes Gewürz im sprichwörtlichen Bauch der Stadt.

Oft hatte diese Unzufriedenheit ganz konkrete, auf der Hand liegende Gründe. Diejenigen, die der Meinung waren, der heitere, finanziell unabhängige Lebensstil, den die Werbung propagierte, sei ihnen zugedacht – eine Minderheit der Bevölkerung zwar, aber eine maßgebliche –, mussten schließlich einsehen, dass sich das Leben im neuen Indien nicht automatisch in diese Richtung entwickelte. Die sorgenfreien Erwachsenen, die geräumigen Küchen, die zahlungskräftige Jugend – nichts davon stellte sich so problemlos ein, wie die Werbung es suggerierte. Es schien sogar in immer weitere Ferne zu rücken, denn die Immobilienpreise stiegen noch schneller als ein gutes Mittelschichtgehalt.

Diese spezielle Unzufriedenheit war heftig. Die Mittelschicht war damals der festen Überzeugung, dass sie ein Recht auf Wohlstand habe – er war ihr ja versprochen worden. Und er war *jetzt* versprochen worden: Dies war die Stunde Indiens, und vielleicht würde sie sich nie wiederholen. So erklären sich Zeitungsartikel, die damals über »unkonventionelle« Methoden des Geldverdienens in der Mittelschicht berichteten: Studenten besserten ihr Einkommen durch Diebstahl oder Prostitution auf, findige Unternehmensmitarbeiter ersannen raffinierte Methoden, in die eigene Tasche zu wirtschaften.

Doch es gab noch viele andere Formen der Unzufriedenheit, die weniger leicht auszumachen waren, das Leben der Menschen aber stärker und leidvoller beeinflussten. So war zum Beispiel offensichtlich, dass die Familie – die tragende Säule der indischen Gesellschaft, in deren Namen sich so viele auf dieses fieberhafte Ansammeln materieller Güter einließen – enormen Belastungen ausgesetzt war. Es war, als wirke das Drehmoment des neuen Systems extrem asymmetrisch auf Eltern und Kinder und insbesondere auf Männer und Frauen: Die diversen Einheiten der Familie wurden in verschiedene Richtungen gezerrt, Bindungen deformierten sich und zerbrachen. Nirgends zeigte sich das deutlicher als in den Mittelschichtehen, die in jenen Jahren wie Feuerwerkskörper explodierten.

»Ich denke, es wäre besser gewesen, wenn mein Mann und ich von seiner Mutter getrennt gewohnt hätten«, sagt Sukhvinder. »Dann hätte es wenigstens nicht dieses ständige Hickhack gegeben. Und mein Mann wäre vielleicht etwas offener für neue Ideen gewesen. Er war so festgefahren in seinem Elternhaus. Er tat, was er schon immer getan hatte, genau so, wie er es schon immer getan hatte. Der Begriff ›Veränderung‹ existierte für ihn nicht.«

Wir sitzen unter mediterran anmutenden Sonnenschirmen auf dem Dach einer von Delhis exklusiven Shoppingmalls. An den Tischen ringsum sprechen Leute in ihre Handys und nippen an grellfarbigen Drinks. Die Mall hat einen lauschigen Innenhof mit Cafés und Restaurants. Auf einer Reklamefläche prangt überlebensgroß die neue Mercedes S-Klasse, gegenüber zeigt eine Videowand Modewerbung. Die Architektur ist italienischen Renaissancezeichnungen geometrisch angelegter Städte nachempfunden: klassische Säulen und Portikos und eine quadratische Piazza, auf der fügsame Menschen gefällig arrangiert sind. Der Springbrunnen in der Mitte lässt zu den lauten Klängen von Johann-Strauss-Walzern in regelmäßigen Abständen seine Fontänen aufsteigen. Dann unterbrechen die Leute ihre Gespräche – viel anderes bleibt ihnen auch nicht übrig – und betrachten das synchrone Spiel der Wasserfedern, die so hübsch kommunizieren, sich gegenseitig kopieren und einander wie Revuegirls haschen. Der Walzer endet mit tosenden Akkorden, und alle Düsen ejakulieren gleichzeitig. Es ist, als müssten jetzt alle Anwesenden heiraten oder sich küssen oder Ähnliches. Doch die Gespräche werden einfach fortgesetzt, und die Piazza kehrt zu ihrem vorherigen Zustand zurück.

Delhis Malls haben klein und spät angefangen, im Lauf der nuller Jahre aber immer mehr von den Ressourcen und der Aufmerksamkeit der Stadt aufgesogen. Viel öffentlicher Grund und Boden wurde Privatunternehmern überlassen, die eine fieberhafte Bautätigkeit entfalteten – antike Ruinen, auf die sie dabei stießen, wurden schnell überbaut –, und als das erste Jahrzehnt unseres Jahrhunderts zu Ende ging, waren zu der tausendjährigen Reihe der in dieser Ebene errichteten Paläste mehrere große klimatisierte Konsumtempel hinzugekommen.

Die neue Mall, in der wir uns befinden, wurde direkt neben dem Flughafen erbaut – immer wieder dröhnen Flugzeuge über unsere Köpfe hinweg – und hat sich den Geist dieses Ortes in vieler Hinsicht zu eigen gemacht. Die Ordner, die die Autos durch die Tiefgarage winken, scheinen von den Rollbahnen nebenan entliehen: Man kommt sich vor wie in einem Cockpit. Und wie ein Flughafen ist auch die Mall völlig von ihrer Umgebung losgelöst. Wer sich die Mühe macht, durch den Sichtschirm der Bäume auf der anderen Seite der Terrasse hindurchzuschauen, der sieht, dass die Landschaft rings um die üppige Mall mit ihren Rasenflächen und Springbrunnen an ein CNN-Klischee von verbrannter Erde erinnert. In diesem Augenblick kommt ein Wassertankwagen in den Slum dort unten gefahren. Frauen und Kinder stürzen aus den Häusern, beladen mit so vielen Plastikgefäßen, wie sie nur tragen können.

Im Innern der Mall tragen Männer und Frauen mit Pilotenbrillen zum Flughafenflair des Ortes bei – als sei das Kaufen französischer Mode oder amerikanischer Technologie ein kaum weniger kühnes Unterfangen als das Fliegen eines Kampfjets. Alles hier hat etwas Aeronautisches an sich. Wer der kleinen Minderheit derer angehört, die hier einkaufen können, scheint den Wunsch zu verspüren, aus dem wuchernden Chaos heutiger indischer Großstädte abzuheben in eine Art wohlabgeschirmten Duty-free-Shop am Himmel. Mit ihren gebrochenen Reminiszenzen an die Errungenschaften europäischer Hauptstädte – die italienische Piazza, der Wiener Ballsaal – präsentiert sich die Mall als Teil einer langen Geschichte idealer Städte, nur dass diese ideale Stadt natürlich alles andere als eine Stadt ist. Sie liegt nicht einmal *in* der Stadt; sie ist nur über eine Schnellstraße erreichbar und steht auch nur einem verschwindend geringen Teil der Bevölkerung offen. Sie ist ein Ort, an dem offenbar alle Transaktionen ein und demselben Zweck dienen, ein Ort, an dessen Eingang Taschen kontrolliert und Körper abgetastet werden. So wie das ideale Zuhause für viele von Delhis Reichen ein Fünfsternehotel zu sein scheint, so scheint die ideale Stadt ein Flughafen zu sein.

»Kaum hatte ich meinen Master in der Tasche, machten sich meine Eltern auf die Suche nach einem Ehemann für mich«, erzählt Sukhvinder, eine hochgewachsene, aufgeweckte, lustige Frau. »Wir sind Sikhs, wir fackeln da nicht lange.«

Man sollte nun nicht glauben, arrangierte Ehen seien eine Last, die rückständige Eltern »traditionsgemäß« ihren »modernen« Kindern aufbürden. Die Sache ist oft komplexer. Viele Paare, die in einer arrangierten Ehen leben, sind selbst nicht aus arrangierten Ehen hervorgegangen und wurden auch nicht dazu gezwungen. Zahlreiche arrangierte Ehen sind nicht der Tradition, sondern heutiger Schnelllebigkeit geschuldet. In Zeiten der Unsicherheit und des raschen Wandels erscheint ein Leben im Alleingang vielen als eine zu isolierte, zu riskante Perspektive. Kinder, die sich weit aus dem Dunstkreis ihrer Eltern entfernt haben, verspüren das Bedürfnis nach irgendeiner anderen Art von Bindung. Und eine arrangierte Ehe hat viel Beruhigendes in dieser rasanten Zeit: In einer solchen Verbindung liegt die Verantwortung für Wohlstand und Zufriedenheit nicht allein bei dem Paar selbst, sondern auch in der Solidarität beider Familien.

Für Sukhvinder war der Druck jedoch größer, weil sie eine Gaumenspalte hatte, was die Suche nach einem Mann, wie ihre Eltern meinten, erschweren würde. Und so fand sie sich in einer der vielen tausend Familiengruppen wieder, die einander ständig in Delhis Restaurants und Hotels gegenübersitzen und ins Gespräch zu kommen suchen.

»Jedes Wochenende lernte ich irgendwelche Typen kennen, und jedes Mal saß ich total desinteressiert da. Man hat ja ein Bild im Kopf von dem Mann, den man heiraten will, und die Typen waren durch die Bank Blödmänner. Ich weiß nicht, warum die sich immer so supermodern und *individualistisch* geben müssen – in Wirklichkeit sind das, mit Verlaub, Vollidioten. Sie besuchen die angesagten Partys, sie tragen tolle Klamotten und sündhaft teure Sonnenbrillen und so, aber wenn sie den Mund aufmachen, denkt man nur noch *Oh Gott.*«

Eltern beschreiten viele Wege, um Ehepartner für ihre Kinder zu finden. Professionelle Heiratsvermittler, die eine bestimmte Kaste oder Gesellschaftsschicht bedienen, lassen Alben mit Fotos potenzieller Kandidaten und einem kurzen Begleittext zirkulieren. Die Fotos besonders der Frauen sind schon für sich kleine Meisterwerke: Das Make-up stammt von Spezialistenhand, das sorgfältig gestylte Haar wird von Ventilatoren kunstvoll hochgeweht. Doch solche Heiratsvermittler kommen nur in einem kleinen, klar umgrenzten Partneruniversum zum Einsatz. Schon seit Langem sind die »Heiratsseiten« der Zeitungen das – nach Meinung von Traditionalisten nach wie vor einzig zuverlässige – Mittel der Wahl, um die Suche auf die ganze Stadt auszudehnen. In den letzten Jahren aber haben Online-Partneragenturen den Markt gestürmt, nicht zuletzt, weil sie zusätzliche Leistungen wie Detektiv- und astrologische Dienste anbieten. Detektive durchleuchten die eheliche und sexuelle Vergangenheit eines potenziellen Partners und überprüfen die von ihm gelieferten Informationen, beispielsweise dahingehend, ob er auch wirklich HIV-negativ oder Vegetarier oder weder kurz- noch weitsichtig ist. Astrologen stellen sicher, dass zwischen den Geburtssternen der künftigen Partner keine schwerwiegenden Unvereinbarkeiten bestehen.

»Ich wollte einen Mann heiraten, mit dem ich auch ein Gespräch führen konnte. Aber außer ›Hi‹ hatten die Typen nichts zu sagen. ›Zeig ihnen nicht dein wahres Ich‹, ermahnten mich meine Eltern immer wieder, ›mach den Mund nicht zu weit auf.‹ Also versuchte ich, den Mund zu halten, und hörte mir die Fragen von den Typen an, zum Beispiel: ›Können Sie kochen?‹ Und ich: ›Kochen? Nein. Ich habe immer gearbeitet.‹ ›*Ah ja.*‹«

Der Tonfall eines Gehirnamputierten, in dem Sukhvinder ihre männlichen Gesprächspartner imitiert, ist schriftlich schwer wiederzugeben. Ich lache Tränen.

»Dann fragten sie: ›Haben Sie vor, Ihren Beruf aufzugeben?‹ ›Nein.‹ ›*Ah ja.* In unserer Familie arbeiten die Frauen nicht.‹ Worauf ich sagte: ›Dann wird das wohl nichts mit uns.‹ ›*Ah ja.* Sie haben ja sehr dezidierte Ansichten.‹ Und ich: ›Ja.‹ ›*Ah ja.*‹ Damit war das Gespräch beendet.«

Sukhvinder und ihre Schwester bekleiden Direktorenposten in der Firma ihres Vaters, einem Zulieferbetrieb für die Druckindustrie. Sie ist für das operative Geschäft zuständig, und ihr Arbeitstag endet oft sehr spät. Sie ist eine schnelle, urteilssichere Denkerin, und man kann sich unschwer vorstellen, dass sie einen guten Job macht.

»Schließlich lernte ich Dhruv kennen, den ich dann auch geheiratet habe. Bei unserer ersten Begegnung konnte ich keine wirklichen Mängel feststellen, und seine Familie wollte nicht noch viele weitere Treffen. Da ich eine Quasselstrippe bin, merkte ich gar nicht, dass er nicht viel redete. Er antwortete nur auf meine Fragen, welche auch immer, und das war so ziemlich alles, aber eigentlich hatte er nichts zu sagen. Meine Eltern wollten, dass ich bald heirate, weil meine Schwester gerade eine Ehekrise durchmachte; wenn es da zum Bruch kam, würden meine Chancen sinken. Es ging also alles sehr schnell. Meine Eltern sahen sich das Haus der Familie an und fanden es schön. Mein Vater sah sich ihre Fabriken an, und sie schienen in Ordnung zu sein; später fanden wir allerdings heraus, dass ihre Geschäfte überhaupt nicht gut liefen.

Es ging von Anfang an schief. Wir waren grundverschieden. Noch vor der Hochzeit sagte ich zu Dhruv: ›Ich trinke, ich rauche, und ich will weiterarbeiten. Wenn du ein Problem damit hast, sag's gleich, dann lassen wir's. Ich weiß ja, aus was für einer Familie du kommst. Wir sind noch nicht verlobt, ich bin nicht in dich verliebt, und ich könnte mir denken, dass du auch nicht in mich verliebt bist. Wir können also offen reden.‹ ›Nein, nein, das ist völlig okay für mich‹, sagte er. Und ich: ›Na, gut.‹

Auf die Hochzeitsreise nahm ich fünf Stangen Zigaretten mit. Bei einer Zwischenlandung in Singapur wollte ich unbedingt eine rauchen, aber er wollte shoppen, also hab ich's gelassen. Wir kamen in Bali an, und nachdem wir im Hotel eingecheckt hatten, hab ich mir als Erstes eine angezündet und mich auf den Balkon raus gesetzt, hab die Aussicht genossen und über den schönen Urlaub nachgedacht. Dhruv war perplex; er hatte mich noch nie rauchen gesehen. Und schon ging's los: ›Kannst du das Ding nicht ausmachen? Möchtest du dich nicht ein bisschen ausruhen? Möchtest du dich nicht hinlegen und fernsehen?‹

Ich sagte: ›Mir ist klar, dass auf einer Hochzeitsreise jede Menge Sex angesagt ist, aber doch nicht nur. Wir müssen uns überlegen, was wir machen wollen, vielleicht kommen wir ja nie wieder hierher.‹ Ich hatte am Flughafen alle möglichen Flyer mitgenommen und wollte sie mit ihm zusammen durchsehen.

Er war so was von langweilig. Zum Tauchen musste ich ihn mühsam mitschleppen. Er war Nichtschwimmer und ängstlich deswegen. Weil er sich ewig nicht entschließen konnte, ins Wasser zu gehen, bin ich einfach reingesprungen und zwanzig Minuten unten geblieben, dann kam ich wieder rauf, und er saß immer noch im Boot. ›Ich wollte gerade rein‹, sagte er. Ich bin wieder runter, und als ich zurückkam, saß er nicht mehr im Boot, also war er wohl unter Wasser. Ich war müde, der Typ vom Boot rauchte eine Selbstgedrehte, und ich fragte ihn, ob ich auch eine haben könnte.

Als mein Mann wieder auftauchte und mich rauchen sah, fragte er: ›Woher hast du die Zigarette? Du hast deine doch gar nicht mitgenommen.‹ ›Die hab ich von ihm‹, sagte ich. Er war entsetzt. ›Aber du kennst ihn doch gar nicht!‹ Ich sagte: ›Okay, sorry‹ und machte die Zigarette aus.

Ich hatte sie sowieso aufgeraucht. Ich verschwende meine Kippen nicht. Für niemanden auf der Welt.

›Lass uns kein Drama draus machen‹, sagte ich.

Dann gingen wir shoppen. Von der ersten Reise als Ehepaar bringt man ja üblicherweise jedem etwas mit, und ich hatte mir eine Liste von den Leuten in unseren beiden Familien gemacht, für die wir Geschenke besorgen mussten. Dhruv wollte eine Holzschnitzerei für sich selbst kaufen und sah sich eine geschlagene Dreiviertelstunde lang Skulpturen an. Ich bin schier durchgedreht. ›Nicht ungeduldig werden‹, sagte er. Ungeduldig? Ich hätte ihn am liebsten an den Haaren weggezerrt. ›Du suchst dir deine Skulptur aus‹, sagte ich schließlich, ›und ich kaufe inzwischen die Geschenke.‹ Ich besorgte also Mitbringsel für fünfundzwanzig Leute, und als ich zurückkam, war er immer noch auf der Suche nach einer Skulptur.

›Bei mir sitzt der Geldbeutel nicht so locker wie bei dir‹, sagte er. ›Ich gehe sorgsam mit Geld um.‹ Ich antwortete: ›Ich gehe auch sorgsam mit Geld um. Aber sorgsam mit Geld umzugehen ist eine Sache, gottgegebene Zeit zu verplempern eine ganz andere.‹

An dem Tag beschloss ich, nie mehr mit ihm zusammen einkaufen zu gehen. Als wir wieder in Delhi waren, nahm ich bei ihm Maß und von da an kaufte ich alles, was er an Kleidung brauchte, ohne ihn. Ich kann's nicht leiden, Zeit mit Einkaufen zu vertun.

Später stellte sich allerdings heraus, dass er knapp bei Kasse und deshalb so vorsichtig mit Geld war. Seine Geschäfte liefen nicht gut. Ich ließ dann immer absichtlich sein Portemonnaie zu Hause, wenn wir ausgingen, damit wir Sachen, die er haben wollte, einfach kaufen konnten und er sich nicht groß Gedanken darüber machen musste. Später kaufte ich dann gar nichts mehr, wenn er dabei war. Ich hatte ein etwas schlechtes Gewissen deswegen, denn meistens musste ich die Sachen heimlich ins Haus schmuggeln, und wenn er wissen wollte, wann ich sie gekauft hatte, musste ich lügen. Er entwickelte einen richtigen Minderwertigkeitskomplex, und das Geld wurde zum Streitpunkt zwischen uns.

Einmal kam ich ins Zimmer, als sein Onkel gerade sagte: ›Du kannst doch das Geschäft deiner Schwiegereltern übernehmen, dann gehört alles dir. Die haben so viel Besitz, das geht irgendwann alles auf dich über, und deine Frau finanziert dir dein Leben.‹ Das gefiel mir gar nicht, denn in meiner Familie waren zwischenmenschliche Beziehungen von jeher wichtiger gewesen als Geld. Sogar als Papa das Geschäft gründete und wir knapp bei Kasse waren, war Geld nie ein Thema. Eine Zeit lang gab es bei uns nur eine Mahlzeit am Tag, aber das hat uns nichts ausgemacht.

Wie gesagt: Geld war bei uns nie wirklich ein Thema. Wenn wir welches hatten, dann hatten wir welches, wenn nicht, dann eben nicht. Aber in Dhruvs Familie war es das Wichtigste überhaupt. Wichtiger als Beziehungen. Ich fand das komisch. Wieso sollte man etwas, das schon morgen weg sein kann, wichtiger nehmen als die Menschen, die einen vielleicht im Alter unterstützen oder was auch immer? Aber so war es nun mal. Er entwickelte also diesen Minderwertigkeitskomplex, und es gab deswegen viel Streit und Beschimpfungen.«

Die Sonne geht unter, Abendstimmung senkt sich über die Terrasse. Die Hitze des Tages schwindet, und irgendwie scheint der Lärm von der Schnellstraße jetzt näher. Scharen von Krähen erfüllen die Luft mit ihrem Krächzen. Die Ober stellen Kerzen auf die Tische. Gruppen von Leuten in den Zwanzigern treffen sich zu einem Feierabend-Drink, hellhäutige Angehörige hoher Kasten wie alle hier – außer denen, die die Mall reinigen und bewachen.

Eine Frau fotografiert ihre Kolleginnen mit dem Handy, das jedes Mal gleißend hell aufblitzt. Sie sitzt mit dem Rücken zu uns; durch den Stoff ihres beigen Businesskostüms scheint ihr schwarzer Tanga durch.

»Kurz nachdem ich bei meinem Mann eingezogen war«, fährt Sukhvinder fort, »merkte ich, dass er ein extrem enges Verhältnis zu seiner Mutter hatte, und da schrillten bei mir die Alarmglocken. Vor allem deshalb, weil sein Vater vor Jahren gestorben war und Dhruv nicht nur wie ein Sohn, sondern auch wie ein Ehemann auftrat. Nicht dass ich etwas gegen ein gutes Verhältnis zwischen Mutter und Sohn hätte, absolut nicht, aber sie mischte sich ständig in unsere Beziehung ein. Gewisse Dinge sollten Mann und Frau unter sich ausmachen. Nach jedem Gespräch zwischen Dhruv und mir fing seine Mutter am nächsten Tag an zu sticheln. Ich war immer ganz verdattert. ›Das weißt du auch schon! Was weißt du denn noch alles?‹ Ich sprach ihn darauf an, aber da machte er komplett zu; auf seine Mutter ließ er nichts kommen.

Ich setzte mich immer wieder mit ihr hin – ich bin ja ein aufgeschlossener Mensch und halte viel davon, dass man über die Dinge spricht – und redete mit ihr, weil ich dachte, ich könnte ihr eine Freundin sein, sie hatte ja keinen Partner mehr. Aber das ging voll daneben. Hinterher lief sie jedes Mal zu meinem Mann und sagte: ›Sie wollte dich bei mir anschwärzen.‹

Sie dachte, ich wollte ihr den Sohn wegnehmen. Sie dachte, da meine Familie mehr Geld hatte, würde ich ihn kaufen, wir würden woandershin ziehen und er würde sie vergessen. Schon komisch. Dabei war ich diejenige, die immer sagte, wir dürften auf keinen Fall ausziehen, sonst wäre sie ganz allein. Ihr anderer Sohn redete kein Wort mit ihr. Er behandelte sie wie den letzten Dreck. Ich sagte zu meinem Mann: ›Wir sind verantwortlich für sie, also kümmern wir uns um sie.‹

Aber sie sagte zu ihm: ›Du weiß nicht, was sie ausheckt. Ich habe sie telefonieren hören, sie ist ein schlechter Mensch.‹ Das war natürlich lächerlich. Ich habe nie zu Hause telefoniert, ich wusste ja, was dann passiert.

Immer wieder sagte ich zu Dhruv: ›Sie glaubt nicht an sich selbst oder an die Werte, die sie dir vermittelt hat. Oder an den Mann, zu dem sie dich gemacht hat. Sonst wäre sie nicht so unsicher. Du kümmerst dich doch um sie. Sie weiß, wie wichtig sie dir ist. Wovor hat sie also Angst? Vor der Frau, die in euer Haus gekommen ist? Ich will deine Familie doch nicht kaputtmachen.‹

Ich musste morgens nach dem Aufstehen kochen, das Mittagessen für alle einpacken, dann eine Stunde zur Arbeit fahren, in der Fabrik den Laden schmeißen und rechtzeitig gehen, um noch Gemüse kaufen zu können, und um sieben musste ich zu Hause sein und das Abendessen machen. Am Anfang konnte ich noch nicht kochen; sie hat es mir beigebracht, und dafür bin ich ihr heute noch dankbar. Aber wenn ich nur eine Minute nach sieben kam, stand sie schon in der Küche und ließ mich nicht mehr rein, und dann gab es eine Riesenszene. Ich musste also spätestens um sieben da sein, damit Ruhe herrschte, wenn Dhruv nach Hause kam. Solche Streitereien will niemand haben, wenn er von der Arbeit kommt. Wenn ich Dhruv helfen wollte, musste ich rechtzeitig zurück sein. Manchmal bin ich schon um halb fünf aus dem Büro weg. Das wurde aber zu einem großen Problem; ewig kann man so etwas nicht machen.

Irgendwann fing er davon an, dass es seiner Mutter nicht recht sei, dass ich arbeite. Ich sagte: ›Ich habe dir doch von Anfang an gesagt, dass ich meinen Beruf nicht aufgebe.‹ Aber das machte dann alles zunichte, wofür ich so lange gekämpft hatte, und ich ging tatsächlich vier Wochen lang nicht mehr zur Arbeit.

Ein Privatleben durfte ich auch nicht haben. Unter Leute kam ich nur noch, wenn ich ab und zu mal zwei Tage bei meinen Eltern verbrachte, und meine Freundinnen rief ich auf der Heimfahrt vom Auto aus an. Für Dhruvs Familie war es ein rotes Tuch, wenn Anrufe für mich kamen. Aber manchmal ging in der Firma etwas schief, und wenn es in meine Zuständigkeit fiel, musste ich einfach rangehen und mich darum kümmern. Ich konnte ja nicht sagen: ›Ich darf zu Hause nicht ans Telefon.‹ Hinterher sagte meine Schwiegermutter dann: ›Sie will nur zeigen, dass sie mehr arbeitet als meine Söhne. Aber dass sie so viele Leute unter sich hat, heißt noch lange nicht, dass meine Söhne nichts taugen.‹ Solche Reden wirkten wie kleine Störimpulse in Dhruvs Gehirn. Ich glaube nicht, dass er von sich aus so dachte – erst wenn sie es sagte.

Jungs durfte ich nicht umarmen, nicht mal meine Brüder. Ich durfte überhaupt niemanden umarmen. In meiner Familie war Körperkontakt selbstverständlich. Wenn mein Vater auf Geschäftsreise ging, umarmten und küssten wir uns. Einmal nahm ich Dhruv in den Arm, als er zur Arbeit ging. Da sagte er: ›Nein, nicht, Mammi schaut her!‹ Und ich: ›Wir sind verheiratet, verdammt noch mal!‹ Er dann: ›Aber später spricht sie mich darauf an und sagt, draußen vor dem Haus macht man das nicht.‹

Es war eine völlig andere Denkweise. Einmal, als ich von der Arbeit kam und den Wagen vor dem Haus abstellte, spielten gerade ein paar Kinder auf der Straße Federball. Ich nahm einen Schläger und machte mit. Da riss meine Schwiegermutter die Haustür auf und schrie mich an: ›Komm sofort rein!‹ Drinnen gab es dann einen Riesenkrach. ›So etwas macht man als Schwiegertochter nicht! Was haben deine Eltern dir eigentlich beigebracht?‹

Sex war auch so ein Thema. Dhruv war in der Hinsicht eigentlich ziemlich unbefangen, unbefangener als ich. Nicht dass ich bei der Heirat noch Jungfrau gewesen wäre, aber ich musste so tun, als ob, weil ich ja wusste, in was für eine Familie ich kam. Am Anfang erlaubte seine Mutter nicht, dass wir die Schlafzimmertür zumachten. Vom ersten Tag an drängte sie darauf, dass wir ein Kind bekommen – das ist in den Punjabi-Familien das A und O –, und ich sagte: ›Wie soll ich dir ein Enkelkind schenken, wenn wir nicht mal die Tür zumachen dürfen?‹ Machten wir sie trotzdem zu, hämmerte sie dagegen. ›Klopfen‹ wäre zu höflich ausgedrückt.

Immer wieder sagte sie: ›Was ist los da drin, dass ihr die Tür zumachen müsst? Wenn es nichts Schlimmes ist, könnt ihr sie doch offen lassen.‹ Wenn wir einfach nur schliefen oder miteinander plauderten – was selten genug vorkam –, rief sie: ›Bitte macht das Licht an. Ich mag's nicht, wenn da drin kein Licht brennt.‹

Dhruv nahm das total locker. ›Wo ist das Problem?‹, fragte er. ›Dann lassen wir die Tür eben auf.‹ Ein paarmal sagte ich: ›Du erzählst deiner Mutter doch alles; warum beschreibst du ihr nicht auch die Stellungen, die du mit mir ausprobierst?‹ In dem Punkt machte ich mich immer über ihn lustig.«

Unterdessen ist ein Mann an unseren Tisch getreten und hat sich ohne ein Wort neben Sukhvinder gesetzt. Da sie keine Notiz von ihm nimmt, wird sie ihn wohl erwartet haben; ich wundere mich aber doch ein wenig, dass keiner von beiden irgendeine Reaktion zeigt. Sukhvinder hat ihr Handy nicht angerührt, seit wir beschlossen haben, hierherzukommen, sie kann ihm also nicht gesagt haben, dass wir hier sind. Und doch hat er sie gefunden und wortlos neben ihr Platz genommen. Ich habe keine Ahnung, wer der Mann ist. Aber sie muss ihn gut kennen, denn sie fährt fort, über intime Dinge zu sprechen.

»Dhruv und seine Familie waren keine Sikhs, sondern Hindus, Brahmanen aus Westpunjab, und sie standen in ständigem Kontakt mit Priestern und Astrologen. Als wir ungefähr vier Monate verheiratet waren, sagte meine Schwiegermutter zu Dhruv, ihr Priester meine, ich sei eine böse Macht, es würde nicht gut gehen mit mir, ich sei schuld daran, dass es schlecht um Dhruvs Geschäfte stehe, und dergleichen mehr.

Als Nächstes behauptete sie, ich übte schwarze Magie aus. Ich lachte nur, weil ich an so etwas nicht glaube, aber dann fingen sie mit allen möglichen Ritualen an, um ihr Heim zu schützen. Wenn ich nach Hause kam, lagen ständig irgendwelche komischen Gegenstände auf der Schwelle, die das Böse abwehren sollten. Da ich aus einer Sikh-Familie komme, hatte ich keine Ahnung, was für Sachen das waren, ich hob sie einfach auf und warf sie weg, aber das machte alles nur noch schlimmer. Meine Schwiegermutter hatte eine Heidenangst, irgendetwas Schlechtes könnte von draußen ins Haus gelangen. Sie setzte nie einen Fuß vor die Tür, außer um bei einem Straßenhändler Gemüse zu kaufen, und dazu brauchte sie drei Paar Schuhe, die sie nacheinander anzog, um jeden Kontakt zwischen drinnen und draußen zu vermeiden.

Einmal kramte sie in meinen Sachen und fand ein Amulett, das mir eine muslimische Freundin geschenkt hatte. Es war ein islamisches Symbol, und ich mochte es gern, ich fand es interessant. Sie nahm es an sich und zeigte es ihrem Priester, der sagte: ›Daher kommen Ihre Probleme‹, und sie führten Reinigungsrituale mit dem Amulett durch. Meine Schwiegermutter erzählte allen im Haus davon, und von da an schnitten sie mich. Die ganze Familie schaute auf mich herab. Sie waren Teilungsflüchtlinge, und die Situation war wie die Teilung. Ich war Pakistani. Das Schlimmste war nicht, dass die anderen diesen Blödsinn glaubten, sondern dass Dhruv ihn glaubte. Er konnte einfach nichts, was seine Mutter sagte, in Zweifel ziehen.

Ich wollte nicht, dass meine Ehe scheitert, ich habe wirklich alles versucht. Ich dachte, das Blatt könnte sich noch wenden und ich könnte alle glücklich machen. Meine Schwiegermutter war seit fünfzehn Jahren in Trauer, seit ihr Mann gestorben war. Sie werden es nicht für möglich halten, aber als ich in ihr Haus kam, war dort weit und breit kein Foto von Dhruvs Vater zu sehen. Sie hatten anscheinend immer noch nicht akzeptiert, dass er nicht mehr an ihrem Leben teilnahm, deswegen waren sie so verrückt. Eines Tages kaufte ich einen schönen Rahmen, ließ ein Foto von ihm vergrößern und stellte es ins Wohnzimmer. Als meine Schwiegermutter es sah, schrie sie hysterisch: ›Tu das weg!‹ Ich sagte: ›Sieh doch den schönen Rahmen, und es ist so ein schönes Bild von ihm. Ich dachte, du freust dich darüber.‹ Aber sie schrie Dhruv an: ›Die Frau will anscheinend, dass ich die ganze Zeit weine!‹

Nachts schlief sie mit ihren Besitzurkunden unterm Hintern, weil sie dachte, ich wollte sie ihr stehlen. Ich sage so etwas nicht gern, aber insgeheim dachte ich: ›Schau dir doch an, was meine Familie alles besitzt. Ich selbst habe bereits mehrere Häuser. Das Haus hier wird einmal unter fünf Enkelkindern aufgeteilt. Glaubst du im Ernst, ich würde dir ein Fünftel von deinem dämlichen Haus stehlen?‹ Aber da Geld ihr so wichtig war, konnte ich sie ja vielleicht damit glücklich machen. Ich eröffnete ein Sparkonto für sie und zahlte jeden Monat fünf- bis zehntausend Rupien [hundert bis zweihundert Dollar] darauf ein, je nachdem, wie viel ich gerade hatte. Ich gab ihr die Bankkarte und sagte: ›Du musst nicht jedes Mal zu Dhruv gehen, wenn du Geld brauchst. Die ist für dich. Ich gehöre doch auch zur Familie.‹ Aber wahrscheinlich habe ich nie dazugehört. Den ganzen Monat war sie eingeschnappt und gemein, aber an dem Tag, an dem ich das Geld einzahlen musste, wurde sie plötzlich zuckersüß. Man konnte es förmlich sehen, es war widerlich. Aber ich hatte kein Problem damit. Ich dachte: ›Wenn ich mir damit Ruhe und Frieden im Haus erkaufe, kannst du von mir aus mein ganzes Gehalt haben.‹

Es wurde immer schlimmer, und oft sagte ich zu meiner Schwiegermutter und meinem Mann: ›Was wollt ihr denn eigentlich? Was genau soll ich tun, wie soll ich mich verhalten? Macht mir doch eine Liste, Punkt A bis Z, und ich halte mich daran. Denn egal, was ich mache, ihr seid nie zufrieden, und wenn ich es lasse, seid ihr auch nicht zufrieden.‹ Nach einem Jahr sagte ich zu ihr: ›Ich habe mich jede Woche mit dir hingesetzt und dich gefragt, was ich tun soll, und jede Woche war es eine bestimmte Sache. Ich habe mir alles aufgeschrieben. Aber immer war es genau das Gegenteil von dem, was du mir in der Woche davor gesagt hattest. Als hättest du's darauf angelegt, dass ich es nicht schaffe.‹

Dhruv hatte einen jüngeren Bruder, ein ziemliches Großmaul. Er war schrecklich grob zu seiner Mutter, und wenn sie Streit hatten, schlug er sie. Ich war entsetzt, als ich es das erste Mal sah, und dachte, wenn er nicht einmal seine eigene Mutter respektiert, dann bringt er mich demnächst um. Ich war fix und fertig. Immer wieder trat und boxte er sie, und ich stellte mich schützend vor sie, damit er sie nicht verletzte, denn sie hatte eine schwere Arthritis. Aber in ihren Augen waren ihre Söhne perfekt, und am nächsten Morgen rief sie eine Verwandte an und sagte: ›Sukhvinder wollte mich schlagen.‹ Ich dachte nur, *du Miststück*! Sie wollte einfach nicht wahrhaben, was ihre Söhne Schlimmes taten, und vergaß es sofort wieder.

Ich konnte das nicht verstehen, und ich machte immer wieder den Fehler, schonungslos ehrlich zu sein. Wenn Dhruv und seine Mutter Streit hatten, holte er mich dazu und fragte: ›Wer von uns beiden hat recht, und wer hat unrecht?‹ Wer so eine Frage stellt, ist ja wohl auf die Antwort gefasst. Ich sagte also: ›Ich finde, sie hat in dem Punkt recht und du in dem, und –‹, aber da wurden beide wütend. Sie vergaßen ihren Streit und fielen gemeinsam über mich her. Er sagte: ›Wie kannst du das von meiner Mutter sagen?‹ Und sie: ›Wie kannst du das von meinem Sohn sagen?‹

Eine Zeit lang konnte ich abends nicht rechtzeitig nach Hause kommen. Einmal im Jahr präsentieren wir unsere Produkte auf einer Fachmesse, und ich muss rund um die Uhr arbeiten. Ich kam sehr spät zurück und musste dringend auf die Toilette, so dringend, dass ich vergaß, Hausschuhe anzuziehen. Als ich wieder rauskam, machte meine Schwiegermutter einen Riesenaufstand und warf mir alle möglichen komischen Sachen an den Kopf. Ich sagte: ›Tut mir leid, ich hab nicht dran gedacht. Ich musste so dringend.‹ ›Nein‹, sagte sie, ›du brütest irgendwas aus.‹ Ich sagte: ›Ach, vergiss es. Das ist doch Unsinn.‹ Dann ging ich ins Bad.

Unter der Dusche hörte ich Mutter und Sohn streiten. Als ich herauskam, sagte Dhruv: ›Du solltest nicht mit Mammi streiten.‹ Ich erklärte ihm die Situation. ›Nein‹, sagte er, ›du hast sie geschlagen.‹ Und ich: ›*Ich* soll deine *Mutter* geschlagen haben?‹ ›Ja‹, und dann: ›Na ja, nicht direkt. Aber du hättest sie *beinahe* geschlagen.‹ Darauf ich: ›Wenn du mir nach anderthalb Ehejahren so etwas zutraust, dann weiß ich auch nicht.‹ Damit ging ich in die Küche, um das Abendessen zu machen.

Er kam mir nach, nahm mich bei der Hand und zog mich ins Esszimmer. ›Wir müssen das jetzt klären‹, sagte er. Und ich: ›Ich bin zwar jünger als du, aber eins weiß ich: Wenn du wütend bist, reden wir besser nicht. Sonst eskaliert das Ganze, und du sagst Dinge, die du nicht so meinst und später bereust. Ich schieße zurück, und schon sind wir mittendrin im Wer-tut-wem-mehr-weh-Spiel.‹ ›Nein, wir klären das jetzt.‹ Da sagte ich: ›Na, gut.‹ Wir reden also – wir redeten nur –, und plötzlich schlägt er mich ins Gesicht.

Er ist ziemlich groß, fast 1,90, und kräftig gebaut. Er schlug mich, und ich verlor das Bewusstsein. Ich brach zusammen.

Ich war wie erstarrt. Ich rief meine beiden Freundinnen an und fuhr zu ihnen. Ich konnte gar nicht wieder aufhören zu weinen. ›Ist das normal‹, fragte ich sie, ›ist so etwas denn normal? Ist das normal in einer Großfamilie?‹ Meine Freundinnen lebten in Großfamilien, ich selbst bin in einer Kleinfamilie aufgewachsen. ›Ach, lass doch, er war eben stinkwütend‹, sagten sie. Sie versuchten mich zu beruhigen, ich war ja völlig außer mir, aber sie waren sauer, das sah ich ihnen an. Ich erzählte niemandem sonst davon, nicht einmal meinen Eltern, weil ich damals noch nicht einschätzen konnte, ob das nun so eine Staatsaffäre war oder nicht. Ich fühlte mich völlig alleingelassen.

Ich wollte den Vorfall vergessen. Ein neues Kapitel aufschlagen. Aber jedes Mal, wenn es Streit gab, hatte ich große Angst, Dhruv würde mich wieder schlagen. Mal tat er es, mal nicht. Mit der Zeit schlug er mich immer öfter, es war extrem beängstigend, und schließlich fiel ich in eine Depression. Und eines Tages, nach vier Jahren, bin ich gegangen und nie mehr zurückgekehrt.

Meinen Eltern hatte ich nichts von den Schlägen und auch sonst nichts gesagt. Deshalb dauerte es drei Monate, bis ich sie überzeugt hatte. Außer Dhruv und mir und seiner Tante, der ich mich anvertrauen konnte, wusste niemand etwas davon. Ich fand, es gehörte sich nicht, meinen Eltern zu erzählen, was sich in Dhruvs Familie abspielte. Ich sagte nur: ›Es gibt da einiges, wovon ihr nichts wisst, und ich versichere euch, ich treffe keine überstürzte Entscheidung.‹ Nachdem ich monatelang vergeblich versucht hatte, sie zu überzeugen, sagte ich ihnen schließlich, dass Dhruv mich häufig schlug. Sie waren außer sich und besprachen die Sache mit Dhruvs Familie. Aber für mich stand fest, dass ich nicht zu Dhruv zurückgehen würde.

Eine Zeit lang war ich schrecklich wütend. Ich wollte Dhruv und seine Mutter hinter Gitter bringen. Aber nach und nach beruhigte ich mich wieder. Lange Zeit hätte ich die beiden am liebsten geschlagen, richtig heftig, nur ein einziges Mal. Aber jetzt nicht mehr. Es ist sein

Leben. Ich glaube an Gott und die Gerechtigkeit. Ich habe in meiner Ehe nichts verbrochen, was so schlimm gewesen wäre, dass es so kommen musste. Es ist jetzt gut. Ich habe damit kein Problem mehr.

Ich habe mein Bestes getan. Mehr, als ich mir zugetraut hätte. Aber ich habe den Respekt vor Dhruv verloren. Ich traute ihm nicht mehr, und das war das Ende. Bevor die Liebe aufblühen konnte, schlug sie in Bitterkeit um. Es war einfach nichts mehr davon übrig.

Wissen Sie, wann ich den letzten Rest Respekt vor ihm verloren habe? Wann ich wusste, dass es vorbei war? Komischerweise nicht, als er mich schlug. Es war etwas anderes.

Ich habe es gern, wenn alle Fenster offen sind, aber in seiner Familie blieben sie fest geschlossen. Ich bin schier erstickt. Ich habe Asthma, und manchmal wurde es ganz schlimm. Eines Nachts wachte ich auf, ich bekam keine Luft und geriet in Panik. Ich rüttelte Dhruv wach und bat ihn, mir meinen Inhalator zu geben, der auf seinem Nachttisch lag. Aber er weigerte sich, und ich verlor das Bewusstsein. Danach gab's kein Zurück mehr.«

Sie hat lange erzählt, und inzwischen ist es dunkel geworden. Leute sind gekommen und gegangen. Am Nebentisch hat ein extrem dicker Mann mit einem Pferdeschwanz Platz genommen; die schöne Frau in seiner Begleitung ist einen Kopf größer als er. Auf dem Schoß hält sie einen Chihuahua.

Wir zahlen und gehen ins Innere der Mall zurück. Ich verabschiede mich von Sukhvinder und gebe auch ihrem Gefährten die Hand; wer er ist, weiß ich noch immer nicht.

Was Sukhvinder mir erzählt hat, geht mir noch nach. Ich fahre mit dem Aufzug in die Tiefgarage hinunter. Mit mir steigt noch ein anderer Mann ein. Er hat eine Gucci-Einkaufstüte bei sich, deren gewaltige Ausmaße ihm etwas Großspuriges verleihen. Sie sind schon ein seltsamer Anblick, diese Männer aus Delhis Unternehmerfamilien, die ihre Männlichkeit durch den Kauf von Handtaschen demonstrieren.

Die Türen gleiten auf, und ich trete ins braune Licht des Untergeschosses hinaus. Die Luft ist heiß und übelriechend. Die Klimaanlage kühlt das Innere der Mall zu einem milden Nicht-Ort herunter, aber hier unten scheint sich die Hitze der nordindischen Ebenen zu stauen. Augenblicklich bricht mir der Schweiß aus.

Ich fahre zum Zahlschalter an der Ausfahrt und gebe dem Mann meinen Parkschein. Wie lange er wohl in diesem unterirdischen Backofen ausharren muss? »Fünfzig Rupien«, sagt er.

Während ich in meiner Tasche nach Münzen krame, langt er aus seinem Fenster und zupft etwas von meiner Windschutzscheibe. Es ist eine riesige rote Blüte, wahrscheinlich von dem Kapokbaum vor meinem Haus. Sie ist am Scheibenwischer hängengeblieben und mit mir aus der grünen Stadt bis hinaus in diese Wüstenei gereist.

Der Mann inspiziert sie, als sei sie aus dem Weltall herabgeschwebt.

»Kann ich die haben?«, fragt er.

»Natürlich.«

Und er legt sie vor sich hin und betrachtet sie, verzaubert, als wären Bäume eine längst ausgestorbene Spezies, die man nur noch aus Kinderbüchern kennt.

Siebtes Kapitel

Der Politiker, in Kurta und Turban, steht lächelnd auf dem Podium. »Kann mir jemand sagen, wie Jawaharlal Nehrus Tochter hieß?« Alle im Saal heben die Hand. »Indira Gandhi!«, rufen sie. Der Politiker strahlt. »Richtig!«

»Und wer weiß, wie Mahatma Gandhis Söhne hießen?«, fragt er.

Betretenes Schweigen. Keine Hand hebt sich.

Der Politiker gibt sich verwundert. »Das ist ja interessant«, sagt er. »Alle erinnern sich an den Namen einer Tochter, aber niemand erinnert sich an den Namen eines Sohnes!«

Er schreitet über das Podium, den Blick ins Publikum gerichtet.

»Warum töten wir dann unsere ungeborenen Mädchen, meine Freunde? Warum finden unsere jungen Männer keine Frauen zum Heiraten?«

Werbung, die am Puls der Zeit sein wollte, zeigte Frauen im Kostüm.

Junge berufstätige Frauen waren die Ikonen des neuen Indien. Am unteren wie auch am oberen Ende der Einkommensskala hatten Frauen schon immer gearbeitet. Mittelschichtfrauen aber, die nach der wirtschaftlichen Liberalisierung Indiens einen Job annahmen, betraten Neuland. Viele von ihnen mussten es sich in ihren Familien hart erkämpfen, und doch war die Revolution alles in allem schnell gewonnen, auch deshalb, weil ihre Gegner merkten, dass sich die Veränderungen gegen sie richteten.

In den Jahren nach der Liberalisierung bezog die Mittelschicht ihr Selbstwertgefühl wie nie zuvor aus Arbeit und Einkommen, und proportional dazu verlor die in der Mythologie des 20. Jahrhunderts so stolze Rolle der Hausfrau und Mutter an Prestige. Junge Frauen folgten begeistert dem Zug der Zeit, denn durch all das Neue außerhalb von Heim und Familie hatten sie viel zu gewinnen und wenig zu verlieren. Sie waren daher in vieler Hinsicht die überzeugtesten Anhängerinnen des neuen Indien und eben deshalb so unbelastet in ihrem

Denken – und so erfolgreich am Arbeitsplatz. Die Welt der Wirtschaft war egalitärer, als man meinen sollte – die Ungleichheit der Geschlechter hatte in Indien nie die gleiche Struktur gezeigt wie im Westen, und die Dynamik im Büro war eine andere als zu Hause –, und sehr schnell stiegen Frauen in Spitzenpositionen der indischen Wirtschaft auf. In gewisser Weise waren sie die idealen Arbeitskräfte, denn sie hatten in den althergebrachten Systemen keine Rolle gespielt, sie analysierten Situationen ruhig und objektiv, und sie hatten keine Angst vor Veränderung.

Bei den Männern sah es anders aus. Männer hatten mit den alten Strukturen durchaus etwas zu verlieren. Ihre innere Ruhe speiste sich – tiefergehend, als ihnen bewusst war – daraus, dass die Frau im Haus das Zepter schwang und auch im Haus *blieb*. Plötzlich aber hielten sich Frauen nicht nur ständig außer Haus auf, sie verdienten auch ihr eigenes Geld und bedurften in diesem zentralen Punkt keiner männlichen Unterstützung mehr. Für die Männer hatte der Wandel der indischen Gesellschaft daher etwas Bedrohliches. Wenn in diesem Buch Männer häufiger zu Wort kommen als Frauen, so deshalb, weil die große Ambivalenz der Veränderungen in Indien in der Männerseele oft unmittelbarer zutage trat als in der Seele der Frauen. Frauen hatten zwar die emotionalen Ausbrüche der Männer zu erdulden – und litten zum Teil erheblich darunter –, waren innerlich aber mehr bei sich. Sukhvinder war die »moderne« selbstbeherrschte Heldin ihrer Geschichte, und es fällt nicht schwer, sich mit ihr zu identifizieren. Wollen wir jedoch etwas über den schmerzhaften Umbruch der Werte und Gefühle zu Beginn des 21. Jahrhunderts in Delhi erfahren, müssen wir wissen, was in den Köpfen der Menschen in Sukhvinders Umfeld vor sich ging.

Dass Sukhvinder »modern« ist, heißt nicht, dass ihr Mann und ihre Schwiegermutter »traditionell« wären. Reibereien zwischen jungen Frauen und ihren Schwiegermüttern waren naturgemäß an der Tagesordnung in einem System, in dem die Frau nach der Heirat ins Elternhaus des Mannes zog. Viele Schwiegermütter waren einmal selbst in ein fremdes Zuhause verpflanzt worden, sie hatten dort Misshandlung und Demütigung erfahren und fügten ihren Schwiegertöchtern nun oft Gleiches zu – ein tragischer Kreislauf. In früheren Zeiten aber, als ältere Frauen sich ihres Status sicherer waren, konnten sie ebenso gut zu Mentorinnen ihrer lernwilligen Schwiegertöchter werden.[12]

Zu Beginn des neuen Jahrtausends aber waren sich ältere Mittelschichtfrauen wie Sukhvinders Schwiegermutter ihres Status keineswegs mehr sicher. Oft schien es ihnen, als sei ihr spezifisches Wissen kaum noch etwas wert in dieser neuen Welt, in der *Werte* verschwanden und es nur noch einen einzigen *Wert* gab: das Geld. Junge Frauen, die hart arbeiteten, viel unter Leute gingen, sich unorthodox kleideten und kein Interesse für all die häuslichen Rituale und Gepflogenheiten zeigten, für die ihre Schwiegermütter stets verehrt worden waren, schienen eine unausgesprochene Abwertung all dessen zu verkörpern, worauf deren Status beruhte – und Schwiegermütter glaubten, zu Recht oder zu Unrecht, um ihr Überleben kämpfen zu müssen, gegen die jüngeren Frauen: »Wenn mein Sohn so eine Frau liebt, dann wird er mich nicht mehr lieben.« Ihr schlimmster Albtraum: Die Schwiegertochter – eine Frau, die keine Werte kannte und völlig unter dem Einfluss des neuen wurzellosen, konsumorientierten Lebensstils stand, in dem unbekümmerte Doppelverdiener-Paare alle anderen Bindungen vernachlässigten – könnte sich mit ihrem Mann eine eigene Wohnung nehmen und seinen lästigen, unnützen Eltern, die im Ruhestand oft kaum noch über eigenes Einkommen verfügten und auf ihn angewiesen waren, die finanzielle Unterstützung entziehen. Verstärkt wurden solche Ängste noch dadurch, dass Frauen wie Sukhvinders Schwiegermutter die Freiheiten versagt geblieben waren, die diese »neuen« berufstätigen Frauen genossen, mit denen sie nun unter einem Dach lebten. Ihre berufstätigen Schwiegertöchter erinnerten sie ständig an alles, was sie selbst nicht gehabt hatten, und den lässigen Umgang der jungen Frauen mit ihren Freiheiten fanden sie schlicht unverschämt.

Junge Männer hatten naturgemäß meist mehr mit ihren Ehefrauen gemeinsam als mit ihren Müttern. Rhythmus und Lebensstil ihrer Frauen entsprachen oft ihren eigenen, und sie konnten mit ihnen über alltägliche Dinge sprechen, die ihren Müttern fremd waren: Ausgehen, Produkte, Arbeitsplatz. Doch die Welterfahrenheit ihrer Ehefrauen weckte in ihnen auch zwiespältige Gefühle. Einerseits genossen sie den Lebensstandard, den zwei Einkommen ermöglichten, andererseits irritierte es sie, dass ihre Frauen so viel außer Haus waren. Viele hatten ein rein auf Heim und Herd beschränktes Bild der Weiblichkeit von ihren Müttern übernommen, die kaum mit der Außenwelt in Berührung gekommen waren und sich bemüht hatten, ein wohltuendes häusliches Refugium in einer männlichen Welt voller Kampf und Konkurrenz zu schaffen. Der Umgang mit jungen berufstätigen Frauen weckte in manchen Männern daher das beunruhigende Gefühl, nicht anerkannt zu werden. Die jungen Frauen sahen nicht einmal so aus wie die Frauen früherer Generationen, denn der Konsumismus mit seinen Diäten, Fitness-Studios und Magermodels hatte sie nicht nur in andere Kleider, sondern auch in ganz andere Körper gesteckt. Junge Männer fanden ihren Anblick durchaus reizvoll, gleichzeitig assoziierten sie damit aber Dekadenz; oft stellten sie verunsichert fest, dass sie für ihre Partnerinnen nicht das empfanden, was sie empfinden zu müssen glaubten.

Diese Dominanz des mütterlichen Ethos mag befremdlich erscheinen. Doch es war keine ungute Dominanz. Im Hinduismus waren Dynamik und schöpferische Energien des Universums weiblich, nicht männlich, und mit dem Hervorbringen des Lebens lenkten und leiteten Mütter die Gesamtheit dieser kosmischen Kräfte. Ihre Mutterschaft speiste sich aus jener elementaren Energie, die auch Indiens politischen Müttern – Indira Gandhi und all den anderen imponierenden Politikerinnen nach ihr – solch ehrfurchtgebietende Größe verlieh. Mütter blieben zwar zu Hause, doch in den Augen vor allem ihrer Söhne waren sie alles andere als unterwürfig. Sie waren die Triebkraft dessen, was ihre Söhne leisteten, und schützten sie zudem vor den zahllosen bösen Mächten draußen in der Welt. Nordindische Männer zitierten gern Rudyard Kipling: »Weil Gott nicht überall sein konnte, schuf er die Mütter« – und sie dachten sich etwas dabei.

Konflikte zwischen Ehefrau und Mutter waren deshalb ein Schreckgespenst für Männer. Mancher nannte als wichtigstes Kriterium seiner künftigen Ehe, dass die Frau seine Mutter genauso respektierte wie er selbst, denn wenn diese beiden weiblichen Kräfte einander befehdeten, würden sie ihn zerreißen. Die Männer sympathisierten mit beiden, doch es war wie das bekannte Vexierbild »Hase oder Ente«:

Sie konnten die Bilder nur getrennt sehen, nicht gleichzeitig – und häufig waren sie zu keinerlei Synthese fähig. Ein Ehemann mochte seiner Frau glauben, wenn sie ihm sagte, Mäuse seien im Haus und nagten Löcher in die Kleider; zeigte ihm aber seine Mutter ein T-Shirt mit einem Loch genau über dem Herzen, war er schnell überzeugt, dass hier übelste schwarze Magie am Werk war. Ein Mann in den Augen der Mutter und ein Mann in den Augen der Ehefrau zu sein, waren zwei grundverschiedene Dinge, die einander ausschlossen, und Männer standen unter erheblichem Druck, sich für das eine oder das andere zu entscheiden. Die Bruchlinie zwischen den beiden Positionen zog sich durch die ureigensten, unausgesprochensten Regionen ihres Wesens, und wenn der Bruch da war, fehlten ihnen die Worte. Sehr oft wechselten sie dann auf die mütterliche Seite, denn die Mutter zu verraten, kam erst recht nicht infrage. Und nicht selten setzte es Schläge, weil sie ihrer klar denkenden, redegewandten Frau nicht mit Worten beizukommen vermochten.

Die Zunahme häuslicher Gewalt stand in dieser Zeit im Zeichen einer allgemein um sich greifenden Frauenfeindlichkeit. Nirgendwo in Indien zeigte sich das so krass wie im Norden und speziell in Delhi. Wenn es ein Verbrechen gab, das als Sinnbild der Hauptstadt im 20. Jahrhundert gelten konnte, so war es die Vergewaltigung. In der Presse wurde Delhi als Vergewaltigungshauptstadt Indiens bezeichnet, und Frauen aus anderen Städten hatten Angst, hierherzukommen, weil Delhi im Ruf sexueller Aggression stand.

Vergewaltigung war natürlich nichts Neues: Es hatte sie immer gegeben, hier ebenso wie in der übrigen Welt. Hauptschauplatz aber waren in Delhi stets die eigenen vier Wände gewesen, so dass die Taten und ihr Ausmaß weitgehend im Verborgenen geblieben waren. Neu war zu Beginn der nuller Jahre Vergewaltigung als öffentliches Spektakel und gepaart mit einem erschreckenden Sadismus. Jeder neue Fall schien weiter in die Tiefen dessen vorzudringen, was an Brutalität möglich war, und Sensationsberichte über sexuelle Gewalt nahmen in den Medien und den Gesprächen der Stadt immer mehr Raum ein. Frauen wurden auf gleichsam rituelle Weise verschleppt und vergewaltigt; einige der Opfer wurden so furchtbar zugerichtet auf der Straße liegengelassen, dass man dabei eher an Vergeltung, Vernichtung und Krieg dachte als an Sex.

Und genau darum ging es. Was sich in Delhi abspielte, war nichts anderes als ein Krieg im Kleinen, aber auf breiter Front, gegen Frauen, deren neue Mobilität sie nicht nur zu Symbolen des sozialen und wirtschaftlichen Umbruchs in Indien machte, sondern auch zu dessen Sündenböcken.

Vergewaltigungen waren die dramatischste Manifestation dieser Offensive, doch eine ähnlich rachsüchtige, drohende Haltung war auch in ganz alltäglichen Situationen zu beobachten. Frauen, die allein auf der Straße unterwegs waren, gingen gebeugt und mit niedergeschlagenen Augen, um nicht von Scharen von Männern angestarrt zu werden, deren Blicke sie genau in dieser Weise einzuschüchtern suchten. Auf Webseiten mit aufreizenden Bildern von Filmstars und Models häuften sich Kommentare wie: »Sag mir, warum wir Frauen, die sich so anziehen wie du, nicht vergewaltigen sollten? Haben dich deine Eltern dafür großgezogen?« – ganz regulär mit den Namen der Urheber, die offenbar nichts dabei fanden, solche Seiten zu besuchen, um sich in dieser Form zu äußern. Frauen, die nachts allein in der Stadt unterwegs waren oder allein in einer Bar saßen, wurden regelmäßig mit der Frage »Wie viel?« angemacht. Solche und viele andere Situationen spiegelten ein verstärktes Bemühen der Männer wider, Frauen daran zu erinnern, dass ihr Platz im Haus sei; dabei hatte die Gesellschaft, in der sie mittlerweile lebten, einen solchen Kampf längst ad absurdum geführt.

Doch das Bild der Hausfrau und Mutter hatte in Indien eine ganz eigene, starke Bedeutung, die sich aus der Kolonialgeschichte des Landes ergab. Im 19. Jahrhundert hatte sich eine ausgeprägte Rollenteilung zwischen den Geschlechtern herausgebildet. Da die Kolonialherren Wirtschaft und Politik kontrollierten, mussten die Männer, um ihre Geschäfte führen zu können, ihrem indischen Lebensstil untreu werden und sich außerhalb des Hauses den Gesetzen, der Sprache, Kleidung, Technologie und den gesellschaftlichen Gepflogenheiten der Briten beugen. Für die Frauen wurde es zur nationalen Pflicht, im Namen aller ein reines, unverfälschtes Indischsein zu bewahren – und sich somit vom verderbten öffentlichen Raum fernzuhalten.

Frauen hatten zu Hause zu bleiben und das Heim als eine Bastion spiritueller Reinheit zu pflegen, einen Schutzwall gegen die Kolonisierung der Seele, ein Refugium, in dem verheiratete Männer sich regenerieren konnten. Im kolonialen Kontext war das nicht unbedingt ein passives Konzept der Frauenrolle. Ein Historiker schreibt:

> »Wir sind versucht, dies als ›Konservatismus‹ abzutun, als bloße Verteidigung ›traditioneller‹ Normen. Doch das wäre falsch. Die koloniale Situation und die ideologische Antwort des Nationalismus füllten diese Begriffe mit einem völlig neuen Gehalt. [...] Die Welt war dort, wo die europäische Macht nichteuropäische Völker angegriffen und kraft ihrer überlegen materiellen Kultur unterworfen hatte. Sie hatte es jedoch nicht vermocht, die eigentliche innere Identität des Ostens zu kolonisieren, die in seiner charakteristischen, überlegenen spirituellen Kultur lag. Hier war der Osten unbesiegt, souverän, Herr des eigenen Schicksals. [...] Während der gesamten Phase des nationalen Kampfes war es unabdingbar, den inneren Kern der nationalen Kultur, ihre spirituelle Essenz zu schützen, zu bewahren und zu stärken. Übergriffe der Kolonisatoren auf dieses Allerheiligste durften nicht geduldet werden. In der Welt waren Nachahmung westlicher Normen und Anpassung an sie eine Notwendigkeit; am heimischen Herd kamen sie einer Vernichtung der eigenen Identität gleich.«[13]

Ein weit gespanntes emotionales und historisches Netzwerk hing damals am Konzept der spirituell reinen – und auf das Haus beschränkten – indischen Frau, und das ganze 20. Jahrhundert hindurch wurde dieses Frauenbild in der indischen Populärkultur geheiligt. Manche sahen darin gar das Fundament Indiens: Würden Frauen sich von der Rolle der Hausfrau und Mutter lossagen, würde sich Indiens Kultur nicht mehr vom areligiösen Rest der Welt unterscheiden – was auf die »Vernichtung der eigenen Identität« hinauslaufen würde. Männer – und das war entscheidend – waren außerstande, das spezifisch Indische aufrechtzuerhalten: Sie bezogen ihr Selbstgefühl in gewissem Sinne nicht aus dem, was sie selbst besaßen, sondern aus dem, was ihre Mütter und Ehefrauen für sie treuhänderisch bewahrten – und jederzeit zerfallen lassen konnten.

Unter diesem Blickwinkel mag es verständlicher erscheinen, warum es solche Stürme entfachen konnte, als Scharen von Mittelschichtfrauen die häusliche Sphäre mir nichts, dir nichts verließen. Die nuller Jahre waren ja eine Zeit, in der auch allgemeinere Identitätsfragen auf die indische Mittelschicht einstürmten – denn viele ihrer Rhythmen waren nicht mehr zu unterscheiden von denen jener Länder, gegen die Indien sich in seiner Selbstdefinition traditionell abgegrenzt hatte. In so manchem Heim fürchtete man, der Kosmos würde sich in Rauch auflösen, wenn häusliche Traditionen nicht streng gewahrt wurden. Und es war eine Zeit, in der das neue Risiko- und Konkurrenzdenken mit vielen älteren männlichen Vorrechten aufräumte, was für die Männer einen verwirrenden Verlust an Status und Sicherheit bedeutete. Alles war damals im Fluss, und selbst erfolgreiche Männer hatten oft den Eindruck, die Gesellschaft um sie herum steuere auf eine Art Katastrophe zu. In ihren Augen hatte man es mit einem Werteproblem zu tun, und sie wetterten endlos gegen den Verlust überkommener Werte. Zu spüren bekamen das die Frauen, vor allem jene, die sich in der Öffentlichkeit bewegten. Häusliche Vergeltungsmaßnahmen waren nur ein Aspekt des pauschalen männlichen Versuchs, diese Ängste an jungen Frauen auszulassen, deren neue Unabhängigkeit und Mobilität als destabilisierender Faktor angesehen wurden.

Politiker und Journalisten schrieben das starke Ansteigen der Vergewaltigungsfälle in der Hauptstadt oft der großen Zahl der dort lebenden Migranten zu – Menschen, denen es aus der beschränkten Sicht der Mittelschicht an jeglicher Bildung, jeglichen Werten fehlte. In der indischen Kultur wurden Mütter, Ehefrauen und Schwestern verehrt, so die Überlegung, und kein »anständig erzogener« Inder käme jemals auf den Gedanken, unanständige Handlungen an ihnen zu vollziehen. Doch das Problem war geradezu gegenteiliger Art und weitaus entmutigender. Es lag just in dieser »indischen Kultur«, deren Verehrung der idealisierten Hausfrau und Mutter den Abscheu vor der »öffentlichen« Frau einschloss (wobei die zwei Bedeutungen des Wortes zwangsläufig ineinanderflossen). Die Gewalt ging nicht von Männern ohne Bildung oder ohne Werte aus, sondern von jenen Männern, denen besonders an diesen Dingen gelegen war. Es war offensichtlich, dass beispielsweise Polizisten, Richter und Politiker selbst noch in ihren Äußerungen der Empörung über solche Verbrechen kaum verhehlen konnten, dass sie im Grunde der Meinung waren, Frauen, die nachts auf der Straße unterwegs waren, verdienten es nicht anders. In nicht wenigen Vergewaltigungsfällen wurden sogar Politiker angeklagt, Männer, die sich gewissermaßen dem Schutz von »Werten« verschrieben hatten. Im Delhi des 21. Jahrhunderts waren solche Männer leider nicht unbedingt empört über die Misshandlung von Frauen.

Mit anderen Worten: Delhi wurde von einem jener Momente des Wahnsinns in der Menschheitsgeschichte heimgesucht, in denen Gewalt von den Tätern als konstruktives Prinzip verstanden wird. Gewalt gegen Frauen ging in der sich wandelnden Welt der Postliberalisierung in Indien nicht nur von einer Minderheit ungebildeter Außenseiter aus. Sie ging vom Mainstream aus, von allen Gesellschaftsschichten. Nicht etwa das Fehlen von Werten war für sie verantwortlich, sondern ein psychotischer Exzess.

»Ich komme aus einer schwerreichen Familie«, sagt Anil. »Ein Onkel von mir leitet eine große Teefirma. Wir besitzen Plantagen in Assam, und einige andere Onkel haben auf ihren Plantagen Öl entdeckt. Sie sind Milliardäre. Sie wohnen in London, in einem riesigen Haus mit vierundzwanzig Dienstboten. Mein Familienname ist selten – jeder weiß sofort, dass ich mit ihnen verwandt bin.«

Anil ist Marwari. Die Gemeinschaft, der er angehört, hat ihre Wurzeln in Rajasthan und ist besonders für ihren Geschäftssinn bekannt. Indiens reichste Frau, Savitri Jindal, Erbin des Stahlimperiums ihres Mannes, ist Marwari, ebenso Lakshmi Mittal, Großbritanniens reichster Mann, auch er ein Stahlmagnat. Bekannt sind die Marwaris auch dafür, dass sie ihre Traditionen, was Ernährung und Familienleben anbelangt, streng pflegen. Ihr geschäftlicher Erfolg beruht unter anderem darauf, dass jede Generation getreulich nicht nur das Familienunternehmen übernimmt, sondern auch die enthaltsame, arbeitsreiche Lebensweise, auf deren Fundament es aufgebaut wurde.

Anil ist fünfunddreißig Jahre alt und extrem dick; sein Gang ist der eines Mannes, der einen gewaltigen Bauch mit sich herumschleppen muss. Seine Sprechweise ähnelt einem Lispeln, das jedoch alle Konsonanten zu betreffen scheint.

»Ich arbeitete in Atlanta, als meine Mutter beschloss, dass es für mich Zeit sei zu heiraten. Jemand musste sich um mich kümmern, fand sie. Da ich geschäftlich nicht weg konnte, wurde die Sache über die Zeitung abgewickelt. Auf die Anzeige mit meinem Namen meldeten sich Unmengen von Bewerberinnen. Wir wählten ein Mädchen aus, ich fuhr nach Delhi, heiratete sie und ging mit ihr auf Hochzeitsreise nach Mauritius.

Die Flitterwochen waren perfekt. Ich war damals noch nicht so fett, ich hatte sogar den schwarzen Taekwondo-Gürtel. Wir waren beide hervorragende Tänzer. Auf der Tanzfläche blieben die anderen Paare stehen und schauten uns zu. Meine Frau war außerdem eine tolle Sängerin, sie machte bei allen Karaoke-Veranstaltungen mit, und jeder war begeistert. Schön war sie nicht, aber das störte mich nicht. Für die Flitterwochen war sie perfekt, sie massierte mir abends den Kopf, sie wusch meine Sachen, putzte meine Schuhe und massierte mir die Füße.«

Wir sitzen in der Bar des Delhi Golf Club.

Auf der Fahrt durch die staubigen, verstopften Straßen des Stadtzentrums ahnt man nichts von der grünen Landschaft hinter den hohen Mauern links und rechts. Erst wenn man beispielsweise in die oberste Etage des Taj Hotels hinauffährt, sieht man, dass sich diese Straßen als dürre Streifen durch riesige Grünflächen ziehen. Allein schon die hektargroßen Rasenflächen der Politikerbungalows bilden einen Park für sich. Die Mogulgräber an beiden Enden der Lodhi Road sind von weiten Wiesen mit Brunnen umgeben, und zwischen ihnen liegen die gepflegten Lodhi-Gärten, beliebtes Ziel von Joggern und unverheirateten Paare, die – die Paare – unter den Sträuchern Händchen halten und sich küssen.

Am grünsten und größten aber ist der 1931 von den Briten gegründete Golfclub, der mitten in der Stadt eine Fläche von fast neunzig Hektar einnimmt. Nur Delhis Elite kennt diesen gehegten und gepflegten, gegen die Außenwelt abgeschirmten Ort, der sogar über ein eigenes Ökosystem verfügt. Geht man an dem Diorama schimmernder Limousinen – die reinste Mercedes-Werbung – vorbei zum Eingang, hört man den Straßenlärm nur noch gedämpft durch die Bäume. Gelbe Schmetterlinge flattern umher, eine Art, die ich bisher nirgendwo gesehen habe. Dreihundert Vogelarten erfüllen die Luft mit ihrem Gezwitscher. Pfauen wandern gemächlich über die Wiesen, in ruhigeren Momenten auch Sambars. Die Hecken sind akkurat gestutzt, die Mogulgräber – deren roter Sandstein sich ergreifend schön gegen das Grün des Golfplatzes abhebt – die am liebevollsten instandgehaltenen der Stadt.

Hier in der Bar sitzen Delhis Grundbesitzer, Rechtsanwälte und Geschäftsleute, lachend, plaudernd, einander freundschaftlich die Hand schüttelnd.

»Als wir von der Hochzeitsreise zurückkamen, dachte sie, jetzt würde sie ein Leben führen wie mein Onkel, mit vierundzwanzig Bediensteten und einer herrschaftlichen Villa in London. Aber so leben wir nicht. Wir gehören nicht zu diesem Zweig der Familie. Als ich ihr einen Toyota-SUV kaufte, war sie enttäuscht. Sie hatte einen Mercedes erwartet.

Wir waren dann nur noch zwölf Tage zusammen. Nach unserer Rückkehr überredete sie meine Mutter, mit ihr auf die Bank zu gehen, zu dem Schließfach, in dem meine Mutter ihren Schmuck aufbewahrte. ›Mama, könntest du mir die Kette leihen, die du bei der Hochzeit getragen hast?‹, fragte sie. ›Die ist so schön!‹ Meine Mutter war einverstanden, und sie lieh sich drei Halsketten aus, jede ein Crore [200 000 Dollar] wert. ›Pass gut auf sie auf‹, sagte meine Mutter. ›Die sind sehr wertvoll.‹ ›Ja, natürlich.‹

Danach wollte sie in ihr Elternhaus, um ein paar Tage mit ihrer Mutter zu verbringen. Ich sagte, *Okay* – ich dachte, wenn eine Frau zum ersten Mal Sex gehabt hat, will sie vielleicht mit ihrer Mutter darüber reden. Aber sie kam nicht wieder. Sie gebrauchte immer neue Ausreden, und eines Tages sagte ihre Mutter am Telefon zu mir: ›Offenbar liebst du sie nicht.‹ Ich fragte: ›Wovon redest du? Wir sind doch erst seit vier Wochen zusammen!‹

Zu meinen Eltern sagte sie: ›Euer Sohn liebt meine Tochter nicht. Er interessiert sich nur für seine Arbeit. In den Flitterwochen auf Mauritius hat er ständig seine Mails gecheckt.‹ Was sollte das? Darf man denn nicht seine Mails checken? Tatsache war, dass meine Frau fünf- bis sechsmal am Tag Sex wollte. Das ist nicht normal, da hatte ich Mühe mitzuhalten.

Schließlich kam es zur Scheidung, wir zahlten ihr zehn Lakh [20 000 Dollar], und sie gab die Ketten zurück. Wohl oder übel, denn wir hatten Quittungen und Fotos und so.

Mich hat die Sache schwer mitgenommen, für die Marwari ist Scheidung etwas ganz Schlimmes. Hinter verschlossenen Türen kann man machen, was man will – man kann seine Frau schlagen und alles –, aber scheiden lassen sollte man sich nicht.

Als sie ging, drehte ich durch. Ich fing an, schwer zu trinken, und ich fing an, Fleisch zu essen, was ich noch nie getan hatte. Ich legte enorm an Gewicht zu. Damals begann auch das mit den Prostituierten. Ich wollte Mädchen erniedrigen. Meine Frau mochte Sex, also ließ ich meinen Frust an Mädchen aus, die Sex mochten.

Ich schlief nicht mit ihnen, ich erniedrigte sie nur. Wenn ein Freund von mir eine Prostituierte wollte, besorgte ich sie ihm und nannte ihm die Bedingung: Wir mussten alles mit ihr machen dürfen, egal zu wie vielen, sonst würde der Deal platzen. Ich holte das Mädchen ab und ließ mir im Auto gratis einen blasen. Um sie zu demütigen: Nur deshalb kam ich in ihrem Mund, nicht weil ich Lust darauf hatte. Ich fuhr mit ihr zu meinen Freunden, wir tranken Whisky, und ich forderte sie auf, vor uns zu strippen und alle möglichen erniedrigenden Sachen zu machen. Sich Geld in die Fotze zu stecken.

Ich hatte alles für meine Frau getan. Sie hatte alles von mir bekommen, was sie wollte. Ich hatte mein Geschäft in den USA aufgegeben, um bei ihr zu sein. Ich hatte ihr einen Toyota-SUV geschenkt, einfach weil ich wollte, dass sie einen hat. Ich hatte ihr gesellschaftliches Ansehen verschafft als Ehefrau in einer so reichen indischen Familie. Ich habe ihr alles gegeben, und sie hat mich verarscht. Was hätte ich denn noch alles tun sollen?«

Ich frage Anil, ob er vor der Ehe Freundinnen gehabt habe.

»Ich war zwar nicht mehr Jungfrau, als ich geheiratet habe, aber ich hatte nur im Ausland Freundinnen, in Indien nie. Vor meiner Heirat habe ich kein indisches Mädchen angerührt.«

»Die Prostituierten, waren das Inderinnen?«

»Ja.«

Anil legt Wert auf Grenzen und darauf, dass sein Inneres rein bleibt. Vorehelicher Sex außerhalb Indiens war akzeptabel, aber die indische Frau durfte nicht angetastet werden. Er konnte mit amerikanischen Firmen ebenso Geschäfte machen wie mit ultrakonservativen Islamisten – ein Teil seines Geldes stammte aus Geschäften mit afghanischen Taliban –, aber seinen Körper musste er von Fleisch und Alkohol rein halten. Die Heirat hatte seine Grenzen jedoch aufgeweicht. Er hatte einer Außenstehenden sein Innerstes geöffnet, und zum Dank hatte sie ihm übel mitgespielt. Die reine indische Frau seiner Vorstellungen, so hatte er erkennen müssen, hatte nicht nur einen größeren sexuellen Appetit als er, auch Niedertracht war ihr nicht fremd. In dem darauf folgenden Gefühlschaos hatte er nicht nur seinen Körper besudelt, sondern auch eine Art rituellen Sadismus gegenüber indischen Frauen entwickelt.

All das erzählt er ganz normal und in keiner Weise entschuldigend. Die moralische Fragwürdigkeit seines Handelns scheint ihm nicht bewusst zu sein. Er beginnt sogar ausführlich und geradezu ermüdend über Moral zu dozieren.

»Man sollte keine Begierden haben«, sagt er. »Man sollte einfach genießen, was das Leben einem schenkt. Ich meditiere jeden Tag, um meine Begierden zu zügeln. Ich könnte zum Beispiel die ganze Zeit darüber jammern, dass ich in Delhi bin, und mich von hier fortwünschen, aber das würde mich nur unglücklich machen. Ich finde es schlimm, dass Frauen in Delhi nicht respektiert werden. Aber man muss dort, wo man ist, zufrieden sein. Die Menschen haben zu viele Begierden. Besonders die Frauen. Frauen können ihre Begierden nicht zügeln.

Wahres Glück hat mit Opferbereitschaft zu tun. Liebe hat mit Opferbereitschaft zu tun. Wenn man einen Menschen liebt, möchte man Opfer für ihn bringen. Wie Radha für Krishna. Wie Sita für Rama. Wenn jemand dein Leben von dir fordert, gib dein Leben hin. Wenn er dein Blut fordert, gib dein Blut hin. Wie Mahatma Gandhi sagte: Schlägt dich einer auf die Wange, halte ihm auch die andere Wange hin. Aber heute hat einfach niemand mehr Geduld, das ist das Problem.

Ich versuche jetzt, mein Karma zu verbessern. Das mit den Prostituierten habe ich aufgegeben. Ich esse auch kein Fleisch mehr.

Wenn man ein gutes Karma hat, begegnen einem automatisch Menschen, die einem nützen. Mit einem schlechten Karma begegnet man Menschen, die einen ausnehmen. Deshalb bin ich jetzt ein guter Mensch und versuche anderen zu helfen, wo immer ich kann. Einmal kam zum Beispiel mein Lieblingsmasseur zu mir und brauchte Socken. Also schenkte ich ihm meine Socken. Er ist ein armer Mann, er kommt jeden Tag und macht mir eine Ganzkörpermassage. Wenn er morgen ein Hemd braucht, schenke ich ihm ein Hemd. Man tut, was man kann. Güte befindet sich im Umlauf wie Geld. Die Menge von Gut und Böse in der Welt bleibt immer gleich. Es nimmt weder zu noch ab, es geht nur von Hand zu Hand. Es gehört einem nicht, man ist nur sein Hüter. Nutzt man es nicht, nimmt es ein anderer. Wenn ich Ihnen etwas Gutes tue, bekomme ich von Ihnen die Belohnung dafür. Sie sind im Minus, ich bin im Plus. Es ist wie ein doppeltes Guthaben. Man muss versuchen, so viel wie möglich von anderen zu bekommen. Und man bekommt es nur, indem man es von anderen nimmt, denn es ist wie Geld: Es zirkuliert unter den Menschen. Gebe ich meinem Masseur ein Paar Socken, nehme ich von ihm seine Güte.«

Es ist noch ruhig in der Bar so früh am Abend, deshalb ist kaum zu überhören, wie ein Mann einen anderen über die Tische hinweg fragt, ob er später zur Dinnerparty eines prominenten Industriellen gehe. Zweimal lässt er dessen Namen fallen, laut und vernehmlich. Ein älterer Sikh steht erbost auf.

»Ruhe!«, ruft er gebieterisch. »Wir sind alle zu dem Dinner eingeladen. Sie brauchen uns nichts davon zu erzählen. Wenn Sie hier rein wollen, lernen Sie erst einmal, sich zu benehmen!«

Achtes Kapitel

1857

»Mein Herz wohnt nicht in diesem heimgesuchten Land
Wer kann in einer unstabilen Welt glücklich sein?
...
Sag dieser Reue, sie möchte woanders wohnen
Wo ist der Raum in diesem verbrannten Herzen?«

Aus einem Gedicht von Bahadur Shah Zafar,
dem letzten Großmogul, geschrieben im Exil
an seinem Lebensende.[14]

Delhi hatte auch deshalb so große Angst vor einem Werteverlust, weil die Region, in der es lag, viele Male ihrer Werte beraubt worden war. Jahrhundertelang hatte es auf dem Weg von Eroberern aus dem Norden und Westen gelegen, die von den Reichtümern des Subkontinents angelockt wurden. Das hatte alle Dinge, greifbare wie ungreifbare, ungewiss werden lassen. In manchen Punjabi-Familien kennt man noch das Sprichwort »Jkadda pitta apnaa, baki shahi daa« (»Was du im Magen hast, ist deins, alles andere gehört [dem afghanischen Eroberer] Ahmed Shah«). Mach dich aufs Schlimmste gefasst, so dachte man, dann wirst du eher am Leben bleiben: Reichtum wird einem immer geraubt werden, also verbrauche, was du kannst, um wenigstens diesen Teil nicht zu verlieren. Für viele Menschen, selbst für diejenigen, die davon profitierten, war der globale Kapitalismus ein weiterer dieser ausländischen Eroberungszüge. Zwar stachelte er die Menschen zu besinnungslosem Konsum an, aber die Verlustangst besänftigte er nicht.

Delhi gilt allgemein als eine uralte Stadt, deren Ursprünge in der im Mahabharata geschilderten Stadt Indraprastha vermutet werden, aber genau genommen ist sie das nicht. Es besteht kaum ein physischer Zusammenhang zwischen den vielen Städten namens Delhi: Keine von ihnen wurde organisch in die jeweils nächste einbezogen. Sie wurden von Eroberern geplündert und unbewohnbar gemacht, oder es ging ihnen bald nach ihrer Gründung das Wasser aus, und sie mussten aufgegeben werden – worauf dann aus jeder dieser Ansiedlungen Steine fortgekarrt wurden, um damit die nächste zu errichten. Ein neuer Eroberer wechselte jeweils den Ort und erbaute eine neue Stadt, wodurch das bisher Bestehende dem Untergang anheimfiel. Diese eigenartige Unzufriedenheit mit dem Bestehenden blieb auch in der Neuzeit erhalten: Die Briten erbauten das »neue Delhi« in der Wildnis, und das globale Kapital fing mit Gurgaon noch einmal ganz von vorn an. Der Rhythmus dieses Ortes war immer staccato und voller Brüche.

Die längste Periode der Stabilität brach unter den Moguln an, einer Dynastie, die ursprünglich aus Zentralasien stammte und im 17. Jahrhundert den Gipfel ihres legendären Reichtums und ihrer Prachtentfaltung erreichte. Zu dieser Zeit verlegte der Kaiser Shah Jahan seine Hauptstadt von Agra nach Delhi, wo er an den Ufern der Yamuna auf den Ruinen einer im 14. Jahrhundert zerstörten Stadt in weniger als zehn Jahren eine neue Metropole errichtete, ein glitzerndes Paradies voller Kuppeln und Gärten. Heute trägt diese Stadt – Shahjahanabad – den Namen »Old Delhi«, zur Unterscheidung von »New Delhi«, der Stadt, die von den Briten erbaut wurde, nachdem sie ihre Hauptstadt 1911 hierher verlegt hatten. Doch in den Tagen ihrer größten Herrlichkeit schien es, als könnten diese taufeuchten Lauben, dieser gewaltige Prunk, diese unglaublichen Prachtstraßen mit ihren Rosenwasserbrunnen, ihren erlesenen Waren und den kaiserlichen Umzügen niemals dem Vergessen anheimfallen.

Doch der Niedergang des Mogulreichs vollzog sich genauso schnell wie einst sein Aufstieg. Im 18. Jahrhundert schwand die Macht des Kaisers durch interne Kämpfe, Korruption und militärische Überalterung dahin; große Teile des Reiches, beispielsweise Hyderabad und Bengalen, spalteten sich ab, der Rest fiel zum größten Teil dem neuen zentralindischen Reich der Marathen in die Hände. Delhi wurde wiederholt – am verheerendsten 1739 – von der kaiserlich persischen Armee angegriffen, die unter Nadir Shah die Stadt plünderte und zwanzigtausend ihrer Einwohner niedermachte. Dieses Debakel zeigte, wie total der Verfall des Mogulreichs war: Nadir Shah kehrte mit dem Pfauenthron, der für Shah Jahan gebaut worden war, nach

Persien zurück, mit über einer Tonne gediegenen Goldes und 230 Kilo Edelsteinen, darunter der berühmteste der Welt, der Koh-i-Noor-Diamant.

Hundert Jahre nach dem Angriff erblickte eine englische Reisende namens Emma Roberts von der Spitze des Qtub Minar aus den dunstigen Glanz von Shahjahanabad in der Ferne. Obwohl nicht zu vergleichen mit der gewaltigen Ausdehnung dessen, was *sie* das »alte Delhi« nannte – die versunkenen Städte der mittelalterlichen Dynastien (von ihr pauschal Paschtunen genannt) und der frühen Moguln –, war es immerhin groß genug, um sie in atemloses Staunen zu versetzen:

> »Die Hauptstadt des Mogulreichs [...] die moderne Stadt, oder Shahjahanabad, wie sie bei den Einheimischen heißt, die sie noch nicht nach Art der Europäer Neu-Delhi nennen [...], liegt mitten in einer Sandebene, allseits umgeben von den Ruinen des alten Delhi, in kuriosem Kontrast zu einem neuen Vorort, dessen Villen mit der Residenz verbundenen Europäern gehören, und den kürzlich errichteten Quartieren für drei Sepoy-Regimenter [...]. Von der Spitze [des Qtub Minar] ist der Ausblick über alle Maßen erhaben; eine Wüste, bedeckt von Ruinen von schauriger Schönheit, umgibt es auf allen Seiten, bewässert von der Yamuna, die sich in weiten silbrigen Schleifen an den bröckelnden Resten von Palästen und Gräbern vorbeischlängelt. Im Hintergrund erheben sich die dunklen, hohen Mauern und abweisenden Türme der uralten Festung der Paschtunen-Herrscher; der Blick wandert über die staunenswerten und noch immer schönen Bruchstücke einstiger Größe und kommt endlich auf den weiß glitzernden Moscheen und Minaretten der modernen Stadt zur Ruhe, die mit ihren üppigen Hainen und reich blühenden Gärten einen feinen Gegensatz bildet zu der Einsamkeit und Verlassenheit davor.
>
> Vor der mohammedanischen Eroberung war [diese Ansammlung untergegangener Städte] ein hochberühmter Ort, an dem viele Überreste der Hindu-Architektur mit denen der muslimischen Eroberer um das Interesse des Betrachters wetteiferten: Die Gräber von einhundertachtzigtausend Heiligen und Märtyrern, die zu den Gläubigen zählten, fanden sich, so heißt es, inmitten der Ruinen von Tempeln und Palästen, bevor alles zu der unterschiedslosen Masse zerfiel, die heute den größten Teil der Szene so trostlos erscheinen lässt [...].
>
> Von Weitem ist der Anblick [Shahjahanabads] grandios; Kuppeln und Moscheen, Türmchen und Minarette, und der Kaiser-

palast, düster und streng wie ein Berg aus rotem Granit, erscheinen inmitten von Hainen, deren Bäume so dicht stehen, dass die Gebäude in der orientalischen Bilderwelt mit Felsen aus Perlen und Rubinen verglichen wurden, die aus einem smaragdgrünen Meer aufsteigen. Nähert man sich der Stadt vom Ostufer der Yamuna her, lässt der Anblick alles Wirklichkeit werden, was sich die Fantasie an orientalischer Pracht nur auszumalen vermag; Moscheen und Minarette glitzern in der Sonne, manche mit Girlanden wild wachsender Kletterpflanzen behängt, andere aufgereiht in goldenem Pomp, die Kuppeln mit leuchtendem Metall bedeckt, und vom Berg Mejnoon, über den jetzt eine schöne Straße führt, blinken die leuchtenden Wasser der Yamuna in der Ferne, umfangen Salimgarh, entschwinden hinter den Hallen des Pfauenthrons, des Kaiserpalastes, und fügen der Szene ein weiteres schönes Element hinzu [...]. [Aber] die Herrlichkeit der Moguln ist verblichen, und ihre Größe ist nicht mehr [...]. Die berühmten Shalimar-Gärten mit ihren Zypressenalleen und glitzernden Fontänen, den Rosenlauben und dem köstlichen Schatten ihrer dunklen Zedern, auf die Shah Jahan, der kunstsinnigste Monarch der Welt, ein Crore Rupien (eine Million Pfund Sterling) verschwendet haben soll, sind fast zur Gänze dem Verfall und der Verlassenheit preisgegeben worden.«[15]

Die Wehmut, die aus diesem Bericht einer Fremden spricht, war nichts verglichen mit den Nostalgiequalen, unter denen die Stadt selbst litt. In den Jahren vor Emma Roberts' Besuch fand die Aristokratie des herbstlichen Shahjahanabad einen großen Teil ihres restlichen Daseinssinns im Schreiben und in der Wertschätzung einer Poesie, die wohl schwelgerischer als jede andere den süßen Schmerz der Vergänglichkeit feiert. Sie wurde sowohl auf Persisch, der Sprache der Mogulherrscher, als auch auf Urdu verfasst, einer in Indien einheimischen Sprache, die sich im Lauf eines runden Jahrtausends aus der Begegnung des sanskritischen Dialekts mit dem Persischen, Arabischen und Türkischen der Eroberer aus dem Westen entwickelt hatte. In diesem Sinn wies diese Poesie eine vertraute Ähnlichkeit mit der Poesie jener Länder auf, in der die Endlichkeit alles Weltlichen – der Liebe, der Schönheit, der Lust – seit Jahrhunderten ein gängiges Thema war. Es war ein Thema, das letzten Endes vom Schmerz der Gläubigkeit kündet, denn der gläubige Dichter muss inmitten der vergänglichen Wunder der zeitlichen Welt leben und sich zuletzt von ihr zurückziehen in die Ewigkeit. Doch die Mühsale Indiens im 18. Jahrhundert ergänzten diese philosophische Sinnesart um einen ganz besonderen erfahrungsbedingten Ansatz. Es ist nichts Metaphorisches an der »Trostlosigkeit« in dem folgenden Gedicht von Mir Taqi Mir, der nach einer abermaligen persischen Plünderung zur Flucht aus der Stadt gezwungen war, diesmal im Jahr 1756; bei der Ankunft im prachtvollen Lakhnau wurde er von Dichtern in Roben begrüßt, die mit Verachtung auf seine Lumpen blickten:

»An welchen Ort gehöre ich? Ihr, Männer des Ostens, fragt
Und neckt und verspottet mich armen Mann.
Delhi, vordem eine Stadt wie sonst keine:
Heimat war sie den Begnadeten und Erwählten.
Nun liegt sie zertrümmert vom Hammer des Schicksals.
Ich komme aus dieser Trostlosigkeit.«[16]

Es sagt viel über den Geist Delhis aus, dass diese Stimmung, dieses Gefühl, im Danach zu leben, die Literatur der Stadt bis in unsere Zeit beherrscht. Mag es auch die Hauptstadt einer schnell wachsenden und schwindelerregend bevölkerungsreichen Nation sein – Delhis Schriftsteller sehen es konsequent als eine Stadt der Ruinen und richten ihre Kreativität darauf, speziell diese spirituelle Auszehrung darzustellen, die im Abgeschnittensein von der eigenen Vergangenheit wurzelt. Das ist zugleich die Realität und die Fantasie Delhis: Die Stadt ist immer bereits zerstört. Daher rührt der seltsame Anflug von Verzweiflung, der auch die reserviertesten Außenseiter zu erfassen scheint, wenn sie nach Delhi kommen – als würde jeder durch sein bloßes Hiersein zum Überlebenden, zu einem, der weiterlebt, nachdem er alles verloren hat, was ihm teuer war. Vielleicht gibt dieses Buch, das sich doch scheinbar so stark auf Zeitgenössisches konzentriert, nur diese uralte literarische Stimmung wieder, denn letztlich ist meine Erfahrung mit dieser Stadt, in der nichts bleibt, ebenfalls die des Beraubtwerdens. Vielleicht würde mein Vater dasselbe sagen.

Das pathetische Bedauern des 18. Jahrhunderts steigerte sich etwa zwanzig Jahre nach Emma Roberts' Reise zur Apokalypse, als die glorreich vergreisende Stadt, der Roberts' Rhapsodien galten, von ihren Zeitgenossen endgültig zerschmettert wurde.

Zu der Zeit war die dominierende Macht auf dem Subkontinent die Britische Ostindien-Kompanie, eine große Monopolgesellschaft, die sich mit der Produktion von und dem Handel mit Waren wie Seide, Baumwolle, Indigo, Salpeter und Opium befasste. Ein solches Unternehmen erforderte weitgehende Kontrolle über Grundeigentum, Arbeitskräfte und Rechtssystem, und im Lauf des 18. Jahrhunderts hatte die Kompanie, um dieses Ziel zu erreichen, ehrgeizige militärische Feldzüge unternommen, große Teile des Subkontinents erobert und die Marathen unterworfen. Der Großmogul war nur noch ein Schemen: Seine Truppen waren aufgelöst, und er lebte im Roten Fort unter der Protektion der Truppen der Kompanie.

Im Jahr 1857 schlossen sich die »Sepoys« – indische Soldaten im Dienst der Armeen der Kompanie, deren Unterkünfte Roberts vom Qtub Minar aus gesehen hatte – in Delhi einem spontanen Aufstand gegen die Verwaltung der Kompanie an. Die Sepoys töteten britische Soldaten und Beamte und übernahmen im Handstreich die ummauerte Stadt. Die überrumpelten und entsetzten Briten formierten sich neu, drangen mithilfe von Sprengstoff in die Stadt ein und bezwangen in einer verheerenden Schlacht die Aufständischen. Es schloss sich eine Orgie der Plünderungen und der Rache an, die selbst die Täter in Angst und Schrecken versetzte. Zehntausende Einwohner der Stadt wurden gehängt oder erschossen, und noch viel mehr flohen. Obwohl an dem Aufstand Hindu- und Muslim-Rebellen gleichermaßen beteiligt waren, richtete sich die britische Vergeltung besonders gegen Letztere, weil sie die politische Führung beherrschten und weil es Befürchtungen vor einem heiligen Krieg im Namen des Muslim-Kaisers gab. Der Kaiser wurde verurteilt und nach Rangun ins Exil geschickt. Mehrere Mitglieder seiner Familie wurden hingerichtet. Den meisten muslimischen Flüchtlingen wurde eine Rückkehr nach Delhi für immer verwehrt; Jahre später hausten sie noch immer in den ruinierten Mogulgräbern im Süden, schutzlos und enteignet – unter ihnen auch einige der kultiviertesten und, bis kurz zuvor, reichsten Menschen der Welt. Die Mogulkultur der Gärten, Harems, Kaufleute und Dichter von Shahjahanabad fand von einem Tag auf den anderen ihr Ende.

Mirza Ghalib, ein muslimischer Adeliger, der größte der vielen Urdu- und Persisch-Dichter Shahjahanabads, schilderte in seinen Briefen die Folgen der Katastrophe von 1857. Wegen seiner freundschaftlichen Beziehungen zu den Briten hatte er in der Stadt bleiben dürfen, aber die meisten seiner Freunde waren geflohen und hatten dabei »Häuser voller Einrichtungsgegenstände und kostbarer Schätze« zurückgelassen:

> »Diese [...] Männer vornehmer Abkunft besaßen mehrere Häuser und Paläste, die allesamt aneinander angrenzten, und hätte man das Land ausgemessen, auf dem sie standen, wäre man gewiss auf die Fläche eines Dorfes oder gar einer Stadt gekommen. Diese grandiosen Paläste, um die sich keine Menschenseele mehr kümmerte, wurden restlos geplündert und verwüstet, doch blieben einige der weniger wertvollen, schwereren Dinge wie beispielsweise die Dekorationen der großen Säle, die Pavillons, Baldachine und [...] Teppiche zurück. Eines Nachts [...] fingen diese Dinge plötzlich Feuer. Die Flammen schlugen hoch hinauf, und alles, Steine und Holz, Türen und Wände, wurde vom Feuer verzehrt. Diese Gebäude liegen westlich von meinem Haus und sind so nahe, dass ich um Mitternacht von meinem Dach aus alles im Licht der züngelnden Flammen sehen, die Hitze im Gesicht und den Rauch in den Augen spüren konnte und die Asche auf meinen Körper herabfiel, denn es wehte zu der Zeit ein Westwind. Lieder, im Haus eines Nachbarn gesungen, sind gleichsam ein Geschenk, das er schickt; warum also sollte Feuer im Haus eines Nachbarn nicht Aschegeschenke schicken?
>
> Über die Fürsten kann nur dies gesagt werden, dass einige der Gewehrkugel zum Opfer fielen und ins Maul des Todesdrachen geschickt wurden, die Seelen anderer in der Schlinge des Henkerstricks erfroren, einige in Gefängnissen schmachten und wieder andere Wanderer auf dem Antlitz der Erde sind.«[17]

Für Ghalib war die Stadt tot, und mit ihr ihre Kultur und sogar ihre Sprachen. Um Platz zu schaffen für ihre Boulevards, Kasernen und Exerzierplätze, hatten die Briten nicht nur Häuser und Moscheen zerstört, sondern auch unermesslich kostbare Bibliotheken, so dass vieles von den materiellen Zeugnissen der Urdu-Literatur für immer unterging. Die muslimischen Edlen, die die Urdu-Kultur getragen und gefördert hatten, waren ebenfalls verschwunden, und was an ihrer Stelle kam, war für Ghalib barbarisches Gesindel. Einen Vers aus dem Brief eines Freundes zum Preise des Urdu zitierend – »Mein Freund, dies ist die Sprache, die Menschen in Delhi sprechen« –, schrieb er abschließend:

> »Werter Herr, ›Menschen in Delhi‹, das sind jetzt Hindus, oder Handwerker, Soldaten, Punjabis oder Engländer. Wer von diesen spricht die Sprache, die Sie preisen? … Die Stadt ist zu einer Wüste geworden, und nun, da die Brunnen verschwunden sind und das Wasser rar und kostbar ist, wird es eine Wüste wie die von Karbala sein. Mein Gott! Menschen in Delhi rühmen sich noch immer der Sprache von Delhi! Welch kläglicher Glaube! Mein lieber Herr, wenn es den Urdu Basar nicht mehr gibt, wo ist dann Urdu? Bei Gott, Delhi ist keine Stadt mehr, sondern ein Feldlager, ein Quartier. Kein Fort, keine Stadt, keine Basare, keine Wasserläufe.«[18]

»Es ist schwierig, noch ein Verhältnis zu der Stadt Delhi zu haben«, sagt Sadia Dehlvi*, »vor allem zu den Menschen in Delhi.«

Als Angehörige einer der alten und illustren muslimischen Familien Delhis erblickt Sadia in der von Ghalib in den Jahren nach 1857 betrauerten Kultur noch immer *ihre* Kultur.

Sie hat mehrere Bücher über den Sufismus geschrieben, eine Form des islamischen Mystizismus, die um 1200 aus Persien auf den Subkontinent kam und in Nordindien eine besonders lebendige intellektuelle, spirituelle und ästhetische Kultur hervorbrachte, die auf die Traditionen der Hindus, Sikhs und Muslime zurückgriff und sie im gleichen Maße ihrerseits beeinflusste. Diese Vermischung wurde durch die universalistische Strömung des Sufismus erleichtert, die den Anschein von Teilung und Unterschied als verfehlt ablehnte und verkündete, dass das Gute schlechthin eins sei, ohne Bezeichnung oder Vorzug. Sufi-Mystiker entzogen sich auch gern der Autorität von Priestern und entwickelten eine moralische Sprache, die äußere Regeln und Gesetze ablehnte und stattdessen behauptete, richtiges Verhalten erwachse aus innerer Weisheit und Gewissen. Liberale Inder, vor allem solche der älteren Elite, halten den Sufismus heute in Ehren als das inzwischen verschwundene Aphrodisiakum

* Klarname

Nordindiens, das disparate Gruppen zusammenbrachte und aus ihrer Begegnung eine gemeinsame Zivilisation schuf, die reich an Musik, Philosophie und Parabeln war.

»Einer der Orte, die mir wirklich etwas bedeuten, die ich aus tiefstem Herzen liebe, ist der Schrein des Nizamuddin Auliya. Er steht für die Kontinuität der Stadt zumindest in den letzten siebenhundert Jahren: für ihre Kultur, ihre Seele, ihre Sprache, ihre Dichtung. Gehen Sie heute hin, und Sie werden Reiche und Arme sehen, Hindus und Muslime, Inder und Ausländer – weil Hazrat Nizamuddin nach wie vor eine Kultur der Gleichheit fördert, so wie er es zu seinen Lebzeiten getan hat.«

Nizamuddin Auliya, der Heilige des 13. und 14. Jahrhunderts, ist eine überlebensgroße Gestalt in der Geschichte Delhis und eine der wenigen Persönlichkeiten, die der zersplitterten Geschichte der Stadt wenigstens ein Mindestmaß an Kohärenz verleihen. Zu Nizamuddins Todestag strömen noch heute Pilger aus ganz Nordindien zu seinem Schrein; sie nächtigen eine Woche lang in den umliegenden Straßen, kochen ihr Essen auf den Bürgersteigen und legen sich zum Schlafen sicherheitshalber unter die mehreren hundert Busse, in denen sie angereist sind.

Nizamuddin predigte Verzicht, Liebe und die Einheit aller Formen spirituellen Lebens, hielt sich von den Mächtigen fern und riet seinen Anhängern, es ihm gleichzutun, geizte aber nicht mit politischen Kommentaren und tadelte die Herrscher nicht nur für Ungerechtigkeiten, sondern lobte sie auch für weises Regieren. Von Sultan Iltutmish sagte er beispielsweise, er habe sich »mehr als durch seine Kriege oder seine Eroberungen mit der von ihm geschaffenen Wasserversorgung einen Platz im Himmel verdient«. Am augenfälligsten hat Nizamuddin Auliya wohl durch seinen Schüler Amir Khusrau zur Verbreitung der ekstatischen Gesangsform beigetragen, die den Namen »Qawwali« trägt und in der indische, arabische und persische Musikstile verschmolzen und so etwas Neues in Nizamuddins Versammlungen brachten. Der Qawwali wurde zur charakteristischen devotionalen Ausdrucksform des Sufismus, was orthodoxe Muslime betrübte, weil er ganz bewusst pluralistisch war, auf ältere, hinduistische Musik und Poesie zurückgriff und auf diese Weise eine spirituelle Gemeinschaft herstellte, die religiöse Schranken überwand. Bis zum heutigen Tag werden Qawwali-Gesänge jeden Donnerstagabend an Nizamuddins Schrein von einigen der Familien gesungen, deren Vorfahren vor siebenhundert Jahren von Amir Khusrau in dieser Kunst unterwiesen wurden.

Sadias Haus befindet sich im benachbarten Nizamuddin East, einem Teil des nach dem Heiligen benannten Viertels, einem Areal blühender Parks, das sich dank seiner traumhaften Mogulgräber und aristokratisch unmodernen Geschäfte bei den Korrespondenten ausländischer Zeitschriften großer Beliebtheit erfreut.

»Meine Familie ist seit der Zeit des Kaisers Shah Jahan in Delhi. Wir waren erfolgreiche Kaufleute, und uns gehörte fast der gesamte Sadar Basar, wo wir einen großen Teil des Großhandels kontrollierten. Wir hatten unsere eigenen Gerichtshöfe: Die britischen Gerichte benutzten wir nicht. Auch heute noch vermeidet es meine Familie, Klagen vor der amtlichen Justiz zu erheben.«

Sadias Bemerkungen über die Rechtspflege sagen auch viel aus über die Strömungen, aus denen sie hervorgegangen ist. Das britische Recht wurde vom Mogul-Establishment als fremdländische, gottlose und illegitime Zumutung empfunden, und Sufi-Mystiker instruierten ihre Anhänger, sie seien moralisch nicht verpflichtet, vor britischen Gerichten die Wahrheit zu sagen. Sadias Familie hat offenbar immer auf der Leeseite dieses historischen Bruchs gelebt.

Dass das britische Rechtssystem so entschieden abgelehnt und in Nordindien nie allgemein anerkannt wurde, hing auch damit zusammen, dass es einheimische Quellen moralischer Autorität wie die Sufis nicht berücksichtigte. Der gesellschaftliche Einfluss des Sufismus in der Mogulzeit beruhte darauf, dass er als demokratisierende politische Kraft wirkte: Sufi-Heilige genossen so hohes Ansehen in der Bevölkerung, dass sie die unumschränkte Macht des Mogulthrons zu zügeln vermochten. Die Kaiser holten sich bei ihnen Rat in ethischen und politischen Fragen und widersetzten sich nur ungern ihrem Wort, das als universell gültig angesehen wurde. Auf diese Weise wurde ein einvernehmlicher Mechanismus für eine gerechte Regierung in einem ansonsten diktatorischen System gefunden.

Neuere Rechtssysteme – beginnend mit jenem der Briten – ließen natürlich weniger Raum für solche Vermittler. Und auch heute, da das politische und juristische Establishment oft als korrupt, eigennützig und ignorant gegenüber den Bedürfnissen einfacher Bürger gesehen wird, sehnen sich viele nach furchtlosen Heiligengestalten, die mit kosmischer Autorität zu den Herrschenden sprechen und alles mit einem Wort verändern könnten.

»In meiner Kindheit war unser Haus stets von Musik und Poesie erfüllt. Meine Familie führte einen Verlag: Wir brachten viele Zeitschriften in Urdu und Hindi heraus, darunter auch ein berühmtes Urdu-Kulturmagazin namens *Shama*; es hatte eine hohe Auflage, und wir waren weithin bekannt. Wir hatten einen wunderschönen Bungalow, in den alle Dichter und Filmstars kamen. Es gab keine Persönlichkeit des kulturellen Lebens, die nicht irgendwann bei uns gewesen wäre. Schriftsteller und Künstler wie Ismat Chughtai, Qurratulain Haider, Amrita Pritam, Faiz Ahmed Faiz, Gulzar, M. F. Hussain, Satish Gujral und viele andere. Filmstars wie Nargis Dutt, Raj Kapoor, Meena Kumari, Dilip Kumar, Dharmendra …

Mit dem Niedergang des Urdu gingen unsere Zeitschriften eine nach der anderen ein. Vor einigen Jahren haben wir unseren Familiensitz verkauft. Das war das Haus, das meine Familie bezogen hatte, als sie aus der alten Stadt gekommen war, das Haus, in dem ich geboren bin. Gekauft hat es Mayawati, die Regierungschefin von Uttar Pradesh.

Ich werde nicht versuchen, das Familienunternehmen neu zu beleben. Diese Zeit ist vorbei. Ich bin zufrieden mit meiner eigenen. Ich bin zufrieden, mich auf das zu konzentrieren, was in mir steckt, und über Spiritualität zu schreiben. Wir haben eine wunderbare, eine moderne Stadt: Ich mag nicht negativ sein. Aber unsere Seele ist angegriffen. Irgendetwas ist kaputtgegangen. Ich kann es nicht identifizieren.«

Und vielleicht lässt sich wirklich nicht identifizieren, was da kaputtgegangen ist. Vielleicht rührt es nicht von einem Ereignis her, sondern vom Zustand der Stadt – dieses Gefühl, dass alles Sinnvolle bereits zerstört ist, denn Sadias Klage ähnelt inhaltlich auf fast komische Weise der von Ghalib vor anderthalb Jahrhunderten.

»Wie kann man von Delhi erwarten, dass es sich um seine eigene

Geschichte kümmert, wenn niemand mehr die Sprache lesen kann, in der sie geschrieben ist? Die gesamte Geschichte der Stadt ist in Urdu und Persisch geschrieben. Die Regierung hat Urdu nach 1947 bewusst zum Aussterben verurteilt, weil sie es als muslimische Sprache behandelt hat. Aber Urdu hat nichts mit Religion zu tun: Es war die Sprache von Delhi, von jedermann in Delhi. Pakistan hat Urdu zu seiner Landessprache gemacht, aber Urdu ist nicht irgendwo in Pakistan entstanden. Ich betrauere den Verlust der Sprache mehr als irgendetwas anderes. Wenn man Menschen zugrunde richten will, nimmt man ihnen ihre Sprache.

Die Menschen von Delhi waren immer sehr angetan von schöner Sprache. Sie liebten die Dichtung, und sie hatten wahre Dichter. Delhi stand früher für gute Küche. Es war sanft. Es stand für gutes Leben. Wenn die Regenzeit begann, machten die Ladenbesitzer ihre Läden dicht und fuhren hinaus, um das Wetter im offenen Gelände von Mehrauli zu genießen. Sie nahmen sich Zeit für gutes Essen. Sie liebten die Taubenwettflüge und lauschten den Geschichtenerzählern auf den Stufen der Jama Masjid. Aber sie verstanden nicht viel von Marketing, und deshalb starben sie aus. Sie glaubten an Erlesenes: Sie machten Teppiche und Möbel, sie arbeiteten als Buchbinder. Auf Urdu nennen wir das ›saleeqa‹ – verfeinerte Sensibilität.«

Wie seinerzeit Ghalib ist auch Sadia tief besorgt wegen der unkultivierten Eindringlinge, die nicht den geringsten Wert auf solche Sensibilität legen.

»Der erste Schlag gegen Delhis Kultur kam mit den Briten und dann mit dem Zustrom der Punjabis nach der Teilung. Die alteingesessenen Einwohner von Delhi wussten nach 1947 nicht, wie ihnen geschah: Sie waren zutiefst verunsichert von der Lautheit, der Aggressivität und der Geschäftemacherei der zugezogenen Punjabis. Meine Eltern waren schockiert: ›Woher kommen diese Leute? Warum sind sie so laut? Was essen die eigentlich?‹ Sie versuchten, die Kultur der Zeit vor 1947 zu bewahren. Sie korrigierten uns ständig. ›Wir haben eine Sprache‹, sagten sie immer. ›Wir haben eine sehr verfeinerte Sprache. Wir müssen sie gebrauchen.‹ Die Punjabis nahmen das ganze Stadtgebiet in Besitz, sie zerstörten ihre Sprache und ihre Sitten. Sie aßen Tandoori-Huhn und Butterhuhn. Butterhuhn! Das waren Gerichte, die ich nur außerhalb unseres Hauses sah, nie bei uns.

Natürlich wurde ich später offener für andere Kulturen. Aber ich bin froh, dass ich in der alten Delhi-Kultur aufgewachsen bin, weil es eine gute Kultur war. Es war eine Kultur der Gastfreundschaft. Man gab jedem, der an die Tür kam, Wasser zu trinken. Man räumte sein eigenes Zimmer für Gäste, man bewirtete sie gut und gab ihnen Tücher, in die sie sich hüllen konnten.

Die Teilung hat die Stadt verwüstet, ihr Ethos für immer beschädigt. Sehen Sie sich nur unsere fabelhaften Monumente an: Bis auf die fünf oder sechs, die zu touristischen Sehenswürdigkeiten erklärt wurden, lässt man sie allesamt einfach verfallen. Es sind Müllhaufen. Seit der Teilung ist fast nichts Schönes mehr entstanden. Sehen Sie sich die Fünfsternehotels an. Man muss schön sein, um Schönheit zu erschaffen, und ich glaube nicht, dass die Menschen diese innere Schönheit noch haben. Jetzt geht es in unserer Stadt um Aggression, Wut, Ungleichheit, Korruption und persönlichen Gewinn. Um Komsumwahn und Shoppingmalls. Es ist kaum noch Raum dafür da, nachzudenken und das Herz zu reinigen. Wir haben keine Schönheit, die wir unseren Kindern hinterlassen können.«

Die Wände des Zimmers sind mit Urdu-Kalligraphie bedeckt. Sadias halbwüchsiger Sohn übt nebenan mittelalterliche Sufi-Musik, die er auf seiner Gitarre modernisiert. Sadia spricht schnell, springt zwischen Urdu und Englisch hin und her, ihre Sätze stolpern übereinander, weil sie sie oft im Kopf geprobt hat.

»Früher bin ich oft auf Partys gegangen, da waren die Leute noch authentischer. Heute schauen einem Leute über die Schulter und reden mit einem, sie überlegen aber die ganze Zeit nur, wem sie ihre Visitenkarte geben müssen. Ich habe mit der Netzwerkkultur nichts am Hut. Und seit dem 11. September sind handfeste Vorurteile zum Vorschein gekommen. Anfangs dachte ich, ich sei zu empfindlich, aber das war ich nicht. Ich sah es bei Leuten in meinem eigenen Freundeskreis. Ich treffe mich nicht mehr gern mit ihnen, weil sie im Innersten ein ausgeprägtes Vorurteil gegen die Muslime hegen. Sie sagen heutzutage die bizarrsten Sachen. Sie wollen wissen, warum wir nicht aufhören können, derart *muslimisch* zu sein.«

Zwei von Sadias Freunden aus Pakistan, ein Ehepaar, sitzen mit uns im Zimmer. Der Mann leitet eine Firma, die Schmuck im Stil der Mogulzeit herstellt, wie er in der pakistanischen Gesellschaft derzeit in Mode ist. Die Handwerker, die so etwas anfertigen können, sitzen jedoch nicht in Pakistan, sondern in Indien, und er kommt oft her und arbeitet mit ihnen.

»Meine Freunde waren gestern Abend auf einer Party«, erzählt Sadia. »Sie lernten eine Punjabi-Frau kennen – sie war doch eine Punjabi, oder? –, die Angst vor den Pakistanis hatte. Sie sagten zu ihr: ›Kommen Sie doch einfach mal nach Pakistan.‹ Darauf sie: ›Nein, wir haben zu viel Angst, jemand könnte in unserem Haus eine Bombe hochgehen lassen.‹ Sie lachte. ›Und unsere Männer würden uns nie in die Nähe von pakistanischen Männern lassen!‹ Da fragte ich, wie jemand ein solches Gespräch mit einem Gast zulassen könne. Ich meine, das gehört sich doch nicht! Wenn das jemand in meinem Haus gesagt hätte, dann hätte ich erwidert: ›Tut mir leid, so können Sie mit meinem Gast nicht reden!‹«

Die Freundin ergänzt: »Dabei war ihr Mann sogar mal in Pakistan gewesen! Und hatte dann so viel zu erzählen, was man dort Schönes erleben kann.«

»Jeder, der aus Pakistan hierherkommt«, sagt Sadia, »muss sich so etwas anhören. Früher haben die Leute das wenigstens für sich behalten, aber heute sprechen sie es ganz ungeniert aus. Das ist der Grund, warum ich nicht mehr ausgehe. Ich kann es einfach nicht hören, wenn Leute so reden.

Sehen Sie sich an, wie die Muslime in dieser Stadt leben. Sehen Sie sich all die jungen Muslime an, denen niemand eine Wohnung vermieten will. Wussten Sie, dass Pizzabäcker nicht in muslimische Viertel liefern? Ich war bei einer Freundin und wollte eine Pizza bestellen, aber der Mann am Telefon sagte, ›Madam, wir liefern in diese Gegenden nicht.‹ ›Was verstehen Sie unter *diesen Gegenden*?‹, habe ich ihn angeschrien.«

Sie wendet sich an ihre Freundin aus Lahore.

»Was hat diese Frau gestern auf der Party zu dir gesagt? Sie hat dich gefragt, ob sie dich nach Hause fahren kann, und du hast gesagt, dass du in Nizamuddin wohnst. Da hat diese Frau – sie ist eine Freundin von ihnen! – gesagt: ›Sind Sie verrückt? Ich kann doch nicht um elf Uhr abends in ein muslimisches Viertel fahren!‹ Ist das zu glauben? Das sind Leute, die waren auf den besten Schulen und Unis. Und die glauben, dass es gefährlich ist, nach Nizamuddin zu fahren. Das sind Leute, die wohnen in Jor Bagh, die tragen Haute Couture, trinken Wein und schicken ihre Kinder auf amerikanische Universitäten. Sie halten sich für säkular, aber das sind sie nicht. Sie sagen es ständig, aber das ist reine Fantasie, sie bilden es sich nur ein.«

Sadia betüttelt ihre pakistanischen Freunde, solange sie hier sind, um ihnen zu zeigen, dass zumindest in ihrem Haus die alte Kultur noch lebendig ist. Sie sprechen über die fantastischen Mahlzeiten, die sie mit ihr genossen haben. Übermorgen findet in ihrem Haus ein Abend mit Sufi-Musik statt. Sie lädt mich dazu ein: Ihr Sohn wird spielen, und ein junger Qawwali-Sänger wird auftreten, den sie unter ihre Fittiche genommen hat. Außerdem werden Musiker aus dem Iran da sein.

»Ich bin seit einiger Zeit so erschöpft«, sagt sie. »Ich wollte einen Abend, an dem meine Seele auftanken kann, mit Leuten, die ich gern habe, mit Musik und Poesie.«

Neuntes Kapitel

1911

»Ich bestreite nicht den Glanz des Namens Delhi oder die Geschichten, die sich um seine toten und vergessenen Städte ranken. Aber ich wage dies zu sagen: Wenn wir hoffnungsvoll in die Zukunft blicken möchten, dann sollten wir möglichst wenig Worte über die Geschichte Delhis verlieren. Das moderne Delhi ist erst zweihundertfünfzig Jahre alt. Hauptstadt der Moguln war es nur in der Spätzeit ihrer Herrschaft, und dies auch nur für wenig mehr als hundert Jahre. Natürlich gab es dort auch vorher schon Hauptstädte, aber sie sind alle untergegangen, eine nach der anderen. Wir wissen, dass die gesamte Umgebung Delhis eine Ansammlung verlassener Ruinen und Grabstätten ist, und sie bieten dem Besucher meiner Ansicht nach das erhabenste Bild der Vergänglichkeit menschlicher Größe [...]. Die Regierung Seiner Majestät wird auf weitaus festerem Boden stehen, wenn sie, anstatt irgendetwas über die toten Hauptstädte der Vergangenheit zu sagen, versucht, eine lebendige Hauptstadt in der Zukunft zu erschaffen.«

Lord Curzon, ehemaliger Vizekönig von Indien, in einer Rede im Februar 1812 im House of Lords, in der er sich gegen die kurz zuvor ergangene Entscheidung der britischen Regierung wandte, die indische Hauptstadt von Kalkutta nach Delhi zu verlegen.[19]

Mit den Angriffen von 1857, so schien es, war eine weitere Metropole dem ewigen Schicksal von an der Stelle des heutigen Delhi erbauten Städten zum Opfer gefallen. Und in den Jahren danach wurde Delhi für europäische Reisende zu einem Sinnbild für die Vergänglichkeit und Torheit menschlichen Strebens. Im Jahr 1912 landete dort ein englischer Dichter, auf der Suche nach Wärme, seiner Schwindsucht wegen. Als er von Shahjahanabad über die Ebene fuhr, die zum Qtub Minar führte, bemerkte er einen Übergang:

»von der lebendigen in die tote Stadt. Die von Menschen bewohnten Häuser machen den von Affen bevölkerten Platz. [...] Die Ruinen erstrecken sich bis in unendliche Ferne, die ganze Steppe, so weit das Auge reicht, und weiter, weiter noch, ist das riesige Beinhaus einer Stadt, die in viertausend Jahren unter zehn verschiedenen Herrschern zehnmal gestorben und wiederauferstanden ist. [...] Hier herrscht das Chaos der Verlassenheit und des Vergessens, das Rendezvous aller kolossalen Ruinen und der Brösel von Ruinen, eine Wüste voller Bruchstücke, so dass der Archäologe Schwindel darüber empfinden muss, wenn er sich hier schlagartig fünfhundert, tausend, dreitausend Jahre in den Abgrund der Zeit zurückversetzt sieht: vom letzten islamischen Glanz der Großmoguln bis zum dunklen imponierenden Brahmanismus der ersten Jaina- und Palibauten, in der Nacht der vedischen Ursprünge [...].

> Auch hier einheimische und europäische Gelehrte: Archäologen, Sachverständige, Architekten, die Modelle anfertigen und Maße nehmen. England macht sich an ein gewaltiges Werk: dieses Beinhaus der toten Städte roden, die Ruinen wiederherstellen, sie im Licht der Sonne anständig ordnen. Ganz gewiss ein würdiges Werk, das aber kaum etwas zu der Poesie dieser Erinnerungsstätten hinzufügen wird ... Ich danke dem Himmel dafür, dass ich sie heute in ihrer trostlosen Verwahrlosung besuchen darf.«[20]

Doch der Dichter hat dies alles durch einen Tuberkulosenebel gesehen. Mit dem »gewaltigen Werk«, auf das sich England vorbereitete, war allerdings keine Restaurierung gemeint. Wie so viele von Delhis Herrschern vor ihnen wollten sie plattmachen und neu bauen. Von diesem Jahr an wurden die meisten dieser Ruinen geschleift, und »New Delhi« breitete sich aus wie eine neue Tischdecke über den Resten der Mahlzeit vom Vortag.

Die Erklärung König Georges V., die Hauptstadt Britisch-Indiens werde von Kalkutta nach Delhi verlegt, war 1911 erfolgt. Kalkutta war für die Briten zu einem problematischen Zentrum geworden. Gebildete Bengalen, zunehmend unglücklich über ihre politische Entrechtung, hatten die britische Hauptstadt auch zur Hochburg antiimperialistischen Denkens gemacht. Unbeholfene Versuche, die Unruhe unter den Bengalen durch Maßnahmen à la »teile und herrsche« zu unterdrücken, waren gescheitert. Die Briten beschlossen, das Weite zu suchen, und als Ziel bot sich Delhi an. In einem Brief aus dem Jahr 1911 schrieb Vizekönig Lord Hardinge:

> »Delhi ist noch immer ein Name, mit dem man zaubern kann. Er ist in der Vorstellung der Hindus eng mit Heiligenlegenden ver-

knüpft, die sogar in vorgeschichtliche Zeiten zurückreichen [...]. Das Purana Qila markiert noch heute die Lage der Stadt, die Indraprastha genannt wurde, ganze drei Meilen vom Südtor des modernen Delhi entfernt. Für die Mohammedaner wäre es eine große Genugtuung zu sehen, dass die alte Hauptstadt der Moguln ihre stolze Position als Sitz des Reiches zurückgewinnt. In ganz Indien, so weit die mohammedanische Eroberung nach Süden reichte, hat jede befestigte Stadt ihr ›Delhi-Tor‹ [...]. Die Veränderung würde die Fantasie des indischen Volkes anregen, wie nichts anderes es vermöchte, und eine Welle der Begeisterung durchs Land senden, und sie würde von allen akzeptiert werden als Bekräftigung des unumstößlichen Entschlusses, die britische Herrschaft in Indien aufrechtzuerhalten. Sie würde von den Herrschern und Rassen Nordindiens mit Freude begrüßt und von der großen Mehrheit der Inder auf dem gesamten Kontinent gutgeheißen werden.«[21]

Doch trotz dieser Erinnerungen an Delhis glorreiche Vergangenheit waren die Briten entschlossen, eine Stadt zu errichten, die alles negieren würde, was früher dort gewesen war. Die Imperialisten wollten eine europäische Stadt entwerfen, die schon allein durch ihren am Reißbrett entstandenen Grundriss den unwissenden Orientalismus der gesamten Vergangenheit zunichtemachen und den Weg in eine neue, aufgeklärte Zukunft bereiten würde.

In der britischen Stadt würde es keine jener schmalen Straßen geben, die in Shahjahanabad und zahllosen anderen Städten mit ähnlichem Klima, von Toledo über Venedig bis Bagdad, dafür sorgten, dass niemand in der Sonne gehen musste. Die krummen Gässchen mit ihren fensterlosen Mauern flößten den Engländern Unbehagen ein. Die britischen Stadtplaner hingen damals noch der mythischen »Miasma«-Theorie an, die besagte, dass Krankheiten durch schlechte oder abgestandene Luft entstehen, und aus britischer Sicht war Shahjahanabad eine Brutstätte nicht nur für die heimtückischen Angriffe und Komplotte der Orientalen, die sich in den gewundenen Gassen jeder Verfolgung durch die Weißen entzogen, sondern auch für aus der Erde ausdünstende giftige Dämpfe, für Wahnsinn und Krankheit. Die britische Stadt würde so gebaut werden, dass Licht und Luft das Miasma vertreiben konnten: Der Architekt, Edwin Lutyens, ein Liebhaber des ländlichen England, bezog seine Inspiration aus den

Theorien Ebenezer Howards, der mit seinem Buch über die materiellen und spirituellen Vorzüge von Gartenstädten zu der Zeit gerade eine intellektuelle Bewegung beiderseits des Atlantiks ausgelöst hatte. Lutyens entschied, dass Delhi eine Kombination aus Großstadt und Land werden sollte, wie Howards Utopia: Die Gebäude würden weiter auseinanderliegen, niedrig und durch weitläufige Gärten voneinander getrennt sein; breite Straßen und ausgedehnte Parks würden für Frische und gute Durchlüftung der Stadt sorgen; ein großer See, geschaffen durch Aufstauen der Yamuna, würde den Einwohnern Zugang zu Wasser und offenem Himmel verschaffen (dieser Teil des Plans wurde allerdings nie realisiert). Alles in allem also eine Umkehr: Shahjahanabads Straßen waren schmal und labyrinthisch, New Delhi würde breite, schnurgerade Avenuen bekommen; der Handel spielte sich in der alten Stadt auf unzähligen überfüllten Basaren ab, in der neuen würde er auf einen von Säulen umstandenen kreisförmigen Platz beschränkt sein, der schließlich den Namen Connaught Circus bekommen sollte. Shahjahanabad war eine Großstadt, New Delhi dagegen konnte man als Beamtendorf bezeichnen, denn dort würden zwar riesige, prachtvolle Verwaltungsgebäude stehen, doch würde der lockere, pastorale Grundriss mit seinen monumentalen leeren Plätzen kaum großstädtisches Gewimmel entstehen lassen. Orte, an denen sich die Menschen ergehen oder versammeln konnten, waren so gut wie keine vorgesehen, ebenso wenig Raum für Kaufleute und Handwerker oder Behausungen für die Armen – Merkmale, die das alte Delhi in unübersehbarer Fülle aufwies.

Wie frühere Bauprojekte auf dem rechten Ufer der Yamuna war auch New Delhi ein heroisches Unterfangen. Dreißigtausend Arbeiter planierten das Gelände mit Spitzhacken und Sprengstoff, während Züge auf eigens dafür angelegten Bahnstrecken pausenlos Stein und Stahl heranschafften. Staub und Lärm stiegen in erstickenden Wolken aus dem neun Hektar großen Bauhof auf, wenn Steine gesägt oder behauen wurden, und Rauch quoll aus Dutzenden von Ziegelbrennöfen. Aus dem »riesigen Beinhaus« des italienischen Dichters tauchte nach und nach die Skizze einer Stadt auf, in deren Zentrum sich ein unverhältnismäßig weiter sechseckiger Platz ausbreitete, von dessen Spitzen sechs unglaublich breite Boulevards in Richtung der alten Städte Delhis ausstrahlten. Auf Beobachter muss das einen aberwitzigen Eindruck gemacht haben, denn die im Entstehen begriffenen Bauten ließen verblüffende Dimensionen und einen verwunderlichen Stil erkennen, während die Stadt selbst eine reine Kopfgeburt blieb, ohne Einwohner oder Kultur. Es war ein Neuanfang, wie man ihn sich radikaler nicht denken konnte: Niemand wusste, wie das Ganze, wenn überhaupt, funktionieren sollte. Als dem Projekt im Ersten Weltkrieg die Mittel gekürzt wurden, verlangten denn auch viele, es einzustellen; trotzdem wurde mit Hochdruck weitergearbeitet, und nach zwei Jahrzehnten war die neue Hauptstadt Britisch-Indiens fertiggestellt.

Es war eine Stadt mit überraschend eleganten Gebäuden – viel eleganter als diejenigen, die gleichzeitig in London entstanden –, und sie erinnerte ganz bewusst an die ätherische Pracht von Athen und Washington DC. So brachte die fremde Stadt, deren von jungen Bäumen gesäumte Avenuen ins staubige Buschland hinausliefen, auch ein ganz ungewohntes Ethos mit sich.

Um die majestätische Leere in eine richtige Stadt zu verwandeln, brauchten die Briten Menschen, die sie bewohnten, wozu jedoch kaum jemand bereit war. Die meisten derer, die das Bauprojekt leiteten, Briten wie Inder, brachten ihre Familien in der alten Stadt oder unmittelbar außerhalb ihrer Mauern in Civil Lines unter, wo es Handel und Wandel und Unterhaltung gab. Um diese Menschen – die Lieferanten von Arbeit, Steinen, Möbeln, Alkohol, Nahrungsmitteln und allem Übrigen – zum Umzug in die neue Stadt zu bewegen, bot ihnen die Stadtverwaltung große Grundstücke zu stark herabgesetzten Preisen an. Da griffen die Bauunternehmer zu. Sie sicherten sich Grundstücke im Stadtzentrum für ihre eigenen Herrenhäuser und kauften weitere als Geldanlage hinzu. Nachdem sie bereits beim Bau von Delhi reich geworden waren, sei es auf lautere oder unlautere Art, garantierten die Immobilien, die sie jetzt im Zentrum erwarben, ihren Familien Wohlstand und Ansehen für die nächsten hundert Jahre. Diese Bauunternehmer wurden praktisch Delhis neue Aristokratie.

Es waren andere Menschen als die müden Aristokraten der Spätzeit von Shahjahanabad. Die meisten von ihnen waren Sikh-Geschäftsleute aus dem Punjab, Männer von Welt, die auf unterschiedliche Weise zu Geld gekommen waren – als feudale Landwirte, als Händler, als Banditen –, und wenn sie überhaupt zur britischen Goldgrube drängten, dann deshalb, weil sie Meister darin waren, sich Verträge zu sichern, eine Fertigkeit, die seither das Kennzeichen der Business-Elite Delhis ist. Es waren handfeste, monumentale Figuren, die das politische Ränkespiel liebten, und ihre Nachkommen sprechen noch heute voller Hochachtung von dem unternehmerischen Wagemut, durch den ihre Dynastien entstanden sind. Der Enkel von Ranjit Singh, der Gebäude wie das Council House baute, das heutige Parlamentsgebäude, und dem das luxuriöse Imperial Hotel in Delhi gehört, erinnert sich an einen Mann, der in jeder Hinsicht genauso unternehmungslustig war wie die Briten selbst.

»Der unmittelbare Nachbar meines Großvaters in der Curzon Road war Sir Lala Shri Ram, der Besitzer der Delhi Cloth Mills. Beide hatten die Angewohnheit, um sechs Uhr früh auf ihrem Rasen Tee zu trinken. Eines Morgens im Jahr 1932 lief Sir Lala während der Teestunde eilends zu Ranjit hinüber. Sein Gebaren war ganz ungewöhnlich drängend. Er trug einen dreiteiligen Anzug mit Hut und Gehstock und wurde von einem Assistenten mit einem Kontobuch begleitet. ›Haben Sie schon das Neueste gesehen, Singh?‹, rief er.

Damals versuchten die Briten gerade, den asiatischen Zuckerhandel den Holländern abzunehmen, die fast den gesamten Zuckerbedarf Indiens von Java aus deckten, das zu Niederländisch-Indien gehörte. 1932 starteten die Briten einen Angriff auf den holländischen Zucker: Sie belegten den Zuckerimport ins Empire mit sehr hohen Zöllen. Das bedeutete den sofortigen Ruin der javanischen Zuckerindustrie, und es lag auf der Hand, dass man bald javanische Zuckerraffinerien für einen Spottpreis würde kaufen können.

Während Sir Lali ihm das alles mitteilte, machte sich mein Großvater in aller Ruhe Notizen. Nach der Begegnung rechnete er alles durch und sah, dass Sir Lala tatsächlich eine echte Gelegenheit entdeckt hatte. Noch am selben Tag schrieb er einen Brief an seinen Schwager, der auf einem feudalen Anwesen in Chamba ein Müßiggängerdasein führte, und legte eine Kreditnote über vierhunderttausend Rupien bei.

Der Schwager fuhr mit dem Zug nach Kalkutta und von dort mit einem Dampfer nach Java. Er besichtigte vier Zuckerraffinerien und wählte die beste aus. Er ließ sie demontieren, in Teilen nach Indien verschiffen und in die Stadt Laksar in den United Provinces wieder aufbauen. Er beaufsichtigte die Arbeiten, bis die komplette Raffinerie wieder zusammengebaut war. Dann fuhr er nach Hause und widmete sich wieder der Lektüre von Literatur. Zuckerherstellung interessierte ihn nicht. Er hatte alles nur aus Jux und Tollerei gemacht.

Ranjit übergab die Fabrik seinem Bruder. Sie ist heute noch in Betrieb. Ich bin einer der Teilhaber.

Ich wollte, ich hätte ihn gefilmt, als er diese Geschichte erzählte. Für ihn war es so einfach. Es war überhaupt nichts Außergewöhnliches daran. Man fährt einfach nach Java, kauft das Ding und holt es nach Indien. Ein unglaublicher Mensch.

Dabei hat er immer ein einfaches Leben geführt. Ein Jaguar war sein einziges Auto. Er hat sich nie ein Flugzeug gekauft oder dergleichen. Seine Anzüge ließ er in der Savile Row schneidern, aber im täglichen Umgang war er kein bisschen abgehoben. Er hatte eine feudale Umgebung hinter sich gelassen, und er wusste, wie leicht es wäre, in sie zurückzufallen. Einer seiner Cousins im Punjab besaß fünftausend Hektar Land und eine ganze Flotte von Rolls-Royce-Limousinen und musste erleben, wie sich sein gesamtes Vermögen innerhalb von zwei Generationen in nichts auflöste. Diese feudalen Grundherren lebten in einer Blase: Sie interessierten sich nur für Geld, Autos, Champagner und Jagd. Mit solchen Männern kann ich mich vier Stunden am Stück über Waffen unterhalten.

Das war Ranjits Albtraum. Allen in seiner Familie sagte er immer wieder, sie müssten lernen und arbeiten: ›Wenn ihr keinen Beruf habt, werdet ihr feudal und verliert alles.‹ Und es passierte tatsächlich. Es gab Leute in der Familie, die unschätzbare Besitzungen verkauften und alles verjubelten. Ein Cousin feierte dreißig Jahre lang ununterbrochen Partys.«

Diese letzte Erinnerung macht begreiflich, warum die Geschicke der ersten Bauunternehmer Delhis sich im Lauf der Jahre so unterschiedlich entwickelt haben. Manche ihrer Nachfahren beherrschen von ihren Anwesen im Stadtzentrum aus noch immer das Leben in Delhi. Andere sind verschwunden. Ihr Besitz wurde aufgeteilt und verkauft. Interne juristische Grabenkämpfe um die Reste kosteten viel Energie. Land ist einfach verschwunden, große Areale, die von anderen beansprucht und bebaut wurden, weil die Besitzverhältnisse im Lauf der Zeit unklar wurden oder die Kraft für Streitigkeiten fehlte. Viele dieser Menschen führen heute ein bescheidenes Dasein in einem Trakt eines aufgeteilten Gebäudes und behaupten ihren Rang, indem sie gelegentlich das silberne Geschirr hervorholen und eine hochmütige Verachtung für den neuen Reichtum an den Tag legen, der ihren alten abgelöst hat. Ihre Gesichter sind gezeichnet durch die Bürde von Selbstmorden in der Familie, Geisteskrankheit und Alkoholismus. Sie haben eine exzentrische Paranoia, was die Vergangenheit angeht, und verbergen ihren Whisky vor dem Bildnis Sir Soundsos, ihres gebieterischen Urgroßvaters, an der Wand, der das Haus gebaut hat, in dem sie sich jetzt verstecken.

Häuser, um deren Besitz vor Gericht gestritten wird, lassen sich nicht verkaufen und sind sehr teuer im Unterhalt. Rings um den Connaught Place stehen herrschaftliche Residenzen leer. Der Strom ist längst abgeschaltet, und nur noch ein Hausmeister bewacht das schlummernde Anwesen und hält es sauber. Weitab vom rasenden Puls der Stadt – die gleich auf der anderen Seite der Mauer liegt – leben diese Menschen planlos auf Dreißig-Millionen-Dollar-Besitzungen, rechen hin und wieder das Laub auf dem Rasen zusammen und kochen sich ihr Essen auf einem Holzfeuer. Sie biegen die Eisenstangen der verrosteten Tore auseinander, um auf die Straße zu gelangen, gehen dann aber doch fast nie hinaus. Sie schlafen in der Sonne. Manchmal heben sie den Kopf und werfen einen Stein nach einem streunenden Hund, der genauso schläfrig ist wie sie. Sie sehen ihren Kindern zu, die auf dem großen, verwahrlosten Grundstück spielen. Sie schlafen noch ein bisschen länger. Sie sehen zu, wie auch ihre Kindeskinder auf dem Grundstück spielen.

Wenn die neuen Aristokraten eine Abkehr von den alten darstellten, so war ihre Ankunft im britischen Delhi auch eine bedeutsame Abkehr in ihrem eigenen Leben. Um weiterhin Aufträge zu bekommen, mussten sie sich in die neue Welt der britischen Gesellschaft integrieren: Sie ließen hinter sich, was sie früher gewesen waren.

Beispielsweise waren sie in Häusern aufgewachsen, die im Hofhausstil gebaut waren, der aus Zentralasien nach Indien gekommen war. Diese Häuser hatten in der Mitte einen Innenhof, oft mit Bäumen und Brunnen, der einen gemeinsamen Raum für die Großfamilie darstellte. Im Haus gab es eigene Wohnungen für die verschiedenen Zweige der Familie und manchmal getrennte Tagesquartiere für die Frauen. Es war eine reizvolle Bauweise, von der ältere Leute in Delhi noch gelegentlich träumen, die in solchen Häusern zur Welt gekommen sind, ihr restliches Leben aber in Häusern gewohnt haben, deren Inneres gewissermaßen nach außen gekehrt war. Doch in den zwanziger Jahren ließen Delhis Bauunternehmer, die ja die Briten bei sich zu Hause empfangen mussten, ganz unsentimental von ihrer asiatischen Tradition ab und bauten von Rasenflächen umgebene Häuser mit großen Salons, in denen Männer und Frauen zusammenkommen konnten, *à l'anglaise*, also nicht voneinander getrennt.

Diese Anglisierung zahlte sich für die Bauunternehmer aus. Die Briten wollten sich mit der neuen Aristokratie gut stellen und belohnten sie nicht nur mit Aufträgen, sondern auch mit Ritterschlägen und anderen Ehrungen. Sie nahmen sie in ihre Clubs auf und halfen ihnen dabei, ihre Söhne nach Oxford und Cambridge zu schicken. Und so entstand eine neue herrschende Klasse, die sich schon bald durch und durch englisch fühlte. Diese Leute übernahmen den englischen Kleidungsstil. Sie spielten Tennis und Golf und gingen am Wochenende auf die Jagd. Sie veranstalteten Picknicks und servierten Tee in poliertem Silber.

Doch ihr Erfolg hing vor allem von ihrer Fähigkeit ab, ihre Sprache neu zu erfinden. Der Romancier Khushwant Singh, der selbst der Sohn eines Bauunternehmers war, schreibt:

> »Mein Vater, Sobha Singh [...] war seiner Zeit weit voraus. Er spürte, dass er, wollte er mit den Engländern vorankommen, ihre Sprache beherrschen musste. Er suchte sich einen Privatlehrer [...]. Nach drei bis vier Jahren sprach er fließend Englisch. Er wollte auch meine Mutter überreden, die Sprache zu erlernen, und engagierte eine angloindische Dame, Mrs. Wright, die sie unterrichten sollte. Nach Monaten mühseliger Büffelei beherrschte meine Mutter erst eine Handvoll Ausdrücke: guten Morgen, guten Abend, gute Nacht, danke. Sie nahm sich selbst auf die Schippe

und verballhornte ›thank you‹ zu ›thankus very muchus‹. Der Versuch, ihr beizubringen, sich mit Engländern zu unterhalten, endete fast in einer Katastrophe [...]. Er gab den Versuch auf, sie zu anglisieren.

Mein Vater war über eins achtzig groß und schlank, meine Mutter gerade mal einsfünfzig. Er war sehr auf sein Äußeres bedacht. Er trug englische Anzüge: Sakko und gestreifte Hosen, Schleife oder seidene Krawatte und Smoking. Ich sah ihn nie in Shervanis und Chooridars. Das einzige indische Kleidungsstück, das er trug, war ein Tehmat als Nachtgewand. Er aß und trank gern gut: ein üppiges Frühstück mit Cornflakes, Eiern, Toast und Obst, zwei Gin Tonic vor dem ebenfalls reichlichen Mittagessen und zum Tee Kuchen oder anderes Gebäck; den einen oder anderen Scotch trank er gern vor dem vielgängigen Abendessen, und hinterher ein bis zwei Cognac.«[22]

Die Kultur, in der diese Leute aufgewachsen waren, war die gemischte Hindu- und Muslim-Kultur Nordindiens, die, wie wir gesehen haben, großen Wert auf schöne Sprache legte. Die meisten von ihnen hatten mehrere der miteinander verwandten Sprachen dieser Region in Wort und Schrift gelernt: Urdu, das mit arabischen Schriftzeichen geschrieben wurde, das fast identische Hindustani, das jedoch in der vom Sanskrit abgeleiteten Devanagari-Schrift geschrieben wurde, dazu möglicherweise noch ein oder zwei andere lokale Sprachen. Und Sprache war selbst für Geschäftsleute wie sie kein bloßes Mittel zum Zweck. Sie liebten Dichtkunst und Gesang, und viele von ihnen dichteten selbst – normalerweise auf Urdu, das, mochte es auch nicht ihre erste Sprache sein, allgemein als die beste Sprache für Poesie galt. Plötzlich benutzten sie nun aber im täglichen Leben die schwächste ihrer Sprachen oder eine, die sie nicht einmal richtig beherrschten: das Englische. Sie blafften einander im Club-Jargon der britischen Beamten und Militärs an, mit denen sie fraternisierten, und sie distanzierten sich innerlich von ihrer früheren Kultur. Das Englische nahm nun die erste Stelle ein, und ihren Nachkommen vererbten sie zwar fabelhafte Besitztümer, nicht aber ihre eigenen Sprachen.

Betrachtet man Fotos der gerade fertiggestellten britischen Verwaltungsbauten – riesig, makellos modern und meilenweit von Leere umgeben –, kann man sich des Eindrucks nicht erwehren, dass das Ganze etwas Wahnhaftes hat, genau wie viele der anderen Städte, die hier schon gestanden haben. So gesehen waren die Briten in der Tat durch und durch traditionelle Herrscher Delhis. Sie wurden gezwungen, ihre Hauptstadt aufzugeben – nach kürzerer Zeit, als sie benötigt hatten, um sie aufzubauen. 1947 räumten sie Hals über Kopf das Feld, und die Verwaltung des unabhängigen Indien zog ein.

Bewusst oder unbewusst vollendeten diese Bürokraten, was die Briten begonnen hatten: die Zerstörung der gemeinsamen Hindu- und Muslim-Kultur Nordindiens. Der neue Staat, der noch schwer zu tragen hatte an den Verstümmelungen der Teilung, war entschlossen, alles auszurotten, was an seine Wunden erinnerte. Die gemeinsame Kultur sollte der Vergessenheit anheimfallen, ihre islamischen Spuren ausgelöscht werden. Die Sprache war dafür ein wichtiges Instrument.

Die Verfassung von 1959 nannte als ausdrückliches Ziel die Verbreitung einer neuen Sprache, des »Hindi«. Hindi war die Neuerfindung des traditionellen Hindustani – der nordindischen Sprache, deren erlesenste Spielart das Urdu war, das die höchsten Ebenen literarischer und philosophischer Erkundung erreichte –, die dadurch entstehen sollte, dass man persische, arabische und türkische Einflüsse weitestgehend beseitigte und durch Wörter ersetzte, die dem Sanskrit entlehnt oder auf dessen Grundlage neu geprägt wurden. Damit würden indische Zungen künftig keine muslimischen Klänge mehr erzeugen. Und indische Hände würden keine muslimischen Schriftzeichen mehr formen: Die arabische Schrift für diese Sprache wurde abgeschafft, und Hindi wurde nur noch in Devanagari geschrieben, einer in Indien einheimischen Schrift. Das Central Hindi Directorate wurde zu dem Zweck gegründet, die Nebenstraßen dieser Sprache zu kontrollieren und ihre Grenzen zu bewachen. Offizielle Veröffentlichungen – beispielsweise Schulbücher oder Nachrichten auf All India Radio – wurden als Musterbeispiele der neuen Sprache fabriziert: ungelenke, akademische Kunstprodukte, die durch ihre Sanskritlastigkeit keiner tatsächlich gesprochenen Sprache ähnelten.

Es mag plausibel erscheinen, dass ein unabhängiges Land größeren Wert auf eine eigene Stimme legt als eine Kolonie. Vielleicht stellte man sich die Unabhängigkeit als einen Moment vor, in dem bislang schweigende Stimmen sich plötzlich in Gespräch und Gesang ergingen. Doch in Nordindien war die Wahrheit vielschichtiger. Die Menschen lasen nicht mehr die Werke der bedeutendsten Vertreter des Hindustani, die zu viele inzwischen verpönte Elemente enthielten und in einem Alphabet geschrieben waren, das sie schon bald nicht mehr zu entziffern vermochten. Punjabi-Haushalte, früher so stolz auf ihre literarische Bildung, entwickelten generell eine Abneigung gegen Bücher. Die meisten Bücher, nämlich alle, die der eigenen Karriere nicht unmittelbar förderlich waren, stellten nur einen Kostenfaktor dar, dem kein Nutzen gegenüberstand. Genau genommen bildeten sie eine Bedrohung für den Haushalt in der Zeit nach der Teilung, als die Wiederherstellung der materiellen Lebensgrundlage der Familie die einzig legitime Beschäftigung war: Esoterische Interessen und fiktionale Welten galten jetzt als gefährliche Einflüsse, vor denen Eltern ihre Kinder schützen mussten. In der neuen, angstbesetzten Familie war den Eltern überdies unbehaglich bei der Selbstgenügsamkeit eines lesenden Kindes: Die Kinder sollten sie genauso brauchen, wie sie ihre Kinder brauchten, deshalb verbauten sie ihnen die Wege zu Einsamkeit und Träumerei.

Delhi machte seinem Ruf als eine Stadt, in die Sprachen kamen, um zu sterben, alle Ehre: Nicht nur vergaßen die Teilungsflüchtlinge ihr Urdu im Lauf einer einzigen Generation, sie taten sich sogar schwer, ihre Muttersprache Punjabi weiterzugeben, von der ihre Enkel zumeist nur ein paar Brocken kannten. Viele Angehörige der Mittelschicht sprachen schließlich keine Sprache mehr gut – weder Englisch, das trotzdem zunehmend zur Verkehrssprache im Berufsleben wurde, noch Hindi, das sie zu Hause sprachen, in dem sie aber, abgesehen von der Alltagssprache, nur noch über einen geringen Wortschatz verfügten. Sprachpflege galt als wertlos und verweichlicht, und eine gewisse Nachlässigkeit im Ausdruck, die bewusste Missachtung von Grammatikregeln, wurde zum Normalfall. Bücher und Zeitungen waren voller Rechtschreib- und Grammatikfehler, ganz zu schweigen von Anzeigen und Straßenschildern. Es fanden sich kaum noch Leute, die eine indische Sprache in eine andere übersetzen konnten, denn es war die ganz große Ausnahme, dass ein und dieselbe Person sowohl literarisches Englisch als auch literarisches Hindi beherrschte. Die alte Offenheit für neue Einflüsse starb aus. Man wusste immer weniger, was Menschen dachten, die anders waren als man selbst, und Klassen und Kasten kapselten sich zunehmend ab und wurden immer misstrauischer.

Oft waren es arme Migranten aus kleineren Städten, die das Ideal einer schönen Sprache hochhielten. Die begüterten Teilungsflüchtlinge freuten sich über ihre Häuser und ihre Ersparnisse, und sie genossen ihre Überlegenheit über die zerlumpten Nachzügler; manchmal hörten sie jedoch die Sprache von Arbeitern aus anderen Gegenden, denen die poetischen, ekstatischen Elemente des Hindustani noch nicht fremd geworden waren, und dann merkten sie, wie sehr ihre eigene Fähigkeit, sich klar auszudrücken, gelitten hatte.

Vielleicht hat sich ja die Liebe zu Dichtkunst und schöner Sprache, die jetzt keinen Gegenstand mehr hatte, auf den Bollywoodfilm verlagert, der sich in den Jahrzehnten nach der Teilung geradezu kultischer Bewunderung erfreute. Damals zog es viele der heimatlos gewordenen Urdu-Dichter und -Dramatiker in die Filmstudios von Bombay, und dort schufen sie ein Kino der zarten Gefühle, in dem die Helden ein erlesenes, persisch beeinflusstes Hindi sprachen und Liebeslieder sangen, deren Metaphern an die Meisterleistungen der Urdu-Dichtung erinnerten. Die drei männlichen Superstars der Epoche, Raj Kapoor, Dilip Kumar und Dev Anand, kamen alle aus dem heutigen Pakistan nach Bombay, und wenn der Hindi-Film aus den fünfziger und sechziger Jahren nach wie vor emotional aufgeladen ist, selbst für viel später Geborene, so liegt es daran, dass er ein letzter Zufluchtsort der romantischen, poetischen Aspekte der Hindustani-Kultur ist, die von dem strengeren Ethos der unabhängigen Nation weitgehend in den Untergrund getrieben wurden. Der Bollywoodfilm war übrigens auch einer der wenigen Bereiche des öffentlichen Lebens in Indien, in denen muslimische Männer ohne Scheu verehrt wurden – auch wenn sie sich Hindi-Künstlernamen zugelegt hatten.

Interessant ist auch, dass Bollywoodfilme im gesamten Sowjetblock Kultstatus hatten, in dem die Menschen ebenfalls von freudlosen Regimen regiert wurden und in den dreißiger und vierziger

Jahren überdies in großer Zahl traumatische Ereignisse hatten durchleben müssen. Es war ein Kino, das etwas außerhalb der Alltagswelt angesiedelt war, ein Kino, das so tat, als seien die früheren Dinge, die feineren Dinge, erhalten geblieben (die Teilung kam in diesen Filmen so gut wie nicht vor, dabei war doch dieses Kino aus ebendiesem Kampf hervorgegangen). Es war besonders packend für Menschen, denen man diese Dinge genommen hatte, gleichgültig, wo sie lebten.

Defence Colony ist eines von Süd-Delhis grünsten und begehrtesten Vierteln. Die weitläufigen Grundstücke wurden in den Jahren nach der indischen Unabhängigkeit an Offiziere der Streitkräfte vergeben. Die ursprünglichen Einwohner sind jetzt betagt und führen ein Leben im althergebrachten Rhythmus: um sechs Uhr morgens ein strammer Marsch in einem der vielen Parks von Defence Colony – manchmal begleitet von energischem Applaus unter gleichzeitigem Gruppengelächter –, und um sieben Frühstück mit der Zeitung auf dem Balkon. Mittagessen und Gassigehen mit dem Hund werden von den »Boys« koordiniert, die im Haus arbeiten, oft die Söhne und Enkel von Dienern, die man noch aus Armeetagen kennt und denen man vertraut. Tee und Gebäck erscheinen am Nachmittag mit militärischer Pünktlichkeit auf der Terrasse. Abendessen und Schlafengehen finden früh statt bei diesen Männern, die um fünf Uhr aufstehen, aber hin und wieder ist vielleicht noch Zeit für einen abendlichen Umtrunk im örtlichen Club, in dem Erinnerungen an die Eskapaden von einst ausgetauscht werden. Die Männer sprechen über die Militärakademie in den vierziger Jahren, bevor die Teilung auch die Armee in einen indischen und einen pakistanischen Teil spaltete. Die Hälfte ihrer Studienkollegen wurden damals zu Feinden, gegen die sie in drei größeren Kriegen kämpften. Das ließ jedoch nicht unbedingt die freundschaftlichen Bande von früher zerreißen (und schloss manchmal sogar eine heimliche Kooperation über die Linien hinweg ein: »Halt dich zurück bei dem oder jenem Ziel, Kumpel: Da liegt der Sohn meiner Schwester in Stellung«), und noch heute unterhalten sie freundschaftliche Beziehungen zu ihren ehemaligen Kameraden jenseits der Grenze. Ein beliebter Gesprächsstoff sind dann längst verstorbene trinkfeste Vorgesetzte mit Spitznamen, die von Wodehouse stammen könnten.

Es sind robuste Männer und Frauen mit einem ausgeprägten Sinn für Pflicht, aber auch Vergnügen. »Wenn kein Krieg war«, sagte einmal eine der in die Jahre gekommenen – aber makellos schönen – Offiziersgattinnen mit Sandhurst-Akzent, in der Hand ein volles Glas Gin Tonic, »hatten wir das schönste Leben, das man sich vorstellen kann. Wir alle zusammen auf einer Militärbasis, abends Drinks und Billard, und jede Menge hochgewachsene Männer in Uniform ...«

Genügsame Menschen mit einem behaglichen Heim und einer ansehnlichen Pension – ihnen fehlte es im Grunde genommen an nichts. Sie besaßen gesellschaftliches Ansehen und verfügten über Beziehungen, ihre Kinder waren gut erzogen, gut verheiratet und beruflich erfolgreich. Überraschenderweise entwuchsen sie jedoch im höheren Alter diesem normalen Leben und wurden reich.

Während des Immobilienbooms zu Beginn des neuen Jahrtausends erreichten die von ihnen bewohnten Grundstücke einen Wert von zwei, drei und dann vier Millionen Dollar, und diese fantastischen Summen sprachen sich rasch überall herum. Ihre Besitzer wollten ihren Lebensstil im Grunde nicht verändern, wurden aber oft gedrängt, die Immobilien zu Geld zu machen, vor allem von ihren Kindern, die auf dem Höhepunkt ihrer Karriere standen. Die Veteranen zogen aus und mieteten sich anderswo eine Wohnung, die Häuser wurden eines nach dem anderen abgerissen. Es waren eigenwillige Bauten, oft von den Besitzern selbst entworfen, aber sie besaßen eine gewisse Eleganz und Ausgewogenheit: große, hohe Räume, Dachterrassen für die Wintersonne und luftige Räume im Parterre für den Sommer, gut beschattet von den Bäumen im Garten. Innerhalb kurzer Zeit verschwanden die meisten von ihnen. Hütten wuchsen aus dem Boden, in denen die Bauarbeiter mit ihren Familien wohnten: dunkelhäutige Bauernkinder spielten bei Tag auf den Straßen, bei Nacht hörte man melancholische Gesänge, und die Frauen rösteten auf Holzfeuern Fladenbrote. Während der Bau fortschritt, verbesserten sich zusehends die Unterkünfte der Arbeiter: Schon bald wohnten sie in Fünfsterneapartments, ihre Wäsche flatterte fröhlich in den Marmorfluren, und sogar ihre Gesänge wurden freudvoller. Dann war die Arbeit getan, und die Familien zogen fort, um wieder in Zelten zu wohnen.

Die neuen Gebäude waren anders als die alten: große Festungen mit Wohnungen im internationalen Stil. Gärten gab es keine mehr, denn das wäre eine unsinnige Verschwendung von Grund und Boden gewesen, und auch keine offenen Veranden, keine weiß getünchten Mauern, die das Sonnenlicht reflektierten, keine Schattenbäume oder irgendwelche anderen Überbleibsel der architektonischen Intelligenz, die sich in den vorangegangenen Jahrhunderten in dieser klimatisch harschen Gegend bewährt hatte. Die neuen Kolosse überragten die Bäume, die steinernen Fassaden waren trotzig zur Sonne hin ausgerichtet, und ganze Batterien von Klimageräten sollten den Treibhauseffekt der deckenhohen Fenster mildern. Hohe Zimmer, Alarmanlagen und Überwachungskameras vervollständigten den »internationalen Wohnkomfort«.

Die ursprünglichen Eigentümer behielten ein paar Wohnungen in diesen Blocks für sich und ihre Kinder. Die übrigen verkauften sie für eine Million Dollar pro Einheit.

Dies alles erklärt, warum die Straße, auf der ich mich dem Haus von Colonel Oberoi nähere, wie eine Baustelle aussieht. Auf der Zunge spürt man den Staub von Abriss- und Bauarbeiten. Die Luft zittert vom Kreischen der Steinsägen, die sich durch italienischen Marmor fressen (das Adjektiv ist eigentlich entbehrlich: jeder Marmor hier ist italienisch, egal, woher er kommt). Vor einem der Häuser bedient ein Team einen Spezialbohrer zur weiteren Vertiefung der privaten Brunnen, mit denen alle Hausbesitzer hier die Wasserrationierung durch die Stadtwerke umgehen: Da der Grundwasserspiegel ständig weiter absinkt, müssen die Brunnen, die noch vor Kurzem fünfzehn Meter tief waren, jetzt viermal so weit in die Erde hinabreichen. Die Unternehmen, die über das nötige Know-how und die Ausrüstung für solche Bohrungen verfügen, können sich vor Aufträgen kaum retten.

Ich habe mich verspätet, und auch mein entschuldigender Anruf aus dem Auto konnte Colonel Oberoi nicht beschwichtigen. »Ich gebe Ihnen noch fünf Minuten«, knurrte er ins Telefon.

Das Haus von Colonel Oberoi ist nicht abgerissen worden, es ist eines der wenigen, die noch stehen. Er hat es selbst entworfen, und es ist sehr ungewöhnlich: der Versuch, einen traditionellen Hofhaus-Grundriss auf einem Reihenhausgrundstück in Neu-Delhi unterzubringen.

»Meine Mutter hat auf einem Innenhof bestanden«, sagt er, »als wir es in den fünfziger Jahren gebaut haben.«

Für ein seit über fünfzig Jahren bewohntes Haus ist es erstaunlich leer. Die Wände sind kahl, die Glühbirnen nackt. Auf dem Sideboard stehen nur einige wenige Fotos von Enkelkindern und militärischen Ordensverleihungen.

Der Colonel ist über neunzig und seit Jahrzehnten im Ruhestand. Er ist leicht schwerhörig, weshalb sein militärisches Organ noch stentorhafter klingt. Er trägt einen zerknitterten Safarianzug – vormals die Uniform indischer Beamter. Er nimmt an einem Schreibtisch Platz, auf dem in Urdu beschriftete Notizbücher liegen, die er aus einseitig bedruckten DIN-A-4-Blättern selbst angefertigt hat: Die Seiten sind geviertelt und am Rand zusammengeheftet. Wortlos fordert er mich auf, mich ihm gegenüberzusetzen.

»In den Dörfern, in denen ich aufgewachsen bin«, sagt er, »hatten alle Häuser einen Innenhof. Man trat von der Straße in den Hof, in dem sich Vieh und Heu befanden, und auch Betten, damit man im Freien schlafen konnte. Die Räume lagen in einer Reihe am Ende des Hofs: Sie waren ebenerdig und aus Lehm und Holzbalken gebaut. Das Dach sprang weit über den Rand des Gebäudes vor, so dass die Räume stets im Schatten lagen. Es waren alles Schlafzimmer: Gewohnt wurde im Hof. Wenn Besuch kam, wurde der Tee an einem runden Tisch im Hof serviert. Große Einladungen gaben wir keine – für Hochzeiten und religiöse Feiern hatten wir ein Gemeindezentrum, an dessen Bau und Unterhalt wir uns alle beteiligten.«

Colonel Oberoi wuchs in einem Stammesgebiet der North-West Frontier Province auf, einer Gegend von außergewöhnlicher Naturschönheit, wo die Gipfel des Himalaya stets zu sehen sind und der Indus am stolzesten und opulentesten dahinströmt. Im August 1947 kam diese Region zu Pakistan, und Colonel Oberoi und seine Familie wurden zu Teilungsflüchtlingen.

»Damals war ich zur militärischen Ausbildung in Bombay stationiert. Meine Familie saß in Mardan, nicht weit vom Khyber-Pass, fest und konnte nicht nach Indien, weil meine Frau schwanger war. Ein muslimischer Kollege von mir, ein Captain Jabbar, kümmerte sich um sie: Er beherbergte sie in seiner Armeeunterkunft und sorgte dafür, dass ihnen nichts geschah: Außer meiner Frau waren da noch meine Schwester und ihr Mann, zwei Cousinen mit ihren Kindern, meine Tante und meine Mutter. Schreckliche Nachrichten kamen aus dem Gebiet, und ich war sehr besorgt. Zwei Wochen nach der Unabhängigkeit fuhr ich zur Evakuiertenbehörde in Amritsar. Freunde von mir, die Verwandte in Lahore hatten, wurden vom Militär über die Grenze eskortiert, um sie abzuholen, doch Mardan war dafür zu weit weg. Ich machte mir große Sorgen und wusste nicht, was ich tun sollte. Schließlich organisierte ich eine Luftbrücke für meine Familie. Ich erinnere mich noch genau an den Moment, als über Lautsprecher die Ansage kam: ›Die Familie von Lieutenant Oberoi wird ausgeflogen.‹

Aber meine Familie war nicht dazu imstande. Meine Frau war nicht transportfähig. Sie musste bis Oktober warten, bis unser ältester Sohn geboren war. Mittlerweile war es zu spät zum Ausfliegen. Captain Jabbar eskortierte sie deshalb persönlich nach Peschawar und gab sie dort in die Obhut eines Majors aus Haryana, der sie in einem Truppentransportzug über die Grenze brachte. In Delhi herrschte zu der Zeit das Chaos – es fuhren keine Züge. Ich konnte nicht nach Delhi, und sie auch nicht. Es verging noch ein Monat, bis wir endlich wieder vereint waren.«

Während er spricht, zeichnet Colonel Oberoi eifrig: Grundrisse von Häusern, Karten von den Umzügen der Familie.

»Ich war damals nicht in Delhi stationiert: Ich musste mit der Armee bald hierhin, bald dorthin. 1949 wurde ich zu einer langen Artillerieausbildung nach England abkommandiert. Danach war ich überall in Indien stationiert. Aber ich hatte keine eigene Unterkunft, und das war ein großes Problem. Meine Großfamilie lebte noch im Einzimmerhaus eines Verwandten in Delhi. Delhi war voller Flüchtlinge: Zweihunderttausend Menschen lebten noch immer in Zelten und strohgedeckten Hütten in den diversen Lagern, während die Regierung sich bemühte, Behausungen für sie zu finden. Ein Kollege von mir gab mir den Rat, mich nach einem leer stehenden Anwesen zu erkundigen. Man zeigte mir ein Haus, das von einer Muslim-Familie verlassen worden war, und ich ging zum Umsiedlungsamt und fragte, ob es mir zugeteilt werden könnte. Der Beamte dort meinte, ich käme nicht infrage, weil ich außerhalb von Delhi stationiert sei. ›Aber wir bauen eine Defence Colony‹, sagte er, ›und dort könnten Sie vielleicht eine Parzelle bekommen.‹

Die Behörden erleichterten es Militärpersonen, eines dieser Grundstücke zu erwerben: Sie boten ihnen Teilzahlung über mehrere Jahre an. Nach der Teilung wollte man Delhi zu einer Stadt hochgesinnter Menschen machen, die sich der nationalen Sache verpflichtet fühlten, und die besten der neuen ›Kolonien‹, die rings um die von Lutyens entworfene britischen Verwaltungsstadt wie Pilze aus dem Boden schossen, wurden Menschen überlassen, die nicht im öffentlichen Dienst tätig waren, deren Arbeit aber für die Nation wichtig war: Neben der Defence Colony gab es auch Areale, die für Journalisten, Juristen und ähnliche Leute reserviert waren. Geschäftsleute dagegen, deren Tätigkeit als vulgärer und selbstbezogener galt, wurden in den vergleichsweise abgelegenen Vierteln West-Delhis angesiedelt.

Ich habe mich hingesetzt und ein Gesuch verfasst. Tags darauf rief man mich an und teilte mir mit, dass meine Bewerbung angenommen worden sei. Ich kaufte das Grundstück. Als ich dann wieder nach Delhi verlegt wurde, haben wir dieses Haus gebaut.«

Eigentlich hatten wir vereinbart, dass mich Colonel Oberoi durch sein Hofhaus führen sollte, das anachronistischerweise in der neuen Stadt erbaut wurde, aber er besteht darauf, unser Treffen zur vereinbarten Zeit zu beenden – obwohl ich zu spät gekommen bin –, und so wird nichts mehr aus der Besichtigung. Es ist Zeit für seinen Gang auf den Markt. Wir erheben uns.

Ich frage ihn, was er in seine Notizbücher schreibt.

»Das ist meine Poesie«, sagt er.

»Sie schreiben auf Urdu?«

»Ich schreibe in vielen Sprachen. Meine Muttersprache war Saraiki, ein Punjabi-Dialekt, der an meinem Geburtsort gesprochen wurde. Meine Spielkameraden gehörten Paschtu sprechenden Stämmen an. Als Junge in den zwanziger Jahren sprach ich täglich sechs Sprachen: Saraiki, Punjabi, Hindi, Paschto, Englisch und Urdu. Briefe schrieb ich in drei Sprachen und drei verschiedenen Schriften: Hindi an meine Mutter und meine Schwester, Englisch an meine Freunde und Urdu an meine Onkel. Ich schreibe auch englische Gedichte. Aber Urdu ist die beste Sprache für Poesie.«

Über der Erwähnung von Poesie vergisst Colonel Oberoi, dass er es eigentlich eilig hat. Er möchte mir vorlesen. Aus dem Bücherregal nimmt er einen Stapel Notizbücher voller Gedichte.

»Ich schreibe seit siebzig Jahren Gedichte«, sagt er.

Vieles davon hat er in alte, unbenutzte Kalender geschrieben. Er blättert sie durch und sucht nach Gedichten, die er vorlesen möchte. Die Kalender haben etwas Rührendes, die Tage und Monate sind auf Englisch von links nach rechts und – für europäische Begriffe – von vorn nach hinten in Grau gedruckt, aber die handschriftlichen Gedichte verlaufen entgegengesetzt, also gewissermaßen gegen die Zeit. Colonel Oberoi liest mit tiefer, melodischer Stimme und legt nach jedem Gedicht eine Pause ein. Es sind seltsame Verse, die ungewöhnliche Kuriositäten ausdrücken. »All die Gefühle, die wir für andere Menschen haben – gibt es dafür einen Platz im Paradies? Denn wenn es dort nichts gibt, was uns verbindet, dann ist es für mich kein Paradies.«

»Jaise nadee ke bahaav main ek pathroon ka jaloos hai
Bahe jaa rahe hain ludak ludak
Wajood use na thahraav hai
Na lagaav ha na dosti hai
Na hai dushmanee
Chaahat nahin, nafrat nahin
Jannat hai uska naam agar jannat hamein nahin chahieye.«

Wie der Weg der Steine
Wirbelnd und taumelnd in der Strömung eines Flusses
Ohne Gesicht oder Wurzeln
Ohne Bindungen der Freundschaft
Oder der Feindschaft
Kein Verlangen, kein Hass –
Wenn ihr das Himmel nennt
Will ich nichts davon wissen.[23]

So streng und pflichtbewusst Colonel Oberoi ansonsten auch sein mag – in unserem Gespräch über Poesie kommt seine sanfte, lyrische Seite zum Vorschein. Zum Teil beruht dies auf den großartigen Naturbildern in der Erinnerung dieses Mannes, der schon so lange in einem der mittlerweile größten Ballungszentren der Welt lebt. Doch seine Urdu-Poesie bezeugt auch seine Treue zu einer untergegangenen Kultur, einer Kultur, die Hindus wie er einst mit Muslimen teilten, einer kosmopolitischen, vielsprachigen Kultur, in der Poesie und Geistesleben umfassenderen Ausdruck fanden.

»Wie denken Sie über die Teilung?«, frage ich ihn nach seiner Rezitation.

»Anfangs war ich sehr erbittert. Schließlich hatten wir uns Unabhängigkeit erhofft, und was haben wir bekommen? Ein in zwei Teile zerrissenes Land.«

Er verdeutlicht das mit einem alltäglichen Vergleich, der noch mehrmals wiederkehren wird.

»Zwei Brüder geraten in Streit und teilen am Ende das väterliche Grundstück auf.«

Seine Erbitterung richtet sich gegen die Politiker, unter deren Ägide Britisch-Indien geteilt wurde.

»Wir in den Streitkräften hatten einen Verhaltenskodex. Das Wohl des Volkes und des Landes kommt an erster, dein eigenes an letzter Stelle. Dieser Eid prangte an den Wänden unserer Militärakademie. Aber die Politiker hielten sich nicht daran. Sie hatten nur ihren Vorteil im Auge – zum Henker mit dem Land!«

»Waren Sie böse auf die Muslims?«

»Nein, warum denn? Ich war mit diesen Leuten aufgewachsen, und sie waren in derselben Lage wie wir. Der jüngeren Generation wurde eingebläut, sie müsste die Muslime hassen. Die alte Vertrautheit gibt es nicht mehr: Die Jungen sind mit Horrorgeschichten aufgewachsen. Aber wir mögen diese Leute.«

Er streicht sich den weißen Schnurrbart und sagt: »Kann ich Ihnen Tee anbieten?«

Zehntes Kapitel

1947

Der Wagen hupt fröhlich, als er sich der Hauptkreuzung nähert, als wären nur zehn andere Wagen auf den Straßen, als würden solche Signale nicht völlig im allgemeinen Getöse untergehen. Nachdem er seinen Warnruf ausgestoßen hat, reiht er sich gelassen in den tobenden Verkehr von sechzehn Millionen Menschen ein.

Dieser Ort hat für mich nichts Urbanes. Kein weltstädtisches Ethos taucht aus den Massen auf, die hier zusammenleben. So viele der Menschen, die die moderne Stadt geschaffen haben, kamen als Flüchtlinge aus kleinen Städten und Dörfern nach Delhi, und selbst nach Jahrzehnten leben sie immer noch hier.

Das Dominion Indien wurde am 15. August 1947 ins Leben gerufen. Durchlöchert von Hunderten von Fürstentümern, die sich nach wie vor ihre Unabhängigkeit bewahrten, wirkte das neue Territorium wie ein mottenzerfressenes Überbleibsel, abgerissen von einem viel größeren Gebilde namens British Indian Empire, aus dem in den mittleren Jahrzehnten des 20. Jahrhunderts nach und nach vier neue Nationen entstanden: Burma (1938), Indien und Pakistan (1947) und, durch dessen Teilung, Bangladesch (1971).

Das British Indian *Empire* wurde nicht so genannt, weil es Teil des britischen Empire war, sondern weil es selbst ein Superreich war, das eine enorme Vielfalt von Nationalitäten und Kulturen umfasste. Mit einer Bevölkerung, die in etwa der Europas entsprach, und einer ähnlichen Anzahl von Sprachen hätte es, unter anderen Umständen, genauso viele Länder hervorbringen können wie diese westliche Flanke der eurasischen Landmasse – oder noch viel mehr. In diesem Sinn warf das alte Empire weniger begriffliche Probleme auf als die aus ihm hervorgehenden Nationen. Imperien brauchen nicht zu verbergen, dass sie das künstliche Produkt länderübergreifender Macht sind. Hingegen muss eine »Nation« auf einer natürlichen Logik beruhen, und das ist ihr ewiges Problem. Wie die meisten der etwa hundert neuen Nationen des 20. Jahrhunderts hatten auch die im Entstehen begriffenen Staaten Südasiens keine geschichtliche Basis außer einer imperialistischen Eroberung, und sie verfügten auch nicht über eine gemeinsame Sprache, Kultur oder Ethnie, die ihnen hätte Kohärenz verleihen können. Sie waren sowohl zu groß als auch zu klein, um irgendeiner bekannten Kategorie zu entsprechen – und ihre neuen Verwalter suchten verzweifelt nach Symbolen und Slogans, die ihren Agglomerationen den selbstverständlichen Anschein von Heimat verliehen hätten.

Der Name »Pakistan« war ein solcher Versuch, Einheit aus der Vielheit hervorzuzaubern. Er war ein Akronym aus den Namen disparater Territorien, geprägt von einem Cambridge-Studenten namens Choudhary Rahmat Ali, der 1933 von dem Traum schrieb, eine eigene Nation für die »dreißig Millionen muslimischen Brüder zu schaffen, die in PAKSTAN leben – womit wir die fünf nördlichen Einheiten Indiens meinen, als da sind *P*unjab, die North-West Frontier Province (*A*fghanische Provinz), *K*aschmir, *S*ind und Belutschis*tan*.« Nachdem sich Mohammad Ali Jinnah, Pakistans erstes Staatsoberhaupt, für diesen Neologismus entschieden hatte, geriet er in Rage, als er erfuhr, dass das andere neue Land jenseits der Grenze sich »Indien« nennen würde. Er hatte geglaubt, seine Nachbarn würden das britische Wort mit all seinen kolonialen Assoziationen abschaffen und wie Pakistan einen unbelasteten Namen für die anbrechende neue Epoche einführen. Indem sie sich »Indien« nannten, gaben sie ihren jungen Staat als etwas Uraltes aus und taten so, als sei die gesamte mit diesem Namen verbundene Geschichte ihre eigene, als seien die Jahrtausende des Streits um die Länder jenseits des Indus – des Stroms Pakistans! –, alle die großen Zivilisationen der Region, ob sie nun auf dem Territorium dieses neuen Indien existiert hatten oder nicht, einzig und allein das Erbteil ihres geschrumpften Landes.

Indien nahm sich nicht nur den Namen, Indien bekam auch Delhi. Delhi war der Ort, an den die letzten zwei Imperien ihre Hauptstadt verlegt hatten, und diese Imperien, beide große Baumeister, hatten die monumentalen Gebäude geschaffen, die auf Anhieb nationale Würde schufen. Während die Regierung Pakistans mehr als ein Jahrzehnt lang ihren provisorischen Sitz in Karatschi hatte – so lange wartete sie auf den Bau einer neuen Hauptstadt –, konnten indische Staatsdiener die eindrucksvolle parlamentarische Infrastruktur nutzen, die als Symbol der britischen Herrschaft in Indien errichtet worden war und in die das Empire Millionen von Pfund und die Arbeitskraft einiger seiner besten Architekten gesteckt hatte. Als die Briten ihre Koffer packten und sich einschifften, zogen die neuen Minister Indiens in ihre mit Bougainvilleen bewachsenen Bungalows ein.

Doch die Stadt sollte nie wieder der Beamtenresidenz der Briten gleichen. Denn noch während die Flaggen des unabhängigen Indien über ihrer Gartenstadt gehisst wurden, strömten bereits Hunderttausende in die Stadt, die vor den Schrecken der Teilung des Empires flohen. Und vor allem daraus entstand die heutige Stadt.

Die Teilung des britischen Territoriums auf dem Subkontinent in ein neues »Indien« und »Pakistan« führte zu »einer der größten menschlichen Erschütterungen«[24] der Geschichte. Im Lauf weniger Monate zogen vierzehn Millionen Menschen in der einen oder der anderen Richtung über die neuen Grenzen im Nordwesten und im Osten. Bis zu zwölf Millionen dieser Flüchtlinge überschritten die vierhundert Kilometer von Delhi entfernte Nordwestgrenze, die den Staat Punjab in zwei Teile teilte: Vor allem Hindus und Sikhs wechselten auf die indische Seite, Muslims auf die pakistanische. Viele begaben sich auf die Flucht, weil sie Angst vor den gewaltsamen Repressalien hatten, die ihnen als religiöser Minderheit in ihrem bisherigen Staat drohten, und in der Tat war die Entwirrung dieser gemischtreligiösen Bevölkerungen von unerhörten Gewaltexzessen begleitet. Rund eine Million Menschen starb im Gefolge der Teilung Britisch-Indiens – einige an Hunger und Krankheiten, die meisten jedoch in den Massakern, an die man sich in Punjabi-Häusern noch immer mit Bitterkeit erinnert – nicht nur in Indien, sondern überall auf der Welt. Muslime im indischen und Hindus und Sikhs im pakistanischen Teil wurden in ihren Häusern und auf den Straßen niedergemetzelt, wurden noch aus abfahrenden Autos und Bussen gezerrt und umgebracht. Wenn später von der Zeit der Teilung die Rede war, wurde immer wieder erzählt, wie Züge mit Flüchtlingen erstürmt und alle Insassen niedergemacht wurden; die Züge fuhren trotzdem los und kamen wie Abgesandte der Hölle am Zielort an. Fünfundsiebzigtausend Frauen wurden in diesem gigantischen Strudel vergewaltigt oder verschleppt, und das wirkt sich noch heute auf die Beziehungen zwischen den Geschlechtern in diesem Teil des Subkontinents aus. Die Teilung war, mit einem Wort, eine ungeheure Katastrophe, einer von mehreren Fällen im 20. Jahrhundert, in denen Leid und Tod in unvorstellbarem Ausmaß durch Federstriche von Bürokraten verursacht wurden – in diesem Fall Federstriche der britischen Regierung und der designierten Regierungen Indiens und Pakistans, von denen jedoch keine jemals die Verantwortung für ihren Anteil an der Entwurzelung und Ermordung so vieler Menschen übernommen hat.

Was hat diese Gewaltorgie ausgelöst? Eine wirklich befriedigende Erklärung für die damaligen Ereignisse ist kaum möglich. Sogar die Täter selbst finden sie in der Rückschau unbegreiflich, denn sie waren damals eher Werkzeuge als Urheber der Raserei; seit sie sich aus ihrem Bann befreit haben, sind sie genauso ratlos wie alle anderen. Sicher wird keine rationale Deutung – Notwehr oder Besitzstreitigkeiten etwa – der außerordentlichen Brutalität dieser Exzesse gerecht. Denn was vormals so friedliche, in sich ruhende Städte wie Amritsar und Lahore überkam, war eine spontane Massenfantasie von einer Art, die sich jeder normalen Auslegung entzieht. Gegenstand dieser Fantasie, so könnte es scheinen, war die vollständige Ausmerzung anderer religiöser Gemeinschaften – Gemeinschaften, mit denen man immer eng zusammengelebt hatte, in denen man sich aber nun, da alles aus den Fugen geriet, plötzlich unbehaust fühlte im Sinne des deutschen Wortes »unheimlich«. Diesen Schluss muss man aus der Kastrationswirkung der Gewalt ziehen – denn wie bei ähnlichen Ausschreitungen, die durch die politische Trennung anderer fast völlig homogener Gemeinschaften ausgelöst wurden, wie zum Beispiel im ehemaligen Jugoslawien, war dies nicht einfach ein blindes Wüten. Es hatte eine spezifische Struktur, die sich nicht nur gegen eine Gemeinschaft richtete, sondern furchtbarerweise auch gegen deren Fortpflanzungspotenzial: Es gab nicht nur wahlloses Gemetzel, es gab auch auch die wiederholte zeremonielle Zurschaustellung ungeborener Föten und abgetrennter Penisse – und es gab in einem kolossalen Ausmaß Vergewaltigung mit dem Ziel genetischer Unterwerfung: *Ihre Kinder werden nicht ihre eigenen sein.*

Haben diese Gemeinschaften einander einfach gehasst? Hat das Aussetzen jeglicher ziviler Umgangsformen einfach dazu geführt, dass sich von jeher vorhandene mörderische Leidenschaften Bahn brechen konnten? Konflikte und Spannungen hatte es natürlich immer gegeben. Die Menschen definierten sich über ihre Zugehörigkeit zu bestimmten Religionsgemeinschaften und Kasten, und die daraus resultierenden Ausgrenzungen und Verdächtigungen wurden vom jeweils herrschenden System ausgenützt – nicht nur von den Moguln und den Briten, sondern später auch von den diversen Staats- und Bundesregierungen des unabhängigen Indien, mit vorhersehbar destruktiven Folgen. So gesehen ist es kaum verwunderlich, dass das Wort »communal«, das in jedem anderen Teil der englischsprachigen Welt Harmonie und Gemeinsamkeit meint, in Indien benutzt wird, wenn von gesellschaftlichem Zusammenbruch die Rede ist: Weil die »community«, also die Gemeinschaft, als notwendigerweise parteiisch und chauvinistisch gesehen wird, so dass ihre Interessen stets zu denen der Gesellschaft insgesamt in Widerspruch stehen.

Doch viele dieser alltäglichen Konflikte waren innerhalb religiöser Gruppen genauso virulent wie zwischen ihnen – Hindus verschiedener Kasten beispielsweise lagen oft miteinander im Streit. Und seltsamerweise ist die Erinnerung an die nordindische Kultur vor der Teilung ganz überwiegend nicht durch Feindschaft, sondern vielmehr durch interreligiöse Achtung und Harmonie gekennzeichnet: Menschen wie Colonel Oberoi – und mein Vater – lebten in der gemischtreligiösen Welt Britisch-Indiens mit einem Gefühl der Weite und der Fülle, an das sie mit inniger Wehmut zurückdenken. Diese Kultur war im Laufe vieler Jahrhunderte von all den Religionen gemeinsam geschaffen worden, und ungeachtet aller historischen Konflikte zwischen ihnen war ihre gemeinsame Welt reicher als die geteilte, die ihr folgte. Und das ist der springende Punkt.

Wer es nicht selbst erlebt hat, dem kann man nur schwer beschreiben, wie verheerend der Untergang einer Kultur ist – also die Vernichtung all dessen, wodurch eine Gesellschaft ins Dasein tritt, und daher auch des Ichs ihrer Mitglieder. Die Teilung von 1947 hat eine Kultur vernichtet – eine alte, gemeinsame Kultur –, und die physische Gewalt war Teil eines besinnungslosen Kampfes zur Vermeidung des psychischen Todes. Das neue Regime unabhängiger Nationen war enger als die alte Kultur, und damit sich die Menschen hineinzwängen konnten, war ein großes Opfer vonnöten: ein Prozess der Reinigung und Ausmerzung, der im Wesentlichen nie enden konnte, weil sein wahrer Schauplatz nicht im Äußeren lag, sondern im Selbst. Nicht nur Muslime fürchteten, im neuen Indien keinen Platz mehr zu haben: Auch Hindus waren zu muslimisch, um hier zu leben. In ihrer Raserei töteten sie nicht nur Muslime, sondern den *Islam*: den Islam, von dem sie immer ein Teil gewesen waren, den Islam, den sie in sich trugen, den Islam, den sie zunichtemachen mussten, wenn sie noch jemals dazugehören wollten.

Hass ist gar kein so mächtiger Auslöser für Gewalt wie allgemein angenommen. Liebe und der Wille zu überleben sind viel stärkere Kräfte. Die Gewalt der Teilung war die Gewalt von Menschen, die überleben wollten – nicht nur physisch, sondern auch spirituell und politisch. Und ihr Überleben hing von der Opferung einer Liebe ab, die in der modernen Welt nicht mehr erlaubt war.

Für die große Masse der Menschen brachen Furcht und Gewalt fast ohne Vorwarnung aus, und es blieb keine Zeit, die Flucht zu planen: Sie sperrten ihre Häuser zu und brachen auf, in Autos, Bussen und Zügen – vor allem aber zu Fuß, in Trecks von Hunderttausenden, Muslime in die eine, Hindus und Sikhs in die andere Richtung, ohne die geringste Ahnung, was die Zukunft bringen würde oder ob sie jemals zurückkehren würden. Mit wenigen Ausnahmen verloren die Überlebenden dieses schrecklichen Exodus alles, was sie nicht tragen konnten – bewegliche Habe, Häuser, Grundstücke, Firmen –, und sie mussten nach 1947 wieder ganz von vorn anfangen.

Auf der indischen Seite der Grenze ließen sich die Flüchtlinge nieder, wo sie konnten. Manche kamen bei Mitgliedern ihrer erweiterten Familie unter. Ein schnell wachsendes Lager in Kurukshetra im Punjab nahm zweihunderttausend Menschen auf, die es im Handumdrehen in eine provisorische Stadt verwandelten, mit Schulen, Krankenhäusern, Märkten und religiösen Festen – Festen, von denen manche an Ereignisse im *Mahabharata* erinnerten, dem uralten Epos, das einen verheerenden Krieg schildert, der genau an diesem

Ort, Kurukshetra, zwischen zwei Zweigen einer einzigen Familie ausgetragen wurde; die Parallelen zur Gegenwart müssen allen klar gewesen sein.

Im Lauf der Zeit siedelten sich die meisten dieser Flüchtlinge in Delhi an. Hier war es leichter, sich Zugang zu verschaffen, als irgendwo sonst: Als Hauptstadt der neuen Nation zeigte Delhi die größte Bereitschaft, Teilungsflüchtlingen Obdach, Sozialhilfe und Geschäftskredite zu gewähren; als relativ neu erbaute Stadt inmitten großer Areale unbebauten Landes hatte es auch die besten Möglichkeiten, dauerhafte Behausungen anzubieten. In der ersten Hälfte des 20. Jahrhunderts, in der es als Hauptstadt der Briten erbaut wurde, war die Bevölkerung Delhis nach und nach von etwa hundertfünfzigtausend auf knapp eine Million angewachsen; nach der Teilung kamen über Nacht eine Million Neubürger hinzu, und noch viele Jahre lang trafen weitere Teilungsflüchtlinge ein. Die große Leistung der Stadt nach 1947 war die Zuweisung von Parzellen für diese Neuankömmlinge auf Land, das der Staat für diesen Zweck von den Vorbesitzern – häufig den Aristokraten von 1911 – erwarb.

Wie immer in Zeiten von Chaos und Aufruhr gab es nicht nur Verlierer. Von fliehenden Muslimen aufgegebener Grundbesitz, besonders in Delhi, wurde von Hindu-Nachbarn in Beschlag genommen, die sich genau für ein solches Vorgehen bereit gemacht hatten; es gibt in Delhi viele Familien mit Grundbesitz, die keine plausible Erklärung für ihren Wohlstand vorbringen können. Auch der Staat beschlagnahmte in großem Umfang Grundbesitz von Flüchtlingen, darunter immense Werte, die der alten Muslim-Aristokratie gehört hatten. Im Allgemeinen ging es den Eliten jedoch sehr viel besser als allen anderen, und das nicht nur, weil sie das nötige Geld für die Flucht hatten. Vor allem hatten sie Zugang zu Informationen. Die meisten Menschen hatten keine Ahnung, was passieren würde, und konnten sich nur an Gerüchte halten, doch wer Zugang zum politischen Establishment hatte, war in der Lage, sehr viel konkreter abzuschätzen, was die Zukunft bringen würde und wie er obenauf bleiben konnte. Besitzer von größeren Anwesen und Geschäften waren besonders motiviert, sich über die zunehmende Teilungsrhetorik auf dem Laufenden zu halten, und viele von ihnen verkauften sicherheitshalber schon sehr früh. Solche Eliten konnten sich auch staatliche Ressourcen für ihre Zwecke zunutze machen: Oft war es die Armee, die ihnen half, ihre Familie und ihre bewegliche Habe südwärts oder ostwärts zu transportieren, in Gebiete, die in »Indien« liegen würden, sollte es zu einer Teilung kommen. Viele von ihnen kauften vor dem großen Ansturm Immobilien in Delhi und gründeten ein Geschäft, und ihre Nachkommen gehören noch heute zu den reichsten Menschen in der Stadt.

Anhand der Gewinner und Verlierer, der Kultur derer, die kamen, und der Abwesenheit derer, die gingen, lässt sich sagen, dass die Teilung mehr als alles andere die Entstehung dessen markiert, was man heute als die zeitgenössische Kultur Delhis ansehen kann. Die moderne Stadt entstand aus einem Trauma gewaltigen Ausmaßes, und ihre Kultur ist eine traumatisierte Kultur. Selbst jene, die lange nach der Teilung geboren wurden, selbst jene, die wie ich aus anderen Orten und anderen Vergangenheiten nach Delhi kamen, stellen alsbald fest, dass sie viele der posttraumatischen Ticks annehmen, die so charakteristisch für das Verhalten der Stadt sind. Deshalb erscheint Delhi denen, die aus anderen indischen Städten kommen, so emotional zerrissen – und so bedrohlich.

Weit mehr als der Holocaust, dessen Geschichten durch zahllose politische, juristische und dokumentarische Prozesse verbreitet wurden, liegen die Ereignisse der Teilung Britisch-Indiens nach wie vor ganz überwiegend unter einem Mantel des Schweigens. Der Holocaust gab dem Selbstverständnis des neuen Staates Israel gewaltigen Auftrieb, für Indien und Pakistan dagegen waren die Gewaltorgien der Teilung der Schandfleck ihrer Unabhängigkeit, und deshalb machten sie kein Aufhebens davon. Weder in Indien noch in Pakistan gibt es amtliche Archive über die Zeit der Teilung, staatliche Gedenkstätten oder Gedächtnisfeiern. Im Privatleben erzählten die Menschen, die diese Vorgänge miterlebt hatten, meist niemandem, was sie getan oder gesehen haben. Inzwischen haben Ersatzerinnerungen die Stelle echter Erinnerungen eingenommen, denn die Erlebniskette, die zu diesen Ereignissen zurückführt, ist abgerissen. Jede indische Teilungsfamilie erzählt die gleichen Geschichten: bewaffnete Muslim-Horden, die über entsetzte Familien herfielen, Frauen, die sich in Brunnen ertränkten, um der Schändung zu entgehen, Ströme von Blut, die wundersame Errettung von Babys, die im allgemeinen Gemetzel übersehen wurden, Dörfer, in denen »kein Mädchen zurückblieb« – denn Euphemismen drücken das Entsetzen beredter aus als eine klare Sprache. »Sie kamen mit blankgezogenem Talwar«, sagen sie und meinen damit einen verzierten Säbel, der mit mittelalterlichen muslimischen Herrschern assoziiert wird – womit der konkrete Terror von 1947 in zeitlosen, mythischen Schrecken übergeht. Den Sikh- und Hindu-Familien, die unversehrt aus dieser Katastrophe hervorgingen, bleibt das Andenken an einen transzendentalen Horror, der mit dem Islam selbst gleichgesetzt wird. Die Menschen, die zur Zeit der Teilung schon erwachsen waren, verfügten über persönliche Erfahrungen mit Muslimen, was ihrer Fantasie Grenzen setzte. Ihre Kinder, denen solche Erfahrungen fehlten, bevölkerten die durch das Schweigen der Erwachsenen entstandene Leere mit den entsetzlichsten, obszönsten Ungeheuern. Sie umgaben ihre eigenen Kinder mit demselben Schweigen, so dass, obgleich die Fakten verblassten, das verbleibende Trauma sich im Lauf der Zeit anreicherte wie DDT in der Nahrungskette. Delhi wurde von einer Katastrophe gepeinigt, die nie aufhörte, mochten auch noch so viele Jahre vergehen.

Die Familien, die vor dem Islam nach Delhi flüchteten, waren sich durchaus bewusst, dass sie ihr neues Leben auf muslimischem Land aufbauten, und während sie sich von der Vergangenheit abzuschotten suchten, stieg das Böse nach wie vor aus der Erde auf. Die neuen Siedlungen, in denen sie in den fünfziger Jahren unterkamen, entstanden auf uralten muslimischen Friedhöfen (man erinnere sich an Emma Roberts, die auf »die Gräber von einhundertachtzigtausend Heiligen und Märtyrern, die zu den Gläubigen gehörten«, hinabblickte), und islamische Geister schlichen sich in ihre Albträume. Mochten sie diese Geister auch von Priestern austreiben lassen, mochten sie auch noch so viele Talismane und Zaubermittel ins Fenster stellen – der Ansturm des Bösen war zu mächtig, als dass sie in Ruhe hätten leben können. Um sich zu schützen, trugen sie Ringe und Amulette, schauderten aber dennoch, wenn sie den Blick zu Boden richteten. Sie gruben die Erde nicht um: Ihre Gärten waren voller

Blumen in Töpfen und Bäume in Betonkästen, denn sie fürchteten sich davor, was zum Vorschein kommen mochte, wenn sie beim Pflanzen die Oberfläche verletzten. Väter schärften ihren Kindern ein, niemals einen Stein aufzuheben, denn er könne von einem Muslim zur »istibra« verwendet worden sein, zur rituellen Reinigung des Penis nach dem Urinieren. Es war verdorbene Erde.

Die »Punjabi-Kultur«, die Teilungsflüchtlinge nach Delhi brachten, wird oft wegen ihrer Betonung von Geld, Eigentum und äußerem Schein verspottet. Doch sie ist in gleichem Maße eine »posttraumatische« wie eine Punjabi-Kultur. Sie ist im Grunde das genaue Gegenteil der Sufi-Anschauung, die in früheren Zeiten die Kultur in diesem Teil der Welt so stark beeinflusst hat und für die nur das Innenleben authentisch, alles andere – Macht, Geld, Besitz – jedoch mit Zurückhaltung zu betrachten war. Die Dinge waren auf den Kopf gestellt worden. Die Bevölkerung glich in gewisser Hinsicht einem Trauma-Patienten, der eine der eigenen entgegengesetzte Persönlichkeit annimmt, um nicht erneut derselben Verletzungsgefahr ausgesetzt zu sein. *Die ursprüngliche Persönlichkeit mit all ihrer Toleranz und Beredsamkeit war verweichlicht*, schienen sie zu sagen, *und sie hat uns ins Unglück gestürzt. Von jetzt an werden wir uns nur noch um greifbare Dinge kümmern und uns von nichts und niemandem daran hindern lassen, so viele davon an uns zu raffen, wie es nur geht.*

Die Autofahrer in Delhi verbringen viel Zeit damit, dem Vordermann aufs Heckfenster zu schauen, dessen Winkel sich hervorragend dafür eignet, den geduldigen Himmel zu betrachten: Einsame Wolken ziehen, und gabelschwänzige Drachen kreisen in diesen Fenstern. Doch in die Heckfenster setzen die Leute auch ihre Unterschrift, als wollten sie damit gegen die Anonymität der Autokolonnen ankämpfen. Manchmal sind es persönliche Worte oder Namen, »Sunita und Rakesh« beispielsweise. Manchmal langatmige Bosheiten: »Fährst du wie ein Verrückter, damit du an der nächsten roten Ampel länger warten kannst?« Jungs spielen gern den Bösewicht: »Ich bin dein schlimmster Albtraum« oder »Ich fahre so, damit du dich tierisch aufregen kannst!« Andere Autos renommieren mit globaler Bildung: »Duke University« oder manchmal »Mein Kind ist auf der Northwestern.« Solche Aufkleber stammen meist von amerikanischen Unis. Oft ist der Inhalt auch spirituell: »Jesus liebt dich« taucht manchmal auf, Bilder von Sai Baba sieht man öfter. Ein Schwert symbolisiert den Kampfgeist der Sikhs. Einmal sah ich eine Mondsichel mit einem Scimitar: In einer Stadt, die seit Langem – schon weit vor dem 11. September – von der Kriegslüsternheit des Islam überzeugt ist, erschien mir das als eine Aufforderung zum Streit, und mir wurde klar, warum ich so etwas noch nie zuvor gesehen hatte.

Am allerhäufigsten sieht man jedoch den Namen »Rama« – oft zusammen mit einem Bogen, in den ein Pfeil mit einer todbringenden Spitze eingelegt ist.

Rama war ein Avatar des Gottes Vishnu, der Menschengestalt annahm, um die Welt vor dem Dämon Ravana zu erretten, dessen Macht durch jahrelange Meditation, Selbstverleugnung und körperliche Disziplin kosmische Dimensionen angenommen hatte. Am Ende vernichtete Rama den Dämon und wurde zum Kaiser der Welt gekrönt, die er reinigte und elftausend Jahre lang beherrschte. Der Rückkehr Ramas in seine Hauptstadt Ayodhya nach seinem Sieg über Ravana wird alljährlich mit dem Diwali-Fest gedacht, dem vielleicht bedeutendsten und populärsten aller großen Hindu-Feste, und die Jahrtausende seiner Herrschaft gelten als die glückselige Zeit allumfassender Tugend auf Erden: Der Kaiser kümmerte sich um alle Klagen, und es herrschten Friede und Gerechtigkeit für jedermann.

Diese Vorstellung von Hindu-Macht und -Tugend hat offenbar durch die jahrhundertelange Herrschaft nichthinduistischer Eroberer an Schärfe gewonnen. Es gibt eine Hindu-Melancholie, für die Rama ein Bild davon verkörpert, wie das Leben in diesem Teil der Welt hätte sein können, wäre das letzte Jahrtausend anders verlaufen: Wer den Namen Rama hinten auf sein Auto schreibt, protestiert damit auch gegen alles, was in diesen tausend Jahren schiefgelaufen ist, und das schließt auch die korrupten, teilnahmslosen Regierungen von heute ein. Traumatisierte Orte träumen von transzendentalen Helden, die die Verheerungen der Geschichte rückgängig machen können.

Es ist aber auch möglich, dass Rama den Autofahrern in Delhi nicht nur durch seine kriegerische Potenz und die scheinbare Verheißung eines Wiedererstarkens der Hindus imponiert. Vielleicht beruht seine Anziehungskraft auch auf intimeren Eigenschaften.

Das Klischee über Rama besagt, dass er der perfekte Mann sei, die Inkarnation aller Tugenden. Das führt so weit, dass schwangere Frauen das Epos seines Lebens, das Ramayana, laut lesen, um seine Vollkommenheit auf ihre ungeborenen, hoffentlich männlichen, Kinder zu übertragen. Das Erstaunliche an dieser Weisheit ist, dass sie auf den ersten Blick so gar nicht zu den Geschichten über Rama passen will, in denen er eher als ein mit schweren Mängeln behafteter, schwacher Mann erscheint.

Als großer Krieger und Sohn der ersten Gattin des Königs ist Rama Anwärter auf den Thron von Ayodhya. Die zweite Gattin erwirkt vom König das Versprechen, ihr eine noch nicht ausgesprochene Bitte zu erfüllen, die sie dann wie folgt äußert: Rama soll in die Verbannung geschickt werden, damit ihr eigener Sohn, Bharata, den Thron besteigen kann. Das Versprechen gilt, und Rama lehnt sich nicht dagegen auf: Mit seiner Gattin Sita und seinem Bruder Lakshmana zieht er los, um Jahre des Unglücks und der Entbehrung im Wald zu erdulden. In dieser Zeit begegnet er einer umherziehenden Witwe, Surpanakha mit Namen, die sich in seine Schönheit verliebt. Sie nähert sich ihm, doch er sagt ihr, dass er mit Sita vermählt ist, und weist sie zurück; anschließend machen sich er und Lakshmana über ihre Hässlichkeit lustig. Surpanakha geht aus Eifersucht auf Sita los, und Lakshamana schneidet ihr die Nase ab.

Surpanakha ist jedoch die Schwester des großen Dämons Ravana, der ob ihrer Entstellung in Zorn entbrennt. Er entführt Sita und verschleppt sie in seinen prunkvollen Palast in Lanka. Ravana, der seine Macht durch Gelehrsamkeit und Ergebenheit gegenüber Shiva erlangt hat, versucht, Sita durch das Versprechen von Wohlstand und Luxus zu verführen, doch sie weist alle seine Avancen zurück. Schließlich fallen Rama und Lakshmana mithilfe des Affengottes Hanuman in Lanka ein, töten Ravana und retten Sita.

Doch Rama wird von Zweifeln geplagt, was zwischen Ravana und Sita geschehen sein mag, und er weigert sich, sie zurückzunehmen. Weinend beschließt Sita, ihre Reinheit zu beweisen, und springt ins Feuer. Sie kommt unversehrt daraus hervor, Rama ist überglücklich und kehrt mit Sita nach Ayodhya zurück, wo er den Thron besteigt. Das Zeitalter der Tugend beginnt.

Die Menschen von Ayodhya sind jedoch verunsichert durch das Beispiel, das Rama gegeben hat: Sie glauben, die Frauen des Königreichs würden verdorben, wenn sie erfahren, dass ihr König eine Frau zurücknimmt, die mit einem Dämon zusammengelebt hat. Rama ist sich seines eigenen Urteils nicht mehr sicher und verbannt Sita in den Wald, wo sie seine Zwillingssöhne gebiert und von einem Weisen aufgenommen wird. Als Rama später einmal dem Weisen begegnet und von Sita und ihren Kindern erfährt, rührt ihn die Erinnerung an seine Gattin, und er bittet sie, zu ihm zurückzukommen und erneut ihre Tugend unter Beweis zu stellen. Der Weise schwört, dass sie Rama treu geblieben ist, und alle Götter steigen vom Himmel herab, um dies zu bestätigen, doch Rama verlangt noch mehr Beweise. Sita spricht: »So wahr ich kein einziges Mal an einen anderen Mann als Rama gedacht habe, möge die Göttin Erde ihre Arme für mich öffnen!« – und prompt tut sich die Erde auf und verschlingt sie. Offenbar kann nur Sitas Tod Rama von ihrer Reinheit überzeugen: Nun entströmt ihm die Liebe ungehemmt, und er betet darum, dass sie ihm zurückgegeben werde, doch es ist zu spät.

Rama ist zweifellos ein von außerordentlichen Antrieben gesteuerter Mensch: Seine Bereitschaft, auf seinen politischen Ehrgeiz zu verzichten und sein Dasein im Wald zu fristen, spricht für eine erstaunliche Unterordnung unter den Willen seines Vaters. Es bleibt aber das Gefühl, dass ihm etwas fehlt, gerade auch darin: Ist sein Gehorsam nicht eher zwanghaft, so als besäße er keine eigene Sicht der Dinge und hielte Ausschau nach etwas, und sei es etwas Negatives, um sich nicht zu verlieren? Erscheint er nicht wie jemand, der keine eigenen Wertvorstellungen hat und deshalb unzuverlässig und lieblos wird und sich an starre Regeln klammert? Er ist ein ernster, strenger Mensch, dieser Rama, und lässt einen eher kalt: Er spricht wenig, und was er sagt, weckt keine Begeisterung oder Liebe. Er ist fast zufrieden in seiner Selbstverleugnung: Nicht in der Unbill des Waldes, sondern gerade dann, als er alles zurückbekommt – seine Frau, seine Stadt, seinen Thron –, beginnt er zu scheitern. Zwar kämpft er wie besessen um seine Frau – weil er weiß, was der Verstoß gegen eine

Regel bedeutet –, doch als sie zu ihm zurückkommt, hasst er sie, nicht dafür, was sie getan hat, sondern dafür, was ihr angetan wurde. Es ist gefährlich, von solch einem Mann geliebt zu werden: Er kann ein ganzes Heer aufbieten, wenn man ihm geraubt wurde, doch ist man an seiner Seite, wird er von Misstrauen und Verachtung geplagt. Ihn treibt der Gedanke um, dass andere sich womöglich nicht selbst verleugnen wie er, und er malt sich aus, welch ungeahnten Freuden sie sich hingeben.

Interessanterweise sieht man kaum jemals den Namen Krishnas auf der Heckscheibe eines Autos, dabei wäre der achte Avatar Vishnus genau genommen ein viel attraktiveres Ego-Ideal als der siebte. Rama ist dem Brauch nach vollkommen, Krishna ist es theoretisch und theologisch: Er ist die »vollkommene Inkarnation«, die alle sechzehn Attribute menschlicher Vollkommenheit in sich vereinigt. Rama weist nur dreizehn auf; die drei, die ihm fehlen, sind: eine beispiellose Fähigkeit zu romantischer Liebe, eine unwiderstehliche musikalische Begabung und eine ungewöhnliche Liebenswürdigkeit und Sinnlichkeit.[25] Wie Rama ist auch Krishna ein Krieger und ein Mann der Weisheit und des moralischen Ernstes, aber ihm eignen auch der Humor, die Beredsamkeit und die geistige Weite, die Rama fehlen. Er schämt sich nicht seiner Sinnlichkeit und seiner Begierden: Seine Liebe zu Frauen ist erotisch und überwältigend, und er kennt die poetische Sehnsucht nach der fernen Geliebten. Wie Rama ist auch Krishna schön, aber Frauen, die ihn lieben, bekommen nicht die Nase abgeschnitten, sondern er liebt sie und bringt ihnen auf seiner Flöte ein Ständchen.

Doch trotz der gewaltigen Zahl seiner erotischen Eroberungen haben Krishnas emotionale Fülle und sein Flötenspiel im Wald etwas Unmännliches. Ist er deshalb kein geeignetes Maskottchen für unsere draufgängerische Zeit? Oder zumindest nicht für ihre Männer? Man gehe auf eines der bedeutenden Krishna-Feste, und man wird sich inmitten von Frauen und Kindern wiederfinden, die Bilder von einem verspielten Kleinkind und einem Flöte spielenden, sensiblen Mann betrachten. Auf Festen für Rama dagegen wird man feststellen, dass Männer den Ton angeben, die ihre Flammen beispielsweise vor den Bildwerken Ravanas entzünden, die für die Dussehra-Nacht aufgestellt wurden. Mir kommt ein Gedanke: Wenn »Rama« auf die Heckscheiben so vieler Autos in Delhi geschrieben wird, dann vielleicht nicht nur, weil er ein ferner, unerreichbarer Held ist, sondern auch deshalb, weil er jemand ist, der sehr nahe ist, jemand mit liebenswerten Fehlern, jemand, dessen jähe Gewaltausbrüche ihn gerade zu einem beruhigend vertrauten Rollenmodell machen.

Kolonialisierte Länder stellen sich ihre Befreiung oft im Sinne einer phallischen Wiederherstellung vor. Da sie unter den Briten von der Regierung ihres eigenen Landes ausgeschlossen waren, beklagten Aktivisten für die Selbstbestimmung Indiens die politische Entmannung und Infantilisierung des indischen Mannes und sehnten sich nach einer Zeit, in der er wieder ein richtiger Mann sein würde. Doch als dann die erträumte Wiederherstellung eintrat und die Inder die politische Kontrolle über ihre eigene Nation zurückgewannen, wurden sie in diesem nördlichen Teil des Landes für immer entmannt, und zwar auf viel schrecklichere, unvergesslichere Arten. Manche wurden in den Gewaltexzessen der Teilung buchstäblich kastriert, noch viel mehr aber auf entsetzliche Weise in ihrer Männlichkeit verhöhnt: Man vergewaltigte, ermordete, entstellte oder verschleppte ihre Frauen. Die latente Entmannung durch den Kolonialismus hatte sich als vorübergehend erwiesen, jedoch in einem Gemetzel geendet, dessen genitale Verstümmelungen, im wörtlichen oder übertragenen Sinne, nicht mehr rückgängig zu machen waren. Die Erinnerung an diese Wunden liefert die historische Erklärung für alles, was wir über die Schwäche nordindischer Männer gesehen haben, deren Frauen sich in Sehnsucht nach der emotionalen Unversehrtheit von Männern aus Bombay oder anderen entfernten Orten verzehren.

Für viele nordindische Familien ist vor allem die Entführung von Frauen nicht einfach nur ein mythologisches Ereignis. Zehntausende Frauen wurden während der Teilung verschleppt und blieben bei ihren Entführern, indes ihre Angehörigen und Verwandten ihr Heil auf der anderen Seite der neuen Grenze suchten.

Dass der neue Staat Indien sich so sehr darum bemühte, entführte Sikh- und Hindu-Frauen aus Pakistan heimzuholen, lag daran, dass die indische Mannesehre davon abhing: Wie aus der Mythologie bekannt, war die Rettung einer geraubten Frau oberste Pflicht eines Mannes. So wie jede einzelne Entführung eine Kränkung eines Vaters oder Ehemanns war, wurde auch die Gesamtheit der Entführungen als Beleidigung der staatlichen Autorität aufgefasst, und es war unerlässlich für das Virilitätsbewusstsein des neuen Staates, dass die geraubten Frauen nach Hause geholt wurden. Im November 1947 erklärte die Kongresspartei:

> »[I]m Laufe dieser Wirren [wurden] unzählige Frauen auf beiden Seiten entführt, und es kam zu Zwangskonvertierungen großen Stils. Kein zivilisiertes Volk kann solche Konvertierungen anerkennen, und es gibt nichts Schändlicheres als die Entführung von Frauen. Daher muss alles getan werden, um diese Frauen in Zusammenarbeit mit den betroffenen Regierungen in ihre Heimat zurückzuführen.«[26]

Tausende Frauen wurden daraufhin nach umfangreichen Ermittlungen auf beiden Seiten ausfindig gemacht und zu ihren Familien zurückgebracht. Keine Rücksicht wurde dabei allerdings auf die Wünsche der Frauen selbst genommen, von denen viele gar nicht repatriiert werden wollten. In vielen Fällen waren schließlich Jahre verstrichen, und das Leben war weitergegangen. Wenn die Beamten kamen, um sie aus ihrer Umgebung herauszureißen, erklärten sie oft, sie seien mit ihrer neuen Religion zufrieden, sie seien glücklich mit ihrem neuen Ehemann, hätten jetzt Kinder und wollten nicht erneut alles verlieren – doch sie wurden trotzdem abtransportiert. Und dies, obwohl die Rückkehr »nach Hause« sich für viele dieser Frauen als Albtraum erwies. So berichteten Sozialarbeiter staatlichen Stellen von ihren Erfahrungen mit entführten Frauen:

> »Sehr geehrte Herren, wir, die mit diesen Aufgaben unmittelbar betrauten Sozialarbeiter, stehen vor vielen Fragen, wenn wir uns einer dieser Frauen nähern. Die Frauen sagen: ›Sie sind gekommen, um uns zu retten; Sie sagen, Sie sind gekommen, um uns zu unseren Verwandten zurückzubringen. Sie behaupten, unsere Verwandten warteten sehnsüchtig darauf, uns wieder bei sich zu haben. Sie kennen unsere Gesellschaft nicht. Das ist die Hölle. Man wird uns umbringen. Deshalb unsere Bitte: Schicken Sie uns nicht zurück.‹«[27]

Die Angst der Frauen war nur allzu berechtigt. In den Geschichten, die man sich in Hindu-Familien von den Schrecken der Teilung erzählte, hatten sich »reine« Frauen in Brunnen ertränkt, um nicht von Muslimen entehrt zu werden – wie Sita hatten sie ihre Tugend durch ihren Tod besiegelt. So sollte das Drama enden. Frauen, die versuchten, wieder in ihrer eigenen Familie Fuß zu fassen, nachdem sie Jahre im Palast des Dämons verbracht hatten, stifteten ungeheure Verwirrung. Viele von ihnen hatten die Liebe muslimischer Männer kennengelernt – deren sexuelle Potenz in Hindu-Albträumen als dämonisch erschien –, und sie konnten keinesfalls mehr als legitime Hindu-Frauen gelten. Ihr Los war schlimmer als der Tod: Sie waren am Leben und erinnerten ihre Väter, Brüder und Ehemänner auf unerträgliche Weise daran, dass sie als Männer versagt hatten. Manche blieben Ausgestoßene, viel mehr wurden abgewiesen und manche sogar ermordet. Fast alle wurden aus dem Gedächtnis gestrichen. Zahllose Frauen aus jener Zeit verschwanden aus den Familiengeschichten: Kinder wuchsen mit schemenhaften Vorstellungen von Tanten und älteren Schwestern auf, die sie nie zu sehen bekamen und von denen nie wieder gesprochen wurde.

Das Gefühl einer historischen Kastration verschwand nicht aus der nordindischen Gesellschaft. Ganz im Gegenteil. Eine der ersten Regeln, die man als neu Zugezogener in Delhi lernte, war, dass man einen Mann nicht in der Öffentlichkeit beleidigen oder auf seine Fehler hinweisen durfte: Fast jede Woche starb jemand in der Stadt, weil er einen Mann wegen seines Fahrstils, seines lauten Auftretens oder seiner anzüglichen Bemerkungen einer Frau gegenüber zur Rede gestellt hatte. So schrieb die *Hindustani Times* Anfang 2010 in einem Rückblick auf die Morde des vergangenen Jahres:

> »Ein Mann wurde von einem Nachbarn ermordet, weil er dessen Hund im Dorf Ranhola in Outer Delhi getreten hatte. Ein anderer wurde getötet, weil er sich in der Schlange vor einer öffentlichen Toilette in Civil Lines, Nord-Delhi, vorgedrängt hatte. In der New Friends Colony in Süd-Delhi kam es zu einem Mord, als ein Mann sich weigerte, einen anderen mit seinem Handy telefonieren zu lassen.
>
> Die Polizei in Delhi hat im vergangenen Jahr 523 Mordfälle re-

gistriert, gegenüber 528 Fällen im Jahr 2008. Davon waren 15 Prozent auf ›plötzliche Provokation‹ zurückzuführen – die juristische Umschreibung für Delhis berüchtigte Hitzköpfigkeit –, 17 Prozent waren Verbrechen aus Leidenschaft. Nur 16 Prozent wurden in krimineller Absicht begangen.

›Letztes Jahr geschahen einige der vom Motiv her gesehen bizarrsten Mordtaten‹, berichtete Polizeipräsident Y. S. Dadwal auf der Annual Police Conference am 2. Januar.

Psychiater führen das darauf zurück, dass es zu wenig Möglichkeiten gibt, seinen Zorn abzureagieren, und dass zu wenig über den Umgang mit Zorn aufgeklärt wird. ›Hinter solchen Fällen kann vielerlei stecken, was zur Kultur jeder Weltstadt gehört‹, erklärt Psychiater Dr. Rajesh Sagar, AIIMS, ›von Machotum bis zu übersteigerter Impulsivität.‹

›Die Menschen in der Stadt ändern sich mit ihr. Es fällt ihnen schwer, Emotionen zu kontrollieren‹, sagt Dr. Rajat Mitra von der NGO Swanchetan, die mit der Polizei von Delhi zusammenarbeitet.«[28]

Die Hauptstadt zeichnete sich zunehmend durch eine hyperaggressive Maskulinität aus, die in den Jahren nach 1991 sämtliche Hemmungen zu verlieren schien. »*Wer sind Sie, dass Sie meinen, mir Vorschriften machen zu können?*«, schrie ein Mann und schlug einen anderen ins Gesicht. Denn das Zeitalter der Globalisierung hatte die Abschaffung aller Verhaltensgrenzen mit sich gebracht, und niemand mehr, schon gar nicht ein Fremder, durfte einem sagen, was man zu tun und zu lassen hatte. Immer häufiger wurde das Wort »Sklave« gebraucht, um eine historische Epoche zu beschreiben: »Wir waren zu lange Sklaven; jetzt kann uns niemand mehr herumkommandieren.«

In Delhi verkörpert eine aufsteigende Klasse von Politikern/Geschäftsleuten diese neue indische Kraftmeierei am vollkommensten, und die Stadt wurde zur Bühne für ein neues, psychotisches Männlichkeitsmodell, das in seinem Streben nach phallischem Prestige jede gesellschaftliche und sogar juristische Zurückhaltung fahren ließ. Viele groß aufgemachte Artikel auf den Lokalseiten der Zeitungen betrafen um das Jahr 2000 die Sprösslinge mächtiger Familien, die offenbar meinten, dank ihrer gesellschaftlichen Stellung hätten sie ein Anrecht darauf, ihre brutale Maskulinität ungehemmt auszuleben. 1999 beispielsweise erschoss Manu Sharma, Sohn eines Kongressabgeordneten, der sich aufgrund seiner politischen Position ein millionenschweres Firmenimperium mit Hotels, Vergnügungslokalen, Zuckerfabriken und Landwirtschaft aufgebaut hat, das bekannte Model Jessica Lal, weil sie ihm als Barfrau bei einer Prominentenparty einen Drink verweigert hatte. Sharma war mit ein paar Freunden aufgetaucht, unter denen sich auch Vikas Yadav befand, ebenfalls Sohn eines reichen Politikers, der sich vermutlich für unangreifbar hielt, weil es seinem Vater immer wieder gelang, sich einer Strafverfolgung wegen seines Gangstertums zu entziehen. Lal sagte den jungen Männern, sie seien zu spät gekommen, die Bar sei bereits geschlossen. Sharma bot ihr tausend Rupien [zwanzig Dollar] an, aber sie antwortete, dass er trotzdem keinen Tropfen Alkohol bekommen würde. »Für tausend Rupien könnte ich auch einen Schluck von dir bekommen«, erwiderte Sharma und zog eine Pistole. Er gab einen Schuss in die Luft ab und schoss ihr dann in den Kopf. Anschließend verließ er mit seinen Freunden die Bar.

Das Restaurant war voller Zeugen, und Sharma selbst gestand vor Fernsehkameras, dass er sie erschossen hatte – »Es war mir unangenehm zu hören, dass ich nicht einmal für tausend Mäuse einen Drink bekommen würde«. In der Gerichtsverhandlung wurde er dennoch von der Anklage des Mordes freigesprochen, vor allem weil zweiunddreißig Zeugen ihre ursprüngliche Aussage zurückzogen. Der Prozess wurde später wiederaufgenommen, zum Teil aufgrund verdeckter Ermittlungen der kritischen Zeitung *Tehelka*, die Beweise für die Einschüchterung und Bestechung von Zeugen durch Manu Sharmas Familie, einschließlich seines Vaters, erbrachte, und Sharma wurde zu lebenslanger Haft verurteilt.

Manus Freund Vikas Yadav kam später selbst in die Schlagzeilen. 2002 verschleppten Vikas und sein Bruder Vishal den vierundzwanzigjährigen Freund ihrer Schwester von einer Hochzeitsfeier, luden ihn in ihren Tata-Geländewagen und ermordeten ihn. Sie hatten die Beziehung zwischen ihrer Schwester und dem Mann missbilligt, und wie wir wissen, führt der Verlust der Kontrolle über die Frauen der Familie bei nordindischen Männern oft zu unbeherrschten Wutausbrüchen.

»Als ich Nitish auf der Feier sah, kamen Vishal und ich zu dem Schluss, dass das eine hervorragende Gelegenheit wäre, die Sache zu regeln, eine Chance, die wir nicht noch einmal bekommen würden [...]. Ich forderte Vishal auf, mit Nitish nach draußen zu gehen. Es war Mitternacht. Vishal und ich ließen Nitish auf dem Beifahrersitz unseres Tata Safari Platz nehmen. Vishal und Sukhdev Pehalwan saßen hinten. Ich fuhr. Wir erreichten die Balwant Rai Mehta Lane gegen 1.30 Uhr und hielten an. Nitish musste sich nach hinten setzen, und Vishal und Pehlwan hielten ihn fest. Ich fuhr weiter und hielt irgendwo zwischen Bulandshar und Khurja. Mit einem Hammer schlug ich Nitish mit aller Kraft auf den Kopf. Er wurde bewusstlos, und bald darauf war er tot. Wir fuhren einen Kilometer und warfen seinen Leichnam auf die Straße. Vishal nahm Nitishs Handy aus der Tasche seiner Kurta. Außerdem nahm er Nitish die Armbanduhr ab und versteckte beides im Gebüsch. Den Hammer, mit dem ich Nitish ermordet hatte, versteckte ich ebenfalls im Gebüsch. Dann zapften wir Diesel aus dem Tank unseres Wagens ab, schütteten es über die Leiche und steckten sie an. Dann fuhren wir nach Delhi zurück.«[29]

Vikas Yadav war früher einmal einer Verurteilung wegen Mordes entgangen, doch diesmal reichten nicht einmal die einschlägigen Beziehungen seiner Familie aus, um ihm aus der Patsche zu helfen, und beide Brüder wurden schließlich zu lebenslanger Haft verurteilt. Viele andere gewaltsame Todesfälle im Umkreis von Delhis reichen jungen Leuten verschwanden jedoch auf unerklärliche Weise ganz plötzlich aus den Medien oder wurden durch irgendwelche an den Haaren herbeigezogene Beschlüsse neutralisiert.

Tief in der Seele der Stadt war etwas Dunkles, Verhängnisvolles. Doch wie alles Dunkle übte auch Delhi eine starke Anziehungskraft aus. Es versprach schreckliche, verbotene Genüsse. Nicht nur die Familien der Flüchtlinge von 1947 verkörperten den zerrissenen, unberechenbaren Charakter der Stadt. Delhis Faszination war ekelerregend und dennoch insgeheim köstlich: Man gab sich ihr hin und merkte erst, wenn man mit Außenstehenden sprach, wie korrupt man geworden war. Die Menschen strömten nicht nur deshalb scharenweise in die Stadt, weil sie wie New York Großartiges bereithielt – »Wenn ich es dort schaffe, schaffe ich es überall« –, obwohl »es schaffen« im finanziellen Sinn durchaus ein wichtiges Kriterium war.

Nein, es war mehr als das. Delhi versprach selbst den reinsten Seelen gewaltsame, dämonische Freuden. »*Kommet her zu mir, alle die ihr beschissen wurdet*«, flüsterte es ihnen zu, »*und ich zeige euch, wie ihr andere bescheißen könnt.*«

Eines Abends gehe ich zu einem Qawwali-Konzert im Park des India International Centre, einer bekannten kulturellen Einrichtung im Zentrum Delhis. Musiker aus Pakistan sind gekommen. Als es zu dunkeln beginnt, nehmen sie ihre Plätze ein. Hoch am Himmel fliegen Scharen kreischender Sittiche, die ihren Richtungssinn wiederfinden, wenn die Sonne den Horizont berührt, in geraden Linien heimwärts. Die ersten Fledermäuse flattern zwischen den Bäumen umher.

Es ist ein Wochentag, und die Zuhörer kommen direkt von der Arbeit. Schmallippige Hindu-Bürokraten mit Blazer und Krawatte schlurfen durch die Plastikstuhlreihen, hektisch und noch nicht bereit für die Musik.

Die Musiker nehmen von der Unruhe um sie herum keine Notiz. Ihre Musik schwingt sich vom ersten Moment an zu ungeahnten Höhen der Ekstase und der Sehnsucht auf, ihre Stimmen erheben sich eine nach der anderen zum weiten Himmel, Trommeln füllen den statischen Garten mit Tanz, Hände greifen nach dem Himmel. Der Vorsänger ist ein Mann von überirdischer Anziehungskraft, stattlich und mit hängenden Wangen. Schwerelos zeichnen seine Finger Schall in die Luft, und seine Stimme fließt über von jeder Art spirituellen und sinnlichen Verlangens. Er trägt eine strahlend weiße, am Halsausschnitt mit Stickerei verzierte Kurta und ein Kopftuch, das er wie eine Mähne herumwirft.

Im Lauf der ersten rund vierzig Minuten geht mit dem Publikum eine erstaunliche Wandlung vor sich. Die Männer verfallen vor Entzücken in spontane Bewegungen – was ihnen anfangs jedoch peinlich ist, so dass sie sich nach jeder ausholenden Geste verlegen umblicken. Doch die Stimmung greift um sich, und schon bald kann sich ihr niemand mehr entziehen: Die Leute geben ihre Zurückhaltung auf, springen vor Begeisterung auf, klatschen aus vollem Herzen, wiegen sich und stoßen laute Rufe aus. Irgendetwas ist von außen über sie gekommen: Ihre Körper bewegen sich auf ungewohnte Arten, und unter Stöhnen sprechen sie Worte aus, die von anderswoher kommen. Sie gehen zur Bühne, um Geld zu spenden! – und die Hindu-Frauen verhüllen ihr Haupt und beugen sich vor den Fremden, *Salaam*! Der Islam entströmt diesen Menschen, die nächtens wach liegen, gepeinigt von der Furcht, ihre Tochter könnte einen Muslim heiraten. Diese Menschen, die noch nicht einmal geboren waren, als diese Gesten ein Muss waren, kennen sie trotzdem.

Seht sie an, die Männer im Publikum, diese fantasielosen Beamtenseelen, die dienstags fasten und sich für tugendhaft halten, weil sie sich dieses oder jenes Vergnügen versagen; diese misstrauischen Männer, deren brahmanische Ängste sie hindern, auswärts zu essen, sich unter Fremde zu mischen oder auf der Straße zu gehen, diese pflichtbewussten Männer, die hart arbeiten, aber wenig sprechen; seht sie an, diese Männer, die so darauf dressiert sind, das Weibliche in sich abzutöten, dass sie sich nicht daran hindern können, auf Mädchen und Frauen herumzutrampeln – seht, wie sie den Sufi auf der Bühne begehren, den weinenden, melodischen, schönen Muslim mit der überbordenden Leidenschaft, den Mann der Poesie und Beredsamkeit, den Mann des universellen Verlangens, den Mann, der seine Gefühle nicht geopfert hat, der nie gelernt hat, dass Ekstase und Gesang weibisch sind –, seht, wie sie ihn in sich aufnehmen und sich mit ihm zu füllen suchen. Wie seine Gesten sich auf ihre eigenen übertragen, wie seine Leidenschaft ihre Gesichter leuchten lässt. Seht, wie dieser Muslim ein Feuer in den Herzen dieser Hindus entzünden und sie befreien kann – seht, wie er sie in alles wiedereinsetzen kann, was sie einmal gewesen sind.

Elftes Kapitel

Ein reicher Juwelier kaufte sich für fünfunddreißig Millionen Rupien [700 000 Dollar] einen Lamborghini. Weil er ihn auf Delhis verstopften Straßen nicht ausfahren konnte, verkaufte er ihn wieder, für zweiundzwanzig Millionen Rupien [440 000 Dollar] an den siebenundzwanzigjährigen Sohn eines Immobilienmaklers. Der junge Mann war frisch verheiratet und sagte seiner Familie nichts von dem Kauf. Er versteckte das Auto und fuhr es nachts. Eines Tages verlor er um halb sechs Uhr morgens bei zweihundert Stundenkilometern die Kontrolle über den Wagen und krachte in die Leitplanke. Er war sofort tot, ein Radfahrer wurde schwer verletzt.

Der Verletzte war der fünfundfünfzigjährige Hausmeister einer Schule, der jeden Morgen eine Stunde zur Arbeit fuhr, aus Gesundheitsgründen mit dem Rad statt mit dem Bus. Er war seit zwanzig Jahren an der Schule; morgens musste er als Erster da sein, um aufzuschließen.

Nach dem Unfall wurde er mit schweren Kopfverletzungen ins Krankenhaus eingeliefert. Die Schule bot finanzielle Unterstützung für die Notoperation an, doch um zu verhindern, dass er gelähmt blieb, wurden weitere Operationen notwendig. Sein Sohn erklärte, er wisse beim besten Willen nicht, wovon die Familie diese Behandlung bezahlen sollte, deren Kosten sich, so die Befürchtung, auf 150 000 Rupien [3000 Dollar] belaufen würden.

Als ich vor einigen Jahren eine neue Wohnung suchte, hatte es mir ein Apartment nicht weit von einem der alten Stadtteile Delhis angetan. Die Miete lag viel höher, als ich eingeplant hatte, aber die Wohnung war so perfekt, dass ich dem Eigentümer, einem Punjabi-Geschäftsmann, spontan einen Scheck für die Kaution übergab. Der Mann war achtzig Jahre alt und leitete noch immer das von ihm gegründete Unternehmen, eine Fabrik für elektrische Großgeräte, die in die ganze Welt exportiert wurden. Er war sehr erfolgreich und besaß in Delhi zahlreiche Immobilien. Seine Frau servierte zur Feier unseres Abschlusses Tee und Konfekt, und er erzählte mir, wie er 1947 als junger Marineoffizier aus Pakistan geflohen war, in Delhi ein Geschäft eröffnet und auch für seine Brüder, die er im Lauf der Zeit nachholte, eine Existenz aufgebaut hatte.

»Heute reden wir nicht mehr miteinander«, sagte er. »In schlechten Zeiten unterstützen Familien aus dem Punjab einander bedingungslos, aber wenn sie reich werden, fällt alles auseinander. Deswegen gründen die Marwaris die größten Unternehmen. Bei ihnen steht das Geschäft an erster Stelle.«

In der Nacht lag ich wach und konnte kaum fassen, was ich getan hatte. Ich konnte mir die Wohnung nicht leisten. Am Morgen rief ich den Eigentümer an und sagte, es tue mir leid, aber ich müsse von der Sache zurücktreten. Er antwortete, ihm tue es auch leid, nicht zuletzt, weil er andere Interessenten weggeschickt habe, und ob ich ihn mit einer halben Monatsmiete entschädigen könne. Ich willigte ein, ihm einen Scheck über den geforderten Betrag vorbeizubringen; dann wollte er mir meinen Scheck vom Vortag zurückgeben. Nach dem Gespräch ließ ich den Scheck sicherheitshalber sperren.

Eine Stunde später rief er bei mir an. »Die Höhe der Abfindung ist soeben gestiegen. Sie haben Ihren Scheck heute Morgen um zehn Uhr vier sperren lassen.«

Ich fragte ihn, woher er das wisse.

»Glauben Sie, ich finde so etwas nicht heraus?«

Und um mir klarzumachen, mit wem ich es zu tun hatte, nannte er mir die Nummern und aktuellen Guthaben meiner sämtlichen Bankkonten.

»Sie haben mich beleidigt«, sagte er. »Jetzt erwarte ich von Ihnen einen Scheck über zwei Monatsmieten.«

Das war eine Menge Geld. Ich sagte, das stehe in keinem Verhältnis zu dem Verlust, den er möglicherweise erlitten habe.

»Hier geht es nicht um einen Verlust. Hier geht es um eine Beleidigung.«

Ich sagte, es tue mir leid, dass er es so sehe, und fragte, ob wir einen Kompromiss finden könnten.

»Mr. Dasgupta, es verstößt gegen indisches Recht, einen Scheck sperren zu lassen, ohne die Vertragspartei vorher darüber zu informieren. Es bleibt natürlich Ihnen überlassen, wie viel Sie mir zahlen. Ich möchte Sie nur darauf hinweisen, dass ich jeden Vormittag im

Delhi Golf Club mit den mächtigsten Anwälten und Richtern Indiens Golf spiele und es Ihnen unmöglich machen kann, in dieser Stadt zu leben und zu arbeiten. Sie sind schließlich fremd hier.«

Und er fügte hinzu:

»Das soll keine Drohung sein. Ich möchte es nur gesagt haben.«

Ich ließ mich juristisch beraten. Der Anwalt, den ich aufsuchte, empfahl mir, die geforderte Summe zu zahlen. Einen Scheck unter diesen Umständen sperren zu lassen sei in der Tat unzulässig. »So ein Mann kann Sie ruinieren.«

Der Vermieter rief mich an dem Tag noch ungefähr zehnmal an. Er war außer sich über die erlittene Kränkung und konnte die Sache nicht auf sich beruhen lassen. Er drohte mir, er redete mir gut zu, er appellierte an mein Ehrgefühl.

Als ich mit meinem Scheckheft bei ihm ankam, beruhigte er sich schnell wieder. Er triumphierte förmlich. Ich gab ihm den Scheck. Mit dem Ausstellen der Quittung ließ er sich viel Zeit, um mir eine Lehre fürs Leben zu erteilen.

»Zwei Dinge sind wichtig: Patriotismus – den habe ich bei der Marine gelernt – und Ehrlichkeit – die habe ich durch das Geschäftsleben gelernt. Wer nicht ehrlich ist, wird es zu nichts bringen.«

Er gab mir meinen ersten Scheck zurück.

»Ich werde Ihr Bankkonto im Auge behalten. Egal, was Sie in dieser Stadt tun – ich werde es erfahren.«

Er war Herr über eines jener großen Vermögen in Delhi, die auf der Basis von Reputation und persönlichen Beziehungen umsichtig angehäuft werden. Bewahrt werden sie unter anderem dadurch, dass noch die kleinste Rufschädigung augenblicklich ausgemerzt und bestraft wird. So etwas lässt man nicht durchgehen.

Es ist heutzutage üblich, die glatte Psyche zu bewundern, die »problemlose« Psyche, die »mit sich selbst im Reinen ist«. Wahre Stärke, so der Gedanke, entspringt einer solchen Psyche. Und die Arbeit des Starkwerdens leistet jenes seelische Bügeln, das wir Therapie nennen.

Demnach hätte Delhi mit seiner zerklüfteten Geschichte und seinem unerlösten Schmerz ein Ort der Schwäche sein müssen. Besuchern der Stadt fiel in den ersten Jahren des 21. Jahrhunderts jedoch das Gegenteil auf: Sie staunten über das Selbstbewusstsein und den Ehrgeiz der Menschen hier. Ein Trauma »aufzulösen« ist eben nicht die einzige Möglichkeit zu verhindern, dass es den Menschen lähmt. Man kann die Energie des Traumas auch für eine ganz andere, weit kraftvollere Reaktion nutzen. Man kann – da die gesamte Geschichte, da die ganze Welt ein Schlachtfeld ist – zum Krieger werden.

Als solche begriffen sich viele Menschen, speziell Geschäftsleute, nach der Teilung, und das allgemeine Gerangel im Gefolge der Liberalisierung verstärkte noch den Bedarf an kriegerischer Entschlossenheit. Während sich die meisten Geschäftsleute im Westen als Zivilisten sahen, verstanden sich ihre Pendants hier – und an ähnlichen Orten – bei ihrem Eintritt ins globale System als Soldaten. Anderen erschienen sie mitunter skrupellos, als Menschen, die sich wenig um die Regeln der Gesamtgesellschaft oder um deren schwächere Mitglieder scherten, doch das entsprach nicht ihrer Sicht der Dinge. Zwar befassten sie sich nicht mit zivilen Überlegungen, denn die Berufung des Kriegers verlangte, dass sie sich darüber erhoben, doch wie alle Krieger handelten sie nach einem strengen Moralkodex. Ihre Kampfeinheit war die Familie, und damit sie als schlagkräftige Truppe erhalten blieb, waren Klugheit, Rechtschaffenheit und Opferbereitschaft gefragt.

Die Menschen in diesem Teil der Welt waren, wie wir gesehen haben, stets zäh, selbstbewusst und auf Widrigkeiten eingestellt. Die Teilung zerstörte diesen Geist nicht, sie bestätigte nur seine Prämisse. *Man kann alles verlieren.* Besitz und Geld waren weg – das immerwährende Los des Reichtums –, und so nahmen die Punjabis den Kampf gegen das Unglück auf und begannen, alles neu aufzubauen. Und in Delhi, das unmittelbar nach der Teilung eine Million Einwohner hinzugewann, boten sich geschäftliche Möglichkeiten in Hülle und Fülle.

Unternehmer waren nach der Unabhängigkeit in Indien kaum in Erscheinung getreten. Die »guten Staatsbürger« waren Bauern, Soldaten, Arbeiter und jene Experten, die der Nation als Lehrer, Ärzte, Ingenieure und Beamte dienten. Am wichtigsten für die globale Wirtschaft der Zukunft aber waren vielleicht jene, die in einem permanenten Ausnahmezustand agierten: die kriegerischen Unternehmer.

Als ich bei Rahul Kapoor[30] erscheine, ist er nicht zu Hause; er ist im Fitnessstudio. Aber sein Großvater ist da und freut sich, jemandem das neu ausgebaute Badezimmer zeigen zu können. Der Raum ist weit in den Garten hinein verlängert worden, so dass jetzt von drei Seiten die Sonne hineinscheint. Der Mann klopft gegen die Wände des alten Teils. »Sehen Sie? Italienischer Marmor.« Dann geht er in den Anbau und klopft auch hier an die Wand. Es klingt hohl. »Das hier ist Rigips, wie italienischer Marmor bemalt. Sehen Sie einen Unterschied?«

Er lacht voll Stolz.

»Kommen Sie doch in mein Arbeitszimmer«, sagt er.

Er muss über achtzig sein, wirkt aber unglaublich rüstig und scheint in keiner Weise gehbehindert. Er führt mich in einen lichtdurchfluteten kleinen Raum und bittet mich, Platz zu nehmen. Er selbst setzt sich in einen Ledersessel, stellt Gläser bereit und drückt die Tasten eines Handys. Ich sehe mich um. Fotos in silbernen Rahmen zeigen seine erwachsenen Enkelkinder, die alle, Männer wie Frauen, auffallend gut aussehen. Ein Bein des Tischs in der Mitte ist ein riesiges steinernes Buch. An einer Wand hängt ein großes Ölgemälde – eine ländliche Szene –, an der anderen steht eine Ganesh-Skulptur. Den Kronleuchter über uns schmücken gläsernen Rosen.

»Hallo, Liebes«, sagt Mr. Kapoor in das Handy. »Ich plaudere gerade mit einem sehr netten Mann, der Rahul besuchen möchte. Weißt du, wann er kommt? Er hat sein Handy nicht dabei. Ja? Wunderbar. Danke, mein Schatz. Bis bald. Sehr bald.«

Er wendet sich mir zu.

»Er muss jeden Moment hier sein. Wie wär's inzwischen mit einer Tasse Tee oder Kaffee?«

Er drückt auf einen Knopf, und ein Diener erscheint, dem mein Wunsch präzise übermittelt wird.

»Sie müssen meine Frau kennenlernen. Sie war einmal eine der schönsten Frauen in der Stadt. Ich musste sie jahrelang belagern, ich sah nämlich nicht gerade gut aus. Sie ist auch heute noch sehr schön.«

Ich ertappe mich – nicht zum ersten Mal – bei dem Gedanken, dass Männer dieser Generation, Männer, die vor der Teilung erwachsen wurden, Frauen offenbar uneingeschränkter lieben können als ihre Söhne und Enkel.

»Und sie ist eine wunderbare Gastgeberin. Wenn ich hier eine Besprechung habe, bringt sie uns fünfzig verschiedene Snacks. Und das Beste: Die Chauffeure bekommen auch etwas. Während der Umbauarbeiten im Haus versorgt sie die Arbeiter regelmäßig mit Essen und kalten Getränken.«

Mr. Kapoor ist ganz beseelt von seiner Frau. Er ist von allem ganz beseelt: Er freut sich seines Lebens.

Er erzählt mir von den jungen Leuten auf den Fotos. Einige leben in London, andere in Kalifornien. Wieder andere arbeiten im Familienunternehmen in Delhi.

»Meine Enkel wollen immer noch mit mir in Urlaub.« Er lacht leise. »Darauf bin ich stolz. Liebe ist das Allerwichtigste. Egal, wie hart ich gearbeitet habe – abends habe ich mir immer Zeit für meine Kinder genommen.«

Ich frage ihn, was er an seine Enkelkinder weitergeben möchte.

»Ich lehre sie, was Güte ist. Wie man mit Menschen umgeht. Ich kenne die reichsten Männer Delhis, aber ich kümmere mich um jedermann. Und auf eines bin ich sehr stolz: dass keiner, der mich je um Hilfe gebeten hat, enttäuscht von hier weggegangen ist. Man bekommt so viel zurück.«

Ein Tablett mit Tee, Keksen und einer Zuckerdose wird gebracht. Ich frage Mr. Kapoor, woher seine Familie stammt.

»Vor der Teilung haben wir in Sialkot gelebt«, sagt er. »Es ging uns gut dort. 1947 sind wir geflohen, nur mit ein paar Kleidern. Wir sind ins Auto gesprungen und nach Delhi gefahren.«

1947 war Mr. Kapoor Anfang zwanzig. Er erzählt, wie er die verlorene Firma der Familie, eine Fabrik für medizinische Instrumente, in der neuen Heimat wiederaufbaute. Es ging erstaunlich schnell. Viele aus seiner Gesellschaftsschicht verloren 1947 zwar ihr materielles Vermögen, ihr soziales Netzwerk aber reiste nahezu unversehrt mit ihnen, so dass sie dieselben Gefälligkeiten und Empfehlungen nutzen konnten wie zuvor. Die neuen Wohnquartiere in Delhi waren so angelegt, dass die früheren Grenzen, was Rang, Kaste, Ethnie und Beruf anging, gewahrt blieben und Netzwerke ohne Weiteres wiederbelebt werden konnten. Und in einer neuen Hauptstadt, deren neue Bevölkerung Produkte und Waren jeglicher Art benötigte, hatten Leute mit guten Beziehungen und unternehmerischem Elan schnell Erfolg, fast noch bevor sie ein Zuhause gefunden hatten. Bereits Anfang der fünfziger Jahre hatte Mr. Kapoor in Nordindien eine Monopolstellung und war auf dem besten Wege, reich zu werden.

»Das war, offen gestanden, nicht besonders schwer«, sagt er. »Ich habe einfach sehr hart gearbeitet und immer weiter dazugelernt. Man muss das, was man tut, gern tun. Sonst macht man besser etwas anderes.«

In den sechziger Jahren war Mr. Kapoor bereits so reich, dass er ein großes Hotel bauen konnte; mehrere andere Immobilieninvestitionen folgten. Teilungsflüchtlinge, die ihren Besitz verloren hatten, fühlten sich magisch angezogen von den Tröstungen des Immobilienbesitzes und erwarben so viele Immobilien wie irgend möglich. Langfristig sind sie damit besser gefahren, als sie es je zu träumen gewagt hätten: Der jüngste Immobilienboom hat ihre Vermögen ins Märchenhafte anwachsen lassen. Mr. Kapoor besitzt Häuser in Delhis besten Gegenden und ein Farmhaus außerhalb der Stadt – ein Immobilienportfolio, dessen Wert sich auf fünfzig bis hundert Millionen Dollar belaufen dürfte. Durch den Boom ist das Selbstbewusstsein der besitzenden Schichten in der Stadt während der letzten Jahre enorm gestiegen; sie sind jetzt im globalen Maßstab reich, ohne viel dafür getan zu haben. Ihr »unverdientes Einkommen« hebt sie von allen anderen ab – wenn Delhis exklusive Restaurants unter der Woche nachmittags voll besetzt sind mit sorgenfreien Männern und Frauen im arbeitsfähigen Alter, so deshalb, weil es so viele davon gibt.

Ich höre Rahuls Stimme im Flur. Er kommt hereingestürmt.

»Entschuldigen Sie die Verspätung«, sagt er.

»Kein Problem«, antwortet sein Großvater gelassen. »Wir haben uns sehr nett unterhalten.«

Rahul ist noch verschwitzt vom Training, und da es ein milder Tag ist, möchte er draußen sitzen. Ich nehme meine Tasse und will ihm folgen.

»Nicht nötig«, sagt er. »Ich lasse sie Ihnen hinausbringen.«

Wir setzen uns auf die Terrasse, die auf einen ummauerten Garten mit majestätischen Bäumen blickt. Ein riesiger Empfangsraum öffnet sich auf sie, ganz in Marmor und beigem Leder.

»Was sagen Sie zu meinem Großvater?«, fragt Rahul.

Ich schildere einige freundliche Eindrücke.

»Der Mann hat Eier so groß wie der Tisch hier«, sagt er ernst. »Alles, was wir haben, hat er aufgebaut. Seine Generation hat ihr Leben lang Dinge aufgebaut – es ist eine einzige große Erfolgsstory. Aber die jungen Leute verplempern alles, denen bedeutet es nicht viel.«

Rahul ist fünfundzwanzig, ein schlanker, ernsthafter Mann. Er wirkt bewusst modisch in seinen Sportsachen. Ein Tablett mit Getränken wird gebracht; er nimmt sich ein Glas Limettenlimonade und trinkt einen Schluck.

»Es war eine starke Generation. Mein Großvater ist fast neunzig, aber wenn ich mit ihm Whisky trinke, muss ich als Erster die Waffen strecken.«

An einem Haus in der Nähe sind Bauarbeiten im Gang. Rahul fühlt sich extrem gestört durch den Lärm einer Bohrmaschine. Er will mir seine Geschichte erst erzählen, als sie verstummt ist. Er hat etwas Pingeliges an sich.

»Meine Familie stammt aus Sialkot im heutigen Pakistan. In Britisch-Indien war Sialkot das Zentrum der Herstellung chirurgischer Instrumente. Meine Familie war dort Branchenführer. Als sie Sialkot 1947 verließen, zerstreuten sie sich über ganz Indien und fingen wieder ganz von vorn an.

Mein anderer Großvater, der Vater meiner Mutter, war ebenfalls eine legendäre Figur. Er ging nach Südindien, weil er wusste, dass es dort kaum Konkurrenz geben würde. Am Anfang fuhr er mit dem Rad von Krankenhaus zu Krankenhaus und verkaufte seine Ware aus einem Koffer. Heute ist seine Firma der größte Lieferant medizinischer Instrumente in Südindien. Es war ein kluger Schachzug, als Punjabi in den Süden zu gehen: Die Südinder sind keine guten Geschäftsleute. Das sind Gelehrtentypen da unten, nicht sehr robust. Wenn ein Krankenhaus eine Ausschreibung durchführte, bewachten mein Großvater und seine Brüder den Raum, in dem die Unterlagen abgegeben werden mussten, und verprügelten jeden, der ein Konkurrenzangebot machen wollte. Die anderen hatten keine Chance. Aber eines Tages taten sie sich zusammen, lauerten ihm auf und verprügelten ihn ihrerseits.

Er war ein erstaunlicher Mann. Er war ein großer Philanthrop und gründete in Madras die besten Schulen. Das einzig Schlechte an ihm war sein Hass auf die Muslime. Als er nach der Teilung herüberkam, wurde sein Sohn von Muslimen getötet. Er wollte unbedingt noch einen Sohn, aber es kamen nur fünf Töchter. Die Muslime hat er bis an sein Lebensende gehasst. Wenn man sie nur erwähnt hat, ging er schon in die Luft. Für einen Punjabi ist es ein absolutes Muss, einen Erben für das Geschäft zu zeugen. Nach seinem Tod hat seine Firma zugemacht. Seine Töchter waren verwöhnte reiche Mädchen, die nichts arbeiten wollten, und für einen Mann ist es nicht gut, wenn er in das Geschäft seiner Frau einheiratet – er steht dann wie ein Versager da.«

Rahuls Familie entstammt wie die Mehrheit der Wirtschaftselite Delhis den Khatri, einer Punjabi-Unterkaste, der zu gleichen Teilen Hindus und Sikhs angehören. Die Khatris waren vermutlich von jeher Mitglieder der niederen Händlerkaste, nehmen jedoch gern aristokratischere Wurzeln für sich in Anspruch und erklären, das Wort »Khatri« sei von »Kshatriya« abgeleitet, dem Namen der hohen Kriegerkaste. Heldenhaft, so sagen sie, hätten sie ihre Unterdrückung während der tausendjährigen muslimischen Herrschaft erduldet. Ihr Mut und ihre Tatkraft seien nie erlahmt, sie hätten Reichtum und Bildung erworben und seien in der Militärverwaltung der Moguln in hohe Positionen aufgestiegen. Der chauvinistische Kaiser Aurangzeb habe sie dann aus seinem Beamtenapparat verbannt und sie gezwungen, Ladenbesitzer zu werden. Doch auch als Händler hätten sie sich ihre kriegerische Identität bewahrt.

Die Art, wie Rahul von seinem Großvater spricht, ist typisch dafür, wie sich diese Identität heute äußert. Viele junge Punjabi-Geschäftsleute sind frustriert über die Laxheit, die sich mit wachsendem Reichtum und Komfort in ihren Familien breitgemacht hat, und sie erzählen immer aufs Neue, wie ihre Großeltern verarmt und dann wieder auf die Beine gekommen sind. Um sich ihrer eigenen kämpferischen Zielbewusstheit zu versichern, klammern sie sich an diese historischen Leiden und die kriegerische Stärke, mit der ihre Großeltern sie ertrugen.

Doch Rahuls Geschichte lässt ahnen, dass wohl nicht jeder so glücklich war über die Taktiken, mit denen Punjabi-Geschäftsleute ihre Imperien aufbauten. Auch die Opfer dieser Taktiken empfanden sie als kämpferisch, allerdings nicht im positiven Sinn. In vielen Regionen verübelte man es ihnen, wie rabiat sie das Geschäftsleben an sich zu reißen suchten.

»Bis vor Kurzem war mir gar nicht klar, wie reich wir sind. In meiner Familie wurden die typischen Mittelschichtwerte gepflegt. Mein Großvater hat uns immer ermahnt, das Licht auszumachen, und meine Mutter wurde böse, wenn wir nicht aufaßen. Auch finanziell waren sie konservativ. Sie legten ihr Geld fest an und beließen es dabei. Sie nahmen keine Kredite auf und gaben nicht viel aus.

Wenn ich als Kind in unsere Fabrik mitgenommen wurde, standen Tausende von Menschen Schlange, um uns zu sehen. Ich kam mir vor wie ein Prinz. Trotzdem wurde mir erst als Student bewusst, wie reich wir waren. Ich wurde Anteilseigner im Familienunternehmen und ließ mir die Bilanz vorlegen. Da sah ich dann, wie viel mein Vater verdiente und was wir alles besaßen.

Aber seit dem Aufstieg Chinas produzieren wir nichts mehr. Mein Vater hat die Produktion eingestellt, und wir verkaufen nur noch die Produkte anderer. Deutsche, amerikanische und chinesische. Nur eine Stethoskopfabrik betreibt mein Vater noch, obwohl sie Verluste schreibt, einfach weil es ihm Spaß macht. Er ist alt, und er müsste nicht mehr arbeiten, aber er geht jeden Tag hin; Dinge herzustellen ist seine Leidenschaft. Leidenschaft sehe ich sonst eigentlich bei niemandem aus seiner Generation. Sie sind zufrieden, aber sie haben keinen Ehrgeiz. Sie geben ihre Partys, sie verheiraten ihre Kinder in angesagte Familien, und alle sind zufrieden. Allzu sehr. Jeder hat ein großes Unternehmen, und sie verkaufen konkurrenzlose Produkte, für die man kein Marketing braucht. Eine meiner Tanten besitzt das Monopol auf Nikon-Kameras für Indien. Das Geld strömt nur so herein, ohne dass sie etwas dafür tun.«

Rahul hat an einer Elitehochschule in den USA studiert. In Amerika hat er sich in vieler Hinsicht wohler gefühlt als hier, und eine Zeit lang hat er sich mit dem Gedanken getragen, dorthin zurückzukehren. Aber sein Vater wollte, dass er einen Teil der Firma übernahm, und nach einiger Zeit entschloss er sich, den Schritt zu wagen.

»Ich habe natürlich überlegt, ob ich nicht etwas anderes machen sollte. Manchmal kommt es mir vor, als wäre es mein Tod, dieses Unternehmen zu leiten. Aber man muss im Leben nun mal Kompromisse schließen. Und ich dachte: Wer bekommt schon so eine Chance? Ich hätte auch in den Staaten arbeiten können, dann wäre ich jetzt irgendein Analyst, der einem Supermarkt zu einer Kosteneinsparung von einem Prozent verhilft. Ich wäre ein Rad im Getriebe. Aber ich wollte selbst das Getriebe sein. Oder: Ich wollte das Getriebe kontrollieren.

Meine Freunde auf dem College waren fast alle künstlerisch veranlagt. Aber ich werde mit dreißig sehr viel mehr machen als sie. Geschäfte, Geld – das ist alles nur Mittel zum Zweck. Ich möchte ein Vermächtnis schaffen. Das will ich damit sagen. Ich möchte nicht ohne ein Vermächtnis sterben.«

Wir unterhalten uns über seine Unternehmensstrategie. Im Zuge einer kompletten Neuausrichtung erweitert er das Tätigkeitsfeld des Unternehmens nach oben und nach unten. Im Moment ist er dabei, eine Kette von Spezialkliniken zu errichten, auf Grundstücken, die seine Familie vor Jahrzehnten erworben hat. Sein Fernziel ist eine internationale Kette. Anschließend will er in die medizinische Forschung und Entwicklung investieren und vielleicht einen ausländischen Hersteller medizinischer Instrumente übernehmen, so dass die Familie eigene Originalprodukte herstellen kann, statt nur mit Fremdprodukten zu handeln. Noch während er davon spricht, denkt er bereits über neue Investitionen nach.

»Vielleicht ist das gar nicht das Richtige. Aber so denke ich nun mal. Oft bin ich einfach zu schnell. So etwas kann man nur machen, wenn man auf Augenhöhe mit den Leuten ganz oben agiert, sonst hat es keinen Zweck. Also muss man sich ständig darüber Gedanken machen.«

Sein Knie wippt beim Sprechen auf und ab. Er strahlt eine enorme nervöse Energie aus, die zum Teil daher rührt, dass er innerhalb der Familie hohe Risiken eingeht.

»Die Unternehmerfamilien der Punjabis sind risikoscheu, deswegen ist es sehr schwierig, die Richtung zu ändern. Man macht immer weiter das, was man kennt. Man macht, was einem im Blut liegt. In Dingen, die das alte Unternehmen betreffen, kann ich dreißig Leute um Rat fragen, aber mit meinen neuen Projekten muss ich bei null anfangen. Darin unterscheide ich mich von den meisten. Die werden nie etwas Bedeutendes auf die Beine stellen, dafür ist ihnen der persönliche Gewinn zu wichtig. Sie sind einfach nicht bereit, weit genug zu denken. Natürlich müssen indische Unternehmer ihre Unternehmenstradition fortsetzen, und ohne Frage werden es drei oder vier von zehn Unternehmern aufgrund unserer Familien- und Gesellschaftsstruktur weit bringen im Vergleich zu ihren Kollegen in Amerika oder Europa. Aber wenn sie etwas wirklich Großes schaffen wollen, müssen sie ihren Konservatismus überwinden.«

Um seine Pläne zu verwirklichen, entfernt sich Rahul erneut weit vom traditionellen Familienethos, etwa indem er sich Geld von Investoren besorgt. Damit ist er ein typischer Vertreter seiner Liberalisierungsgeneration, die eine ganz andere Auffassung von Geld hat. Bis dahin war Geld – *dhan* oder Reichtum – statisch, symbolisiert durch Gold. Man hielt es unter Verschluss, man spielte nicht damit, gab es nicht aus und investierte nicht in unsichere Projekte. Es konnte nicht wachsen, aber es konnte schnell schrumpfen, und jede noch so kleine Ausgabe bedeutete einen Verlust an Potenzial. Die Punjabis kämpften um eine Rupie genauso erbittert wie um eine Million Rupien, denn der Gewinn anderer war ihr Verlust. Doch im Zeitalter der Märkte ist Geld nicht länger greifbar und statisch. Es ist zu etwas Abstraktem, Dynamischem geworden. Geld auszugeben ist nicht mehr gleichbedeutend mit Verlust: Wer es nicht tut, lässt sich die Vorteile entgehen, die das expandierende Universum des Geldes bietet. Geld erzeugt plötzlich Geld, und auch deshalb hat die jüngere Generation in den nordindischen Familien ihre Scheu vor dem Geldausgeben verloren. Dort, wo das Geld herkommt, ist immer noch mehr davon vorhanden.

»Irgendwann werde ich die Firmen entflechten und sie wie ein Risikokapitalgeber führen, also Kapital nach Bedarf in sie investieren. Einige werde ich an die Börse bringen. Eine fest gefügte Gruppe hat zwar viel für sich, aber vierzig Prozent von zehntausend Crore [zwei Milliarden Dollar] sind mir lieber als hundert Prozent von fünfhundert Crore [hundert Millionen Dollar].

Leicht ist das alles nicht, das kann ich Ihnen sagen. Ich habe gerade mehrere Finanzierungsverhandlungen in London geführt. Es ist eine große Herausforderung, Investitionen von Fünfundfünfzigjährigen zu bekommen, wenn man so unerfahren ist wie ich. Ich kriege schon graue Haare von dem Projekt. Es macht mich alt.«

»Sie wirken aber sehr jugendlich.«

»Wie alt schätzen Sie mich?«

»Einundzwanzig ungefähr.«

»Oh, vielen Dank. Ich habe das Gefühl, ich sehe aus wie fünfzig. Ich fühle mich auch wie fünfzig. Als ich heute Morgen in den Spiegel geschaut habe, hatte ich den Eindruck, ich werde allmählich kahl.«

Irgendwie scheint Rahul das Gefühl zu haben, als hätte er einen Teufelspakt mit dem Familienunternehmen geschlossen. Das Projekt wird seine ganze Jugend und Energie aufsaugen und ihn dazu verurteilen, sein Leben lang voller Schrecken in den Spiegel zu schauen. Aber gleich darauf meint er, es werde auch enorme produktive Kräfte in ihm freisetzen. Seine Worte könnten direkt aus Goethes *Faust* stammen:

»Es ist berauschend, die riesigen Baugruben und die riesigen Erdhaufen auf der Klinikbaustelle zu sehen. Wenn alles so klappt, wie ich es mir vorstelle, wird das eine ungeheure Befriedigung sein.«

Die riesigen Baugruben, die riesigen Erdhaufen: In der Presse erscheinen sie als Schreckbilder eines rücksichtslosen, unbarmherzigen Kapitalismus, der fortwährend Bestehendes niederreißt, um Neues anzuhäufen: mehr, größer, weiter, schneller. Doch Rahul fühlt sich beim Anblick der aufgewühlten Erde vollkommen, erweitert, erhoben.

»Manchmal komme ich mir vor wie ein Ertrinkender. Ich gehe unter. Aber manchmal denke ich auch, *wow.*«

Ich frage ihn, warum er so gefährlich leben muss. Er wird melancholisch und berichtet von der Geschichte des Familienunternehmens. Es sei unter den Männern aus der Generation seines Vaters ungerecht aufgeteilt worden, findet er.

»Eigentlich hätte ich eine viel größere Gruppe leiten sollen. Das wurmt mich ein bisschen. Aber ich beziehe daraus auch einiges an Motivation: Ich will die Verluste von früher ausgleichen. Wir haben zentrale Unternehmensteile verloren, und das tut weh.«

»Ist Ihre Einstellung nicht auch dadurch bestimmt, dass Sie schwul sind?«

»Ja, auch das motiviert mich, besser zu sein als alle anderen. Und ich *bin* besser als alle anderen. Das klingt arrogant, ich weiß. Aber ich muss nun mal Leistung bringen, um sämtliche Klischees zu widerlegen. Dann kann niemand sagen: ›Der ist ja kein richtiger Mann.‹ Ich bin keiner von diesen strammen, robusten Punjabis, also muss ich mich beweisen.«

Tatsächlich verfügt Rahul über alles, was den typischen Punjabi-Geschäftsmann ausmacht: das Bewusstsein einer historischen Kränkung, die Entschlossenheit, es mit der ganzen Welt aufzunehmen, ein unbegrenztes Aufholbedürfnis. Daher seine nervöse Energie, seine Ungeduld, sein großer Ehrgeiz.

»Sie haben von einem Vermächtnis gesprochen. Was meinen Sie damit?«

»Man kann eine Schule gründen, in der hundert Kinder unterrichtet werden. Man kann einer karitativen Organisation Geld spenden. Alles schön und gut. Aber das ist kein Vermächtnis. Aufs Ganze gesehen ist es so wenig, dass es überhaupt nicht ins Gewicht fällt. Aber schauen Sie sich an, was die Rockefellers gemacht haben. Das ist ein Vermächtnis. Jedes College, jede Universität in den Staaten besitzt irgendetwas von den Rockefellers Gespendetes. Jeder Amerikaner kommt in irgendeiner Form mit dem, was sie geleistet haben, in Berührung. Das nenne ich ein Vermächtnis!

Nehmen Sie die Geschäftsleute hier. Sie bauen geradezu unanständige Häuser. Sie haben fette Kinder, die sich ins Grab fressen. Danach kommt es zu endlosen Besitzstreitigkeiten. Und dann? *Was dann?* Was ist ihre Vision vom Leben? Man macht Geld, dann stirbt man. Man häuft ein großes Vermögen an, immer weiter und weiter, man macht nichts anderes. Und dann? Ich meine, wie viel Geld brauche ich denn? Ich habe mein Apartment in New York, und ich fliege nur erster Klasse – was brauche ich viel mehr? Ich werde mit meinem Geld die Welt verändern. Deshalb muss ich so viel verdienen.«

»Also arbeiten Sie zum Nutzen derer, die weniger vom Glück begünstigt sind als Sie?«

»Das würde ich nicht sagen. Ich war in Amerika zwar auf einem liberalen College, und im Grunde bin ich auch liberal. Aber als Unternehmer bin ich der typische böse Kapitalist. Ich bin wie eine Figur aus Dickens' *Harte Zeiten*. Ich kommandiere die Leute herum und lasse mir von ihnen die Schuhe putzen. Ich sorge dafür, dass die Dienstboten nicht größenwahnsinnig werden.«

Wie es der Zufall will, war ich unmittelbar vor meinem Besuch bei Rahul in einem Camp für Arbeiter, die zum Bau der Infrastruktur für die Commonwealth Games nach Delhi gekommen sind. Was ich in dem hoffnungslos überfüllten Lager gesehen habe, geht mir immer noch nach, und ich kann es mir nicht verkneifen, Rahul davon zu berichten. Die Arbeiter und ihre Familien schlafen in fensterlosen Wellblechverschlägen, und für rund dreitausend Menschen sind ganze zehn Toiletten vorgesehen. Durch den Monsunregen steht das Gelände unter Wasser: Umherstreifende Kinder sind in unsichtbare Gruben gefallen und ertrunken; die Stechmücken vermehren sich ungebremst und verbreiten Malaria im Lager. Den ganzen Nachmittag habe ich mit Menschen gesprochen, die zu krank sind, um zu arbeiten. Für die Tage, an denen sie nicht arbeiten, werden sie nicht bezahlt, und sie können auch nicht zum Arzt. Sie fragen sich, ob sie ihre ferne Heimat je wiedersehen werden.

»Es müsste nicht so schlimm sein«, sage ich. »Aber das ist so gewollt. Dahinter steckt böse Absicht. Man kann es nur als sadistisch empfinden.«

»Ich weiß nicht, ob ich es so empfinden würde«, sagt Rahul. Er schweigt einen Moment, denkt über seine Gefühle nach und fügt dann hinzu: »Ich würde mit Sicherheit auch Verachtung empfinden, wenn ich die Leute sehen würde.«

Rahuls Großvater tritt auf die Einfahrt hinaus. Er winkt uns fröhlich zu und steigt in einen Mercedes. Die Wachen öffnen das Tor, und der Wagen fährt davon. Rahul und ich schauen ihm nach.

»Ein ungewöhnlicher Mann«, sage ich.

»Ja, das ist er«, antwortet Rahul. »Ich habe vor niemandem so viel Respekt wie vor ihm. Aber glauben Sie nicht, dass er immer so war. Zu seiner Zeit war er ein Dreckskerl. Ein Familientyrann.«

Familienunternehmen hatten klare Vorteile gegenüber unpersönlicheren Strukturen, nicht zuletzt dank ihrer Kriegerkultur. Aus ihnen gingen keine Angestellten hervor, sondern Sektenmitglieder, deren Motivation nicht nur Geld war, sondern auch Ruhm. Sie akzeptierten autoritäre Bedingungen, die Angestellte nicht akzeptiert hätten. Söhne konnten über Nacht für mehrere Jahre auf die andere Seite des Erdballs geschickt werden. Ehefrauen übernahmen die umfangreichen gesellschaftlichen und familiären Verpflichtungen eines reichen Geschäftsmannes, so dass er sich nicht selbst darum zu kümmern brauchte. Es war eine dynamische Struktur, die ihre menschlichen Ressourcen auf weit archaischere Weise nutzte als ein normales Unternehmen. Die Familie war Alleininhaberin, niemand redete ihr in die Unternehmensstrategie hinein, und wichtige Entscheidungen konnten beim Abendessen getroffen werden.

Die Familie musste also buchstäblich wie eine Firma geführt werden. Die Kindererziehung war eine zentrale unternehmerische Fertigkeit. Väterliche Autorität war unerlässlich, doch wenn das Wohl und Wehe des ganzen Unternehmens von Söhnen abhing, die es von ihren Vätern übernahmen, durfte sie nicht auf naive Weise ausgeübt werden. Söhne, die nie etwas anderes als Autorität kennenlernten, ergriffen entweder die Flucht oder sie verblödeten, das wussten ihre Väter. Sie choreografierten deshalb einen eleganten Tanz mit ihrem Teenagernachwuchs, der den Jungen weitreichende Freiheiten ließ und ihnen, wenn sie schließlich nach Hause zurückkehrten und in die Firma eintraten, sogar das Gefühl gab, sie seien ihrem eigenen freien Willen gefolgt. Ihre Mütter – oft außergewöhnliche Persönlichkeiten – boten eine erstaunliche Skala an Ressourcen auf, um diese komplexe menschliche Dynamik zu managen, und sorgten dafür, dass die starre Familienstruktur dennoch reich an spirituellem und ritterlichem Gehalt war.

All das hatte auch den Vorteil einer großen Zielkontinuität in den Unternehmerfamilien, selbst noch in der überhitzten Phase nach der

Liberalisierung. Sie brauchten sich nicht mit dem metaphysischen Schock auseinanderzusetzen, den liberalere »Mittelschicht«-Familien erlebten, für die plötzlich alles anders wurde. In den Unternehmerfamilien arbeiteten die Söhne auf die gleiche Weise wie ihre Väter, und die Ehen waren beruhigend patriarchalisch geprägt – man konnte also in Ruhe zuschauen, wie der Rest der indischen Gesellschaft desorientiert dahintaumelte, und von dem Chaos profitieren. Nordindische Unternehmerfamilien befinden sich ihrem Selbstverständnis nach immer im Krieg, und der Anblick von Unheil und Zerstörung lässt sie zur Hochform auflaufen. Die drastischen Veränderungen des beginnenden 21. Jahrhunderts ermöglichten es den Weitblickenderen unter ihnen, ihren wirtschaftlichen Einfluss beträchtlich auszubauen. Im Gegensatz zu vielen Mittelschichtangehörigen begriffen sie, dass ein unbegrenztes Anhäufen materieller Güter das Produzieren von immer Neuem erforderte, was wiederum ein permanentes Zerstören voraussetzte. Das meinte Dostojewski, als er 1862 in London anmerkte, »dass scheinbare Unordnung in Wirklichkeit die höchste Stufe bürgerlicher Ordnung ist«.[31] Die Unternehmerfamilie war dank ihrer Struktur dazu angetan, unerschrocken durch den Sturm der Unordnung zu steuern.

Aber die Risiken waren groß. In Sagen und Legenden wird der vollkommene Krieger gerade deshalb so überschwänglich gerühmt, weil er ein äußerst seltenes Phänomen ist. Ritter sind fehlbar und verwundbar und lassen sich oft durch unergründliche Antriebe von ihrer Berufung abbringen.

Die jungen Männer, deren Interesse für Fotografie oder Musik von ihren Vätern eine Zeit lang gefördert wurde – sie bekamen die teuersten Kameras oder Schlagzeuge, sie durften Freundinnen haben und monatelang auf Reisen gehen –, gaben sich diesen Freuden intensiv hin, weil sie wussten, dass es irgendwann damit vorbei sein würde. Wenn es dann Zeit wurde, zu heiraten und in das Familienunternehmen einzutreten, fügten sie sich, denn es war in ihrem Leben nie um »Selbstverwirklichung« und dergleichen zivilen Unsinn gegangen: Das Kriegerethos basierte auf Opferbereitschaft, und sie hatten immer gewusst, dass sie irgendwann ihrer Berufung würden folgen müssen. Es schmerzte, die Mädchen und den Lebensstil, den sie so liebten, aufgeben zu müssen, aber dieser Schmerz schärfte auch ihre kriegerische Entschlossenheit. Mit Feuereifer stürzten sie sich in die Arbeit, in dem Gefühl, dass es ihr Tod sein würde, wenn sie es nicht taten.

Doch es funktionierte nicht immer. So vieles konnte schiefgehen. Väter waren peinlich besorgt um Charakter und Lebensführung ihrer Söhne, weil es äußerst schwierig war, das Kriegerethos von einer Generation auf die nächste zu übertragen. Manchmal traten Alkohol und andere Süchte an die Stelle all dessen, wovon junge Männer sich zu träumen erlaubt hatten. Sie schlugen die Frauen, die man ihnen aufgedrängt hatte, und die Frauen ihrerseits flüchteten sich in die Sucht, um ein Leben, in dem das Gebären von Kindern einziger Daseinszweck war, ertragen zu können.

In manchen Fällen endete das tödlich. Ich hörte von einem Unternehmer, der keinen Erben hatte und deshalb einen von mehreren Söhnen eines seiner Brüder adoptierte. Der Junge war bereits im Teenageralter, er war ein guter Sportler und interessierte sich nicht fürs Geschäft. Seine leiblichen Eltern hielten es für besser, den Kontakt zu ihm abzubrechen, damit er sich gut in der neuen Umgebung eingewöhnte, und seine Adoptiveltern bereiteten ihn darauf vor, später einmal ein riesiges Unternehmen zu leiten. Sie verheirateten ihn mit einem reichen Mädchen aus einer anderen Unternehmerfamilie. Er ließ seine Familie wissen, dass er nicht glücklich war, doch sie erkannten nicht, wie ernst er es meinte. Schließlich wurde die Last der Aufgaben, die er sich nicht zutraute, zu groß, und er nahm sich das Leben.

Durch den starken Machtzuwachs, den Unternehmerfamilien Anfang des 21. Jahrhunderts erfuhren, wurde auch das Weitergeben von Autorität an die jüngere Generation nervenaufreibender. Die Zwänge wurden größer und unvorhersehbarer, und Delhi war voll von gescheiterten Rittern, die ein ausschweifendes Leben führten.

»Mir war klar, dass mein Mann viel trank«, sagt Simran. »Jeder trinkt mal viel, das ist auch okay, aber bei ihm war's ein bisschen mehr. Es wirkte sich allmählich auf unser Leben aus. Er stammte aus einer Punjabi-Unternehmerfamilie, und man hatte ihm die Leitung eines Teils der Firma übertragen. Aber er war der Aufgabe nicht gewachsen. Er trank immer mehr. Gewalttätig wurde er nie, er schaltete einfach ab. Morgens war er verkatert und ging nicht zur Arbeit. Seine Familie rief mich ständig an – ›Wo bleibt er denn, warum geht er nicht ans Telefon?‹ –, und ich log immer wieder: ›Er fühlt sich nicht wohl, er hat Magenschmerzen, er hat sich hingelegt.‹ Ich kam damit nicht klar.

Mit dem Kinderkriegen ließ ich mir Zeit. Ich war mir nicht sicher, ob ich in dieser Ehe überhaupt Kinder wollte. Weil mein Mann Alkoholiker war. Aber ich liebte ihn.

Die Familie zerbrach sich den Kopf darüber, wie man erreichen konnte, dass Prashant sich mit sich selbst besser fühlte, so dass er zu trinken aufhörte und seinen Verpflichtungen nachkam. Sie bedrängten meinen Schwiegervater und sagten, Prashant sei doch jetzt verheiratet, er habe ein schönes Zuhause, er leite einen Teil der Firma – man müsse ihm Aktien des Familienunternehmens geben, dann werde er mehr Verantwortung zeigen. Also schenkte ihm mein Schwiegervater seine ersten Aktien. Und was machte Prashant? Er kaufte sich sofort einen Lamborghini Murciélago. Es war ein toller Wagen, Prashant kam sich wichtig damit vor, und er war glücklich. Aber ich wurde das Gefühl nicht los, dass etwas nicht stimmte.

Es blieb alles beim Alten und schließlich wurde Prashant wegen seines Alkoholkonsums aus der Firma geworfen. Er hatte eine Dummheit gemacht. Er ging also und wusste nicht, was er nun anfangen sollte. Meine Schwiegereltern warfen uns auch aus dem Haus, und wir zogen in eine Mietwohnung. Er hatte nichts mehr zu tun, er trank und schlief nur noch. Unser Leben ging allmählich in Scherben.

Dann passierte etwas Schreckliches: Ich fiel ins Koma und musste mich einer Gehirnoperation unterziehen. Danach durfte ich zwei Jahre lang keine Kinder bekommen. Prashant war fix und fertig, er beschloss, sich zu bessern, und machte in England eine Entziehungskur.

Als er zurückkam, brauchte ich keine Medikamente mehr zu nehmen, wir durften Kinder bekommen, und er war absolut clean. Wir freuten uns riesig und beschlossen, eine Familie zu gründen. Mein Sohn wurde geboren, Prashant war ein wunderbarer Vater, seine Firma lief immer besser, und er brachte das großartigste Produkt heraus, das man sich vorstellen kann. Ich war sehr stolz auf ihn.

Aber dann fingen die Probleme wieder an. Er verlor das Interesse an seiner Firma und ging wie früher jeden Tag viel zu spät zur Arbeit. Das nervte mich, weil er bis mittags schlief und die Wohnung nicht saubergemacht werden konnte; bis er endlich aufstand, war sein Frühstück abgeräumt und es war Zeit fürs Mittagessen … Aber ich versuchte damit klarzukommen. Ab und zu sagte ich: ›Prashant, du möchtest doch an der Firma beteiligt sein, du möchtest, dass dein Vater dich respektiert, also musst du auch verantwortungsbewusst handeln. Du kannst nicht mit aufgesperrtem Mund unter einem Mangobaum sitzen und darauf warten, dass eine Frucht hineinfällt. Geh jeden Tag zur Arbeit, das ist doch nicht zu viel verlangt, oder? Du chattest nur noch auf Skype mit irgendwelchen Frauen oder schaust bis vier Uhr morgens Filme, und dann verschläfst du den ganzen Tag. Fang an, Verantwortungsbewusstsein zu zeigen. Du musst deinen Kindern ein Beispiel an Disziplin und Regelmäßigkeit geben.‹

Wir hatten auch ständig Geldstreitigkeiten. Prashant war bescheiden erzogen worden. Zwar hatte er von allem das Beste genossen – Reisen, Bildung und so weiter –, aber aus irgendeinem Grund fühlte er sich immer zu kurz gekommen. Deswegen diese alberne Geschichte mit dem Lamborghini. Ich sagte immer wieder ›Das Geld wächst nicht auf den Bäumen‹, ›Liebe kann man nicht mit Geld kaufen‹ und Ähnliches. Da ging er an die Decke. Er fühlte sich eingeengt durch mich. Er wollte nur haben, haben, haben. ›Oh, die schöne Uhr, die kaufen wir!‹, sagte er zum Beispiel, und ich: ›O Gott, die kostet ja so viel wie ein ganzes Haus! Was ist denn los mit dir?‹ Und wenn er wütend wurde, sagte ich: ›Kann ich erst mal ein paar Tage darüber nachdenken?‹ Bevor ich sechzigtausend Dollar für eine Uhr ausgebe! Da war er stocksauer. Er war auch sauer, weil ich so normal war, weil ich keine verrückten, ausgefallenen Kleider trug und die Leute mich trotzdem mochten. Seine Freunde mochten mich wirklich gern, und seine Eltern auch. Das war für ihn ganz schrecklich, er hatte sich sein Leben lang nicht akzeptiert gefühlt, deswegen musste er den großen Mann markieren. Dass ich mich normal anzog und normal aussah, nervte ihn, wie eine Wunde. Er sagte, ich sähe aus wie eine Bettlerin und so könnte ich nicht in seinen Lambo steigen. Ich besitze eine Breguet und eine Rolex, aber ich trage eine Swatch. Ich mag das große Zifferblatt. Ich bin Swatch-Fan. Mein Schal hier hat auch nur vierhundert Rupien [acht Dollar] gekostet.

Ich ärgerte mich schon über ihn. Das merkte man mir auch an. Und ich war dick geworden nach der Geburt meiner Kinder, das war ihm ein Dorn im Auge. Dann fing die Sache mit diesem Priester an. Die Fabrik meines Bruders war abgebrannt; er stellt Kunsthandwerk aus Metall her, für den Export. Ein Freund von uns machte meinen Bruder mit dem Priester bekannt, weil er meinte, mit der Raumaufteilung seines Hauses sei etwas nicht in Ordnung. Sie kennen sicher Vastu, die Lehre von der Glück oder Unglück bringenden Ausrichtung eines Hauses. Ich dachte, der Priester kann sich doch auch mal unsere Wohnung anschauen, unser Leben lief ja auch falsch. Und so holten wir den Mann in unser Leben. Er freute sich über den Kontakt mit einer so bedeutenden Familie und dachte sich wohl, dieses gutaussehende Paar hat von nichts eine Ahnung, aber eine Menge Geld, das muss man ausnützen. Allmählich wurde ich ziemlich sauer auf ihn.«

Eine Fliege in Simrans Tee lenkt sie ab. Sie bittet den Ober um eine neue Tasse.

»Wo war ich stehengeblieben?«, fragt sie. »Tut mir leid, aber mein Gedächtnis … Ich hatte eine zehneinhalbstündige Gehirnoperation, ich verliere dauernd den Faden.«

»Sie haben von dem Priester erzählt.«

»Ach ja. Später kam ich dahinter, dass dieser Vastu-Mensch, dieser Priester, von dem alle mit so viel Hochachtung sprechen, viel mit schwarzer Magie arbeitet. Meine Ehe war kaputt, und Prashant wollte mich verlassen. Ich weiß nicht, was passiert war. Ich stellte ihn zur Rede, aber das machte alles nur noch schlimmer, und er zog aus. Der Priester fragte mich, was los sei, und ich sagte: ›Sie wissen ganz genau, was los ist: Prashant ist mit dieser Tschechin zusammen, er wohnt jetzt bei ihr. Das müssten Sie doch wissen, Sie sprechen doch jeden Tag mit ihm.‹ Er schlug mir etwas ganz Absurdes vor, was ich nicht in Ordnung fand. Schwarze Magie. Er sagte: ›Wenn Sie das machen, dann verschwindet diese Frau aus Ihrem Leben.‹ Er wollte mir einen

Metallgegenstand geben, mit ihrem Namen drauf, und ich sollte jeden Tag kochendes Wasser darüberschütten. Klingt gruselig, was? Ich sagte: ›So etwas kann ich nicht machen. Ich bin ein einfacher Mensch. Soll sie doch leben! Soll sie doch mit meinem Mann zusammenleben und sein ganzes Geld durchbringen, das ist mir egal. Ich will niemanden töten. Mein Mann ist übergeschnappt, und ich werde ihn nicht aufhalten. Sollte er irgendwann wieder klar denken können und zurückkommen, werde ich mir überlegen, was ich mache. Von jetzt an habe ich meine eigenen Aufgaben: Ich werde mir mein reines Gewissen bewahren, und ich werde mich um meine Kinder kümmern und sie zu wunderbaren Erwachsenen großziehen, zu verantwortungsbewussten, selbstbewussten, guten Bürgern. Darauf konzentriere ich mich – er kann von mir aus tun, was er will.‹ Ich habe den Rat des Priesters nicht befolgt.

Prashant hatte sich schon eine Weile ganz merkwürdig benommen. Er gab uns keine Pläne mehr für seine Auslandsreisen. Dabei war das in der Familie so üblich: Jeder schrieb seine Reiseroute auf, mit Telefonnummern und allem Drum und Dran. Nur von Prashant kam nichts mehr. Wenn mein Schwiegervater wissen wollte, wo er sei, sagte ich zum Beispiel: ›Das letzte Mal, als ich von ihm gehört habe, war er in Frankfurt.‹ Und mein Schwiegervater fragte: ›Telefoniert ihr nicht jeden Tag?‹ Und ich: ›Er geht nie ran.‹ Da dämmerte ihm etwas. Ich sagte ihm, was ich wusste, und er meinte: ›Da stimmt was nicht. Prashant hat eine absurd hohe Summe von der Bank abgehoben, er wollte das Geld mitnehmen. Ich musste unserem Assistenten einen Koffer voll Geld abnehmen, den er Prashant bringen wollte. So etwas geht doch nicht – bald wird er alle möglichen Leute am Hals haben, unter anderem die Steuer.‹

Mein Schwiegervater konfiszierte Prashants gesamtes Geld. Sie hatten einen Riesenkrach deswegen. Er sagte: ›Das bekommst du nicht wieder.‹ Er sah ja, dass etwas faul war. Prashant stieg also ins Flugzeug und kam nicht mehr zurück. Das war's dann wohl. Ich weiß nicht, ob er auf noch größerem Fuß leben will als ohnehin schon. Vielleicht will er auch irgendwann auf alles verzichten. Nein: Ich denke, er will nur sein Geld zurück, das ist alles.

Sein Vater weiß, was los ist, und regt sich furchtbar auf. Er kümmert sich um mich und die Kinder und gibt mir einen monatlichen Zuschuss, und er hilft mir, gerichtlich gegen seinen Sohn vorzugehen, um das Immobilienvermögen zu retten.

Prashant gibt in London hunderttausend Dollar im Monat aus. Er hat einen enormen Geldbedarf, aber seine Firma macht Verluste, weil er nicht anwesend ist. Deshalb muss er Immobilien verkaufen, was aber schwierig ist, weil alles auch auf meinen Namen eingetragen ist. Einmal hat er mich bedroht, er hat mir einen Füllfederhalter an die Wange gehalten und gesagt: ›Unterschreib!‹ Ich fragte: ›Kann ich erst mal eine Zigarette rauchen und mir das überlegen?‹ Aber er: ›Unterschreib!‹ Das tat ich dann, weil die Kinder nebenan waren und ich Angst hatte, er könnte mir etwas antun. Mein Schwiegervater fragte: ›Warum hast du unterschrieben?‹ Da erzählte ich ihm alles, und er begriff. Wir erwirkten eine einstweilige Verfügung für die anderen Immobilien. Prashant war fuchsteufelswild. Eine davon ist besonders viel wert, und er dachte, er könnte sie zu Geld machen, in England ein schönes Farmhaus kaufen, sich dreißig Autos anschaffen und glücklich und zufrieden leben bis an sein Ende. Was soll ich tun? Er will alles verkaufen, und dann? Dann wirft er das ganze Geld zum Fenster raus. Aber ich muss für die Bildung meiner Kinder sorgen. Ich muss einen Haushalt führen. Ich brauche Geld für ein eigenes Geschäft, das ist wichtig für meine Selbstachtung, denn es ist mir peinlich, Geld von meinem Schwiegervater zu nehmen.

Noch lange nach dem Vorfall mit dem Füllfederhalter hatte ich immer Bodyguards um mich, aus Angst, Prashant könnte mir etwas antun, um an die Immobilien zu kommen. Die Pässe meiner Kinder habe ich versteckt, für den Fall, dass er seine Mutter schickt, um mir die Kinder wegzunehmen. Seine Mutter ist eine sehr schöne Frau: eins achtundsiebzig groß, blond, schöne Hände, ebenmäßige Züge – eine Klassefrau, verstehen Sie? Sie ist sehr hellhäutig; ihre Familie stammt aus Nordwestpakistan. Sie kommt aus ganz kleinen Verhältnissen und wurde wegen ihrer Schönheit mit meinem Schwiegervater verheiratet. Verliebt waren die beiden nicht. Sie lebt in London und behauptet – sie war mal Opernsängerin –, sie würde in der Royal Albert Hall auftreten, aber das ist reine Fantasie. Sie trinkt sich um den Verstand, was anderes macht sie nicht.

Prashant hat ein sehr enges Verhältnis zu seiner Mutter, und ich male mir immer wieder aus, wie sie meine Kinder mitnimmt. ›Kommt mit nach London‹, würde sie sagen, ›da könnt ihr in meinem rosa Jaguar herumfahren, ich gehe mit euch bei Harrods shoppen, und wir fahren nach Disneyland.‹ Da würden sie natürlich nicht nein sagen.

Ich weiß nicht, was passieren wird. Ich weiß nicht, ob er zurückkommt. Ich versuche einfach, mich um alles zu kümmern, so gut ich kann. Ich habe wunderbare Kinder, und ich fühle mich großartig als Mutter. Aber ich habe die ganze Zeit Angst. Ich habe Angst, er könnte behaupten, ich sei verrückt – wegen meiner Gehirnoperation –, und mir die Kinder wegnehmen.

Habe ich Ihnen von meiner Gehirnoperation erzählt? Daran war auch er schuld. Das war, nachdem er den Lamborghini gekauft hatte.

Ich leide an AVM«, sagt Simran, »arteriovenöser Malformation. Eine ziemlich häufige Sache und weiter kein Problem: dünne Adern in einer Gehirnregion. Man kann damit uralt werden, und es behindert einen nicht.

Ich erinnere mich an einen Geburtstag meines Schwiegervaters. Wir feierten zu Hause, dann verabschiedeten wir uns von den Gästen, und ich ging schlafen. Am nächsten Morgen hatte Prashant ein Golfturnier. Er stand früh auf, aber er hatte die ganze Nacht getrunken. Während ich schlief, war er aufgeblieben und hatte getrunken und ferngesehen oder was auch immer. Allein. Am nächsten Morgen fuhr er zu dem Turnier, und anscheinend hatte er eine Flasche Wodka in seine Golftasche gepackt. Sein Handy hatte er zu Hause gelassen, so dass ich ihn nicht erreichen konnte. Ich rief seine Freunde an, um zu fragen, ob er gut angekommen sei, und sie sagten: ›Nein, er fährt hier mit einer Flasche Wodka in seinem Lamborghini herum, der ist so was von cool, ein geiler Typ, ein richtiger Rockstar. Er sitzt am Steuer und trinkt Wodka.‹ Und ich: ›Findet ihr das komisch?‹ Und sie: ›Ist schon ein Spinner, dein Mann, aber wir lieben ihn!‹ Für die war das ein Spaß, aber mich kostete es den letzten Nerv. Er hatte ja die ganze Nacht getrunken. Und im Auto trank er weiter. Es war eine Stunde von Delhi entfernt. Ich war fix und fertig. Mein Blutdruck ging hoch, und in meinem Gehirn platzte eine Ader. Ich legte mich schlafen und wachte erst zweiundzwanzig Stunden später wieder auf. Meine Schwiegermutter sagte immer wieder zu meinem Dienstmädchen: ›Sie verträgt keinen Alkohol. Gib ihr Wasser, dann geht es ihr gleich besser.‹ Meine Mutter rief an. Sie machte sich Sorgen und rief den Arzt, und der sagte: ›Sie muss sofort ins Krankenhaus.‹ Aber meine Schwiegermutter meinte: ›Nein, ich kenne Simran‹ – von wegen! – ›sie verträgt nur keinen Alkohol, lasst sie schlafen.‹ Als der Arzt noch einmal anrief, sagte sie: ›Ach, sie schläft immer noch.‹ Da sagte der Arzt: ›Ich sage Ihnen, da stimmt etwas ganz und gar nicht, sie muss ins Krankenhaus.‹ Meine Mutter rief auch wieder an und sagte: ›Macht, was ihr wollt, ich hole meine Tochter jetzt ab.‹ Sie kam und wickelte mich in eine Decke. Ich wachte nicht auf, ich war bewusstlos. Der Arzt konnte mich nicht ansprechen. Im Krankenhaus machten sie eine MRT und sagten: ›Fünf Minuten später, und wir hätten sie verloren.‹ Es war Rettung in letzter Sekunde.

Neun Tage lag ich im Koma. Meine Chancen standen sehr schlecht. Die geplatzte Ader lag in der Nähe des Sprach- und Gedächtniszentrums, und die Ärzte sagten: ›Wenn sie überhaupt wieder aufwacht, wird sie sich entweder an nichts erinnern, oder sie wird nicht mehr sprechen können. Es könnte sein, dass sie plemplem bleibt, darauf müssen Sie sich einstellen. Die Wahrscheinlichkeit, dass sie wieder ganz gesund wird, liegt bei zehn Prozent. Wissen Sie, was? Wir haben getan, was wir konnten – jetzt können Sie nur noch beten. Alles Gute.‹ Meine eigentliche Rettung war das Gebet. Hunderteins Priester sangen für mich. Prashants Großmutter und meine eigene Großmutter hatten sie zusammengetrommelt. Und dazu die viele Freundlichkeit von allen Seiten, die Leute, die wollten, dass ich am Leben bleibe, und all die positive Energie – ich habe überlebt, es geht mir bestens. Ich gehöre zu den zehn Prozent, die wieder ganz gesund werden.«

Zwölftes Kapitel

Eine junge Frau macht sich bereit, die Eröffnungsrede eines Filmfestivals zu halten, als sie merkt, dass sie den Text zu Hause vergessen hat. Sie bittet ihren Freund, ihn schnell zu holen. Er saust mit dem Fahrrad los, und da die Frau ganz in der Nähe wohnt, ist er nach zehn Minuten wieder zurück.

Die Wachen lassen ihn nicht auf das Gelände des Kulturzentrums: Fahrräder seien hier nicht erlaubt. Er protestiert und sagt, er müsse dringend etwas abgeben. Als er an ihnen vorbei will, attackieren sie ihn mit ihren Stöcken und schlagen ihn auf Kopf und Körper.

Bis er wieder zu sich kommt, ist es zu spät, die Veranstaltung hat bereits begonnen. Er betritt den Saal und setzt sich neben mich, während seine Freundin auf dem Podium improvisiert. Er hyperventiliert; ich wende mich ihm zu – sein Kopf ist blutüberströmt. Wir gehen hinaus und suchen den Leiter des Zentrums in seinem Büro auf.

»Tut mir leid wegen Ihrer Verletzungen«, sagt er, »aber ich muss Ihnen sagen: Hätten Sie Englisch gesprochen, wäre das alles nicht passiert. Sie sind mit dem Rad gekommen, und sie haben Hindi gesprochen. Wie hätten die Männer wissen sollen, dass Sie was Besseres sind?«

Ein Ehrfurcht gebietender Müllberg erhebt sich in Bhalswa Colony. Nur die Natur, sollte man meinen, könnte etwas so Gewaltiges hervorbringen. Er ragt hoch über die Landschaft auf, ein langgestrecktes, schroffes Kliff, an dessen Flanken sich eine schmale Straße emporschlängelt, auf der überquellende Laster langsam dem Gipfel entgegenrumpeln. Von unten sieht man sie den abgeflachten Scheitel des Kliffs entlangfahren, ihre Fracht abladen und den Berg mit noch mehr Abfällen füttern. Ringsum wimmeln Menschen – von unten bloße Farbflecke –, die Wiederverwertbares aus diesem gigantischen Müllberg herauspicken.

Um mich herum erstreckt sich ein Gelände, auf dem Abfälle sortiert werden. Die Säcke voller Plastikflaschen sind so groß wie Autos.

An einer Stelle stapeln sich Kissen, Matratzen und Sofas; Jungen schneiden sie auf, um an das Füllmaterial zu gelangen. Woanders klopfen Hämmer mit hallenden Synkopen metallene Mülltonnen und Gehäuse alter Klimaanlagen flach. Autoreifen türmen sich himmelhoch.

Vor Kurzem hat es geregnet, und der Boden ist aufgeweicht. Schweine und Hunde baden in der nach Chemikalien stinkenden Brühe.

Wir sind weit im Norden von Delhi. Man staunt, wie viel Platz hier ist, wenn man aus der verstopften Stadt kommt. Ein weiter Himmel spannt sich über uns, und die offene Landschaft hat fast etwas Pastorales. Sie senkt sich zu einem Stausee hinab, in dem Wasserbüffel baden; am Ufer halten Störche Wache. Da und dort ragen mannshohe, spitz zulaufende und mit Planen gegen den Regen abgedeckte Haufen auf: Büffeldung nach Bauernart als Brennstoff gesammelt.

Bhalswa Colony selbst drängt sich auf einem winzigen Areal dieses weiträumigen Landstrichs zusammen, eine dichte Masse ungleichmäßig übereinandergestapelter Backsteinwürfel, die wie Schösslinge in einem Wald in jedes freie Stückchen Luft vordringen. Die Häuser sind lindgrün gesprenkelt; die Ziegel stammen von früheren Gebäuden, deren gestrichene Wände hier fragmentarisch weiterleben. Von außen wirkt die ganze Siedlung blind: Die Häuser haben keine Fenster, so dass sie die gigantischen Müllsäcke, von denen sie rings umgeben sind, nicht sehen können.

Als wir auf die Siedlung zugehen, scheinen alle, die aus den Häusern kommen, Uniformen zutragen. Erst eine Schar lachender Schülerinnen, das Haar zu wippenden Pferdeschwänzen gebunden, dann eine Musikkapelle – mit Militärmützen und Epauletten –, die mit Trommeln und Trompeten zu einer Hochzeit aufbricht.

Ich bin mit Meenakshi unterwegs, dem selbsternannten Schutzgeist dieser Siedlung, auch wenn sie nicht hier wohnt. Sie ist Anfang dreißig, und sie spricht hastig und mit großem Ernst.

»Als die Idee aufkam, eine Stadt zu gründen, fehlte es an Arbeitskräften und man musste die Leute von anderswo holen. Dass eine Stadt funktioniert, dafür kann man nicht sorgen, wenn man in einer herrschaftlichen Villa wohnt. Das tun Menschen, die in Hütten und

Slums wohnen: Rikschafahrer, Gemüsehändler, Schuster, Bauarbeiter, sonstige Arbeiter. Das sind die Menschen, ohne die eine Stadt nicht funktionieren kann.

Also zogen Arbeitslose aus Bihar, Rajasthan und Uttar Pradesh aus ihren Dörfern nach Delhi. Sie fanden hier zwar Arbeit, aber wo sollten sie wohnen? Auf unbebauten Flächen am Stadtrand errichteten sie ihre Hütten. Die Stadtverwaltung erkannte das Wählerreservoir und beschloss, sie als Wähler in Delhi zu registrieren und sie mit Wasser, Strom und Lebensmittelmarken zu versorgen. Sie holten ihre Familien nach und führten dreißig Jahre lang ein normales Leben.

Immer mehr Menschen kamen nach Delhi. Es gab Arbeit in Hülle und Fülle. Tausende von Arbeitern wurden allein für den Bau der U-Bahn benötigt. Vor den Augen der Stadtverwaltung bauten sie sich ihre Hütten, und die Stadtverwaltung schwieg dazu. Doch irgendwann dachte sie: ›Die Leute sind schmutzig, sie machen sich nicht gut in unserer Stadt.‹ Delhi hatte sich ausgedehnt, die Siedlungen lagen mittlerweile nicht mehr an der Peripherie, und die Stadtverwaltung wollte Profit aus dem Grund und Boden schlagen. Also sagte man den Bewohnern, dass sie illegal hier lebten und verschwinden müssten.

Eine der Kolonien lag am Ufer der Yamuna; dreißigtausend Familien lebten dort. Im Jahr 2000 wurden sie im Interesse der Stadtverschönerung von dort vertrieben, und auf dem Gelände entstand der neue Sitz der Stadtverwaltung, eines der hässlichsten Gebäude der Welt.

Von den dreißigtausend Familien wurden zwanzigtausend für illegal erklärt und einfach davongejagt; niemand weiß, wohin sie gingen. Die übrigen wurden an verschiedene Stellen in den Randzonen der Stadt umgesiedelt. Wer schon vor 1990 in Delhi gelebt hatte, bekam eine sechs auf drei Meter große Parzelle zugewiesen, wer zwischen 1990 und 1998 gekommen war, erhielt vier auf drei Meter. Die Parzellen mussten zum Preis von siebentausend Rupien [damals 160 Dollar] erworben werden.

Einige der umgesiedelten Familien kamen hierher nach Bhalswa. Die ganze Aktion war raffiniert ausgeklügelt. Von den dreißigtausend Familien aus der Kolonie an der Yamuna wurden nur 529 nach

Bhalswa geschickt, die übrigen kamen woandershin. Um zu verhindern, dass sie sich zusammenschlossen, verteilte man sie auf verschiedene Orte.

Zur gleichen Zeit wurden auch andere Siedlungen zerstört, und viele der Bewohner kamen ebenfalls nach Bhalswa. Die aus Nizamuddin waren Muslime, die von der Yamuna waren Hindus, und auch aus Dalit-Kolonien kamen Leute – alles Menschen mit unterschiedlicher Kultur und Religion. Die Stadtverwaltung wusste genau, dass es auf so engem Raum zu Kämpfen kommen würde. Ein kluger Schachzug.

Was verstehen Sie unter Umsiedlung? Ich sage Ihnen, was ich darunter verstehe. Für mich bedeutet Umsiedlung, dass Menschen mit allem Drum und Dran woanders angesiedelt werden. Dass alle Einrichtungen, die sie vorher hatten, auch am neuen Ort vorhanden sind.

Aber weit gefehlt. Die Leute hatten ihre Siedlungen über vierzig Jahre aufgebaut und wurden nun an Orten ausgesetzt, an denen sie nicht einmal die elementarste Infrastruktur vorfanden. Es gab keine Läden. Sie konnten keine Lebensmittelmarken einlösen. Es gab keine Schulen. Keine Busse. Von Strom und Wasser ganz zu schweigen. Es gab überhaupt nichts. Die Ersten, die dorthin kamen, mussten bei null anfangen. Es war für nichts gesorgt.

Kinder mussten die Schule abbrechen, weil es dort keine Schulen gab. Männer verloren ihre Arbeit. Rikschafahrer sahen sich fünfunddreißig Kilometer von ihrem Zuhause entfernt in eine Einöde versetzt, in der sie keine Fahrgäste fanden. Ähnlich erging es den Ladenbesitzern, die von ihren Bezugsquellen für Gemüse abgeschnitten waren und keine Kunden mehr hatten. Nichts ging mehr.

Die Frauen arbeiteten als Dienstmädchen in Mittelschichthaushalten im Süden Delhis. Da ihre Männer kein Einkommen mehr hatten, konnten sie ihre Stellen nicht aufgeben und mussten um fünf Uhr morgens los, um rechtzeitig an ihrem Arbeitsplatz zu sein. Abends um sechs kamen sie zurück. Um ihre Kinder, die zu Hause blieben, weil es ja keine Schulen gab, konnten sie sich nicht kümmern.«

Wir gelangen in die Straßen der Siedlung, die im Vergleich zu denen in den reichen Vierteln im Süden in erstaunlich gutem Zustand sind, der Ziegelbelag ist leicht gewölbt. Leuchtend gelbe und blaue Wäsche hängt an Leinen über uns, und vor den Häusern stehen Fahrräder. Drinnen werden Haushaltsbesen hergestellt: In einem Haus schneiden die Bewohner die Borsten, in einem anderen machen sie die Stiele. Es riecht nach gebratenem Knoblauch.

Meenakshi bleibt vor einer Haustür stehen und ruft: »Hallo! Haben Sie schon Ihre Lebensmittelkarte bekommen?«

»Ja, schon vor einer Weile.«

»Warum haben Sie mir das nicht gesagt?« Sie scheint verärgert. »So etwas müssen Sie mir sagen!«

Meenakshi hat es sich zur Aufgabe gemacht – niemand hat sie darum gebeten –, die Siedlung politisch zu vertreten. Sie ist es, die sich um die amtlichen Dokumente der Bewohner kümmert – viele von ihnen können weder lesen noch schreiben –, die sich bei den Behörden für sie einsetzt und notfalls politische Aktionen organisiert. Ich merke ihr an, dass sie völlig in ihrem Tun aufgeht.

»Hier leben, wie gesagt, Gemeinschaften aus verschiedenen Kulturen. Eigentlich sollten Wohnblocks für sie gebaut werden, mit gemeinsam genutzten Flächen dazwischen. Aber das hätte zu Problemen geführt, weil die Bewohner sich die Flächen gegenseitig streitig gemacht hätten. Die Muslime hätten dort Tiere schlachten wollen, was für die Brahmanen, die den Raum für Gebet und Andacht hätten nutzen wollen, ein Affront gewesen wäre. Es wäre unweigerlich zu Zusammenstößen gekommen.

Die Bewohner wollten Einzelhäuser und lehnten den Plan der Behörden ab. Die Stadtverwaltung erklärte, der Entwurf stamme von einem skandinavischen Architekten und könnte nicht mehr geändert werden. ›Wenn Sie den Plan nicht akzeptieren‹, hieß es, ›dann lassen wir Sie dort in der Wildnis sitzen.‹ Doch die Bewohner entgegneten: ›Wir sind seit einem halben Jahr hier, wir können auch noch länger bleiben.‹ Ein ganzes Jahr lebten sie in kleinen Zelten unter freiem Himmel. Sie protestierten. Sie gingen vor Gericht, sie wandten sich an die Medien, sie demonstrierten. Am Ende zwangen sie die Stadtverwaltung, den Plan aufzugeben. Man erstellte einen neuen Plan mit Reihenhäusern, vergab Parzellen und überließ die Bewohner sich selbst.«

Wir bleiben vor einem Haus stehen und treten ein. Es gehört einer Frau namens Jahanara, die mit ihrer Freundin Saraswati auf einer Matte am Boden sitzt. Beide engagieren sich in Meenakshis politischem Kampf für die Siedlung.

Es ist später Vormittag, und der Raum ist hell erleuchtet von der Sonne, die durch die offene Tür fällt. Er wirkt groß, denn bis auf einen Kühlschrank und den Herd ist er fast leer. Die cremefarben gestrichenen Wände leuchten vom Widerschein des Lichts auf dem Fußboden. Hinten führt eine Treppe ins obere Stockwerk.

Jahanara steht auf, um Tee für uns zu kochen. Meenakshi fährt fort:

»Sie sehen, wie schlimm die Gegend ist. Das Land ist sumpfig und hochwassergefährdet. Die Leute, die als Erste hierherkamen, mussten zunächst Entwässerungsgräben anlegen, bevor sie irgendetwas bauen konnten. Trotzdem ist das Gelände in der Regenzeit ständig überschwemmt. Dieses Jahr ist ein Kind im Hochwasser ertrunken; das Wasser stand bis an die Dächer. Aber Trinkwasser gibt es hier nicht. Der Stausee ist salzhaltig, und das Grundwasser schmeckt nach Säure, von den Chemikalien, die aus dem Müllberg in die Erde sickern. Es ist so giftig, dass nicht mal Stechmücken darin überleben. Es ist die reine Säure, und es brennt. Alle Kinder haben Hautausschläge, weil sie darin baden, und die Frauen haben schreckliche Scheidenentzündungen.

Die Leute hier haben die Siedlung mit eigenen Händen gebaut. Da sie nicht jahrelang warten konnten, bis die Stadtverwaltung für Straßen und Kanalisation sorgt, haben sie sich auch darum selbst gekümmert. Jeden Ziegel und jeden Sack Zement mussten sie sich erkämpfen. Den Strom mussten sie sich erkämpfen. Und nach zehn Jahren kämpfen sie immer noch. Eine weiterführende Schule gibt es hier nach wie vor nicht. Die Schule in der Nähe nimmt keine ›*Slum kids*‹. Deshalb müssen die Kinder weit fahren, in eine Schule mit hundert Schülern pro Klasse und ohne Wasser und Toiletten. Wer hier zur Schule gehen will, hat es wirklich schwer. Haben Sie die Straße gesehen, die hierherführt? Nach den Regenfällen ist sie unpassierbar.«

»Warum sind wir nach Delhi gekommen?«, meldet sich Jahanara

zu Wort. »Vor allem wegen der Arbeit; in unseren Dörfern in Uttar Pradesh gab es keine Arbeit. Wir kannten Leute, die als Arbeitskräfte angeworben und nach Delhi geholt worden waren. Sie verdienten gutes Geld, und nach einiger Zeit sind ihnen viele von uns gefolgt. Der zweite Grund, warum wir hierhergekommen sind, waren die Schulen. Wir selbst können nicht lesen und schreiben, und wir wollten unseren Kindern eine bessere Bildung ermöglichen. Auf dem Land waren die Schulen so weit entfernt, dass man nicht kontrollieren konnte, ob die Kinder auch wirklich hingingen. Und für die Mädchen waren die langen Fahrten gefährlich. Deswegen dachten wir, es ist besser, wenn wir bei unseren Männern in der Stadt leben. Und so sind wir hierhergekommen. Damit unsere Kinder eine bessere Zukunft haben. Besonders unsere Töchter.

Anfangs konnten wir unsere beiden Kinder in einer Schule in Delhi unterbringen. Aber sie war weit weg, und die Lehrer hatten kein Verständnis für unsere Situation. Sie ließen unsere Kinder durchfallen, weil sie keine Slumkinder an ihrer Schule wollten. Das hat die beiden so entmutigt, dass sie nicht mehr hingingen. Jetzt sind sie Arbeiter. Das ist das Schlimmste von allem: Unsere Kinder haben ihre Bildung verloren.«

Im Haus gegenüber ist soeben eine junge Frau in einem leuchtend rosafarbenen Sari aus dem Bad gekommen; ihre Haare sind noch nass. Sie tritt vor einen Spiegel und kämmt sich, dann cremt sie sich das Gesicht ein. Sie lässt sich viel Zeit für diese Rituale. Schließlich nimmt sie einen Besen und beginnt den Fußboden zu fegen. In den schmalen Gassen und den fensterlosen Häusern, in die nur durch die offenen Haustüren Licht fällt, bekommt man alles mit.

Wir trinken Tee. Saraswati spielt nachdenklich mit Jahanaras Zehen. Beide Frauen tragen einen baumwollenen Salwar Kamiz. Saraswati hat an einem Arm bis zum Ellenbogen hinauf Armreife aus Metall und Plastik. Sie erzählt:

»Die Schwester meines Mannes ging mit ihrem Mann auch nach Delhi, und dann hörten wir nichts mehr von ihnen. Meine Schwiegermutter machte sich schreckliche Sorgen. Jeden Tag weinte sie um ihre Tochter, aber zwei Jahre lang kam keine Nachricht. Immer wieder bat sie meinen Mann, nach Delhi zu fahren und sie zu suchen.

Das tat er schließlich auch. Überall in der riesigen Stadt forschte er nach ihr und fragte in jeder Siedlung, ob jemand seine Schwester und ihren Mann gesehen hatte. Nach vielen Wochen kam er in eine Kolonie am anderen Ufer der Yamuna. Dort sagte jemand: ›Sie wohnen hier.‹ Er sollte am Brunnen warten. Als er hinkam, holten gerade ein paar Frauen Wasser. Er rief: ›Schwestern, wohnt hier jemand, der soundso heißt?‹ Eine der Frauen war seine Schwester. Als sie ihren Namen hörte, lief sie zu ihm und fing an zu weinen. ›Bruder, was machst du hier?‹, fragte sie. Mein Mann sagte: ›Warum hast du die ganzen zwei Jahre nichts von dir hören lassen? Mutter hat sich solche Sorgen gemacht, dass sie davon krank geworden ist.‹ Da sagte sie: ›Mein Mann bekommt keinen Urlaub, deswegen konnten wir nicht ins Dorf fahren. Aber ich habe euch so viele Briefe geschrieben und nie eine Antwort bekommen.‹ Er rief: ›Bei uns ist kein einziger Brief angekommen!‹

Mein Schwager verschaffte ihm Arbeit beim Bau der neuen Brücke über die Yamuna, aber nach fünf Monaten verlor er sie wieder. Jetzt hatte er nichts mehr zu tun. Eines Tages fand er einen Stuhl und beschloss, sich als Friseur am Ufer niederzulassen. Damals war dort noch keine Siedlung, nur eine riesige Abfallgrube. Mein Mann war Friseur an einem Ort, an dem es keine Menschen gab. Den ganzen Tag saß er mitten in der Einöde auf seinem Stuhl und wartete. Es war eine gottverlassene Gegend, und nachts war es dort stockfinster.

Da er tagsüber kaum etwas verdiente, musste er nachts arbeiten. Er sollte den Müll wegschaffen, der sich jeden Tag an der Brückenbaustelle ansammelte. Im Dunkeln musste er dorthin schwimmen. Er sah nichts, er schwamm einfach in die endlose Schwärze hinein. Die ganze Nacht zog er Leichen aus dem Fluss, die sich irgendwo verfangen hatten, und schaffte allen möglichen Unrat weg. Dafür bekam er fünfhundert Rupien [zehn Dollar] pro Monat.

Irgendwann ließ die Stadtverwaltung die Abfallgrube am Ufer der Yamuna auffüllen und das Gelände einebnen, und mein Mann und sein Bruder bauten sich dort eine Hütte. Immer mehr Leute zogen nach. Aber mein Mann fühlte sich einsam und konnte kaum noch etwas essen. Die ganze Zeit dachte er an seine Kinder. Nur seine Kinder gaben ihm das Gefühl, nicht ganz allein auf der Welt zu sein. Schließlich bat er mich, zu ihm nach Delhi zu kommen.

Fast fünfundzwanzig Jahre wohnten wir dort. Nach und nach machten wir einen Ort daraus, in dem es sich gut leben ließ. Wir bauten alles selbst, Ziegel um Ziegel. Unser Haus hatte zwei Stockwerke. Mit der Zeit kam alles andere dazu: Strom, fließendes Wasser, eine staatliche Schule und ganz in der Nähe ein staatliches Krankenhaus. Und dann wurde alles, was wir aufgebaut hatten, wieder abgerissen, um Platz für das Büro des Chief Minister von Delhi zu schaffen.

Man versprach uns, dass wir ein richtiges Haus mit Bad und Toilette bekommen und keine Slumbewohner mehr sein würden. Alle hassen Slumbewohner. Das Wort Slum würde aus unserem Leben gestrichen, hieß es. Wir freuten uns schon. Es sollte gute Schulen an unserem neuen Wohnort geben, Parks, Wasser und Strom. Unsere Kinder freuten sich auch. Damals wussten wir noch nicht, dass das alles gelogen war.

Für unser neues Haus wurden uns siebentausend Rupien [140 Dollar] in Rechnung gestellt; viele mussten sich das Geld leihen oder Schmuck verkaufen. Die neue Siedlung wollte man uns nicht vorher zeigen. Wir wurden alle auf einen Lastwagen geladen, und unterwegs fragten wir den Fahrer: ›Wo fahren wir hin? Ist es schön dort? Sind die Leute nett?‹ Er gab keine Antwort. Was hätte er auch sagen sollen? Er tat nur seine Pflicht. Als wir ankamen, fanden wir nur leeres Sumpfland vor. Die versprochenen Häuser existierten nicht. Sogar der Fahrer sagte: ›Das ist nicht gut hier. Wie sollt ihr hier leben?‹ Einige von uns hatten Ziegel von ihrem alten Haus mitgenommen, aber die meisten hatten nicht einmal das. Das ganze Gelände stand unter Wasser, und es wimmelte von Schlangen und Ratten. Unzählige Lastwagenladungen Erde und über fünftausend Ziegelsteine mussten herangeschafft werden, um es trockenzulegen.«

Die beiden Frauen erzählen sehr detailgenau von ihren Bauarbeiten. Sie wissen, wie man einen Abflussgraben zieht oder eine Tür macht, und sie wissen, wie viel Zement und Ziegel dafür benötigt werden. Es sind beeindruckende Frauen, auch deshalb, weil nichts in ihrem Leben delegiert wird. Sie sind nicht spezialisiert. Sie sind ihre eigenen Baumeister, Stadtplaner und Politiker. Sie verfügen über gründliche, umfassende Kenntnisse all jener Aspekte des Lebens, die anderen nur vage und von fern bewusst sind. Sie sind in einer Weise Herr ihrer selbst, wie es die meisten Leute, die ich kenne, nicht sind.

Jahanara erzählt eine ähnliche Geschichte. Als sie nach Delhi kam, siedelte sie sich in dem muslimischen Slum um Nizamuddin an.

»Der Unternehmer, der dort der Boss war, hatte auf einem unbebauten Areal mit Unterstützung der Polizei einen Slum gebaut. Wir wohnten nicht weit von einem großen Brunnen, und am Anfang hatten wir einen Teestand. Bald kam Leben in die Siedlung, und wir eröffneten eine Art Hotel. Wir hatten Strom und Wasser, und da die Bahnstation Nizamuddin ganz in der Nähe lag, kamen viele Leute zum Essen in unser Hotel.

Dann hieß es plötzlich, wir würden immer Slumbewohner bleiben, egal was wir hier auf die Beine stellten und wie viel Geld wir verdienten. Man wollte uns woandershin umsiedeln, wo es gute Schulen gab, Parks, Wasser und Strom. Jede Familie sollte ein eigenes Haus mit Bad und Toilette bekommen. Unsere Kinder freuten sich riesig. Damals wussten wir noch nicht, dass das alles gelogen war.

Wir wurden aufgefordert, unsere Häuser, die wir mit eigenen Händen gebaut hatten, abzureißen. Einige von uns glaubten dem Boss nicht, was er versprochen hatte. Aber eines Nachts um drei fing er an, sein eigenes dreistöckiges Haus abzureißen. Die Leute gerieten in Panik. Sie sagten: ›Wenn die Stadtverwaltung unsere Häuser abreißen lässt, verlieren wir in dem Durcheinander alles, was wir haben. Wir machen es lieber selbst.‹ Und das taten wir. Unsere Sachen wurden auf einen Laster geladen, und wir wurden hierher verfrachtet.«

Unser Gespräch verläuft in seltsam friedlichem Ton. Es ist ein schöner Vormittag, die beiden Frauen erzählen in ruhigem Ton und bestätigen hin und wieder, was die andere sagt, als sprächen sie füreinander. Man spürt eine Zusammengehörigkeit zwischen ihnen, wie man sie unter Angehörigen der Mittelschicht selten findet. Ihr Dasein ist von so großer Unsicherheit geprägt, dass ein Überleben nur mit gegenseitiger Unterstützung möglich ist. Sogar in ihrem Sprachgebrauch tanzt das »Ich« selten aus der Reihe des »Wir«.

Meenakshi zeigt mir Ordner mit Briefen und Fotos, die die beiden im Zuge ihrer Bemühungen, Bhalswa bewohnbar zu machen, an diverse städtische Stellen geschickt haben.

»Das machen wir jetzt seit zehn Jahren. Hier fehlen nach wie vor einige der elementarsten Dinge. Immer noch kämpfen wir für Lebensmittelmarken. Die sind für alle hier das Wichtigste. Mit Lebensmittelmarken können sie wenigstens Brot essen, und sei es nur mit Salz darauf. Ohne geht es nicht. Wissen Sie, wie hoch die Inflationsrate im Moment ist? Die Preise auf dem freien Markt kann hier niemand zahlen.

Das alles ist schon sehr ärgerlich. Jedes Mal, wenn wir auf der Stadtverwaltung erscheinen, verzieht der Beamte dort angewidert das Gesicht und sagt: ›Wieso kommt dieser Abschaum dauernd bei mir an?‹ Wie lange kann man da noch kämpfen? Entweder man kämpft Tag für Tag für Wasser, oder man geht zur Arbeit und verdient Geld für die Familie – beides geht nicht.

Ich habe herausgefunden, dass die Stadt 56 000 Rupien [1200 Dollar] im Monat für die Tankwagen ausgibt, die uns das Wasser liefern. Das macht fast sieben Lakh [14 000 Dollar] im Jahr. Eine Wasserleitung hierher zu legen, würde nur die Hälfte kosten. Aber das wollen sie nicht. Sie wissen, dass Bhalswa ohne Wasser nie eine richtige Siedlung sein wird, und sie wollen uns jederzeit wieder vertreiben können.«

Für die meisten Mittelschichtfamilien hat sich der Staat in den letzten zwanzig Jahren so radikal aus dem sozialen und wirtschaftlichen Leben zurückgezogen, dass sie ihn kaum noch wahrnehmen. Und das finden sie gut: Sie idealisieren die staatliche Zurückhaltung und »Deregulierung«. Vielen ist nicht bewusst, was die Stadt alles tut, um sie vor der Masse der Armen um sie herum zu schützen, denen jedes Recht auf städtischen Raum oder städtische Ressourcen kategorisch verweigert wird. Die Armen dagegen wissen genau, wie die Stadt in Wahrheit verwaltet wird. Sie sind weit intimere Kenner der Stadtverwaltung, und sie tragen eine weit größere bürokratische Last. Als ich Meenakshis Ordner durchsehe, wird mir klar, was für eine Mammutaufgabe sie übernommen hat.

Im Haus gegenüber taucht ein Mann auf, der Ehemann der Frau im rosa Sari, mit nacktem Oberkörper und einem Handtuch um die

Hüften. Er ist kräftig gebaut, sein dichtes Haar ist wild zerzaust, und auf seiner dunklen Haut schimmert eine silberne Halskette. Er wirkt verschlafen und bewegt sich langsam. Er setzt sich auf die Haustürstufe. Die Ringe an seinen Fingern funkeln in der Sonne.

»Für die Männer ist es schwer«, sagt Meenakshi. »Alle haben ihre Arbeit verloren, als sie hierherkamen. Einen Mann will niemand im Haushalt beschäftigen. Jetzt gibt es nur noch tageweise Arbeit für sie. Erbsenschälen zum Beispiel. Damit verdienen sie dreißig Rupien [0,60 Dollar] am Tag, und normalerweise hilft die ganze Familie mit. Manche machen auch Besen, die sie dann in den Wohnvierteln hier in der Nähe verkaufen. Andere arbeiten auf dem Bau. Aber das ist eine Minderheit.

Die meisten sitzen zu Hause und werden depressiv. Im Kopf sind sie völlig blockiert. Sie nehmen es ihren Frauen übel, dass sie ständig außer Haus sind, und schlagen sie. Sie wollen nicht, dass sich die Frauen politisch engagieren. Sie kommen betrunken zu unseren Versammlungen und beschimpfen uns. ›Ihr Frauen erreicht gar nichts‹, schreien sie uns an. ›Überhaupt nichts werdet ihr verändern.‹

Wir haben hier auch ein großes Drogenproblem. Ich spreche nicht von ein paar Familien, ich spreche von der ganzen Siedlung. Sogar Kinder sind davon betroffen. Sie gehen nicht zur Schule, sie haben nichts zu tun, und so rutschen sie nach und nach da hinein. Sie schnüffeln Schusterleim. Und es gibt eine Tablette, mit der können Kinder für eine Rupie alles vergessen. Billigste Drogen verschaffen ihnen höchstes Glück.

Die Männer trinken und rauchen braunen Zucker. Kaum haben ihre Frauen ein bisschen Geld, nehmen sie es ihnen weg und kaufen sich Schnaps davon. Die Flaschen verstecken sie in ihren Kleidern, wenn sie nach Hause kommen. Ich frage Sie: Finden Sie es in Ordnung, sich Alkohol zu kaufen, obwohl Sie nichts zu essen im Haus haben?«

»Die Stadt leistet hier wirklich hervorragende Arbeit«, sagt Saraswati sarkastisch. »Wir haben weder Krankenhäuser noch Schulen, aber einen Schnapsladen hat es hier von Anfang an gegeben, er wird sogar von einem Polizisten bewacht. Schulen kosten Geld, Schnapsläden bringen Geld.

Es heißt immer, wir geben der Stadt an allem die Schuld. Wem denn sonst? Dinge, die für uns lebensnotwendig sind, nimmt man uns weg. Und Dinge, die uns töten können, Dinge, die uns zugrunde richten, für die werden eigens Läden aufgemacht, damit werden wir sehr großzügig versorgt.«

Im Haus gegenüber sind bei der jungen Frau im rosa Sari mehrere hundert neu angefertigte Plastikbesen abgegeben worden, die sie nun einzeln in Plastikhüllen schiebt. Ihr Mann sitzt rauchend auf der Haustürstufe.

»Und jetzt kommt's«, sagt Meenakshi. »Sie sehen ja die Straßen und Häuser, die die Leute hier gebaut haben. Nach zehn Jahren stellt das alles einen gewissen Wert dar. Und nun hat man die Siedlung für illegal erklärt und den Leuten gesagt, sie müssen hier weg. Das Land, das ihnen die Stadtverwaltung selbst zugewiesen hat, ist plötzlich illegal. Weil die Genehmigung nur für zehn Jahre gilt. Die Armen sollen einfach keinen dauerhaften Platz in der Stadt bekommen.«

»Auf dem Weg hierher haben Sie sicher das unbebaute Gelände überquert«, sagt Saraswati. »Jetzt sollen dort Wohnungen gebaut werden, und wir sollen hier weg. Und warum sollen dort Wohnungen gebaut werden? Weil *wir* den Ort in den zehn Jahren bewohnbar gemacht haben. Wir sind diejenigen, die das Land entwässert haben, die Straßen gebaut haben, dafür gesorgt haben, dass es hier Strom gibt und dass Busse fahren. Durch uns ist der Grund und Boden so im Wert gestiegen, dass die Stadt ihn verkaufen kann. Aber wir gehen hier nicht weg. Zwei Städte haben wir in unserem Leben gebaut, eine dritte bauen wir nicht mehr.«

»Wir gehen hier nicht weg«, echot Jahanara. »Noch einmal legen die uns nicht rein.«

Meenakshi sagt: »Als wir erfuhren, dass Bhalswa geräumt werden soll, war den Leuten hier klar, dass sie alles verlieren, wenn sie nicht kämpfen. Sie waren bereit, sich von der Polizei verprügeln zu lassen. Wir wollten während der Commonwealth Games demonstrieren, um die Stadtverwaltung in Verlegenheit zu bringen und zu erreichen, dass sie sich um eine andere Lösung für uns bemüht. Millionen von Rupien wurden da für eine gigantische Sportveranstaltung ausgegeben, von der niemand etwas hatte, und die, die das Geld dringend brauchten, bekamen nichts; sie mussten sogar noch Geld zahlen, und ihre Häuser wurden abgerissen. Wir beschlossen, rauszugehen – die ganze Siedlung – und die große Schnellstraße zu blockieren, die hier in der Nähe vorbeiführt. Studenten und Dozenten der Delhi University organisierten den Protest mit uns gemeinsam. Viele von ihnen interessieren sich für unsere Situation, wenn schon sonst niemand.

Bhalswa hatte zu der Zeit schwer mit dem Hochwasser zu kämpfen, aber alle fanden es wichtig, sich dem Protest anzuschließen. Rund fünftausend Frauen kamen aus ihren Häusern und blockierten die Straße. Eine Dreiviertelstunde lang staute sich der Verkehr. Die Polizei kam, erst nur von einem Revier, dann auch von anderen. Der stellvertretende Polizeipräsident gab Befehl, mit Schlagstöcken auf uns loszugehen. Viele Frauen wurden schwer verprügelt, eine musste sogar mit Knochenbrüchen ins Krankenhaus. Wir riefen einen Krankenwagen, aber die haben sich geweigert, uns zu helfen. Einige Studenten wurden verhaftet.

Ich muss dazusagen, dass unsere Frauen auch die Polizei angriffen. Sie schnappten sich Schlagstöcke und schlugen zurück. Eine von ihnen konnte zu unserem großen Schrecken identifiziert werden, und die Polizei begann sie einzuschüchtern. Sie knöpften sich ihren Sohn vor, und er musste ihnen sagen, wo sie arbeitete. Da gingen sie dann hin und forderten sie auf, so etwas nie wieder zu tun. Sie nehmen gern Einzelne aufs Korn, weil die allein zu schwach sind. Aber wir geben nicht auf.«

»Wenn Wahlen anstehen und sie unsere Stimmen wollen, dann kommen sie nicht im Auto«, sagt Jahanara. »Sie kommen zu Fuß und sagen: ›Schwester, bitte tu etwas für uns.‹ Wir sind es, die ihnen ihre Wahlen gewinnen und sie zu Kaisern machen. Das Geld, das sie sich unter den Nagel reißen, ist unser Geld. Also haben wir auch das Recht, gegen die Stadtverwaltung zu kämpfen. Wir sind genauso Bürger dieses Landes.

Wir alle sind viele Male bedroht worden. Männer kamen mit langen Stöcken in mein Haus und drohten meinem Mann. ›Bring deine Frau zur Vernunft, oder du kannst was erleben‹, sagten sie. Daraufhin schloss sich mein Mann unserem Kampf an. Aber ich bat ihn, sich herauszuhalten: Ich war schließlich diejenige, die für die Familie sorgt.

Die Stadtverwaltung kann uns jederzeit mit falschen Beschuldigungen ins Gefängnis bringen. Sie kontrolliert alles. Wenn sie zehn Crore Rupien für uns bewilligt, kommen nur zwei Crore bei uns an. Das Einzige, wovor ich Angst habe, ist die Stadtverwaltung. Die werden versuchen, uns alles wegzunehmen, was wir haben.«

Saraswati ist wütend.

»Sollte mir jemals die Chief Ministerin von Delhi unter die Finger kommen, dann kriegt sie von mir solche Prügel, dass ihr Hören und Sehen vergeht! Mit lauter Lügen haben sie uns hierhergelockt. Hätten sie uns die Gegend vorher gezeigt, wären wir nie gekommen. Hier wird der ganze Müll von Delhi abgeladen, und die Frau meint, uns kann sie auch hier abladen. Die sollte mal hier wohnen, dann würde sie sehen, wie das ist. Und jetzt sollen wir wieder weg! Wenn sie uns zwingen wollen, schlagen wir ihnen die Köpfe ein. Wir mussten unser Haus im Dorf verkaufen, um die Parzelle hier zu bekommen. Viele von uns zahlen nach zehn Jahren immer noch Kredite bei Geldverleihern ab – die siebentausend Rupien, für die wir nichts bekommen haben. Wir bleiben hier.«

Ein Brief wird gebracht. Der linke Arm des Briefträgers ist am Ellenbogen amputiert.

Meenakshi sagt: »Die Mehrheit der Einwohner, die dafür sorgen, dass die Stadt funktioniert, wird aus ihr verbannt. Sie sind nicht mehr willkommen. Die Stadt wird neu erfunden – für die Reichen. Nur noch Autobesitzer können hier leben. Sehen Sie sich doch an, was da gebaut wird: die Hochstraßen, die Shoppingmalls, die Hotels und der ganze Luxus – alles für Leute mit Geld. Wie viel Geld wird für Hochstraßen ausgegeben, und wer benutzt sie? Nur Leute mit Geld. Was haben die Fußgänger davon? Man kann da nicht laufen. Zu Fuß kann man sich in dieser Stadt nicht bewegen, für Fußgänger ist hier kein Platz.

Die U-Bahn fährt nur in die Geschäfts- und Nobelviertel. Wo Arbeiter und arme Leute wohnen, da fährt sie nicht hin. Sie nützt also nur Leuten mit Geld. Wer arm ist, kann sie sich sowieso nicht leisten. Außerdem schleppen die Armen Lasten, die sie mit der U-Bahn gar nicht transportieren könnten. Sie müssen den Bus nehmen.

Aber jetzt gibt es in Delhi neue Busse, und die sind auch nicht für die Armen da. Schöne grüne Busse, eigens für die Commonwealth Games, damit die Stadt gut aussieht. Mit extra niedrigem Einstieg, da kommen sogar Rollstuhlfahrer rein. Nur können die neuen Busse nicht auf unebenen Straßen fahren. Alle Busse, die Bhalswa bisher angefahren haben, wurden gestrichen. Jetzt heißt es einfach, bei uns sind die Straßen zu schlecht, da kann man nicht hin.

Alles wird immer schlechter. Alles. Und irgendwann werden nicht mehr nur die Armen darunter leiden. Ich komme aus einer Mittelschichtfamilie, und ich kann Ihnen aus eigener Erfahrung sagen, dass in naher Zukunft auch eine Mittelschichtfamilie ihre Kinder nicht mehr in Delhi großziehen kann. Die Leute hier in Bhalswa haben Angst um ihre Zukunft, aber auch ich habe eine tiefsitzende Angst in mir. Weil ich nicht weiß, was aus uns werden soll. Es betrifft nicht nur die Armen.«

Saraswati sagt: »Manchmal fragen wir uns, ob wir nicht besser in unserem Dorf geblieben wären. Vielen von denen, die geblieben sind, geht es heute besser als uns. Von den Männern arbeiten viele in Saudi-Arabien oder Dubai am Bau, da verdienen sie mehr. Aber wir haben nichts. Was wir im Dorf hatten, haben wir verkauft, um uns in Delhi etwas Besseres kaufen zu können. Wir dachten, irgendwann würden wir hier eine eigene Wohnung haben.«

»Auf dem Land ist es heute nicht mehr so wie früher«, sagt Jahanara. »Die Schulen sind besser geworden. Unsere Verwandten dort haben ihre Kinder besser großgezogen als wir. In den Dörfern hat sich in den letzten Jahren sehr viel getan.

Aber wir können nicht in unser Dorf zurück. Unseren Besitz haben wir verkauft, und was noch da war, haben sich unsere Verwandten genommen. Und gegen die Stadtverwaltung zu kämpfen ist immer noch besser als gegen die eigene Familie. Das kann einen das Leben kosten. Also bleiben wir hier. Egal, was kommt.«

Meenakshi begleitet mich, als ich gehe.

»Wie sind Sie hergekommen?«, fragt sie.

»Von der U-Bahn-Station aus mit einer Autorikscha.«

»Da haben Sie Glück gehabt. Die fahren meistens nicht bis hierher.«

Auf dem Weg durch die Siedlung wird mir klar, dass die Straßen, durch die wir anfangs gekommen sind, die besten waren. Andere sind in weit schlechterem Zustand. Den Belag hat der Regen teilweise weggespült, und die Bewohner bessern ihn mit Beton aus. In den Straßen der Lumpensammler häufen sich Abfälle, die in den Häusern sortiert werden. In einem Verschlag am Rand der Siedlung rauchen Männer hinter einer Plane Crack. Ihre Kinder sitzen draußen. Ein Mädchen legt ein Muster aus den Scherben eines Blumentopfs. Andere Kinder sortieren Müll oder packen Rosenäpfel, die sie von den Bäumen gepflückt haben, in Schachteln. Hühner suchen nach Futter. Die Pfützen sind von seltsamen Schwärmen winziger Fliegen bedeckt, die ich noch nie gesehen habe. Bei der kleinsten Bewegung steigt der Schwarm als lebende Wolke auf, um sich gleich darauf wieder auf die Pfütze herabzusenken.

Die einzige Möglichkeit, von hier wegzukommen, ist ein Bus, der sich im Schneckentempo um die Schlaglöcher schlängelt und alle paar Minuten hält, um Leute ein- oder aussteigen zu lassen. Wir brauchen eine Stunde, um aus Bhalswa herauszukommen. Schuld daran ist auch ein heftiger Streit zwischen dem Fahrer und drei Männern, die nicht bezahlt haben. Der Bus bleibt stehen, doch sie wollen weder zahlen noch aussteigen. Meenakshi schaltet sich ein und bietet an, Fahrscheine für sie zu lösen, aber sie ziehen es dann doch vor auszusteigen.

Es lässt sich einfach nicht vermitteln, wie fern und unerreichbar dieser Ort ist, obwohl er mitten in einer der größten Städte der Welt liegt. Dass Staatsgrenzen Bevölkerungen mit sehr unterschiedlichem Zugang zur globalen Wirtschaft trennen, liegt auf der Hand; dass solche Trennlinien aber durch ein und dieselbe Stadt verlaufen können, ist schwer nachvollziehbar. Doch in dieser Metropole, in der viele Menschen die globale Wirtschaft mit ihrem Kapital, ihren Ideen und ihrer Arbeit von Grund auf umstrukturieren und in der man deshalb manchmal das Gefühl hat, sich an einem Punkt zu befinden, an dem alle Kräfte des Erdballs zusammenlaufen, gibt es einige Bevölkerungsteile, die für dieses System von keinerlei Belang sind. Bhalswa ist kein Ort kapitalistischer Unterdrückung – tatsächlich hätten viele hier nur zu gern etwas mehr davon. Es ist ein Ort unerwünschten Lebens, ein Ort, dessen Bewohner so gut wie keinen Zugang zu der boomenden Wirtschaft ringsum finden. Sie sind überzählig, sie wissen nicht, wohin, und können nur versuchen, das Abgeschobenwerden von einer Müllhalde zur nächsten zu überstehen.

Meenakshi und ich fahren mit der U-Bahn zum Connaught Place und setzen uns ins Indian Coffee House, eine Institution aus der Nehru-Zeit, betrieben von einer nationalen Kaffee-Arbeitergenossenschaft; hier bekommt man noch ein heißes Getränk für fünf Rupien.[32] Doch Meenakshi möchte nichts bestellen. Sie hat eine Wasserflasche in ihrem Rucksack.

»Mein Vater kam aus einem Dorf in Uttarakhand. Wir führten dort ein ähnliches Leben wie früher die Leute, die Sie heute kennengelernt haben. Die Landwirtschaft war schwierig; Terrassenfeldbau bringt nicht viel Ertrag und ist stark vom Regen abhängig. Als mein Großvater starb, war mein Vater erst zwei, und er und seine Brüder verdienten sich ihren Lebensunterhalt damit, anderer Leute Vieh zu hüten und auf anderer Leute Feldern zu arbeiten. Sie litten Hunger. Mit sieben brannte mein Vater mit meinem Onkel nach Delhi durch.

Damals waren die Leute in der Stadt noch unverdorbener. Ein Mann erkannte die Notlage der beiden und brachte sie in einen Jain-Ashram. Dort konnten sie wohnen und lernen. Mit fünfzehn ging mein Vater von der Schule ab und fing als Tagelöhner an. Er rodete die Büsche um das Alte Fort und kam jeden Tag mit schrecklich blutenden Händen zurück. Als Nächstes arbeitete er bei einer Muslimfamilie in Aligarh. Und schließlich wurde er für den Geheimdienst angeworben.

Was er dort genau machte, hat er uns nie gesagt. Er erzählte, er hätte als Tellerwäscher angefangen. Im Dorf hieß es: ›Für einen Tellerwäscher spielt er sich ganz schön auf!‹ Aber neben diesen niederen Arbeiten konnte er eine Ausbildung machen, und irgendwann übertrug man ihm verantwortungsvolle Aufgaben. Als er in den Ruhestand ging, war er Inspektor.

Damals hatte man noch mehr Möglichkeiten. Heute bekäme niemand mehr so eine Chance.

Als ich ein Kind war, wurde er von Delhi in eine Grenzregion versetzt und musste dort illegale Einwanderer festnehmen. Er verfolgte sie gnadenlos und hatte überall seine Spione und Informanten.

Ich fühlte mich nicht wohl in dem Dorf, in dem wir dort wohnten. Die Schule war in einem völlig maroden Gebäude, und ich musste auf eine kleine Tafel schreiben. Es war die einzige Schule für acht Dörfer, und trotzdem gab es nur vierzig Schüler. In meiner Klasse war ich das einzige Mädchen. Der Unterricht fand im Freien unter einem Baum statt. Die Umstellung von der Schule in der Stadt auf diese Dorfschule fiel mir sehr schwer. Ich kam nicht mit, und als ich wieder in Delhi war, fiel ich in Englisch durch. Heute noch traue ich mir nicht zu, jemandem in die Augen zu schauen und Englisch zu sprechen.

Nach der Highschool ließ mein Vater mich nicht mehr weiterlernen, und ich fing in einer Fabrik an. Ich war damals sechzehn. Es war eine Textilfabrik, und ich hatte dort auch mit den Entwürfen zu tun. Eigentlich wollte ich Modedesign machen, aber bald merkte ich, dass mich das überhaupt nicht reizte. Ich dachte ständig an die katastrophalen Arbeitsbedingungen der Frauen, die über zwölf Stunden am Tag arbeiteten und so gut wie nichts dafür bekamen. Ich sorgte dafür, dass man ihnen anständige Kleider gab, und setzte mich dafür ein, dass sie den Mindestlohn erhielten. Drei Jahre lang lag ich mit dem Fabrikbesitzer im Clinch, aber am Ende siegten wir und die Frauen bekamen einen festen Lohn und ein paar Urlaubstage pro Jahr. Ich wurde natürlich gefeuert, und mein Lohn wurde einbehalten. Aber ich war dadurch selbstbewusster geworden und habe danach noch vieles andere gemacht.

Später ging ich an die Delhi University und schloss mein Studium mit dem Master ab. Aber wenn ich zurückblicke, sehe ich mich nicht auf Augenhöhe mit der Welt. Ich fühle mich weit unterlegen. Hätte ich eine gute Schulbildung genossen und die wichtigsten Jahre meines Lebens nicht vergeudet, wäre ich heute ein besserer Mensch. Ich habe immer das Gefühl, dass es in der Welt keinen Platz für mich gibt.

Manche Dinge sind uns angeboren. Ich habe etwas in mir, Sie haben etwas in sich. Bei mir ist es mein Alleinsein. Ich lerne nie Menschen kennen, die so denken wie ich. Ich habe immer allein gegessen, allein dagesessen, allein gedacht. Mit fünfzehn oder sechzehn fing ich an, Gedichte zu schreiben. Wenn man allein ist und glaubt, dass einen niemand versteht, fühlt man sich schwer. Aber wenn man seine Gedanken zu Papier bringt, fühlt man sich leicht.«

Meenakshi holt ein Notizbuch hervor und liest mir einige Gedichte vor, die sie geschrieben hat. Sie handeln von furchtbaren, zerstörerischen Kräften. Ein Mann am Nebentisch hört aufmerksam zu. Er scheint tief beeindruckt von Meenakshi, deren männliches Auftreten nicht darüber hinwegtäuschen kann, wie schön sie ist. Er steht auf, um ihr zu gratulieren und ihr Fragen zu ihrer Person zu stellen. Er würde sich gern zu uns setzen und sich mit ihr unterhalten. Doch ihr Schweigen schüchtert ihn ein, und er kehrt an seinen Tisch zurück.

Sie erzählt von ihrer Kindheit.

»In dem Dorf gab es immer mächtige Leute, die weniger mächtige Leute schlugen. Und es gab strenge Kastenvorschriften. Als Brahmanin durfte ich vieles nicht. Wenn ein Brahmane körperliche Arbeit verrichtete, durfte ein anderer Brahmane nichts von seinem Essen nehmen. So etwas ging mir gegen den Strich. Ich sah, was den Mädchen zugemutet wurde, ihren Brüdern aber nicht. In der Stadt hatte ich eine muslimische Freundin in meiner Klasse. Ich aß immer ihr Mittagessen und sie meines. Als ich das meinem Vater erzählte, sagte er, ich sei jetzt gar nichts mehr, weder Hindu noch Moslem. Da beschloss ich, ihm nichts mehr zu sagen. Allmählich keimte in mir die Saat der Rebellion. Nächtelang dachte ich über diese Dinge nach. ›Wer hat diese Grenzen erfunden?‹, fragte ich immer wieder. ›Warum gibt es sie?‹ Aber da war niemand, der mir meine Fragen hätte beantworten können. So änderte sich mein Denken.«

Ich ahne, dass es schwierig wäre, Meenakshi näher kennenzulernen. Sie ist extrem verschlossen. Hinter der grimmigen Energie ihrer Arbeit spürt man eine intensive, aber noch rudimentäre innere Suche. Ich finde es erfrischend, ihr zuzuhören. Auch sie ist Teil dieser Stadt. Sie erinnert mich an das, was ich an meinen Freunden hier so mag: eine leidenschaftliche Intelligenz auf der Suche nach einer besser geordneten Welt. Auch das ist Delhis Kultur, aber man könnte es die Subkultur der Stadt nennen. Sie steigt selten über die Oberfläche der Dinge auf.

»Nach meinem Master fing ich bei einer NGO an, die mich nach Bhalswa schickte. Das hat mein Leben verändert.«

Meenakshi, deren Vater hart gearbeitet hat, um seiner Familie ein Mittelschichtdasein zu ermöglichen, findet letzte Erfüllung bei den Armen. Während sie von ihrem Engagement für die Siedlung erzählt, frage ich mich, in welche Richtung die Abhängigkeit geht: Brauchen die Leute sie, oder braucht sie die Leute?

Es kam zu ideologischen Differenzen zwischen Meenakshi und der NGO. »Die interessieren sich nicht wirklich für die Menschen«, sagt sie. »Sie interessieren sich nur für ihre Projekte. Denn die Projekte bringen Geld, die Menschen nicht.« Am Ende wurde ihre Kritik der NGO zu viel, und sie wurde entlassen. Bemerkenswerterweise setzte sie sich weiter für Bhalswa ein, jetzt ohne Anstellung und Gehalt.

»Ich lebe für meine Arbeit. Da ich alleinstehend bin, kann ich alles dafür geben. Ich habe eine Achtzigstundenwoche und nehme auch noch Arbeit mit nach Hause; es hört einfach nie auf. Wenn ich Geld habe, stecke ich es in die Arbeit. Ich wohne bei meinen Eltern und brauche nichts. Mein früheres Leben in einer Textilexportfirma habe ich aufgegeben; es hat mir nicht gefallen. Ich möchte mich nicht in einer kapitalistischen Welt bewegen, einfach nur Geld verdienen und mein Leben wie ein Bankguthaben betrachten. Ich möchte für Menschen da sein. Ich möchte eine Arbeit machen, mit der ich anderen helfen oder sogar ihr Leben gestalten kann.

Würde ich heute für die Kommunalwahlen in Bhalswa kandidieren, würde ich mit Sicherheit gewinnen. Sogar mein Bruder rät mir dazu; dann könnte ich viel Geld verdienen und ein ganz anderes Leben führen. Aber das will ich nicht. Mein Bruder meint, wer mich verstehen will, kann genauso gut mit dem Kopf gegen die Wand rennen.

Ich weiß nicht, wie meine Zukunft aussieht. Aber ich weiß, dass ich nie ein ›normales‹ Leben führen werde. Ich weiß, dass es immer so weitergehen wird. Ein ewiger Kampf. Deshalb bereite ich mich darauf vor, auf vieles zu verzichten, was ich bei meinen Eltern im Moment noch habe. Ich versuche, auf Milch und Obst zu verzichten, weil ich das künftig vielleicht nicht mehr habe. Ich möchte sehen, ob ich klarkomme, wenn ich allein leben muss oder nicht genug zu essen habe.

Mein Vater ist kreuzunglücklich darüber, dass ich meine ganze Zeit in einem Slum verbringe. Er misstraut Migranten und den armen Leuten überhaupt. Wenn er damals, als er noch gearbeitet hat, vier Leute im Gespräch sah, fragte er sich sofort, worüber sie redeten, ob sie das Land schlechtmachten. Er denkt heute noch wie damals beim Geheimdienst. Wenn er jemanden Bengali sprechen hört, hält er ihn sofort für einen illegalen Einwanderer aus Bangladesch. Darauf ist er nun mal trainiert.

Er denkt wie ein typischer Vertreter der Mittelschicht, deswegen diskutiere ich nicht mit ihm. Es ist zwecklos, über Dinge zu streiten, die er nicht versteht. Er sagt, ich sei inzwischen eine richtige Slumfrau. Ich fühle mich schlecht deswegen, aber ich kann nicht anders. Ich weiß, was ich tue. Ich habe zwar kein Geld, aber ich spüre, dass ich besser bin als diese andere Welt.

Als ich ein Kind war, hat meine Mutter immer gesagt: ›Wenn du stirbst, wird dir niemand eine Träne nachweinen.‹ Dann habe ich geantwortet: ›Mutter, wenn ich sterbe, werden tausend Menschen um mich weinen.‹«

Dreizehntes Kapitel

»[Die Bourgeoisie] hat die buntscheckigen Feudalbande, die den Menschen an seinen natürlichen Vorgesetzten knüpften, unbarmherzig zerrissen, und kein anderes Band zwischen Mensch und Mensch übriggelassen, als das nackte Interesse, als die gefühllose ›bare Zahlung‹. [...] Sie hat die persönliche Würde in den Tauschwert aufgelöst und an die Stelle der zahllosen verbrieften und wohlerworbenen Freiheiten die *eine* gewissenlose Handelsfreiheit gesetzt.«

Karl Marx und Friedrich Engels,
Manifest der Kommunistischen Partei, 1848

Es verwundert nicht, dass das Kriegerethos wenig Raum für die Sorge um die Schwachen ließ. Das Leben war Krieg. Pech für die, die nicht kämpfen konnten.

Die Angehörigen der prosperierenden Bourgeoisie, die Gegenstand dieses Buches ist, bildeten in Delhis Bevölkerung naturgemäß nur eine kleine Minderheit. Ihren Wohlstand verdankten sie großenteils dem Umstand, dass sie mitten in einem Meer der Armut lebten. Von Delhi nach Südosten erstrecken sich die weiten Landstriche Uttar Pradeshs und Bihars, wo dreihundert Millionen Menschen im Durchschnitt fünfhundert Dollar pro Jahr verdienten. Sie waren nicht nur bitter arm, sie waren auch politisch schwach, und ihre Lage verschlechterte sich weiter. Damit bildeten sie ein billiges und nahezu unerschöpfliches Reservoir für die arbeitsintensiven Industrien – wie Bauindustrie, Bergbau und Fertigungsindustrie – die Delhi reich machten.

Anders als man meinen sollte, trug der Wirtschaftsaufschwung in Indien dazu bei, dass sich ihre Lage weiter verschlechterte. Der Boom wurde zum Teil genährt durch das Vordringen der Industrie in den ländlichen Raum. Gegen arme Agrar- und Stammesgemeinschaften wurde das große Geld aufgeboten, und die ländlichen Regionen Indiens wurden zu einem unruhigen, explosiven Schlachtfeld. Expandierende Unternehmen brauchten Land, und Indiens Land befand sich größtenteils im – unter Nehru wohlgesicherten, rechtmäßigen – Besitz von Kleinbauern. Da die meisten von ihnen nur jeweils einen oder zwei Hektar besaßen und kaum einer verkaufen wollte, war es nahezu unmöglich, Hunderte oder Tausende von Hektar zusammenhängendes Land legal und innerhalb einer praktikablen Zeitspanne zu erwerben. So kam es nach der Liberalisierung zu diversen Formen der Landnahme, bei der es um Millionen Hektar Agrarflächen ging.

Manchmal waren dabei sogenannte Landmafias im Spiel. Viele große Vermögen wurden in jenen Jahren von »Landsammlern« erworben, die die Bauern mithilfe von Schlägertrupps von ihrem Land vertrieben oder ihre Beziehungen zum politischen Establishment nutzten, um nicht nur Grund und Boden willkürlich umzuverteilen, sondern diese Umverteilung auch mit staatlichen Mitteln – etwa mithilfe der Polizei – durchzusetzen. Oft ging der Landraub auch vom Staat selbst aus, der sich dabei auf den *Land Acquisition Act* von 1984 berief, ein Landbeschaffungsgesetz, mit dem das britische Empire die Enteignung von Land legalisierte, das dann von seinen historischen Eigentümern auf die Kolonialherren überging. Das rabiate Vorgehen indischer Eliten im eigenen Land wies starke Ähnlichkeiten mit dem europäischer Imperialisten des 19. Jahrhunderts in anderen Ländern auf. Agrarflächen gelangten im Namen des Gesetzes in neue Hände, und die Menschen, die bis dahin von diesem Land gelebt hatten, erhielten, wenn überhaupt, kaum eine Entschädigung. Oft wurde es zum Zehnfachen des Preises an Unternehmen verkauft, die es dann so nutzten, dass das Leben dort zum Erliegen kam. Die jetzt praktischerweise mittellosen einstigen Landbesitzer wurden zu Bau-, Minen- und Fabrikarbeitern.

Bauern, die gegen die zwangsweise Aneignung ihres Landes für Sonderwirtschaftszonen oder Automobilwerke protestierten, wurden zum Teil ins Gefängnis geworfen, im Extremfall sogar erschossen. Derart massive, verheerende Umwälzungen konnten jedoch nicht ohne Widerstand auf breiter Front vonstattengehen. Landauf, landab kam es zu Hunderten von Protestaktionen. Eine für das politische Establishment höchst besorgniserregende maoistische Rebellion erfasste die am stärksten betroffenen Regionen und riss vielerorts die gesamte staatliche Kontrolle an sich. Bis 2006 hatten sich überall in den östlichen Bundesstaaten Bihar, Jharkand, Westbengalen und Andra Pradesh bewaffnete Gruppen gebildet, die angeblich ein Fünftel der Waldfläche Indiens okkupierten. Ministerpräsident Manmohan Singh erklärte damals, es handle sich um »die größte Bedrohung der inneren Sicherheit, die unser Land je erlebt hat«[33] – ein Schock für die städtischen Eliten, die sich zumeist kaum vorstellen konnten, dass sie ihr Land mit Hunderten Millionen Bauern, Jägern, Sammlern und ähnlichen mythologischen Wesen teilten.

Doch die Kriege, über die sie meist so angenehm wenig erfuhren, waren brutal und folgenreich. Im rohstoffreichen Bundesstaat Chhattisgarh verkaufte die Regionalregierung Schürflizenzen für Land, auf dem große Jäger- und Sammlergemeinschaften lebten. Um diese Menschen loszuwerden, bediente sie sich einer Miliz namens Salwa Judum oder »Reinigende Jagd«, einer bewaffneten Bewegung, die von den etablierten politischen Parteien unterstützt wurde, in der Hoffnung, sie würde die maoistische Rebellion, die den Staat in jenen verzweifelten Jahren bedrohte, schwächen und schließlich niederschlagen. Befeuert von ihrer neuen politischen Mission, geriet die Salwa Judum jedoch außer Rand und Band, sie plünderte, brannte Dörfer nieder, vergewaltigte, mordete und trieb Stammesvölker in Lager. Hunderttausende flohen und trugen damit den Kampf um Ressourcen an andere Orte.

Doch auch für ländliche Gemeinschaften, denen es gelang, solchen Landkonflikten zu entgehen, wurde es immer schwieriger, ihren Lebensunterhalt von dem zu bestreiten, was sie immer getan hatten. Aufgrund ihrer Abhängigkeit vom Regen – der richtigen Menge zur rechten Zeit – hatte ihr Leben schon seit Langem auf der Kippe zwischen Erfolg und Scheitern gestanden. Die durch die Liberalisierung entfesselten Prozesse trugen dazu bei, dass sich die Waagschale endgültig zu Letzterem neigte.

Das lag zum Teil auch an den veränderten ökologischen Bedingungen, besonders im Hinblick auf das Wasser. Die ausufernden Städte litten zunehmend unter Wassermangel. Wasser musste von immer weiter her geholt werden, und im Umkreis von mehreren hundert Kilometern wurde Dörfern und Anbauflächen das Wasser entzogen. Neue Fabriken im ländlichen Raum benötigten große, planbare

Wassermengen – einige von ihnen produzierten Limonade oder gar Tafelwasser –, und die Unternehmen waren zu solchen Investitionen nur bereit, wenn der Staat ihnen eine ganzjährig gleichbleibende Wasserversorgung garantierte. Wo die Wasserversorgung ohnehin schon instabil gewesen war, wurde sie nun vollends zum Problem.

Durch die Liberalisierung änderte sich auch die Ökonomie des Landbaus. Für die Bauern ergaben sich neue Erwerbschancen, mit denen sie allerdings auch weit höhere Risiken eingingen. Doch viele Bauern sahen sich ohnehin zu Alternativen gedrängt, weil die in den sechziger Jahren eingeführte Intensivierung des Anbaus – die Grüne Revolution – ihre Böden ausgelaugt und sie gezwungen hatte, mit neuen Getreidesorten und chemischen Zusätzen zu experimentieren. Gleichzeitig boten multinationale Konzerne auf der Suche nach Rohstofflieferanten für die industrielle Herstellung von Lebensmitteln indischen Bauern neue Verdienstmöglichkeiten und sogar Lebensformen. Viele von ihnen entschlossen sich, die Nahrungsmittelproduktion einzustellen und höhere Renditen durch den Anbau von Cash Crops anzustreben, also von Exportkulturen wie Zuckerrohr, Kaffee, Baumwolle, Gewürzen oder Blumen. Das machte eine finanziell ohnehin gefährdete Gruppe stark abhängig von den Schwankungen des Marktes – die Lebensmittel, die sie jetzt kaufen mussten, verteuerten sich in jenen Jahren –, und manchmal endete das Wagnis mit ihrem Ruin.

In den Jahren nach 1991 traten die aufeinander folgenden indischen Regierungen internationalen Handelsabkommen bei, die sie zwangen, die Forderungen ausländischer Unternehmen hinsichtlich der Nutzung ihrer Produkte zu akzeptieren und durchzusetzen. Das galt auch für das von global operierenden Biotechnologieunternehmen entwickelte patentierte Saatgut. Zahlreiche Bauern verpflichteten sich zur Abnahme großer Mengen dieser Produkte, weil die landwirtschaftlichen Gegebenheiten so schlecht waren und das Saatgut eine Lösung versprach. Doch die Lizenzen schrieben vor, dass dieses Saatgut Jahr für Jahr von den Herstellern gekauft werden musste; vielfach handelte es sich ohnehin um sterile Sorten, so dass die Bauern nicht mehr wie früher ihr eigenes Getreide für die Aussaat des folgenden Jahres verwenden konnten. Häufig musste das Saatgut auch in Verbindung mit bestimmten Düngemitteln und Pestiziden ausgebracht werden. Das verursachte nicht nur erhebliche Kosten, es verlangte zudem auch eine gründliche Einweisung in den Umgang mit diesen Produkten, die jedoch in der Regel unterblieb. Die Umwelt litt darunter, die neuen Chemikalien laugten die Böden aus, und viele Bauern gerieten in eine Schuldenspirale, weil sie Geldverleiher in Anspruch nehmen mussten, die horrende Zinsen verlangten (wie so oft zahlten die Armen hier für ein und dieselbe Ressource mehr als die Reichen).

Die Folgen waren verhängnisvoll. Im ersten Jahrzehnt des 21. Jahrhunderts begingen Jahr für Jahr rund fünfzehntausend Bauern Selbstmord. Für sie der einzige Ausweg.

Angesichts der großen Zahl der von der Krise im ländlichen Raum Indiens Betroffenen genügte schon eine geringfügige Verschlechterung der Lage, um riesige Flüchtlingsströme in Gang zu setzen, die sich – wie könnte es anders sein – in die Städte ergossen. Die meisten der sieben Millionen Menschen, um die Delhis Bevölkerung zwischen den Volkszählungen von 1991 und 2011 anwuchs, waren arme Migranten aus ländlichen Regionen. Sie waren die Protagonisten der mittlerweile schon altehrwürdigen Geschichte der Moderne: die auseinandergebrochenen Stammesgemeinschaften, deren Land man zur Förderung von Bodenschätzen aufgerissen hatte, die verzweifelten Bauern, die nicht mehr von ihrem Land leben konnten, und die Sticker, Töpfer und Holzschnitzer – manchmal die letzten aus uralten Geschlechtern –, deren Arbeit neue Fabriken überflüssig gemacht hatten.

Einige von ihnen gelangten in Arbeitsverhältnisse, in denen sie eben jenen Reichtum schützten und mehrten, der ihr Leben aus dem Gleis geworfen hatte – denn Delhis begüterte Haushalte brauchten Dienstboten. Dass billige Arbeitskräfte so leicht zu haben waren, trug wesentlich zum Selbstverständnis der Mittelschicht bei. Selbst weniger wohlhabende Familien hatten einen Chauffeur, und eine Putzfrau, die morgens die Böden vom Schmutz des vorangegangenen Tages säuberte, war ein absolutes Muss. Reichere Haushalte hatten

Wachmänner, die rund um die Uhr auf Plastikstühlen am Tor saßen. Die einzige Qualifikation, die sie für den Job mitbringen mussten, bestand darin, am Leben zu sein und nicht tot.

Diese Entourage an Bediensteten verlieh den Reichen in ihren eigenen Augen Würde und bestimmte für sie sogar, was sich schickte und was nicht. Gewisse Dinge selbst zu tun, galt ihnen als unnormal oder unpassend, und das wirkte sich auch auf die Gestalt der Stadt aus. Dass es beispielsweise nirgendwo Parkplätze gab, störte sie nicht weiter, denn sie fuhren ja nicht selbst: Ihre Chauffeure setzten sie vor einem Restaurant ab und drehten dann ihre Runden, bis sie wieder herauskamen. Dass jede normale Tätigkeit, vom Aufgeben eines Briefs bis hin zum Kauf einer Zugfahrkarte, mit endlosem Gedrängel verbunden war, stieß bei Angehörigen der Mittelschicht auf keinerlei Kritik, weil sie diese Dinge so gut wie nie selbst erledigten. Affektierte Unfähigkeit prägte das Verhalten der Reichen: Fanden sie ihren Autoschlüssel nicht, klingelten sie nach einem Dienstboten, und im Restaurant riefen sie den Ober, damit er die Weinflasche nahm, die vor ihnen stand, und ihnen einschenkte.

Andere für sich arbeiten zu lassen, bedeutete wahre Macht. Vieles, womit sich europäische und amerikanische Mittelschichtangehörige täglich abmühten – Geschirr spülen, Wäsche waschen, den Kindern das Essen machen –, war ihren indischen Pendants fremd, die dadurch auf anderen Gebieten oft umso produktiver sein konnten. Dennoch hatten seltsamerweise viele von ihnen ein prekäres Verhältnis zu ihren Hausangestellten. Hörte man die Klagen von Mittelschichtfrauen über ihre Dienstmädchen, konnte man sich des Eindrucks nicht erwehren, dass deren Aufgabe nicht etwa darin bestand, Hausarbeiten zu erledigen, sondern vielmehr darin, Schlüssel zu verlieren, Schmuck zu stehlen, Geschirr zu zerschlagen, Strom zu verschwenden, Kleider kaputtzumachen, Sachen zu verlegen, den Kindern schlechte Manieren beizubringen und Obst verfaulen zu lassen, vor allem jedoch darin, die Familie zu ruinieren, indem sie einen Tag lang nicht zur Arbeit erschienen, weil sie – angeblich – krank waren, ihr Kind von Hunden zerfleischt oder wegen eines im Wasser liegenden Kabels durch einen Stromschlag getötet worden war, ihr Slum abgerissen worden oder ihr Mann gestorben war, ihre Schwester in einem gottverlassenen Nest heiratete – oder aus irgendeinem anderen, gleichermaßen unglaubwürdigen Grund. Derlei Ärger mit den Dienstboten nahm in den Gesprächen besserer Leute so viel Raum ein, dass man sich fragte, weshalb so viele Privilegierte sich derart über die Niedertracht der Armen echauffierten. Die Schuld an allem, was in ihrem Leben nicht stimmte, schoben sie ihren Hausgehilfinnen in die Schuhe. Es drängte sich der Verdacht auf, dass dies historische Gründe hatte: Noch wenige Generationen zuvor waren viele von Delhis Besitzenden selbst Flüchtlinge gewesen, und wenn sie diesen neuen Migranten, die jetzt ihr Essen kochten und sich um ihre Kinder kümmerten, in die Augen sahen, fühlten sie sich womöglich an unangenehme, grausame Dinge erinnert, an die sie lieber nicht mehr dachten.

All das hatte zur Folge, dass Dienstboten in den Augen der Mittelschicht ihren Lohn nicht wert waren. Er stellte nicht etwa eine angemessene Vergütung für das dar, was sie zum Funktionieren des Haushalts beitrugen, sondern vielmehr ein Almosen, das man ihnen trotz ihrer Unfähigkeit zukommen ließ. Die privaten Arbeitgeber sahen sich gern als nicht hinreichend gewürdigte Wohltäter, und die Armen waren für sie keine nützlichen Arbeitskräfte, sondern Schmarotzerpack, das sich von ihrer Intelligenz und harten Arbeit nährte. Nur sie, die Angehörigen der Mittelschicht, leisteten einen wertvollen Beitrag zum Wirtschaftswachstum und deshalb hatten sie allein Anspruch auf die Früchte dieser Entwicklung. Selbst wenn sich ihr Einkommen vervielfachte, verweigerten sie den Menschen in ihren Diensten hartnäckig jede Lohnerhöhung. Zog man in ein neues Mittelschichtviertel, wurde man von den alten Bewohnern, manche von ihnen Besitzer millionenteurer Immobilien, darauf hingewiesen, dass der Müllmann hundert Rupien [zwei Dollar] monatlich verlange, man ihm aber nur fünfzig geben dürfe, »sonst steigt der Preis für uns alle«. Nicht selten kreiste die Unterhaltung bei einem Dreitausend-Rupien-Essen darum, wie skandalös es sei, dass ein Hausmädchen um eine Erhöhung ihres Monatslohns von zweitausend [vierzig Dollar] auf dreitausend Rupien gebeten habe.

Diejenigen, die sich über solche Dinge beklagten, wussten vermutlich, dass die Mieten für die Arbeiterklasse genauso schnell stiegen wie für alle anderen, und sie wussten mit Sicherheit, dass sich Lebensmittel um zwölf Prozent pro Jahr verteuerten. Trotzdem entbehrten die Forderungen der Arbeiterklasse in ihren Augen jeder vernünftigen Grundlage. Dass man von den Armen »abgezockt« wurde, war geradezu eine Zwangsvorstellung in Delhis Mittelschicht. Der Gemüsehändler, der an die Haustür kam, war ein »Dieb«, Rikschafahrer waren allesamt darauf aus, einen »übers Ohr zu hauen«. Indiens Boom gehörte der Mittelschicht: Dies war ihre Stunde, und sie kämpften erbittert darum. In einem Land, in dem das Durchschnittseinkommen bei 1400 Dollar pro Jahr lag, empfanden die wenigen, die beispielsweise sechzigtausend Dollar verdienten, jeden noch so zaghaften Versuch einer Einkommensangleichung als ein Desaster. Neunzig Prozent der Bevölkerung blieben von Indiens Aufschwung, diesem Projekt der Mittelschicht, ausgeschlossen, und ihre Forderungen nach höheren Einkommen und einem besseren Leben wurden für unberechtigt erklärt. Gleichsam als Reaktion auf ein geflügeltes Wort in der Phase nach der Unabhängigkeit – »Vergesst die Armen nicht!« – schien es jetzt an der Zeit zu vergessen.

Dabei liegt es auf der Hand, dass die Armen entscheidend zum wachsenden Wohlstand der Mittelschicht beitrugen. Die katastrophalen Verhältnisse in den ländlichen Regionen führten zu einem fast unbegrenzten Angebot nicht nur an Hauspersonal, sondern auch an Arbeitskräften für Bauunternehmer und Fabrikbesitzer. Die Arbeit dieser Millionen bescherte ihnen Reichtum und finanzierte Unternehmensberatungen und Werbeagenturen, in denen Akademiker tätig waren. Ihr verdankten sie die erfreulichen Dividenden der Bergbau- und Bauunternehmen, in die sie investiert hatten. Und diese Menschen bauten nicht nur die Straßen, auf denen die autobesitzenden Schichten fuhren, sondern auch deren Wohnhäuser. Doch aufgrund der schieren Menge Arbeitswilliger fiel der Ertrag all dieser Arbeit wieder einmal allein den Eliten zu. Arbeitgeber brauchten sich keine Sorgen zu machen, woher sie ihre Arbeiter nehmen sollten. Sie bezahlten ihnen fast nichts und konnten ihnen dennoch praktisch jede Schufterei abverlangen. Sechzehnstündige Arbeitstage an sieben Tagen in der Woche waren in den Fabriken allgemein üblich. Die meisten Arbeiter erhielten nicht einmal den Mindestlohn von vier

Dollar pro Tag, von Renten und Versicherungen ganz zu schweigen. Dass indische Fabriken nun für Abnehmer in aller Welt produzierten, stellte zwar höhere Anforderungen an die Arbeiter, wirkte sich aber so gut wie gar nicht auf ihr Einkommen aus: Mehreinnahmen, die dank der Liberalisierung ins System gelangten, kamen im Allgemeinen den Unternehmern zugute, nicht den Arbeitern.

Im ersten Jahrzehnt nach der Liberalisierung unternahm die Industrie einen groß angelegten Angriff auf die Verhandlungsstärke der Arbeiter. Zu Beginn dieses Jahrzehnts waren etwa neunzig Prozent der Fabrikarbeiter im Raum Delhi fest angestellt, kamen also nicht nur in den Genuss von höheren Löhnen, sondern auch von Rente, Krankenversicherung und diversen gesetzlichen Schutzbestimmungen. Viele verbrachten ihr gesamtes Berufsleben in ein und derselben Fabrik. Doch mit steigendem Globalisierungsdruck wurde diese Situation für die Eigentümer zunehmend unattraktiv, und sie suchten nach Vorwänden, um fest angestellte Arbeiter loszuwerden. Vielfach kam es zu Massenentlassungen. Im Jahr 2000 waren siebzig bis achtzig Prozent der Arbeiter nur noch befristet beschäftigt, und ihre rechtliche und wirtschaftliche Lage hatte sich entsprechend verschlechtert. Beschwerden Einzelner waren angesichts der hohen Arbeitslosigkeit aussichtslos, und auf Massenproteste wurde hart und oft unter Einsatz von Schlagstöcken und Tränengas reagiert – die Polizei stand stets bedingungslos auf Seiten der Fabrikbesitzer, auch wenn die Proteste als Reaktion auf Todesfälle unter Arbeitern oder auf Berichte über seltsam sadistische Gewaltmaßnahmen seitens der Betriebsleitung erfolgten.

Anders als in China, wo viele Arbeiter in Wohnheimen untergebracht und mit Bussen zur Fabrik gefahren wurden, investierten indische Arbeitgeber kaum in das Dasein ihrer Beschäftigten außerhalb des Arbeitsplatzes. Die Arbeiter lebten in notdürftigen Unterkünften, oft ohne fließendes Wasser, und waren deshalb kaum in der Lage, auch nur ein Minimum für sich zu tun: gesund zu bleiben und genug zu schlafen, um ein paar Stunden später wieder zur Arbeit gehen zu können. Unnötig zu sagen, dass die Fabriken einen großen Berg Menschenmüll produzierten: jene, die erkrankt waren und nicht mehr arbeiten konnten, jene, die mit fünfunddreißig zu alt geworden waren, jene, die Finger oder Hände an einer Maschine verloren hatten und nur noch betteln gehen konnten.

Doch auch für die Arbeitgeber war diese ungeregelte Situation nicht günstig, denn da ihre Arbeiter kein Interesse am Unternehmen hatten, kamen und gingen sie, wie es ihnen beliebte. Sie kehrten von heute auf morgen nach Bihar zurück, wenn sich Gerüchten zufolge die Beschäftigungschancen dort verbessert hatten, sie blieben eine Woche weg, um an einem religiösen Fest teilzunehmen, oder sie wechselten einfach in die Fabrik nebenan, wenn deren Inhaber vorübergehend höhere Löhne zahlte, um einen Eilauftrag abwickeln zu können. Textilhersteller, die große westliche Ketten belieferten, mussten ihre Ware innerhalb von sechzig bis neunzig Tagen produzieren, sonst drohten ihnen hohe Vertragsstrafen; unter solchen Bedingungen sicherzustellen, dass alles rechtzeitig fertig wurde, warf enorme Probleme auf. Doch die Arbeitgeber schienen in ihren Arbeitern fremdartige, hoffnungslos widerspenstige Wesen zu sehen und glaubten nicht an die Möglichkeit irgendeiner Form der Verständigung mit ihnen. Ihre einzige Schnittstelle mit der unergründlichen Arbeiterpsyche war das Geld, und hier setzten sie an, um Druck auszuüben. In manchen Fabriken erhielten die Beschäftigten zwar den Mindestlohn von etwa sechstausend Rupien [120 Dollar] pro Monat, ein Drittel davon wurde jedoch als »Anwesenheitsprämie« deklariert und schon bei einem einzigen Fehltag – und sei es aus Krankheitsgründen – einbehalten. Aber auch solche Maßnahmen konnten den mechanisierten, kalkulierbaren Raum der Fabrik nicht vor den gewaltigen Turbulenzen bewahren, aus denen er seine menschlichen Ressourcen bezog. Die Arbeiter waren ständig von den verschiedensten Notlagen bedroht – ebenso wie ihre Eltern, Geschwister, Ehefrauen und Kinder in weit entfernten Regionen des Landes (anders als in China arbeiteten in den Fabriken größtenteils Männer). Selbst angesichts gravierender finanzieller Konsequenzen war es ihnen oft unmöglich, an dreißig Tagen im Monat ihre gesamte Wachzeit hindurch zu arbeiten.

Die Lage der Armen im Indien des 21. Jahrhunderts hatte natürlich viel mit lokalen Dynamiken zu tun, traditionellen Kastensystemen zum Beispiel und mangelnder Mitmenschlichkeit in den Beziehungen zwischen Stadt und Land. Doch in vieler Hinsicht waren die Armen, die hier malochten, nicht nur »Indiens« Arme. Sie waren die Armen der Welt. Zu Beginn des neuen Jahrtausends lebte die Weltwirtschaft, so könnte man sagen, großenteils von der hoffnungslosen Lage der ländlichen Gebiete Asiens. Dass in den neunziger Jahren so viele Firmen ihre Produktion nach Indien oder China verlagerten, geschah nicht trotz, sondern gerade wegen des autoritären Systems, das in beiden Ländern herrschte, wenn auch in unterschiedlicher Ausprägung. Wenn man ein »normales« bürgerliches Leben führen wollte, ob in Delhi oder New York, war man in hohem Maße auf Produkte und Dienstleistungen angewiesen, in denen menschliche Arbeit steckte, die man sich aber nur bei sehr niedrigen Löhnen leisten konnte. Was indische und chinesische Arbeitskräfte niederdrückte, war letztlich weniger der Standesdünkel der Reichen als vielmehr die globale Konsumlogik des *Neuen*, *Schnellen*, *Billigen*. Es war eine gnadenlose Logik, unersättlich in ihrer Gier nach menschlicher Arbeitskraft. Die Vernichtung ländlichen Lebens in Asien betraf Hunderte Millionen Menschen und schuf das Reservoir der Hoffnungslosen, aus dem diese Logik schöpfen konnte.

Die ungewöhnlich selbstkritische Besitzerin einer Textilfabrik äußerte sich mir gegenüber zu dem System, in dem sie selbst eine zentrale Rolle spielte, so: »Früher einmal konnte man ein Kapitalist mit Persönlichkeit sein. Man konnte selbst entscheiden, was für ein Ethos man schaffen wollte. Heute spielt es keine Rolle mehr, ob man ein ›netter‹ Mensch ist oder nicht. Es ist vollkommen irrelevant. Heute wissen wir alle, wie abscheulich unser Tun ist, und trotzdem machen wir weiter. Wir sind Teil eines Systems, das von Verzweiflung lebt. Und ein System, das ein solches Maß an Verzweiflung verlangt, wird immer mehr Chaos hervorbringen, und dieses Chaos wird nur durch eine zunehmende Militarisierung der Welt in Schach zu halten sein.«

Auf die Frage, wie er die Probleme des ländlichen Raums lösen würde, antwortete ein Finanzminister und Politiker der Kongresspartei sinngemäß, er würde ihn beseitigen: Fünfundachtzig Prozent der Inder müssten heute in den Städten leben. Er sagte das zu einem Zeitpunkt, als siebzig Prozent, also über siebenhundert Millionen Menschen, auf dem Land lebten. Seine Zahlenspiele beschworen Bilder von Umwälzungen mythischen Ausmaßes. Sie spiegelten die Unfähigkeit der städtischen Eliten wider, sich das Land und damit die große Mehrheit ihrer eigenen Landsleute überhaupt noch vorzustellen; wenn es nach ihnen ging, würden sie schlicht verschwinden. Indiens ländliche Gebiete waren für sie idyllische Darstellungen auf Werbeflächen für Immobilienprojekte namens »Provence« oder dergleichen, es war leerer »Lebensraum«, der darauf wartete, von der Mittelschicht in Besitz genommen zu werden. Stadtbewohnern war nicht mehr bewusst, dass die Landwirtschaft weit mehr Menschen ernähren konnte als die Industrie und dass ihre Zerstörung Indien in eine schwere Krise stürzen würde. Arbeitskräfte waren zu Beginn des 21. Jahrhunderts deshalb so billig, weil sie *im Überfluss* vorhanden waren. Das bedeutete nicht nur, dass sie leicht verfügbar waren, sondern per definitionem auch, dass sie nicht alle Arbeit fanden. Viele von Indiens Armen wurden nicht vom kapitalistischen Apparat aufgesogen. Sie blieben schlicht übrig. Wie die Bewohner von Bhalswa kamen sie kaum mit der hektischen wirtschaftlichen Entwicklung in Berührung und landeten in einem Paralleluniversum kraftlosen Niedergangs.

»Wir häufen hier massive Probleme an«, meint der Eigentümer eines Private-Equity-Fonds. »Es ist oft von der ›demografischen Dividende‹ Indiens die Rede, also von den Vorteilen der derzeitigen hohen Geburtenraten und damit einer jungen, dynamischen Bevölkerung. Ich kann das nicht so sehen. Jedes Jahr drängen fünfzehn bis zwanzig Millionen Menschen auf den Arbeitsmarkt, aber es gibt kaum Arbeit für sie. Nur eine Elektronik- und Textilindustrie von weitaus größerem Umfang als dem bestehenden könnte solche Massen auffangen.

Wir halten uns so viel auf unsere IT-Industrie zugute, aber Indiens IT-Sektor und der Bereich nach Indien ausgelagerter Geschäftsprozesse westlicher Unternehmen beschäftigen insgesamt nur zwei Millionen Menschen. Einzelhandel und Gastronomie haben zwar neue Jobs geschaffen, doch nur weitere vier bis fünf Millionen sind dort tätig. In China dagegen arbeiten hundert Millionen Menschen in der Elektronik- und Textilindustrie. Indien hat es nicht geschafft, sich diese Branchen zu sichern, und nichts deutet darauf hin, dass wir unseren jungen Menschen genügend Jobs anbieten können – ein gigantisches Versäumnis.«

Dieses Versäumnis warf schwerwiegende Fragen zur Zukunft von Gesellschaften wie der indischen auf. Historisch interessierte Beobachter fühlten sich an die Zerstörung des ländlichen Raums während der industriellen Revolution in Europa erinnert, in deren Gefolge ebenfalls Massen verarmter Menschen in die Städte geströmt waren – weit mehr, als die neuen Fabriken und Bergwerke aufnehmen, weit mehr auch, als in Gefängnissen, Arbeitshäusern und Infrastrukturprojekten untergebracht werden konnten. Der Zerfall traditioneller ländlicher Lebensformen war für die meisten eine Katastrophe – Heilung sollte erst viele Generationen später möglich sein. Sie hatten kein besseres Schicksal mehr zu erwarten als ein Leben unter den zusammengepferchten, überschüssigen Angehörigen der »Unterschicht«. Doch das Europa des 19. Jahrhunderts erschloss sich eine erstaunliche Möglichkeit, die das Asien des 21. Jahrhunderts nicht hatte: die Neue Welt. Besonders Nordamerika, aber auch Brasilien, Argentinien und Australien trugen wesentlich zur Industrialisierung Europas bei, denn sie fungierten als Sicherheitsventil für die zahllosen Menschen, die Heim und Arbeit verloren. Um die siebzig Millionen brachen zwischen den Napoleonischen Kriegen und dem Zweiten Weltkrieg in die Neue Welt auf, ein Drittel der Bevölkerung Europas zu Beginn dieses Zeitraums; hinzuzuzählen sind die hundertdreißig Millionen Toten der beiden Weltkriege in Europa. (Im selben Zeitraum fielen freilich zig Millionen Ureinwohner der Neuen Welt einer Kombination von Krieg und Krankheiten zum Opfer.)

Im 21. Jahrhundert lagen die Dinge anders. Ein Drittel der Bevölkerung Indiens waren annähernd vierhundert Millionen Menschen, und es gab ganz offensichtlich keinen Ort auf dem Planeten, der einen solchen Überschuss aufnehmen konnte. Wie sie ohne Völkermord und ohne weitere Weltkriege in eine schnell sich verändernde Gesellschaft integriert werden sollten, blieb eine offene Frage.

Man sollte nun weder denken, der Beantwortung dieser Frage wäre nicht ein Übermaß an Intelligenz und Ressourcen gewidmet worden, noch, es hätte dabei keine Diskussionen, Konflikte und Durchbrüche gegeben. Im Gegenteil. Das Indien des beginnenden 21. Jahrhunderts war zu allem anderen auch noch ein riesiges soziales und wirtschaftliches Experimentierfeld, das alle Bereiche der Gesellschaft erfasste. Bauern entwickelten – um dem Massenexodus in die Städte zu entgehen und oft mit Unterstützung des Staates oder der zahllosen im ländlichen Raum Indiens tätigen NGOs – mit großem Erfindungsreichtum neue wirtschaftliche und landwirtschaftliche Strategien zur Verbesserung ihrer prekären Lage. Fabrikarbeiter wurden immer kreativer und organisierten sich besser in ihrem Kampf gegen die fortschreitende Aushöhlung ihrer Rechte: Am Ende des ersten Jahrzehnts unseres Jahrhunderts konnten die Automobilhersteller in Gurgaon nicht mehr auf Arbeiter zurückgreifen, die in einem wirkungslosen Kampf aller gegen alle gefangen waren, sondern sahen sich zu ernsthaften Verhandlungen gezwungen. Auch der Staat war, obwohl im Ruf der Inkompetenz und Korruption, zu visionärer Innovation fähig. Damals wurde das erste finanzielle Sicherheitsnetz für ländliche Gemeinschaften eingeführt: hundert Tage garantierte Beschäftigung pro Jahr für Erwachsene, zu einem Lohn von hundert Rupien pro Tag – eine lebensnotwendige Maßnahme für Menschen, die so hohen finanziellen Risiken ausgesetzt waren. In dieser Zeit wurde auch der bahnbrechende *Right to Information Act* erlassen, ein Transparenzgesetz, das eine beträchtliche Stärkung armer Gemeinschaften bewirkte, deren Schicksal, wie wir gesehen haben, so weitgehend von den Machenschaften des Staates bestimmt wurde. Mit diesem Gesetz im Rücken konnten sie nun feststellen, ob sie belogen wurden oder wie viel weniger Geld bei ihnen ankam, als für sie bewilligt worden war.

Und selbst unter den Reichen herrschte große Uneinigkeit darüber, wie Indiens wirtschaftlicher Wandel aussehen sollte und was er an menschlichen Kosten verursachen durfte. Fernsehbilder von Bauern, die gegen die Beschlagnahme von fruchtbarem Ackerland für den Bau von Fabriken protestierten, von blutigen Kraftproben zwischen ihnen und bewaffneten Vertretern der Obrigkeit brachten die unterschiedlichsten Menschen dazu, sich Gedanken über ihr Verhältnis zu diesem »neuen Indien« zu machen. Bei einigen Angehörigen der wohlhabenden städtischen Schichten lösten solche Gedanken tiefe Bestürzung aus und veranlassten sie, sich für eine Abmilderung der krassen Auswirkungen dieses Wandels einzusetzen. NGOs – von denen einige höchst kreative Vorstellungen entwickelten, wie modernes Leben aussehen könnte und wie seine Segnungen besser verteilt werden könnten – schickten geschultes Personal in die entlegensten Winkel des Landes, teilweise finanziert von ausländischen Regierungen und Stiftungen, die in diesem Zeitraum zudem Milliarden an Entwicklungshilfe investierten. Die Presse blieb größtenteils frei, und die Medien konnten sich scharf und in hohem Maße aufklärerisch zu den sozialen Ungleichheiten äußern.

In jenem ersten Jahrzehnt erlebten die Städte wachsende Protestwellen gegen Korruption und Unmenschlichkeit. Immer häufiger versammelten sich hunderttausend und mehr Menschen, die sich gegen die Missstände der Gesellschaft oder die Machenschaften ihrer Führer auflehnten. Ihre Unzufriedenheit ging teilweise zwar auf das allgemeinere Konto des Eigeninteresses – unter diesem Aspekt war etwa die Verbitterung der Mittelschicht über die von korrupten Politikern angehäuften Vermögen zu sehen –, aber sowohl das Leid als auch die Begeisterung, die bei solchen Kundgebungen sichtbar wurden, zeigten, dass es um mehr ging. Andere, bescheidenere Bestrebungen waren hier im Spiel: der Wunsch, in einer liebevolleren Gesellschaft zu leben, der Wunsch nach einer höheren Form zwischenmenschlicher Beziehungen, nach etwas anderem als Eigeninteresse, der Wunsch nach einer Atempause von der eklatanten Unmenschlichkeit der Welt. Unmenschliche Gesellschaften sind oft die dynamischsten und produktivsten – das Europa des 19. Jahrhunderts war eine der kreativsten Gesellschaften, die es je gegeben hat. Doch selbst wenn man zu jenen gehört, denen diese Dynamik Auftrieb verleiht, lebt es sich in einer unmenschlichen Gesellschaft schwerer, als man meinen sollte. Nur die hartgesottensten Krieger können sich ganz mit ihrer eigenen Grausamkeit und einem gnadenlosen Kapitalismus identifizieren. Die Mittelschicht in Indien wollte keine Unmenschlichkeit mehr verantworten, so wenig wie in Kanada oder in Schweden. Laut der Ideologie unserer »neoliberalen« Zeit sind die Menschen »von Natur aus« nur mit selbstsüchtigen Trieben ausgestattet, tatsächlich aber ist Mitgefühl schwerer zu besiegen, als wir glauben.

So kümmerten sich erstaunlich viele Frauen in Delhi – Frauen aus schwerreichen Familien, die unter ihnen Stehenden bewusst mit Einschüchterung und Verachtung begegneten – um streunende Hunde: Sie brachten ihnen Futter und Decken, sie fuhren verletzte Hunde zum Tierarzt, sie nahmen kranke Hunde mit nach Hause. Wenn man sie sah, konnte man sich des Eindrucks nicht erwehren, dass der Mensch mit einem bestimmten Maß an Mitgefühl ausgestattet ist; kann es sich nicht in einer Richtung äußern, muss es sich andere Wege suchen.

Doch das Problem, was aus der großen Masse indischer Wirtschaftsflüchtlinge werden sollte, war extrem schwierig zu lösen, und gute Gefühle genügten dafür nicht. Es war ein Problem, das die ganze Logik der neuen Wirtschaft Indiens – und des globalen Kapitalismus überhaupt – zunichtemachte. Dennoch schien eine andere Ordnung der Dinge unvorstellbar, denn sie waren nun einmal so, wie sie waren. Daher lag die einzige »Lösung« des Problems letztlich darin, es zu ignorieren. Und das tat die indische Mittelschicht auch weitgehend. In ihrer Welt kamen die Hunderte Millionen Armen einfach nicht vor, sie wurden vom Einzelnen ebenso wenig wahrgenommen wie von der Politik. Delhis offizielle urbane Strategie bestand darin, sie nicht zu *sehen*, sie wie Geister zu behandeln, Menschen, die zwar regelmäßig ihre Arbeitskraft zum Festmahl beisteuerten, selbst aber weder Nahrung noch Obdach oder sonst irgendetwas benötigten.

Arbeiterunterkünfte – jene simple Anerkennung der Tatsache, dass Arbeiter physisch existierten – gab es nicht. Auch nicht in der 1947 gegründeten Industriestadt Faridabad: Man erwartete, dass Arbeiter sich selbst eine Unterkunft suchten oder bauten, wo auch immer. Das wurde zur Norm für alle Satellitenstädte Delhis – Okhla, Noida, Gurgaon –, die zwar einen immensen Bedarf an Arbeitskräften, aber bemerkenswerter- und beharrlicherweise keinen Wohnraum für sie hatten. Es war, als wären Arbeitskräfte etwas Immaterielles, das wie durch Zauberei Maschinen bediente und Häuser baute, selbst aber keine Bedürfnisse hatte, ja, gar nicht wirklich vorhanden war. Sehr viele Arbeiter pendelten zwischen Delhi und ihren Dörfern: Vor allem Männer ließen ihre Familien auf dem Land zurück und kamen für einige Monate in die Stadt, verdienten als Bauarbeiter oder Autorikschafahrer möglichst viel Geld und gaben möglichst wenig Geld für Unterkunft und sonstiges aus. Sie mieteten zu fünfzehnt einen Kellerraum, sie wohnten in einem Zelt auf der Baustelle, sie schliefen in ihrer Rikscha oder auf dem Bürgersteig. Viele arbeiteten aber auch das ganze Jahr über in der Stadt und mussten irgendwie zurechtkommen. Deshalb erlebte Delhi neben dem Immobilienboom auch einen Boom im informellen Wohnsektor. Ende der siebziger Jahre wurde die Zahl der Slumbewohner in Delhi auf zwanzigtausend geschätzt. Zu Beginn des 21. Jahrhunderts lebten bereits viele Millionen – etwa die Hälfte der Einwohner – in illegalen Behausungen – Slums, Squattersiedlungen, Verschlägen –, Zehntausende hatten überhaupt kein Dach über dem Kopf.[34]

Die Orte, an denen sich die Armen sammelten, standen unter Dauerbeschuss durch die Behörden; man wollte um jeden Preis sicherstellen, dass diese Menschen gar nicht erst auf die Idee kamen, sie hätten einen berechtigten Anspruch auf urbanen Raum. Nach einer verheerenden Serie von Slumzerstörungen unter dem Nehru-Enkel Sanjay Gandhi in den siebziger Jahren kauften viele von Delhis Working Poor Parzellen in neuen Slumgebieten, um sich ihren Platz in einer Stadt, die sich plötzlich so viel ungastlicher zeigte, zu sichern. Es gab in den Slums einen florierenden Immobilienmarkt, es wurde gekauft und gemietet wie in der übrigen Stadt, nur ohne Genehmigung: Grund und Boden gehörten eigentlich der Stadt, die das ganze System nach Belieben zerschlagen und den Betroffenen damit lebenslange Investitionen rauben konnte. Und wie wir gesehen haben, machte die Stadtverwaltung an der Wende zum 21. Jahrhundert ernst. Es kam zu einer weiteren Welle von Slumzerstörungen, und selbst Arbeiter, die bereits in den Siebzigern und Achtzigern nach Delhi gekommen waren, wurden plötzlich obdachlos. Zu einer Zeit, da in Delhi Jahr für Jahr Hunderttausende armer Migranten angespült wurden, denen die verzweifelte Lage in den ländlichen Regionen keine Überlebenschance gelassen hatte, wurde der Raum, in dem sich Arme halbwegs dauerhaft in der Stadt niederlassen konnten, systematisch reduziert. Der »Überschuss« ging in die Millionen: Menschen, die weder zurückkehren noch bleiben konnten.

Einige Slums wurden in offiziellem Auftrag gemäß dem *Land Acquisition Act* und im Hinblick auf die Commonwealth Games 2010 zerstört, andere wurden dem Erdboden gleichgemacht, nachdem eine verdächtig gelegen kommende Brandserie sie vernichtet und ihre Bewohner zerstreut hatte. Etliche dieser Slums waren nach den Zerstörungen der siebziger Jahre entstanden, und mittlerweile lebten dort jeweils hunderttausend Menschen, die seither in eigener Regie Ziegelhäuser, Wasserleitungen und Abwasserkanäle, Schulen, Tempel und Moscheen gebaut hatten. Es waren höchst lebendige Siedlungen, eine unverzichtbare Ressource für die Stadt als Ganzes, weil dort ihre Fabrikarbeiter, Hausangestellten, Wachleute und dergleichen lebten. Wenn die Bulldozer anrückten, drängte sich der Eindruck eines verheerenden militärischen Angriffs auf. Erwachsene Männer und Frauen saßen auf Ziegelbergen, in Tränen aufgelöst angesichts der Zerstörung dessen, was sie oft mit eigenen Händen gebaut hatten, andere stritten sich mit der Polizei und den Beamten, die die Aktion beaufsichtigten. Kinder streiften durch die einstigen Straßen und bestaunten das Wunder der plattgemachten Häuser und Schulen. Viele sammelten bereits im Auftrag neuer Bauherren heil gebliebene Ziegel, die sie für zwei Rupien das Hundert am Rand des Geländes zu hohen Mauern aufschichteten. Durch die Hauptstraße zog sich ein biblischer Strom von Flüchtlingen mit Kochgeschirr und Kleiderbündeln, auf der Suche nach einem Ort, an dem sie sich neu ansiedeln konnten.

Wer beweisen konnte, dass er viele Jahre in seinem Slum gewohnt hatte, bekam als Entschädigung woanders eine Parzelle zugewiesen, was allerdings mit einer langwierigen Prozedur verbunden war. Wegen der begrenzten Anzahl der Parzellen sah sich die Stadtverwaltung gezwungen, die Kriterien hochzuschrauben, sobald zu viele Bewerber sie erfüllten. »Wir haben gesagt, Sie müssen beweisen, dass Sie seit dem Jahr 2000 hier leben. Aber jetzt müssen Sie beweisen, dass Sie seit 1998 hier sind ...« Und wer die neuen Areale – wie etwa Bhalswa – besichtigte, traute seinen Augen nicht, in welchem Zustand und wie weit entfernt sie von den Arbeitsplätzen der zukünftigen Bewohner waren. Doch die meisten gingen ohnehin leer aus. Einige kehrten in ihre Dörfer zurück, um zu sehen, ob es dort noch Möglichkeiten für sie gab, andere wurden Teil des Menschenmülls, der in den Unterführungen um Connaught Place hauste, volltrunken, unter zerschlissenen Decken zitternd. Wieder andere reihten sich in die Heerscharen jener ein, die unter blauen und gelben Planen im Umkreis von Fabriken und Baustellen lebten.

Und dort ging die Tortur weiter. Es genügte nicht, Arbeitern physischen Raum zu verweigern; man durfte ihnen überhaupt nichts geben, was sie zu der Annahme verleiten konnte, sie seien etwas anderes als absolut entbehrliche Bruchstücke aus dem unerschöpflichen Reservoir der indischen Massen. Oft bekamen die Bauarbeiter, die Delhis vielgepriesene Immobilien errichteten, nicht einmal Schuhe oder Handschuhe, damit nicht der irrige Eindruck entstand, ihr körperliches Wohlbefinden sei in irgendeiner Weise von Belang. Es kam regelmäßig zu Verletzungen oder gar Todesfällen, weil sie weder Schutzhelme noch Haltegurte hatten, und sie wurden allenfalls ansatzweise darüber aufgeklärt, was sie da überhaupt machten. Im Zuge der »Verschönerung« Delhis im Vorfeld der Commonwealth Games sah man Männer, Frauen und Kinder mit bloßen Händen Bordsteine und Zäune streichen, die Arme bis zu den Ellenbogen voller Farbe. Das Ganze mutete an, als spielte man der Unterschicht einen bösen Streich, um sie immer wieder daran zu erinnern, dass ihr Dasein, von ihrer bloßen Arbeitskraft abgesehen, nichts galt und niemals zur Kenntnis genommen werden würde. Bauunternehmer, von denen viele während des Booms riesige Vermögen angehäuft hatten, taten alles nur Erdenkliche, um ihren Arbeitern etwas vom Lohn abzuknapsen. Sie zahlten nicht nur keinen Mindestlohn – geschweige denn die vorgeschriebenen Sozialversicherungsbeiträge –, sie kassierten auch noch Miete für die Zelte der Arbeiter auf dem Baugelände und zogen ihnen die Kosten der Stiefel und Handschuhe, die sie ihnen – wenn überhaupt – zur Verfügung stellten, vom Lohn ab. Diese ostentative Kleinlichkeit ließ vermuten, dass es dabei gar nicht um Geld ging. Dahinter stand kein finanzielles Kalkül, vielmehr sollte der Unterschicht eine Lektion erteilt werden: Leute wie ihr haben keinen Anspruch auf Komfort und Sicherheit, ihr seid nicht wie wir, ihr bleibt draußen, man wird euch nie hereinlassen.

Diese Strategie – das gewaltige Reservoir an menschlichem Leid, aus dem sich der indische Boom speiste, schlicht auszublenden – war meist von Erfolg gekrönt. Reiche Inder verschwendeten kaum einen Gedanken an die Misere armer Arbeiter, so wenig wie reiche Amerikaner oder Australier. Doch manchmal schlug die maßlose Gier in unerwarteter Weise auf sie zurück.

Delhis Satellitenstadt Noida wurde zur Zeit der Slumzerstörungen in den siebziger Jahren gegründet, eine moderne Erweiterung der Hauptstadt, dazu gedacht, deren Bevölkerungswachstum und industrielle Expansion aufzufangen. Das Gelände lag am anderen Ufer der Yamuna im Bundesstaat Uttar Pradesh, dessen Ministerpräsidenten nach und nach Flächen für das Projekt erwarben und den schachbrettartigen Grundriss einer Siedlung anlegten. Bis Ende der neunziger Jahre war Noida eine ausgewachsene Stadt, von der neuen Mittelschicht mit ihren Wohnungen, Büros und Shoppingmalls mit regem Leben erfüllt.

Im Jahr 2005 wurden bei der Polizei von Noida mehrere Kinder aus einem Slum namens Nithari vermisst gemeldet. Die Polizei nahm die Anzeigen gar nicht erst auf: Es waren Kinder von Wanderarbeitern, armen Leuten ohne jeden Einfluss, und in Indien wurden Zehn- oder gar Hunderttausende von Kindern vermisst – niemand würde sich die Mühe machen, die Kinder aus Nithari zu suchen. Dort aber kam der Verdacht auf, die Vorfälle könnten Methode haben, und allmählich konzentrierten sich die Vermutungen auf ein Haus, in dem ein Geschäftsmann mit seinem Hausdiener wohnte. Hinter dem Haus verlief ein breiter Abflussgraben, und manche waren überzeugt, dass die Überreste der vermissten Kinder dort hineingeworfen worden waren.

Im Dezember 2006 wandten sich zwei Männer, die mit der Geschichte ihrer vermissten Töchter bei der Polizei kein Gehör gefunden hatten, an den Leiter der Einwohnervertretung von Nithari, der sich bereit erklärte, den Graben mit ihnen zusammen unter die Lupe zu nehmen. Unter Bergen von Müll fanden sie eine abgetrennte Hand und verständigten die Polizei. In den Tagen darauf förderten die Beamten Beweise einer schrecklichen Mordserie zutage: die kompletten oder fragmentarischen Überreste von vier Frauen, elf Mädchen und vier Jungen, größtenteils verpackt in vierzig Plastiktüten. In dem Haus wurden Skalpelle und Chirurgenhandschuhe, blutbefleckte Kleider und mehrere Schultaschen gefunden. Der Geschäftsmann und sein Angestellter wurden auf der Stelle verhaftet.

Wie es der Zufall wollte, war der zweiundfünfzigjährige Moninder Singh Pandher bereits anderweitig ins Visier der Polizei geraten. Pandher entstammte einer angesehenen Punjabi-Familie, er hatte Delhis renommiertes St. Stephen's College besucht und zählte zahlreiche Angehörige der nordindischen Elite zu seinen Freunden. Wer ihn kannte, hatte meist nur Gutes über ihn zu berichten: Er sei ein lebenslustiger, ganz »normaler« Mann, in dessen Familie es allerdings Spannungen gebe. Er lebte von seiner Frau getrennt und war in erbitterte Grundstücksstreitigkeiten mit seinem Bruder verstrickt, mit dem er ein halbes Dutzend Prozesse führte. Die Familie des Bruders fürchtete Pandhers politischen Einfluss und hatte ihn wegen möglicher Rechtsbrüche, deren sie ihn verdächtigte, angezeigt.

Pandher lebte wie ein Junggeselle in Noida, und sein Haus war Treffpunkt von Politikern, Beamten und Polizisten, die dort zu nächtlichen Trinkgelagen zusammenkamen. Er lud auch häufig Callgirls ein und feierte mit ihnen »Orgien«, wie Journalisten es später nannten. Nach einem dieser Abende war eine Frau namens Payal spurlos verschwunden. Ihr besorgter Vater, der direkt von einer Puffmutter in Noida ein Entgelt für ihre Dienste bekam und wusste, wo sie sich aufhielt, hatte die Polizei eingeschaltet und auf Pandhers mögliche Beteiligung am Verschwinden seiner Tochter hingewiesen. Die Polizei hatte festgestellt, dass Pandher bis zu diesem Zeitpunkt mehrmals täglich mit Payal telefoniert hatte, man hatte ihn im vergangenen halben Jahr dreimal dazu befragt und vor Kurzem sogar sein Haus durchsucht. Später wurde darüber spekuliert, wie Pandher erreicht hatte, dass die Ermittlungen eingestellt wurden: War die Polizei Mitwisser – oder gar Nutznießer – seiner Beziehungen zu Prostituierten?

Als DNA-Tests ergaben, dass die gefundenen Überreste von den vermissten Kindern aus Nithari stammten, versammelte sich eine aufgebrachte Menge vor Pandhers Haus. Eltern schwenkten Fotos ihrer toten Kinder. Die Menschen beschimpften die Polizei und bombardierten das Haus mit Blumentöpfen und Ziegeln, so dass Fenster und Türen zu Bruch gingen. Angesichts der hochexplosiven Lage beeilte sich die Polizei, frühere Versäumnisse wiedergutzumachen: Mehrere Polizisten wurden suspendiert, weil sie nicht auf die Anzeigen reagiert hatten, und der Abflussgraben wurde, wie es die Bewohner von Nithari forderten, ausgebaggert.

Der Staat Uttar Pradesh delegierte die Ermittlungen an das Central Bureau of Investigation, Indiens zentrale Ermittlungsbehörde. Man verfolgte nun Hinweise über die Grenzen der Bundesstaaten hinweg, durchsuchte Pandhers Häuser in Ludhiana und Chandigarh, Pandhers Heimatstadt, und nahm die Ermittlungen zu einer Serie von Kindesentführungen in Chandigarh wieder auf. Pandhers gut dokumentierte Beziehungen zu Prostituierten vermittelten den Eindruck, dass ihm jegliche Perversion zuzutrauen war, und es wurde darüber spekuliert, dass die verstümmelten Leichen die Hinterlassenschaft besonders grauenvoller pornografischer Umtriebe seien. Genährt wurden solche Spekulationen auch durch Polizeiangaben, nach denen Fotos sichergestellt worden waren, die Pandher im Kreis nackter Kinder zeigten. Doch wie sich herausstellte, handelte es sich bei den Kindern auf den – völlig harmlosen – Fotos um Pandhers Enkel, und die Spur verlief im Sande.

Die große Zahl der Leichen nährte jedoch den Verdacht, die Geschichte habe gar nichts mit irgendwelchen perversen Exzessen zu tun, sondern sei Teil gewerbsmäßiger Aktivitäten anderer Art. Für viele stand von Anfang an fest, dass es sich bei den Leichenteilen in dem Abflussgraben um die Hinterlassenschaft großangelegten Organdiebstahls handelte. Ein Nachbar Pandhers, ein Arzt, war einige Jahre zuvor des Organhandels angeklagt, aber nicht verurteilt worden. Bewohner von Nithari, denen der Organdiebstahl eine plausible Erklärung für das Verschwinden ihrer Kinder lieferte, umringten nun auch das Haus des Arztes und bewarfen es mit Steinen.

Organdiebstahl lag damals in der Luft: Ein Jahr nach den Funden in Nithari – die Gerichtsverfahren liefen noch – flog in Gurgaon ein millionenschwerer Organhandel auf. Arme Migranten aus Uttar Pradesh wurden mit falschen Jobversprechen in ein Privathaus gelockt, wo ihnen Geld für ihre Nieren geboten wurde, angeblich dreißigtausend Rupien [600 Dollar]. Wer nicht darauf einging, wurde unter Drogen gesetzt, und das Organ wurde zwangsweise entnommen. Für rund fünfzigtausend Dollar wurden die Nieren dann reichen Patienten aus aller Welt transplantiert. Später vermutete man, dass dieser schwunghafte Handel bereits seit sechs Jahren im Gange war und dass in diesem Zeitraum sechshundert Transplantationen durchgeführt worden waren. Amit Kumar, der federführende Arzt, besaß ein großes Haus in einem Vorort von Toronto, und seine Familie lebte dort den globalen bürgerlichen Traum: SUV, Swimmingpool, Privatschulen für die Kinder. 2008 wurde Kumar in Nepal, wo er untergetaucht war, festgenommen.

Als die indische Presse über den Fall berichtete, gelangten die Bewohner von Nithari zu der Überzeugung, dass hier ein Zusammenhang mit ihren eigenen Tragödien bestand. Sie hätten Amit Kumar mehrmals Moninder Sing Pandhers Haus betreten sehen, erklärten sie, manchmal hätten auch Krankenwagen davorgestanden und Krankenschwestern seien herausgekommen. An den Leichen, die man in dem Graben fand, fehlten Körperteile. Ein Vater äußerte sich zu den sterblichen Überresten seiner achtjährigen Tochter: »Man hat nur Hände, Beine und Kopf meiner Tochter gefunden. Was ist mit dem Rumpf passiert?«[35]

Doch die Polizei rückte schnell wieder von der Theorie des Organdiebstahls ab. Die vielen intakten Organe, die sie fand, sprachen dagegen, außerdem passte ein so riskantes, ineffizientes Unterfangen für sie nicht zu Pandhers florierendem Geschäft mit Schwermaschinen. Doch der Verdacht des Organhandels hielt sich hartnäckig. Die Geschichte passte in das Bild, das sich viele von der Gesellschaft machten, in der sie lebten: Ein reicher Mann ohne jedes Gefühl dafür, dass die Armen auch Menschen sind, raubt ihnen brutal ihre Organe, um sie Angehörigen seiner eigenen Klasse zukommen zu lassen und sich zu bereichern. Indische Journalisten waren ebenso wie ihre Leser daran gewöhnt, finanzielle Motive aufzuspüren, in ihren Augen meist die Haupttriebfeder eines rätselhaften Geschehens. Mystifizierende, also etwa psychopathologische Erklärungen überzeugten sie oft nicht und erschienen ihnen typisch amerikanisch. Doch genau in diese Richtung bewegte sich die Angelegenheit allmählich.

Sowohl Pandher als auch sein Haushälter und Koch Surender Koli wurden unter dem Einfluss eines Wahrheitsserums verhört. Da solcherart zustande gekommene Aussagen vor Gericht nicht als Beweismittel zugelassen waren, wurden sie nicht publik gemacht. Es scheint jedoch, dass beide Männer an den Morden beteiligt waren; beide wurden angeklagt. Die Medien ergingen sich in endlosen Spekulationen über ihr Verhältnis zueinander. Wie ungewöhnlich, dass sich zwei Serienmörder auf diese Weise fanden! Ein Psychiater aus Chennai meinte: »Wahrscheinlich ist es Zufall, dass sich hier ein normales Arbeitgeber-Arbeitnehmer-Verhältnis zu einer Beziehung zum beiderseitigen Vorteil entwickelte. Auf der einen Seite der Reiche, der die Möglichkeit und das Selbstbewusstsein besitzt, sich ungeniert auszuleben, auf der anderen der nicht minder skrupellose Diener, wie sein Herr ein Mann mit einer dunklen Seite, dem ein gefährliches Ventil geboten wird.«[36] Folgendes erzählte man sich: Koli sei dafür zuständig gewesen, Pandhers unersättliche Gier nach Sex mit armen, hilflosen Frauen und Mädchen zu befriedigen. Er habe sich umgesehen und sie, wie er sie gerade fand, ins Haus geholt. Wenn Pandher mit ihnen fertig war, habe Koli sie vergewaltigt und anschließend getötet. Manchmal habe er irrtümlich Jungen mitgebracht, die dann sofort getötet worden seien.

In einem von Gerichtsmedizinern erstellten psychologischen Profil wurden die beiden als »emotional deprivierte, sexuell abnorm veranlagte Männer bezeichnet, die getrennt von ihren Ehefrauen und ihrer Familie in einem Einfamilienhaus lebten und jeder für sich und auf seine Weise zurechtzukommen suchten, ohne sich umeinander zu kümmern«.[37]

Im Februar 2009 wurden Pandher und Koli des Mordes an einem vierzehnjährigen Mädchen namens Rimpa Haldar für schuldig befunden; beide wurden zum Tode verurteilt. Koli wurde in der Folge noch anderer Morde für schuldig befunden und mit weiteren Todesstrafen belegt.

Doch die Zweifel wuchsen, was die Mitwirkung Pandhers anbelangte, der zunächst als treibende Kraft des grausigen Spektakels gegolten hatte. Zwar wurde Haus Nummer D-5, Sektor 31 »faktisch zu einem Schlachthaus, in dem regelmäßig unschuldige Kinder geschlachtet wurden«,[38] wie es im Urteil des Obersten Gerichtshofs später hieß – und man konnte deshalb unmöglich annehmen, Pandher habe nichts von den Vorgängen unter seinem Dach gewusst, auch wenn er beweisen konnte, dass er sich zum Zeitpunkt der Morde teilweise außer Landes aufgehalten hatte –, aber Kolis Geständnisse waren so entsetzlich, dass einfach keine Notwendigkeit mehr für die Beteiligung einer weiteren Person bestand.

Vor Gericht schilderte Koli – aus freien Stücken, weil er, wie er sagte, »sein Gewissen erleichtern« wollte –, wie er Kindern, meist Mädchen, Arbeit oder Süßigkeiten versprochen und sie damit ins Haus gelockt hatte. (Zwei Mädchen aus Nithari bezeugten, dass er es auch bei ihnen versucht habe, sie aber nicht mitgegangen seien.) Dann erwürgte er sie. Häufig versuchte er, sich an den Leichen zu vergehen, was ihm jedoch nach eigener Aussage nicht gelang. Er zerstückelte sie und entnahm ihnen Organe, die er kochte und verzehrte. Als er zum ersten Mal die Leber eines seiner Opfer, eines jungen Mädchens, probierte, musste er sich, wie er sagte, übergeben; dennoch bereitete er auch weiter aus seinen Opfern Speisen zu. Die Überreste packte er in Plastiktüten und warf sie in den Graben hinter dem Haus.

Bei seiner Vernehmung bot er an, Polizeibeamte an Orte zu führen, an denen er weitere Messer, persönliche Gegenstände und Leichenteile versteckt hatte; das tat er später auch, und seine Angaben erwiesen sich als zutreffend.

Koli stammte aus einer Kleinstadt im Himalayastaat Uttarakhand, wo seine Frau – zur Zeit der Aufdeckung seiner Verbrechen im achten Monat schwanger – und seine kleine Tochter lebten, während er selbst als Pandhers Haushälter und Diener in Noida arbeitete. War Pandher verreist, hatte er das Haus für sich allein, war Pandher anwesend, wurde er häufig Zeuge ausschweifender Zusammenkünfte und sah Prostituierte kommen und gehen. Er kochte für die Gäste, und er wusste genau, was im Haus vor sich ging. Manchmal, so berichtete er, habe Pandher die Nacht mit zwei oder drei Mädchen in seinem Bett verbracht. Durch all das habe sich eine ungeheure Erregung und Begierde in ihm aufgestaut. In seinem Geständnis sagte er: »Nachdem Pandhers Frau nach Chandigarh gezogen war, holte er sich jeden Tag Prostituierte ins Haus. Ich kochte für die Mädchen und bediente sie. Bei ihrem Anblick lechzte ich nach Sex. Später kamen schlimme Gedanken in mir auf: Ich wollte sie töten und essen.« In den meisten Fällen tötete Koli nicht diese Mädchen, sondern andere; nur bei Payal folgte er seinem Drang, eine von Pandhers Sexualpartnerinnen zu töten und zu »konsumieren«.

Als Pandher, so Koli, einmal ein halbes Jahr lang einen Logiergast im Haus gehabt habe und keine Prostituierten mehr bei sich habe empfangen können, sei wieder Frieden in ihn, Koli, eingekehrt und er habe keinen Impuls zu töten mehr verspürt.

Er berichtete der Polizei, er träume oft von einem Mädchen in einem fließenden weißen Gewand, das ihn auslache und verspotte. Nach einem solchen Traum habe er jedes Mal gezittert, den Appetit verloren und nicht mehr schlafen können, bis er ein neues Opfer und damit Erlösung gefunden habe.

Ungeachtet all dieser Umstände stieß das Urteil des Obersten Gerichtshofs in Allahabad, der Pandher Ende 2009 vom Vorwurf des Mordes freisprach, weithin auf Skepsis. Eine Zeitschrift meinte: »Trotz der stümperhaften Behandlung des Falles durch die Polizei in Noida besteht kaum ein Zweifel, dass Pandher genauso schuldig ist wie sein Komplize Koli, der die Serienmorde begangen hat.«[39] Auch Journalisten hatten ihre Klassenvorurteile, denen zufolge die Armen keine eigenen Entscheidungen zu treffen, sondern nur die Befehle Höherstehender auszuführen vermochten; demnach hätte Pandher in jedem Fall eine tonangebende Rolle spielen müssen. Dass den Diener am Ende die Strafe für beide traf, entsprach einem weit verbreiteten Bild der indischen Gesellschaft: Die Elite fand immer einen Sündenbock. Da Pandher gut dokumentierte Beziehungen zur politischen und wirtschaftlichen Elite Delhis und des Punjab unterhielt und zudem häufig ranghohe Polizeibeamte zu seinen Partys einlud, konnten sich viele ausmalen, wie es zu seinem Freispruch gekommen war.

Surender Kolis Schuld ist zweifelsfrei erwiesen. Sollte Moninder Sing Pandher bei den Taten seines Angestellten eine aktive Rolle gespielt haben, so steht der Beweis dafür noch aus. Aber vielleicht hatte er wirklich nichts mit ihnen zu tun. Vielleicht ist die Wahrheit genau das, was sie zu sein schien. Vielleicht war Pandher so vollkommen desinteressiert am Leben seines Untergebenen, dass er tatsächlich nichts mitbekam, obwohl Koli, mit dem er unter einem Dach lebte, mindestens siebzehn junge Menschen aus den Straßen ringsum in sein Haus lockte und sie umbrachte, die Leichen zerstückelte und hinter dem Haus entsorgte.

Doch vielleicht liegt in der Geschichte noch ein verborgener Sinn. Vielleicht ist sie eine Allegorie, und vielleicht ist sie noch schrecklicher, als alle dachten.

Moninder Singh Pandher betrieb in Noida eine JCB-Vertretung. Er lieferte die Erdbewegungsmaschinen, die damals im Raum Delhi so gefragt waren – die Bulldozer und Bagger, mit denen Slums zerstört und die Areale für die neuen Wohn- und Einkaufslandschaften der oberen Zehntausend vorbereitet wurden. Seine Vertretung brachte ihm angeblich dreißig Lakh [60 000 Dollar] im Monat ein. Er finanzierte damit wilde Nächte mit seinem Kreis einflussreicher Männer, die sexuellen Dienste so vieler armer Frauen, wie er nur wollte, und natürlich Kolis Dienste.

Was als Reaktion auf all dies in Koli ausbrach, war nicht etwa eine Art demokratisches Empfinden, der Wunsch, die Privilegien der Reichen abzuschaffen. Ganz im Gegenteil: Koli wollte genau das haben, was Pandher hatte, nämlich die Macht, die Armen zu konsumieren. Und da er sie nicht mit Pandhers abstrakten Begierden konsumieren konnte, verzehrte er sie – im wahrsten Sinne des Wortes.

Wenn Pandhers Sohn seinen Vater in der Zeit, in der Koli seine Verbrechen beging, besuchte, bemerkte er eine Veränderung an dem Diener. »Bei seiner Einstellung war Surender unterwürfig und fügsam, aber in letzter Zeit hatte sich sein Verhalten verändert. Als ich im November nach Noida kam, fand ich ihn großspurig und unhöflich, ganz anders, als ich ihn kannte. Meistens telefonierte er auf dem Dach mit seinem Handy. Ich hatte meine Mutter über dieses dreiste Benehmen informiert.«[40] Vielleicht hatte Koli sich etwas vom Geist der Gesellschaftsschicht seines Herrn zu eigen gemacht. Vielleicht wollte er genauso großspurig auftreten wie der kleine Prozentsatz auftrumpfender, reicher, unbegrenzt konsumierender Eliten, mit dem er bei Pandher in Berührung kam. Vielleicht wollte er die Begierden nachahmen, die diese Eliten kennzeichneten und sie so unangefochten über alle anderen erhoben.

Ich treffe mich mit einem Psychologen, der die Eltern der Opfer von Nithari mitbetreut hatte.

»Wie war so etwas möglich?«, fragt er. »So viele Polizeibeamte haben in dem Haus Partys besucht. Dort herrschte eine üble Kumpanei zwischen korrupter Polizei und Geschäftswelt. Orgien wurden gefeiert, Callgirls gingen ein und aus, aber niemand stellte Fragen, als die ersten Kinder verschwanden. Solche Leute genießen völlige Straffreiheit. Die Polizei zu schmieren und sich Mädchen zu besorgen, gehört bei denen zur normalen Geschäftstätigkeit.

Was für eine Kultur schaffen sie für uns? Sie behandeln die Leute wie Abschaum, und die benehmen sich dann auch so.

Ich leitete eine Trauerversammlung mit den Eltern der Opfer von Nithari. Plötzlich kam jemand herein und sagte, ein Politiker sei draußen vorgefahren. Alle bis auf einen liefen hinaus, denn es gingen Gerüchte von einer Entschädigungszahlung um. Nach einer Weile stellte sich heraus, dass nichts davon stimmte, und die Leute kamen wieder herein. Eine Diskussion entspann sich über die fünf Lakh [10 000 Dollar], von denen die Rede gewesen war. Einige Eltern sagten: ›Wenn wir gewusst hätten, dass es fünf Lakh für ein totes Kind gibt, hätten wir zwei Kinder hingeschickt.‹

Und ich saß da und dachte: Und dafür bin ich eigens hierhergekommen? Was mache ich hier eigentlich?

Man glaubt ja, dass es extreme Ereignisse gibt, die alles andere in den Hintergrund drängen. Man glaubt zum Beispiel, dass es nichts Schlimmeres gibt als den Tod des eigenen Kindes. Es gibt aber noch Schlimmeres, es gibt Formen des Leidens, die so extrem sind, dass sie die Menschen selbst gegen den Tod der eigenen Kinder abstumpfen. Man sieht sie überall in diesem Land.«

Miniatur

Die Mango ist mit Sicherheit die literarischste aller Früchte. Unzählige Geschichten ranken sich in diesem Teil der Welt um ihre magischen Kräfte, und noch viel mehr handeln davon, mit welchen Listen liebenswerte Diebe – oder Kinder, oder Affen – Mangos von den Bäumen ihrer geizigen Besitzer stibitzen. Auch in der Literatur, soweit sie sexuelles Verlangen berührt, nimmt die Mango einen prominenten Platz ein, denn obgleich ihre Form keinem Teil der menschlichen Anatomie ähnelt, weder der männlichen noch der weiblichen, vermag sie rätselhafterweise dennoch erotische Gedanken zu wecken.

Türmen sich in der siedenden Hitze Delhis wieder die Mangos auf den Karren der Händler, kann es leicht scheinen, als seien sie aus einem Märchen herausgefallen. Man stelle sich vor: Am Nachmittag hat es fünfundvierzig Grad, und der Himmel ist gleißend hell. Der Wind von den rauen Ebenen her gleicht dem Gluthauch eines Lehmofens, und alle Feuchtigkeit verdunstet. Aus der Wäsche an den Leinen saugt die staubtrockene Luft binnen fünf Minuten alles Wasser auf, und auch am Körper saugt sie, trocknet Augen und Zunge aus, dehydriert selbst die Eingeweide.

Inmitten solch allumfassenden Ausdörrens ist die dreiste, vom Kinn tropfende Nässe der zahlreichen Mangoarten, die sich nun plötzlich in die Stadt ergießen, ein Wunder. Dass die unerbittliche Natur ihrem Wüten solchen Trost folgen lässt, dass sie gleichzeitig mit solch rohen Kräften ein so zartes Schmelzen zulässt, ist schon an sich literarisch. Gleich Lumpen, die sich in Schätze verwandeln, oder Narren, die Könige überlisten, ziehen Mangos Geschichten auf sich, weil sie die allgemeine Logik der Welt auf den Kopf stellen.

In kleine Würfel geschnitten – ihr Sonnenorange ein Zugeständnis an die Jahreszeit –, erscheinen jetzt Mangos auf dem Tisch. Mein Freund Gautam und ich nehmen jeder eine Schale und essen erleichtert. Die Früchte kommen aus dem Kühlschrank, und nach der klimatischen Notlage, der wir soeben entronnen sind, bringen sie unseren Organismus wieder in eine Art Gleichgewicht.

Wir sitzen im Halbdunkel; alle Jalousien sind gegen das wütende Gleißen draußen geschlossen. Von einer Ecke des Raumes geht ein stilles Leuchten aus: Ein Plastikmodell des Taj Mahal in einem Glaskasten erglüht dort in wechselnden Farben. Der Ventilator schwirrt wie ein Hubschrauberrotor.

Gautam und ich wollen einen Freund von ihm abholen. Doch Ranjit ist noch nicht von der Arbeit zurück, und wir unterhalten uns im Wohnzimmer mit seinem Vater Baljeet; seine Mutter bringt weitere Snacks aus der Küche. Die Sofas sind mit weißen Tüchern verhüllt. Ranjits Mutter schaltet uns zu Ehren eine Leuchtstofflampe ein, die den Raum in grünes Licht taucht.

Baljeet überlässt sein ganzes stattliches Gewicht einem abgenutzten Sessel. Er möchte uns von seinem neuesten Projekt erzählen, bei dem sich letzthin vielversprechende Entwicklungen ergeben haben. Er zieht einen schmuddeligen Zettel aus der Tasche seiner weißen Kurta und reicht ihn mir mit einem verschwörerischen kleinen Lachen. Es ist eine Quittung über zweitausend Rupien, ausgestellt im April 1980.

»Das ist eine Quittung von einer DDA-Lotterie.«

In der unter Nehru gegründeten Delhi Development Authority wurden die diversen Planungs- und Entwicklungsbehörden der Hauptstadt zusammengelegt. Von da an allein zuständig für die Entwicklung der Stadt, war sie berechtigt, zur Durchführung ihrer Maßnahmen Grund und Boden ohne Zustimmung des Eigentümers und zu erheblich reduzierten Preisen zu erwerben. Es war ein Entwicklungsmonopol, garantiert durch Gesetze, die es Privatpersonen und Firmen untersagten, innerhalb von Delhis Stadtgrenzen mehr als einen Hektar Land zu besitzen. Mehrere Male verloste die DDA jedoch Grundstücke im Rahmen einer Lotterie. Interessenten zahlten einen Einsatz und warteten dann mitunter Jahre auf den Bescheid. Fiel das Los auf sie, konnten sie ein Grundstück zu einem festen Preis erwerben.

»Die Dame, der die Quittung gehört, hat 1980 bei der Lotterie mitgemacht. Bisher hat sie noch nichts gehört, aber dieses Jahr bekommt sie wahrscheinlich ein Grundstück. Mit Sicherheit sogar. Sie weiß es nur noch nicht. Aber ich weiß es, weil ich Kontakte in der DDA habe. Jetzt will ich ihr die Quittung abkaufen. Nach dreißig Jahren interessiert sie sich bestimmt nicht mehr dafür und wird sie mir gern überlassen. Sie hat auch schon gesagt, dass sie die Quittung verkaufen will. Dann wird das Grundstück mir zugeteilt. Es dürfte um die fünfzehn Lakh [30 000 Dollar] wert sein.«

Er umfasst die Armlehnen seines Sessels, als säße er auf einem Thron, richtet sich auf und sieht mich Zustimmung heischend an.

»Für so ein Geschäft muss man jemanden bei der DDA kennen. Die Beamten dort werden alle paar Jahre versetzt, zur Vorbeugung gegen Korruption. Deswegen muss man solche Beziehungen pflegen: Man muss die Leute zum Essen einladen, ihnen Geschenke machen.

Sobald ich das Grundstück habe, werde ich sie alle bezahlen. Zwanzigtausend Rupien [400 Dollar] hier, zwanzigtausend da.«

Das ist Business in Baljeets Welt. Business ist eine betrügerische Lotterie, und wer dabei mitmacht, sollte auf die Konsequenzen gefasst sein. Man kann Glück haben und andere austricksen, aber beim nächsten Mal kann es ganz anders kommen.

»Ich habe Crores verdient, und ich habe Crores verloren. Ich habe wahrscheinlich sechzig Lakh [120 000 Dollar] durch Gaunereien verloren. Einmal hat mir jemand eine Immobilie verkauft, die es gar nicht gab. Ich habe vierzig Lakh [80 000 Dollar] dafür bezahlt, größtenteils in bar: Laut Rechnung war sie nur sechs Lakh [12 000 Dollar] wert. Vierunddreißig Lakh [68 000 Dollar] waren also weg, und um die übrigen sechs Lakh habe ich prozessiert. Aber die DDA erklärte, ich hätte keinen Rechtsanspruch darauf. Ein Typ von der DDA hatte die Immobilie zwei Leuten zugesagt und von beiden Geld kassiert.«

Baljeet ist vor einiger Zeit nach einem langen Berufsleben bei der Bank of Maharashtra in den Ruhestand getreten. Da die Bank zu jenen gehörte, die unter Ministerpräsidentin Indira Gandhi, der Tochter Nehrus, verstaatlicht wurden, war er de facto Staatsbediensteter. Einen Großteil seiner Laufbahn brachte er damit zu, Indira Gandhis populistische Versprechen hinsichtlich der staatlichen Banken einzulösen: Er eröffnete Filialen in den entlegensten Winkeln des Landes – oft der erste Kontakt einer Region mit dem Bankwesen überhaupt. 1976 – er war noch bei der Bank tätig – begann er, mit Immobilien zu spekulieren. Und das ist heute noch sein ganzer Lebensinhalt.

»Ein andermal habe ich einen Laden auf dem Markt hier in der Nähe gekauft. Das Geschäft lief gut. Was ich allerdings nicht wusste – und was mir der Vorbesitzer hätte sagen müssen: Der Laden sollte bald abgerissen werden. Ein mächtiger Immobilienentwickler mit Rückhalt in der Politik wollte dort bauen. Und da der Laden illegal errichtet worden war – er lag außerhalb der genehmigten Grenzen des Marktes –, gab es ihn offiziell gar nicht und ich hatte keinen Anspruch auf Entschädigung. Damals habe ich dreiundzwanzig Lakh [46 000 Dollar] verloren.«

Ein düsteres Schweigen tritt ein.

»Aber Sie leben doch ganz gut«, sagt Gautam philosophisch. »Sie besitzen immer noch zwei Häuser. Und Sie haben dafür gesorgt, dass jeder ihrer beiden Söhne ein Haus bekommt.«

Baljeet ächzt nur schwermütig. Dann schildert er einen weiteren Deal, bei dem er den Kürzeren gezogen hat.

»1976, als Sanjay Gandhi in Delhi aufräumen wollte, ließ er alle Milchviehbetriebe im Stadtgebiet schließen. Die DDA beschlagnahmte Grundstücke, die zu den Dörfern am Stadtrand gehörten, und teilte sie den Milchbauern als Entschädigung zu. Aber inzwischen liegen einige dieser Areale gar nicht mehr am Stadtrand: Heute sind es Nobelviertel, und die Besitzer bemühen sich um Baugenehmigungen.

Die übliche Methode, Grund und Boden im großen Stil zu erwerben«, sagt Baljeet, »besteht darin, dass man ihn zu einem hoch subventionierten Preis für einen öffentlichen Zweck kauft – eine Schule, einen Tempel, Sportanlagen – und dann einen Beamten schmiert, damit er den Nutzungsplan ändert. Aber das ist riskant, denn möglicherweise kommt es nicht dazu, und dann hat man einen Tempel am Hals.

Vor drei oder vier Jahren wollten ein paar Leute ihre Milchviehbetriebe zu stark überhöhten Preisen verkaufen, weil sie meinten, der Nutzungsplan würde irgendwann geändert und dann könnten dort Immobilien entwickelt werden. Sie hatten das Gelände bereits in Parzellen aufgeteilt, die sie zu je zwölf Lakh [24 000 Dollar] verkauften.«

Gautam sagt: »Wir haben ihn alle gewarnt. ›*Mach das nicht! Mach das nicht! Das ist keine gute Investition.*‹ Aber dann wurde der Nutzungsplan tatsächlich geändert!«

»Und jetzt verkaufen sie für sieben Crore [1,4 Millionen Dollar] Häuser auf den Parzellen«, sagt Baljeet.

Er lacht wehmütig.

»Würde man bei jedem Deal etwas verdienen, dann würden alle in das Geschäft einsteigen. Aber es ist hochriskant. Bei jeder Investition muss man darauf gefasst sein, dass man sein Geld verliert. Man muss sich sagen: ›Es ist weg.‹ Und dann bekommt man es vielleicht vierfach wieder zurück.«

Ein Hustenanfall schüttelt ihn. Mit seiner Gesundheit steht es nicht zum Besten.

»Früher hatte er immer einen Drink in der Hand«, sagt Gautam. »Er hat jeden Abend etwas getrunken und zwei oder drei Schachteln Zigaretten pro Tag geraucht. Letztes Jahr bekam er dann ernste Lungenprobleme und musste ins Krankenhaus. Er wäre beinahe gestorben. Da hat er aufgehört.«

Baljeet grinst verlegen und hebt resigniert die Hand. Dann kommt er wieder aufs Geschäft zu sprechen. Er lässt uns an seinem Erfahrungsschatz teilhaben: Wie man einen guten Deal von einem schlechten unterscheidet. Wie man hohe Geldbeträge transportiert.

»Ich fahre nie zweimal dieselbe Route. Ich variiere jedes Mal. Und ich nehme kein Bargeld mit nach Hause. Ich lasse es in einem Aktenkoffer im Auto. Wer kommt schon auf die Idee, dass jemand so verrückt sein könnte, dreißig Lakh [60 000 Dollar] im Auto zu lassen?«

Während wir uns unterhalten, kommt Baljeets zweiter Sohn Jimmy herein. Er wohnt um die Ecke im anderen Haus der Familie und hat seinen Hund ausgeführt. Seine Mutter bringt ihm ein Glas Wasser, das er in einem Zug leert und auf das Tablett zurückstellt, das sie ihm geduldig hinhält. Er ist schwer mit Gold behängt: goldene Halsketten, goldene Armreife, eine goldene Uhr. Er ist ebenfalls im Immobiliengeschäft tätig und erzählt Gautam von einem im Bau befindlichen Apartmentkomplex, der sich seiner Meinung nach bestens verkaufen wird.

Baljeet tut die Ansichten, die sein Sohn zum Besten gibt, mit einer Handbewegung ab. »Er ist nicht so ein Fachmann wie sein Vater«, sagt er. »Mir kann er nicht das Wasser reichen.«

Jimmy kontert, indem er sich mit seinen Auslandsreisen brüstet. Baljeet ist nie aus Indien herausgekommen; hier hat Jimmy ihm etwas voraus. Sooft es geht, reist er nach Dubai und Bangkok. Er erzählt, was man in Dubai alles kaufen kann, berichtet von den Goldmärkten.

»Nehmen Sie Ihre Frau auf Ihre Reisen mit?«, frage ich.

»Nach Dubai schon, zum Shoppen. Aber nach Bangkok nicht. Wer nimmt schon seine Frau nach Bangkok mit?«

Anzügliches Gelächter.

»Aber ich lasse sie sowieso keinen Alkohol trinken«, fügt Jimmy hinzu. »Es wäre also sinnlos.«

Dann beginnt er über Onlinepoker zu sprechen, seine neueste Leidenschaft. Den Blick hält er dabei gesenkt. Er ist ein Angeber, aber ein merkwürdig nervöser. Er scheint uneins mit sich selbst, eine Hälfte seiner Persönlichkeit liegt im Widerstreit mit der anderen.

»Nach Europa will Jimmy nicht«, sagt Gautam. »Er meint, sein Englisch ist nicht gut genug. Ich sage ihm immer wieder, dass in vielen europäischen Ländern überhaupt kein Englisch gesprochen wird, aber er bleibt dabei. Für ihn sprechen die Weißen nun mal Englisch.«

Baljeets Frau bringt Tee und Pakoras. Es ist jetzt ruhiger im Raum: Vater und Sohn haben es geschafft, einander zum Schweigen zu bringen, und sind froh, Gautam zuhören zu können, der wunderbar zwanglos plaudern kann. Er hat sich vor Kurzem ein neues Auto gekauft, und über neue Autos spricht jeder gern.

»Von dem Typ, der es mir besorgt hat, hatte ich auch schon mein erstes Auto. Davor fuhr ich Motorrad, bekam aber schreckliche Rückenschmerzen davon. Als ich das einmal erwähnte, sagte er: ›Schaffen Sie sich doch ein Auto an!‹ Er meinte, wenn ich fünfundsiebzigtausend Rupien hätte [1500 Dollar], könnte er mir die Finanzierung für den Rest vermitteln. Ich sagte: ›Ich überleg's mir.‹

Am nächsten Tag rief er an. ›Sind Sie noch interessiert?‹ Ich sagte: ›Ja.‹ Und er: ›Und was für ein Auto wollen Sie? Welche Farbe?‹ Und so weiter. Dann rief er in der Werkstatt an. Fünf Minuten später meldete er sich wieder und sagte: ›Der Wagen steht in einer Dreiviertelstunde vor Ihrer Tür.‹ Und obwohl ich kein einziges Stück Papier unterschrieben hatte, fuhr kurz darauf ein nagelneues Auto bei mir vor.

Es kostete sechs Lakh [12 000 Dollar], und ich wollte es haben. Ich gab dem Mann einen Scheck über ein Lakh [2000 Dollar] und bekam von ihm die Autoschlüssel. ›Ich kümmere mich um den Rest‹, sagte er. Wieder nichts Schriftliches. Kaum hatte ich den Wagen, fuhr ich damit zu Freunden in die Berge. Er rief mich dort an, um mir zu sagen, dass der Scheck geplatzt war. Das war mir unangenehm, denn es sah so aus, als hätte ich ihm einen ungedeckten Scheck gegeben und mich mit dem Wagen davongemacht. Aber er hatte keinerlei Problem damit. ›Keine Sorge‹, sagte er am Telefon immer wieder. Als müsste *er mich* beruhigen.«

Inzwischen ist Ranjit gekommen. Er entschuldigt sich für die Verspätung und trinkt schnell eine Tasse Tee.

»Gehen wir«, sagt er.

Wir verabschieden uns von seinen Eltern. Jimmy folgt uns aus der Wohnung, um nach seinem Hund zu sehen, der unten angebunden ist. Es ist eine junge Dogge, groß und energiegeladen. Sie dreht schier durch, als wir die Treppe herunterkommen. Wir wagen uns in die Gluthitze hinaus. Jimmy lässt den Hund von der Leine, und trotz der strapaziösen Temperaturen springt er majestätisch davon. Wir befinden uns in Shalimar Bagh am Nordrand Delhis, auf dem Gelände der längst vergessenen, unter dem Großmogul Shah Jahan angelegten Gärten. Es gibt viel Raum hier, wie in Bhalswa, das, obwohl eine Welt für sich, nur zwanzig Gehminuten entfernt liegt. Vor einem Wohnblock fällt ein weites unbebautes Terrain zu einem erstaunlich glitzernden Kanal hin ab, einem Relikt des Wassersystems der Mogulzeit. Die Gebäude wirken heruntergekommen, aber alles hier hat etwas Leichtes, Ungezwungenes: Die Autos sind einfach irgendwo abgestellt, die Bäume wachsen, wo sie wollen.

Unterwegs fragt mich Jimmy, ob ich jemanden kenne, der daran interessiert ist, Wohnungen zu kaufen. Er zählt die Vorzüge auf: Böden aus italienischem Marmor, modulare Küchen. Er bittet mich um meine E-Mail-Adresse, damit er mir die Grundrisse schicken kann. Wir kommen an Gautams Wagen an; die Sitze sind noch mit Plastik überzogen, so neu ist er. Wir steigen ein, und ich buchstabiere meine Mailadresse durch die offene Tür. Kaum habe ich sie geschlossen, schaltet sich hörbar die Klimaanlage ein, und kühle Luft streicht über unsere schweißfeuchte Haut. Wir fahren los, über dem Kanal geht die Sonne unter, und die Dogge hetzt optimistisch hinter uns her.

»Jimmy ist wirklich unglaublich«, sagt Gautam. »Er lässt keine Gelegenheit aus. Der Mann macht mit jedem Geschäfte. Du willst dir fünf Lakh [10 000 Dollar] leihen? Er beschafft sie dir noch am selben Tag. Du brauchst zwanzigtausend Tampons? Er liefert sie direkt in deinen Laden. Er fälscht dir jedes Dokument. Egal, was du in Shalimar Bagh machen willst, er besorgt dir die nötigen Informationen. Mit wem du reden musst, wie viel du zahlen musst.«

Ranjit telefoniert während der Fahrt. Er hat ein kleines Reisebüro und versucht einem Kunden aus der Patsche zu helfen, der kein Visum für Kanada bekommen hat. »Der Mann«, sagt Ranjit zwischen zwei Telefonaten, »zahlt siebzig Lakh [140 000 Dollar] Einkommenssteuer pro Jahr. Ein Geschäftsmann, mit Frau und zwei Kindern. Aber er reist zu wenig, das ist das Problem.«

Der Abend hat noch kaum begonnen: Wir müssen noch einen anderen Freund von Gautam an seinem Laden im Sadar Basar abholen, einem Großhandelsmarkt nicht weit vom Bahnhof. Auf den Straßen dort herrscht dichtes Gewühl, und bald stecken wir fest. Der Fahrer vor uns nutzt den Stillstand, um seine Tür zu öffnen und einen roten Betelstrahl auf die Straße zu spucken. Fahrradrikschas schlängeln sich zwischen den Autos durch, beladen mit Chemikalienfässern und Stapeln bedruckter Pappkartons. Ich beobachte einige Frauen, die auf dem Bürgersteig sitzen und Besen binden. Weiter vorn legen Mechaniker letzte Hand an eine Hummer-Stretchlimousine. Sie haben den Wagen ausschließlich aus Teilen eines Jeeps zusammengeschweißt, aber er sieht einem Hummer sehr ähnlich, und vorn haben sie ein Hummer-Emblem angebracht. Jetzt besprühen sie ihn mit goldenem Lack.

Es geht im Schneckentempo vorwärts. Neben uns steckt eine Fahrradrikscha fest. Ihr Fahrer, ein schweißüberströmter, fröhlich wirkender Jugendlicher, stößt laute Schreie aus, die perfekte Nachahmung einer Autohupe. Auf seinem T-Shirt steht »Ich kann dich von deiner Unschuld kurieren«. Wir kommen an einer Textilwerkstatt vorbei, deren Besitzer draußen auf einer Bank sitzt und Tüten aus Zeitungspapier klebt. Warum er das nicht drinnen tut, ist offensichtlich: Der normal hohe Raum ist in zwei Stockwerke unterteilt, so dass doppelt so viele Näherinnen mit ihren Maschinen darin Platz haben; aufrecht stehen kann man dort nicht.

Leitern führen zu provisorischen Unterkünften auf den Dächern dieser Werkstätten hinauf. Unterwäsche ist dort oben zum Trocknen aufgehängt; die Hemden flattern wie graue Fahnen im Wind. In jedem Raum sieht man eine Menge Wassergefäße. Wasserholen ist hier das große Thema; die Pumpe am Straßenrand ist ununterbrochen in Betrieb. Mit Eimern, Flaschen und Plastikkanistern strömen die Menschen zu ihr hin. Daneben steht eine ausladende Pappelfeige, um die herum Shiva- und Durgastatuen aufgestellt sind. Eine große Frau mit entblößten Brüsten sitzt darunter und brabbelt vor sich hin.

Wir erreichen Prataps Metallgroßhandel. Er ist nicht da. Wir warten draußen in der Hitze; durch die offene Ladenfront würde nicht einmal ein Kleinwagen passen. Auf einem riesigen Stapel Nickelbleche sitzt Prataps Sohn Amitabh und telefoniert. Vor dem Geschäft werden weitere Bleche abgeladen; das laute Scheppern verschmilzt mit dem Hintergrundlärm der Autohupen und der knatternden Motorrikschas. Amitabh muss seine Geschäfte schreiend abwickeln.

Pratap kauft Metall en gros und beliefert damit Großkunden: Hersteller von Autozubehör, Fahrrädern, Badarmaturen und dergleichen. Das ganze Geschäft basiert auf den Kapriolen der Metallpreise. Amitabhs Handy hängt an der Wand, so dass er von früh bis spät die flimmernden Preise an der Londoner Metallbörse beobachten kann.

»Es ist eine sehr aufregende Sache«, sagt Amitabh, als er zu uns herauskommt. »Man investiert in eine Partie Metall, und man muss auf seine Kosten kommen. Aber die Preise können jederzeit fallen. Wir halten uns natürlich über alles auf dem Laufenden, was sich auf den Metallmärkten tut. Aber es ist ein unberechenbares Geschäft. Neuerdings importieren wir unser Metall auch direkt, zusätzlich zu dem, das wir von Händlern beziehen. Nach Vertragsabschluss dauert es volle vier Wochen, bis es hier ankommt. In der Zeit kann natürlich viel passieren. Der Preis ist das A und O. Wenn wir auch nur um eine Rupien teurer sind als die Konkurrenz, kauft uns niemand mehr etwas ab.

Der psychische Druck kann gewaltig sein. Manchmal verdient man innerhalb von fünf Minuten ein Crore [200 000 Dollar], manchmal verliert man genauso viel. Manchmal muss man Immobilien verkaufen, um die Verluste abzudecken. Es gibt Leute in dem Geschäft, die trinken jeden Abend eine Flasche Whisky, anders halten sie den Stress nicht aus. Ihre Frauen und Kinder leiden darunter. Aber mein Vater war nie so. Er hat abends nie übers Geschäft gesprochen, auch nicht, wenn er eine Menge Geld verloren hatte. Er kann sich gut entspannen. Er fliegt mit uns übers Wochenende nach Hongkong oder Bangkok, nur so, zum Relaxen.«

»Wie viel wirft die Firma ab?«

»Wir setzen ungefähr hundert Crores [zwanzig Millionen Dollar] pro Jahr um.«

»Nur du und dein Vater?«

»Und mein Cousin. Mein Vater hat den Sohn seiner Schwester mit in die Firma genommen.«

Pratap kam 1980 aus einer Kleinstadt in Uttar Pradesh nach Delhi. Ein Freund von ihm war einige Jahre zuvor in den Sadar Basar gegangen und hatte Arbeit bei einem erfolgreichen Metallhändler gefunden, den man den »Metallkönig« nannte. Er besorgte Pratap eine Lehrstelle als Makler bei dem Mann, und da einem Makler sehr viel Geld anvertraut wird, garantierte er seinem Chef, dass er ihm, sollte Pratap damit verschwinden, den Verlust ersetzen würde. Pratap verdiente dort sechshundert Rupien [damals 75 Dollar] im Monat.

»Er arbeitete hart, und er lernte. Sein Geld legte er auf die hohe Kante; um fünfzig Paisa [damals 0,06 Dollar] zu sparen, ging er die drei Kilometer zur Arbeit zu Fuß. Er hatte einen Traum: Er wollte das Makler-Etikett loswerden. Ein Makler ist gar nichts. Ein Makler wird ignoriert. Manche verdienen zwar viel Geld, aber sie sind nur

Mittelsmänner, und wenn sie einen Raum betreten, nimmt niemand von ihnen Notiz. Ein Geschäftsmann ist etwas ganz anderes. So jemand wird geschätzt.«

Nach fünfzehn Jahren des Lernens und Sparens machte Pratap sich selbstständig. Er legte sich einen eigenen Metallvorrat an und eröffnete das Geschäft. Er arbeitete methodisch, riskierte nie zu viel, kannte stets seine Grenzen.

»Mein Vater ist zufrieden mit normalen Risiken und normalen Gewinnen. Er will keine hohen Risiken eingehen und dann schlaflose Nächte verbringen. ›Denk an den Metallkönig!‹, sagt er immer.«

Vor einigen Jahren ging der Metallkönig in Konkurs. Er war zu stark von Nickel abhängig, und der Preis brach ein. Seine Schulden gingen in die Millionen, und um sie zu tilgen, verkaufte er Immobilien. Er zog sich aus dem Metallmarkt zurück und arbeitete von da an in der Teppichfabrik seines Sohnes mit.

»Das muss man sich mal vorstellen: Zwanzig Jahre beherrscht er den Markt, und dann verliert er alles. Er macht jetzt schon seit Jahren in Teppichen, aber die Leute nennen ihn immer noch den Metallkönig.«

Wir stehen rauchend vor dem Laden. In der Nähe frittiert ein Mann köstlich duftende Samosas. Eine Ziege knabbert an einem Grasbüschel, das aus einem Spalt zwischen Ladenfront und Bürgersteig sprießt. Wo ihr Schwanz sein müsste, hängt eine riesige Geschwulst. Wir unterhalten uns eine Weile darüber – eine makabre Faszination geht davon aus.

Ein großer Toyota fährt vor. Prataps Arbeiter räumen schnell ihre Fahrräder weg, die sie auf seinem Parkplatz abgestellt haben, damit ihn niemand anderer besetzt. Pratap steigt aus, seinen Blazer wie ein Cape um die Schultern. Er hat wie jeden Abend mit anderen Metallhändlern Neuigkeiten ausgetauscht; wer diese Sitzungen versäumt, ist am nächsten Handelstag im Nachteil. Er bleibt einen Moment stehen, winkt uns wie ein Patriarch zu und flüchtet sich dann vor der Hitze wieder ins Auto. Gautam holt seinen Wagen und lässt Ranjit und mich vor dem Geschäft einsteigen.

»Kommst du nicht mit?«, frage ich Amitabh.

»Ich bleibe noch und schließe den Laden ab«, antwortet er ausweichend. Die Vorstellung, er könnte mit seinem Vater etwas trinken gehen, ist offensichtlich fehl am Platz.

Ich steige ein, und wir fahren hinter Pratap her.

»Dieser Toyota«, sagt Gautam, »den konnte er nur unter großen Schwierigkeiten kaufen. Er verdient netto zehn bis fünfzehn Lakh [20 000 bis 30 000 Dollar] pro Tag, aber nichts davon kommt auf die Bank. Er zahlt kaum Steuern. Es existieren keine Nachweise über seine Einnahmen. Deswegen wollte ihm niemand einen Autokredit geben. Man kann ein Auto nicht bar bezahlen. Schließlich musste er seine Immobilien beleihen, nur um ein Auto kaufen zu können.«

Es ist dunkel geworden. Auf Gautams Stereoanlage laufen Songs aus alten Hindi-Filmen.

»Aber nicht dass er unehrlich wäre. Ganz im Gegenteil. Er hat sehr strenge Moralvorstellungen, und in seinen Augen ist es der Staat, der korrupt ist. Er will sich nicht die Hände schmutzig machen, indem er Polizisten oder Finanzbeamte betrügt. Diese Schattenwirtschaft – und das ist mehr oder weniger die gesamte Wirtschaft hier – funktioniert nach einem anderen Moralkodex.

Aber inzwischen zahlt er von Jahr zu Jahr mehr Steuern«, fährt Gautam fort. »Weil das Geschäft immer schwieriger wird, wenn man kein zu versteuerndes Einkommen angeben kann. Der Staat weiß, dass es jede Menge Leute wie Pratap gibt, die hundert Crores [20 Millionen Dollar] verdienen, aber nur fünfzehn Lakh [30 000 Dollar] versteuern. Und allmählich tut sich auch etwas: Man will sie auf jeden Fall in das System integrieren, um wenigstens zu wissen, wer sie sind. Vor zehn Jahren waren sie noch völlig unsichtbar. Jetzt haben sie ihre Steueridentifikationsnummern und geben ihre Steuererklärungen ab. Da hat sich viel geändert.«

Ranjit telefoniert wieder. Er versucht die Daten eines Fluges nach Nairobi zu ändern. Ein ramponierter Bus überholt uns; seine Flanken ziert Erbrochenes der Fahrgäste, die darin durchgerüttelt werden.

Der Verkehr staut sich um einen Hochzeitszug, und einen Moment lang stecken wir neben der Kapelle fest. Dreißig Trompeten erschallen unisono zum Rhythmus großer, feurig und zugleich gelangweilt geschlagener Trommeln, und die Straße wimmelt von hüpfenden Männern in Anzügen, die den Zeige- und den kleinen Finger hochstrecken. Der Bräutigam auf seinem weißen Pferd wirkt merkwürdig einsam. Der Zug ist eine leuchtende Insel auf der dunklen Straße: Uniformierte tragen helle, durch Kabel verbundene Lampen auf den Schultern. Ganz am Ende schiebt ein Mann einen Karren, auf dem ein Dieselgenerator ratternd den Strom für diese Festbeleuchtung erzeugt.

Durch die Scheibe sehe ich unter dem hochgerutschten Hemd eines wild die Arme schwenkenden Mannes dessen nackte Taille. Am wippenden Bund seiner Boxershorts prangt ein Markenname ohne Vokale: MYYTPPPS.

Wir schieben uns durch das Gewühl und gelangen endlich zu einem imposanten, von roter Leuchtschrift gekrönten Restaurant. Pratap hält vor uns, Bedienstete eilen herbei und fahren, kaum sind wir ausgestiegen, unsere Wagen weg. Wir sind in nächtlich roten Schein getaucht. Über dem Eingang des Restaurants thront eine Statue des Gottes Hanuman. Hinter seinem Affenkopf steigt der zunehmende Mond auf. Wie so oft denke ich, dass ich mich nie an diesen Mond gewöhnen werde, egal, wie viele Jahre ich hier lebe. Ich bin mit einem Mond groß geworden, der in einem kecken Fünfundvierzig-Grad-Winkel am Himmel steht. Hier dagegen liegt er auf dem Rücken. Die Erde ist rund: Wir ragen in unterschiedlichen Winkeln von ihr zum Himmel auf.

Wir treten ein. Eine weitere, mit Ringelblumen bekränzte Hanumanstatue empfängt uns, ansonsten mutet das Restaurant mit seinen sparsam verteilten Spots und der weiten Spiegeldecke eher ein wenig wie ein Striplokal an. Der riesige Speiseraum hat etwas Höhlenartiges, die Tische erstrecken sich – die Wände sind mit schwarzem Spiegelglas verkleidet – scheinbar ins Unendliche. Man sieht hier nur Männer: das Restaurant ist ein Treffpunkt von Geschäftsleuten.

Wir nehmen an einem großen runden Tisch Platz; es werden noch mehr Leute erwartet. Ich sitze zwischen Ranjit und Pratap. Ober neigen ihr Ohr zu Pratap hinab, und er bestellt Whisky für alle. Man hat mir schon gesagt, dass dies seine Show ist, eine Tradition. Er bestellt, er zahlt.

Ranjit erzählt mir vom ersten Job seines Lebens.

»Es war ein Lotterieschwindel. Ziemlich grenzwertig. Ich arbeitete für zwei Brüder, die Kontakte in der staatlichen Lotterie von Nagaland hatten. Das war in den neunziger Jahren. Sie zahlten jeden Tag fünfzehn Lakh [damals 50 000 Dollar] an die Leute von der Lotterie, dafür nannten die ihnen vor Bekanntgabe der Gewinnzahl die letzte Ziffer. Dann kauften sie sämtliche Lose auf, deren Nummern auf diese Ziffer endeten. Wir schwärmten dazu über ganz Indien aus. Mein Revier waren der Punjab und Haryana. Ich fuhr mit dem Zug um sechs Uhr fünfundzwanzig nach Jalandhar und rief von dort aus meinen Chef an: ›Welche Ziffer soll ich kaufen?‹ ›Die Sieben.‹ Ich ging auf den Markt und kaufte alle Lose mit einer Sieben am Ende. Dann stieg ich wieder in einen Zug, fuhr nach Amritsar und machte dort dasselbe. Und in allen anderen Städten auch. Die Lose kosteten zehn Rupien, und auf jedes Los mit einer Sieben am Ende entfiel mindestens eine Gewinnsumme von siebzig Rupien. Lose mit zwei oder drei richtigen Ziffern gewannen fünfzigtausend Rupien oder ein Lakh. Der Haupttreffer gewann zehn Lakh. Nach Abzug von Schmiergeldern, Gehältern und Betriebskosten machten meine Chefs einen Gewinn von rund zwanzig Lakh pro Tag [damals etwa 70 000 Dollar]. Es war verrückt. Wir arbeiteten in einem großen Büro, wo es immer gratis Alkohol gab und die Leute die ganze Zeit am Telefon hingen. Eines Tages wurde einer der Brüder in Nagaland auf dem Weg zur Übergabe eines Geldkoffers umgebracht. Mitglieder einer terroristischen Vereinigung wollten ihm das Geld abnehmen, er rückte es nicht raus, und sie erschossen ihn. Daraufhin machte der Laden dicht. Du kannst dir vorstellen, wie viel die beiden in den drei Jahren verdient haben. Der andere Bruder betreibt Restaurants in ganz Delhi.«

»Du hättest Ranjit damals sehen sollen«, sagt Gautam. »Er hat einen Haufen Geld verdient, er trug teure Klamotten und fuhr ein tolles Auto. Immer vollgetankt: Man konnte zu ihm sagen: ›Komm, wir fahren in den Himalaya‹, und wir fuhren einfach los. Aber als dieser Typ erschossen wurde, war er fix und fertig.«

Ein Tablett mit Whisky wird gebracht. Ranjit ärgert sich, dass das Treffen an einem Dienstag stattfindet, einem der Tage, an denen er keinen Alkohol trinkt. Die anderen bekommen ihren Whisky –

wir sitzen inzwischen zu siebt oder acht am Tisch. Gierig trinken sie nach ihrem Arbeitstag die ersten Schlucke. Sie loben Ranjit für seine Abstinenz: »Gut zu wissen, dass es auch ohne geht.« Schauergeschichten zum Thema Alkoholismus – für alle ein Schreckgespenst – werden erzählt. Von da verlagern sich die Gespräche folgerichtig auf Herzleiden, Diabetes und Nierenversagen.

Pratap beteiligt sich nicht an der Unterhaltung. »Ich habe heute sechzig Lakh [120 000 Dollar] verloren«, sagt er. »Könnt ihr vielleicht mal mit dem Gequatsche aufhören?«

Aber niemand beachtet ihn. Die laute Musik macht Gespräche über den Tisch hinweg unmöglich, und so unterhält man sich mit seinen Nachbarn. Ranjit setzt seinen Bericht fort.

»Ich beschloss, mich nach einem reellen Job umzusehen. Ich hatte zwar gutes Geld verdient, aber ich wusste, dass die Sache keine Zukunft hatte. Wenn man so etwas macht, kann man nicht einfach sagen: ›Ich mache das und das.‹ Also wollte ich einen richtigen Beruf lernen.«

»Aber erst hast du noch für diesen Kabeltyp gearbeitet.« Gautam lacht. »Ranjit war ein gedungener Schläger.«

Ranjit lacht mit.

»Das war, als das Kabelfernsehen in Delhi aufkam. Jedes Stadtviertel war ein hart umkämpfter Markt. Ich wurde von einem Kabelnetzbetreiber eingestellt und sollte dafür sorgen, dass niemand in sein Revier eindrang. Wenn das passierte, verprügelte ich die Typen. Ich war in dem Job dauernd in Prügeleien verwickelt. Einmal, in einem Betelladen, kam ein Mann auf mich zu und sagte: ›Was stehst du da herum?‹ Und ich: ›Was soll die Frage?‹ Und schon gingen wir zu dritt auf ihn los. Erst hinterher erfuhren wir, dass er Polizist war, und plötzlich wimmelte es in der Gegend von Polizisten, die auf die Leute einschlugen, um zu erfahren, wer ihren Kollegen verprügelt hatte. Wir mussten aus der Stadt fliehen.«

Ranjit ist ein ruhiger Mensch von schmächtiger Statur – schwer vorstellbar, dass er zu solchen Aktionen imstande sein soll.

»Ein Freund von mir arbeitete in einem Reisebüro und meinte, im Reisegeschäft hätte man gute Chancen. Also besorgte ich mir einen Job in einem Reisebüro. Ich verdiente dort 1300 Rupien [damals 42

Dollar] im Monat. Vorher, bei der Lotterie, hatte ich dreißigtausend Rupien [damals 1000 Dollar] im Monat verdient. Aber ich wollte etwas Anständiges lernen. Das erste halbe Jahr arbeitete ich als Bürodiener und servierte den Leuten Wasser, machte Kaffee und spülte das Geschirr. Dann war ich ein halbes Jahr Bote und brachte den Kunden ihre Tickets. Anschließend kam ich ins Kuriergeschäft: Ich begleitete große Lieferungen nach Bahrain, Abu Dhabi oder Moskau. Wenn ich nach Bahrain musste, flog ich samstagabends mit tausend Rupien Spesen und fünfzig Dollar für das Visum ab. Da ich die fünfzig Dollar nicht ausgeben wollte, blieb ich die zwei Tage bis zu meinem Rückflug am Montagabend im Flughafen. Ich schlief einfach die ganze Zeit.

Danach fing ich an, Reisen für große Firmenkunden zu organisieren. Bis dahin hatte ich überhaupt nicht gewusst, wie man mit wichtigen Leuten redet. Ich hatte nicht einmal ein Bild von ihnen im Kopf. Diese Leute gaben zwölf Lakh [damals 30 000 Dollar] für eine Reise aus, und ich musste den ganzen Verlauf der Reise im Auge behalten. Wenn sich ein Flug verspätete, rief ich sie in den USA an, und sie sagten: ›Dann buchen Sie mir einen anderen.‹ Es war sehr aufregend.«

Heute hat Ranjit sein eigenes Reiseunternehmen. Vor zwei Jahren hat er mit einer Investition von einem Lakh [2000 Dollar] angefangen; heute beläuft sich das Kapital der Firma auf vierzig Lakh [80 000 Dollar].

»Ich biete einen erstklassigen Service. Ich arbeite sehr hart; irgendwo muss mein Geld ja herkommen.«

Pratap hat ungeheure Essensmengen bestellt, die jetzt in schimmernden Messingschüsseln aufgetragen werden: Linsen, Butterhuhn, Kebabs, Fladenbrot. Alle machen sich mit Appetit darüber her: Es ist ein Essen, bei dessen Anblick einem schon das Wasser im Mund zusammenläuft.

Auch Whisky wird immer wieder gebracht, ungewohnt für mich, aber ich trinke aus Geselligkeit mit.

Ranjit sagt: »Ich beobachtete meinen Vater und meinen Bruder im Immobiliengeschäft, und ich wusste, dass ich nicht so leben wollte wie sie. Kein Niveau. Kein regelmäßiges Einkommen. Jeden Abend muss man mit der Polizei trinken – mein Vater trank zwei bis drei

Flaschen pro Tag und kam dann halbtot nach Hause. Aber so muss man das in der Branche machen. Und jeden Abend sagt man: ›Das und das habe ich heute getan. Bitte vergib mir, Gott.‹

Ich mag diese Welt nicht. Ich mag es nicht, dass diese Leute keine Achtung vor dem Geld haben: Es ist leicht verdient, und es ist schnell wieder weg, für Kleidung, Alkohol und Reisen. Wer hart für sein Geld arbeitet, der spart es.

Außerdem sind Immobilienmakler nicht gut angesehen. Man braucht für das Geschäft gerade mal einen Tisch, drei Stühle und ein Telefon. Nicht umsonst heißt es: ›Wer sonst nichts kann, wird Makler.‹ Mein Bruder ist unfähig, den ganzen Tag still zu sitzen und sich auf einen Bildschirm zu konzentrieren. Er muss von früh bis spät herumflitzen und telefonieren.

Ich selbst bin jetzt zufrieden mit meinem Leben. Ich liebe meine Arbeit und werde sie machen, solange ich lebe. Ich will mein eigener Herr sein. Ich will für meine Kinder sorgen und ihnen eine bessere Bildung ermöglichen. Nur eins muss ich noch hinkriegen: das mit meiner Frau. Es gefällt mir nicht, dass sie so weit weg von mir arbeitet. Ich möchte, dass sie eine Ausbildung im Reisegeschäft macht, dann kann sie bei mir arbeiten.«

»Er fährt sie jeden Tag zwei Stunden zur Arbeit, bevor er selbst anfängt«, wirft Gautam ein. »Und später holt er sie wieder ab. Er will nicht, dass sie allein unterwegs ist.«

»Aber die engsten Beziehungen habe ich zu meinen Freunden«, sagt Ranjit. »Nicht zu meiner Familie. Nicht mal zu meiner Frau. Wenn ich Hilfe brauche, rufe ich als Erstes meine Freunde an. Nur eins finde ich nicht gut: Ich arbeite so viel, dass ich meine Freunde nicht mehr so oft sehe. Ich frage Gautam immer wieder, ob er mal mit mir verreist, aber er hat keine Zeit für mich.«

Er sagt es mit einer gewissen Schärfe. Es berührt einen Konflikt zwischen den beiden. Gautam hat vor Kurzem eine weiße Amerikanerin geheiratet, die Ranjit nicht hundertprozentig akzeptiert, deshalb ist es jetzt manchmal etwas schwierig für die beiden.

»Ranjit spricht es zwar nicht aus, weil er ein netter Mensch ist«, sagt Gautam, »aber insgeheim hat er ein Problem damit. Hindus und Muslime. Er findet es schlimm, dass ich muslimische Freunde habe.«

Das verwirrt mich ein wenig. »Aber deine Frau ist doch keine Muslima«, sage ich.

»Muslim, Christ – egal. Jedenfalls nicht Hindu. Keine Hindu-Kultur. Alles, was gegen die Hindu-Kultur geht, stört ihn. Ich lebe zum Beispiel nicht bei meinen Eltern, und Ranjit sagt mir ständig, dass das in unserer Kultur nicht üblich ist. Ich sage: ›Aber meine Schwester lebt doch bei ihnen!‹ Und er: ›Versuch nicht, dich um deine Pflicht zu drücken. Der Sohn muss sich um die Eltern kümmern. Es ist deine Verantwortung.‹«

Ich habe aufgegessen und flüchte vom Tisch, um mir die Hände zu waschen. Bei solchen Speisen ist der Weg von schierer animalischer Gier hin zu Lähmung und Reue erstaunlich kurz. Sie sind so überwältigend ölig, dass man hinterher einen ungeheuren Durst hat. Man trinkt ein Glas Wasser nach dem anderen, aber die Wirkung bleibt aus, weil das reine Lipid, zu dem man geworden ist, kein Wasser aufnehmen kann.

Inzwischen dreht sich die Unterhaltung um Kricket. Oder, genauer gesagt, um das Privatleben bestimmter Kricketspieler. Pratap, der neben mir sitzt, blickt in die Ferne; an solchem Sportlerklatsch kann er sich nicht beteiligen. Ich hole ihn aus seinem Schweigen heraus, und er erzählt von seiner Arbeit.

»Das Geschäft wird immer härter«, sagt er. »Es wird immer mehr zum Winner-takes-all-Markt. Kleinere Händler gehen unter, und der Kampf an der Spitze wird brutaler.«

»Was kann man da machen?«

»Über einen gewissen Punkt hinaus kann man nicht planen. Die Zukunft kennt keiner. Wir haben vor allem eins gemacht: Wir haben unser Einkommen diversifiziert. Den Metallhandel haben wir zu einem Metallimportgeschäft ausgebaut. Und dann haben wir angefangen, außerhalb von Delhi Bauerwartungsland zu erwerben. In Delhi selbst haben wir ein Haus gekauft, in dem wir ein Fitness-Studio betreiben. Wir werden immer mehrere Geschäfte haben, egal, was passiert. Wenn eins nicht läuft, läuft ein anderes.«

Ich frage Pratap, ob er sich für einen reichen Mann hält.

»In meiner Familie bin ich hoch geachtet«, antwortet er. »Ich greife vielen von meinen Verwandten finanziell unter die Arme, und dem

Sohn meiner Schwester habe ich einen Job besorgt. Aber reich bin ich nicht. In Sadar Basar gehöre ich zu den kleinsten Händlern. Viele sind schon seit hundert Jahren dort und beherrschen viel größere Märkte.«

»In der *Forbes*-Liste der Milliardäre erscheinen natürlich nur solche, zu deren Finanzen es offizielle Zahlen gibt«, sage ich. »Aber es gibt doch sicher viele andere Milliardäre, von denen *Forbes* gar nichts weiß. Bargeld-Milliardäre.«

»Wie viel sind eine Milliarde Dollar?«, fragt Pratap.

»Fünftausend Crore.«

»Oh, in Sadar Basar gibt es mehrere, die so viel haben. Und wenn man auf tausend Crore runtergeht, sind es sogar eine ganze Menge. Aber wenn man sie sieht, würde man das nie denken.«

Unser Thema interessiert auch die anderen. Alle steuern Geschichten von märchenhaftem Reichtum bei. Einer hat etwas von einer goldenen Badewanne gelesen.

Ich frage: »Wer ist der reichste Mensch in Delhi?«

»Madhu Koda!«, rufen mehrere – ein Scherz. Madhu Koda ist im Moment in aller Munde: ein armer Bauernsohn, der es zum milliardenschweren Politiker gebracht hat. Die Zeitungen sind voll mit seiner Lebensgeschichte. Er fing als Grubenarbeiter und Schweißer an, ging zu Beginn der neunziger Jahre in Bihar in die Politik, und nachdem Jharkhand als eigener Bundesstaat aus Bihar ausgegliedert worden war, wurde er dort Minister. Er war zuständig für Bergbau und Bodenschätze in einem Staat, dessen gewaltiger Rohstoffreichtum damals im Gefolge der Liberalisierung einen Massenansturm von Bergbauunternehmen aus aller Welt auslöste. Später, während seiner Amtszeit als Ministerpräsident von Jharkhand, wurde er wegen des Besitzes von Vermögenswerten und Beteiligungen im Wert von fast einer Milliarde Dollar festgenommen. Er soll Minen in Liberia, ein zweihundert Millionen Dollar schweres Immobilienprojekt in Dubai und Beteiligungen in Schweden, Thailand und Indonesien besessen haben, dazu Resorts und Häuser in ganz Indien, auch in zwei der vornehmsten Gegenden Delhis. Sein Geld stammte teilweise aus dem Verkauf von Minenkonzessionen gegen Barzahlung. Das alles war Teil einer großangelegten unternehmerischen Strategie zur Erlangung gesellschaftlichen Ansehens und einer Notierung an der NASDAQ, aber auf die Dauer ließ es sich nicht unter dem Deckel halten.

Es ist in mancher Hinsicht eine schmutzige Geschichte, aber sie hat auch den prickelnden Glanz aller Vom-Tellerwäscher-zum-Millionär-Geschichten. Und sie belegt augenfällig, dass für Indiens Arme der kürzeste Weg zum Reichtum über die Politik führt. Geschichten von armen Leuten, die als Geschäftsleute ein Vermögen gemacht haben, erfreuen sich großer Beliebtheit, kommen jedoch in der Realität fast nie vor. Die Politik aber, die Angehörigen der am stärksten marginalisierten Bevölkerungsteile so viele Quoten und Chancen bietet, hat zahlreiche von Indiens Ärmsten reich gemacht. Wer reich werden will, aber weder über Geld noch über Status oder Beziehungen verfügt, für den ist die Politik eine durchaus sinnvolle Berufswahl. So gesehen stellt die Politik ein Korrektiv zur Härte und Starrheit der übrigen Gesellschaft dar und ist deshalb für viele nicht etwa ein Grund zur Verzweiflung, sondern die größte Quelle der Hoffnung.

Dass Koda als reichster Mann Delhis genannt wird, ist deshalb ein Scherz, weil er noch gar nicht lange hier lebt. Damit er weiter an den Parlamentssitzungen teilnehmen kann, wurde er von einem Gefängnis in Jharkhand in Delhis Tihar-Gefängnis verlegt. Er befindet sich dort in guter Gesellschaft. Es ist keine einsame Busfahrt von dort zum Parlamentsgebäude.

Schließlich muss ich aufbrechen, um die letzte U-Bahn zu erreichen, und verabschiede mich von den anderen, die inzwischen betrunken sind. Gautam kommt mit und setzt mich an der U-Bahn ab. Die Station ist wie ausgestorben. Ich steige in einen leeren Wagen. Er ist gut klimatisiert und gleitet ruhig dahin. Ich werde schläfrig. Am Ziel angekommen, gehe ich zu meinem Auto und mache mich auf den Weg nach Hause.

Ich bin schon fast da, als mir etwas Seltsames ins Auge fällt. Eine Frau in einem glitzernden Nachtclub-Outfit geht die Straße entlang, schwankend, als könnte sie jeden Moment stürzen. Zwei Männer auf einem Motorrad folgen ihr im Schritttempo. Ich weiß nicht, was ich tun soll. Es ist weit nach Mitternacht, und die Frau scheint nichts um sich herum wahrzunehmen. Sie ist nicht betrunken, schwebt aber auf den Flügeln irgendeines anderen Zaubertranks. Ich fahre heran und lasse das Beifahrerfenster herunter.

»Ist alles in Ordnung mit Ihnen?«, frage ich. Sie schaut zu mir herein, kann mein Gesicht aber nicht richtig fokussieren.

»Was haben Sie gesagt?«

»Ich habe nur gefragt, ob mit Ihnen alles in Ordnung ist.«

»Mit mir? Alles bestens!«

Sie geht davon. Ich sehe ihr nach und schließe das Fenster wieder. Als ich weiterfahren will, springt einer der beiden Männer vor meinen Wagen und schlägt mit beiden Händen heftig auf die Motorhaube. Der andere reißt die Fahrertür auf und packt mich am Arm.

»Raus!«

»Warum?«

»Das ist eine Prostituierte. Sie sind verhaftet!«

»Weswegen?«

»Was haben Sie zu ihr gesagt?«

»Ich habe sie gefragt, ob mit ihr alles in Ordnung ist.«

»Woher kennen Sie sie?«

»Ich kenne sie gar nicht.«

»Steigen Sie aus.«

»Wer sind Sie?«

»Polizei.«

Ich steige aus. Ich sehe mich nach der Frau um, aber sie ist wie vom Erdboden verschluckt.

»Führerschein?«

Ich kann kaum glauben, was da passiert. Ich hole meinen Führerschein hervor, und er inspiziert ihn.

»In welchem Land ist der ausgestellt?«

»In England.«

»Sind Sie Engländer?«

»Ja.« Er sieht mich seltsam an. Dann notiert er mein Kennzeichen. Während er noch schreibt, höre ich einen Motor aufheulen, drehe mich um und sehe, dass der andere Mann mit meinem Auto davonfährt.

»Wo will er denn hin?«, rufe ich.

»Aufs Revier.« Er ist die Ruhe selbst. Ich bin perplex. Er schreibt gelassen weiter. Dann gibt er mir meinen Führerschein zurück.

»Steigen Sie auf das Motorrad.«

Ich klettere auf den Soziussitz, und er fährt in hohem Tempo hinter meinem Auto her. Wir fegen um dunkle Ecken und auf das Neonmeer der Hauptstraße hinaus. Ein U-Turn, eine Seitenstraße, weitere dunkle Ecken und endlich das Polizeirevier. Mein Auto steht brav davor, unter einem Schild, das jedem Besucher von Delhis Polizei Rat und Hilfe anbietet: »*Wer keine Meinung hat, irrt selten.*«

Das lässt zwei entgegengesetzte Schlüsse zu, und ich weiß offen gestanden nicht, welcher beabsichtigt ist.

Ich werde in ein heruntergekommenes Büro geführt, in dem es nach Staub, Schweiß und Stempelfarbe riecht. Ein Polizist sitzt an einem Schreibtisch. Er scheint sich zu freuen, dass ich ihm ins Netz gegangen bin. Mein Kidnapper setzt ihn ins Bild.

»Was haben Sie heute Abend gemacht?«, fragt mich der Chef.

»Ich war mit Freunden essen.«

»Mit Freundinnen auch?« Er lächelt.

»Nur mit Freunden.« Offensichtlich hegt er die Hoffnung, dass ich mich als moralisch angreifbar erweise. Ich beschließe, mich gelangweilt zu geben. Ich habe nicht viel Geld bei mir.

»Sie gehen also von der einen Freundin weg und wollen dann gleich die nächste abschleppen?«

Ich antworte nicht.

»Warum sollten Sie sonst eine Frau auf der Straße ansprechen? Mitten in der Nacht?«

Wir gehen die Sache noch einmal in allen Einzelheiten durch. Er will wissen, wo ich wohne, und versucht mich in Delhis Galaxie unterzubringen. Bei Ausländern weiß man nie.

»Haben Sie Alkohol getrunken?«

»Nein«, lüge ich.

»Sollen wir das im Krankenhaus checken lassen?«

»Okay«, sage ich. Das ärgert ihn.

»Was soll das heißen, okay?«, blafft er. »Zeigen Sie mir Ihren Führerschein.«

Ich tue wie geheißen, und er nimmt ihn akribisch unter die Lupe.

Ich gönne ihm nicht die Genugtuung, geduldig zu warten, bis er sich dazu äußert, und sehe mich um. Der Raum fasziniert mich, denn es ist der schäbigste Sitz staatlicher Macht, den man sich vorstellen kann. Kabel ragen aus leeren Lampenanschlüssen. Die Decke ist aus Pappe, mit grob ausgeschnittenen Öffnungen für die Ventilatoren. Kreuz und quer hingekritzelte Telefonnummern bedecken die Wände, und hinter den Stühlen haben angelehnte Köpfe schmutzigbraune Wolken hinterlassen. Über einem der Schreibtische prangt ein Aufkleber mit der Inschrift »Sexi Hot Boy«. Ein Schrein in der Ecke beherbergt diverse Götterfiguren.

Das Büro ist im Grunde nicht mehr als eine freigeräumte Ecke in einem riesigen Lagerraum. Ringsum stapeln sich turmhoch die verschiedensten Polizei-Utensilien: Straßenschilder, Leitkegel. Regale voller Megafone. Haufenweise Schuhe und Stiefel. Tragen. Berge von alten Akten.

Plötzlich ertönt Vogelgezwitscher – der Handyklingelton des Polizisten. Er hebt ab. »Jawohl, Sir«, sagt er feierlich. Und noch einmal: »Jawohl, Sir.« Eine laute Stimme aus dem Handy verrät, dass er gerügt wird. Wenn ich seine Demütigung mit ansehe, wird das unangenehme Folgen für mich haben, und so trete ich aus der offenen Hintertür in den hell erleuchteten Hof hinaus. Ein anderer Polizist drapiert nasse Wäsche über die Lenker der vielen alten Motorroller, die dort stehen. Als sich meine Augen an die Helligkeit gewöhnt haben, sehe ich eine riesige Fläche voller vor sich hin rostender Fahrzeuge: ausrangierte Motorroller, Autos und Autorikschas, alle kaputt, verbeult, übereinandergestapelt. Ich schlendere um die Ecke des Gebäudes ins Dunkel. Zwischen den hohen alten Bäumen flattern Fledermäuse durch die Luft. Der Schrottplatz nimmt kein Ende. Fünfzig oder sechzig abgewrackte Polizeitransporter stehen hier, verrostete Verkehrsampeln und Absperrgitter. Und ich traue meinen Augen nicht: Ganz hinten sind zwei kleine, halb überwucherte Flugzeuge hineingezwängt.

Ich kehre in das Gebäude zurück. Der Polizist beachtet mich nicht. Er tippt mit einem Finger auf seiner Computertastatur. Ich nehme Platz. Ein Mann kommt herein und setzt sich neben mich. Immer wieder dringen nächtliche Stimmen aus seinem Walkie-Talkie. Lustlos hebt er einen Zeitungsfetzen vom Boden auf und versucht herauszufinden, wovon der abgerissene Artikel handelt.

Endlich nimmt mich der Mann am Schreibtisch zur Kenntnis. »Was wäre passiert, wenn meine Leute die Frau nicht vor Ihnen gerettet hätten?«, sagt er.

Ich merke, dass ihm die Munition ausgeht.

»Wollen Sie denn, dass jeder weiß, was Sie nachts treiben?«

Ich versuche es mit Ehrerbietung und nenne ihn »Sir«. Ich sage ihm noch einmal, wie sich alles abgespielt hat.

Er hält meinen Führerschein hoch und befiehlt dem Beamten neben mir: »Kopie.«

Der Mann geht zu dem funkelnagelneuen Kopiergerät in der Ecke, das einen starken Kontrast zu dem verwahrlosten Raum bildet. Er drückt auf den Startknopf, aber nichts tut sich. Er dreht sich zu dem Mann am Schreibtisch um.

»Kein Papier.«

Auf dem Schreibtisch des Mannes liegt eine volle Packung Kopierpapier. Er nimmt ein einzelnes Blatt heraus und gibt es seinem Kollegen. Der zieht die Schublade heraus und legt es ein, schließt die Schublade, drückt den Knopf und lässt es durchlaufen.

Der Chef reicht mir einen Kugelschreiber.

»Unterschreiben«, sagt er.

Ich unterschreibe die Kopie meines Führerscheins. Wozu auch immer. Er wirft das Original auf den Tisch.

»Lassen Sie sich hier nie wieder blicken«, sagt er.

Ich nehme den Führerschein und gehe hinaus. Ich steige in mein Auto und fahre nach Hause. Diesmal komme ich gut an.

Das Haus war den ganzen Tag leer, und die Luft ist stickig. Um diese Jahreszeit speichern die Mauern so viel Hitze, dass die Räume auch nachts noch die reinsten Backöfen sind. Ich schalte alle Ventilatoren ein.

Dann gehe ich zum Kühlschrank und nehme zwei reife Mangos heraus.

Vierzehntes Kapitel

1984

> Durch eine neue Shoppingmall hallt durchdringend die Mikrofonstimme einer Frau: »… achtundsiebzig Gandhis, neunundsiebzig Gandhis, achtzig Gandhis, einundachtzig Gandhis …«
>
> Man betritt ein Geschäft. Man kommt wieder heraus. Der Lärm hält unvermindert an. Die Frau spricht jetzt hektischer, schneller. »Hundertvierzig Gandhis«, ruft sie, »hunderteinundvierzig Gandhis …«
>
> Man fragt sich, was es damit auf sich hat. Man geht der Stimme nach. Bis man den zentralen Innenhof erreicht, wo die Frau auf einem Werbepodium steht, die Arme um ein strahlendes Paar gelegt. Inzwischen klingt ihr Zählen fast hysterisch.
>
> »Zweihundertsiebenundzwanzig Gandhis – zweihundertachtundzwanzig Gandhis – zweihundertNEUNUNDZWANZIG GANDHIS – und wir haben einen GEWINNER!«
>
> Die beiden rundlichen Kinder des Paares rasen im Siegestaumel wild im Kreis herum. Die Moderatorin hält ein Bündel Geldscheine hoch. »Seht euch die vielen Gandhis an, Leute!«, ruft sie ins Publikum.
>
> Und darum geht es: Wer an diesem Abend in der Shoppingmall die meisten Tausendrupienscheine – mit dem Konterfei Mahatma Gandhis – bei sich hat, gewinnt eine Reebok-Armbanduhr im Wert von 2500 Rupien [50 Dollar]. Das Gewinnerpaar hat zweihundertneunundzwanzig Scheine [4600 Dollar] aus einer Handtasche hervorgeholt und damit der Nation und ihrem asketischen Vater mehr Treue bewiesen als alle andere.[41]

Es dürfte nicht weiter verwundern, dass diese Szene sich an einem hochkorrupten Ort abspielte.

Korruption geht nicht primär von bösen oder habgierigen Individuen aus. Sie ist ein Produkt zerstörter sozialer Beziehungen, und wie wir gesehen haben, hat die Geschichte den sozialen Beziehungen in Delhi große Belastungen auferlegt.

Delhi war zu einer Gesellschaft geworden, die in ihren dunkelsten Momenten nicht mehr an die Idee der Gesellschaft glaubte – das war der Grund dafür, dass sie den Staat ebenso wie religiöse Identitäten und andere Surrogate der »Gesellschaft« so stark fetischisierte. Wenn es keine Gesellschaft gibt, kann man ruhig rauben und plündern, denn einer nicht existierenden Gesellschaft kann man keinen Schaden zufügen. Tut man es nicht selbst, tun es andere, aus ebendiesem Grund.

Viele glauben, eine wirksame Durchsetzung von Recht und Gesetz halte die Korruption in Grenzen. Zum Teil trifft das natürlich zu. Aber auch innere Hemmnisse verhindern Korruption, und in Delhi waren diese inneren Hemmnisse weitgehend abgebaut. Man fand sie noch bei alten Beamten, die einem als Erstes versicherten: »Ich habe nie irgendetwas von irgendjemandem angenommen, ich hätte Millionen verdienen können, aber ich habe nie auch nur eine einzige Rupie angenommen.« Man spürte bei solchen Aussagen, welch eiserner Entschlossenheit es bedurft hatte, um an diesem Prinzip festzuhalten, und fragte sich, ob diese Leute sich noch immer selbst davon überzeugen mussten, das Richtige getan zu haben.

Delhis Zynismus erwuchs aus seiner Geschichte, aus dem uralten Gefühl, dass die Menschenwelt nur dazu da war, zu stehlen, zu zerstören und zu schänden, was man besaß. Sie wäre in jedem Fall korrupt gewesen. Dass aber die Korruption zu Beginn des 21. Jahrhunderts solch schwindelerregende Ausmaße angenommen hatte, lag an Delhis Rolle als Hauptstadt und Sitz der Bundespolitik.

Jawaharlal Nehru starb 1964. Sein Nachfolger war Lal Bahadur Shastri, auch er ein hochgesinnter Vertreter der Kongresspartei und seit dem Freiheitskampf enger Kollege Nehrus. Er überlebte Nehru jedoch nur um zwei Jahre, und 1966 stand die Partei erneut vor der Frage der Nachfolge.

Indien war seit der Staatsgründung von ein und derselben Partei regiert worden, doch allmählich zeigten sich allenthalben Risse. Der stolze Elan des Freiheitskampfes war erlahmt, und bis Mitte der sechziger Jahre war die indische Realität festgefahren. Ungeachtet einer gesteuerten Entwicklung über zwanzig Jahre hinweg befand sich Indien im Griff einer Agrarkrise und war weitgehend abhängig von Nahrungsmittelimporten aus dem Land seines ideologischen Gegners, den Vereinigten Staaten – die eine Hungersnot im östlich gelegenen Bundesstaat Bihar im selben Jahr, 1966, jedoch nicht verhindern konnten. Verantwortlich für diese Defizite war unter anderem eine explosionsartige Bevölkerungszunahme. Lag die Wachstumsrate 1947 noch bei etwas über einem Prozent pro Jahr (was einer Verdoppelung der Einwohnerzahl innerhalb von siebzig Jahren entsprach), so waren es 1966 bereits fast 2,5 Prozent pro Jahr (was einer Verdoppelung der Einwohnerzahl innerhalb von dreißig Jahren entsprach) – und Indien war zur bevorzugten Fallstudie für die wiederbelebten malthusianischen Ängste der internationalen Managerklasse geworden. Unterdessen hatten Kriege mit China (1962) und Pakistan (1965) außerplanmäßige Rüstungsimporte notwendig gemacht und Indiens ohnehin knappe Devisenreserven weiter schrumpfen lassen; die Inflation war auf fünfzehn Prozent gestiegen. Nicht zuletzt aufgrund dieser Probleme waren viele Regionen und Gemeinschaften desillusioniert, was die Idee Indiens selbst anbelangte. Der Staat sah sich mit sezessionistischen Bestrebungen in Andhra Pradesh und im Nordosten konfrontiert, mit einem zunehmend militarisierten und ausweglosen Verhältnis zur Region Kaschmir und im Süden mit Massendemonstrationen und sogar Selbstverbrennungen aus Protest gegen die zwangsweise Einführung einer fremden Sprache, des Hindi, als Amtssprache (ein Schritt, der darauf abzielte, die andere Amtssprache, das Englische, nach und nach zu ersetzen, was den nicht Hindi sprechenden Süden erheblich benachteiligt hätte). In einem Artikel der *Hindustan Times* mit der Überschrift »Die bedrohlichste Situation seit 19 Jahren« schrieb ein renommierter Journalist: »Die Zukunft des Landes ist düster – aus vielerlei Gründen, die ausnahmslos direkt auf die neunzehn Jahre Kongressherrschaft zurückzuführen sind.«[42]

Es war eine gefährliche, explosive Zeit für die Kongresspartei, eine Zeit, die Flexibilität und Pragmatismus verlangte. Die beste Strategie sah die mächtige Gruppe der Parteibosse und Ministerpräsidenten – von ihren Gegnern »das Syndikat« genannt – in einem schwachen, hinter den Kulissen leicht zu manipulierenden Führer. Sie unterstützte deshalb 1966 die Kandidatur Indira Gandhis, der Tochter Nehrus: Sie war eine Frau, sie war jung – achtundvierzig –, und sie würde ihnen, so glaubten sie, nicht groß Paroli bieten. Doch sie irrten sich gewaltig. Indira Gandhi – Witwe des Politikers und Verwaltungsfachmannes Feroze Gandhi, eines Parsen – entpuppte sich als rücksichtslos wie kein anderer der politischen Kämpfer des 20. Jahrhunderts.

Sie hatte während Nehrus Ministerpräsidentschaft eng mit ihrem Vater zusammengearbeitet, doch nichts deutete darauf hin, dass Nehru beabsichtigt hätte, sie zu seiner Nachfolgerin zu machen; das Konzept einer Herrscherdynastie wäre kaum mit seiner demokratischen antifeudalen Einstellung vereinbar gewesen. Und möglicherweise hielt er Indira auch nicht für eine geeignete Kandidatin, denn sie besaß ganz andere Eigenschaften als ihr ausgesprochen – vielleicht sogar penibel – intellektueller Vater. Den Abschluss in Oxford beispielsweise hatte sie nicht geschafft. Ihre politischen Reden waren pragmatisch, sie waren mit Schlagwörtern gespickt und ließen nichts von den großen Ideen erkennen, die ihrem Vater ein Anliegen gewesen waren. Während der Zeit ihres Wirkens – bis zu ihrer Ermordung 1984 – verkam die indische Politik zum nackten, brutalen Machtkampf, der dem Utopismus der Zeit nach der Unabhängigkeit restlos den Garaus machte. Die meisten Beobachter tun sich seitdem schwer, an eine Motivation für politisches Handeln zu glauben, die nichts mit simpler Macht- und Geldgier zu tun hat.

Kaum im Amt, reagierte Indira Gandhi auf Indiens Währungskrise und entsprach den Forderungen der Weltbank und des Internationalen Währungsfonds nach einer Abwertung. Von einem Kurs von 4,76 Rupien je Dollar wurde die Währung im März 1966 um fast sechzig Prozent abgewertet, auf 7,5 Rupien je Dollar.

Diese Willfährigkeit gegenüber dem kapitalistischen Imperialismus stieß viele vor den Kopf, insbesondere die äußerste Linke. Die Ministerpräsidentin schien sich damit die Stimme der freien Märkte und des freien Unternehmertums zu eigen zu machen, eine Stimme, die sich damals immer vernehmlicher zu Wort meldete: 1959 war eine neue Partei gegründet worden, die Swatantra-Partei, die eine marktwirtschaftliche Reaktion auf Nehrus Planwirtschaft anstrebte; gleichzeitig verfolgte die Kongresspartei unter dem Einfluss des Syndikats, das notorisch dem Großkapital nahestand, weiter den gleichen Kurs.

Bei den Wahlen von 1967 zeigte sich jedoch, dass die marktwirtschaftlichen Bestrebungen bei den Wählern nicht gut ankamen. Vor allem junge und arme Wähler waren von der herrschenden Partei enttäuscht und wandten sich der Linken (Kommunisten und Sozialisten) sowie Regionalparteien (wie der Akali Dal im Punjab) zu. Die Kongresspartei erlitt schwere Verluste.

Nach den Wahlen vollzog Indira Gandhi – ihre Ministerpräsidentschaft war noch intakt, aber gefährdet – überraschend einen radikalen Schwenk nach links. Sie beschloss, den rechten, wirtschaftsnahen Flügel der Partei – dem nicht nur das Syndikat, sondern auch ihr Rivale um die Parteiführung, Morarji Desai, angehörte – zu zerschlagen und einen neuen populistischen Appell an die Wählerschaft zu richten. Nachdem sie sich ihre Machtbasis gesichert hatte, entließ sie Desai als Finanzminister, verstaatlichte die Banken, verbot Zahlungen an politische Parteien – ein unmittelbarer Angriff auf das Syndikat und dessen Einnahmen aus Wirtschaftsspenden – und unterwarf Groß- und ausländisches Kapital noch weitergehenden Restriktionen.

In jeder ihrer Reden gelobte Indira Gandhi, sie werde die heimtückischen wenigen, von denen die glücklosen vielen ausgebeutet würden, ausmerzen. Ihre Rhetorik war populistisch und, obwohl nicht von entsprechenden Taten gefolgt, ungeheuer wirkungsvoll. Sie entwickelte ein außerordentliches Geschick im Umgang mit den Massen, und sie wusste diese besondere Energie, die nur gering schätzt, wer noch nie einen Demagogen in Aktion erlebt hat, gezielt einzusetzen. Sie revolutionierte die Struktur der politischen Beziehungen in Indien, indem sie Unternehmer, Gewerkschaftsführer und Großgrundbesitzer – bis dahin die Schnittstelle zwischen der Politik und den Massen – davon ausschloss. In ihrem Wahlkampf 1971 sprach sie die Massen mit dem Slogan »Beseitigt die Armut!« unmittelbar an. Zunehmend von einer Aura des Urtümlichen, Ehrfurcht Gebietenden umgeben, errang sie einen überwältigenden Sieg.

Ihr nächster Schritt war eine wohlüberlegte und von breiter Zustimmung der Öffentlichkeit getragene militärische Intervention im Krieg zwischen dem West- und dem Ostteil Pakistans. Auslöser war die grausame Unterdrückung einer Autonomiebewegung in Ostpakistan oder »Bangladesch« durch westpakistanische Truppen – Massaker und Hunderttausende von Vergewaltigungen zeigten einmal mehr, welch ungezügelte Dynamik zwischen diesen getrennten Zwillingen in Südasien am Werk war. Nach monatelanger militärischer Eskalation beiderseits der indisch-pakistanischen Grenzen bombardierte Pakistan Nordindien, und an den Fronten im Norden und Osten brach ein Krieg aus.

Dabei waren auch gewichtige internationale Interessen im Spiel. Die UdSSR unterstützte Indien, die USA, die eine Ausdehnung der sowjetischen Einflusssphäre in der Region nach einem indischen Sieg befürchteten, unterstützten Pakistan. Doch der Krieg dauerte nur wenige Tage. Indien errang einen entscheidenden und in hohem Maße symbolischen Sieg und machte rund neunzigtausend pakistanische Kriegsgefangene.

Indira Gandhi hatte nun Oberwasser, und sie stilisierte sich zur Kultfigur. Ihr Konterfei war allgegenwärtig, und wie einem gottgleichen Wesen gelangen ihr zwei Geniestreiche, ein schöpferischer und ein zerstörerischer, was dem Bild Indiens in jenen Jahren einen starken symbolischen Gehalt verlieh. Der eine war die Grüne Revolution, die schon unter ihrem Vorgänger eingeleitet worden war, sich aber erst Anfang der siebziger Jahre merklich auf die Nahrungsmittelproduktion auszuwirken begann. Hochertragssorten und der Einsatz von Düngemitteln veränderten die Weizenproduktion im Hinterland Delhis, dem Punjab und Harayana, und damit das gesamte Wirtschaftssystem. Der zweite Triumph war ein erfolgreicher Atomtest 1974, Höhepunkt der von Nehru bereits in den vierziger Jahren initiierten nuklearen Forschung. Indien verfügte nun als einzige Nation außer den damaligen fünf Atommächten über atomare Technologie – allerdings wurde erst in den neunziger Jahren eine Atomrakete militärische Realität.

Es waren unheimliche Zeiten, in denen gigantische Symbole fröhlich über der sklerotischen Realität schwebten. Wer heute abfällig von den staatlichen Kontrollen und geknebelten Energien in Nehrus Indien spricht, hat dabei oft nicht die Nehru-Zeit im Sinn, sondern die seiner Tochter. Unter Indira Gandhi wurde die Wirtschaft an der Kandare gehalten, und die Korruption, nach zwanzig Jahren der Einparteienherrschaft bereits weit verbreitet, wurde zur Epidemie. Da »offizielle« Korruption – also Parteispenden der Unternehmen, unter Nehru die gängige Methode der Einflussnahme – nun untersagt war, ging die Wirtschaft dazu über, Einzelpersonen zu bestechen, und läutete damit die Ära der »Geldkofferpolitik« ein. Politik wurde zum Geschäft, und die Bürokratie lieferte den Rahmen für eine besonders intensive und originelle Form von Unternehmergeist.

Das Big Business begann sich nun für Delhi zu interessieren, ironischer-, aber vorhersehbarerweise just zu einem Zeitpunkt, als Delhi ideologisch die größten Widerstände dagegen hegte. Das bereitete den Weg für den Aufstieg der Hauptstadt zum wirtschaftlichen Zentrum Indiens. Unter Nehru war Delhi ebenso wie unter den Briten Verwaltungsstadt gewesen: Der Wirtschaft wurde wenig Raum zugestanden, die Betriebe waren klein, große Unternehmen hielten sich fern. Unter Indira Gandhi aber kamen sie nicht mehr an Delhi vorbei. Für alles und jedes mussten dort Genehmigungen eingeholt werden. Um ihre Machtbasis auszubauen und ihre Rivalen zu schwächen, zog Indira weitreichende Befugnisse der Bundesstaaten an sich, und wer weit weg von Delhi war, fühlte sich zunehmend isoliert. Mehrere Unternehmen aus der Kolonialzeit verlegten damals ihren Sitz von Kalkutta nach Delhi, um den Streiks und der wirtschaftlichen Isolation in Westbengalen zu entgehen; die Kongresspartei hatte den Staat 1967 an eine Koalition aus Sozialisten und Kommunisten verloren. Auch aus Nordindien zogen viele Firmen nach Delhi, um politische Beziehungen zu knüpfen und damit die nächste Phase ihrer Expansion einzuleiten. Mehrere heute weltweit tätige Unternehmen wurden unter Indira Gandhi in Delhi gegründet. Sogar Geschäftsleute, die in anderen Zentren blieben, legten sich Häuser und Wohnungen in der Hauptstadt zu (und trugen damit später zu den völlig überzogenen Immobilienpreisen bei). Im öffentlichen Leben Delhis griff ein fieberhaftes Netzwerken und Akquirieren um sich.

Im Allgemeinen waren es nicht gerade Geschäftsleute mit ausgefallenen Ideen, die es nach Delhi zog; wie wir gesehen haben, entstanden die besten Softwarefirmen – ebenfalls in der Ära Indira Gandhi – nicht hier, sondern in Bangalore. Nach Delhi kamen in jenen Jahren Leute, die sich Zugang zum politischen Establishment verschaffen mussten, um ihre Geschäfte zu betreiben: jene, die sich Basisressourcen zu sichern suchten – Immobilien, Bodenschätze –, jene, die in stark reglementierten Bereichen tätig waren – Telekommunikation, Medien –, jene, für die der Staat ein wichtiger Kunde war – Bau- und Schwerindustrie. Sie alle brauchten mächtige Gönner im politischen und bürokratischen Apparat, um an Grund und Boden, Ressourcen und Genehmigungen zu kommen und um kritischen Verzögerungen, Schikanen jeder nur erdenklichen Art und sogar Betriebsschließungen aus dem einen oder anderen vorgeschobenen Grund zu entgehen.

Die Enklaven der hochrangigen Bürokraten Delhis sind für die meisten Bewohner der Stadt nicht sichtbar. Es sind zurückgesetzt liegende und von Wachposten abgeriegelte idyllische kleine Siedlungen mit stillen Straßen und üppigem Grün. Chauffeure polieren Beamtenautos, Gärtner gießen und stutzen die Pflanzen. Die Häuser, gepflegt und gut konzipiert, unterscheiden sich nach dem Rang ihrer Bewohner: Prächtige Residenzen sind in solch einem abgeschlossenen Areal durch Hecken und private Zufahrten noch zusätzlich abgeschlossen.

Das Haus, das ich betrete, gehört nicht zu ihnen; es steht in einer Reihe mit ähnlichen Häusern. Aber es ist gemütlich und erinnert entfernt an amerikanische Vorstädte: Am Ende der Einfahrt ist ein Basketballkorb an der Hauswand angebracht. Meenu öffnet die Tür und bedauert, dass ich mich total verfahren habe. Aber es ist nicht ihre Schuld: Diese Enklaven sind so angelegt, dass man sie nur findet, wenn man den Weg bereits kennt.

In dem großen Wohnzimmer, in dem wir Platz nehmen, sind erstaunlich wenige persönliche Gegenstände zu sehen. Es vermittelt den Eindruck, als sei die Familie viele Male umgezogen und bereit, es jederzeit wieder zu tun.

Meenus Sohn kommt angelaufen, um zu sehen, wer der Besucher ist. Er freut sich, einen Fremden vor sich zu haben, noch dazu einen, der von der heutigen Zehnjährigenkultur keine Ahnung hat. Er schleppt allerhand Sachen an, die ich unbedingt kennenlernen muss: Bücher, Spielzeug, Spiele. Er legt sich aufs Sofa, stützt die Beine an der Wand ab und erzählt von der Schule. Schließlich sagt Meenu »Ich würde mich jetzt gern ein bisschen unterhalten« und scheucht ihn hinaus. Er verschwindet vorübergehend, führt für den Rest des Abends aber immer wieder verbotene erzieherische Maßnahmen an mir durch.

»Ich habe an der Jawaharlal Nehru University in Delhi studiert«, erzählt Meenu, »und irgendwie bin ich in die Beamtenprüfungen hineingerutscht. Mein Vater war im öffentlichen Dienst, daher war mir das alles nicht fremd. Ich schaffte die Prüfungen auf Anhieb – ich war damals dreiundzwanzig –, und seitdem bin ich Beamtin.«

Inzwischen ist Meenu Ende dreißig. Sie hat ein feines, nachdenklich wirkendes Gesicht und ist mit Jeans und einem weißen T-Shirt leger gekleidet. Ihr Haar ist kurz geschnitten.

»Es ist die einzige Art von Arbeit, die mich befriedigen könnte«, sagt sie. »Beamte haben einen enormen Einfluss auf das Leben der normalen Bürger, auch solcher, die sehr weit weg sind.«

Ihr Mann Amit kommt herein. Er ist groß und schlank, und ich habe sofort das Gefühl, dass eine sehr innige Beziehung die beiden verbindet. Er arbeitet wie seine Frau bei der Eisenbahnbehörde; dort haben sie sich kennengelernt. Er stammt aus Bihar, wo sein Vater Regierungsbeamter war.

Nicht alle Migranten, die Delhis Bevölkerung in den Jahren nach 1947 so stark anschwellen ließen, waren arm und ungebildet. Keineswegs. Die Hauptstadt zog auch Gebildete aus allen Ecken des Landes an. Es gab in Delhi zwei hervorragende große Universitäten, mehrere Forschungskliniken und nationale Zentren für Tanz, Theater und Musik. Unzählige Forschungsstätten und NGOs hatten hier ihren Sitz. Delhi war Brennpunkt des indischen Journalismus und Zentrum von Politik und Verwaltung. Diese für das Erscheinungsbild der Stadt so prägenden Systeme waren absolut kosmopolitisch, und die lokale Punjabi-Mehrheit hatte keinen Einfluss auf sie.

»Es stimmt, dass die Bürokratie korrupt ist«, sagt Meenu. »Ich würde sagen, achtzig Prozent der Verwaltungsbeamten sind korrupt. Heute, fünfzehn Jahre nachdem ich bei der Bahn angefangen habe, besitzen viele gleichaltrige Kollegen von mir zehn Häuser und ganze Wagenflotten.«

Unnötig zu sagen, dass solche Dinge nicht mit dem Gehalt eines

Verwaltungsbeamten zu finanzieren sind, das fünfzehntausend Dollar pro Jahr selten übersteigt.

»Leute, die nicht das große Geld machen wollen«, stimmt Amit ein, »werden terrorisiert. Besonders in extrem korrupten Bereichen wie dem Zoll, wo ich früher gearbeitet habe. Wer da eine hohe Position nicht ausnutzt, wer nicht nach allen Seiten Geld verteilt, der bekommt ernsthafte Drohungen. Bei der Bahn ist es nicht so schlimm, da wird man nur mit Versetzungen drangsaliert.«

Erfolg bedeutet in der indischen Bürokratie gemeinhin, dass man eine Position erreicht, in der man etwas zu bieten hat, was mächtige Leute brauchen, oder sie, noch besser, mit massiven Drohungen einschüchtern kann. Daher sind Zoll und Steuerverwaltung die geschäftstüchtigsten Behörden. Ranghohe Beamte können dort ein Vermögen von zig Millionen Dollar anhäufen. Aber es ist ein halsabschneiderisches Spiel, und es erfordert großen Scharfsinn. Die indische Bürokratie wird regelmäßig als die korrupteste in ganz Asien bezeichnet, meist in beleidigender Absicht. Doch da es um sehr viel Geld geht und ein hochkomplexes Geflecht konkurrierender Interessen gemanagt werden muss, sind korrupte indische Beamte keine Dummköpfe. Sie verfügen über Fähigkeiten und Energien, mit denen sie sehr gut für das Leben im 21. Jahrhundert gerüstet sind.

»Es gibt natürlich verschiedene Niveaus des Geldmachens«, sagt Meenu. »Die unterste ist das ›Tempogeld‹. Das heißt im Grunde nichts anderes, als dass man sich für etwas bestechen lässt, was man ohnehin zu tun hat. Man macht nichts Unrechtes, man kassiert nur doppelt. Wenn man zum Beispiel die Reihenfolge der Güterzüge festlegt – in Güterzügen steckt Geld, weil sie dringende Lieferungen transportieren –, kann man den Zug auf Platz eins setzen, der sowieso als Erster gefahren wäre, und bekommt dafür fünftausend Rupien [hundert Dollar] Tempogeld. Die Leute sind daran gewöhnt, für alles zahlen zu müssen. Es hat sich ihnen eingeprägt, dass ohne Bestechung nichts geht. Wer neu im öffentlichen Dienst anfängt, wird von den Älteren aufgeklärt: ›Machen Sie einfach Ihren Job, das Geld kommt dann von ganz allein.‹ Wenn man natürlich einen anderen Zug auf Platz eins setzt, kann man zweihunderttausend Rupien [4000 Dollar] verdienen.«

Dass die Kräfte des Marktes geschickt genutzt werden, liegt nahe.

Warum nicht den Markt entscheiden lassen, in welcher Reihenfolge die Züge fahren? Platz eins lässt sich wie ein Handelsobjekt versteigern: Der Meistbietende bekommt den Zuschlag. Es ist Marktwirtschaft in Reinkultur. Die Fähigkeit, Märkte aus dem Hut zu zaubern, die Fähigkeit zu erkennen, dass alles einen finanziellen Wert hat – das ist es, was Indiens Bürokraten kennzeichnet, nicht nur als die Antriebsstange der rotierenden Räder des Kapitalismus, als die sie gemeinhin dargestellt werden, sondern auch als eine fähige Unternehmerklasse mit untrüglichem kapitalistischem Instinkt.

»Einmal wurden wir nach Ferozepur versetzt«, sagt Amit, »in die hochkorrupte Hauptverwaltung der nordindischen Eisenbahn. Wir sprachen mit unserem Chef. ›Da wollen wir nicht hin‹, sagten wir, ›da ist die Korruption besonders schlimm.‹ Er wunderte sich. ›In Ferozepur‹, sagte er, ›brauchen Sie nur die Schubladen aufzuziehen, und das Geld fällt bündelweise hinein.‹ Das stimmte. Selbst in einer Schachtel Pralinen, die man zu einem Fest geschenkt bekam, steckten noch Geldscheine. Die Posten in Ferozepur waren die begehrtesten in ganz Indien. Die Leute ließen es sich viel kosten, dorthin versetzt zu werden, weil sie wussten, dass sie dann das Zehn- bis Zwanzigfache ihres Gehalts an Schmiergeldern verdienen würden.«

»Ein andermal wurden wir nach Bikaner versetzt«, erzählt Meenu. »Zu meinen Aufgaben dort gehörte die Stellenvergabe, ich hatte also viel Macht.«

»Meenu war die erste Frau in der Behörde«, fügt Amit hinzu. »Die Männer wussten nicht, wie sie sie anreden sollten, und sagten *Sir* zu ihr.«

»Gleich zu Anfang standen die kleinen Geschäftsinhaber bei mir Schlange und boten mir alle möglichen Gefälligkeiten an«, fährt Meenu fort. »Der Besitzer der chemischen Reinigung sagte: ›Bitte lassen Sie Ihre Sachen bei mir reinigen‹, und ich bat ihn um eine Preisliste. Das kränkte ihn tief. ›Für Sie ist das gratis, Madam.‹ Die Leute wollen sich Zugang zu Beamten verschaffen, die etwas zu sagen haben, und sie sind bereit, dafür zu zahlen. Die Gegenleistung wird fällig, wenn sie außerhalb der Dienstzeiten bei einem zu Hause erscheinen und um einen Gefallen bitten: ›Bitte versetzen Sie meinen Schwager nicht auf einen unattraktiveren Posten.‹

Der Mann, der für den Bahnsteig Richtung Delhi zuständig war, kassierte eine Menge Trinkgelder und Schmiergelder von Leuten, die sich einen Platz im Zug sichern wollten. Auf dem Bahnsteig in der Gegenrichtung wurde viel weniger verdient, deshalb mussten sich die Leute in diesen Jobs abwechseln. Wer so einen lukrativen Posten behalten wollte, musste einiges dafür tun.

Eine Zeit lang hatte ich den Bahnhof von Neu-Delhi unter mir. Dort kam an den Kartenschaltern jeden Tag ein Lakh [zweitausend Dollar] zusammen; das Geld wurde dann unter den Beamten verteilt.«

»Haben Sie schon mal an so einem Schalter einen Fahrschein gekauft?«, fragt Amit. »Haben Sie sich schon mal gefragt, warum das ein solcher Albtraum ist? Es ist so gewollt. Das Chaos in Indien geht zur Hälfte auf eine bewusste Strategie der Bürokratie zurück. Würde alles reibungslos funktionieren, wären Bestechungsgelder überflüssig. Die Fahrkartenschalter sind ergiebige inoffizielle Geldquellen.«

»Dreh- und Angelpunkt dieses Geschäfts ist der Mann am Reservierungsschalter«, erklärt Meenu. »Als ich nach Delhi kam, rief mich ein Minister an, um einen bestimmten Kandidaten für diesen Job vorzuschlagen. Ich wunderte mich, dass sich einer der mächtigsten Männer des Landes für die Besetzung eines Postens im Bahnhof von Neu-Delhi einsetzt, bei dem man nicht mehr als etwa sechstausend Rupien [120 Dollar] im Monat verdient.

Ich wollte die Arbeitsbedingungen im Bahnhof verbessern. Nach meinem Eindruck hatten die Leute nicht genug Pausen. Um zu sehen, wie die Sache geregelt war, studierte ich die Eisenbahnvorschriften, die noch von den Briten stammten: Die Beschäftigten hatten Anspruch auf zwei fünfzehnminütige Pausen am Tag. Ich schickte den Jungen fort, der ihnen den Tee an ihren Arbeitsplatz brachte, und richtete einen Teeraum ein, in dem sie sich während der Pausen entspannen konnten.

Doch damit beschwor ich nichtsahnend ein großes Problem herauf. Denn die eigentliche Aufgabe des Teejungen bestand nicht darin, Tee zu bringen, sondern das Geld mitzunehmen, das sich an den Reservierungsschaltern ansammelte. Es konnte ja jederzeit eine Razzia stattfinden, und wie sollte man dann erklären, woher das Geld stammte? Der Teejunge nahm es also mit und bewahrte es bis Dienstschluss auf. Die Leute waren auf ihn angewiesen, um über die Runden zu kommen. Sie waren fuchsteufelswild, als er nicht mehr erschien. Inzwischen ist er bestimmt wieder da.

Mit solchen Maßnahmen machte ich mich höchst unbeliebt. Ich brachte die ganze Ökonomie des Bahnhofs durcheinander, und alle sahen in mir den Feind. Einmal kam eine Kontrolle. Die Inspektoren sollen Korruptionsfällen nachgehen, sind aber ganz offensichtlich selbst korrupt bis in die Knochen. Sie nehmen Schmiergelder, sie sind vulgär, sie beschimpfen die Leute. Die Gewerkschaften wollten, dass ich ihnen den Zutritt verweigere, aber das lehnte ich ab. Tatsächlich war ich ganz froh, dass sie kamen.

Die Gewerkschaften spielen in den Bahnhöfen eine große Rolle. Sie haben Verbindungen nach ganz oben und sind sehr mächtig. Sie sorgten dafür, dass fünfhundert Leute mich umringten und im Chor ›*Meenu Sharma murdabad!*‹ (›Meenu Sharma muss sterben!‹) riefen. Nur weil ich die Inspektoren hereingelassen hatte.

Wenn ich heute einen neuen Posten antrete, lasse ich als Erstes die Stühle aus meinem Büro entfernen, so dass sich die Leute nicht setzen können. Damit schüchtern sie einen nämlich gern ein. Wenn sie erst mal sitzen, wird man sie schwer wieder los.

Viele spielen auch ihre Kastenzugehörigkeit aus. Als ich im Bahnhof arbeitete, kam jeden Tag ein Mann zu mir und sagte: ›Ich heiße Sharma.‹ Ich dachte, er ist nicht ganz richtig im Kopf, ich bin in solchen Dingen ziemlich naiv. Erst nach langer Zeit wurde mir klar, was dahintersteckte: Er wollte mir zu verstehen geben, dass er derselben Kaste angehörte wie ich und deshalb besondere Vergünstigungen von mir erwartete.

Aber später habe ich mir Respekt verschafft. Weil ich keine Ausnahmen machte. Ausnahmen bringen Geld, schüren aber auch Ressentiments. Versetzungen wurden bei mir streng nach Vorschrift gehandhabt. Keiner konnte sich davon freikaufen.

In den ersten Jahren bei der Bahn hatte ich einen ganz bemerkenswerten Chef. Er war ein hochintelligenter Mann und im Grunde war er es, der mir beibrachte, wie ich meine Arbeit zu machen hatte. Von ihm lernte ich, dass alles, was man schriftlich fixiert, gut begründet sein muss. Man konnte nicht einfach schreiben, ›*Antrag abgelehnt*‹. Oft ging es ja um riesige Summen, und hinterher konnte immer jemand mit irgendwelchen Beschuldigungen kommen. *Warum haben Sie den Antrag abgelehnt?* Er war ein wunderbarer Mentor. Er arbeitete sehr hart, und seine Dokumentation war vorbildlich.

Später fand ich heraus, dass er extrem korrupt war. Er konnte für alles präzise Argumente anführen, aber es waren immer die Argumente, die ihm am meisten Geld brachten. Einmal wollte er Reinigungsgeräte für indische Bahnhöfe anschaffen. Ich sollte eine detaillierte Vergleichsliste aller Produkte erstellen, die auf dem Markt waren. Wie ich erst später erfuhr, hatte ihm ein multinationales Unternehmen eine hohe Summe dafür gezahlt, dass es den Zuschlag bekam. Er stellte umfangreiche Recherchen an und formulierte die Ausschreibung dann so, dass nur die Produkte dieses Unternehmens infrage kamen. Es sah aus wie eine offene Ausschreibung, aber die Kriterien passten nur auf eine einzige Firma.

Er war sehr clever, und man kam ihm nie auf die Schliche. Er arbeitete von früh bis spät; oft rief er mich schon um sechs Uhr morgens aus dem Büro an.«

»Solche Leute verdienen eine Menge Geld«, sagt Amit. »Und sie haben dieselben Probleme wie Kriminelle: Wo sollen sie ihr Geld verstecken? Vor ein paar Wochen hat man bei einem unserer älteren Kollegen zehn Lakh [20 000 Dollar] im WC-Spülkasten gefunden.«

Die Bürokratie ist ein riesiger Cash-Generator, und das ist der Grund, warum in Delhis Wirtschaft so viel Bargeld im Umlauf ist. Auf den Märkten in der City sieht man Kunden mit Hunderten von Banknoten im Portemonnaie. Die großen Juweliergeschäfte muten an wie Banken, und das sind sie in gewisser Weise auch: Die Kunden machen dort Bargeld zu Gold, viele tausend Dollar auf einmal. An den Kassen surren unentwegt die Geldzählmaschinen.

Doch letzten Endes fließt all das Bargeld in Immobilien. In Delhi ist es noch immer üblich, eine Immobilie im Wert von beispielsweise vier Millionen Dollar zu sechzig Prozent bar zu bezahlen, eine Praxis, gegen die man etwa in Mumbai schon viel früher rigoros durchgegriffen hat. Der boomende milliardenschwere Immobilienmarkt in Delhi aber verdankt seine Existenz überhaupt nur dem Umstand, dass ständig große Bargeldmengen an den Mann gebracht werden müssen, also wird sich hier so schnell nichts ändern. Die beiden wichtigsten Informationen bei jedem Immobiliengeschäft betreffen den Preis der Immobilie und den jeweiligen Anteil an »weißem Geld« – deklariertem Geld, das per Scheck oder Überweisung gezahlt wird – und »schwarzem Geld«, also Bargeld.

Amit sagt: »Freunde meiner Eltern in Patna sagen immer: ›Ihr habt nicht nur einen, ihr habt gleich zwei Beamte in der Familie! Bald werdet ihr so viele Autos und Häuser besitzen, dass ihr sie gar nicht mehr zählen könnt!‹ Aber da kennen sie uns schlecht.«

Er grinst.

»Einmal hatte ich eine Stelle bei der Aufsicht«, erzählt Meenu. »Ich war dort mit der Untersuchung von Korruptionsfällen befasst und erstattete Anzeige gegen mehrere höhere Beamte. Das war eine tödliche Beleidigung. Man hatte etwas anderes von mir erwartet, und ich wurde ganz schnell wieder versetzt.

Wer sich einen Ruf als schwierige Nachwuchskraft erwirbt, hat ein Problem. Wer nicht über die Witze eines Vorgesetzten lacht, wer nicht korrupt genug ist, wer seinen Chef vor dessen Chef in ein schlechtes Licht rückt, hat schnell den Ruf weg, schwierig zu sein, und wird dann nicht befördert.

Man braucht für dieses Spiel auch viel Fingerspitzengefühl, und das habe ich nicht. Wenn einem jemand einen Gefallen tut – ein hoher Beamter zum Beispiel, der einen auf einen Wunschposten versetzt –, stellt sich die Frage, wie man sich dafür revanchiert. Einmal rief mich mein Chef an und sagte: ›Ich will mit meiner Familie in Ihrem Bezirk Urlaub machen. Ich brauche Unterkunft, Transport und so weiter.‹ Ich begriff nicht, was er von mir wollte, und sagte nur: ›Vielen Dank, dass Sie mir das sagen.‹ Dabei erwartete er von mir, dass ich ihm gratis Fahrscheine und Hotelzimmer besorgte. Zur Strafe versetzte er mich später fünfmal kurz hintereinander und machte mir das Leben zur Hölle. Aber selbst wenn mir klar gewesen wäre, was er wollte: Ich hätte gar nicht gewusst, wie ich es hätte anstellen sollen. Er dachte, ich hätte ein ganzes Netzwerk von Beziehungen zu kleinen Geschäftsleuten in dem Staat – Betreiber von Reisebüros und Hotels –, die ich um Gefälligkeiten bitten konnte. Aber so etwas ist schwierig: Nimmt man Gefälligkeiten von solchen Leuten an, kann man ihnen später schlecht etwas abschlagen.«

»Ein Geschäftsmann bot mir ständig irgendwelche Luxusreisen an«, sagt Amit. »Er rief mich an und sagte: ›Ich würde Ihrer Familie gern eine Reise nach Goa spendieren. Oder möchten Sie lieber nach Italien?‹ Hätte ich akzeptiert, hätte er von da an etwas gegen mich in der Hand gehabt. Er wollte das Projekt einer neuen Bahnlinie nach Assam durchdrücken.

Das ist unter Beamten ein ewiges Problem. Der ideale Beamte vermeidet ein allzu enges Verhältnis zu einem einzelnen Geschäftsmann, sonst kann er anderen keine Gefälligkeiten mehr erweisen und gilt als unansprechbar.«

Ich frage die beiden, warum das alles ihrer Meinung nach so läuft. »Unter den instabilen Koalitionsregierungen der letzten Jahre sind die Politiker unangreifbarer geworden. Die Regierung braucht ihre Koalitionspartner und schützt sie, wo sie nur kann. Ein Minister kann noch so unfähig sein – für die herrschende Koalition ist er zu wichtig, als dass er versagen dürfte.«

»Für mich liegt die Schuld bei den Geschäftsleuten, die ja immer gern zahlen, um weiterzukommen«, fährt Meenu fort. »Jeder will auf der Überholspur fahren. Zu den Partys der Finanzbeamten erscheint Delhis komplette Geschäftswelt, um sich lieb Kind zu machen. Man lädt die Beamten zum Essen ins Restaurant ein und besorgt ihnen, was immer sie wollen.«

»Partys spielen eine große Rolle«, sagt Amit. »Netzwerke sind das A und O in Delhis Politik und Wirtschaft, und diese Partys wirken berauschend. Oder Golf: Man muss sehr darauf achten, mit wem man Golf spielt – mit dem Sekretär dieses oder jenes Ministers oder mit irgendeinem kleinen Licht? Das definiert auch den eigenen Status. Heute können Beamte nicht mehr wie früher einfach nur dasitzen und ihre Autorität herauskehren. Sie müssen Partys besuchen und netzwerken. Dann können sie mächtigen Leuten Gefälligkeiten erweisen, darauf läuft alles hinaus. Das verschafft ihnen einen solchen Kick, dass manche es gar nicht für Geld tun. Hauptsache, sie stehen im Zentrum des Netzwerks.«

Manchmal hat man das Gefühl, die Devise dieser Stadt lautet: *Ich netzwerke, also bin ich.* Die Leute nehmen ihre Netzwerke überallhin mit, sie spielen im Gespräch darauf an, sie wollen damit Eindruck schinden, als würden sie ohne ihre Netzwerke aufhören zu existieren. Facebook hat sich perfekt in das Leben der Stadt eingefügt, es ist nur die technologische Variante dessen, was es ohnehin schon gab. Auf den Society-Partys in Delhi kommt man sich manchmal vor wie in einem Facebook-Reality-Spiel. Leute, die man kaum kennt, scheinen seltsam erfreut, ja geradezu überglücklich, einen wiederzusehen, und man wird überschwänglich begrüßt. Man wusste gar nicht, dass man mit ihnen befreundet ist, fühlt sich nun aber bemüßigt, Interesse zu zeigen. »Wie ist es Ihnen ergangen?«, fragt man. Doch sie sind mit den Gedanken längst woanders und sehen einen erstaunt an, als wollten sie sagen: »Ach – Sie sind noch hier?« Sie schauen sich bereits um, wen sie als Nächsten begrüßen können, und man macht sich klar, dass die kleine Szene nichts mit der realen Welt der Menschen zu tun hat, die hier in einem Raum stehen und sich unterhalten, sondern dass sie ihren Platz online hat. Man ist nur »angestupst« worden.

»In Delhi haben heute Unternehmer das Sagen, die wissen, wie man diese Systeme manipuliert«, sagt Meenu. »Und die Beamten lassen sich bereitwillig kaufen, auch deshalb, weil sie zunehmend aus sozial schwachen Schichten stammen. Sie haben echte Probleme, sie haben in der Vergangenheit gelitten und sind der Meinung, dass sie ein Recht darauf haben, von den anderen etwas zurückzubekommen. Wenn man sie so hört, tun sie das alles nie für sich selbst; sie wollen ihrer ganzen Gemeinschaft zu einem besseren Leben verhelfen. Und solche Leute legen großen Wert auf Statussymbole: Chauffeure, Netzwerke, Beziehungen, Einladungen.«

»Haben sie denn keine Angst, erwischt zu werden?«, frage ich.

»Doch, natürlich, große Angst sogar. Erwischt zu werden ist äußerst unangenehm. Aber es wirkt nicht mehr abschreckend, wie ich in letzter Zeit festgestellt habe. Es wird immer seltener als Konsequenz des eigenen Handelns gesehen. Eine Art Fatalismus ist da im Spiel. Wir hatten neulich eine Fortbildung, und der Leiter, ein höherer Beamter, fragte die Teilnehmer, was dazu führen könnte, dass sie erwischt werden: ›Bestechlichkeit‹, meinte einer von ihnen. ›Nein.‹ ›Ein Verstoß gegen die Vorschriften.‹ ›Nein.‹ ›Das Annehmen von Gefälligkeiten.‹ ›Nein‹, sagte der Leiter. ›Sie werden erwischt, wenn Sie Pech haben.‹ Das hört man immer öfter. Kürzlich sagte jemand: ›Wenn man erwischt wird, weil man etwas Unrechtes getan hat, dann ist das, wie wenn man von einem Auto angefahren wird. Es hätte jedem passieren können, aber es ist einem selbst passiert. Es ist reiner Zufall – absolut nicht vorhersehbar.‹

Außer Pech gibt es keine Hemmnisse mehr. Und gegen Pech ist ohnehin kein Kraut gewachsen. Also kann man genauso gut weitermachen wie bisher.«

Der Persönlichkeitskult um Indira Gandhi rief zwangsläufig Unmut und Bestürzung hervor, und im Jahr 1975 musste sie sich vor dem Hohen Gerichtshof in Allahabad wegen Wahlbetrugs bei den Wahlen von 1971 verantworten. Da das Gericht sie in zwei Anklagepunkten für schuldig befand, war das Wahlergebnis ungültig. Sie legte beim Obersten Gerichtshof Berufung ein, doch bevor es zu einem Urteilsspruch kam, verhängte sie den nationalen Ausnahmezustand. Im staatlichen Rundfunk erklärte sie diese extreme Maßnahme. »Es besteht kein Grund zur Panik«, sagte sie. »Sie alle wissen sicher um die groß angelegte Verschwörung, die sich zusammenbraut, seit ich begonnen habe, gewisse fortschrittliche Maßnahmen zum Wohle der Bürger und Bürgerinnen Indiens einzuführen.«

Ohnehin von diktatorischer Natur, lief Indira Gandhi unter den autokratischen Bedingungen des Ausnahmezustandes zur Hochform auf. Sie inhaftierte ihre Gegner, unter ihnen auch zwei spätere Ministerpräsidenten und einen späteren Vize-Ministerpräsidenten – Morarji Desai, Atul Bihari Vajpayee und Lal Kishanchand Advani – und den außergewöhnlichen Jayaprakash Narayan, der sich lange Zeit für eine umfassende Erneuerung des politischen und sozialen Lebens in Indien durch eine gewaltlose totale Revolution, wie er es nannte, stark gemacht hatte. Besonders Narayans Verhaftung rief Empörung hervor, auch in der internationalen Presse. Er war ein Mann von hohen Grundsätzen und hatte der Familie Nehru einmal sehr nahe gestanden – es war, als hätte Indira Gandhi einen Onkel hinter Gitter gebracht. Doch die Rundumschläge der Ministerpräsidentin hatten erst begonnen. Sie hatte noch nie viel für die in

Indiens föderaler Struktur verankerte Verteilung der Befugnisse übrig gehabt, und als in Tamil Nadu und Gujarat die Amtszeit der Regierung endete, sagte sie die Wahlen dort ab und führte die beiden Bundesstaaten direkt von Delhi aus. Die Pressefreiheit wurde abgeschafft, weitreichende Verfassungsänderungen hoben Einschränkungen der Machtbefugnisse des Ministerpräsidenten auf. Schätzungen von Amnesty International zufolge wurden in den zwanzig Monaten des Ausnahmezustandes 140 000 Menschen ohne Gerichtsverfahren inhaftiert und vielfach auch gefoltert. Der Ausnahmezustand traumatisierte die Universitäten, von denen viele ihrem Protest lautstark Ausdruck verliehen, und stärkte die moralische Position der Sikh-Parteien und radikalen Hindu-Gruppen, die trotz der Attacken Indira Gandhis großenteils an ihrer grundsätzlichen Kritik festhielten.

Manchen war der Ausnahmezustand nicht unwillkommen. Im sozialen Leben kehrte eine nervöse Ordnung ein, die in krassem Gegensatz zu den politischen Turbulenzen der vorangegangenen Jahre stand. Die Wirtschaft erfreute sich vergleichsweise geregelter Abläufe, was Arbeitskräfte und Betriebsmittel anbelangte, und einer bei der Vergabe von Genehmigungen ungewohnt effizient arbeitenden Bürokratie. Viele hielten das Experiment der Demokratie in Indien für beendet, und einige – so etwa jener wortspielende Schmeichler, der den Spruch »Indira ist Indien, und Indien ist Indira« ersann – begannen das Loblied der Diktatur zu singen.

In Delhi hinterließ der Ausnahmezustand besonders tiefe Spuren in Form des wachsenden Einflusses, den Indira Gandhis abgöttisch geliebter jüngerer Sohn Sanjay auf seine Mutter ausübte. Er war der erste von Delhis Bad Boys der Politik, einer jener gefährlichen Patrioten, die zwar die Idee ihres Landes lieben, dessen Realität aber hassen. Er wurde von Albträumen schmutziger, rasend schnell anschwellender Massen heimgesucht, und es verlangte ihn danach, zu zerstören, auszurotten und Ordnung und Hygiene zu erzwingen. Neunundzwanzigjährig, das Haar bereits gelichtet, der Mund geschwungen, als zeugte er von einer dunklen, beunruhigenden Sinnlichkeit, wurde Sanjay 1975 plötzlich zum engsten Berater seiner Mutter und begann, in großem Stil seine eigenen sozialpolitischen Strategien zu verfolgen. Es zeigt, welch außerordentliche Machtfülle Indira Gandhi erlangt hatte, dass sich ihr Sohn, der selbst kein politisches Amt bekleidete, fest auf die Gefügigkeit seines Zirkels mächtiger Speichellecker verlassen konnte.

In Delhi startete er ein großangelegtes Programm der Slumräumungen, sehr zur Freude des ehrgeizigen Vizepräsidenten der Delhi Development Authority, Jagmohan Malhotra. Malhotra schickte Bulldozer in die Slums von Alt-Delhi und löste damit einen Flüchtlingsstrom von siebenhunderttausend Menschen aus, die sich dann im Süden und Osten der Stadt ansiedelten (wo sie Mitte der nuller Jahre einer weiteren Welle erbarmungsloser Slumzerstörungen zum Opfer fielen). Für die Betroffenen war das umso traumatischer, als Sanjays zweites großes Projekt gerade sie ins Visier nahm: seine Sterilisationskampagne. Die Vasektomien wurden von Beamten durchgeführt, Polizisten und Lehrern etwa, die sich dem Eingriff nicht nur selbst unterziehen, sondern auch eine vorgeschriebene Anzahl von Männern pro Tag der Vasektomie zuführen mussten, wenn sie ihre Stellen behalten und weiterhin ihr Gehalt beziehen wollten. Das führte zu brutalen Willkürakten, deren Leidtragende überwiegend die Ärmsten und Schwächsten waren.

Unter den armen Muslimen Alt-Delhis riefen diese beiden Maßnahmen alte Ängste wach, die Säuberungen von 1947 könnten eines Tages zu Ende geführt werden. Die Spannungen eskalierten zu heftigen Kämpfen zwischen muslimischen Gemeinschaften, Polizei, Abrissbaggern und Vasektomie-Trupps. Der indische Staat, zum Teil entstanden aus der Empörung über die Exzesse der Briten gegen normale Bürger, schien sein Gewand gelüftet und ein eigenes massenmörderisches Organ enthüllt zu haben. Von da an gab es kein Maß an Abartigkeit und Grausamkeit mehr, das sich die Fantasie nicht hätte ausmalen können, besonders, wenn die Armen betroffen waren.

Doch es waren keineswegs nur die Armen, auf die Sanjay Gandhi es mit seinem Sterilisationsprojekt abgesehen hatte. Das Programm war obligatorisch für alle Männer, die bereits drei oder mehr Kinder hatten, und zu den Ersten, auf die es angewendet wurde, gehörten jene, an die der Staat am leichtesten herankam: seine eigenen Beschäftigten. Beamte, Polizisten, Lehrer – auch sie wurden dazu gezwungen, oft auf so krude Weise, dass der Staat restlos in Misskredit geriet und mit ihm alles, was er zu Privatangelegenheiten wie dem Kinderkriegen propagierte.

Für viele der Mittelschichtfamilien, die sich Nehrus Ideal verschrieben und ein Leben als Staatsdiener gewählt hatten, bedeutete die Zwangssterilisation von Männern eine weitere Enttäuschung, was das gesamte nationale Projekt anging. Besonders in Nordindien, wo Männer noch immer die Entmannung – im wörtlichen wie im übertragenen Sinn – durch die dreißig Jahre zurückliegende Teilung zu bewältigen suchten, schlug diese symbolische Kastration durch ebenjenen Staat, in dem sie Zuflucht gefunden, dem sie ihre Lebensenergie geweiht hatten, tiefe Wunden.

Am 31. Oktober 1984 wurde Ministerpräsidentin Indira Gandhi bei einem Gang durch ihren Garten mitten in Delhis Behördenviertel von ihren Sikh-Leibwächtern mit dreißig Schüssen getötet. Die Leibwächter ließen sich widerstandslos festnehmen: Einer von ihnen wurde sofort erschossen, zwei andere wurden im Tihar-Gefängnis inhaftiert und später gehängt.

Die Wahlen von 1977 hatte Indira Gandhi verloren. Ministerpräsident wurde nun Morarji Desai von der Janata-Partei, die sich als Anti-Notstands-Koalition neu konstituiert hatte. Doch schon bald zerbrach Indiens erste nicht von der Kongresspartei gestellte Regierung an internen Streitigkeiten, und die Wahlen von 1980 brachten Indira Gandhi von Neuem an die Macht. Sie hatte nun nicht mehr den Kampf gegen die Armut oder sonstige große Ideen auf ihre Fahnen geschrieben; es ging ihr nur noch um die eigene Macht. Doch diese Macht bedurfte einer positiven Manifestation. Indira Gandhi brauchte Wirtschaftswachstum, um ihre Legitimität zu wahren, und der Kurs ihrer Wirtschaftspolitik verlagerte sich deutlich nach rechts. Sie umgab sich mit neuen, unternehmerfreundlichen Beratern, liberalisierte den Handel mit wichtigen Produkten wie Zement und Zucker und nahm zur Steigerung der Produktivität einen hohen Kredit bei der Weltbank auf.

Aber sie hatte schwer zu kämpfen. Ihre wichtigste Kraftquelle, ihr Sohn Sanjay, inzwischen Parlamentsmitglied, kam kurz nach den Wahlen ums Leben, als er mit seinem Privatflugzeug abstürzte, während er über Delhi Loopings flog. Widerstand gegen die Ministerpräsidentin formierte sich in den Bundesstaaten, in denen Parteien auf dem Vormarsch waren, die sich für Kastenidentitäten, religiöse Ideale und regionale Autonomie einsetzten. Eine Generation nach der Unabhängigkeit hatte die indische Politik den föderalistischen Einparteienstaat hinter sich gelassen und sich in Richtung einer demokratischeren Variante entwickelt, wie man es nennen könnte, und Indira Gandhi griff mit harter Hand durch, um die Macht der Zentralregierung zu sichern.

Nirgendwo tobte dieser Kampf heftiger als im Bundesstaat Punjab, wo sich die separatistischen Bestrebungen unter Führung der radikalen, gut organisierten Akali-Dal-Partei verstärkten. Um deren Anhänger zu spalten, unterstützte Indira Gandhi die Umtriebe des ultraorthodoxen Führers einer Splittergruppe, Jarnail Singh Bhindranwale. Bald aber war Bhindranwale nicht mehr zu bremsen: Immer offener forderte er die militärische Befreiung Punjabs von den Hindus und von Delhi. Nicht lange, und die Kongresspartei sah sich vor ein großes Problem gestellt. 1981 wurde ein prominenter Journalist, der sich kritisch über Bhindranwale geäußert hatte, ermordet. Bhindranwale wurde verhaftet; mehrere Zivilisten, die seine Festnahme hatten verhindern wollen, kamen dabei ums Leben. Als Bhindranwale drei Wochen später aus Mangel an Beweisen wieder auf freien Fuß gesetzt wurde, brach im Punjab großer Jubel aus. Die Zentralregierung war dort mittlerweile verhasst und diskreditiert, und in den politischen Wirren der achtziger Jahre war einem Führer jedes Mittel erlaubt, einschließlich des politischen Mordes.

Immer häufiger kam es zu Terroranschlägen, und 1984 entschloss sich Indira Gandhi, militärisch einzugreifen. Bhindranwale und seine Kämpfer hatten sich im Goldenen Tempel in Amritsar, dem höchsten Sikh-Heiligtum, verschanzt und dort ein umfangreiches Waffenarsenal angelegt. In der Nacht des 5. Juni 1984 stürmten mehrere Regimenter der indischen Armee den Tempel. In den darauf folgenden schweren Kämpfen kamen Bhindranwale und Hunderte seiner Anhänger ums Leben.

Ramachandra Guha schreibt:

»Der Goldene Tempel liegt zehn Gehminuten vom Jallianwala Bagh entfernt, wo im April 1919 ein britischer Brigadegeneral seiner Truppe befahl, auf eine Menge unbewaffneter Inder zu schießen [...]. Der Vorfall nimmt einen geheiligten Platz in Mythos und Gedächtnis der Nation ein; die allgemeine Empörung, die er hervorrief, nutzte Mahatma Gandhi geschickt zu einer landesweiten Kampagne gegen die Kolonialregierung. Die Operation Blue Star war anders motiviert – sie richtete sich gegen bewaffnete Rebellen und nicht gegen eine friedliche Versammlung –, die Konsequenzen aber waren vergleichbar. Sie hinterließ eine kollektive Wunde in der Psyche der Sikhs und schürte ein tiefes Misstrauen gegenüber der Regierung. Man verglich das Regime in Delhi mit früheren Unterdrückern und Schändern wie den Moguln und dem afghanischen Plünderer des 18. Jahrhunderts, Ahmad Shah Abdali. Ein Reporter, der die ländlichen Gebiete des Punjab bereiste, fand eine ›bedrückte, entfremdete Gemeinschaft‹ vor. Ein älterer Sikh formulierte es so: ›Unser Innerstes ist verletzt worden. Die Basis unseres Glaubens ist angegriffen worden, eine ganze Tradition ist zerstört worden.‹ Selbst jene Sikhs, die Bhindranwale zuvor abgelehnt hatten, sahen ihn nun in einem neuen Licht. Denn trotz all seiner Fehler und Verbrechen – er und seine Männer hatten den heiligen Schrein gegen die Vandalen verteidigt und dabei ihr Leben gelassen.«[43]

Und wenige Wochen später: die Ermordung der Ministerpräsidentin in Delhi.

Die mörderischen, zerstörerischen Ausschreitungen gegen die Sikhs, die daraufhin ganz Delhi erfassten, zerrissen das bedrängte Herz der Stadt. Der Sikhismus war – weit mehr als der Islam – ein Bruder des Hinduismus: Sein Begründer Guru Nanak hatte im 16. Jahrhundert eine Erneuerungsbewegung innerhalb der hinduistischen Religion ins Leben gerufen. Bis vor Kurzem weihten viele hinduistische Punjabi-Paare ihren Erstgeborenen der Sikh-Religion, oft in Erfüllung eines Gelübdes, das sie, noch kinderlos, abgelegt hatten. Und wie die Ereignisse von 1947 erfolgte auch der Gewaltausbruch von 1984 mit der ganzen Leidenschaft eines Kampfes um das Wesen der Familie. Der Kampfgeist der Sikhs entsprang ihrem Empfinden, von den Hindus wie illegitime Kinder Indiens behandelt zu werden; die Sikhs lehnten einen indischen Staat ab, den sie als »verweichlicht« bezeichneten, und vertraten ihr eigenes Prinzip kriegerischen Mannesmutes:

»In einer seiner Reden äußerte Bhindranwale die Ansicht, für die Sikhs sei es eine Beleidigung, einer Nation anzugehören, die Mahatma Gandhi als ihren Vater betrachte, denn seine Methoden seien ganz und gar weiblich gewesen. Er (Gandhi) werde durch das weibliche Symbol des Spinnrades repräsentiert. ›Können die Söhne des heldenhaften Gurus, dessen Symbol das Schwert ist, eine Frau wie Mahatma als ihren Vater akzeptieren?‹, so fragte der streitbare Führer. ›Dies sind die Techniken der Schwachen, nicht die eines Geschlechts, das sich keiner Ungerechtigkeit je gebeugt hat – eines Geschlechts, dessen Geschichte mit Märtyrerblut geschrieben wurde.‹ [...] Um sich auf ihre Abkunft von den stolzen Gurus (den zehn anerkannten Begründern der Sikh-Religion) berufen zu können, müssten die Sikhs der Korruption, die aufgrund ihrer Nähe zu den Hindus in ihren Charakter eingedrungen sei, den Garaus machen. [...] Die Gefahren einer ›Hindu‹-Geschichte, so habe sich gezeigt, lägen nicht nur darin, dass den Sikhs ihr rechtmäßiger Platz in der Geschichte verweigert werde, sondern auch darin, dass die kriegerischen Sikhs zu einem schwachen Geschlecht geworden seien: ›Die Sikhs sind in den letzten fünfzig Jahren so verweichlicht und haben sich so stark angepasst, dass sie Beleidigungen ihrer Religion und auch sonst jede Form der Unterdrückung hinnehmen, geduldig und widerspruchslos, im Banne der unheilvollen Lehren des narkotischen Kultes der Gewaltlosigkeit, entgegen der klaren Weisung ihrer Gurus, ihrer Propheten, keinem Tyrannen die andere Wange hinzuhalten, keine Beleidigung ihrer Religion, ihrer Selbstachtung und ihrer menschlichen Würde tatenlos hinzunehmen.‹«[44]

Ihr männliches Selbstbild – dazu gehörte auch, dass man sich den Bart stehen ließ und ein Schwert trug (oder, in einem anderen Kontext, eine Kalaschnikow) – brachte die Sikhs zwangsläufig in Konflikt mit dem indischen Staat und führte letztlich zur Ermordung der Frau an seiner Spitze. Vielen Hindus aber war die Idee der höchsten Mutter heilig, und so sahen sie in Indira Gandhis Tod sofort einen niederträchtigen Angriff auf *ihre* Idee der indischen »Familie«. Ihn umgehend zu rächen war klare Pflicht ihrer empörten Söhne: »Indira Gandhi ist unsere Mutter, und diese Leute haben sie getötet«, riefen die Hindu-Massen.

Es liegt auf der Hand, dass die Krise von 1984 viel mit den unbewältigten Folgen der Teilung zu tun hatte, die die Männlichkeit der beiden Brüder Hinduismus und Sikhismus so tiefgreifend infrage gestellt hatte. Siebenunddreißig Jahre waren seitdem vergangen, und auf beiden Seiten wurden viele Menschen zum zweiten Mal in ihrem Leben Zeugen solcher Gräueltaten. Wieder erlebten Sikhs, die sich inzwischen eine neue Existenz aufgebaut hatten, Mord und Vergewaltigung, wieder verloren sie ihr Zuhause und ihre Lebensgrundlage. Hindus, die jahrzehntelang über die Schmach ihrer Flucht aus dem Westen des Punjab gegrübelt hatten, nahmen nun rasende Rache an ihren einstigen Mitflüchtlingen. Die Ausschreitungen begannen am 1. November 1984, geschürt von paranoiden Gerüchten, die sich zum Teil explizit aus den unerlösten Albträumen von 1947 speisten: Güterzüge voller toter Hindus, hieß es, kämen aus dem Punjab, wo die Sikhs eine Vernichtungskampagne entfesselt hätten. Militante Sikhs, so wurde auch gemunkelt, hätten das Wasser in Delhi vergiftet, die Trinkwasserversorgung der Stadt sei gefährdet; viele nahmen lange Fahrten auf sich, um Wasser für ihre Familien zu holen.

Vier Tage lang tobte die Gewalt in der Stadt. Mit Messern, Schusswaffen und Benzinkanistern bewaffnete Mobs zogen durch die Straßen und zündeten Menschen, Häuser und Geschäfte an. Wie viele Menschen dabei ums Leben kamen, ist nicht bekannt; Schätzungen reichen von dreitausend bis zu zehntausend Toten. Jeder konnte sehen, dass die Staatsorgane wenig unternahmen, um die Übergriffe zu stoppen. Höchstwahrscheinlich heizten Mitglieder der Kongresspartei sie sogar noch an: Sie verteilten Waffen an die Hindu-Rächer und setzten Kopfprämien für ermordete Sikhs aus. Tankstellenbesitzer unter den Kongress-Parlamentariern lieferten das Benzin für die Attacken, einige schickten sogar Tankwagen mit der Meute mit. Funktionäre der Kongresspartei gaben Listen mit Adressen von Sikh-Familien aus, die damit systematisch ins Visier genommen werden konnten. Die Polizei griff nicht etwa ein, sondern stachelte den Mob mit Gerüchten über Umsturzabsichten der Sikhs noch weiter auf. Krankenhäuser weigerten sich, Sikh-Opfer zu behandeln, Polizeireviere weigerten sich, Anzeigen wegen Verbrechen an Sikhs aufzunehmen.

Indira Gandhis zweiter Sohn Rajiv, der noch am Abend ihres Todes als Ministerpräsident vereidigt worden war, lieferte seine eigene infame – und kaltschnäuzige – Erklärung für den Aufruhr: »Wenn ein großer Baum umstürzt, zittert die Erde.«

In Delhi wurde »das Gesetz« durch die »Sikh-Unruhen« ad absurdum geführt. Ein Kommentator beschrieb einen Vorfall in Sultanpuri, einem Viertel im Westen Delhis, einer der Gegenden, in denen die Gewalt am heftigsten tobte: Ein führender Lokalpolitiker und seine beiden Söhne wurden dort in Brand gesetzt und schrien nach Wasser, doch ein Polizeibeamter, der die Szene beobachtete, rief, niemand solle sich unterstehen, ihnen zu helfen. »Sollte irgendwer es wagen«, so seine Worte, »gegen das Gesetz zu verstoßen (*kanoon ke khilaf kisi ne hath uthaya* – wörtlich: die Hand gegen das Gesetz zu erheben), wird er erschossen.« Der Hindu-Mob war zum Gesetz geworden, das Feuer war zum Gesetz geworden. Ein anderer Polizist ging mit einem Megaphon herum und verkündete, man werde die Häuser von Hindus, die Sikhs versteckt hielten, niederbrennen, denn so etwas sei *illegal*.[45]

Das Gesetz war restlos diskreditiert. Was immer es für Gründe geben mochte, es zu befolgen – für die Menschen in Delhi konnte es kein moralisches Gesetz mehr sein, denn es hatte keinerlei moralischen Gehalt. Dieser Eindruck verstärkte sich noch, als mehrere aufeinanderfolgende Untersuchungen des Massakers keine nennenswerten Beweise für ein Fehlverhalten des Kongress-Establishments erbrachten. Bis heute ist niemand für das Geschehen zur Rechenschaft gezogen worden. Die offizielle Reaktion ist ein dreißig Jahre währendes Achselzucken. Das Gesetz hat nichts dazu zu sagen.

Delhi war ohnehin korrupt. Die Ausschreitungen aber vermittelten nun definitiv die Botschaft, dass das Gesetz ein degenerierter Teil des sozialen Lebens sei und man eine moralische Pflicht nur gegenüber sich selbst habe. Man musste sich um sich selbst kümmern, da es sonst niemand tat, und die Art und Weise, wie man das machte, unterlag keinen rechtlichen Einschränkungen. Aus dieser Zeit datiert der gehegeähnliche Eindruck, den Delhis Wohnquartiere vermitteln. Liebenswerte Gepflogenheiten von früher sind verschwunden – keine kleinen Jungen aus guten Familien tragen mehr ihr Bett vors Haus, um in heißen Nächten sorglos im Freien zu schlafen. Dieses Vertrauen in Außenstehende und in die Straße ist zerstört worden: An die

Stelle der hüfthohen Mauern sind drei Meter hohe stachelbewehrte Stahlzäune getreten. Die seither boomende private Nachfrage nach elektrischen Generatoren verdankt sich nicht nur der unzuverlässigen Stromversorgung Delhis, sondern auch einer Autarkie-Mentalität: Niemand soll Einfluss auf den eigenen Strom nehmen können. Das Gleiche gilt für private Brunnen. Das Gerücht vom vergifteten kommunalen Wasser war zwar nur ein Gerücht, aber es wirkt bis heute fort.

Mit den Ausschreitungen war für viele eine Grenze erreicht. Zahlreiche Sikh-Familien verließen Delhi nach 1984 für immer. Und für die, die blieben, auch für die Hindus, war Delhi nicht mehr das, was es davor gewesen war. Für viele Angehörige meiner Generation, 1984 noch Kinder oder Jugendliche, waren die Unruhen eine prägende Erfahrung, denn sie offenbarten, so schien es, die tiefe Wahrheit der sozialen Beziehungen in Delhi. Das Blutvergießen hatte mit der Unabhängigkeit Indiens nicht aufgehört. Und diesmal konnte man es nicht den Briten, Pakistan oder dem inneren Feind anlasten. Es war in der Stadt tief verwurzelt.

Jaswant, ein Nachkomme der Bauunternehmer, die Delhi 1911 errichteten, ist ein Spross der Sikh-Aristokratie Delhis. Er ist Anfang siebzig und wirkt recht flott mit seinem Schlapphut und seiner Sonnenbrille in der Hemdtasche.

»In den siebziger Jahren wurde dieses unterschwellige Gefühl der Elite, sie könnte tun und lassen, was immer ihr beliebte, zum Syndrom. Man war berauscht von der Macht. Man schmeichelte sich bei Indira Gandhi ein, und die Kongresspartei sorgte dafür, dass es sich lohnte. Viele von Delhis Großunternehmern gründeten ihre Firmen während des Ausnahmezustandes, als man sich große Vorteile sichern konnte, wenn man Indira unterstützte.«

Jaswant graut es vor Delhis Elite, der er selbst entstammt, sein Verhalten zielt zum Teil bewusst darauf ab, Menschen aus seinen Kreisen zu ärgern und vor den Kopf zu stoßen. Für viele von ihnen ist er ein rotes Tuch. »Ein Irrer«, sagen sie. »Er macht verrückte Sachen. Auf einer Party holt er sein Ding raus und pinkelt vor allen Leuten in die Büsche. Er zieht sich verrückt an, er redet noch verrückteres Zeug, und er schmeißt verrückte Partys.«

Jaswant ist in der Tat ein Exzentriker. Sein Leben ist geprägt von turbulenten, dubiosen Beziehungen und großen persönlichen Tragödien, aber aus alldem ist er eigenwilliger und querköpfiger denn je hervorgegangen. Als Einziger unter all den Menschen, mit denen ich mich über Delhi unterhalte, ist er bereit, über die Gewalt und Ausgrenzung zu sprechen, gegen die so viele von ihnen dank ihrer Schichtzugehörigkeit immun sind. So gesehen, erfüllt seine Überspanntheit einen guten Zweck.

»Schauen Sie sich doch die Kultur hier an. Als die Flüchtlinge aus dem Westpunjab nach Delhi kamen, waren sie anfangs nichts anderes als Karrenschieber. Sie entwickelten einen erstaunlichen Unternehmergeist, und es gab verblüffende Erfolgsgeschichten. Aber heute sind sie geradezu unanständig reich und ohne jedes soziale Gewissen. Sie sind Rassisten, sie haben ihre Anfänge völlig vergessen. Sie waren einmal selbst Flüchtlinge, aber die Millionen Flüchtlinge, die heute in Delhi leben, kümmern sie nicht. Unsere Leute kommen aus dem Nordosten nach Delhi, um hier zu arbeiten, und dann werden sie Tag für Tag sexuell belästigt und vergewaltigt. Es ist furchtbar. Da kocht mir das Blut in den Adern. Ich weiß gar nicht, wie ich's schaffe, nicht rauszugehen und Steine zu werfen.

Wenn Sie den Charakter dieser Stadt kennenlernen wollen, gehen Sie nach Kaschmir oder in den Nordosten und schauen Sie sich an, was auf Geheiß Delhis dort passiert. Indien kann diese Gebiete nur mit militärischer Brutalität, mit Einschüchterung und Vergewaltigung halten. Wenn es dort so etwas wie Rechtsstaatlichkeit gäbe, wären die Gefängnisse voll mit indischen Soldaten, die Menschen verstümmelt und vergewaltigt haben. Auch Mitglieder meiner eigenen Familie säßen dann hinter Gittern, denn die haben den Befehl dazu erteilt. Aber sie sind durch den *Armed Forces (Special Powers) Act* geschützt. Das alles widerspricht natürlich der Verfassung, die das Recht auf Leben garantiert. Aber das spielt heute keine Rolle mehr, denn Rechtsstaatlichkeit existiert hier nicht. Wir leben in einer vollkommen gesetzlosen Gesellschaft. Niemand ist irgendjemandem Rechenschaft schuldig. Die Leute, die in diesem Land das Sagen haben, sind Gesetzesbrecher, alle miteinander.«

Jaswants Grauen vor dem, was ihn umgibt, konkretisierte sich 1984 während der Angriffe auf die Sikhs, von denen auch Leute wie er nicht verschont blieben. Die Menschen in Delhi hatten stets Positionen und Beziehungen angestrebt, die sie gegen das Chaos ringsum abschotten sollten, aber der Mob von 1984 nahm jeden Sikh ins Visier, ganz gleich, wie mächtig.

»Nach Indira Gandhis Ermordung wurden mit Unterstützung durch Presse und Politik in Delhi mindestens fünfzehntausend Sikhs umgebracht. Die offizielle Zahl lag bei dreitausend, aber es waren viel mehr, und es geschah mit unfassbarer Brutalität.

Die Tankstelle meiner Familie neben dem Imperial Hotel wurde umstellt, und die Aufrührer drohten sie niederzubrennen. Der Betriebsleiter informierte mich telefonisch, und ich sagte: ›Warum rufen Sie nicht die Polizei?‹ Er antwortete: ›Die machen doch selbst mit!‹ Schließlich wurden aus dem Hotel Schüsse abgefeuert, und die Menge zerstreute sich.

Ich war mit meinen Kindern allein im Haus. Hindu-Freunde kamen, um uns zu helfen. Sie wussten, in was für einem Zustand ich war, und wollten verhindern, dass ich eine Dummheit machte. Ich hatte angefangen, selbstzerstörerische Dinge zu tun. Ich beschloss, mir lieber selbst die Haare abzuschneiden, als es irgendwelchen vom Staat bezahlten Schlägertypen zu überlassen. Ich zerschlug das Kristall meiner Eltern und schnitt mir die Haare ab. Ich habe sie bis heute aufgehoben.

Ich verlor den Glauben an die Menschheit. Auch an die Freunde, die mir helfen wollten. Ich fühlte mich von ihnen gönnerhaft behandelt. Ich wohnte in Delhi, sie nicht. Wie kamen sie dazu, mich beschützen zu wollen? Meine Familie hat diese verdammte Stadt gebaut. Es hätte umgekehrt sein müssen: Ich hätte sie beschützen müssen.

Zwei Jahre später, als es einmal sehr kalt war, ging mir an einer Ampel der Motor aus. Hinter mir stand ein Motorrad, und der Fahrer ärgerte sich. Er beugte sich in mein offenes Fenster und sagte: ›Lernt ihr Sikhs eure Lektion denn nie?‹ Die Hindus hatten nicht den Hauch eines schlechten Gewissens – sie freuten sich, dass sie uns ›eine Lektion erteilt‹ hatten, und traten weiter drohend und Furcht einflößend auf.

Ein andermal, als ich zu Fuß am Connaught Place unterwegs war, sprach mich ein Mädchen an und fragte, ob sie mir etwas sagen dürfte. Ich dachte, jetzt kommt eine Beleidigung, aber sie sagte: ›Ich wollte Ihnen nur sagen, wie gut Sie mit Ihrem Turban aussehen.‹ Das hat mich tief bewegt, Sie können sich gar nicht vorstellen, wie viel mir dieses Kompliment bedeutet hat.

Aber ansonsten war ich empört darüber, dass niemand das Massaker verurteilt hat. Alle wollten sich nur bei der Kongresspartei lieb Kind machen und schwiegen es einfach tot. Auch die Sikhs. Mein Bruder – er ist Geschäftsmann und verkehrt in Schickeriakreisen – wollte nichts davon wissen. Er schwamm mit dem schmutzigen Strom der Stadt.

Ein andermal bekam ich auf einer Party Streit mit dem Gastgeber, einem ehemaligen Offizier – später brachte er einen Mann um, den er verdächtigte, ein Verhältnis mit seiner Frau zu haben. Ich sagte, die Presse hätte nicht schreiben dürfen, dass die Leibwächter, die Indira Gandhi ermordet hatten, Sikhs waren. Darauf antwortete er ganz kühl: ›Passen Sie auf, was Sie sagen. Sie wissen doch, was jemandem wie Ihnen passieren kann.‹

Ich kenne diese Leute gut: die Ex-Armee- und Marineoffiziere, die Minister, die Grundbesitzer. Das sind brutale, verkommene Kerle, die mit ihrem Verhalten die hervorragende Erziehung, die sie genossen haben, ad absurdum führen. Waffenhändler, Bauunternehmer, Leute, die mächtigen Männern Frauen zuführen – sie bestechen sich gegenseitig, sie kriegen, was immer sie wollen. Der Waffenhandel steht in diesen Kreisen hoch im Kurs, weil man damit reich werden und auch noch sagen kann, dass man Nationalist ist und das Militär beliefert. So hört man das von ihnen. Sie sind stolz auf das, was sie machen. Und ihre Frauen auch: Wenn es opportun ist, mit einem General oder einem anderen hohen Tier zu schlafen, dann tun sie's.

Aber diese Leute sind auch extrem nervös. Sie sind immer auf der Flucht: Sie flüchten sich in Golf und Bridge. Sie flüchten übers Wochenende nach London. Ihr Geld flüchtet auf die Kanalinseln, in die Schweiz und nach Panama. Es ist eine verweichlichte Elite. Alle haben sie Bypässe. Alle haben sie Herzschrittmacher. Alle haben sie Diabetes und Arthritis. Sie sind korrupt, nicht nur in Gelddingen, sondern auch körperlich und seelisch. Sie sind enorm abergläubisch: Sie haben die Finger voller Ringe mit Steinen, die sie vor bösen Kräften schützen sollen, und in ihren Wohnungen stehen in jeder Ecke kleine Götter und Göttinnen. Sie kennen sich selbst nicht, und ihre Konfusion äußert sich in Vorurteilen und Gewalt.«

Jaswants Vorliebe für Indiens marginalisierte Bevölkerungsteile irritiert viele aus seinen Kreisen, sie erscheint ihnen anmaßend und pervers. Doch nach dem, was er 1984 erlebt hat, fühlt er sich unter diesen Menschen auf eine Weise wohl, wie es ihm unter seinesgleichen nicht möglich ist. Den eigenen Leuten gegenüber empfindet er tiefste Verzweiflung. Nur die Armen und Unterdrückten geben ihm Grund zu einem optimistischen Blick auf die Menschheit.

»Was 1984 in Delhi passiert ist, das war ein organisiertes Massaker, und ich glaube nicht, dass die Stadt über die Fähigkeit verfügt, es zu verarbeiten. Die Wunden heilen nicht. Auch meine eigenen nicht. Befreit fühle ich mich nur im Kontakt mit Menschen, die wie ich – aber sehr viel nachhaltiger – Gewalt von Seiten des indischen Staates erlebt haben und noch erleben. Es gibt kaum ein Dorf in Nagaland, das nicht von indischen Soldaten überfallen wurde. Immer wieder. Die Dörfer werden niedergebrannt, die Bewohner siedeln sich woanders an und nehmen damit anderen ihr Land weg. Das erzeugt Gewalt, und dann greift der Staat ein und geht gewaltsam gegen diese Gewalt vor. Der Nordosten ist ein Hexenkessel.

Als ich mit diesen Menschen in Kontakt kam, wurde mir bewusst, dass mein Leiden nichts ist gegen ihres. Sie haben unsagbar gelitten, aber das macht sie auch stark und belastbar. Man hat ihnen die Hände abgehackt und ihre Dörfer zerstört, und doch beschämen sie ihre hochkastigen Unterdrücker durch ihre Würde. Sie wissen sich zu helfen. Sie sind genial. Sie sind Überlebenskünstler. Alles mag in die Luft fliegen – sie halten stand. Die Elite nicht, denn wenn alles auseinanderbricht, ist man auf Würde und Charakter angewiesen, und die haben sie nicht.

Die Menschen im Nordosten kennen ihren Lebensraum genau. Nahrungsmangel gibt es dort nicht. Sie überstehen eine Hungersnot, weil sie wissen, welche Blätter essbar sind, welche Früchte essbar sind. Sie können Hunde essen, sie können Ratten essen, und sie haben eine sehr gute Küche. Sie übertreiben nichts. Und die Hindu-Typen hier? Die dürfen dies nicht essen, die dürfen das nicht essen. Im Grunde sind sie diejenigen, die Hunger leiden, wenn Sie mich fragen.

Sollte Delhi einmal von einer Naturkatastrophe heimgesucht werden, dann bricht hier die Hölle los. Ich sehe es kommen. Ich sehe diese Stadt in Trümmer fallen, in den Staub stürzen. Wenn ein Erdbeben kommt, wenn das Wasser versiegt, dann werden die Menschen einander nicht helfen. Sie werden einander abschlachten.«

Jaswant sagt das alles ganz vergnügt.

»Neulich saß ich auf dem Markt in meinem Wagen und hörte Musik. Neben mir standen drei Polizeiautos, und die Polizisten spielten Karten. Ich stieg aus und fragte sie, warum sie hier seien. Personenschutz für den Sohn eines Ministers, war die Antwort. ›Er will hier Geld ausgeben, er ist ein verantwortungsloser Nichtsnutz, der nur hinter den Frauen her ist und sich volllaufen lässt. Wir sind sein Security-Team, drei Polizeiwagen.‹

Das ist die Gesellschaft, in der wir leben. Von unseren Polizisten wird nicht etwa erwartet, dass sie etwas für die Gesellschaft tun, vielmehr sollen sie die habgierigen Eliten vor ihr schützen. Aber diejenigen, die diese Eliten schützen, haben nur abgrundtiefe Verachtung für sie übrig. Und wenn es so weitergeht, werden sie irgendwann auf sie schießen.«

Fünfzehntes Kapitel

»Jeder will sein Haus im Stil eines russischen Oligarchen eingerichtet haben.«

Ein Innenarchitekt, der für Delhis Reiche arbeitet

Die Ermordung Rajiv Gandhis im Jahr 1991, angeblich durch die Befreiungstiger von Tamil Eelam, gegen die die indische Armee in Sri Lanka vorgegangen war, ereignete sich inmitten des größten Finanzskandals, den das Land je erlebt hatte. Ins Rollen kam der »Bofors«-Skandal durch Gerüchte, das schwedische Unternehmen habe sich einen Vertrag über Waffenlieferungen in Milliardenhöhe durch hohe Schmiergeldzahlungen an mehrere Mitglieder der Kongresspartei gesichert, unter ihnen auch der vormalige Ministerpräsident Rajiv Gandhi selbst. Der Skandal traf den indischen Staat mitten ins Herz, nicht nur wegen der beispiellosen Höhe der Bestechungsgelder – geschätzte vierzig Millionen Dollar[46] –, sondern auch deshalb, weil höchste Regierungsstellen und sogar die Nehru-Dynastie zu den Zahlungsempfängern gehörten.

Was an diesen Vorwürfen wirklich zutraf, wurde nie restlos aufgeklärt. In der Rückschau mutet es aber kurios an, welchen Schock sie auslösten. Der Grund dafür war, dass die Liberalisierung der Wirtschaft, die wenige Monate nach Rajiv Gandhis Tod begann, sowohl den Umfang als auch die Häufigkeit solcher Giga-Deals ansteigen ließ. Sie führte zu einem völlig neuen System von Finanzströmen, das gewaltige Summen in die Hände einer kleinen, fest gefügten Gruppe von Akteuren aus Politik und Wirtschaft gelangen und eine neue indische Oligarchie entstehen ließ.

Für die öffentliche Verwaltung als System der Geldbeschaffung war die Liberalisierung kurzfristig gesehen eine Katastrophe. Das Ende des Genehmigungssystems bedeutete, dass Staatsbeamte keine Macht mehr über die Wirtschaft ausüben konnten. Geschäftsleute brauchten nicht mehr jedes Mal um eine Genehmigung nachzusuchen, wenn sie eine Fabrik erweitern oder ein neues Produkt auf den Markt bringen wollten, und das hieß, dass für Politiker und Beamte ein breiter Strom von Einnahmen versiegte.

Aber die Verwaltung war auch eine Art Wirtschaftszweig, und wie andere Wirtschaftszweige fand sie Mittel und Wege, sich an widrige Umstände anzupassen. Politiker und Beamte suchten nach neuen Einkommensquellen. Statt kleine Beträge von vielen Antragstellern zu kassieren, begannen sie, große Summen von wenigen einzufordern. Und sie verlangten keine Gebühren mehr für die Beseitigung von Hindernissen, sondern »verdienten« ihr Geld damit, dass sie Teilhaber wurden und einen ganzen Wirtschaftssektor übernahmen – den Sektor, der auf die Staatsmacht angewiesen war.

Es kam eine Zeit, als das Big Business seinerseits diese Art von Partnerschaft dringend brauchte. In den Jahren nach der Liberalisierung vollzog sich ein groß angelegter Übergang von Basisressourcen – den sogenannten »Kommandohöhen der Wirtschaft«, die Nehru dem Staat vorbehalten hatte – in Privatbesitz. Dazu gehörten Bergbau, Öl und Gas, die Mobilfunk-Frequenzen, Treibstoff der New Economy – und natürlich Land, die Basisressource par excellence. Wer immer diese Ressourcen in die Hand bekam, würde schließlich märchenhafte Gewinne erzielen. Doch es gab keinen Präzedenzfall für diesen Übergangsprozess: Es war – in Indien wie zur selben Zeit im ehemaligen Sowjetblock – ein Gerangel, dessen Ausgang letztlich in den Händen des politischen Establishments lag. Behaupten konnten sich hier deshalb diejenigen Geschäftsleute, die über gute politische Verbindungen verfügten – und diese Verbindungen schon seit der Zeit Indira Gandhis gepflegt hatten. Da sehr viel auf dem Spiel stand – wer immer die neue indische Wirtschaft kontrollierte, würde zu globaler Bedeutung aufsteigen –, konnten sich die Politiker ihre Gunst auch teuer bezahlen lassen. Plötzlich gab es deshalb Deals in einem Umfang, der Bofors als Kinderkram erscheinen ließ. In den Bestechungsskandalen im Zusammenhang mit der Vergabe von Mobilfunk-Frequenzen Anfang des 21. Jahrhunderts war von Summen in Höhe von zig oder sogar Hunderten Millionen Dollar die Rede. Die Zahl der indischen Milliardäre wuchs rasant, und ihr Vermögen stieg von weniger als einem Prozent des Volkseinkommens 1996 auf zweiundzwanzig Prozent im Jahr 2008. Sechzig Prozent davon erzielten sie in Branchen mit strenger staatlicher Kontrolle: Grundstückserschließung, Infrastruktur, Bauwesen, Bergbau, Telekommunikation, Zement und Medien.[47]

Kein Wunder, dass in Delhi, wo die größten dieser Deals abgewickelt wurden, die Meinung vorherrschte, die reichsten Menschen in der Stadt seien nicht die, deren Einkommen in den Geschäftsberichten von Aktiengesellschaften standen, sondern die, die in uralten weißen Ambassadors herumfuhren und tausend Dollar im Monat verdienten. Politiker vermieden es, große Werte in ihrem eigenen Namen zu erwerben, doch ihre Brüder und Söhne verfügten plötzlich über sagenhaften Land- und Immobilienbesitz und über Beteiligungen in einer fantastischen Vielfalt von Unternehmen. War es nicht verdächtig, wie viele Politikerfamilien bei der Auktion der Indian Premier League Gebote für Kricketteams abgaben? War es nicht ein Zeichen dafür, wie lukrativ politische Positionen für die Amtsinhaber waren, dass sich die Wahlkampfausgaben bei jeder Parlamentswahl verdoppelten[48] – was wiederum die Politiker unter noch größeren Druck setzte, Gewinn aus ihrer Situation zu schlagen? Über Einkommen und Vermögen von Politikern kursierten die abenteuerlichsten Gerüchte. Die Medien versuchten abzuschätzen, um was für Reichtümer es ging: Sie sammelten Beispiele für Prestigekonsum – Häuser, Autos, Kinder auf teuren amerikanischen Schulen –, und es herrschte in dieser Zeit verbreiteter Unmut über den luxuriösen Lebensstil sogenannter Staatsdiener. Doch in vieler Hinsicht ging dieses Interesse an persönlichem Besitz und Fragen des Lebensstils an der Sache vorbei, weil es denen, die dieses Spiel besonders virtuos beherrschten, schon längst nicht mehr auf persönliche Bereicherung ankam. Sie waren mit etwas viel Grandioserem befasst, das ihre unternehmerischen Partner weitaus mehr bereicherte als sie selbst. Diese Menschen waren die Strippenzieher des neuen Indien, und was sie betrieben, war ein System privatisierter Wirtschaftsentwicklung, das seinen Lohn in sich trug – ein System mit einer ganz anderen Struktur als die der »normalen« Wirtschaft, in der Mittelschichtler ihr Geld verdienten und sich Sachen kauften, um ein besseres Leben zu haben.

Mayawati, die Politikerin aus Uttar Pradesh, die als Anwältin der Dalits, also der »Unberührbaren« – zu denen sie selbst gehörte –, und der Unterdrückten allgemein auftrat und schließlich viermal Chief Minister des Bundesstaates wurde, bereicherte sich zweifellos ungenierter als die meisten anderen Politiker. Sie häufte ein riesiges Privatvermögen an (sie war es auch, die das herrschaftliche Wohnhaus in Delhi erwarb, in dem Sadi Dehlvi, die wir oben kennengelernt haben, ihre Kindheit verbrachte). Doch die Paradoxien von Mayawatis Karriere waren nicht nur von der kruden Art »millionenschwerer-Politiker-spielt-Freund-der-Armen«. In der indischen Politik war Geldverdienen kein Beweis mehr für Unredlichkeit, vor allem da eine Frau wie Mayawati – die aus den unterdrückten Klassen stammte, einen von hoher Kriminalität geplagten Staat lenkte und viele Feinde hatte – sich nicht ohne gewaltige Mittel für Protektion und Wiederwahl hätte an der Macht halten können. Und Mayawati zeigte auch tatsächlich ein bizarres, karnevaleskes Engagement für die unterdrückten Massen ihres Staates, denen sie nicht nur Almosen und allerlei Bonbons zukommen ließ, sondern die sie auch – für indische Politiker durchaus unüblich – durch symbolträchtige Bauten und Standbilder ehrte: Seit Nehru hatte wohl niemand mehr ein derartiges Interesse an der politischen Mission von Architektur gezeigt. Knapp außerhalb von Delhi, dort wo die Satellitenstadt Noida auf der Uttar-Pradesh-Seite der Grenze beginnt, schuf sie einen verwirrend kunstvollen Park, in dem vierundzwanzig kolossale Sandsteinelefanten – Symbole ihrer Partei – Statuen von fünfzehn Dalit-Ikonen, unter ihnen auch Mayawati selbst, bewachten. Wie viele Politikerinnen schuf sie sich einen Personenkult, in dem ihre niedere Kaste und ihr großer Reichtum zu positiven Bildern einer neuen Ordnung wurden: Mit großem Pomp feierte sie ihre Geburtstage, an denen sie sich ihren Anhängern in Tausende von Banknoten gewandet zeigte.

Doch neben all diesen Symbolen von Dalit-Stolz und -Reichtum nahm sie eine energische Neugestaltung ihres Staates in Angriff, die ihre Dynamik nicht nur der Größe ihrer eigenen Kriegskasse verdankte, sondern auch ihrer Partnerschaft mit reichen Geschäftsleuten, vor allem einem brahmanischen Ingenieur, der sich zum Geschäftsmann gewandelt hatte. Ihre Rolle in dieser Partnerschaft bestand darin, dass sie den Staatsapparat für Landraub an den Bauern einsetzte und die für die Erschließung erforderliche politische Unterstützung bereitstellte. Ihr Partner sorgte seinerseits für Investitionen und wirtschaftliches Know-how, lieferte dem Staat hervorragend ausgeführte Prestigeprojekte und teilte sich vermutlich mit Mayawati die Gewinne. Keiner der beiden Partner hätte das ohne den anderen vermocht. Was sie gemeinsam auf die Beine stellten, war im Grunde genommen ein Schnellverfahren für wirtschaftliche Entwicklung, das zwar strikt autoritär, im Gegensatz zu dem vergleichbaren chinesischen System jedoch in einer Demokratie angesiedelt war. Der demokratische Zusammenhang stellte das Unternehmen zwar vor zahlreiche zusätzliche Konflikte und Unsicherheiten – Mayawatis fortgesetzte Protektion hing davon ab, dass sie Wahlen gewann, und als sie 2012 abgewählt wurde, gingen die Aktien des Unternehmens in den Keller. Doch dieses System, mochte es noch so turbulent sein, war Indiens Antwort auf das erklärtermaßen noch autokratischere System Chinas. Im Indien der Post-Liberalisierung reichte es nicht aus, Kapital zu haben, denn der Kapitalfluss wurde allenthalben durch gesetzliche und bürokratische Vorschriften behindert: Nur wenn Großkonzerne eine Partnerschaft mit mächtigen und weitsichtigen Politikern eingingen, konnten entsprechende Investitionen getätigt werden.

Wenn man von Delhi aus die Grenze nach Uttar Pradesh überschritt, wurde man nicht nur von den hagiografischen Bildern Mayawatis, sondern auch vom allgegenwärtigen Logo ihres Partners in dem Bauunternehmen verfolgt. Dieses, eine börsennotierte Gesellschaft, deren Aktienmehrheit sich noch immer in der Hand einer einzigen Familie befand, war bereits ein etablierter Konzern gewesen, bevor Mayawati die Bühne betrat – zu ihm gehörten das größte private Kraftwerk und der drittgrößte Zementkonzern Indiens. Im Jahr 2000 weitete das Unternehmen seine Aktivitäten auf Immobilien aus und errichtete in Delhi eine Reihe von Golfplätzen und Wohnanlagen. Es verfügte über Geld und Know-how und war bestens aufgestellt für eine Partnerschaft mit Mayawati, als sie an die Macht kam. Als Erstes sicherte es sich von ihr den Auftrag für den Bau einer achtspurigen Autobahn von Noida nach Agra, wo das Taj Mahal steht, die berühmteste Touristenattraktion von Uttar Pradesh. Der Vertrag sah vor, dass das Unternehmen den Bau selbst finanzieren musste, dafür aber fünfunddreißig Jahre lang Maut von den Nutzern der Autobahn kassieren durfte; danach sollten die Mauteinnahmen an den Staat fallen. Um dem Unternehmen das Projekt schmackhaft zu machen, »schenkte« Mayawati ihm beiderseits der Autobahn insgesamt vierundzwanzig Quadratkilometer Land, das den bäuerlichen Eigentümern für 580 Rupien [2,60 Dollar] pro Quadratmeter zwangsweise abgekauft wurde. Das Unternehmen beschloss, dieses Land für mehrere Projekte zu verwenden – darunter private Townships und ein privater internationaler Flughafen –, die im Lauf der folgenden zwanzig Jahre geschätzte siebenundzwanzig Milliarden Dollar einbringen sollten. Dies alles zusätzlich zu den tausend Hektar, die Mayawati Bauern für das Unternehmen abkaufte, um darauf eine »Sportstadt« zu bauen, inklusive der indischen Formel-1-Rennstrecke. Die finanzielle Bilanz all dieser Transaktionen wurde offenbar noch durch großzügige Steuernachlässe aufgebessert.

Als sie nachträglich erfuhren, dass das Land, das sie dem Staat angeblich für wichtige Infrastrukturmaßnahmen überlassen hatten, in Wahrheit dem Großkapital in die Hände gefallen war, begannen die Bauern zu protestieren: Sie blockierten Straßen, steckten Bürogebäude des Unternehmens in Brand und versuchten, das erste Rennen auf dem Formel-1-Kurs zu sprengen. Die Proteste wurden brutal niedergeschlagen – die Polizei feuerte in eine Gruppe Demonstranten und tötete drei von ihnen – und blieben letzten Endes erfolglos. Der Konzern wuchs unbeirrt weiter, mit neuen Unternehmen in Bergbau, Chemie, Gastronomie, Wasserkraft und Nahrungsmitteln.

Als juristische Gebilde waren Unternehmen wie dieses unberechenbar und undurchsichtig. Zehn- oder Hunderttausende von Firmen befanden sich im Besitz von Gruppen innerhalb anderer Gruppen, manche davon in Privatbesitz, andere börsennotiert. Die Mehrheitsbeteiligung der Gründerfamilien war meist auf viele ihrer Mitglieder verteilt. Entscheidend für ihren Erfolg war, dass sie hohe Kapitalbeträge vor der Öffentlichkeit versteckten, nicht nur, um Steuern zu sparen – was allerdings auch ein Motiv war –, sondern auch, weil sie große Summen Schwarzgeld für Bestechungen, Landkäufe und

Ähnliches benötigten. Viele von ihnen beschafften sich das Geld für Expansionen nicht von Banken, sondern dadurch, dass sie sich inoffiziell gegenseitig Darlehen gewährten, im Rahmen eines Ehrenkodex aus der Zeit vor der Entstehung von Börsen und Aktiengesellschaften. Im Hintergrund all dessen wirkte normalerweise ein Finanzgenie, denn nur ein Experte wusste, wie man Milliarden Dollar Schwarzgeld und legales Geld effizient durch große, komplexe Firmengeflechte schleusen und dabei das Unternehmen stets vor Verdächtigungen und Ermittlungen schützen konnte.

Die Kumpanei zwischen Politik und Big Business gedieh, weil sie Insidern sehr schnelles Handeln ermöglichte. Allerdings bot sie keinen Raum für viele Player. Ihr Erfolg beruhte ja zum Teil gerade darauf, dass Wettbewerb ausgeschlossen wurde: Vor allem internationale Unternehmen hatten so gut wie keine Chance, mit dem politischen Know-how etablierter einheimischer Firmen mitzuhalten. Nein: Das System wurde von wenigen ungeheuer kapitalstarken Figuren aus Politik und Wirtschaft kontrolliert, die miteinander eine unglaublich dynamische Umwandlung der indischen Landschaft herbeiführten. Das waren nicht die apathischen, genusssüchtigen Leute, als die sich die Presse die neue »korrupte« Elite oft vorstellte. Prestigekonsum war Teil ihres Stils, aber das sollte nicht davon ablenken, wie ernst es ihnen mit ihrem Ehrgeiz war. Sie hatten sich in diese Position manövriert, um in atemberaubenden Größenordnungen und halsbrecherischem Tempo handeln zu können. Sie investierten gewaltige Summen in die indische Wirtschaft und bewirkten ungeheure ökonomische Umwälzungen. Selbst diejenigen Politiker, die in den siebziger und achtziger Jahren illegale Gewinne auf Schweizer Bankkonten gebunkert hatten, als die langsam wachsende indische Wirtschaft keinen Anreiz bot, sie im Land zu belassen, investierten jetzt ebendiese Gelder in den Boom. Bei einem Großteil der ausländischen Direktinvestitionen in Indien handelte es sich daher gar nicht um »ausländisches« Geld, sondern um indisches Schwarzgeld, das in Unternehmen auf Mauritius oder den Cayman Islands gesteckt worden war und nun wieder in Indien angelegt wurde. 2010 wurde der aktuelle Wert von Schwarzgeld, das seit der Unabhängigkeit aus Indien ins Ausland geschafft worden war, auf annähernd eine halbe Billion

Dollar geschätzt.[49] In dem Jahrzehnt nach 2000 fiel aber auch auf, dass auf das winzige Mauritius über einundvierzig Prozent der ausländischen Direktinvestitionen in Indien entfielen; so hieß es 2012 in einem Bericht des indischen Finanzministeriums: »Mauritius und Singapur mit ihrer geringen Wirtschaftskraft können nicht die Quelle solch umfangreicher Investitionen sein; offensichtlich werden die Investitionen durch diese Länder geschleust, um Steuern zu vermeiden und/oder die Herkunft der Gelder vor den für die eigentlichen Investoren zuständigen Finanzbehörden zu verbergen; in vielen Fällen könnte es sich um indische Staatsbürger handeln.«[50] Mitglieder dieser korrupten Elite wurden so in gewissem Sinne zu hochgradig produktiven Akteuren der Wirtschaft. Politiker und ihre Geschäftsfreunde waren wie feudale Risikokapitalgeber, die in einem bestimmten Bereich eine Zwangssteuer erhoben und die Gelder sofort in neue Unternehmen investierten.

Das ist der Grund, warum Leute, die diese Vorgänge von außen beobachteten, in Begeisterung ausbrechen konnten: Es hatte den Anschein, dass dieser krumme Weg zur Wirtschaftsentwicklung, auf dem Politiker große Summen abschöpften, die sie dann unter Vermeidung all der Reibungsverluste durch politische Genehmigungsverfahren und offizielle finanzielle Prozeduren in dynamische, spektakuläre Projekte investierten, eventuell die einzige Möglichkeit darstellte, die chaotischen Energien Indiens für sinnvolles Handeln nutzbar zu machen. Als ich Raman Roy, den blitzsauberen Vater des indischen Business Process Outsourcing, den wir am Beginn dieser Reise kennengelernt haben, nach seiner Prognose für die indische Wirtschaft fragte, setzte er große Hoffnungen in diese Grauzone zwischen Politik und Wirtschaft, deren Einzigartigkeit er mit fast patriotischer Zuneigung rühmte.

»Glücklicherweise haben wir in Indien den warmen Regen des politischen Geldes, der gewaltige Kapitalmengen in das System pumpt. Und es gibt auch enorme Talente und enormen Weitblick. Während Wirtschaftsunternehmen von Quartal zu Quartal operieren, visieren Politiker einen Zeitraum von fünf bis zehn Jahren an. Deshalb arbeiten die beiden Bereiche so gut zusammen. Nehmen Sie nur all die neuen Luxushotels: Politiker erwerben die Grundstücke und schaffen in Zusammenarbeit mit Unternehmen Weltklasse-Produkte. Das ist ein erprobtes Modell. Zurzeit richtet es sich an die Crème de la Crème, aber später wird es auch den Massen dienen. Heute fließt Schwarzgeld nämlich grundsätzlich wieder zurück in normale unternehmerische Aktivitäten. Unsere Beamten verfügen über enorme administrative Fähigkeiten, und die Verbindung von politischem Wohlstand, bürokratischem Geschick und unternehmerischer Führungsqualität ergibt reine Magie.«

Es darf nicht unerwähnt bleiben, dass dieses System Menschen belohnte, deren Tätigkeiten gemeinhin als betrügerisch gelten und deshalb bei sogenannten kultivierten Leuten auf unverhohlene Verachtung stießen. Nur wenige der neuen Milliardäre kamen aus der alten, anglisierten Elite, der die erforderliche Umtriebigkeit im Lauf der Jahre fremd geworden war. Viele von ihnen waren aus umliegenden Staaten – wie Uttar Pradesh und Haryana – nach Delhi gezogen und hatten dort schon vorher auf lokaler Ebene Verbindungen zwischen Politik und Wirtschaft gepflegt. Englisch war oft nicht ihre erste Sprache, und ihr Geschmack ließ noch zu wünschen übrig. Sie ließen sich Rolltreppen in ihre Häuser einbauen, weil sie die aus Fünfsternehotels kannten, sie warfen mit Geldscheinen um sich wie Feudalherren und engagierten Schauspieler aus Bombay und Rap-Stars aus Los Angeles für ihre Hochzeitsfeiern. Aber vielleicht zählte das ja inzwischen zum guten Geschmack. Sicher schien auf jeden Fall, dass die Verachtung der alten Elite für diese Menschen inzwischen vorgestrig war. Mit ihrer Vorliebe für blankes Geld, als Prinzip und als Stil, war die sich herausbildende neue Schicht sehr gut für den Erfolg gerüstet, nicht nur im neuen Indien, sondern auch in der übrigen Welt, die auf breiter Front nachzog.

Weiter oben haben wir gesehen, wie gern und oft Indien mit Amerika verglichen wurde. Doch das war zum größten Teil pure Ideologie. Indien besaß viel offensichtlichere Ähnlichkeiten mit Amerikas Alter Ego: Russland. Indien und Russland hatten beide ein System des Staatskapitalismus gehabt, das in den achtziger Jahren gescheitert war und dadurch eine neue Klasse gewiefter, im Verborgenen operierender Unternehmer hatte entstehen lassen, die zum Zug kam, nachdem die alten Systeme fast gleichzeitig zusammengebrochen waren.

Beide Länder entwickelten von da an Systeme, in denen das Bestehen einer Wahldemokratie nicht den Aufstieg einer Klasse von Oligarchen verhindern konnte, die das politische System dazu nutzten, die Kontrolle über die Basisressourcen ihres Landes an sich zu reißen. Beide Länder hatten eine Hauptstadt, Moskau und Delhi, in der die Mehrheit verbittert zusah, wie eine kleine Gruppe die Großmachtpolitik für ihren eigenen wirtschaftlichen Nutzen missbrauchte.

Dennoch traten die geografischen Unterschiede, selbst die zu Amerika, allmählich in den Hintergrund. Anfang des 21. Jahrhunderts, so schien es, war die Frage allzu mächtiger Wirtschaftseliten überall nur noch eine Lokalnachricht. In der globalen Kultur fand eine konvergente Entwicklung statt, aber nicht in der Richtung, die wir aufgrund unserer Ausbildung erwartet hätten. Vielleicht tendierte tatsächlich alles zu Russland hin. Wir hatten uns immer vorgestellt, Russland sei die primitive Vergangenheit des globalen Kapitalismus. Vielleicht war es jedoch seine Zukunft.

Mickey Chopra betritt schüchtern die ruhige Hotel-Lobby, in der wir verabredet sind. Er trägt einen schwarzen Turban und einen Anzug, ist untersetzt und muskulös und lispelt leicht. Er ist achtundzwanzig Jahre alt.

Gesprächig ist er nicht gerade. Um das Eis zu brechen, erwähne ich eine gemeinsame Freundin, und wir reden eine Weile über sie. Er wird lockerer.

Ich frage ihn nach seinem Leben.

»Als Kind«, sagt er, »dachte ich, mein Vater arbeitet beim Staat. Ich fragte immer: ›Warum haben wir dieses große Haus?‹ Die Antwort war: ›Dein Großvater hat es gebaut, dann haben wir unser Geld verloren, und jetzt arbeitet dein Papa beim Staat.‹«

In Wahrheit leitete sein Vater eine große Firmengruppe in den Staaten Uttar Pradesh, Haryana und Punjab. Das wichtigste Standbein dieses Imperiums war der Spirituosen-Einzelhandel, eine Branche, in der Gangster-Staaten wie Uttar Pradesh nur den Gerissenen, Charismatischen und Gewalttätigen eine Chance ließen.

»Natürlich gab es da auch Schlägertypen – ein solches Unternehmen kann man nur mit starker Hand führen –, aber mein Vater hat immer dafür gesorgt, dass wir sie nicht zu Gesicht bekamen. Er glaubte an Disziplin. Er sagte: ›Wenn du etwas ausfrisst, also zum Beispiel mit Alkohol am Steuer erwischt wirst, kann ich dich nicht raushauen.‹ Viele Leute sagten ihren Söhnen, ich kann dich überall raushauen. Das ist eine andere Mentalität. Natürlich bin ich später dahintergekommen, dass es nichts gab, wo mein Vater mich nicht hätte raushauen können.«

Mickeys Vater ist während dieser Unterhaltung ständig zugegen, als eine Art geistiger Prüfstein.

»Die Firma wurde 1952 von meinem Urgroßvater gegründet. Meine Familie hatte eine Viehzucht im westlichen Punjab und verlor 1947 alles. Sie übersiedelten nach Uttar Pradesh, wo sie sehr zu kämpfen hatten, um über die Runden zu kommen.

Als mein Vater in den achtziger Jahren die Firma übernahm, hatte meine Familie Schulden. Jetzt macht die Gruppe einen Jahresumsatz von einer Milliarde Dollar. Der Erfolgswille meines Vaters ist phänomenal. Wenn er sich etwas vornimmt, zieht er es auch durch. Ich würde mit niemandem lieber tauschen als mit ihm.«

Mickey spricht vom Familienunternehmen in der ersten Person Plural. Er ist mit Geschäftsideen und -techniken aufgewachsen, und sie gehören für ihn zur Umgangssprache.

»In unserer besten Zeit hatten wir mit unserem Spirituosenhandel einen landesweiten Marktanteil von neunzehn Prozent. Damals versteigerte der Staat Lizenzen für Spirituosenläden an den Meistbietenden. Später wurde dann ein Lotteriesystem eingeführt, um die Entstehung von Monopolen zu verhindern. Aber wir konnten weiter expandieren, weil wir so viele Mitarbeiter hatten. Bei jeder Lotterie in unserer Region waren achtzig von hundert Bewerbern Leute von uns.«

Mickey besuchte mehrere teure Schulen, wurde aber mehrmals hinausgeworfen und brach mit sechzehn endgültig seine Schulbildung ab. Für ein, zwei Jahre ging er nach London, um sich ein schönes Leben zu machen: Nachtclubs, Partys und alles, was sich ein Teenager mit einem dicken Bankkonto sonst noch ausdenken kann.

Als er zurückkam, wurde ihm eine der Zuckerfabriken der Familie anvertraut. Aber er war nicht mit dem Herzen dabei, und zu der Zeit lief bereits der Immobilienboom. 2001 gründete die Familie eine Immobilienfirma, und Mickey, einundzwanzig Jahre alt und ohne jede Ausbildung, bekam die Aufgabe, die größte Shoppingmall Nordindiens zu bauen.

»Als ich in England war, bin ich sehr viel in Malls rumgelaufen und hab mir angesehen, wie sie gemacht waren. Es ist ja sinnlos, das Rad neu zu erfinden. Ich weiß besser als irgendjemand sonst in Indien, wie man eine Mall aufbaut, wie man seine Marken anordnet. Mein Vater hatte keine Erfahrungen auf diesem Gebiet, deshalb habe ich mir alles selbst beigebracht. Ich habe Computersysteme eingeführt: Ich habe Oracle-Programmierung gelernt, weil die einschlägigen Dienstleister nichts getaugt haben. Dann habe ich mir alles über die neuesten Bautechniken angeeignet. Bei meiner ersten Mall wurden vorgefertigte Stahlpfeiler verwendet, die bis dahin in indischen Malls noch nie benutzt worden waren. Vor Kurzem habe ich mich im Finanzwesen ausgebildet. Ich habe online Texte über die Branche gelesen, und jedes Mal, wenn ich ein Wort nicht kannte, habe ich es nachgeschlagen. Vor einem halben Jahr hatte ich noch keine Ahnung, und heute kann ich Finanzbesprechungen mit PriceWaterhouse leiten.«

Mickeys Mall war berühmt für ihren höchst luxuriösen Hightech-Nachtclub. Das war Mickeys Lieblingsprojekt, sein persönlicher Partybereich, in dem es für ihn und seine Freunde Champagner ohne Ende gab – und sein allabendlicher Einzug dort, umgeben von Bodyguards, war immer ein Highlight.

»Eine Zeit lang war ich der begehrteste Mann in Delhi. Alle Welt wollte mit mir befreundet sein. Frauen wollten mit mir schlafen. Ich sagte zu meiner Frau: ›Wenn ich nicht verheiratet wäre, wäre alles ganz anders.‹ Viele Leute waren nur Fassade.«

Wie viele reiche Jungen in Delhi bekam Mickey eine große Hochzeitsfeier ausgerichtet, zum Abschied von seinen wilden Jahren. Er war zweiundzwanzig und heiratete seine Kindheitsfreundin; bei dem Empfang mit sechstausend geladenen Gästen gab es Tanzvorführungen von Bollywood-Divas. Mickey macht noch immer gern Party, und wie ich im Verlauf unseres Gesprächs feststelle, wird er relaxed und witzig, wenn er etwas getrunken hat, aber es besteht kein

Zweifel, dass er ein vollwertiger Geschäftspartner für seinen Vater ist. Er denkt daran, seinen Club dichtzumachen: Er hat keine Zeit mehr hinzugehen, und er möchte nicht, dass ihn irgendjemand anderer führt. Er betreibt indienweit fünf Shoppingmalls und hat weitere Projekte mit einer Gesamtfläche von über fünfhundert Hektar laufen. Und das ist erst der Anfang. Für die Zukunft hat er noch viel größere Pläne.

»Vor Kurzem haben wir 280 000 Hektar für fünfundsiebzig Jahre gepachtet; wir engagieren uns in Lebensmittelverarbeitung, Zucker und Blumenplantagen.«

Er äußert das so nüchtern, dass ich nicht sicher bin, ob ich richtig gehört habe. Wir haben bereits darüber gesprochen, wie mühselig Grunderwerb in Indien ist – man muss einzelnen Bauern jeweils zwei bis fünf Hektar abkaufen. Ich kann mir nicht vorstellen, wie es ihm gelingen könnte, einen derart großen Grundbesitz zu erwerben.

»Wo?«, frage ich.

»In Äthiopien. Mein Vater hat einen Freund, der dort vom äthiopischen Staatspräsidenten Land für eine Rinderfarm erworben hat. Der Präsident sagte ihm, er hätte noch mehr Land zu verkaufen. Mein Vater sagte: ›Das ist es, danach hab ich schon lange gesucht, das lassen wir uns nicht entgehen.‹ Wir gehen da mit Boris Beresowski rein.[51] Afrika ist unglaublich. Da geht die Post ab. Man spricht da über Zahlen, die sind einfach unvorstellbar. Reliance, Tata, die ganzen indischen Großunternehmen lassen sich dort nieder, aber wir sind noch immer allen anderen voraus. Ich werde das die nächsten acht Jahre selbst in die Hand nehmen, das steht schon fest. Einem CEO übergebe ich das erst, wenn es meinen Vorstellungen entspricht. Das wird der Wahnsinn. Sie sollten dieses Land sehen: üppig, grün, schwarze Erde, Flüsse.«

Mickey erzählt mir, dass er hundert Bauern aus dem Punjab hat, die nur darauf warten, für ihn nach Äthiopien zu gehen, sobald die Formalitäten erledigt sind.

»Die Afrikaner sind dazu nicht in der Lage. Die Punjabi-Bauern sind gut, weil sie sich mit der Bewirtschaftung großer Flächen auskennen. Sie fürchten sich nicht davor, zweitausend Hektar zu bestellen. Und ich gehe dahin und gründe Polytechnika, an denen dann die

Afrikaner ausgebildet werden, die wir brauchen, wenn die Zuckerfabriken anlaufen.«

Bauern aus dem Punjab zur Arbeit auf afrikanischen Plantagen zu verschicken ist ein Plan von imperialen Dimensionen. Und es hat auch etwas Imperiales, wie er »Afrikaner« sagt. Ich bin verblüfft, und ich sage es ihm.

»Danke«, sagt er.

»Was ist denn aktuell auf diesem Land?«, erkundige ich mich.

»Nichts.«

Mickey ist sichtlich erfreut, darüber reden zu können. Es dämpft offenbar seinen Optimismus in keiner Weise, dass die Rezession zurzeit in aller Munde ist. Er bestellt sich noch ein Bier, obwohl wir die vereinbarte Zeit schon überschritten haben. Ganz plötzlich finde ich ihn charismatisch. Mir wird klar, warum er Erfolg hat: Er hat mich – wie offenbar auch andere – überzeugt, dass er alles erreichen kann. Ich frage ihn, wie er so zu denken gelernt hat.

»Ich bin erst achtundzwanzig«, sagt er. »Warum nicht?«

Er läuft zur Hochform auf.

»Wir werden zu den fünf größten Lebensmittelkonzernen der Welt gehören. Wissen Sie, welche Firma ich als erste aufkaufen werde? Heinz.«

Mich interessiert sein »Warum nicht?«. Kann es sein, dass mit einer so flapsigen Begründung 280 000 Hektar äthiopisches Land gerodet und Hunderte von Bauern um die halbe Welt verschickt werden? Ich frage mich, wie sich das für ihn aus emotionaler Sicht darstellt. Mir kommt das Ganze eher wie ein Jux vor.

»Manchmal frage ich mich, warum ich arbeite«, sagt er. »Ich stelle mir diese Frage wirklich. Aber was sollte ich sonst machen? Man kann nicht 365 Tage im Jahr irgendwo am Strand liegen. Also denke ich mir so verrückte Sachen aus. Ich mag es, wenn man sich was zusammenspinnt, und es ist so verrückt, dass man ganz blöd im Kopf wird und denkt: ›Wieso soll ich das machen?‹ – und dann sagt man sich: ›Warum nicht?‹«

Am liebsten möchte ich ihn darauf hinweisen, dass das Leben für jemanden wie ihn mehr Möglichkeiten bereithält, als nur am Strand zu liegen. »Blöd im Kopf« klingt danach, als ginge es ihm nur darum, sich einen Kick zu verschaffen. Ich frage ihn, wofür er das viele Geld ausgeben will.

»Momentan fahre ich einen BMW 750i. Der ist gut für die langen Fahrten zu der Mall, die ich in Ludhiana baue. Mein Traumauto ist ein Aston Martin DBS. Aber den kauf ich mir später, wenn ich ihn mir wirklich verdient habe. Mein Vater wollte schon vor drei Jahren, dass ich mir einen netten Sportwagen kaufe, aber ich hab ihn vertröstet. Ich setze mir bestimmte Ziele. Wenn ich vierzig bin, will ich ein fünfzig Meter langes Boot. Und ein nettes Gulfstream-Flugzeug. Und ich will sie mir leisten können, ohne mich krummlegen zu müssen.«

Das klingt, als sparte er auf ein Moped oder einen Kühlschrank, und kommt mir seltsam banal vor. Dieser Mann träumt von den abenteuerlichsten Arten, Geld zu verdienen, aber wenn es ans Ausgeben geht, denkt er wie ein Normalbürger. Sein kleinbürgerliches Vokabular passt so gar nicht zu seinen Millionärsplänen, und ich frage mich, ob er den Kauf seines Sportwagens hinausschiebt, um sich nicht zu früh weitere Firmenaufkäufe zu verbauen. Ich überlege, ob das Ganze nicht an Unsinn grenzt, ob er nicht in Wirklichkeit noch darauf wartet, dass ihm jemand eine sinnvolle Verwendung für das Geld nennt, um das herum sein Leben aufgebaut ist.

Unversehens wird er philosophisch.

»Ich bin nicht religiös, ich bin spirituell. Mein Grundprinzip ist: Alles holt einen irgendwann ein. Es kommt alles wieder, da können Sie Gift drauf nehmen. Ich lebe nach vedischen Prinzipien. Diszipliniert. Keine Götzenanbetung, keine dummes Hinnehmen. Aber auch, dass man sich nicht von anderen ohne Gegenwehr schlagen lässt. Man muss es ihnen heimzahlen.«

Ich bin mir nicht sicher, wie sich dieser letzte Punkt mit seinem Grundprinzip verträgt, aber ich frage ihn nicht danach. Mickey meint es vollkommen ernst. Er lässt mich an seinem Wissen teilhaben. Er erzählt mir eine Geschichte.

»Neulich war ich auf einer Party, der Getränkekellner hatte das Tablett ein bisschen zu früh zurückgezogen, und ein Gast, der keinen Drink erwischt hatte, nahm eine Flasche Mineralwasser und sprühte es dem Mann ins Gesicht. Ich bin sofort zum Gastgeber gegangen, und der hat den Mann rausgeworfen. Man muss wissen, wie man sich zu benehmen hat. Manche Leute spüren nur, dass sie Geld haben, wenn sie andere aufs Kreuz legen können. Man muss wissen, wie man mit normalen Menschen umgeht. Es gibt zwei Arten von Reichen, wissen Sie. Es gibt Leute, die schon lange Geld haben, und denen ist es scheißegal, wer Sie sind: Sie sind auf jeden Fall nett zu Ihnen. So wie ich nett zu allen bin. In ihrer Gesellschaft wird einem zwar bald langweilig, weil sie nur davon reden, dass sie gerade aus Cannes oder Saint-Tropez zurück sind, aber sie sind immer nett. Leute, die in den letzten fünf Jahren reich geworden sind, kreuzen dagegen bei einer Party auf und legen als Erstes ihren Autoschlüssel auf den Tisch, damit man sieht, dass sie einen Bentley fahren. Die wissen nicht, wie man sich benimmt.«

Mickey ist beschwipst, und er spricht von Grenzen, die ihm klarer sind als mir. Nicht zum ersten Mal hat er gesagt: »Man muss wissen, wie man sich benimmt.« Wieder einmal habe ich das Gefühl, dass seine Opposition gegen den Nihilismus der Reichen Delhis umso glühender ist, weil er sich selbst nicht ganz frei davon fühlt. Er pflegt vertrauten Umgang mit all den aggressiven jungen Typen, denen er und seinesgleichen ihren schlechten Ruf verdanken, und ist beeindruckt von Musterbeispielen der Zurückhaltung.

»Ein Freund von mir ist Multimilliardär«, sagt er, »und ich habe ihn gefragt, welches Auto man seinen Kindern am besten kauft – ich hatte da schon Kinder –, und er hat gemeint, einen Toyota Innova. Er könnte es sich leisten, seinen Kindern einen Jet zu kaufen, aber er tut es nicht. Sie müssen ihn sich verdienen. Er kauft ihnen nur einen Innova. Wissen Sie, die Leute beschweren sich über ungeratene Kinder, aber die Eltern sind selbst schuld. Einzig und allein die Eltern. Die haben ihre Kinder versaut, und wenn das mal passiert ist, lässt es sich nicht mehr rückgängig machen. Den einen Tag fährt der Typ einen Maruti 800, den nächsten eine S-Klasse, und er kauft seinen Kindern BMWs, wenn sie zehn Jahre alt sind, und die drehen einfach durch. Die Kinder werden versaut.«

Leute wie Mickey reden über Delhi als ein Eldorado, in dem man über Nacht reich wird, fast ohne darum gebeten zu haben. In diesem Land, in dieser Zeit, sagen sie, muss man ein Vollidiot sein, um keinen Erfolg zu haben. Aber bei allem Gerede über das »neue Geld« sind die meisten Vermögen in Delhi genau genommen nicht neu. Sie sind in den letzten Jahren explodiert, das stimmt schon, und kleinstädtische Unternehmen haben sich tatsächlich in großstädtische oder sogar globale verwandelt. Aber sie beruhen auf Einfluss, Vermögen und Verbindungen, die über Jahrzehnte hinweg aufgebaut wurden, und so gesehen sind sie ganz und gar herkömmlich. Die plötzliche Prominenz einer neuen Provinzelite sollte nicht zu der Annahme verleiten, die Wirtschaft wäre irgendwie demokratisch geworden. Leute wie Mickey hatten schon immer Geld, und aus diesem Blickwinkel sehen sie die Welt. Das mörderische, dürre Delhi, als das es so viele Menschen erleben, kennen sie nicht.

»Wo sehen Sie sich in der Pyramide von Delhis Reichtum?«, frage ich ihn. »Es kann doch nicht so viele Leute mit Milliardenumsätzen geben.«

»Sie haben ja keine Ahnung.« Er lächelt herablassend. »Die meisten hängen ihr Geld nicht an die große Glocke. Sie wollen nicht unter die Lupe genommen werden. Ich würde mein Unternehmen nie an die Börse bringen.«

»Wer ist der mächtigste Mensch in Delhi?«

»Das hängt ganz von der Politik ab. Man kann eine Milliarde besitzen, aber wenn man keine Beziehungen hat, heißt das gar nichts. Meine Familie baut seit zwei Generationen Beziehungen auf, und wir kennen jeden. Wir kennen Leute in jeder Partei, und es schadet uns nie, wenn die Regierung wechselt.«

»Warum sind Sie dann mit Bodyguards unterwegs?«

»Die Polizei von Uttar Pradesh hat mitbekommen, dass es Pläne gibt, mich zu entführen, und meinen Vater informiert. Die Menschen wollen Geld und denken an die einfachste Art, es zu bekommen, nämlich dadurch, dass sie es jemandem wegnehmen. Sie bringen selbst nichts Konstruktives fertig, also denken sie kurzfristig. Wir brauchen mehr Professionalität in Indien. Mehr Corporate Governance. Dann können wir es der ganzen Welt zeigen.«

Aus gutem Grund ist Mickey Indien dankbar.

»Seit ich vierzehn war, ist mir klar, dass Indien das einzig Wahre ist. Ich liebe dieses Land, hier geht die Post ab. Anderswo hat man vielleicht genauso viel Geld wie Lakshmi Mittal, ist aber trotzdem ein Bürger zweiter Klasse. Das hier ist verdammt noch mal unser Land. Hier spielt die Musik.«

Mickey berichtet von seiner Abneigung gegen Amerika.

»Warum sollte Walmart nach Indien kommen? Gegen Gucci und Louis Vuitton habe ich nichts – die stören das soziale Gefüge nicht. Aber Walmart sollte man nicht reinlassen. Wir haben siebenhundert beschissene Jahre lang in Sklaverei gelebt. Wir sind erst seit knapp siebzig Jahren frei. Geben Sie uns noch dreißig, und wir kaufen Walmart. Ich sage Ihnen, neulich auf einer Party hatte ich die Arme um zwei Weiße gelegt, und plötzlich hab ich sie weggestoßen und gefragt: ›Warum seid ihr eigentlich noch hier? Wir brauchen euch Typen nicht mehr.‹«

Achtundzwanzig Jahre alt, weitgereist und reicher als die meisten Menschen auf der Welt, hat Mickey trotzdem erstaunlich ausgeprägte Ressentiments gegen Weiße. Ich frage ihn, inwiefern die Welt anders wäre, wenn sie von Indern regiert würde.

»Sie wäre spiritueller«, sagt er. Doch dann überlegt er einen Moment und sagt:

»Nein. Sie wäre keinen Deut anders.«

Ich beende unser Gespräch. Mickey zahlt, und wir gehen auf den stillen Parkplatz hinaus.

»Danke«, sagt er und schüttelt mir die Hand. Ich weiß eigentlich nicht, warum.

Sein Fahrer öffnet die Tür des BMW, und Mickey steigt ein. Das Tor geht auf, der BMW gleitet hinaus, gefolgt von einem SUV voller Leibwächter.

Mickey wohnt ungefähr zweihundert Meter entfernt.

Ich fahre nach Hause und denke über unsere Unterhaltung nach. Ein kleines Detail fällt mir ein: Als ich auf der Toilette war, hat er meine Abwesenheit genutzt, um einer gemeinsamen Freundin eine SMS zu schicken. Nur um zu überprüfen, ob ich sie wirklich kenne. Irgendwo steckt in Mickey etwas Wachsames, Einschüchterndes.

Ich bin noch unterwegs, als er mir eine SMS schickt, um mich zu bitten, bestimmte Dinge, die er gesagt hat, nicht zu zitieren. Ich schreibe zurück:

»ok wenn sie mir noch eine frage beantworten. was bedeutet ihnen geld?«

Er antwortet sofort:

»Als eins der Endprodukte meiner Arbeit bedeutet es mir sehr viel. Ich achte es, es verschafft mir noch mehr harte Arbeit und nebenbei ein bisschen Luxus (:«

Wie andere politische Kraftmenschen, die sich mit Hygiene und Fortpflanzungsdisziplin befassten, hatte auch Sanjay Gandhi davon geträumt, ein »Volksauto« für sein Land zu entwickeln.

Sanjay war in Autos und Flugzeuge vernarrt. Er hatte keine akademischen Neigungen und besuchte kein College; stattdessen arbeitete er drei Jahre als Lehrling bei Rolls-Royce in England. 1967 kehrte er mit einundzwanzig Jahren nach Indien zurück und erzählte seiner Mutter, der neuen indischen Ministerpräsidentin, von seiner Idee, eine neue Autofirma zu gründen. Er nannte sie Maruti Motors Ltd. – »Maruti« ist ein Beiname des ultrabeweglichen Affengottes Hanuman. Mithilfe des politischen Apparats der Kongresspartei erwarb er im nahen Haryana 120 Hektar Land für eine Fabrik. Der Name und das Land waren bis zu seinem Tod seine wichtigen Beiträge zu dem Unternehmen. Die spätere Kooperation mit Suzuki und die Revolution, die Maruti auf dem indischen Markt für Mittelklassewagen auslöste, waren das Werk anderer.

Doch Sanjay Gandhis Entscheidung, Maruti in Gurgaon anzusiedeln, war langfristig von großer Tragweite. Sie fiel zu einem Zeitpunkt, als die Stadt Delhi mit ihren Gewerbeimmobilien an Grenzen stieß. Weder die Briten noch Nehru hatten in der Stadt Grund und Boden für die zahlreichen Firmen reserviert, die sich von den siebziger Jahren an dort ansiedelten, und deshalb arbeiteten viele von ihnen in normalen Häusern oder in Hotels. Die Entwicklungsbehörde DDA reagierte auf diese Situation mit einem einzigen Zugeständnis, dem Nehru Place, einem Labyrinth inzwischen verfallender Gewerbebauten im Südosten der Stadt. Doch jedem, der zwanzig Jahre vorausdenken konnte, war klar, dass die Stadt aus allen Nähten platzen würde.

Einer dieser Weitsichtigen war Kushal Pal Singh, der Mann hinter dem sagenhaften Aufstieg Gurgaons. Sein Schwiegervater, ein Verwaltungsbeamter und Militär aus dem Punjab, gründete etwa zur Zeit der Teilung eine Immobilienfirma, die sich an der Entwicklung neuer Wohnviertel für die Wellen der neu ankommenden Flüchtlinge beteiligte; damit war jedoch kaum noch ein Geschäft zu machen, als die DDA gegründet wurde. K. P. wurde beauftragt, der Firma, die später DLF hieß, wieder auf die Beine zu helfen, und er begann, Ackerland im Süden der Stadt um die mittlerweile stillgelegte Fabrik von Sanjay Gandhi herum aufzukaufen. So schildert er den Vorgang:

> »Es war unglaublich mühsam, das Vertrauen der Bauern zu gewinnen. Ich verbrachte Wochen und Monate mit ihren Familien. Ich trug Kurtas, saß auf Charpoys, trank Milch aus schmutzigen, fliegenwimmelnden Gläsern, nahm an Hochzeiten teil, machte Krankenbesuche. Um zu verstehen, warum das so wichtig war, muss man die Besonderheiten des Grundbesitzes kennen. Die durchschnittliche Größe lag bei knapp zwei Hektar, die jeweils einer Großfamilie gehörten. Für einen juristisch einwandfreien Kauf brauchte ich die Zustimmung jedes einzelnen erwachsenen Familienmitglieds. Das konnten bis zu dreißig Leute pro Kaufvertrag sein. Die verheirateten Töchter waren oft besonders schwer zu überzeugen, weil das männliche Familienoberhaupt sich weigerte, den Kaufpreis auch mit ihnen zu teilen. Deshalb fuhr ich zu ihnen nach Hause und zahlte die Töchter heimlich aus. Erstaunlicherweise haben mir die Bauern von Gurgaon Land auf Kredit verkauft. Ich zahlte einen Bauern aus, ließ mir von ihm sofort ein Darlehen in gleicher Höhe geben und kaufte damit weiteres Land. Der gute Ruf der Firma bewog sie, als Bankiers für DLF zu fungieren. Das bedeutete aber auch, dass ich mit den Zinszahlungen besonders gewissenhaft sein musste. Die Zinsen mussten bei jedem Wetter jedem Bauern spätestens am dritten jedes Monats um zehn Uhr morgens ausbezahlt werden. Wir haben in Gurgaon 1400 Hektar Land gekauft, mehr als die Hälfte davon auf Kredit, ohne dass DLF auch nur ein einziges Mal verklagt worden wäre.«[52]

Auch wenn dieser Bericht manches beschönigen mag, war Singhs unternehmerisches Wagnis bemerkenswert. Selbst wenn alles gut ging, würde es Jahrzehnte dauern, bis sich seine Investition amortisierte. Und bei den damaligen Verhältnissen brauchte man schon sehr viel Fantasie, um eine künftige Rendite auch nur entfernt für möglich zu halten. Gurgaon war ein dürres, unzugängliches Gebiet, in dem nur Ziegenhirten auf der hartgebrannten Erde umherzogen. Es gab in dem ganzen Dorf nur acht Autos, und Ferngespräche mit Delhi mussten eine Stunde vorher angemeldet werden. Der Besitzer des einzigen kleinen Ladens trocknete sein Getreide auf dem Gehsteig; Essen bekam man nur in einer kleinen Garküche. Als K. P. Singh Bauunternehmer in Delhi bat, in dieses abgelegene Buschland hinauszufahren und über Wohnanlagen für die Reichen und Erfolgreichen zu verhandeln, hielt man ihn für verrückt. Noch 1994, als ein Entertainmentkomplex mit Disco und Bowlingbahn gebaut wurde, musste der Eigentümer dort eine Straßenbeleuchtung installieren und Security-Autos patrouillieren lassen, damit die Besucher sich sicher fühlten. Doch mit der Ansiedlung von Großunternehmen Ende der neunziger Jahre änderte sich alles. Als ich 2001 zum ersten Mal in Gurgaon war, bot sich mir ein bizarrer, faszinierender Anblick: Riesige glitzernde Wolkenkratzer erhoben sich aus der staubigen Landschaft Haryanas, gekrönt von den Logos einiger der größten Multis der Welt: Microsoft, IBM, Ericsson.

Aber nicht nur Großunternehmen ließen sich dort nieder. DLF versprach einen besseren Lebensstil, ein »neues Singapur« mit geschlossenen Wohnkomplexen, Golfplätzen und Shoppingmalls, und schon bald kehrten auch viele Angestellte der Unternehmen der mangelhaften Infrastruktur und politischen Kultur Delhis den Rücken und übersiedelten nach Gurgaon. Die indischen Banken, die dank des Booms in Geld schwammen, gewährten jedem ein Darlehen, der darum nachsuchte, und die Immobilienpreise stiegen so rasant, dass es sich für jedermann lohnte, seine Ersparnisse in Haus- und Grundbesitz zu stecken. Nicht lange, und Gurgaon war die größte »Private Township« Asiens, eine staubige, boomende Ansammlung in den Himmel wachsender, streng bewachter Wohnkomplexe, allseits umgeben von blankem Kommerz. 2007 brachte K. P. Singh sein Unternehmen an die indische Börse, und 2008 stand er in der *Forbes*-Liste der reichsten Menschen der Welt mit einem Weißgeldvermögen von dreißig Milliarden Dollar an achter Stelle.

Zu der Zeit gab es natürlich schon mehrere andere Immobilienmagnaten in der Hauptstadt. Das Land rund um Delhi war ein erstaunliches Gut, dessen Wert sich alle drei bis vier Jahre verdoppelte und mithilfe von Ziegelsteinen, Beton und billiger Arbeitskraft im Handumdrehen auf das Sechzigfache gesteigert werden konnte, und im ersten Jahrzehnt des neuen Jahrtausends kam es zu einem fieberhaften Run auf Baugrund. Hunderttausende Hektar Ackerland wurden an Erschließungsfirmen verkauft. Unternehmen, die bis dahin ihr Geld mit Autoteilen oder Chemikalien verdient hatten, zogen ihre Gewinne jetzt überwiegend aus Immobiliengeschäften, und Großbanken wie die Deutsche Bank und Morgan Stanley rissen sich darum, sie zu finanzieren. Unbedeutende Bauunternehmer aus Kleinstädten wie Ghaziabad mauserten sich zu Immobilien-Moguln, die ihre Söhne auf amerikanische Wirtschaftshochschulen schickten, damit sie lernten, wie man milliardenschwere Unternehmen leitet. Delhi geriet unter die Herrschaft des Immobilienreichtums, und dabei handelte es sich um eine besondere Art von Reichtum. Der Immobilienmarkt war hart umkämpft, und ohne jede Menge korrupter Amigos unter Politikern, Beamten und Polizisten kam man nicht weit. Oft ging es auch nicht ohne brutale Gewalt ab. Immobilien-Mafias schnappten sich Häuser in Haryana und brachten die Eigentümer zum Schweigen, indem sie mithilfe der Polizei falsche Tatvorwürfe gegen sie erheben ließen. In Uttar Pradesh zwangen sie Bauern und Stammesgemeinschaften unter Androhung von Gewalt, ihr Land zu verkaufen, ließen die Einheimischen von der Polizei vertreiben und verkauften die Grundstücke mit hohem Profit weiter. Es gab eine allgemeine Eskalation von Kriminalität und Gewalt, und diejenigen, die dabei die Oberhand behielten, waren ein Furcht einflößender Menschenschlag. Sie verstanden sich darauf, die Staatsmacht erpresserisch für ihren persönlichen Profit einzusetzen, und wurden von der Polizei und gefürchteten Eintreiber-Banden unterstützt. Diese Leute hatten das Kräftegleichgewicht in Indien beseitigt und verachteten die gängigen liberalen Plattitüden als scheinheiliges Geschwätz.

Landbesitz weckte in ihnen einen inbrünstigen, fast religiösen Eifer. Die jahrhundertelange Unsicherheit, die wir bereits geschildert haben, brachte die Menschen in diesem Teil der Welt dazu, Grundbesitz über alle anderen Werte zu stellen – oft sogar über familiäre

Beziehungen, so dass sehr viele Familien an Besitzstreitigkeiten zerbrachen. K. P. Singh und Mickey Chopra kamen beide aus Punjabi-Familien, die historische Verluste erlitten hatten, und die Unmäßigkeit ihres Strebens nach Landbesitz hatte etwas sehr Punjabihaftes. Die Art, wie K. P. Singh über zwei Jahrzehnte hinweg sein Gurgaon-Empire Stück für Stück aufbaute, zeugt von einer Besessenheit, die über gewöhnlichen kaufmännischen Ehrgeiz weit hinausgeht. Es handelt sich eher um einen persönlichen Kreuzzug, ein Lebenswerk. Auf den ersten Blick mag das als reine Geschäftstüchtigkeit erscheinen, doch das ist es nur in der Rückschau, wenn die Arbeit getan und das Land zu Geld gemacht worden ist. Der Akt selbst hat etwas Ruhmreiches und sogar Selbstloses, das uns wieder auf das Kriegerethos zurückführt, das wir bereits in der nordindischen Wirtschaft beobachtet haben. Das gilt auch für Mickey Chopras Plan, 300 000 Hektar Land in Afrika zu kaufen und es von Bauern aus dem Punjab bestellen zu lassen: Dahinter steckt eine kommerzielle Logik, die nicht davon ablenken sollte, dass es auch so etwas wie die ruhmreiche Tat eines Ritters ist. Anfang des 21. Jahrhunderts zogen Krieger aus Nordindien hoch zu Ross in ferne Länder, und ihr Ansturm führte zu gewaltigen Turbulenzen im In- wie im Ausland. Afrika war auch deshalb so attraktiv für indische Immobilienspekulanten, weil ländliche Gemeinschaften oft nur ein schwaches Besitzrecht an dem Land hatten, auf dem sie lebten, und die Menschen deshalb leichter im Namen eines vollumfänglichen Eigentumsrechts vertrieben werden konnten. In Ländern wie Äthiopien, Kenia, Uganda, Ghana, Sudan und Namibia rissen sich indische Geschäftsleute darum, Bergwerke und vor allem Ackerland unter der Ägide ihrer heimatlichen Politiker zu erwerben, die Geschäftsreisen in diese Gegenden unternahmen und ihre afrikanischen Amtskollegen darüber aufklärten, dass nur Indien mit seinen Erfahrungen aus der Grünen Revolution ihren Ländern die Kenntnisse und Fertigkeiten bringen könne, die ihnen fehlten. Manche von denen, die dieses Land bis dahin bebaut hatten, wurden natürlich als Lohnarbeiter weiter beschäftigt, die Mehrheit jedoch nicht. Der Boden in diesen Ländern war vielfach äußerst fruchtbar und hatte in der Vergangenheit eine sehr zahlreiche Bevölkerung ernährt, von der jetzt aber nur noch ein kleiner Teil bleiben durfte. In ländlichen Gebieten Afrikas hat daher indisches Geld dazu beigetragen, die Landflucht zu beschleunigen: In großer Zahl strömten Flüchtlinge in die Städte, und die Slums uferten aus.

Die von den Krieger-Geschäftsleuten exportierten Techniken betrafen nicht nur die Nutzung von Ackerland. Es zeigte sich, dass die politischen Fertigkeiten, die sie in der Heimat erworben hatten, wo sie ganze Bereiche des politischen Establishments in Erweiterung ihrer geschäftlichen Infrastruktur gekauft hatten, ihnen auch auf den neuen Schlachtfeldern Afrikas äußerst dienlich waren. Alles andere als ein primitiver, aussterbender Menschenschlag, sahen Indiens »Räuberbarone« vielmehr im 21. Jahrhundert eine rosige Zukunft für sich selbst. In Afrika, Zentralasien und den anderen wichtigen Schauplätzen der derzeitigen Kämpfe um Ressourcen hatten sie viele Wettbewerbsvorteile etwa gegenüber amerikanischen Unternehmen. Sie verfügten über große Summen unkontrollierten Kapitals, das sie als Bargeld für Bestechung und inoffiziellen Erwerb einsetzen konnten. Sie wussten weitaus besser als amerikanische CEOs, wie man sich in den Machtkorridoren der postkolonialen Länder bewegt. Und sie hatten ein kriegsähnliches Missionsbewusstsein, das praktisch durch nichts einzudämmen war.

Es überrascht daher nicht, dass nach und nach in mehreren Ländern neue, aggressive indische Eliten auftauchten, die von der einheimischen Bevölkerung gefürchtet und oft wie neue Imperialisten behandelt wurden. Ein Beispiel wäre das der Gupta-Brüder, die 1994 Mickey Chopras Heimatstaat Uttar Pradesh verließen, um Geschäftsmöglichkeiten in Südafrika zu eruieren. Ihr Vater war Geschäftsmann in einer Kleinstadt und schickte seine Söhne unter bewaffnetem Begleitschutz zur Highschool. Er gründete eine Handelsfirma in Delhi, die dann in den achtziger Jahren von den drei Söhnen geleitet wurde; so verdienten sie sich in den Jahren vor und nach der Liberalisierung ihre Sporen. In dieser Zeit hörten sie, dass Inder, die unter der südafrikanischen Apartheid gelebt hatten, wie Schwarze Anspruch auf bestimmte wirtschaftliche Vergünstigungen hatten. Da sie nie unter der Apartheid gelebt hatten, kamen sie für das »Black Economic Empowerment« nicht infrage, konnten sich die Vergünstigungen aber trotzdem sichern. So schrieb eine Zeitung in einem Kommentar über die Vorteile, die sich aggressive Geschäftsleute wie die Guptas auf diese Weise verschafften: »Kritiker der Black Economic Empowerment-Gesetzgebung sagen, sie diene zunehmend einer kleinen Elite und ermögliche den Aufstieg von Oligarchen nach russischem Vorbild, die gewaltige Reichtümer erwerben, aber wenig zur Linderung der Notlage der Millionen Armen beitragen.«[53]

Der Vater der Brüder schickte aus Delhi Geld zur Anschubfinanzierung ihrer Geschäftstätigkeit, und bei ihrer Ankunft

> »nahmen sie alsbald Kontakt zu den aufsteigenden Sternen der neuen schwarzen Elite auf. Heute sind die Guptas bekannt für ihren Milliardärslebensstil und ihren ungehinderten Zugang zu den höchsten Regierungsebenen, darunter auch zu Präsident Jacob Zuma. Die Brüder bewohnen ein herrschaftliches Haus im Wert von zweiundfünfzig Millionen Rand [sechseinhalb Millionen Dollar] in Saxonwold, einem von jahrhundertealten Eichen bestandenen Vorort von Johannesburg [und ein Haus für drei Millionen Dollar in Johannesburg selbst, das ehemalige Domizil von Mark Thatcher, dem Sohn der ehemaligen englischen Premierministerin], und haben angeblich über ihre guten politischen Kontakte erreicht, dass sie gesetzliche Vorschriften nutzen können, die eigentlich nur für Schwarze gelten sollten […].
>
> Es ist nicht klar, wie die Brüder zu ihrem Reichtum gekommen sind, obwohl ihnen eine der größten Vertriebsfirmen für Personal Computer in Südafrika gehört. Bekannt ist, dass sie zusammen mit dem Sohn des Präsidenten, Duduzane Zuma, 28, zunehmend an extrem lukrativen Geschäften beteiligt sind.
>
> Die drei sind Teil eines Konsortiums, das ihnen eine Beteiligung an dem Stahl-Multi ArcelorMittal in Höhe von über drei Milliarden Rand [280 Millionen Dollar] verschaffen wird. Die Brüder werden auch mit Plänen zum Bau eines 350 Milliarden Rand [45 Milliarden Dollar] teuren Hochgeschwindigkeitseisenbahnsystems in Verbindung gebracht, das vom südafrikanischen Staat und von China finanziert werden soll.
>
> Außerdem sollen sie am Kauf der V&A Waterfront in Kapstadt, der teuersten Immobilie des Landes, beteiligt sein, die von einem Konsortium, dem auch Dubai World angehörte, für knapp zehn Milliarden Rand verkauft wurde. Käufer war eine örtliche Investorengruppe, zu der auch ein staatlicher Pensionsfonds gehörte. Irgendwie konnten die Guptas und Duduzane Zuma als schwarze Teilhaber an Bord kommen, ein gesetzliches Erfordernis bei je-

dem Geschäft mit Beteiligung einer staatlichen Stelle. Die drei haben unlautere Machenschaften jeglicher Art dementiert [...].

Es trägt den Guptas nicht gerade Sympathien ein, dass ihr Lebensstil so sehr von dem der meisten Südafrikaner abweicht. Ein Antrag für einen Hubschrauberlandeplatz auf ihrem Anwesen wurde im vergangenen Jahr ausführlich in den Medien kommentiert. Auch die Gründung einer Tageszeitung, die als Reaktion auf die anhaltende negative Publicity gesehen wird, war ihrem Ruf nicht förderlich.

Es hat den Anschein, dass einigen Leuten im regierenden African National Congress (ANC) allmählich die Geduld ausgeht. Gerüchte, die Guptas seien inzwischen so mächtig, dass sie Kabinettsmitglieder zu sich nach Hause zitieren und die Ernennung leitender Angestellter von verstaatlichten Unternehmen autorisieren können, sind für manche offenbar der Tropfen, der das Fass zum Überlaufen bringt. Die mächtige Jugendorganisation der Partei ließ diese Woche verlauten, die Brüder seien dabei, ›dieses Land zu kolonialisieren‹. Der größte südafrikanische Gewerkschafts-Dachverband Cosatu, der zur Regierungsallianz des ANC gehört, hat ebenfalls Untersuchungen der angeblichen ›Ausplünderung‹ der Wirtschaft durch die Guptas angekündigt.«[54]

Das Imperium, das die Guptas direkt und über eine Reihe familieneigener Beteiligungsgesellschaften kontrollierten, mag mit Computern begonnen haben, breitete sich aber schon bald auch auf andere Sektoren aus, vor allem solche, die besonders streng von der Politik kontrolliert und reguliert wurden: Uran- und Kohlenbergbau, Medien, Fluglinien usw. Der Konzern wurde von Skandalen erschüttert, konnte aber seine Position behaupten, die eines Netzwerks, das nicht nur südafrikanische Geschäftsleute und Politiker umfasste, sondern auch andere Mitglieder der globalen indischen Business-Elite, wie etwa den Stahlmagnaten Lakshmi Mittal (der selbst mit Vorwürfen unangemessener politischer Einflussnahme zu kämpfen hatte, in seinem Fall auf die englische Regierung unter Tony Blair; ein Jahr nach Mittals »Cash-for-influence«-Skandal musste die Regierung weitere Fragen über Blairs Beziehung zu den Milliardärsbrüdern Hinduja beantworten, die offenbar die Macht hatten, ihre eigene Einbürgerung in Großbritannien zu beschleunigen). Die Gupta-Familie benutzte im Sommer 2013 eine Hochsicherheitsmilitärbasis nicht nur als Landeplatz für einen Jet, mit dem Gäste zu ihrer Hochzeitsfeier eingeflogen wurden, sondern auch dazu, die Einwanderungsvorschriften für diese Gäste zu umgehen. Die Empörung darüber zeigte, welche Besorgnis in der Öffentlichkeit darüber herrscht, dass die Familie anscheinend fast nach Belieben staatliche Systeme und Einrichtungen für ihre Zwecke benutzen kann.

Die Guptas verdanken ihr Riesenvermögen zweifellos ihren Aktivitäten in Afrika, doch ihr Stil – die treuherzige Rhetorik über Vegetarismus und die Großfamilie, die öffentliche Lobpreisung des frommen Vaters und der schlichten Mutter der Brüder, die Freundschaft zu indischen Filmstars und das persönliche und finanzielle Kricket-Engagement – geht eindeutig auf ihre nordindischen Wurzeln zurück. Dasselbe gilt für den Namen ihrer ursprünglichen Firma, Sahara Holdings, der von Saharanpur in Uttar Pradesh abgeleitet ist, im afrikanischen Kontext jedoch eine andere Bedeutung annahm. Die Brüder scherzten gerne, sie hätten die Welt für ihre Konkurrenz in eine Wüste verwandelt.[55]

Mehr als ein Jahr nach meiner ersten Begegnung mit Mickey treffe ich mich nochmals auf einen Drink mit ihm. Er und ein Freund haben eine Massage in einem Fünfsternehotel gebucht; er verabredet sich mit mir kurz vorher.

Offenbar hat er Parfüm aufgelegt, bevor er aus dem Wagen gestiegen ist, denn eine Duftwolke hüllt mich ein, als wir uns die Hand geben. Er ist jetzt dreißig, und er wirkt gepflegter, als ich ihn in Erinnerung habe. Sein Anzug ist wunderschön. Er hat nichts bei sich außer einem iPad und einem iPhone.

Sein Freund nimmt mit ihm Platz und beschäftigt sich mit irgendetwas auf einem großen Touchscreen. Mickey bestellt eine Flasche Krug. Der Ober behandelt ihn, wie er vermutlich in jedem Fünfsternehotel in Delhi behandelt wird.

Wir reden über Afrika.

»Äthiopien war ein Flop«, sagt er. »Es hat einen Regierungswechsel gegeben, und die neue Regierung hat das Zehnfache verlangt. Wir haben da drei Millionen Dollar in den Sand gesetzt. Wir mussten das ganze Projekt nach Guinea verlagern. Diesmal waren wir vorsichtiger: Jetzt haben wir allerhöchste Garantien. Wenigstens haben wir unsere Ausrüstung gerettet, das war wichtig. Unsere südafrikanische Zuckerraffinerie ist gesichert.

Es gibt in Afrika massenhaft Inder. Viele von ihnen machen in Rosen. Andere in Reis. Die Chinesen verstehen von Landwirtschaft nicht so viel wie wir, also da sind wir wirklich im Vorteil. Ich habe das Gefühl, dass die Chinesen auch nicht so willkommen sind, weil sie vorher immer versprechen, die Arbeitsplätze zu erhalten, und dann jede Menge ihrer eigenen Leute ins Land holen.

Hierzulande verzeichnet unser Immobiliengeschäft hohe Zuwachsraten. In Noida haben wir zwei große Projekte laufen. Das eine ist ein 240 Meter hoher Turm mit Pool und Restaurant im sechzigsten Stock. Wir haben 3200 Hektar gleich jenseits der Grenze in Uttar Pradesh gekauft, und dort errichten wir eine komplette Private Township. Wir machen da alles selbst. Müllabfuhr, Abwasser. Es wird eine Musterstadt, und wir werden den Einwohnern beibringen, wie man in einer modernen Großstadt lebt. Wie man den Müll trennt, statt ihn einfach auf die Straße zu kippen. Wir haben ein System, das uns erlauben wird, Gebühren für all diese Dienste zu erheben.«

Ich kenne dieses neue Projekt bereits, weil Mickeys Unternehmen fast auf sämtlichen Anschlagtafeln in Delhi dafür wirbt. Computergenerierte Bilder zeigen eine glitzernde Metropole aus Wolkenkratzern und Glas. Gerüchten zufolge hat Mickey für den Grund und Boden weit über eine Milliarde Dollar bezahlt. Zählt man noch die Kosten für die Erschließung und alle anderen Projekte hinzu, die er zurzeit finanziert, bekommt man eine Ahnung vom Ausmaß seiner finanziellen Möglichkeiten.

»Die Architekturarbeiten haben wir in die USA ausgelagert. In Indien haben wir niemanden gefunden, und jetzt haben wir einen Architekten in North Carolina, dessen Büro alle Arbeiten für unsere hiesigen Projekte übernimmt.«

Während er redet, wählt Mickey heimlich die Nummer des Freundes, der neben ihm sitzt. Dessen Tabletcomputer klingelt, und er hält ihn sich ans Ohr. Das Gerät hat ungefähr die Größe eines gebundenen Buchs. Mickey lacht los.

»Ich seh einfach zu gern, wie er sich das Ding ans Ohr hält. Das ist so groß, dass er es nicht mal mit einer Hand halten kann.«

Wir kommen auf andere Dinge zu sprechen. Ich frage Mickey, wie er das Kaliber anderer Geschäftsleute in Delhi einschätzt.

»Die meisten von ihnen sind nicht sehr eindrucksvoll. Die klotzen nicht, die kleckern. Sie sollten einen Freund von mir kennenlernen, der Autoteile herstellt. Rakesh. Er expandiert nach dem Nahen Osten und Europa, er weiß, wie man mit China konkurriert – er ist der Einzige, den ich bewundere. Immer wieder höre ich Geschichten von Leuten, die hier alles verkaufen und nach Europa gehen. Sie kommen hier nicht klar – es ist ihnen zu schwierig –, sie müssen auf allen Ebenen Leute schmieren und werden in die Politik hineingezogen, und am Ende wollen sie nur noch Vaters Firma verkaufen und nach Europa gehen. ›Was wollt ihr denn dort machen?‹, frage ich sie. ›Was wollt ihr mit dem vielen Geld anfangen?‹

Die trennen sich von ihrem Familienunternehmen, ziehen bei ihren Eltern aus und verlieren ihre Werte. Ich finde das beschämend. Warum muss man unbedingt bei seinen Eltern ausziehen? Ist man nun Inder oder nicht?«

Seit ich Mickey zuletzt gesehen habe, ist er zusammen mit seinen Eltern in das riesige Farmhaus gezogen, das er in den letzten zwei Jahren gebaut hat. Ich habe das Anwesen nie gesehen, aber seine schiere Größe und Opulenz haben Gerüchte genährt, die mir überall zu Ohren kommen. Die Golfwagen, mit denen man auf dem Gelände herumfährt. Der unterirdische Swimmingpool, umgeben von kugelsicheren Glasscheiben auf Stahlrollen. Die Innendekoration aus goldenen Fliesen, rotem Samt und Kristall, entworfen von einem englischen Nachtclub-Designer.

»Und das sind Idioten«, fährt er fort, »weil man jetzt die großen Chancen hat. Jetzt ist die Zeit, in der das Geld, das die eigene Familie über Generationen zusammengetragen hat, regelrecht explodieren kann. Wir steuern auf eine globale Ernährungskrise zu. Das Klima ändert sich, und viele etablierte Nahrungsmittelmärkte haben massive Probleme. Denken Sie an Australien. Überall herrscht Mangel. Lebensmittel sind das nächste Öl.«

Er sagt das mit exaltiertem Nachdruck, und ich erinnere mich an ein Gefühl, das ich bei meinem letzten Gespräch mit ihm hatte: dass er *der* Unternehmer für das Zeitalter der Katastrophen ist, dem Nahrungsmittelengpässe, Klimaveränderungen und Verwerfungen jeder Art gerade recht kommen. Im Gegensatz zu den amerikanischen Eliten, die vielleicht in einer Epoche herangereift sind, in der man an eine weniger von Katastrophen heimgesuchte Zukunft glaubte, reift Mickey in einem Zeitalter heran, in dem man glaubt, dass die Katastrophen gerade erst beginnen.

»Unser nächstes großes Projekt in Indien betrifft Geflügel. Wir planen, fünfhunderttausend Hühnchen pro Tag zu liefern. Ordentlich verpackt und hygienisch. Die Hühnerfarmen sind derzeit sehr schmutzig. Die Messer, die dort benutzt werden, und die Unterlagen, auf denen geschnitten wird, sind verdreckt. Wir müssen den Leuten nur sagen, dass das Messer, mit dem die schneiden, dreckiger ist als ihr Toilettensitz, und sie laufen ihren alten Lieferanten davon. Das wird ein sehr wichtiges Produkt für uns werden.«

Er kommt mir noch energiegeladener vor als das erste Mal. Jedes der vielen Projekte, die er managt, würde die meisten anderen Menschen, die ich kenne, überfordern. Ich sage, er arbeite offenbar hart.

»Natürlich ist es schwierig. Ich sehe meine Kinder kaum noch. Meine Frau liegt mir deswegen in den Ohren. Ich sehe sie morgens eine halbe Stunde und vielleicht noch an zwei Abenden in der Woche. Aber ich sage ihr – wenn sie neunzehn sind, werden sie wenigstens Geld haben. Stellen Sie sich vor, wir hätten kein Geld und sie würden sich beklagen, dass sie nicht auf gute Schulen gehen konnten und so. Was würde ich ihnen dann sagen? ›Na ja, wenigstens habe ich viel Zeit mit euch verbracht‹?«

Es wird Zeit für Mickeys Massage.

»Es ist eine große Zeit«, sagt er und steht auf, »die größte in der indischen Geschichte. Das Geld liegt auf der Straße. Überall herrscht Mangel, wohin man auch sieht. Alles ist hochkorrupt – man muss sehr hart arbeiten –, aber es ist eine großartige Szene.«

»Wäre es Ihnen lieber, die Zeiten wären weniger korrupt?«, frage ich ihn.

»Nein!« Er lacht ausgiebig und wendet sich belustigt seinem Freund zu.

Wir gehen durch das Hotel hinaus. Er und sein Freund steuern auf die Therme zu. Wir verabschieden uns, und ich entferne mich.

»Ach, übrigens!«

Ich drehe mich um.

»Ich will immer noch Heinz aufkaufen!«

Ich komme an Delhis einzigem Bentley- und Lamborghini-Händler vorbei und beschließe spontan, hineinzugehen und um ein Gespräch mit dem Geschäftsführer zu bitten. Er ist nicht da, und man schickt mich zum Kaffeetrinken mit den PR-Girls. Sie sind angemessen attraktiv und, nach ihren Brillanten zu urteilen, aus den richtigen Familien. (»Ich hab schon Tausende Porsches und Ferraris gefahren«, sagt eine. »Ganz nette Autos. Aber wenn man in einen Lamborghini steigt – das ist was ganz anderes.«) Für sie ist Delhi der Ort endlosen Geldverdienens, und sie reißen sich darum, mir dieses Schlaraffenland zu beschreiben.

»Wenn einer hier reinkommt und einen Bentley kaufen will, fragen wir ihn nicht, was er jetzt fährt. Dass er einen BMW fährt, heißt noch lange nicht, dass er sich einen Bentley leisten kann. Wir fragen ihn, ob er einen Jet oder eine Yacht besitzt. Wir fragen ihn, ob ihm eine Insel gehört.«

»Besitzen viele Leute in Delhi einen Jet?«, frage ich.

Die Girls sehen mich entgeistert an.

»*Jeder* hat einen. Und nicht nur einen – manche haben zwei, drei, vier.«

Wir plaudern über schöne Autos und Luxusleben. Ein Lamborghini wird in den Ausstellungsraum gefahren. Der Lärm ist so ohrenbetäubend, dass wir schweigen, bis er an seinem Platz steht. Ich stelle eine spießige Frage: Was hat es für einen Sinn, dreißig Millionen Rupien [600 000 Dollar] für einen Wagen auszugeben, der über dreihundert fährt, in einer Stadt, in der ständig Stau ist? Sie erzählen mir von einem Autoclub, der sich nachts im Diplomatenviertel trifft, wo die Straßen gerade, breit und leer sind.

»Man muss mindestens, na ja, einen BMW oder einen Mercedes haben, um Mitglied zu werden. Die treffen sich um Mitternacht und veranstalten Rennen. Wir kriegen regelmäßig telefonische Beschwerden aus dem Büro des Ministerpräsidenten.«

»Warum?«

»Weil der Ministerpräsident nicht schlafen kann. Diese Motoren machen einen solchen Höllenlärm, das sie ihn wach halten. Also ruft er an und beklagt sich, aber wir können ihm da natürlich auch nicht helfen.«

Im Wegfahren stelle ich mir unwillkürlich vor, wie der Ministerpräsident Manmohan Singh sich im Bett herumwälzt, das weiße Haar ohne Turban auf dem Kopfkissen, seine Träume unterbrochen von den Ferraris der reichen Jungs, die draußen mit röhrenden Motoren die Straßen auf und ab donnern. Allerdings ist Manmohan Singh der Mann, der vor langer Zeit als Finanzminister dem globalen Kapitalismus Tür und Tor geöffnet und damit den Kurs für eine neue oligarchische Elite festgelegt hat.

Sechzehntes Kapitel

> »Gefällt Ihnen der Tisch? Habe ich selbst entworfen. Strahlend weiß. Wenn plötzlich jemand reinkommt, sieht er nicht, dass Kokain drauf ist.«
>
> Millionär aus Delhi

»Partys in Delhi sind echt öde, Mann! In Mumbai hat man Spaß auf einer Party, auch wenn gekokst wird. Hier ist es ganz anders. Die Leute in Delhi sind verrückt, die gehen auf Partys, um vor sich selbst zu flüchten, weil sie irgendwie scheiße drauf sind. Mit der Mentalität sitzt man ganz schnell in der Scheiße. Wenn man in Delhi auf eine Party geht, dann sitzen da zwei in der einen und drei in der anderen Ecke, und vier rauchen draußen. Keiner redet. So ist es da.«

Ich unterhalte mich mit Krish, einem Drogendealer im Ruhestand, der sich mit diesen Dingen auskennt.

»Mit dem Dealen angefangen hab ich in Goa und Manali, aber dann hab ich bald Connections zu den Großstädten gehabt. Wenn in Delhi eine Party gestartet ist, war ich meistens dabei. In Delhi läuft nichts ohne Drogen, also hat's ohne mich keine Party gegeben. Ohne mich hat's keine Fashion Week gegeben. Wenn Fashion Week war, haben die mich angerufen, um sich zu überzeugen, dass ich auch wirklich komme, und mir ein Zimmer in dem Hotel gebucht, wo das stattgefunden hat. Jeder Designer, der eine Modenschau hatte, hat mich vorher angerufen und gesagt: ›Du musst an dem Tag da sein, Alter.‹ Für die Fashion Week hat man locker hundert bis zweihundert Gramm in zwei Tagen gebraucht. Ich hab immer alles besorgt. Ich war perfekt. Die Leute haben mir vertraut, weil ich nie Mist gebaut hab. Ich hab einfach meinen Job gemacht und bin wieder gegangen.

Jeder ist auf Drogen, Mann! Prominente Politiker, Großindustrielle, Mode, Medien – alle miteinander. Aber in Delhi sieht man's nicht so oft in der Öffentlichkeit: Das spielt sich alles in Farmhäusern ab. Die Leute, die so viel koksen, gehen nicht aus. Das Farmhaus-Milieu ist ein Scheiß-Schrottplatz. Ich geh da jetzt nicht mehr hin. Früher war Delhi Fun. Bis 2011 haben wir in Farmhäusern irre Partys gefeiert. Es hat Spaß gemacht, weil die Leute Musik hören wollten, und die Partys waren im Freien. Und ja, es hat alle möglichen Drogen gegeben, aber kein Mensch hat gekokst. Ecstasy oder MDMA waren in. Kein Kokain. Die Leute haben sich gemocht, und es war ihnen scheißegal, was andere gedacht haben, sie wollten einfach nur tanzen. Jetzt spielen sich die Partys hinter verschlossenen Türen ab, und niemand hat was mit Musik am Hut. Alle haben ihre teuren Klamotten an, deshalb geht's nicht ohne Klimaanlage. Man kann MDMA nicht in geschlossenen Räumen nehmen, verstehen Sie: Man muss im Freien sein und tanzen. Man kann es verdammt noch mal nicht in einem Raum machen und einfach rumsitzen. Deshalb ist Koks für die heutigen Leute bequemer.

Koks hat sich auf breiter Front durchgesetzt. Die Leute wollen das Gefühl von Koks. Um ein Mädchen rumzukriegen, um Leute rumzukriegen. Reiche Leute, die in ihrem Farmhaus eine Party geben, kommen nicht ohne dieses Gefühl aus. Sie sind reich, aber ohne Koks *fühlen* sie sich nicht reich. Wenn jemand in seinem Farmhaus eine Party schmeißt, gibt er fünf Lakh für Koks aus.

Und Koks ist gut für alle, die arbeiten müssen. Wenn man die ganze Nacht Ecstasy oder LSD nimmt, kann man den nächsten Tag vergessen. Mit Koks geht man am nächsten Tag ganz normal arbeiten. Ich kenne jede Menge Leute, die vierundzwanzig Stunden am Tag leben. Wie dieser Scheiß-Politiker – der schläft zwei, drei Tage nicht. Nach einer langen Nacht schüttet er sich Wasser ins Gesicht, zieht sich einen Anzug an und erscheint bei einer Sitzung, fit wie ein Turnschuh. Dafür ist Koks gut. Mit anderen Drogen geht das nicht. Da ist man am nächsten Tag fix und fertig. Also gibt's jetzt kein Wochenende mehr: Jeden Tag ist Wochenende. Die Leute rufen mich an und sagen: ›Alter, hast du was für mich?‹, und ich sage: ›Heute ist Montag!‹

Gehen Sie in irgendeins der Fünfsternehotels, da ist auf der Toilette immer Hochbetrieb, Mann! Genau wie in all den Lounge Bars, überall dasselbe, und die wissen es alle. Die wissen, wenn sie jemandem sagen, er soll damit aufhören, dann bleiben auch zehn andere weg. Die wollen ihre Gäste nicht verprellen. Also drücken sie ein Auge zu. In einer Bar muss Hochbetrieb sein, damit man mit den Drogen rummachen kann. Sonst kommen sie das nächste Mal nicht mehr, und sie erzählen es auch weiter.

Man kann erwischt werden. Aber eigentlich kommt das nicht vor. Die Polizisten halten die Hand auf und gehen wieder. Meistens werden nur die schwarzen Jungs geschnappt, und die kriegen dann richtig was ab! Die meisten Leute, die koksen, haben Beziehungen. Also wenn die Polizisten tatsächlich mal wen festnehmen, kriegen sie von irgendwoher einen Anruf: ›Hören Sie mal, das ist mein Freund, also passen Sie bloß auf.‹ Dann sagen die einfach: ›Zahl und verzieh dich.‹ Das ist für die so eine Art Geschäft. Wenn sie einen Politikersohn erwischen, ist es der Jackpot.

In Delhi läuft da viel mehr als in anderen Städten, weil hier die Leute am Drücker sind, die schon Geld haben. Sie haben Häuser und Firmen und leben davon. Es ist also egal, ob sie arbeiten oder nicht. In Mumbai sitzt man nicht zu Hause und dreht Däumchen, weil man dann einsam und allein ist. Alle sind in der Arbeit. Auch wenn sie reich sind, arbeiten sie trotzdem. Sie bauen jede Menge Scheiß und so, aber am nächsten Morgen sieht man sie alle im Büro. Hier in Delhi ist es mehr der hochherrschaftliche Stil. Die Leute in Delhi rufen sich am Nachmittag gegenseitig an und sagen: ›Hallo, was machst du gerade, meine Liebe?‹ – ›Ach, eigentlich nichts.‹ – ›Okay, dann komm doch auf einen Drink vorbei.‹ – Und ab geht's. Man geht hin, und praktisch jeden Abend trifft man sich mit zehn, fünfzehn Leuten. Mumbai hat für so was keine Zeit.

Die Reichen hier sind wirklich abgefuckt. Die bezahlen nicht mal ihre Dienerschaft und die Leute, die für sie arbeiten und so. Aber sie geben locker fünfzigtausend Rupien [tausend Dollar] an einem Abend für Drogen aus. Vor allem die Jungs – die hauen in Delhi zu viel Geld auf den Kopf: Sie gehen in Clubs, finden eine Braut, bestellen einen Drink, kaufen Koks. Zum Teil auch deswegen, weil in Delhi weniger Mädchen unterwegs sind als in Mumbai. Die Jungs drehen durch bei der Konkurrenz. In Delhi werden die Mädchen viel strenger behütet, die meisten leben bei den Eltern. In Mumbai nehmen sie sich wie die Jungs eine eigene Wohnung.

Ich kenne da einen Typ, der wohnt in einem Farmhaus. Ich war gestern dort. Er arbeitet nicht. Er ist ganz allein. Vom Gartentor muss man noch einen Kilometer fahren bis zu seinem Palast. Und er hat sein Haus ausstaffiert wie eins dieser alten Häuser in London. Vorn stehen im Halbkreis seine Autos. Wenn er sich einen Wagen kauft, gibt er für die Extras mehr aus als für den Wagen selbst. Egal, was für ein Modell es ist, er ruft an und sagt, baut diesen Scheiß ein, baut jenen Scheiß ein. Er hat eine ganze Flotte von Lamborghinis, Ferraris, Maseratis, Range Rovers. Auch Oldtimer. Und im Kopf hat er nur eins: ›Welcher Typ kann mir das beste Koks besorgen? Welche Mädchen sind neu in der Stadt?‹ Mehr tut er nicht. Und seine Freunde sind genauso. Die sind alle so. Die brauchen hundert Jahre lang nicht zu arbeiten und können so viel Geld ausgeben, wie sie wollen, und danach ist immer noch was da. Er hat ein Riesenunternehmen, und er hat sein Geld beisammen. Von denen gibt es in dieser Stadt jede Menge. Dabei sind die verdammt schlau, Mann! Ein paar von denen haben in Oxford studiert und super Sachen gemacht, aber wenn man erst mal so drauf ist, ist alles tot, alles.

Hab erlebt, wie manche Leute alles verloren haben. Man verliert seine Freunde, man verliert seine Familie. Man verliert sich selbst. Man dreht durch. Man dreht verdammt noch mal durch. Diese Leute machen alles kaputt, sie arbeiten nicht, sie verlieren sich. So viele von den Typen haben es übertrieben, sie sind permanent zugedröhnt, aber sie können nicht mit Menschen umgehen, wissen Sie, die fangen an zu zittern und zu brüllen. Wie in *Trainspotting*, verstehen Sie, die flippen total aus.«

War diese Oligarchie glücklich? Merkwürdigerweise gehörte Glück offenbar nicht zur ihren wesentlichen Merkmalen. Um zu verstehen, warum, könnten wir eine andere Frage stellen: »Woher wissen Sie, dass Sie besitzen, was Sie besitzen?«

In westlichen Gesellschaften, in denen es einen althergebrachten und weit verbreiteten kapitalistischen Konsens gab, war diese Frage weniger schwer zu beantworten. Spirituelle Probleme mit Geld und Eigentum waren schon vor langer Zeit zu Grabe getragen worden: Moderne Europäer konnten den spirituellen Schrecken, mit dem ihre Vorfahren in der Renaissancezeit die Anhäufung von Profit betrachteten, nicht mehr nachvollziehen. Und in demokratischen Zeiten hatte sich eine von allen getragene Erklärung dafür herausgebildet, dass manche Menschen mehr besaßen als andere: harte Arbeit. Im Lauf des vergangenen Jahrhunderts stammte beispielsweise der Reichtum der amerikanischen Finanzelite immer weniger aus Erbschaften und immer mehr aus den von Großunternehmen gezahlten Gehältern und Boni. So konnten die Reichen ihr Privileg auf persönliches Verdienst zurückführen: Sie hatten sich an der Universität hervorgetan, hatten am Arbeitsplatz Intelligenz und Originalität bewiesen, waren aufgrund ihrer Leistung befördert worden – und es war nur recht und billig, dass sie mit Eigentum, Luxus und Mobilität dafür belohnt wurden. Wenn sie abends nach Hause fuhren, brauchten sie sich nicht zu fragen, ob ihre Nobelvilla wirklich ihre eigene war – ob sie nicht in Wahrheit Hochstapler oder Kriminelle waren, die sich wie Hausbesetzer illegalerweise im Reichtum breitmachten. Ihr Eigentumsrecht war nicht nur legal und theoretisch: Es harmonierte mit ihrem eigenen Gefühl und auch mit der öffentlichen Meinung ihrer Gesellschaft. Alles war völlig legitim. Was ihnen gehörte, gehörte »wirklich« ihnen.

Das war eine absurde Rechtfertigung. Würde harte Arbeit wirklich mit Eigentum belohnt, säßen viele der Armen weltweit auf ihrem weitläufigen Besitz. Hätte Begabung sich immer durchgesetzt, würde die Welt nicht widerhallen vom ohrenbetäubenden Lärm der Enttäuschung über vergebliches Streben. Aber darum ging es nicht. Es war wichtig für das Funktionieren einer Gesellschaft, dass es einen Konsens darüber gab, was eine legitime Basis für Eigentum darstellte, selbst wenn das Ganze reine Illusion war.

Im Zuge einer wirtschaftlichen Umwälzung wie der Liberalisierung Indiens, in deren Verlauf riesige Vermögen einfach aus dem Chaos heraus angehäuft wurden, fiel es den Reichen nicht leicht zu erklären, wie und warum sie zu Wohlstand gekommen waren, denn sie wussten besser als jeder andere, wie willkürlich und zufällig das Ganze war. Ihr Geld hatten sie durch eine Kombination verschiedener Elemente – Glück und Beziehungen, Gerissenheit und brutale Gewalt – erworben, die nichts Individuelles an sich hatte. Jeder andere hätte es genauso machen können. Der Wohlstand blieb, auf einer bestimmten Ebene, etwas Äußerliches: Er fühlte sich nicht an wie »meines«. Wenn sie sich ihre Häuser und Jets ansahen, litten sie unter einer tiefgreifenden Verkennung der Tatsachen – wie ein impotenter Mann, dessen geistiges Bild von sich selbst keinen Penis hat, obwohl er das Ding zwischen seinen Beinen hängen sieht. Sie taten sich schwer damit, sich reich zu *fühlen*. Sie hatten die physische und juristische Verfügungsgewalt über ihren Besitz, doch das führte nicht zu einem Gefühl der Sicherheit im Eigentum. Sie waren sich völlig darüber im Klaren, wie wenig repräsentativ sie für ihr armes Land waren und dass sie in den Augen der Gesellschaft nicht unbedingt verdienten, was sie besaßen. Sie wurden regelmäßig als Diebe und Plünderer bezeichnet, und dass sie es vehement bestritten, bedeutete nicht, dass sie es nicht selbst geglaubt hätten. »Warum ist das gerade mir zugefallen?«, fragten sie sich, und da die Antwort sie in Sphären führte, in die sie sich nicht begeben wollten, suchten sie zwanghaft Ablenkung. Doch selbst die endlosen Partys und die Drogen Delhis vermochten nicht die Angst zu unterdrücken, dass ihnen all das *Zeug* genauso leicht und schnell wieder weggenommen werden könnte, wie es ihnen zugefallen war. Es war auch eine hinduistische Vorstellung von Reichtum: Die Göttin Lakshmi, die auf den Goldmünzen, kam stets nur zu Besuch. Man musste sie zur Diwali-Zeit mit Schmeichelei und Überredungskunst zu sich nach Hause bitten, und angesichts der notorischen Launenhaftigkeit des Hindu-Pantheons konnte sie jederzeit wieder fortgehen. Jeden Morgen beteten Hindu-Ladenbesitzer zu ihr: nicht heute, Mutter Lakshmi, verlass mich heute nicht.

Aus diesem Grund waren spirituelle Ratgeber in der Geschäftswelt ebenso zahlreich vertreten wie Steuerberater und Anwälte. Da man seinen Wohlstand durch Manipulation des politischen Apparats erworben hatte, suchte man seinem Verlust dadurch vorzubeugen, dass man die Dienste derer in Anspruch nahm, die den kosmischen Apparat manipulieren konnten. Gurus verrieten Unternehmern, was sie tun mussten, um die universellen Ströme weiter in ihre Richtung fließen zu lassen: Essen Sie diese Speisen, fahren Sie einen Wagen dieser Farbe, lassen Sie sich eine Telefonnummer geben, die auf diese Ziffer endet, heiraten Sie eine Frau mit diesem Namen, tragen Sie einen

Ring mit diesem Stein. Es gab Gurus, die auf Eigentum spezialisiert waren, Gurus, die Experten für Gerichtsverfahren waren, und Gurus, die sich auf Fokussierung und Energie verstanden. Eine Unternehmerschicht, die trotz aller gegenteiligen Anzeichen von tiefer Angst vor ihrem eigenen Niedergang geplagt war, erhoffte sich Rettung von Gurus. Die Gurus trieben dieser Schicht ihre vielen Geister aus: Sie versuchten, den großen negativen Faktor aus der Gleichung der indischen Wirtschaft zu streichen.

Delhis Unternehmer ließen aber auch noch etwas anderes erkennen, etwas Paradoxeres als das verzweifelte Bemühen, sich an das zu klammern, was sie hatten. Man konnte sehen, dass es neben ihrem Drang nach Erwerb und Anhäufung einen anderen, genau entgegengesetzt gerichteten Impuls gab: sich von allem zu befreien, um rein, asketisch und unverdorben zu sein. Darin hatten sie sogar mehr mit den europäischen Kapitalisten der Renaissance gemeinsam als mit ihren zeitgenössischen westlichen Kollegen. Die Welt des Konsums hielt viele »Wahlmöglichkeiten« bereit, aber sie gestattete es reichen Menschen nicht, sich für nichts zu entscheiden – und dennoch ist der Wunsch, nichts zu besitzen, in der menschlichen Geschichte mächtiger, als wir Konsumbesessenen im Allgemeinen wahrhaben wollen. Vor allem in diesem Teil der Welt war der Antrieb, vom materiellen Leben Abschied zu nehmen und sich auf die Suche nach etwas anderem zu begeben, durchaus auffällig, wie auch die von den Mächtigen und Reichen aufrechterhaltene Beziehung zu den Spirituellen und Armen. Ihren Erfolg maßen die zeitgenössischen Wirtschaftskrieger daran, wie viel Geld und sonstigen Besitz sie ansammelten, was aber wiederum die ganze Unternehmung in mancher Hinsicht trübte. Denn Krieger haben von jeher die Askese hoch geschätzt: die spirituelle Ökonomie, die es ihnen gestattet, sich über das Normale zu erheben und wahrhaft edle Taten zu vollbringen. Manchmal empfanden diese Männer – besonders die Männer, deren Hinduismus sie ständig vor spiritueller Verderbnis warnte –, den asketischen Antrieb sehr stark. Die Unternehmer Delhis wandten sich an Gurus, die ihnen helfen sollten, ihren Reichtum nicht nur zu behalten, sondern auch, ihn zu ertragen.

»1999 hat sich mein Leben verändert. Ich fing eine Affäre mit einer hübschen verheirateten Frau und Mutter von zwei Kindern an. Sie lebte von ihrem Mann getrennt, und ich mochte sie wirklich. In dem Jahr fing ich auch mit dem Handel an.

Ich hab mich geschäftlich mit dem größten Weizenimporteur Indiens zusammengetan. Wir haben dann mit den verschiedensten Gütern gehandelt, und die Erträge waren so märchenhaft, dass sich alle bei uns beteiligt haben. Die reichsten Inder aus aller Welt haben bei uns investiert: Sie gaben uns ein Crore, und sechs Wochen später bekamen sie von uns drei Crore zurück. Wir bekamen Kapital von jedem und von überall her. Ich liquidierte Immobilien und Beteiligungen, um noch mehr Geld in unser Unternehmen zu stecken, und alle meine Freunde machten es mir nach.

Wissen Sie, die Liberalisierung war ein allmählicher Vorgang, und bestimmte Importbeschränkungen wurden sogar erst 1999 aufgehoben. Mein Partner und ich kannten Leute in der Regierung und verfügten über Insider-Informationen darüber, welche Beschränkungen wegfallen würden. Es war genauso wie bei den Immobilienleuten, die Insider-Informationen darüber bekommen haben, wo neue Straßen geplant waren, und dann dort Land gekauft haben. Wir haben Produkte auf Lager genommen, bevor irgendjemand wusste, dass die Importrestriktionen aufgehoben werden würden. Ganze Schiffsladungen, die wir ins Land holen konnten, sobald die Beschränkungen wegfielen, und wir haben haufenweise Geld verdient. Wenn dann die großen Unternehmen auch eingestiegen sind, haben wir uns auf was anderes verlegt. Wir haben so viel Geld verdient, dass es schon peinlich war.

Dann war plötzlich Schluss. Weil wir in Indien etwas haben, was man Neid nennt. Mein Geschäftspartner hatte noch einen anderen Partner, und der hat uns angezeigt, und im Handumdrehen hatten wir sämtliche Ermittlungsbehörden am Hals. Die wollten wissen, wie wir in so kurzer Zeit so viel Geld machen konnten. Wir hatten auch gewaltige Mengen Schwarzgeld, weil wir Leute bestechen mussten. Eine Schiffsladung Weizen war vierzig Crore [acht Millionen Dollar] wert, und um sie durchzukriegen, musste man fünfzig Lakh [hunderttausend Dollar] Schmiergeld zahlen. Deshalb sind sie misstrauisch geworden.

Danach wurden meine sämtlichen Bankkonten gesperrt, und ich kam nicht mehr an mein Geld ran. Ich hatte fünfhundert Crore [hundert Millionen Dollar] auf der Bank, konnte sie aber nicht anrühren. Also habe ich während des Booms, als alle anderen ihr Geld in Immobilien gesteckt haben, nichts verdient. Vier Jahre lang sind mir Fragen gestellt worden. Ich war unheimlich frustriert – ich hatte für das Geld gearbeitet, konnte aber die Früchte meiner Arbeit nicht genießen.

In der Zeit hat mich auch meine Freundin verlassen und eine Affäre mit einem der schrägsten Typen in Delhi angefangen, dem Sohn eines Kabinettsmitglieds. Sie wusste, dass er gewalttätig war, aber sie wusste auch, dass er drauf und dran war, stinkreich zu werden, weil ihr Bruder an demselben Deal beteiligt war. Also hat sie sich mit ihm zusammengetan.«

Puneet, der jetzt vierunddreißig Jahre alt ist, hat seit über zehn Jahren nicht mehr gearbeitet. Er bleibt meistens zu Hause, weil alle seine Freunde reich sind, er aber kein Einkommen hat. Heute hat er im Hinblick auf meinen Besuch ein Hemd, eine frisch gebügelte Hose und ein Paar Lederschuhe angezogen. Wir sitzen in dem geräumigen Wohnzimmer, an den Wänden Jagdbilder und alte Stiche von indischen Städten, wie sie sich englischen Reisenden im 19. Jahrhundert darstellten.

Sein unverhofftes Glück hatte Puneet der Tatsache zu verdanken, dass er eine der angesehensten Schulen Delhis besucht hatte, die erste Wahl für die politische und wirtschaftliche Elite. Seine Schulkameraden, Söhne und Töchter der mächtigsten Menschen des Landes, nutzten es weidlich aus, dass ihnen niemand etwas anhaben konnte. Im Grunde genommen war der Besuch dieser Schule ein einziger Lehrgang im Gebrauch und Missbrauch von Macht.

»Es gab da einen, der hatte in eine Militärfamilie eingeheiratet und war so zu einem erfolgreichen Waffenhändler geworden. Seine zwei Söhne gingen mit mir auf die Schule. Einmal waren wir im Nachtclub im Hyatt, und die beiden haben sich geprügelt, dass die Fetzen flogen. Die Rausschmeißer sind dazwischengegangen, und da haben sie ihren Dad angerufen. Er kam sofort rüber – er ist selber ein Mordskerl – und hat die Rausschmeißer zusammengeschlagen.

Er hat große Blumentöpfe hochgehoben und sie nach ihnen geschmissen. Dann hat er seine Söhne mitgenommen. Der Presse hat er anschließend ein getürktes Foto von seinen Söhnen im Krankenhaus zugespielt, um auf die Tränendrüsen zu drücken, und das Hyatt hat er verklagt.

Solche Sachen sind andauernd passiert. Immer wenn es Ärger gab, haben die Jungs einander zu übertrumpfen versucht, was die Macht ihrer Väter anging: ›*Ich ruf meinen Dad an. Nein, ich ruf meinen an.*‹

Einer war der Sohn vom Außenminister. Sein Vater hatte also das Passwesen unter sich. Eines Tages kommt mein Freund mit dem Flieger aus dem Ausland zurück, und am Einwanderungsschalter zeigt er seinen Pass vor, den er gefaltet in der Gesäßtasche gehabt hatte. Der Beamte sagt: ›So können Sie mit Ihrem Pass nicht umgehen. Das ist Beschädigung von Staatseigentum.‹ Darauf mein Freund: ›Wollen Sie mal sehen, wie ich mit meinem Pass umgehe‹?, reißt eine Seite nach der anderen raus und wirft sie dem Mann hinter dem Schalter ins Gesicht.

Ein anderer Freund wollte einen Führerschein haben. Mit achtzehn will jeder einen Führerschein. Also ist er auf das zuständige Amt und hat immer wieder mal erwähnt, dass sein Onkel der Polizeipräsident ist. So kommt er von einem Büro ins nächste, immer eine Stufe höher, bis er schließlich beim obersten Chef landet, und der lässt ihm sofort einen Führerschein ausstellen. Das war ein unglaubliches Kunststück. Normalerweise bekommt man zunächst mal einen vorläufigen Führerschein und erst später den richtigen, und ein richtiger Führerschein mit achtzehn ist echt cool. Inzwischen hatte allerdings einer im Polizeipräsidium angerufen und erfahren, dass er das mit seinem Onkel erfunden hatte. Und der hat dann den nagelneuen Führerschein vor seinen Augen zerrissen.

Meine Freunde lassen für alles ihre Beziehungen spielen. Anders kommt man ja hier nicht zurecht. Vor einiger Zeit war ich mal in einen Verkehrsunfall verwickelt, und man hat mir den Führerschein abgenommen. Ich rief den Vater meines Freundes an, der hat einen Polizisten losgeschickt, der die Situation klären und die anderen Typen zusammenstauchen sollte. Dann habe ich einen Freund im Ministerium angerufen, dessen Vater einen erstaunlichen Assistenten hatte, der mir noch am selben Tag den Führerschein zurückgebracht hat. Andernfalls hätte ich vor Gericht gehen müssen und so.

Deswegen sind die Eliten hier so irre. Die sind besoffen davon, dass sie Sachen machen können, die sonst keiner hinkriegt, und kämpfen mit Klauen und Zähnen darum, dass es auch so bleibt. Und natürlich spielen da auch die Eltern eine Rolle. Die Eltern beten die Macht an, also tun's die Kinder auch. Auch deshalb waren Verlust und Scheitern so wichtige Lektionen in meinem Leben. Erst wenn einem alles genommen wird, begreift man allmählich, was für verrückte Sachen man gemacht hat.«

Das war Puneet seiner Meinung nach im Jahr 2000 passiert. Und er hielt es auch nicht für einen Zufall. Sondern für eine spirituelle Botschaft.

»Irgendeine negative Energie hat mich angegriffen, gegen die ich mich nicht wehren konnte. Mir war, als würde mir jemand sagen: ›Du kannst diesen Weg nicht weitergehen. Zumindest musst du erst einen anderen Weg einschlagen, ehe du diesen weitergehen kannst.‹ Ich hab mich gründlicher mit Spiritualität beschäftigt, um an mein eingefrorenes Geld zu kommen. Ich bin zu Gurus gegangen, um von ihnen zu erfahren, welche Probleme in mir selbst bewirkten, dass ich nicht an das Geld kam.

Ich fand einen Guru, der Chef eines großen Unternehmens für Badarmaturen ist. Ich hab schon viele Gurus gehabt, aber als ich vor diesem Menschen stand, hat es einen irrsinnigen Austausch von Energie gegeben, und jetzt bin ich schon sehr lange bei ihm. Er hat sich also meine Geschichte angehört. Ich erklärte ihm, dass meine Freundin mich verlassen hatte, weil ich sie abblitzen ließ, als sie mich bat, sie zu heiraten, was ich aber nur deshalb getan hatte, weil ich mich nicht von meinem spirituellen Weg abbringen lassen wollte. Er sagte, ich hätte sie nicht zurückweisen dürfen. Wenn eine Frau einen Mann bittet, sie zu heiraten, kommt dieser Antrag mit der universellen weiblichen Energie und sollte nicht abgelehnt werden. Er ging sogar so weit zu behaupten, ich würde nur dann wieder an mein Geld kommen, wenn ich heirate. Im Grunde genommen hat's also so ausgesehen, als hätte an dem Tag, als ich den Heiratsantrag dieser Frau ablehnte, jemand auf die Pause-Taste meines Lebens gedrückt.

Er hat mich gedrängt zu heiraten. Und irgendwo ist das ja auch nicht weiter schwer für einen gutaussehenden Typen, der fünfhundert Crore auf der Bank hat, an die er über kurz oder lang wieder rankommt. Ich hätte so viele verdammt schöne Frauen haben können. Aber das Problem bei einem Kerl mit meinem Tiefgang ist, dass ich einer Frau ansehen kann, was sie denkt, und wenn ich bei ihr nicht die richtige Einstellung sehe, dann ficke ich sie nicht. Das größte Problem mit der Gesellschaft in Delhi ist, dass man, wenn man eine Frau fickt, die Teil eines Netzwerks ist, genauso gut eine Webcam aufstellen und seine sexuellen Aktivitäten übers Internet verbreiten könnte, weil es praktisch Ficken in aller Öffentlichkeit bedeutet. Man braucht das Scheiß-Selbstbewusstsein von einem Scheiß-Pornostar.

Und für mich und meinen Bruder ist es schwierig. Er ist auch unverheiratet, obwohl er in Yale studiert hat und als erfolgreicher Banker in London lebt. Mein Bruder hat einen unstillbaren sexuellen Appetit. Er ist auf dem Gebiet völlig angstfrei, aber mir jagt er manchmal Angst ein. Er probiert's bei jeder Frau, egal wo. Er sieht jetzt überhaupt nicht mehr gut aus. Er ist schon ziemlich kahl, und klein ist er auch. Aber er ist ein netter Kerl. Der Witz ist, unsere Mutter ist eine dominante Person. Das ist einer der Gründe, warum uns das Heiraten schwerfällt. Außerdem ist unser Geld eingefroren, und wir waren ohnehin finanziell nicht so gut gestellt, nachdem mein Vater gestorben war. Der wachsende Wohlstand, der sich in normalen Familien einstellte, in denen der Vater noch lebte, ist bei uns ausgeblieben. Wenn man in Delhi lebt, muss man wissen, dass man Teil des Rattenrennens ist, ob es einem passt oder nicht, und wir sind nicht auf der Welle der Wohlstandsvermehrung geschwommen, die in den letzten zehn Jahren alle anderen erfasst hat. Wir sind verdammt arm, verglichen mit den anderen. Früher hatten wir noch ein Haus, mit dem wir Mieteinnahmen erzielten, und auch eine Gewerbeimmobilie, aber beide sind verkauft, so dass ich jetzt überhaupt kein Einkommen aus Vermögen mehr habe. Das ist es, was jeder in Delhi haben will, Einkommen ohne Arbeit. Aber wir haben keins. Und das ist natürlich auch ein Problem für Bräute in spe.«

Puneet und ich rauchen im Garten eine Zigarette. Seine Mutter kommt die Einfahrt herauf – sie war auf einer Hochzeitsfeier bei

Nachbarn, zu der anscheinend jeder BMW und jeder Mercedes in der Stadt gekommen ist –, und Puneet wirft hastig seine Zigarette über die Gartenmauer. Aber er ist nicht schnell genug. Seine Mutter schreit ihn an, er habe geraucht; er streitet es ab, aber nur halbherzig.

Er kommt auf seine Begegnung mit dem Guru zurück.

»Jedenfalls, der andere Fehler, den ich dem Guru zufolge gemacht hatte, hing mit meinem Onkel zusammen. Ich hatte meinen Onkel verklagt, und mein Guru meinte, seit dem Tod meines Vaters sei mein Onkel das Familienoberhaupt, und mit dem Oberhaupt seiner Familie solle man sich vertragen.

Dieses Haus gehörte meinem Vater und seinem Bruder gemeinsam. Meinem Onkel gehört die hintere Hälfte, aber seit dem Tod meines Vaters versucht er, das ganze Haus in die Hand zu bekommen. Sein Teil ist in einer anderen Farbe gestrichen als unserer: Eines Nachts hat er das Dach des ganzen Gebäudes in seiner Farbe anstreichen lassen, um damit deutlich zu machen, dass meine Großmutter ihm das ganze Haus zugedacht hatte. Dann hat er seine Beziehungen zur Polizei spielen lassen, um mich einzuschüchtern: Die haben gedroht, mich festzunehmen, falls ich nicht ausziehe. Und dann haben sie meiner Mutter Morddrohungen geschickt. Sie können sich vorstellen, wie das ist, wenn man sechzehn ist und jemand der eigenen Mutter Morddrohungen schickt. Einer Witwe, verdammt noch mal, einer Witwe so was anzutun. Ich versteh überhaupt nicht, was da läuft.

Mein Onkel vergiftet mir mein Leben. Er hat eine völlig durchgeknallte Familie. Seine ältere Tochter ist eine sehr gutaussehende Frau. Eine verdammt heiße Braut. Groß, hellblond, gertenschlank – und hochnäsig. Jede Menge Typen laufen ihr nach, das ist ihr noch zusätzlich zu Kopf gestiegen. Eine der größten Industriellenfamilien wollte ihren Sohn mit ihr verheiraten – ein Angebot, das sie hätte annehmen müssen, wenn sie bei Verstand und wenigstens ein bisschen bescheiden gewesen wäre. Stattdessen hat sie sich mit einem verlobt, dessen Mutter eine große Nummer in der Schickeria ist – dann hat sie die Verlobung gelöst, und der Typ hat durchgedreht und ist seither nicht mehr derselbe. Dann hat sie einen Lederexporteur geheiratet – ein richtig netter Kerl ist das – und ist zu ihm gezogen in sein Haus in Nizamuddin, nach einem Jahr aber wieder ausgezogen. Sie hat die ganzen Scheißmöbel mitgenommen, den ganzen Familienschmuck, und hat sich scheiden lassen.

Sie war mit einer Frau befreundet, der eine Firma gehörte, die durch Riesenbetrügereien und lauter solchen Scheiß berühmt geworden ist. Einmal waren diese Frau und ihre ganze Familie alle miteinander im Knast, wegen irgendeinem Schwindel, dann waren sie wieder auf der Flucht. Sie hat im Maurya Sheraton gewohnt, weil sie so viel Geld verdient hat, und draußen hatte sie einen Rolls-Royce stehen, der für uns Jungs so was wie ein Wahrzeichen geworden ist. Jedenfalls, als sie ins Gefängnis musste, hat dieser Rolls-Royce bei uns vor dem Haus gestanden, weil meine Cousine ihre beste Freundin war und den ganzen Bürokram für die Firma erledigt hat. Als sie für diese Frau arbeitete, hat sie ihren Neffen kennengelernt und sich in das Arschloch verliebt, und eines Tages kommen wir nach Hause und kriegen gesagt, dass sie ihn heiraten wird. Die Ehe hat eine Weile gehalten, aber sie hat dem Mann das Leben zur Hölle gemacht. Ich glaube, ein Diener, der später gekündigt hat, hat uns gesagt, dass sie ihren Mann eines Tages vor seinen Augen buchstäblich getreten hat. Dann kam es wieder zur Scheidung. Jetzt wohnt sie in dem anderen Teil meines Hauses. Nette Gesellschaft, die ich da habe.

Also ihr Vater, mein Onkel, der hat eine der Fabriken meines Vaters verkauft, ohne es mir oder meiner Mutter zu sagen. Unsere Seite der Familie war zu fünfzig Prozent beteiligt. Ich habe ihn verklagt und schließlich mit einer brutalen Taktik erreicht, dass wir unseren Anteil des Verkaufserlöses bekommen haben. Aber mein Guru meint, dass meine Probleme zum Teil daher kommen. Er sagt, der Überlieferung nach wird jeder, der das Familienoberhaupt verklagt, von den spirituellen Urahnen schlecht behandelt.

Es gibt im Hindu-Kalender eine Zeit namens ›sharadh‹. Das ist eine Periode, in der angeblich die Seelen aller Vorfahren auf die irdische Ebene herabsteigen. Und dann soll man versuchen, ihren Segen zu bekommen. Jemand, der die Vorfahren auf seiner Seite hat, hat angeblich ungeheures Glück. Und wenn man ihren Segen nicht hat, wenn man sie erzürnt hat, tritt das Gegenteil ein. Egal, was man unternimmt, man wird immer auf Hindernisse stoßen. Ich glaube deshalb, dass ich so viele Blockaden erlebt habe, seit mein Vater und mein Großvater gestorben sind, liegt daran, dass ich, spirituell ausgedrückt, unter dem Fluch der Vorfahren stehe, dem ›pitra dosh‹.

Die Lehre geht so: Nach seinem Tod wird der Vater oder Großvater, der dich zu Lebzeiten geliebt hat, an dir, falls seine Seele nicht zur nächsthöheren Ebene aufgestiegen ist, herumfingern, dich belästigen und dich zwingen, alles zu tun, um befreit zu werden. In Indien haben wir zwei oder drei heilige Stätten, zu denen man pilgern soll, um seine Vorfahren von der irdischen Ebene zu befreien, an der sie haften. Diese Zeremonie kann nur ein Sohn vollziehen. Deswegen sind die Inder so verdammt scharf drauf, einen Sohn zu bekommen, weil sie glauben, dass sie nicht erlöst werden oder zur nächsten Ebene aufsteigen können, ehe ihr Sohn sie einäschert und diese Zeremonie für sie vollzieht. Also habe ich dieses Jahr endlich die Zeremonie hinter mich gebracht, um meinen *pitra dosh* aufzuheben, jetzt, zweiundzwanzig Jahre nachdem mein Großvater und mein Vater gestorben sind, und ich verspüre definitiv einen Unterschied. Danach bin ich zu meinem Guru gegangen, und er hat gesagt: ›Die eine Hälfte deiner Arbeit ist getan.‹ Und ich spüre tatsächlich, dass einer meiner Channels absolut und vollständig geklärt ist, und das ist außergewöhnlich. Ich meine, wenn du ein Meister wirst, müssen deine Channels alle drei absolut klar sein – das bedeutet, dass du keinen *pitra dosh* hast, keine Probleme mit deinen Vorfahren, sogar die Sünden deiner Vorfahren, die dir zugewachsen sind, hast du abgegolten. Im Hinduismus ist der ultimative Sohn ein Mann, der so begünstigt ist, dass er nicht weniger als einundzwanzig Generationen seiner Vorfahren von einer bestimmten Ebene befreien und ihnen Erlösung bringen kann. Das ist der ultimative Sohn, den eine Familie bekommen kann.

Der Badarmaturen-Guru hat mich völlig auseinandergenommen und wieder zusammengesetzt, nur so konnte ich gerettet werden. Und jetzt sieht alles besser aus. Meine Klage kommt demnächst zum Abschluss, und der Staat hat mir die Steuern erlassen – was bedeutet, dass ich mein Geld schon bald zurückbekomme. Aber ich bin ein ganz anderer geworden. Über manche Erfahrungen kann ich nicht einmal sprechen, weil dann jeder denken würde, ich hätte den

Verstand verloren. Mein Ego ist gebrochen worden. Ich lebe zölibatär. Meine reichen Freunde kommen zu mir, um Frieden zu finden. Sie bewundern mich, weil sie eigentlich genauso spirituell leben möchten wie ich, Mann. Menschen mit Geld fühlen sich stark zu mir hingezogen. Manchmal haben sie geschäftliche Probleme – sie verdienen mit zwei Transaktionen ein Heidengeld, und dann geht nichts mehr –, und ich finde ein Zitat oder eine Lektion, die ihre Blockade löst.

Wissen Sie, in der Zeit des großen Geldes in Delhi sind alle vom Weg abgekommen. Mein bester Freund ist kokainsüchtig und macht die ganze Zeit mit Nutten rum. Er hat mir gerade ein Foto von sich im Ritz in Singapur mit zwei Nutten geschickt. Alle meine Freunde stecken in verrückten Scheidungen. Geld war das Einzige, was ihnen wichtig war, und jetzt merken sie, dass sie sonst nichts haben. Deshalb kommen sie zu mir.«

Ich habe Puneet gebeten, mich heute Abend zu seinem Guru mitzunehmen, und wir müssen aufbrechen. Wir steigen ins Auto und fahren nach Punjabi Bagh, einer der Wirtschaftsenklaven von West-Delhi, wo der Guru wohnt. Puneet ist gut aufgelegt. Er macht Bemerkungen über die Leute in den anderen Autos. Wir überholen zwei Polizeibeamte auf einem Motorrad, vorne ein Mann, hinten eine Frau.

»Die Polizistin macht mir schöne Augen, Mann«, sagt Puneet. »Die will was von mir.«

Eine weiße Bentley-Limousine zieht an uns vorbei, und wir sehen, wie sie den Verkehr teilt. Sie liegt tief auf ihren massiven Breitreifen; das geflügelte »B« am Heck sieht aus wie das Medaillon eines Rappers. Bentleys und Rolls-Royce standen früher aufrecht wie Landhäuser mit Portikus, aber das war die Zeit, als Reichtum noch gleichbedeutend war mit dem Stil des englischen Adels. Jetzt werden Bentleys und Rolls-Royce so gestylt, dass sie wie Gangsterschlitten aussehen, weil die Ästhetik des Geldes im 21. Jahrhundert eine andere ist. Die Frage, was »Geschmack« ist, lässt sich nicht mehr eindeutig beantworten: Von Los Angeles bis Beijing nehmen die Reichen den Stil der Kriminalität an.

Wir kommen in dem Ashram an, in dem es von wartenden Menschen nur so wimmelt. Man sagt uns, der Guru schlafe. Wir reihen uns in die Schlange ein, die sich quer über das riesige Untergeschoss, die Treppe hinauf und draußen um das Haus windet. Helfer verteilen Blechteller mit Reis und Daal an die geduldige Pilgerschar. Wir warten.

»Wenn er schläft«, sagt Puneet, »darf man ihn nicht stören, denn dann ist er auf einer Bewusstseinsebene, auf der er an den Problemen von jemandem arbeitet.«

Es ist heiß, wo wir sitzen, und dieses spirituelle Refugium lockt offenbar jede Menge Stechmücken an. Puneet ist frustriert.

»Gott war sehr gut zu mir«, sagt er. »Mein Guru war sehr gut zu mir. Sie haben mich vor allen möglichen Gefahren bewahrt. In den letzten zehn Jahren meines Lebens ist ja wirklich nichts Gutes passiert, aber ich bin gerettet und aus vielen Gefahren befreit worden. Vielen! Sie können sich wahrscheinlich nicht vorstellen, wie vielen. Ich bin sehr dankbar. Aber es ist schon lange her, dass ich Geld hatte. Es ist lange her, dass ich eine gute Zeit hatte.«

»Was werden Sie tun, wenn Sie Ihr Geld zurückbekommen?«, frage ich.

»Ich will nur vögeln, Mann. Das alles hinter mir lassen. Ich habe viel zu lange wie ein Mönch gelebt. Meinen Sie, ich will nicht auch alles, was andere wollen? Ich stelle es mir immer noch schön vor, in einem luxuriösen Haus zu wohnen und ein großes Auto zu fahren. Ich mag hübsche Frauen mit hübschen Ärschen. Ich stell's mir schön vor, eine Familie und Kinder zu haben und so. Ich habe zehn Jahre damit zugebracht, mein spirituelles Konto zu säubern, und mein Geld ist immer noch nicht zu mir zurückgekommen. Ich bin's leid.«

Ich bin überzeugt, dass jeder mit einer Neigung zum Mönchstum solche Gedanken hat, und weiß nicht recht, ob ich das ernst nehmen soll. War das letzte Jahrzehnt seines Lebens ein »Ausnahmezustand« – oder ist er einfach so? Wäre Vögeln sein sehnlichster Wunsch, hätte er dann in den zehn Jahren nicht mehr Zeit darauf verwendet? Wenn er gewollt hätte, hätte er im Lauf dieser Jahre auch andere Möglichkeiten zum Geldverdienen finden können, statt sich aus dem Delhi-Boom auszuklinken. Ich frage mich, ob er sein Geld überhaupt wiederhaben will, oder ob das Geld nur ein einziges großes Alibi ist, ob dieses Geld auf der Bank, von dem er alle fünf Minuten redet, nicht einfach eine Ausrede ist, damit er das Leben führen kann, das ihm ohnehin am liebsten ist. Die Geschichte von seiner künftigen Befreiung – wenn er sein Geld hat und es jede Menge Frauen, Partys und Vergnügen gibt – ist vielleicht nur ein Hirngespinst. Der Versuch eines Mannes, der die Welt des Geldes eigentlich nicht liebt, in dieser Epoche des zwanghaften Erwerbsstrebens »normal« zu sein.

Als könnte er meine Gedanken lesen, sagt er:

»Aber ich will nicht, dass materielle Dinge jemals wieder meine Verbindung zu Gott ersticken. Deshalb bin ich im Moment ein bisschen durcheinander. Vielleicht legt mir Gott ja dieses Geld nur als ein weiteres Hindernis zwischen ihm und mir in den Weg. Wenn man kühn genug ist zu denken, dass man immer in Gottes Gesellschaft sein möchte – das ist ein sehr kühner Gedanke. Von den sieben Milliarden Menschen auf der Erde haben nur wenige diesen Ehrgeiz – dass sie bei Gott sein wollen. Nur wenige Typen wachen am Morgen auf und sagen sich, das muss ich heute erreichen, stimmt's? Deshalb sagt mein Guru zu mir, in diesem Fall, wenn jemand so denkt – in dem Fall, der dein Fall ist, sagt er, wird Gott alles tun, was verdammt noch mal in seiner Macht steht, um dich davon abzubringen. Und dich prüfen. Weil er keine minderwertigen Menschen um sich haben will. Wenn ich also den falschen Weg einschlage, wird er mir verdammt noch mal einen Tritt verpassen.«

Es wird getuschelt, der Guru sei wach, und ganz langsam setzt sich die Reihe der wartenden Menschen in Bewegung. Nach zwei Stunden stehen wir oben auf der Treppe vor dem Zimmer des Gurus, und man bittet uns hinein.

Es ist ein großer Raum, und es sind noch immer viele vor uns. Hätte ich mit einem gewaltigen Gefühlssturm beim Anblick des Gurus gerechnet, wäre ich enttäuscht. Er kommt mir wie der einzige normale Mensch im Raum vor – alle anderen befinden sich in einem leicht veränderten Zustand –, aber darüber hinaus empfinde ich nichts Ungewöhnliches. Er hat gerade einen Tag mit dem Verkauf von Badarmaturen verbracht. Er trägt noch seinen Anzug und sitzt in Socken mit untergeschlagenen Beinen auf einem Bett.

Die Menschen knien vor ihm, und jeder kann hören, was gesprochen wird: »Meine Tochter ist schlecht in der Schule. Ich habe Schmerzen im Knie.« Eine Frau gibt dem Guru einen Brief zu lesen:

Sie weint. Den meisten dieser Bittsteller gibt der Guru einen Blechbecher mit Trinkwasser, den er sich vorher an die Stirn gehalten hat, um ihn zu segnen. Den anderen gibt er Kardamomsamen.

Geschäftsleute in Delhi haben einen Lieblingsspruch: »Deine schlechten Taten holen dich immer wieder ein.« Während man Reichtümer anhäuft, muss man Bestechungsgelder zahlen, das System bestehlen, Leute einschüchtern, sich Feinde machen – und dabei meist alles vergessen, was nicht dem Anhäufen von Reichtümern dient. Wenn man viel Geld verdient, beweist das, dass man ein Lieblingskind des Universums ist: Es steht einem bei, man braucht sich keine Sorgen zu machen. Doch selbst sehr große Vermögen können manchmal ganz klein erscheinen durch das Negative, das sich im Lauf der Zeit angesammelt hat. Dieses Negative verschwinden zu lassen, ist daher das ewige Bestreben der Unternehmerschicht. Man muss andere Wesen finden, die einem dieses Negative abnehmen, und Orte, wo es abgeladen werden kann, um nie wieder zurückzukehren. Wohltätigkeit ist gut: Sie verlagert einen Teil des Negativen vom Spender weg auf die Person, der er etwas gibt. Durch Pilgerfahrten erwirbt man Verdienste, die gegen das Negative aufgerechnet werden können. Doch was man sich erträumt, wäre natürlich ein Mechanismus, der das Negative einfach verschwinden lässt.

»Diese Leute sind mit negativen Manifestationen gekommen. Ein schmerzender Rücken, ein Kind, das in der Schule versagt – das liegt alles an der Negativität. Die Kardamomsamen nehmen das Negative weg. Der Guru segnet die Person, und das Negative geht auf die Kardamomsamen über. Die Samen werden dann in die Yamuna geworfen, wo die Fische sie fressen.«

Wenn es überhaupt noch Fische in der Yamuna gibt.

»Weil sie im Wasser leben, sind die Fische vor Saturn geschützt, deshalb endet hier der Kreislauf des Negativen.«

Doch es gibt so viel Negatives, dass aller Kardamom und alle Fische der Welt es nicht zu neutralisieren vermögen. Der Kampf dagegen ist ein Fulltimejob.

»Was werden Sie ihn fragen, wenn Sie an der Reihe sind?«, will Puneet wissen.

Mir wird unbehaglich.

»Wie meinen Sie das?«

»Na ja, jetzt haben Sie so lange gewartet, um mit ihm zu sprechen. Was werden Sie ihn fragen? Warum sind Sie hier?«

Puneet ist kein normaler Anhänger dieses Gurus. Der Guru erweist ihm besondere Gunst, weil er, sagt Puneet, spirituelle Eigenschaften besitzt, die den meisten Menschen fehlen. Die hundert Millionen auf Puneets Bankkonto könnten natürlich auch etwas damit zu tun haben; ich weiß es nicht. Der springende Punkt ist, dass ich mir die ganze Zeit vorgestellt habe, ich würde eine Art Privataudienz mit dem Guru haben. Ein gemütliches Gespräch auf Augenhöhe. Jetzt ist mir klar, dass ich auf Knien zu ihm komme, als ein Anhänger unter vielen.

Das berührt einen wunden Punkt in mir. Mir dreht sich der Kopf. Ich kann keinen klaren Gedanken mehr fassen. Ich weiß nicht, wie ich für mich sprechen soll, wenn ich vor diesem Mann stehe. Vor all den Leuten. Jeder wird merken, dass ich unaufrichtig bin. Mir bricht der Schweiß aus, aber nicht wegen der Hitze.

Puneet ist als Erster an der Reihe. Der Mann auf dem Bett legt ihm die Hand auf den Kopf. Obwohl die beiden ihre Wochenenden damit zubringen, gemeinsam Fußball zu schauen, ist dem Guru nicht anzumerken, dass er ihn erkennt; er fragt ihn, warum er gekommen sei. Puneet sagt, dass ihm in letzter Zeit oft die Augen brennen. Der Guru lässt sich von einem Assistenten einen Becher Wasser reichen, hält ihn sich an die Stirn und gibt ihn Puneet.

Mir rutscht das Herz in die Hose. Das ist die Rolle, die ich gewählt habe: Ich bin der Beobachter, nicht der Beobachtete. Ich bin in Panik, und ich verachte mich dafür. Mir wird klar, dass ich nichts weiß. Jeder andere in diesem Raum weiß etwas sehr Grundlegendes über das Leben, das ich nicht weiß. Die anderen *leben*; ich bin nur ein Zaungast. Ich bespitzle das Leben, damit ich es nicht leben muss. In meinen Ohren rauscht ein nicht vorhandener Wind, und in dem Augenblick bin ich überzeugt, dass ich mein Alter erreicht habe, ohne jemals etwas Reales in Angriff zu nehmen. Mir wird klar, dass ich mit diesem Guru sprechen *muss*. Ich brauche ein Wort von ihm, das mich aus der bequemen Außenwelt nach innen zieht. Mir ist klar, dass ich ihm in äußerstem Ernst gegenübertreten werde.

Puneet wird von einem der Helfer des Gurus weggeführt. Der Mann legt mir die Hand auf den Kopf. Es fühlt sich gut an. Ich spüre seine Kraft. Er schaut mir in die Augen.

»Was kann ich für Sie tun?«, fragt er freundlich.

Ich sehe ihn demütig an.

»Bitte sagen Sie mir«, sage ich, »was ich noch lernen muss.«

Er sieht mich eine Sekunde lang durchdringend an.

»Was sagen Sie?«

Es ist mir peinlich, es zu wiederholen, aber ich sage es noch einmal. Er lächelt. »Machen Sie sich über mich lustig?«, fragt er.

»Nein!« Ich meine es ernst.

Er sieht mich forschend an. Dann breitet sich ein Grinsen über sein Gesicht.

»Sie sollten nicht hier sein«, sagt er.

Ich traue meinen Ohren nicht. »Gehen Sie, und leben Sie ihr Leben«, sagt er. »Und hören Sie auf, sich über mich lustig zu machen.«

Er lacht jetzt.

Es ist vorbei. Er sieht den Nächsten in der Reihe an. Ich stehe auf und trolle mich.

Ich bin am Boden zerstört.

Was habe ich falsch gemacht? Wieso hat er mich durchschaut?

Meine Füße tragen mich durch die Tür in die dunkle Nacht hinaus. Ich stoße mit Puneet zusammen. Er steht vorgebeugt und heult wie ein Schlosshund. Mir ist jetzt klar, warum diese Begegnungen die Schwächen der Menschen aufdecken. Ich lege ihm mitfühlend die Hand auf die Schulter.

»Alles okay mit Ihnen?«, frage ich.

»Ja«, sagt er. »Die haben mir Scheiß-Zitronensaft in die Augen gesprüht, Mann.«

Unwillkürlich muss ich lachen.

Es ist ihm so ernst mit seinen albernen Augen. Wir gehen zum Auto. Er zündet zwei Zigaretten an, und wir stellen uns unter die Bäume und rauchen.

Ich frage ihn, was zwischen mir und dem Guru schiefgegangen ist.

»Hat der mich durchschaut?«, frage ich. »Hat er gemerkt, dass ich nicht aufrichtig war?«

»Schwer zu sagen«, meint Puneet. »So eine Frage stellt man nicht beim ersten Mal. Es braucht viel Arbeit, um dahin zu kommen.«

Die Straße ist ruhig, bis auf das Gewühl am Haus des Gurus. Neben uns geht das elektrische Tor auf, und ein BMW-Cabrio gleitet hinaus.

»Und überhaupt, auf einer bestimmten Ebene ist es einschüchternd«, sagt Puneet. »Da muss man sich dran gewöhnen. Da baut man leicht Mist, weil es keine normale Situation ist. Man weiß, dass er einen ansieht, man weiß, dass er einen unglücklich machen kann, wenn er will. Damit albert man besser nicht rum. Ich hab ihn nicht angeschaut, weil ich heute keine Lust hatte, mich dieser Energie auszusetzen. Vielleicht ist Ihnen aufgefallen, dass ich weniger blinzle als die meisten Leute. Das liegt daran, dass ich spirituell rein bin. Aber heute wollte ich mir das nicht antun.

Normalerweise bin ich, wenn ich spirituell völlig rein bin, einer der wenigen, die ihn anstarren können, bis er wegschaut. Einer der wenigen, von denen er das auch weiß. Normalerweise kann er jemanden, dem er in die Augen sieht, völlig fertigmachen, so dass der wegschauen muss. Aber nicht mit mir. Es kommt vor, dass wir gut fünf Minuten lang Auge in Auge Energie austauschen, und dann fragen sich die anderen: ›Was zum Teufel geht da vor?‹ Und dann muss er zu mir sagen: ›Puneet, schau weg.‹«

Siebzehntes Kapitel

»And now we move to the rhythm of this restlessness
On these streets many people dead they drive with recklessness
8 % growth has some people flex with Lexuses
In South Ex shop for Rolexes and diamond necklaces
Land developers come down hard build power nexuses
They build more malls and shopping complexcesses
State militia vacate villages – next Exodus
So you can cash checks of Sensex indexes.«

Delhi Sultanate, Rapper

Wie haben »normale« Angehörige der Mittelschicht diese Jahre erlebt?

Wie bereits am Beginn dieses Buches angemerkt, waren Mittelschichtler in diesem Zusammenhang noch immer nicht »normal«. Trotzdem gab es viele von ihnen. In Delhi belief sich ihre Zahl auf mehrere Millionen. Und wie in jeder anderen Gruppe dieser Größe gab es im Grunde genommen unendlich viele Erfahrungen. Glücklich, unglücklich. Außergewöhnlich, gewöhnlich.

Doch die Stadt als solche war eine starke Kraft und lieferte den Stimmungslagen der Mittelschicht bestimmte Arten von Kohärenz. Sie besaß eine enorme Energie, und Energie ist magnetisch, wie immer ihre Wirkungen auch sein mögen: Die Menschen waren deshalb in ungewöhnlichem Ausmaß rege und fleißig – bis sie der Müdigkeit anheimfielen, die in der Stadt ebenfalls markant war. In seinen proteischen Wandlungen und Veränderungen war Delhi auch ungemein *interessant*, und die Menschen beschäftigten sich zwanghaft mit ihrem städtischen Dasein und diskutierten bis zum Überdruss die Stimmungen, Ereignisse und Entwicklungen in der Stadt, zum Guten wie zum Bösen. Keine rechte Heimat bot Delhi dagegen den unbeschwerteren Stimmungen. Zufriedenheit traf man nur selten an, außer bei den Alten. Reine Freude war ebenfalls selten, außer bei den ganz Jungen. Und auch die Spontaneität verringerte sich im Lauf der ersten zehn Jahre des neuen Jahrhunderts, so dass diese helleren Stimmungen mit der Zeit noch stärker gefährdet waren.

In den neunziger Jahren hatten Mittelschichtler sehr viele kurzfristig eintretende – und zumeist erfreuliche – Änderungen in ihrem Leben erfahren. Viele von ihnen waren froh über das Ende der Planwirtschaft: Neue Jobs, neue Fernsehsender, neue Produkte und neue Reisemöglichkeiten beflügelten sie – und sie hatten das Jahr 2000 mit dem Gefühl erreicht, dass sich ihr Horizont ständig erweiterte. Sie spürten, dass dies *ihre Stunde* war, nicht nur lokal, sondern global. Die jahrhundertealte Vorherrschaft des Westens war beendet, und damit auch die Erniedrigung ihres Heimatlandes. Sie blickten mit imperialer Hoffnung auf den Rest der Welt und registrierten mit Genugtuung jede Meldung über indische Konzerne, die westliche Unternehmen aufkauften.

In der zweiten Hälfte des Jahrzehnts wurde die bis dahin festliche Stimmung jedoch erheblich düsterer und zynischer. Die Mittelschichtler machten nach wie vor Geld, sie waren Nutznießer einer beträchtlichen Umverteilung von Ressourcen von unten nach oben. Aber auch ihr Leben wurde zunehmend riskant und kostspielig, und sie konnten sich von ihren gestiegenen kapitalistischen Einkommen nicht so viel kaufen, wie sie gedacht hatten. Wohlstand und Aufstiegschancen waren offenbar mit einer synchron verlaufenden Brutalisierung ihrer Stadt erkauft worden, und sie stellten fest, dass sie stärker von Ängsten geplagt wurden, obwohl sie bessere Autos besaßen. Sie fragten sich, was für eine Gesellschaft sie schufen, und wünschten sich Dinge zurück, die sie gestört hatten, als es sie noch gab: Kühe auf den Straßen und Straßenhändler, die die ausgefallensten Waren feilboten. Ihr Ethos des schnellen Geldes fiel auf sie selbst zurück, denn in dieser Periode der wundersamen Wohlstandsvermehrung kümmerte sich kaum jemand um die Zukunft, und als die New Economy all ihre »niedrig hängenden Früchte« gepflückt hatte, fraß sie sich wegen des Fehlens von Investitionen und langfristiger Planung allmählich fest. Nachdem das Bruttoinlandsprodukt im Verlauf des Jahrzehnts mehrmals fast zweistellige Wachstumsraten verzeichnet hatte, verlangsamte sich die Zunahme 2012 auf rund fünf Prozent. Einer der Gründe war, dass der Boom zu sehr auf die gebildete Minderheit beschränkt geblieben war, den vielen ungelernten Arbeitnehmern kaum Chancen geboten und damit frustrierend wenig dazu beigetragen hatte, die Lage der Mehrheit der indischen Bevölkerung zu verbessern. Die landesweiten Fortschrittsraten waren niedriger als im benachbarten, viel ärmeren Bangladesch – noch immer starben einundsechzig von tausend Lebendgeborenen noch vor dem vollendeten fünften Lebensjahr (sogar in Delhi waren es achtundzwanzig, während China landesweit schon bei fünfzehn angelangt war)[56] –, was allein schon ausreichte, um allzu großen Stolz auf die Wirtschaftsleistung des Landes im Keim zu ersticken. In ihrem Alltag stellten die Angehörigen der Mittelschicht fest, dass die Infrastruktur nach wie vor miserabel war, dass es so gut wie unmöglich war, seinen Kindern eine Ausbildung auf Weltklasseniveau zu ermöglichen, und die Bürokratie jeden unternehmerischen Elan zunichtemachte. Daraus mussten sie den Schluss ziehen, dass es mit ihrem eigenen Lebensstandard längst nicht so stetig bergauf gehen würde, wie sie gedacht hatten.

Außerdem kamen sie in diesem Jahrzehnt zu der unerfreulichen Erkenntnis, dass nicht sie das Sagen hatten. Es dämmerte Delhis Mittelschicht, dass ihre im Entstehen begriffene urbane Gesellschaft weitgehend von einer verschworenen Clique gesteuert wurde, deren Interessen von ihren eigenen durchaus abwichen, ja ihnen sogar zuwiderliefen. Im Lauf der Zeit schien diese heimliche Elite immer mehr von den Chancen und Ressourcen ihrer Stadt für sich zu vereinnahmen, denn selbst äußerst bescheidene unternehmerische Projekte – etwa die Eröffnung eines Cafés oder einer Buchhandlung – setzten politische Beziehungen weit außerhalb der Reichweite des Normalbürgers voraus. Die neue Konsumlandschaft der Designer-Bars und Modeboutiquen, die eigentlich eine facettenreiche kapitalistische Vielfalt hätte bewirken können, machte deshalb einen seltsam eintönigen, ja schäbigen Eindruck: immer noch mehr Gewinn für dieselbe korrupte Bande. Gegen Ende des Jahrzehnts schoben viele Mittelschichtler den von niemandem gewählten Managern die Schuld daran zu, dass Delhi trotz seines immens zunehmenden Wohlstands nach wie vor so heruntergekommen und arm an Ressourcen war. Immer weniger konnten sie sich des Eindrucks erwehren, dass die Stadt wie ein privates Schwindelunternehmen und mit deprimierend wenig Rücksicht auf ihre Entwicklung geführt wurde. Sie glaubten, dass ihre eigenen Gefühle und Meinungen für die Evolution Delhis völlig irrelevant waren und viele der Dinge, die sie sich für ihre Stadt erträumt hatten, nie Wirklichkeit werden würden. Sie waren überzeugt, dass sie in einer Fantasiewelt lebten und dass die Wirklichkeit anderswo war, denn auch ihre Zeitungen erwähnten kaum jemals den riesigen Bereich der Wirtschaft, der für den Staat und die Finanzwelt unsichtbar arbeitete, weil sie keine unabhängigen, nachprüfbaren Informationen darüber bekamen. Das Bild, das man von der indischen Wirtschaft gewann, zeigte deshalb ausschließlich die Großkonzerne; es sagte nichts über die gewaltigen Explosionen neuer Macht und neuen Geldes in Indien aus und vermochte daher nicht zu erklären, warum das Leben so bizarre Konturen angenommen hatte. Aus diesem Grund nahmen Gerüchte und Verschwörungstheorien überhand, denn mit ihnen, so schien es, konnte man den eigenen Zweifeln an der fiktiven Realität am besten Ausdruck verleihen.

Vielleicht waren es die Skandale im Vorfeld der Commonwealth Games von 2010, die den Hoffnungen der Mittelschichtler für die Zukunft ihrer Gesellschaft endgültig den Garaus machten. Viele sahen in diesen Skandalen, durch die verborgene Mechanismen ans Tageslicht kamen, die Erklärung, warum die Verhältnisse so und nicht anders waren. Da rund sechzig Länder teilnehmen wollten, hatte man den Spielen als einer Zeit des Prestiges und der internationalen Sichtbarkeit entgegengesehen. Die wohlhabenden Schichten standen den erklärten Bestrebungen der führenden Politiker Delhis im Allgemeinen freundlich gegenüber: Diese betrachteten die Spiele als Gelegenheit, außerordentliche Mittel und Vollmachten für eine tiefgreifende Umwandlung der Stadt zu beschaffen: Für den Bau einer bitter benötigten neuen Verkehrsinfrastruktur, die Renovierung und Säuberung der Stadt und die Entfernung der Armen aus den illegalen Siedlungen auf inzwischen sehr teuer gewordenem Land. Für viele Arme war das eine Katastrophe, doch die in den Mittelschichten vorherrschende Ansicht war: Wenn für die Spiele ein Preis zu zahlen war, sollte er am besten von denen entrichtet werden, die ohnehin im Elend lebten.

Doch als das Jahr 2010 näherrückte, zeichnete sich ab, dass viele der anvisierten Vorteile nie Wirklichkeit werden würden. Sogar die sonst so macht- und geldverliebte Mainstream-Presse goss täglich Schimpf und Schande über die Clique der Mächtigen aus, die sich in das Gerangel um das Games-Budget gestürzt hatte. Dieses Budget war groß und, wie sich zeigte, sehr flexibel, denn nachdem sich die Verantwortlichen erst einmal bereit erklärt hatten, ein solches Mega-Event auszurichten, konnten sie nicht gut die Zahlung verweigern, wenn wichtige Vertragsfirmen wenige Monate vor der Eröffnungsfeier ihre Forderungen plötzlich drastisch erhöhten. Man schätzte, dass die Spiele einschließlich der Erschließungsprojekte die öffentliche Hand letztlich siebzigtausend Crore Rupien [vierzehn Milliarden Dollar][57] kosteten – das Vierzigfache des ursprünglichen Budgets –, und offensichtlich ging die Steigerung zum großen Teil auf ein gigantisches Betrugskartell von Beamten und deren Freunden in Bauwirtschaft und Handel zurück, die zu viel verlangten (berühmtes Beispiel: Toilettenpapier zu achtzig Dollar pro Rolle) und zu wenig lieferten. Die robuste, gut ausgestattete Stadt, von der die Mittelschicht geträumt hatte, hat es nie gegeben. Was es gab, war eine Art Gipsfigur einer solchen Stadt, die am Ende keine Ähnlichkeit mit den computergenerierten Bildern aufwies, mit denen ein Jahrzehnt lang das ganze Unternehmen verkauft worden war.

»Bei den olympischen Spielen in Athen«, sagte ein ausländischer Beamter, der mit den Games befasst war, »gab es jede Menge Korruption, aber das Ziel stand fest: Alle waren entschlossen, die Spiele in der erforderlichen Qualität stattfinden zu lassen. In Delhi waren die zuständigen Stellen durchaus bereit, die Games selbst aufs Spiel zu setzen. Die Spiele waren gar nicht das eigentliche Ziel.

Denken Sie nur daran, was mit dem Catering-Vertrag passiert ist. Die Ausschreibung wurde von einer amerikanischen Firma gewonnen, die so ziemlich das einzige Unternehmen weltweit war, das über das nötige Know-how verfügte, um in Delhi zu kampieren und täglich achttausend Mahlzeiten in der für Athleten erforderlichen Qualität zu liefern. Aber die Firma weigerte sich, dem Chef des Organisationskomitees die verlangten zehn Prozent Provision zu zahlen.

Der Mann zögerte die Entscheidung erst mal hinaus. Als die Amerikaner bei ihrer Weigerung blieben, drohte er, den Auftrag neu auszuschreiben. Seine Berater sagten ihm, dass das katastrophale Folgen hätte, weil man Monate verlieren und möglicherweise die Spiele gefährden würde. Ohne Caterer keine Spiele. Außerdem machten sie ihm klar, dass er am Ende doch wieder zu derselben Firma würde gehen müssen, die dann mehr verlangen würde. Aber er blieb stur und wiederholte die Ausschreibung unter irgendeinem erfundenen Einwand gegen die amerikanische Firma.

Sieben Monate wurden so vertan. Schließlich bekam tatsächlich dasselbe Unternehmen den Vertrag. Obendrein bestand die britische Firma, die ursprünglich die Küchenausrüstung hatte vermieten wollen, jetzt darauf, dass alles gekauft werden musste. Da nicht mehr genug Zeit war, musste die Ausrüstung per Luftfracht verschickt werden. Man versuchte es mit einer 747, aber die war zu klein, also musste eine Antonow gechartert werden, das größte Frachtflugzeug der Welt. Sie können sich vorstellen, was das an Mehrkosten mit sich brachte.

Es gab vier Arten, mit der Vergabe von Aufträgen für die Commonwealth Games Geld zu machen. Die erste bestand darin, dass man den Auftrag an sich selbst oder an Familienmitglieder vergab. Darüber hinaus begnügten sich die Leute aber in diesem Fall nicht mit dem legitimen Gewinn aus den Verträgen. Vielmehr setzten sie weit überhöhte Preise an *und* lieferten nur Attrappen dessen, was sie hätten liefern müssen. Das war der Grund, weshalb so viele Straßen und Bauten noch vor Beginn der Spiele in sich zusammenfielen.

Beim Bau der Sportstätten wurde dermaßen gepfuscht, dass jetzt alles nur noch Schrott ist. Normalerweise bringen solche Ereignisse sofortigen Nutzen – beispielsweise Touristen und internationales Ansehen –, und danach kommen die langfristigen Einnahmen, vor allem aus der Nutzung der errichteten Anlagen. Die Games von Delhi werden keinen langfristigen Gewinn abwerfen, weil die Qualität der Bauten so unsäglich schlecht ist. Beispielsweise war der verbaute Stahl wegen der Schmiergelder von miserabler Qualität. Deshalb drohten die Bauten zusammenzubrechen. So mussten unter enormem Kostenaufwand technische Berater aus dem Ausland für die Verstärkung der Bauten engagiert werden.

Die zweite Art, Geld zu machen: Man verlangte in einem bestimmten Bereich einen Prozentsatz von allem als Provision. Deswegen muteten Sitzungen des Organisationskomitees immer wie Gangsterversammlungen an, weil sie von Revierkämpfen beherrscht wurden. Bei vielen für Außenseiter unverständlichen Verzögerungen ging es um solche Konflikte. Beispielsweise kassierte eine Person zehn Prozent Provision auf sämtliche Hotelbuchungen. Dieselbe Person sorgte außerdem dafür, dass die für prominente Besucher vorgesehenen Unterkünfte nie genehmigt wurden, so dass die Prominenten während der gesamten Dauer der Spiele in Hotels wohnen mussten. Man kann sagen, dass die gesamte Form der Spiele von der Struktur der internen Geldmacherei bestimmt wurde.

Die dritte Art war die Annahme von Bestechungsgeldern für die Vergabe von Aufträgen. Verwaltungsbeamte kassierten auf diesem Weg sehr viel Geld – Kosten, die von den Auftragnehmern natürlich durch überhöhte Preise oder minderwertige Qualität wieder hereingeholt werden mussten.

Die vierte Art, von den Games zu profitieren, bestand schließlich darin, alle diese überteuerten Materialien und Ausrüstungen zu stehlen. Vieles verschwand später. Manches holte sich die Polizei von Delhi, beispielsweise Büromöbel und Computer für ihre Büros. In anderen Fällen wurde die Polizei möglicherweise von Dritten dafür bezahlt, die Sachen zu entwenden. Flachbildfernseher verschwanden ebenso wie modernste Sportgeräte. Erleichtert wurde das dadurch, dass nie Inventur gemacht worden war und deshalb niemand beweisen konnte, dass etwas weggekommen war. Die gesamten Commonwealth Games wurden auf einzelnen Computern und über private E-Mail-Adressen organisiert und verwaltet: Es gab keinen zentralen Server. Das war nicht bloß Unfähigkeit, es war eine bewusste Strategie, die dafür sorgte, dass es keine systematischen Informationen gab. Gestohlen wurden auch viele Festplatten. Manch einer kam morgens ins Büro und stellte fest, dass seine sämtlichen Daten futsch waren. Ich bin überzeugt, dass auch das ein bewusster Versuch war, jede Nachverfolgung von Daten zu verhindern. Das Budget des Organisationskomitees beispielsweise verschwand spurlos, und das war nur wegen der unzulänglichen Managementsysteme möglich. Die Kompetenzen waren völlig unklar, und durch die Lücken versickerte das Geld.«

Es gab endlose Gerüchte darüber, wohin dieses Geld verschwand, aber die meisten stellten sich vor, dass die korrupte Elite es dazu verwendete, ihre Verfügungsgewalt über die Gesellschaft und ihre Ressourcen zu stärken. Einen Teil davon würden zweifellos Politiker in ihre Wiederwahl investieren, ein weiterer Teil würde in neue geschäftliche Unternehmungen gesteckt werden. Aber wohin das meiste floss, das konnte die Mittelschicht selbst herausfinden, denn jedes Mal, wenn eine neue Tranche des Budgets für die Spiele freigegeben wurde, kletterten die Immobilienpreise noch weiter aus ihrer Reichweite. Delhis Immobilienmarkt ließ sich nicht mit dem anderer Städte vergleichen. Immobilien waren ein Auffanggefäß für Milliarden Dollar Schwarzgeld, das man nicht der Bank anvertrauen konnte, und deshalb hatten die Preise kaum einen Bezug zum tatsächlichen Wert der Gebäude oder zur Kaufkraft der Normalbürger. Die Medien berichteten über Geschäftemacher, die während der Vorarbeiten für die Commonwealth Games acht Millionen Dollar teure Häuser bezogen, doch das war nur die sensationelle Spitze des Eisbergs; das meiste Geld wurde in diskretere Erwerbungen investiert – etwa in die eine oder andere Wohnung für je fünfhunderttausend Dollar –, mit denen die Finanzelite in Konkurrenz zur Mittelschicht trat, zunehmend zu deren Nachteil.

Zu Beginn des Jahrzehnts hatten Mittelschichtler noch an Immobilienerwerb in Delhi denken können. Am Ende mussten jedoch auch erfolgreiche Manager von Großunternehmen das Handtuch werfen. Ganz abgesehen von den Anwesen, für die man dreißig bis vierzig Millionen Dollar zahlen musste: Neue Vierzimmerwohnungen in Süd-Delhi, auch relativ normale, kosteten eine halbe Million Dollar und waren deshalb auch für Spitzenverdiener unerschwinglich. Wenn man außerdem berücksichtigte, dass diese Immobilien die üblichen Mängel aufwiesen – schlechte Bauqualität, Stromausfälle und Wassermangel –, war das Preis-Leistungs-Verhältnis selbst im Vergleich zu London oder New York trostlos. Noch viel schwerer fiel ins Gewicht, dass man beim Erwerb einer Immobilie in Delhi rund fünfzig Prozent des Kaufpreises in bar entrichten musste. Nun liegt es auf der Hand, dass es nicht Fernsehmoderatoren oder Vorstandsmitglieder von Aktiengesellschaften waren, die eine Million Dollar Bargeld hinblättern konnten. Nein: Die Leute mit den Geldkoffern waren in aller Regel zwielichtige Geschäftsleute, Kriminelle oder korrupte Staatsdiener. Es waren die Leute, die im ersten Jahrzehnt des 21. Jahrhunderts ihren Anteil an der materiellen Substanz der indischen Hauptstadt erheblich vergrößerten, und genau daran lag es zum Teil, dass sich in der Stimmung der Stadt ein Wandel vollzog, hin zu etwas Dunklerem, Gesetzloserem. Es war meist recht unterhaltsam, Restaurantbesitzer nach ihren Vermietern zu fragen, denn deren Namen standen im *Who's who* der indischen Schwarzgeldelite, von Auftragsmördern, die für die Mumbai-Mafia arbeiteten, bis hin zu Politikern mit scheinbar weißer Weste. Höhere Angestellte hatten inzwischen keine andere Wahl mehr, als in die neuen Satellitenstädte Gurgaon und Noida zu ziehen, wo die Preise ziemlich genau dem tatsächlichen Marktwert der Immobilien entsprachen und Leute mit festem Einkommen ein Hypothekendarlehen bekommen konnten. In der Praxis bedeutet dies alles, dass sich in den nuller Jahren eine erhebliche Kapitalverlagerung vollzog, von denen, die nach 1947 Immobilien erworben hatten, hin zur Schwarzgeldelite, und diese Gruppe gab auch immer mehr den Ton für alle anderen an – in ästhetischer, wirtschaftlicher und ethischer Hinsicht.

Die finanziellen Zugewinne der Mittelschicht lenkten viele Beobachter von anderen Vorgängen ab: vom zunehmenden Versagen der gesellschaftlichen Kontrollmechanismen, das sie in jenen Jahren empfanden, und der daraus folgenden Unzufriedenheit unter ansonsten prosperierenden Bürgern. Dass sie in einer von Oligarchen beherrschten Gesellschaft lebten, beeinträchtigte an sich schon ihre Lebensqualität, denn es beunruhigte sie und zehrte stärker an ihren Kräften, als man erwartet hätte. Sie wussten nicht, was sie noch von der Stadt halten sollten, in der sie lebten – sie erschien ihnen zunehmend fragwürdig und bedrohlich. Alles schien eine optische Täuschung zu sein, mit der mephistophelische Zauberer ihre finsteren Absichten kaschierten – doch worin diese bestehen mochten, konnte niemand wissen. Delhi wurde zu einem surrealen Ort, weil die Menschen mit der Zeit den Glauben daran verloren, dass irgendetwas das war, was es zu sein schien. Sie kannten ihre Gesellschaft nicht durch das, was sie sehen und lesen konnten, sondern durch das, was sie in fiebrigen Nächten ergrübelten oder träumten. Mittelschichtler arbeiteten und prosperierten in dieser Gesellschaft, hatten aber keine Vorstellung davon, was, wer oder wie sie war und warum, und das machte sie zu gereizten, haltlosen Zeitgenossen. Bis zum Ende des Jahrzehnts hatte eine Massenbewegung der Proteste und Petitionen eingesetzt, die darauf abzielte, den Würgegriff der schattenhaften Elite zu lockern. Korrupte Macht wurde zum größten Ärgernis der Mittelschicht, nicht nur, weil dadurch Geld und Ressourcen aus ihrer eigenen Wirtschaft abgeschöpft wurden, sondern auch weil ihnen dadurch jeder Sinn für die eigene Identität abhandenkam: Die Welt, in der sie funktionierten, war nicht die reale Welt, und sie schienen, wie in *Matrix*, im leeren Raum zu schweben.

Doch dieser Groll auf die Oligarchen wechselte sich im Leben der Mittelschichtler mit ihren eigenen Macht- und Reichtumsfantasien ab – denn ein anderer Weg zur Freiheit war nur schwer vorstellbar. Angehörige der Mittelschicht waren im Allgemeinen nicht von milden demokratischen Gefühlen erfüllt. Auch die »Mittelschicht-Zufriedenheit« war ihnen verhasst. Sie waren ein gefräßiger Menschenschlag, und sie lasen Zeitungsartikel über die Milliardenvermögen ihrer Nachbarn nicht nur verärgert, sondern auch voller Neid. Sie zitierten genüsslich Berichte über astronomische Summen, und in ihrer Fantasie nahm die Macht korrupter Politiker übermenschliche, diabolische Dimensionen an. Sie glaubten nicht, dass Macht und Geld in ihrer Gesellschaft jemals gerecht verteilt sein würden. Sie waren überzeugt, dass das Leben der Mittelschicht immer ein Leben der Knechtschaft und der Illusion sein würde und dass nur die Superreichen wirklich durchschauen konnten, worum es bei alldem eigentlich ging. Doch da das Geld unabhängig von Intelligenz und harter Arbeit floss und kaum jemand glaubte, dass diejenigen, die es besaßen, dafür besser qualifiziert waren als irgendjemand sonst, konnte man es für möglich halten, dass es eines Tages unversehens auch in die eigenen Taschen strömen würde. Sie schlossen daraus, dass die Verteilung des Wohlstands in ihrer Gesellschaft absolut zufällig war – dementsprechend erschien harte Arbeit nicht mehr ganz so sinnvoll, und jeder konnte sich Hoffnungen auf den unwahrscheinlichen Fall machen, dass ihm eines Tages viel Geld in den Schoß fallen würde. Leute mit einem Monatsgehalt von vierhundert Dollar fanden es deshalb durchaus nicht müßig, sich zu überlegen, welchen Mercedes sie sich dann kaufen würden.

Mein erstes Gespräch mit Anurag findet in einer Bar statt. Hinterher ruft er mich an und sagt: »Ich kann in Bars nicht reden. Wenn Sie wissen wollen, was ich wirklich denke, müssen Sie mir dorthin folgen, wohin ich gehe.«

Wir verabreden uns noch einmal. Er bittet mich, ihn an einer Hauptstraße abzuholen. Trotz des nächtlichen Neonschleiers erkenne ich sofort den über eins achtzig großen Mann, der lässig gegen die Bordsteinkante tritt, als ich näher komme. Ich halte, und er steigt ein. Er gibt mir Anweisungen. Nach ein paar Minuten überlegt er es sich jedoch anders.

»Halten Sie an«, sagt er. »Ich fahre.«

Wir tauschen die Plätze, er schiebt den Fahrersitz nach hinten, um seine langen Beine unterzubringen, und beschleunigt sofort auf ein irrwitziges Tempo.

»Wir brauchen ja die ganze Nacht, wenn Sie fahren«, sagt er.

Er parkt vor einem Laden in einem heruntergekommenen Betonbau, und wir gehen hinein, um Hochprozentiges zu kaufen. An die zwanzig Männer drängen sich am Tresen und wedeln mit Banknoten. Es ist kurz vor Ladenschluss, und noch mehr Männer kommen hastig die Treppe herunter. Jetzt im Winter tragen die meisten Wollmützen. Der Spirituosenladen ist der einzige, der noch geöffnet hat: Lange, schmutzige Gänge mit geschlossenen Rollläden erstrecken sich in alle Richtungen.

Überall liegen benutzte Kondome herum. In dieser Stadt gibt es zahllose Obdachlose und noch viel mehr Leute, die bei sich zu Hause keinen Sex haben können. Aber ich war noch nie an einem Ort, wo die Straßen so mit postkoitalen Abfällen übersät waren.

Wir kommen mit je einer Flasche Rum und Wodka für jeden heraus und kaufen uns draußen noch eine Cola. Dann fährt Anurag zum Nehru Park, einem weitläufigen Areal in der diplomatischen Enklave, das um diese Zeit geschlossen ist. Wir klettern über den Zaun und gehen im Schein des Vollmondes die Wege entlang, die dunkel und geheimnisvoll unter Bäumen hindurchführen.

»Bevor ich aufgehört habe, Fleisch zu essen«, sagt Anurag, »habe ich mir immer Hühnerschaschlik gekauft und bin damit nachts hierhergefahren. Und mit meinem Wodka.«

»Allein?«

»Ja. Manchmal wollte die Polizei Ärger machen. Aber der Parkwächter mochte mich und hat sie mir vom Hals gehalten.«

Er geht mit mir zu seiner Lieblingsbank. Wir stellen unsere Flaschen und Plastikbecher darauf ab. Es ist eiskalt, und ich schlinge die Arme um meinen Oberkörper, als ich mich hinsetze.

Der Parkwächter hört uns und kommt aus seiner Hütte. Er sieht aus wie siebzig und geht am Stock. Er ist schwer betrunken. Er freut sich, Anurag zu sehen, und fragt, ob wir noch einen Stuhl brauchen. Wir verneinen.

»Ich komm später auf einen Drink vorbei«, lallt er und schlurft zu der Hütte zurück. Anurag schenkt Rum ein.

»Früher hab ich ihm immer Whisky mitgebracht. Er muss trinken. Er muss die ganze Nacht im Park Patrouille gehen, und wenn er nicht trinkt, wird er krank. Früher haben ihn immer wieder irgendwelche Typen verprügelt, aber ich kannte jemanden bei der Polizei und hab mich beschwert. Jetzt ist alles in Ordnung.«

Der Wächter taucht wieder auf. Er schleppt einen Stuhl an und stellt ihn neben unsere Bank.

»Ich bin nicht so scharf auf Restaurants«, sagte Anurag. »Hier fühle ich mich wohler. Es gibt hier einen wunderschönen Hund, der mich immer besuchen kommt. Schwarz und weiß. Ich weiß nicht, wo er heute ist. Als ich noch Geld hatte, war ich jeden Abend hier und hab ihn mit Hühnerfleisch gefüttert. Das hat mich getröstet, wenn ich zu viele Probleme hatte. Familie, Geld, Freundin.«

Anurag hat nicht mehr viel Geld. Er lebt überwiegend auf Kosten seines Vaters, der zwei Etagen in dem Gebäude vermietet, in dem sie wohnen. Früher hatte er eine kleine Bekleidungsfirma, aber sein Partner stieg aus, und er musste dichtmachen. Auf die mit der Leitung einer solchen Firma verbundene Schinderei hat er keine Lust mehr.

Er ist nicht auf der Suche nach einer Festanstellung oder einem eigenen Geschäft, sondern möchte auf einen Schlag steinreich werden. Deshalb ist er jetzt einer der vielen jungen Männer in Delhi, die einen Anteil am »politischen Geld« zu ergattern suchen.

»Man muss die Schwarzgeldhaie – Politiker, die, sagen wir, fünfzigtausend Crore Rupien [zehn Milliarden Dollar] Schwarzgeld besitzen – mit legalen Unternehmen zusammenbringen, die von der indischen Zentralbank autorisiert sind, große Mengen Bargeld zu halten. Die großen Immobiliengesellschaften, die Diamantenhändler. Wenn der Deal perfekt ist, überträgt der Politiker sein Geld auf diese Unternehmen. Ein Teil wird bei der Bank eingezahlt, ein Teil in Immobilien angelegt. Auf der Bank dürfen sie keine Beträge einzahlen, die ihr Bargeld-Limit übersteigen, das für Großunternehmen bei siebenhundert Crore [140 Millionen Dollar] pro Tag liegt.

Wenn sie das Bargeld bekommen, haben sie sechs Stunden Zeit, um es zu zählen. Dann überweisen sie ihr legales Geld an die Schwarzgeld-Partei. Dieses Geld weisen sie als ungesichertes Darlehen aus. Immer wenn Zeitungen die Finanzen von Politikern durchleuchten, stoßen sie auf jede Menge ungesicherte Darlehen von Immobilienfirmen.

Der Transport solcher riesigen Bargeldmengen ist eine große logistische Operation. Das Geld wird in Lagerhäusern aufbewahrt, und für den Transport braucht man einen Lastwagen. Wenn einer dieser Wagen in Delhi losfährt, wissen alle darüber Bescheid. Die Polizei bekommt eine Provision und bewacht den Transport auf der ganzen Strecke. Der Fahrer bekommt von ihr einen Code, und wenn er den nennt, wird er von jedem Polizisten durchgelassen. Delhi ist nicht sicher, weil es immer Oppositionspolitiker gibt, die diese Transaktionen anprangern wollen. Mumbai ist viel sicherer. Ich habe eigentlich nicht vor, das nochmal zu machen. Aber bei so einer Gelegenheit kann ich auf einen Schlag eine Menge Geld verdienen, und ich muss es versuchen.

Die Politiker bringen jetzt alle ihr Schwarzgeld zurück. Es findet eine gigantische Geldwäsche statt. Das wird sehr gut für Indien sein, weil alles hier investiert wird und sich damit alles verändert. In den nächsten zehn Jahren wird Indien überall die Finger drinhaben. Bis jetzt haben wir mit unserem Geld Schweizer Staatsbürgern die Altersrente finanziert. Jetzt kommt das Geld nach Hause. Milliarden von Dollar werden ins Land strömen, und wir werden Nutzen aus unseren korrupten Politikern ziehen. Man könnte sagen, es ist Gottes Wille. Gott recycelt dieses Geld. Alle Welt redet von China, aber China kann Indien niemals übertrumpfen, weil unsere Politiker schon seit endlosen Jahren korrupt sind. Mit ihrem Geld wird ein Imperium aufgebaut, das die Welt beherrschen wird.

Das Geschäft mit dem Schwarzgeld ist nicht mein einziges. Ich hab auch noch ein anderes: Ich arbeite für ein Unternehmen, das einem aus der Gandhi-Familie gehört. Er bietet Unternehmen hohe Darlehen an, damit er sein in der Schweiz geparktes Geld zurückholen kann. Im Moment arbeite ich an einem Darlehen für einen Geschäftsmann in Gujarat. Eine ganz große Nummer, der Mann. Er braucht fünfzehn Lakh Crore, um mit seinem Unternehmen zu expandieren, und ich versuche, das für ihn zu organisieren.«

Er kramt in seiner Tasche und zieht einen Ordner mit Korrespondenz zwischen ihm und einem Mischkonzern in Gujarat hervor. Er lässt mich die Briefe lesen.

»Ich treffe mich demnächst mit denen, zur Unterzeichnung der Verträge.«

Ich mag Anurag, weil er ein bisschen ungeschliffen ist und unzusammenhängend redet, und ich kann mir eigentlich nicht vorstellen, dass er Zutritt zum innersten Kreis der indischen Schwarzgeldmafia hat. Die Schreiben wirken echt, aber ich werde nicht schlau daraus.

»Sind es wirklich fünfzehn Lakh Crore?«, frage ich ihn.

»Schauen Sie sich diese Leute an«, sagt er und zeigt mir Geschäftsbriefe mit Listen von Tochterunternehmen. Bergbau, Infrastruktur, Massenmedien, Fluglinien, Versicherungen, Landwirtschaft. »Sehen Sie, wie groß die sind?«

»Und Sie sagen, die Gandhis leihen denen so viel Geld?«

»Offensichtlich.«

Ich versuche, im Kopf auszurechnen, wie viel das eigentlich ist. Anurag holt sein Handy hervor, aber so viele Nullen kann er nicht eintippen. Mit vereinten Kräften kommen wir schließlich auf den Betrag: dreihundert Milliarden Dollar.

»Das ist nicht Ihr Ernst, Anurag.«

Er rudert ein bisschen zurück.

»Das kommt nicht alles auf einmal. Es zieht sich über viele Jahre hin. Und wird in viele verschiedene Projekte gesteckt. Kraftwerke, Landwirtschaft.«

»Aber dreihundert Milliarden. Ich bitte Sie!«

»Das sind die Gandhis! Sie können sich nicht vorstellen, wie groß die sind. Überlegen Sie doch mal: Schon jeder Chief Minister von Uttar Pradesh hat am Ende seiner fünfjährigen Amtszeit fünfzigtausend Crore [zehn Milliarden Dollar] in der Tasche. Und jetzt überlegen Sie, was die Kongresspartei haben muss! Die sind seit 1947 an der Macht! Wissen Sie, wie viel von der indischen Wirtschaft denen gehört? Sie machen sich keine Vorstellung. Für die sind solche Summen ein Klacks.«

»Aber das indische Bruttoinlandsprodukt ist nur fünfmal so hoch.«

»Das Schwarzgeld ist um ein Vielfaches mehr als das BIP! Das versuche ich Ihnen doch schon die ganze Zeit klarzumachen. Die Politiker holen ihr Geld nach Indien zurück. Sie wollen in Indien investieren, und sie brauchen gute Partner. Hohe Darlehen an Unternehmen, die das Land aufbauen und für Schwarzgeld vierundzwanzig Prozent Zinsen per annum zahlen, sind das Beste.«

Er bekommt einen Anruf. Es geht um ein Darlehen über mehrere hundert Millionen Dollar. Anurag äußert sich zuversichtlich darüber, dass er eine der führenden Immobiliengesellschaften Indiens dazu bringen kann, dieses Darlehen teilweise zu finanzieren. Seine Provision wird anderthalb Prozent betragen.

Es kommt mir vor wie ein bestellter Anruf. Ich fühle mich wie in einer von ihm erfundenen imaginären Welt.

Er legt auf.

»So funktioniert das«, sagt er. »Die größten Unternehmer finanzieren sich nicht über Banken. Diese Gesellschaft in Gujarat arbeitet an vielen Projekten, sie brauchen fünfzehn Lakh Crore, und sie wissen, dass sie das Geld nur von der Kongresspartei bekommen können. Sie sind zu Ambani [Mukesh Ambani, der reichste Geschäftsmann Indiens] gegangen, aber so viel Geld kann ihnen auch Ambani nicht geben. Also kommen sie zu uns.

Die Kongresspartei hat so viel Geld gemacht, dass sie es investieren muss. Und das ist hervorragend für das Land. Die sorgen jetzt für Wachstum in Indien. Und schon bald werde ich auch Geld machen, und dann kann ich auch etwas für das Land tun. Wenn ich für jeden meiner Deals ein oder zwei Prozent Provision kriege, kann ich richtig loslegen. Ich brauche tausend Crore [zweihundert Millionen Dollar] für mich, und wenn meine Deals einmal anlaufen, ist das nicht weiter schwer. Ein Freund von mir hat neulich 320 Crore [vierundsechzig Millionen Dollar] an einem einzigen Schwarzgeld-Deal verdient. Er hat sich einen Bugatti gekauft. Das würde ich nicht tun. Ich würde mein Haus richtig schön renovieren. Aber ich brauche auch Geld für andere Dinge.«

In Anurags Geschichten ist die Membran zwischen Realität und Fantasie überaus durchlässig. Man weiß nie, wie man die beiden auseinanderhalten soll. Ich bin mir auch nicht sicher, ob er es kann. Interessanterweise findet er die Gesellschaft so extrem, dass es so gut wie nichts gibt, was man nicht behaupten könnte, ohne unplausibel zu wirken. Sein Delhi ist ein verwirrender Ort voller riesiger Ungeheuer, deren Art und Größe in der spirituellen Nacht nicht auszumachen sind, und ich verstehe, warum er sich so verloren fühlt. Und warum er glaubt, sich nur auf eine einzige Weise wiederfinden zu können: dadurch, dass er massenweise Geld verdient.

»Ich möchte dazu beitragen, dass alles besser wird. Wenn ich nur fünf Crore [eine Million Dollar] hätte, würde ich ein gutes Leben haben und einen BMW fahren. Aber dann würde ich nur für mich selbst leben. Ich könnte nichts für mein Land tun. Ich möchte Dinge ändern. Ich möchte den Menschen zeigen, wie sie leben sollen. Deshalb brauche ich tausend Crore.

Delhi ist in Ordnung, aber die Menschen sind das Allerletzte. Furchtbare Angeber sind das. Die haben verkommene Seelen und denken nur an Geld. Ich möchte ihnen Gefühl beibringen. Das Geld hat ihre Gefühle abgetötet. Nicht Gott hat das getan. Wir haben es getan, und wir können es ändern. Wenn ich das Geld habe, werde ich die Seelen der Menschen ändern.«

Delhi ist von Geld besessen, es ist die einzige Sprache, die es versteht, und um mich aus dieser Vulgarität und dieser Geldbesessenheit heraus-

kaufen zu können, brauche ich viel Geld. Eine seltsame, sich selbst ad absurdum führende Logik, die offensichtlich die Steigerung dessen, was ihr verhasst ist, für allgemeingültig erklärt.

»Neulich war in meiner Straße eine Hochzeitsfeier, und die haben vor meinem Haus ein Festzelt aufgebaut. Ein Baum stand im Weg, und sie haben ihn kurzerhand gefällt, bloß um ihr Zelt aufzubauen. Sie haben einen in vierzig Jahren gewachsenen Baum für eine einzige Feier gefällt. Die begreifen überhaupt nichts. Ich bin hin und habe sie gefragt: ›*Warum haut ihr diesen Baum um?*‹ Aber denen ist es egal, was ich denke. Im Moment kann ich mich noch nicht mit ihnen anlegen. Deshalb brauche ich Geld. Ich will stark sein, und wenn ich auf solche Leute stoße, will ich ihnen die Suppe versalzen. In mir brennt ein Feuer, könnte man sagen.«

Das scheint zu stimmen, denn obwohl er im Hemd dasitzt, macht ihm die Kälte dieser Februarnacht offenbar nichts aus, während ich, in einen Mantel gehüllt, am ganzen Leib zittere.

Der Wächter kommt zurück und bittet um einen Drink. Anurag gießt ihm Rum ein.

»Wo sind die braven Hunde alle hingekommen?«, fragt er ihn.

Der Wächter breitet ratlos die Hände aus.

»Der Schwarzweiße war ein intelligenter Hund«, sagt Anurag.

Der Wächter verschwindet wieder im Dunkel des Parks.

»Tiere sind so rein«, sagt Anurag, »ihrer Natur so treu. Sie ändern sich nicht. Sie können sich nicht vorstellen, wie sehr ich die Tiere liebe. Diesem schwarzweißen Hund hab ich immer was zu fressen gebracht. Wenn ich in der Nacht wach geworden bin und es hat geregnet, dann bin ich hierhergefahren und hab Zeltplanen zwischen den Bäumen aufgespannt, damit er es trocken hatte. Im Winter hab ich ihm einen Mantel gebracht.

Die Menschen sind das Letzte. Ich hab die Menschen abgeschrieben. Jeder, dem ich vertraut habe, hat mich beschissen. Ich habe keine Freunde mehr. Meine Freundin kümmert sich nicht mehr um mich. Mein Vater ist ein guter Mensch, er hat hart gearbeitet, aber er hat nie an mich geglaubt. Er hat mir nie die Hand auf die Schulter gelegt und gesagt, *Ich verstehe dich.* Nur Tiere sind treu. Menschen nie. Die Einfachheit der Tiere hält mich aufrecht. Tiere brauchen nur ganz wenig. Sie brauchen nur Geld –« Er lacht über seinen Versprecher. »Ich meine, sie brauchen nur *Essen*. Sonst nichts.«

Er zeigt mir auf seinem Handy Fotos von Tieren, die verstümmelt und getötet wurden. Hunderte. Ich sehe eine majestätische, mächtige Echse, deren Beine gebrochen sind, so dass sie nicht mehr laufen kann.

»Als ich den Kerl gefunden hatte, der die Echse verstümmelt hatte, hab ich ihm ein paar Rippen und den Kiefer gebrochen. Ich hab ihm die Suppe versalzen. Die Menschen wissen nicht mehr, wie man sich benimmt. Eine Familie, die ich kannte, hatte einen Zwergspitz, der ihnen auf die Nerven ging, deshalb haben sie ihn von ihrem Balkon im siebten Stock geworfen. Wenn's nach mir ginge, gäbe es eine eigene Tierschutzpolizei, die sich mit solche Leuten befassen würde. Ich würde strenge Gesetze erlassen und die Leute in Werbekampagnen über die Rechte von Tieren aufklären. Außerdem würde ich eine Steuer von einem Prozent nur für den Tierschutz einführen.«

Der Wächter kommt wieder zu uns zurück und liefert die Parodie eines betrunkenen Parkwächters ab – er stößt übertrieben heftig seinen Stock auf den Boden.

»Sehen Sie ihn an«, sagt Anurag. »Er ist aus einem Dorf, er kümmert sich seit fünfundzwanzig Jahren um diesen Park. Er ist ein richtiger Mensch. Nicht wie alle anderen.«

Der Mond steht jetzt sehr hoch. Es ist still im Park, und die Stadt scheint weit weg. Ab und zu ruft eine Eule. Wir schweigen eine Weile. Anurag grübelt.

»Ich hatte eine Idee für ein Haus«, sagt er. »Vorn ist ein Garten und ein Swimmingpool. Hinter dem Haus sind die Auto-Abstellplätze. Vor und hinter dem Haus sind Türen mit Fernsteuerung und einem breiten Weg dazwischen, so dass man mit dem Auto direkt durchs Haus fahren kann. Abends geht man raus zu seinem Ferrari, fährt damit ins Haus, hält vor dem Schlafzimmer, um seine Freundin einsteigen zu lassen, und fährt mit ihr zu einer Party.«

Er lässt mir Zeit, mir das auszumalen.

»Wie finden Sie die Idee?«, fragt er.

»Ich weiß nicht recht«, sage ich. »Da kriegen Sie ein paar praktische Probleme. Sie müssen die Auspuffgase ableiten. Und ein Ferrari würde einen Höllenlärm im Haus machen.«

»Es müsste nicht unbedingt ein Ferrari sein. Es könnte auch ein Lamborghini sein.«

»Dann ginge es, ja.«

Anurag schenkt Rum in unsere Plastikbecher nach und füllt mit Cola auf. Er nimmt seine Tirade über die »Leute von Delhi« wieder auf – dasselbe Geschimpfe, das auch viele ebendieser Leute von Delhi ihr Leben lang von sich geben.

»Die Menschen sind nicht anständig. Schauen Sie sich nur an, wie sie die Frauen behandeln. In Mumbai werden Frauen nicht belästigt, aber hier kann eine Frau keine zehn Schritte tun, ohne angemacht zu werden. Einmal hab ich gesehen, wie ein Mann ein Mädchen in aller Öffentlichkeit beschimpft hat. Ich hab den Mann flüchtig gekannt und hab zu ihm gesagt: ›Warum beschimpfen Sie das Mädchen, Mann? Vor so vielen Leuten! Sie sehen doch, dass sie weint. Lassen Sie sie in Ruhe.‹ Ich bin weitergegangen, und als ich zurückkam, hat er immer noch mit ihr rumgeschimpft. Ich hab ihm die Suppe versalzen. Als Erstes hab ich ihm eine runtergehauen. Da hat er gesagt, Sie haben keine Ahnung, wer mein Vater ist. Also hab ich gesagt: ›Das hier ist für Ihren Vater‹, und hab ihm eine Rippe gebrochen. Da ist dann ein Riesenprozess draus geworden.«

Anurag atmet schwer.

»Ich hab ihr nur als Mensch geholfen. Ich bin ein Mensch, und wenn ich sehe, dass unschuldige Menschen leiden, muss ich ihnen helfen.

Ein andermal war ich mit meinem Cousin in Bangkok. Meine Cousins schwimmen im Geld. Aber wenn ich einen bitten würde, mir ein Lakh [zweitausend Dollar] zu borgen, würde er mich abblitzen lassen. Eines Tages war ich Radfahren am Strand und bin zum Hotel zurückgekommen, und mein Cousin hatte ein Mädchen auf dem Zimmer. Sie war nackt, und er hat sie gefilmt. Sie hat geweint. Sie hat gesagt, sie würde demnächst heiraten, und er hätte gesagt, er wollte das Video in die ganze Welt schicken. Ich hab zu ihr gesagt: ›Keine Bange, das wird er nicht tun.‹ Mein Cousin hat gelacht. ›Natürlich mach ich das‹, hat er gesagt. ›Ich sorge dafür, dass es jeder zu sehen kriegt.‹ ›Scheiße, Mann‹, hab ich gesagt, ›was soll denn das? Dein Geschäft mit ihr ist erledigt, also bezahl sie und lass sie gehen.

Was willst du eigentlich beweisen?‹ Da hat er angefangen, Geld nach ihr zu schmeißen. Tausend Baht. Dann noch mal tausend. Und sie hat das Geld einfach auf den Boden geschmissen. Ich hab gesagt: ›Geld ist nicht für jeden alles, Mann.‹ Ich hab ihm sein Handy weggenommen, hab Thai als Sprache eingestellt und sie das Video löschen lassen. Ich hab ihr die Hand gegeben, und sie hat mich umarmt und geweint. Das war das Beste dran.«

Mir kommt es so vor, als würde Anurag Intimität durch ein verkehrt herum gehaltenes Fernglas betrachten. Sie ist verlockend, aber weit weg, ihre Umrisse sind schwer auszumachen. Manchmal kommen andere Menschen vorbei, die seine Seele anrühren, wie diese Frau in dem Hotel in Bangkok, aber zumeist bleiben sie feindselig und weit weg. Die Welt der menschlichen Beziehungen ist für ihn völlig kaputt. Sie steckt tief im Morast des Geldes, und man behandelt sie am besten so, wie sie behandelt werden will: lediglich als Quelle von geschäftlichen Beziehungen, Aufstieg, Geld. Reinheit und wahre Anhänglichkeit findet man nur bei anderen Wesen.

Seit einiger Zeit klingelt ununterbrochen sein Handy.

»Das ist meine Freundin«, sagt er. »Ich geh nicht ran, weil sie denkt, ich bin in Mumbai.«

»Aber Sie waren seit Wochen nicht in Mumbai.«

»Ich weiß. Deswegen ist es ja so peinlich. Aber sie ist ein Miststück. Sie denkt nur ans Geld. Es ist ihr egal, was für ein Mensch ich bin. Sie hält mich für einen Versager. Sie denkt, sie ist was Besseres als ich, weil ihre Familie reich ist. Warum ruft sie mich dann ständig an, wenn sie was Besseres ist als ich?«

Sie schickt ihm eine SMS.

»Ich gratuliere dir zu deiner neuen Beziehung.«

Er liest es mir vor.

»Sie haben eine andere?«, frage ich ihn.

»Nein, sie will mich nur provozieren.«

Er schreibt zurück: »Okay. Ich bin sehr glücklich mit Tieren. Denen ist es egal, wie viel ich in der Tasche habe.«

Sie ruft sofort zurück. Er nimmt ab und stellt das Handy laut. Ich frage mich, ob das auch so ablaufen würde, wenn er kein Publikum hätte.

Sie sagt: »Lass gefälligst den Quatsch und sprich wie ein normaler Mensch mit mir.«

»Was willst du von mir?«, fragt Anurag und verdreht die Augen zu mir hin. »Willst du mit mir zusammen sein oder nicht?«

»Ich will mich nur ganz normal unterhalten. Ich kann nicht sagen, dass ich mit dir zusammen sein will, weil ich im Moment überhaupt keine Gefühle für dich habe.«

»Du bist also durcheinander, stimmt's?«

»Ich bin nicht durcheinander. Ich kapier nur nicht, was los ist.«

»Ganz einfach, du redest schlecht über mich, das ist los.«

»Dass ich so eine schlechte Meinung von dir habe, hast du dir selbst zuzuschreiben. Ich bin ein sehr positiver Mensch. Ich finde, dass du selbst eine schlechte Meinung von dir hast.«

»Und was ist mit der Hochzeit, zu der du gegangen bist? Da hast du mich nicht mitnehmen wollen. Zeigst du so deine gute Meinung von mir? Ich hab dich hingefahren, weil du mir wichtig bist. Ich hab von zehn Uhr morgens bis sechs Uhr abends draußen im Auto gesessen und auf dich gewartet, weil ich nicht wollte, dass du allein nach Hause fährst. Du bist nicht ein einziges Mal rausgekommen, um nachzusehen, wie's mir geht. Warum musste ich draußen bleiben? Willst du dich nicht mit mir sehen lassen? Warum hast du mich nicht reingeholt?«

»Weil ich mir deiner nicht sicher bin.«

»Im Bett bist du dir meiner sehr sicher, aber vor anderen Leuten nicht?«

»Du bist widerlich«, sagt sie und legt auf.

Anurag ist frustriert und trinkt einen großen Schluck.

»Sie denkt, dass ich nicht gut genug bin für ihre Welt. Sie denkt, ihre Welt ist besser als ich. Also sage ich zu ihr: ›Dann geh doch in deine Welt. Warum gibst du dich mit mir ab?‹ Aber jetzt, wo sie weiß, dass ich mit den Gandhis zusammenarbeite, kriegt sie Angst, ich könnte reich werden. Deswegen ruft sie mich an. Sie stammt aus einer Unternehmerfamilie in West-Delhi, und sie versteht nur Geld. Ihr Vater hat siebzehn Mercedes, und ihre Mutter hat ihn trotzdem verlassen, weil sie mit diesen geldbesessenen Menschen nicht klarkommt.«

Sie schickt ihm noch eine SMS.

»Treffen wir uns morgen zum Lunch?«

Er seufzt und lässt sich breitschlagen. »Okay«, antwortet er.

»Aber morgen sind Sie doch nicht in Mumbai«, sage ich.

»Ich weiß«, sagte er. »Ich sage ihr morgen früh ab.«

Lange Zeit schweigen wir. Es ist schön in dem Park. Die stickige Atmosphäre der Stadt ist hier nicht mehr so stark zu spüren.

»Was war der schönste Augenblick in Ihrem Leben?«, frage ich ihn.

»Da war ich siebzehn. Ich hab mein Studium abgebrochen, um nach Bombay zu gehen und Filmstar zu werden. Ich hatte eine muslimische Freundin, die war einfach perfekt. Sie hat mir jeden Tag Frühstück gemacht. Aber dann kam das Hindu-Muslim-Problem dazwischen, und jetzt ist sie mit einem anderen verheiratet. Das war eine schöne Zeit. Ich hab als Dressman gearbeitet, hab jeden Tag trainiert, Kampfsport gemacht, gut ausgesehen. Eines Tages bin ich auf der Straße gegangen, und neben mir hat ein großer Lexus-SUV gehalten. Das Fenster hinten ging runter, und drinnen saß Sanjay Dutt. Der Filmstar. Er hat mich angesehen, und ohne ein Wort zu sagen hat er vor mir salutiert. Wegen meinem Körper.

Ich will immer noch Schauspieler werden, aber dafür braucht man Geld. Man braucht einen Haufen Geld, um da ins Geschäft zu kommen.«

Es stimmt, dass Anurag einen eindrucksvollen Körper hat. Er ist noch unter dreißig, hochgewachsen und kräftig. Er hat dichtes schwarzes Haar. Hätte er nicht etwas leicht Asymmetrisches, er wäre ein ausgesprochen schöner Mann. Aber in seinem Blick liegt etwas Bitteres, und deswegen schafft er es doch nicht ganz. Er wirkt verschlagen und verkrampft.

Wir trinken jetzt seit zwei Stunden, und das Cola ist alle. Wir sammeln die Flaschen auf und lassen den übrigen Rum für den Parkwächter da. Wir gehen durch den Park zurück und klettern über den Zaun, etwas wackliger als zuvor. Wir finden mein Auto, das Anurag mit Besitzergeste aufschließt, und fahren los. Nach ein paar Minuten hält Anurag am Straßenrand und bittet mich, das Beifahrerfenster herunterzulassen. Er pfeift laut, und sofort kommen zwei Hunde mit langen Sätzen unter den Bäumen hervor. Sie legen die Pfoten ins Fenster und schauen ins Auto. Anurag streckt die Hand aus. Die Hunde hecheln hektisch vor Aufregung. Er streichelt sie, und sie lecken ihm die Hand.

»Das sind zwei meiner Lieblinge«, sagt er.

Er sagt ihnen, dass er wieder fahren muss und sie bald wieder besuchen kommt. Wir fahren weiter, und er wählt eine Nummer.

»Ich versuche, einen Mann in meiner Firma anzurufen. Er ist zweiundvierzig und erledigt Geldgeschäfte für viele Politiker der Kongresspartei. Sie können mit ihm sprechen. Er arbeitet in Indien, hat aber eine amerikanische Telefonnummer. Stellen Sie sich das vor.«

Er lauscht, aber anscheinend meldet sich niemand.

»Er geht nicht immer ran«, sagt Anurag. Und wie zur Erklärung: »Er hat leichten Diabetes.«

Denkbar ist aber auch, dass die frühe Morgenstunde etwas damit zu tun hat.

Anurag hält vor einer noch geöffneten Kebab-Bude. Auf dem Gehsteig stehen ein paar Plastikstühle, aber Anurag will nicht aussteigen, weil wir dort nicht trinken können. Er ruft den Kellner per Lichthupe: Die Hupe meines Autos funktioniert nicht. Der Kellner kommt mit einer Speisenkarte, die von vielen nächtlichen Händen ganz schlaff ist. Anurag bestellt Paranthas für uns und Kebabs für einige seiner hündischen Freunde.

»Aber ohne Gewürze«, sagt er.

Er schließt das Fenster, stellt zwei Plastikbecher in die Getränkehalter und schenkt uns reichlich Wodka ein. Sein Handy klingelt: Sein Kollege ruft zurück.

»Ich wollte dich einem Freund von mir vorstellen«, sagt Anurag ins Telefon. »Er ist Engländer. Er braucht ein großes Darlehen für seine Firma.«

Er drückt mir das Handy in die Hand. Der Mann am anderen Ende spricht gut und schnell. Er stellt mir keine Fragen über mich, redet aber trotzdem so, als sei der Deal bereits unter Dach und Fach.

»Wir können in Großbritannien hervorragende Konditionen anbieten«, sagt er. »Über eine andere Firma können wir Ihnen auch überall sonst in der Welt Kredite vermitteln. Sagen Sie Anurag einfach, wie viel Sie brauchen, und wir nehmen das in die Hand.«

»Okay«, sage ich.

Anurag nimmt das Handy wieder und spricht hinein.

»Ich hab eine gute Nachricht«, sagt er. »Ich hab eine Firma in Kolkata am Haken. Die machen in Getreide, und sie brauchen tausend Crore [zweihundert Millionen Dollar]. Ja, ist schon unterschrieben.«

Als er aufgelegt hat, kommt der Kellner herüber, und Anurag lässt das Fenster herunter. Das warme Essen wird hereingereicht. Wir fangen an zu essen.

»Wissen Sie, warum ich Ihnen das Telefon gegeben habe?«, fragt er. »Ich brauche Ihre Hilfe. Sie haben Kontakte in London. Wenn ich ans große Geld komme, muss ich nach Übersee expandieren. Dann brauche ich Ihre Hilfe, damit ich mit den Leuten reden kann. Wir werden unser indisches Geld an alle Welt ausleihen.«

Hoffentlich werde er mich mal zum Essen einladen, sage ich. Ich wüsste gern, wie sich das anfühlt. Einerseits glaube ich, dass er den Rest seines Lebens von diesem künftigen Geldsegen träumen und von den schwindenden Mieteinnahmen aus seiner Immobilie leben wird. Andererseits halte ich es für möglich, dass er einer dieser unscheinbaren Männer ist, die wider alle Wahrscheinlichkeit einmal einen großen Coup landen. So etwas kann hier immer passieren.

Wir zahlen und fahren zu Anurags Haus. Als wir halten, kommen sechs Hunde herausgelaufen, um ihn zu begrüßen. Er steigt mit den Päckchen aus, macht die Folie ab und legt das Fleisch auf den Boden. Die Hunde machen sich darüber her, und er streichelt sie.

»Sehen Sie sich die an«, sagt er. »Die sind so unschuldig.«

Ich verabschiede mich. Er umarmt mich. Ich setze mich ins Auto, ziehe den Sitz vor, damit ich an die Pedale komme, und mache mich auf den Heimweg. In der Nacht habe ich einen lebhaften Traum von einem riesigen Haufen toter Hunde, die in einem Konzernbüro in Gurgaon eingeäschert werden.

Am Morgen ruft mich Anurag an.

»Fanden Sie die Idee mit dem Haus wirklich gut?«, fragt er. »Oder haben Sie das nur gesagt, um mich nicht zu kränken?«

»Ich glaube nicht, dass das funktionieren würde«, sage ich.

»Nein«, sagt er. »Wahrscheinlich nicht.«

Zusammenfassung

Delhis Abstammungslinie wurde durchtrennt, es gebiert Waisenkinder aus seinem hartgebackenen Boden.

Des mütterlichen Trostes von Geschichte und Tradition beraubt, hat es gelernt, seine Vaterfiguren – Politiker, Bürokraten und all die zynischen Patriarchen des Geldes und des Marktes – zu verabscheuen, und selbst den richtigen Eltern hat es sich mit den Stößen und Schlägen des halsbrecherischen Wandels entfremdet.

Wie bei einem Waisenhaus liegt über der Stadt der Schatten der unklaren Herkunft und der unbestimmten Ziele. Sie wird von Ticks und Wutanfällen geplagt. Sie schreit nach dem Trost einer elterlichen Hand auf ihrer Schulter.

Doch hin und wieder bringt ein Waisenhaus übernatürlich freie Wesen hervor. Solche Wesen, die nie unter elterlicher Autorität und Erwartung gelitten haben, bauen sich ein eigenes Universum auf und blenden alle Welt mit ihrer Originalität, ihrer Neugier und ihrer Klugheit. Sie finden sich nicht mit den festgefahrenen Urteilen anderer ab, und sie eröffnen noch dem biedersten System ungeahnte Möglichkeiten.

Auch in dieser Hinsicht gleicht Delhi einem Waisenhaus. Es kann Menschen hervorbringen, die sich keinerlei Fesseln dadurch anlegen lassen, wie ein Problem früher behandelt wurde, Menschen, die sich unzählige Möglichkeiten vorstellen können, wie die Welt anders organisiert werden könnte. Menschen, die über die allgemeine Selbstbezogenheit hinauswachsen und im Naheliegenden und Besonderen die planetare Erweiterung erkennen. In diesen Menschen erkenne ich das utopische Potenzial Delhis.

Einer dieser glanzvollen Menschen ist Anupam Mishra*, mit dem ich jetzt über den Fluss Yamuna blicke.

---

* Klarname

Es ist ein heißer Tag, und wir haben beide Trinkwasser mitgenommen. Ich habe einen Liter, von der Coca-Cola Company für mich abgefüllt und vorhin an einem Stand am Straßenrand gekauft. Anupam hat eine Feldflasche von zu Hause mitgebracht, die an einem Riemen um seinen Hals hängt. Er ist siebzig Jahre alt, hat weißes Haar und trägt eine braune Kurta, die locker seine schlanke Gestalt umhüllt. An den Füßen hat er Ledersandalen.

Wir befinden uns auf einem Gelände, auf dem bis zu ihrem Abriss im Vorfeld der Commonwealth Games eine große, pulsierende Township stand, die Heimat von mehreren hunderttausend Menschen, darunter die Bewohner der Bhalswa Colony, die wir schon kennengelernt haben. Das Gebiet wird heute von zwei riesigen Sportstadien dominiert – und vom Delhi Secretariat, dem Sitz der Stadtverwaltung. Dieses Gebäude besteht aus zwei keilförmigen Hälften, die im Winkel zueinander stehen und deren schimmernde Fassaden wie zwei Glasaugen über den Fluss blicken – und tatsächlich könnte der ganze Komplex nicht blinder für die Wasserfläche sein, die sich vor ihm ausbreitet. Ein paar Meter entfernt, wo die Schwemmebene der Yamuna beginnt, sieht man einen Rest der urtümlichen Landschaft Delhis: An die drei Meter hohe Grasbüschel säumen das Wasser, und Kormorane breiten ihr nasses Gefieder in der Sonne aus – doch es ist, als sei diese Andeutung von Natur denen, die dieses Land für ihre neuzeitlichen Festungen in Besitz genommen haben, ein Gräuel. Hohe Mauern umgeben jedes Gebäude, und das riesige Areal ist mit Betonsteinen gepflastert, als hätte sich jemand vor einer Pflanzeninvasion gefürchtet: Die Platten speichern so viel Wärme, dass Pflasterbewohner Wasser aus Flaschen darüber ausschütten müssen, um sich hinsetzen zu können.

Das Land zwischen diesen Vorzeigebauten und dem Flussufer ist eine unheimliche Todeszone, die von den Stadtoberen anscheinend zur Müllkippe ausersehen wurde. Hinter dem Secretariat Building ist ein Friedhof für ausgediente Krankenwagen, die kurzerhand neben der Straße übereinandergestapelt wurden. Außerdem liegen hier massenweise Trümmer umher: unbenutzte Gehwegplatten, Betonröhren und ganze Mauern aus der zerstörten Siedlung; sie lehnen aneinander wie Aktenordner in einem Regal. An einer Stelle sind ein paar hundert rostige Metallstühle zu einem mehrere Stockwerke hohen Haufen aufgestapelt.

Wir sind gar nicht weit vom Zentrum entfernt, doch es ist, als endete das Bewusstsein der Stadt kurz vor dem Fluss. Delhi kehrt dem Wasser den Rücken, und nur die obdachlosen Angehörigen der Unterschicht kommen hierher, deren Spuren überall zu sehen sind: Bettzeug im Gebüsch, weggeworfene Plastikflaschen, menschliche Exkremente und die versengten Kreisflächen von Kochfeuern.

»Die früheren Städte mit dem Namen Delhi waren so gebaut, dass die Herrscher zum Fluss hin schauen konnten«, sagt Anupam. »Die Moguln haben die Yamuna geliebt und ihr Rotes Fort an ihrem Ufer erbaut. Ein paar hundert Meilen flussabwärts haben sie an diesem Fluss noch großartigere Bauwerke errichtet: das Taj Mahal und das Rote Fort von Agra. Aber die Briten schauten nicht gerne auf diesen Fluss, und als sie hierherkamen, wandten sie sich von ihm ab. Ich glaube, er hat sie verunsichert. Europäische Flüsse speisen sich aus dem kontinuierlichen Abschmelzen von Gletschern, und sie sind das ganze Jahr über gleich. Man kann Mauern bauen, um sie einzudämmen, und unmittelbar an ihren Ufern Gebäude errichten. Das hier ist aber ein Monsunfluss. Man muss auf beiden Seiten riesige Schwemmebenen freilassen, für die Überflutung während des Monsuns, und im übrigen Jahr ist diese Ebene schlammig und leer. Ich glaube, die Briten fanden das hässlich. Solche unberechenbare Flüsse haben ihnen Angst gemacht.«

Ich erzähle Anupa von einer alten Frau in Civil Lines, die sich noch erinnerte, wie der Fluss in den zwanziger Jahren an ihrem Garten entlangfloss. Eine Lehmmauer hielt das Wasser draußen: Einmal im Monat machte der Gärtner ein Loch in die Mauer, der Fluss konnte herein und bewässerte den Garten, und die Kinder haschten die riesigen silbernen Fische, die auf dem Rasen herumzappelten. Sie und ihre Geschwister lernten schwimmen, indem sie vom Rand des Rasens in den Fluss sprangen.

»Civil Lines war das erste Feldlager der Briten«, sagt Anupam, »vor den Mauern der existierenden Mogulstadt. Doch als sie kamen, um ihre eigene Stadt zu erbauen, sind sie vom Fluss zurückgewichen, und zum ersten Mal hatte die Stadt keinen ästhetischen Bezug mehr zur Yamuna. Das ist wichtiger, als es klingt. Einen Fluss anschauen, in einem Fluss schwimmen – das sind die ersten Stufen der Liebe zu ihm. Die Seine kann niemals so zugrunde gerichtet werden wie die Yamuna, weil ganz Paris so gebaut ist, dass die Menschen sie sehen können. In Delhi hat früher reges Leben am und im Fluss geherrscht – Schwimmen, religiöse Feste, Wasserspiele –, aber das hat alles aufgehört. Denken Sie an das rituelle Untertauchen: Das ist nicht nur Aberglaube. Es ist eine Methode zur Reinhaltung des Wassers. Müsste der Ministerpräsident alljährlich in die Yamuna eintauchen, dann wäre der Fluss sehr viel sauberer, als er es heute ist. Doch dem Beispiel der modernen Stadt folgend haben alle dem Fluss den Rücken gekehrt, und deshalb ist er jetzt verdreckt und vergessen.«

Wir gehen bis an den Uferrand. Das Wasser ist schwarz und chemisch lebendig: Blasen steigen aus seinen Tiefen auf, so dass es sich blubbernd bewegt. Schaut man jedoch über die Oberfläche, sieht man nur den gespiegelten Himmel, und man empfindet ein angenehmes Gefühl fluvialen Friedens. Etwa zwanzig Meter vom Ufer entfernt steht eine große Shiva-Statue bis zu den Schultern im Wasser. Reiher fliegen darüber hin.

Über unseren Köpfen führt eine der Straßenbrücken über den Fluss. Ein junges Paar hat sein Auto auf der Brücke abgestellt und klettert zum Wasser herab. Das ist mühsam. Die Betonböschung ist steil und fünfzehn Meter hoch. Der Mann hat ein Paket unter dem Arm; die Frau trägt einen Sari und Sandalen. Schließlich kommen sie bei uns unten an. Das Paket entpuppt sich als ein gerahmtes Foto eines blumenbedeckten verstorbenen männlichen Vorfahren, vielleicht eines Vaters. Sie werfen es in das ekelerregende Wasser, sehen zu, wie es versinkt, und klettern wieder zur Straße hinauf.

Das Wasser am Ufer ist voll von ähnlichen Opfergaben. Blumengirlanden, aufgebrochene Kokosnüsse, Fotos von Sai Baba, Matten aus abrasiertem Babyhaar – und die vielen Plastiktüten, in denen diese Dinge transportiert wurden – bilden einen breiten schwimmenden Teppich am schwappenden Rand des Flusses.

»Ich glaube nicht, dass ich ein Foto meines Vaters in dieses Wasser legen würde«, sage ich.

»Niemand schaut dieses Wasser an«, sagte Anupam. »Die machen das ganz mechanisch, ohne hinzusehen.«

Wir gehen flussaufwärts. Wir kommen am Grab eines muslimischen Heiligen vorbei, um das herum eine makellose Lichtung angelegt ist, mit eleganten Unterständen aus Garben langer Flussgräser. Wir überqueren stinkende Kanäle, die in den Fluss münden. Niemand ist zu sehen: Man könnte meinen, man sei weit von jeglicher Stadt entfernt, obwohl wir jetzt parallel zu der neuen Hochstraße längs des Ufers gehen.

Wir haben uns einen langen Spaziergang vorgenommen, aber wir sind zur heißesten Tageszeit aufgebrochen, und jetzt ziehen wir uns in den Schatten dieser Straße zurück. Sie ist wie ein riesiges Sonnensegel, und hier unten ist es kühl und eigenartig still. Hunderte von Fahrradrikschas sind in Reih und Glied abgestellt, und Jungen beschäftigen sich mit Reparaturen. Männer gehen zum Fluss hinab, um sich die Hände zu waschen; sie kommen wieder und verzehren neben uns ihr Mittagessen. Wäsche ist über Rikschas gebreitet. Vögel singen. Von dem Kraftwerk ein Stück flussaufwärts führen Hochspannungsleitungen über den Fluss.

»Warum, meinen Sie, haben die Menschen hier immer wieder Städte gebaut?«, fragt Anupa, während wir auf das fließende Wasser blicken. »Die Erklärung ist, dass dieser Bereich des Yamuna-Westufers die reichsten Grundwasservorräte im Umkreis von Hunderten von Kilometern besitzt. Bei Delhi kommt die Yamuna dem Aravalligebirge am nächsten, das unmittelbar südwestlich von hier endet. Siebzehn Flüsse sind früher vom Aravalligebirge in die Yamuna geflossen und haben die Erde der Ebene mit sauberem Wasser angereichert. Die ersten tausend Jahre der Geschichte Delhis hat jede Stadt ihr Wasser aus diesem großen unterirdischen Speicher bezogen. Jedes große Haus hatte einen Brunnen im Hof. Jeder Ort hatte an die fünfzig Brunnen. Große Gemeindebrunnen wurden angelegt, an denen die Menschen Wasser holen und auch in Wassernähe miteinander Umgang pflegen konnten.

Es gab immer wieder neue Invasionen und neue Städte. Aber alle diese Dynastien kamen aus den Ebenen, und sie hatten zwar unterschiedliche Ansichten über Religion und Regierung, aber alle dieselben Ansichten über Wasser. Jeder Eroberer übernahm die Infrastruktur seiner Vorgänger und baute sie weiter aus, so dass Delhi tausend Jahre lang ununterbrochen über ein hoch entwickeltes System der Wasserversorgung verfügte. Dahinter stand eine einfache Philosophie: Wer nimmt, muss auch zurückgeben. Immer wenn neue Brunnen gebohrt wurden, entstanden auch neue Wasserspeicher. Diese Speicher sammelten den Monsunregen, so dass er nicht in den Fluss abfloss, und sie ließen das Wasser nach und nach einsickern, so dass der Grundwasserspiegel hoch blieb. Zur Mogulzeit verfügte Delhi über achthundert dieser Wasserspeicher. Manche waren klein, andere so groß wie Seen. Viele von ihnen hatten religiöse und spirituelle Bedeutungen, denn die Menschen schützen ihre Wassersysteme mit Heiligen. Heute werden diese Systeme als ›traditionell‹ bezeichnet, aber das ist ein herablassendes Urteil; es soll vermitteln, dass sie veraltet sind. Das sind sie nicht. In der gesamten Geschichte der Technik findet sich nichts, was sie verbessert hätte, und sie werden auch in vielen Jahrhunderten noch vorhanden sein, wenn Dämme und elektrische Pumpen längst ausgedient haben.

Die Moguln waren die Ersten, die den Fluss zur Ergänzung des Grundwassers einsetzten. Ihre Metropole hatte einen größeren Wasserbedarf als alles, was vorher an dieser Stelle gestanden hatte, deshalb musste man auf die Yamuna zurückgreifen. Doch der Fluss lag tiefer als die Mauern der Stadt: Es gab keine Möglichkeit, ihn auf das Niveau der Stadt anzuheben. Deshalb ging man hundertfünfundzwanzig Kilometer flussaufwärts, wo der Fluss höher lag als die Stadt, und baute einen Kanal, der das Wasser dank des Gefälles nach Shahjahanabad transportierte.«

Das war der Kanal, den wir einige Kapitel früher gesehen haben, in Shalimar Bagh, wo Jimmys Dogge so übermütig am Ufer entlanglief.

»Das Elegante an diesem System war, dass der Kanal von Westen her in die ummauerte Stadt führte und sie bis zum Roten Fort im Osten durchströmte. Normale Bürger erhielten deshalb als Erste Wasser aus diesem Kanal, der König kam als Letzter an die Reihe. Auch in demokratischen Gesellschaften steht der König normalerweise nicht am hinteren Ende der Versorgung mit lebenswichtigen

Ressourcen. Doch diese Menschen kannten sich aus mit der Politik des Wassers. Ihr System garantierte, dass das Wasser auf der ganze Länge des Kanals sauber blieb, weil ja der König der letzte Konsument war: Niemand durfte das Wasser verunreinigen, das er trinken würde. Es spielte keine Rolle, dass dies keine Demokratie war: Diese Menschen bauten ihr System um ein Verständnis des Wassers herum, und der Wasserbedarf ist ein demokratischer Bedarf. Nur wenn man im Herzen demokratisch ist, kann man eine solche Wasserversorgung absegnen. Wenn nicht, wird man sie ablehnen.«

Wir gehen weiter. Der Fluss macht eine Biegung von uns weg, und zwischen uns und ihm liegt die Schwemmebene, in der zu dieser Jahreszeit Nutzpflanzen angebaut werden. Das Gelände ist unwegsam, und wir beschließen, die Straße zu nehmen. Auf Händen und Knien klettern wir die steile Böschung hinauf und halten uns dabei aneinander fest. Der Beton ist glühend heiß. Schließlich kommen wir oben an, und der schwarze Straßenbelag wirkt wie ein Heizstrahler. Wir steigen über die Leitplanke und überqueren bei regem Verkehr die acht Fahrbahnen.

Auf der anderen Seite befindet sich eine Straße von menschlichen Dimensionen mit Gehsteigen. Sie führt durch eine weitere Zone mit Industriemüll. Man sieht verlassene Gebäude mit eingeschlagenen Fenstern. Menschen, die hier zu Fuß unterwegs sind, sammeln Kunststoffe und Pappe, um sie zu verkaufen. An einer Stelle erhebt sich ein gewaltiger Berg aus Schuhen, der von Stacheldraht zusammengehalten wird. Ein alter Wasserturm ist ganz von Schlingpflanzen überwuchert; die Geländer sind von der Wendeltreppe abgefallen, die sich einst außen um den Turm wand, und die Stufen stehen ab wie verrostete Zähne. Wir kommen an einem Wasserwerk vorbei, vor dem ein Transparent mit der Aufschrift »Wasser ist Leben« hängt. Die Bäume am Straßenrand sind verdorrt. Hier und da stehen rostige Wachtürme mit kaputten Scheinwerfern. Sie sehen aus, als seien sie aus einem Arbeitslager geholt worden: Ich kann mir nicht vorstellen, wozu sie hier errichtet wurden.

»Die Briten haben Delhis tausendjähriges Wasserwissen missachtet. Ihr Regiment war von anderer Art als das der früheren Reiche, deren Herrscher nicht in die Lebensweise der Menschen eingriffen.

Die Briten strebten nach einer totalen Herrschaft, die sich auch auf Erziehung, Moral und alles andere erstreckte. Natürlich auch auf das Wasser. Aber sie hatten keine Erfahrung mit dieser Landschaft und verstanden das vorhandene Wassersystem nicht. Zwar gingen sie nicht bewusst daran, es zu zerstören, aber sie zerstörten es trotzdem.

Die Briten achteten nicht auf das Grundwasser, dessentwegen hier tausend Jahre lang Städte gelegen hatten. Sie interessierten sich nur für den Fluss. Sie importierten moderne Wassertechnologie aus Europa, stauten die Yamuna nördlich von Delhi bei einem Ort namens Wazirabad auf und verlegten Rohre bis in die Stadt, aus denen sie das Wasser direkt in die Häuser leiteten. Die Abwässer wurden gesammelt und weiter flussabwärts in die Yamuna geleitet. Deshalb ist es so ironisch, dass die Briten sich dafür entschieden, nicht auf den Fluss zu schauen. Die früheren Reiche hatten den Fluss nicht benutzt, aber sie hatten ihn gern angeschaut. Die Briten lebten von dem Fluss, ertrugen es aber nicht, ihn anzuschauen.

Die Briten waren daran gewöhnt, dass das Wasser aus dem Wasserhahn kam, und wollten dieses System deshalb auch hier einführen. Mit diesem monopolistischen System konnten sie auch ihre Herrschaft untermauern: Sie konnten Menschen von sich abhängig machen, und sie konnten nach Belieben eine gesellschaftliche Gruppe mit Wasser beliefern und eine andere nicht. Das war jedoch ein radikaler Bruch mit der örtlichen Tradition, und viele Menschen in Delhi lehnten Wasser aus dem Hahn ab. In dem Leitungssystem sahen sie keinen Fortschritt. Es gibt ein altes Lied, in dem es ungefähr heißt: ›Macht mit uns, was ihr wollt, schädigt uns, wie ihr wollt, aber legt keine Wasserleitungen in unsere Häuser. Behaltet euer Leitungswasser für eure Bungalows. Bringt es nicht dorthin, wo wir leben.‹ Die Leute mochten den Geruch von Leitungswasser nicht: Sie waren daran gewöhnt, ihr Wasser direkt aus dem Brunnen zu schöpfen. Vorher reinigten sie ihre Utensilien und das Seil, und dann tauchten sie ihre Gefäße direkt in die Wasserquelle, die sie sehen und selbst instand halten konnten. Die Quelle des Leitungswassers konnten sie nicht sehen. Sie war weit entfernt, sie wussten nicht, woraus sie gespeist wurde, wie sauber sie war oder was für Chemikalien hineingeschüttet wurden. Auch heute kursieren noch Gerüchte über vergiftetes Leitungswasser: Die Menschen haben die Paranoia nicht vergessen, die ausbrach, als die Briten die Wasserleitungen einführten.

Aber nach und nach gelangte das englische System überallhin. Die Menschen drehten einen Hahn auf, Wasser kam heraus, und die Wasserfrage schien ›gelöst‹. Die Einwohner Delhis mussten sich keine Gedanken mehr über die Wasserversorgung machen. Und nach und nach wurde das uralte System immer maroder. Es war nicht mehr nötig, die Kanäle und Speicher instand zu halten. Die Menschen zerstörten sie, weil nun die Bevölkerung der Stadt wuchs: Wasserspeicher brauchten Platz, der für Immobilien genutzt werden konnte. Es machte ihnen nichts aus, die Anlagen zu zerstören, weil sie ihre Funktion nicht mehr kannten und ihnen deshalb kein Prestige mehr beimaßen. Es ist das Prestige eines Systems, das Menschen dazu veranlasst, es zu bewahren und in Ehren zu halten; wenn dieses Prestige verschwindet, kümmert sich niemand mehr darum. Von den siebzehn Flüssen und achthundert Wasserspeichern, die wir hatten, bevor die Briten kamen, ist fast nichts mehr übrig.«

Wir bewegen uns durch eine seltsam idyllische Szenerie, mit Bäumen und landwirtschaftlich genutzten Flächen auf beiden Seiten. Keiner von den zwanzig Millionen Einwohnern der Stadt lässt sich hier blicken. Die Sonne brennt auf uns herab, und wir trinken viel.

»Wir nutzen noch immer das britische System, das inzwischen zu einem Desaster geworden ist. Es ist ein Desaster, weil es den Menschen aus der Hand genommen wurde, die deshalb jedes Gefühl dafür, dass Wasser ein *System* ist, verloren haben. Wasser ist für die heutigen Menschen einfach nur eine nasse Substanz, die aus einem Hahn kommt, und wenn man mehr davon braucht, dreht man einfach mehr Hähne auf. Deshalb haben wir jetzt so gewaltige Probleme. Delhi hat Wasser, es hat Wasser in Hülle und Fülle. Deshalb steht die Stadt ja hier. Aber Wasser braucht ein System. Und während Delhi früher ein intelligentes, wissenschaftlich fundiertes System hatte, hat es heute überhaupt keins mehr.

Kurioserweise setzen wir ›Demokratie‹ mit Wahlen gleich. Wir sind zwar in dem Sinn eine Demokratie, dass wir wählen, aber alles andere, alles, was unser reales Leben betrifft, bewegt sich in die entgegengesetzte Richtung. Früher waren Wassersysteme durch und durch demokratisch: Das Wissen um das System stand jedem zur Verfügung, und jeder trug dazu bei, es zu pflegen und zu erhalten. Heute ist die Wasserversorgung zentralisiert, nur wenige wissen, wie sie funktioniert, alle anderen haben nur eine vage Vorstellung von irgendwelchen Rohrleitungen und Ventilen. Und sogar die Leute, die das System betreiben, haben kein tiefes Verständnis davon, wie Wasser hier funktioniert.

Seit es die Wasserspeicher nicht mehr gibt, kommt es in Delhi immer wieder zu schweren Überflutungen. Alles, was Monsunwasser aufnehmen könnte, ist heute verschwunden. Wir haben keine Speicher mehr, und auch von Delhis Ackerland ist nichts mehr übrig. Aber der Monsun ist uns geblieben. Die ganze Stadt ist jetzt eine einzige versiegelte Fläche, und plötzlich anfallende große Wassermengen können nirgendwohin abfließen. Delhi versinkt jedes Jahr im Hochwasser. Das ist ein durch und durch modernes Phänomen.

Immer öfter kommt es aber auch zu gravierendem Wassermangel. Diese Gegend, die früher wegen ihres Wasserreichtums Eroberer aus dem ganzen Kontinent angelockt hat, steckt jetzt in einer Wasserkrise. Der Fluss, so hat sich bald gezeigt, kann den Wasserbedarf der Stadt nicht decken: Delhis Bevölkerung ist heute fünfzigmal so groß wie zu der Zeit, als die Briten ihr System installierten, aber die Yamuna ist immer noch genauso groß. Deshalb holt sich Delhi Wasser aus anderen Gegenden. Jetzt haben wir Leitungen, die Wasser aus den Flüssen Ganges und Bhagirathi und aus dem Renukasee heranschaffen. Wir sind dazu in der Lage, weil wir gegenüber unseren Vorgängern einen leichten technologischen Vorteil haben. Aber das ist eine völlig unreife Lösung. Zum einen deshalb, weil wir auch diese anderen Quellen bis zur Erschöpfung ausbeuten und es keine anderen Möglichkeiten gibt, Wasser per Schwerkraft nach Delhi zu bringen. Können Sie sich vorstellen, wie es wäre, wenn wir Elektrizität einsetzen müssten, um Wasser auf das Niveau der Stadt hochzupumpen? Zum anderen, weil damit umfassenderen wasserwirtschaftlichen Aspekten keine Rechnung getragen wird. Tausende von Bauern protestieren dagegen, dass Delhi ihnen ihr Wasser abgräbt, sie versuchen, die Dämme zu zerstören, die ihre Flüsse umleiten – aber was nützt es? Delhi braucht Wasser, und Delhi ist mächtig. Delhi dörrt das Land im

Umkreis von Hunderten von Kilometern aus, so dass die Landflucht weiter zunimmt, die Einwohnerzahl von Delhi weiter anwächst, der Wasserbedarf weiter steigt, Delhi sich noch mehr nimmt – und so weiter.

Und damit nicht genug: Wir haben auch nicht die Kapazität für die Entsorgung solcher Abwassermengen. Unsere Abwassersysteme waren für einen einzigen Fluss ausgelegt. Jetzt wird die dreifache Menge ins System eingespeist. Deswegen bereiten unsere Kläranlagen Jahr für Jahr einen immer kleineren Anteil auf. Der größte Teil der Abwässer fließt inzwischen ungeklärt in die Yamuna. Der Fluss ist ein giftiges Gebräu voller Industrieabwässer, und Delhis Beitrag dazu ist monumental. Und was geschieht, wenn man das alles in ein einziges Flussbett schüttet? Sehen Sie sich an, wie hoch die Yamuna jetzt ist. Es ist Sommer: Es sind noch vier Wochen bis zum Beginn des Monsuns. Die Yamuna ist ein saisonaler Fluss, und zu dieser Jahreszeit war sie früher ein Rinnsal. Aber was man hier fließen sieht, ist nicht nur die Yamuna, es sind auch der Ganges, die Bhagirathi und der Renukasee. Überall dort entnehmen wir Wasser, aber wenn wir es genutzt haben, schütten wir alles in ein einziges Flussbett. Deswegen ist der Fluss so hoch, und deswegen werden wir schon bald ein katastrophales Hochwasser erleben. Der Fluss wird seine Ufer zerstören.«

Wir unterbrechen unseren Marsch Richtung Norden, um etwas zu essen. Anupam hat Daal, Roti und gekochtes Gemüse mitgebracht, und wir setzen uns unter einen Baum. Die Landschaft ist erhebend, und ringsum singen Vögel. Anupam fährt fort:

»Glauben Sie etwa, unsere Mittelschichtler sind bereit, den Preis für unseren derzeitigen Wassermangel zu zahlen? Natürlich nicht. Sie möchten nicht mit irgendwelchen Umweltproblemen behelligt werden. Das ist die Belohnung, die sie vom Kapitalismus erwarten! Sie wollen jederzeit den Hahn aufdrehen und Wasser zapfen können. Die städtischen Wasserwerke rationieren jedoch stark und liefern nur für ein paar Stunden täglich Wasser. Was also machen die Mittelschichten? Sie erinnern sich – wenn es sein muss, sind sie gut in Geschichte! –, dass es unter ihren Füßen einen großen Wasservorrat gibt. Im Lauf der letzten dreißig Jahre haben sie sich allesamt private

Brunnen gebohrt, damit sie so viel hochpumpen können, wie sie brauchen. Jedes bessere Haus hat einen solchen Brunnen, obwohl das verboten ist. Dieser Wasserverbrauch wird überhaupt nicht erfasst, deshalb haben die städtischen Behörden keinerlei Anhaltspunkt, für welche Abwassermengen sie vorsorgen müssten. Und auch dieses zusätzliche Wasser fließt in die Yamuna und lässt ihren Spiegel noch zusätzlich steigen.

Aber natürlich erinnert sich jetzt kein Mensch mehr an die grundlegenden Tatsachen, die tausend Jahre lang Delhis Wasserwirtschaft bestimmt haben: Wenn man Grundwasser entnimmt, muss man es auch wieder auffüllen. Die Leute pumpen Wasser für ihre Badewannen, Waschmaschinen und Swimmingpools aus der Erde, aber sie haben keinen einzigen Wasserspeicher gebaut, um das Grundwasser aufzufüllen. Deshalb versiegt auch Delhis Grundwasser. Aber davon wollen sie nichts wissen! Sie zapfen weiter, solange noch etwas aus dem Hahn kommt!

Die Folge ist, dass viele Teile Delhis jetzt völlig trocken sind. Ganze Bereiche der Stadt haben kein Grundwasser mehr und werden ausschließlich mit Tankwagen versorgt. Es gibt ein neues Fünfsternehotel, das kein Wasser hat: Alles Wasser, das es benötigt – für Bäder, Toiletten, Wäsche, Swimmingpool, Sauna –, wird Nacht für Nacht von hundert oder mehr Tankwagen angeliefert. Aber solange es noch die Möglichkeit gibt, sich das Problem mit Geld vom Hals zu schaffen, steht die Stadt diesem Problem seltsam gleichgültig gegenüber. Die Immobilienpreise steigen weiter, auch in Vierteln, in denen es kein Wasser gibt.

Woher kommt das Wasser in den Tankwagen? Es kommt von Firmen, die ein Stück Land kaufen, das Wasser hochpumpen und es in der Stadt verteilen. Laut Gesetz gehört dem Eigentümer eines Grundstücks auch das Wasser darunter. Aber Wasser ist eine Flüssigkeit! Wenn man eine Pumpe auf ein Grundstück baut und Wasser hochholt, entnimmt man es ja nicht nur seinem eigenen Land, sondern entzieht es auch der Umgebung. Selbst wenn das eigene Grundstück nur handtuchgroß ist, sinkt der Wasserspiegel im Umkreis von mehreren Kilometern. Die Tankwagen sind also keine Patentlösung. Auch diesen Firmen geht irgendwann das Wasser aus, so dass sie es von immer weiter her holen müssen. Wie viel sind Menschen bereit, für Wasser zu zahlen? Wenn uns das Öl ausgeht, können wir unseren Lebensstil entsprechend anpassen. Aber ohne Wasser gibt es kein Leben mehr.

Haben Sie die neuen ›Wasserparks‹ gesehen, die jetzt in Gurgaon und Noida gebaut wurden? Wo Tausende Liter aus dem Fels gepumpt werden, damit Familien ihren Badespaß in Swimmingpools und auf Wasserrutschen haben können? Mir gefällt das Wort ›Water Park‹, aber ich benutze es in einem anderen Sinn. Nämlich analog zu ›Car Park‹. Jedes Mal, wenn ich mich mit einem Politiker treffe, sage ich: ›Sie können Land bereitstellen, auf dem die Leute ihre Autos parken können. Wenn Sie wollen, dass unsere Stadt irgendeine Zukunft hat, dann müssen sie uns auch Land zur Verfügung stellen, auf dem Wasser geparkt werden kann. Jeder große Herrscher Delhis wurde berühmt durch die Wasserspeicher und Seen, die er gebaut hat, um das Regenwasser aufzufangen und das Grundwasser aufzufüllen. Sie könnten auch ein großer Herrscher sein.‹ Aber die verstehen überhaupt nicht, wovon ich rede, weil sie nicht mehr wissen, woher Delhis Wasser kommt. Sie wissen nicht mehr, dass im Lauf von Delhis Geschichte immer wieder Städte evakuiert werden mussten, weil ihnen das Wasser ausgegangen ist.

Wir meinen oft, die letzten Jahrhunderte hätten sehr viel neues Wissen hervorgebracht. Aber das liegt nur daran, dass uns das Wissen der Vergangenheit abhandengekommen ist. Ich sehe die Neuzeit als eine lange Geschichte des Vergessens. Selbst die Könige wissen heute nicht mehr, was früher jeder wusste, der hier gelebt hat.«

Es mag seltsam scheinen, dass in dieser so sehr um physische Sicherheit und Überleben besorgten Stadt das Wasser, die wichtigste aller materiellen Ressourcen, derart vernachlässigt wird. Anupams Bild eines verfehlten Regierungssystems, das von der Mittelschicht dadurch umgangen wird, dass sie eigene Mikrosysteme errichtet und so das System noch schneller Richtung Kollaps treibt, mutet apokalyptisch an – und ist es auch. Diese Praxis führt zu einer verhängnisvoll kurzsichtigen Plünderermentalität: Wenn das Wasser knapp wird und niemand etwas dafür tut, die Vorräte aufzufüllen, bleibt nichts anderes übrig, als sich möglichst viel davon zu sichern, bevor alle anderen es tun.

Manche werden sich jetzt vielleicht die Frage stellen: Wann wird Delhi endlich »erwachsen«? Wann wird die Politik endlich diese unbotmäßigen asozialen Kräfte zur Räson bringen und sie für ein objektives System nutzbar machen, das dem nachhaltigen Nutzen aller dient?

Dass dies eine Touristenfrage ist, die in Delhi kaum jemand stellt, sagt etwas aus über den Unterschied zwischen der Geschichte der westlichen Stadt und der Zukunft »aufstrebender« Städte wie Delhi. Denn die Frage entstammt nicht irgendeinem Gefühl für Entwicklungen in dieser Stadt, sondern der importierten Erinnerung daran, wie andere Städte sich entwickelt haben. Diese Erinnerung verändert sich jedoch in unserer Zeit zusehends, vom Universellen hin zum Provinziellen.

Das typischste Beispiel dafür ist New York, die Ikone des vergangenen Jahrhunderts. Wir erinnern uns noch dunkel an die Titanenkämpfe zwischen Ordnung und Chaos, aus denen diese Stadt hervorging; Bilder flackern vor unserem inneren Auge auf, von den Ränke schmiedenden Räuberbaronen der frühen Jahre, den Banden, den korrupten Politikern, den Slums der Hungrigen und Entrechteten. Große Fäuste sausten vom Himmel herab: die hartnäckigen Bürgermeister, die sich mit diesen Schurken anlegten, das Gangstertum bekämpften, die eingespielten Kartelle der Politiker und Wirtschaftsbosse zerschlugen, die Lage der Armen verbesserten und die ehrgeizigste Infrastruktur aufbauten, die jemals erdacht wurde. Doch irgendwann wurde das Schlachtgeheul von harmonischen Klängen abgelöst. Eine zentrale Autorität blickt auf die Stadt, die sie unterworfen hat, indem sie ihre vielfältigen, widerstreitenden Energien gezügelt und in jenes geeinte Gebilde umgeleitet hat, das wir heute kennen, weil es Teil unserer globalen Mythologie ist.

Und wir haben auch nicht vergessen, welches Ausmaß an Zerstörung auf dem Weg dahin stattgefunden hat. Wir wissen, was einst darunter lag: wie für Straßen und Parks ganze Viertel abgerissen wurden, wie Sprachen spurlos untergingen, wie so viel Lebendiges begraben wurde: die spontanen Energien der Straße, die Tiere, die ethnische Vielfalt, die Muße, das Laster. An jedem Punkt des Weges war New York in gewissem Sinn *weniger* geworden, und es hat immer New Yorker gegeben, die den Verlust des Mysteriums beklagten, das Schrumpfen der Horizonte, die Beschränkung des Lebens auf das Rationale. Die großen Filmpoeten wie Scorsese und Coppola, durch die so viele Menschen in aller Welt zu Bürgern New Yorks wurden, ohne jemals dort gewesen zu sein, schufen Elegien auf die ältere, schattenhaftere Metropole, die durch die Scheinwerfer ins Vergessen befördert worden war. Die *Pate*-Filme beispielsweise erweckten diese ambivalente Einstellung gegenüber New York wieder zum Leben: die dunkle Größe der verlorenen Welten, aus der die moderne Stadt hervorging, aber auch und vor allem die Notwendigkeit ihres Untergangs. Es waren Filme über die Unaufhaltsamkeit dessen, was im 20. Jahrhundert geschah: der Verlust menschlicher Größe und Mannigfaltigkeit im Namen der heiteren und produktiven Metropole. Die Erzählung von der modernen Stadt war die der absoluten Unvermeidlichkeit des Sieges einer vereinheitlichten, zentralisierten administrativen Macht über alles andere. Die damit verbundene Furcht – dass jegliche Vitalität am Ende verloren gehen würde und die Menschen nichts mehr kennen oder lieben würden außer den Mechanismen ihrer eigenen Kontrolle – hat nie ausgereicht, dieser Expansion, die nur eine einzige Richtung kennt, Einhalt zu gebieten.

Aus solchen historischen Erfahrungen ziehen viele Menschen aus dem Westen, und nicht nur sie, den Schluss, dass die heutigen »unreifen« Städte dem Beispiel der westlichen Vergangenheit folgen werden. *Wir waren genau wie sie*, lautet die Logik, *bevor wir wie wir wurden. Und* – da die Modernität unaufhaltsam fortschreitet, unausweichlich in eine einzige wohlbekannte Richtung – *sie werden auch wie wir werden.* Es ist nur eine Frage der Zeit. Doch wie Anlageberater gern betonen, darf man von der Vergangenheit nicht auf die Zukunft schließen. Und es gibt viele Gründe zu bezweifeln, dass Delhi einen Weg gehen wird, der von anderen Städten in anderen Epochen und weit entfernten Weltgegenden vorgezeichnet wurde. Wahrscheinlicher ist, dass die neu entstehenden Städte der Welt ganz andere Wege gehen und andere Realitäten hervorbringen werden. Es ist zu vermuten, dass an solchen Orten das Formelle niemals das Informelle besiegen oder auch nur zu ihm in Konkurrenz treten wird. Große Teile dieser Städte werden weiterhin von Gemeinschaften, die den Behörden oder einander kaum bekannt sind, selbstverwaltet werden. Sie werden weiterhin architektonische und gesellschaftliche Systeme errichten, die genial und unbekannt sind. Obgleich im Griff der »Globalisierung«, werden sie durchaus fremd und ungezähmt bleiben.

Selbst die Idee der zentralisierten Autorität, die Paris und New York hervorbrachte, ist an dem Ort, an dem ich schreibe, schwer vorstellbar. Man darf nicht vergessen, dass diese Autorität im Westen schon seit Jahrhunderten angelegt war, bevor sie als politisches Prinzip aktiviert wurde, weil alle ihre Merkmale – gütig, allmächtig, allwissend und, vor allem, dass sie nur in der Einzahl vorkommt – vom jüdisch-christlichen Gottesbegriff abgeleitet waren. Dieses Regierungsmodell war daher den christlichen Gesellschaften schon vertraut, als es noch gar nicht existierte: Es war die säkulare Umsetzung verbreiteter spiritueller Annahmen, und es bedurfte keiner metaphysischen Kehrtwendung, um sich einer solchen Autorität unterzuordnen. Das ist dort, wo ich bin, nicht der Fall: Selbst viele meiner am stärksten verwestlichten Mitbürger finden das eine Auge des westlichen Staates überaus pedantisch und ermüdend und sind froh über Indiens paradoxere Vielzahl von Autoritäten.

Doch vielleicht sind diese theologischen Überlegungen unwichtig im Vergleich zu der grundlegenderen Tatsache, dass Delhi zu einem Zeitpunkt in die Sphäre der westlichen Globalisierung eintritt, da die staatliche Autorität überall, auch in den reichen Ländern des Westens, im Schwinden begriffen ist. Der Aufstieg New Yorks fiel mit der Stärkung zentralisierter Autorität in allen reichen Ländern zusammen. Doch jetzt gibt es Anzeichen dafür, dass es damit vorbei ist. Verarmten westlichen Regierungen gelingt es immer weniger, Steuern von Konzernen und Finanzeliten einzuziehen, die sie in diesem internationalen Zeitalter mühelos ausmanövrieren können. Sie geben immer zahlreichere ihrer früheren Funktionen auf und schreiben zunehmend die Investitionen ab, die sie in Zeiten größerer Autorität und größerer Überschüsse getätigt haben. Das ist die aktuelle Tendenz. Und tatsächlich scheint die Entwicklung in Delhi in dieselbe

Richtung zu laufen. Die Geschichte des zeitgenössischen Delhi ist ebenfalls eine der allmählichen Abkehr verschiedener Gruppen von ihren historischen Beziehungen zu einer zentralisierten Autorität. In allen Gesellschaftsschichten lebt kaum noch jemand so, als glaubte er daran, dass eine Regierung seine Probleme lösen werde. Die Armen haben die direkteste und zwangsläufigste Beziehung zum Staat, doch in den Großstädten kämpfen viele von ihnen seit vielen Jahren mit den Behörden und verlangen nichts von ihnen, außer in Ruhe ihre eigenen Straßen und Häuser bauen und Gemeinschaften bilden zu dürfen. Die mittleren Schichten finden wenig Geschmack an dem, was der Staat tut: Sie wollen ihm nichts geben und wollen nichts von ihm haben. Ginge es nach ihnen, würden sie sich vom Mainstream abschotten und ein möglichst privates Leben führen; deshalb ziehen sie am liebsten in von Konzernen errichtete Gated Communities, in denen sie jemanden dafür bezahlen, dass er sie mit Straßen und Parks versorgt und ihnen Sicherheit garantiert. Viele Superreiche üben inzwischen zu ihrem Eigennutz die Kontrolle über Politiker und politische Prozesse aus, statt umgekehrt. Sie haben ein Wirtschaftssystem aufgebaut, dessen Geschwindigkeit und Effizienz darauf beruht, dass Vorherrschaft und Unabhängigkeit des Staates umgangen und unterdrückt werden.

Und was ist mit diesen Reichen?, wird mancher fragen. Können die nicht ihren großen Einfluss für den Aufbau von Institutionen und einer Infrastruktur nutzen, um die turbulenten Energien Delhis so zu kanalisieren, dass sie der Zukunft besser dienen? In diesen oligarchischen Zeiten sind tatsächlich viele zu der Überzeugung gekommen, dass nur die Superreichen noch über die erforderliche Macht und Dynamik verfügen, um irgendetwas von dauerhafter Bedeutung aufzubauen. Doch auch hinter diesen Fragen steht irgendwo das New York des 20. Jahrhunderts. Die Menschen denken an die Konzertsäle, Bibliotheken, Museen, Universitäten, Sozialwohnungen und alles andere, was von den Mitgliedern der Elite in New Yorks goldenem Zeitalter errichtet wurde, und fragen sich, wann deren emporgekommene Genossen in Delhi diese Rolle übernehmen werden. Doch dieser überraschende Impuls rücksichtsloser Kapitalisten, ihre Stadt und ihre Gesellschaft zu hegen und zu pflegen, wird sich bei den Reichen Delhis wahrscheinlich nicht einstellen. Und das liegt teilweise daran, dass sie – wie heutzutage die Reichen überall – eine deterritorialisierte Elite darstellen. Wenn die Barone im New York des frühen 20. Jahrhunderts von ihrem eigenen Geld Bibliotheken und Opernhäuser bauten, so deshalb, weil es zu ihrem Erfolgsbegriff gehörte, dass ihre Stadt den großen Städten Europas glich und sie übertraf. New York war nicht nur die Quelle ihres Einkommens: Es war Schauplatz ihres Lebens und Ausweis ihres Aufstiegs. Sie würden eine »Neue Welt« schaffen, die besser sein würde als die alte: Sie würden ihre Söhne nicht zum Studium ans andere Ende der Welt schicken, ins modrige Oxford und Cambridge, sondern neue, bessere amerikanische Universitäten bauen. Sie machten sich Sorgen wegen der »Rückständigkeit« ihrer lokalen Infrastruktur und Bevölkerung, die ein schlechtes Licht auf sie warf. Die heutige globale Elite engagiert sich dagegen viel weniger auf lokaler oder auch nationaler Ebene als die amerikanische Elite vor einem Jahrhundert. Delhi hat für seine Superreichen nicht die gleiche Bedeutung wie New York für diese früheren Meister: Die Stadt ist nur der Ort, an dem sie ihr Einkommen erzielen, und sie zeigen wenig Neigung, ein urbanes Meisterwerk aus ihr zu machen. Das haben sie auch gar nicht nötig, weil sie sich daran gewöhnt haben, die vorhandenen Ressourcen der ganzen Welt als ihre eigenen anzusehen: Sie brauchen keine großen Universitäten zu errichten, weil längst welche für sie gebaut wurden – in den Vereinigten Staaten.

Dieses Lebensgefühl ist nicht auf Delhi beschränkt. Es findet sich auch bei den Eliten anderer Länder. Mitglieder von Delhis Elite unterscheiden sich nicht von ihresgleichen in Paris, Moskau oder São Paulo – sie alle haben Häuser in London, schicken ihre Kinder zum Studium in die Vereinigten Staaten, machen Urlaub in Saint-Tropez, benutzen Kliniken in Lausanne und bewahren ihr Geld irgendwo auf – offshore, nirgendwo. Dass große private Vermögen in die Bedürfnisse und Belange einer bestimmten Stadt reinvestiert werden, bei der es sich um »unsere Heimat« handelt – das kommt heute nicht mehr vor. Weder hier noch anderswo.

Vielleicht können wir auch von Veränderungen nicht nur im örtlichen, sondern auch im zeitlichen Sinn sprechen. Um Großes aufzubauen, benötigt man höchstes Vertrauen in die Zukunft, das aber überall im Schwinden begriffen ist. Obgleich die kapitalistischen Zyklen von Investition und Ertrag noch nie für die Ewigkeit gedacht waren, hat der Kapitalismus sogar in seinen grausamsten Phasen – beispielsweise während der amerikanischen Sklaverei oder im europäischen Imperialismus – eine großzügigere Sicht der Zukunft aufrechterhalten und der Welt Schulen, Krankenhäuser, Museen, Bibliotheken, Universitäten, Parks, öffentliche Plätze und Infrastrukturmaßnahmen beschert, die sich bis heute auf unser Dasein auswirken. Andererseits lässt sich in Europa oder Amerika kaum eine Kultur- oder Bildungseinrichtung finden, von der man annehmen würde, dass sie, sagen wir, bis zum Jahr 2500 bestehen bleibt. Auch in dieser Hinsicht bildet Delhi keine Ausnahme.

In Ländern, die nur wenige oder nur leichte historische Umbrüche erlebt haben und in denen Institutionen viele Jahrhunderte lang gedeihen konnten, haben diese Institutionen oft weltweite Bedeutung erlangt, zum Teil deshalb, weil so lange Zeiträume sehr selten geworden sind. Selbst in aggressiv jetztzeitigen Städten wie Delhi schicken Leute, die über die Mittel und den Ehrgeiz verfügen, ihre Kinder auf Universitäten, die sich oft über vier (Harvard) oder sogar acht Jahrhunderte (Oxford und Cambridge) entwickelt haben. Es geht dabei nicht nur um »Markennamen«: Zugrunde liegt vielmehr die Erkenntnis, dass es im Werdegang eines Menschen Aspekte gibt, die es erforderlich machen, dass er in viel größere Zeitströme eintaucht, als sie normalerweise im Lauf eines Lebens zur Verfügung stehen. Das Lernen ist ein solcher Bereich: Es leuchtet unmittelbar ein, dass es nicht möglich ist, über Nacht das aufzubauen, was uralte Bildungseinrichtungen besitzen. Doch über unsere eigene Zeit wissen wir auch: Wir verstehen uns viel besser darauf, das zu nutzen, was unsere Vorfahren für uns gebaut haben, als darauf, etwas für die Nachwelt zu bauen. Insofern ist die Kurzsichtigkeit Delhis, das extrem beschleunigte Dasein, in dem jeder möglichst viel an sich zu raffen versucht, bevor die ganze Ressource erschöpft ist, nicht nur Delhis Problem. Es stimmt zwar, dass die Weiterungen des Problems sich in einer Stadt wie Delhi, wo die prämodernen Institutionen freigelegt wurden und daher nicht den Blick auf die Landschaften des 21. Jahrhunderts verstellen können, am krassesten bemerkbar machen. Doch es ist ein Problem des globalen Systems und eines, das wir nur vermeiden können, wenn wir unseren Sinn für Ewigkeit wiedergewinnen können – in Abkehr von allen akzeptierten zeitgenössischen Strömungen des Denkens und Fühlens.

Wenn die Stadt Delhi weltweit auf Interesse stößt, liegt das nicht daran, dass sie ein Beispiel für eine Stadt auf dem Weg zur Reife ist. Sie stößt auf Interesse, weil sie *bereits reif* ist, in ihrer Reife aber ganz anders aussieht, als wir es aufgrund unserer Erfahrungen von einer reifen Weltstadt erwarten würden. Diese Stadt mit ihrem gebrochenen öffentlichen Raum, mit ihrer eng zusammengedrängten armen Bevölkerung dicht neben einem der weitläufigsten, am spärlichsten bevölkerten Viertel irgendeiner Großstadt irgendwo auf der Welt, mit ihren aufstrebenden Schichten, die verzweifelt versuchen, aus dem beklagenswerten Zustand der Stadt in eine verlässlichere, autarkere Welt privater Stromversorgung und privater Sicherheit zu gelangen: Das ist nicht irgendeine rückständige Stufe der Weltgeschichte. Das ist die Zukunft der Welt.

Betrachtet man Delhi, sieht man die Symptome des globalen 21. Jahrhunderts in ihrer akutesten, am weitesten fortgeschrittenen Form. Hier wird deutlich – anders als in den Zentren des Kapitalismus der vorangegangenen zwei Jahrhunderte –, was für eine seltsame, beunruhigende Realität das ist, auf die wir uns alle zubewegen.

Der Fluss, an dessen Ufer Anupam und ich entlanggehen, ist gewaltig. Er entspringt im Himalaya, nahe dem Dach der Welt, und fließt über tausend Kilometer weit nach Südosten, vorbei an Delhi und Agra, bevor er sich mit dem anderen großen Himalaya-Fluss vereinigt, dem Ganges, der sein Wasser den Rest des Weges quer über den Subkontinent in die Bucht von Bengalen befördert.

Das fruchtbare Schwemmland zwischen diesen beiden Flüssen hat die alte vedische Kultur ernährt, die Errungenschaften wie das *Mahabharata* hervorgebracht hat; die Schlacht zu Kurukshetra, die im Mittelpunkt dieses Epos steht, soll am Ufer der Yamuna stattgefunden haben, zweihundert Kilometer nördlich von Delhi. Die

Stelle vor den Toren von Allahabad, an der sich die beiden Flüsse vereinigen, ist ein Ort von hinreißender Naturschönheit: Das dunkle Wasser der Yamuna strömt dem hellen Wasser des Ganges entgegen, und kilometerweit fließen beide nebeneinander her, zwei unvermischte Stränge, bis endlich beider Farben ineinander übergehen. Alle zwölf Jahre kommen hier zehn Millionen Menschen zusammen, zur Kumbh Mela, der größten religiösen Versammlung der Welt, deren Kernpunkt die spirituelle Reinigung durch das Baden im Wasser der beiden heiligen Flüsse ist.

Die Yamuna hat die feinere und schönere Mythologie. Der Name »Yamuna« ist verwandt mit »Yami«; Yama und Yami waren nach dem Rigveda die ersten Sterblichen, Zwillingskinder des Sonnengottes. Yami war erfüllt von Verlangen nach ihrem Bruder und versuchte ihn zu überreden, dass sie zusammen Kinder zur Bevölkerung der Welt hervorbringen sollten; Yama dagegen empfand Abscheu bei dem Gedanken und wollte lieber sterben, als Inzest zu begehen. Da er keine Nachkommen hatte, konnte er nie aus dem Reich der Toten befreit werden. Er wurde der Gott der Toten und führte Buch über die Lebenszeit aller Sterblichen. In manchen Berichten ist er eine grausame, rachsüchtige Gestalt, in anderen eine tragische, die auf ewig darüber weint, dass sie die Wesen von ihrem Leben abschneiden muss.

Auch Yami weinte: um den Bruder, der sie verschmäht hatte und den sie nun nie wiedersehen würde – und aus diesen schwesterlichen Tränen floss die Yamuna. Aus Kummer geboren, besaß dieses Wasser die Kraft, die Sünde und den Kummer der ganzen Welt aufzunehmen, und Götter und Sterbliche schwammen gleichermaßen darin, um sich vom Bösen zu reinigen: Dadurch wurde es so viel dunkler als der heitere Ganges. Und Yamunas Trauer nahm kein Ende, denn sie verliebte sich in Krishna, der neben ihr geboren wurde, der als Kind in ihrem Wasser spielte, dessen Liebesaffären sich an ihren bewaldeten Ufern entfalteten und dessen große philosophische Unterweisung – erzählt in der *Bhagavad Gita* – an ihrer Seite gesprochen wurde; Krishna ließ sie zurück und setzte seinen Tanz anderswo fort. Die Yamuna spricht also von weiblicher Melancholie: vom enttäuschten Verlangen nach Liebe, Erfüllung und männlicher Vollkommenheit.

Anupam und ich haben einen langen Weg zurückgelegt, und die

Hitze des Tages hat nachgelassen. Wir haben die Route über die Autostraße genommen, und der Fluss verschwindet immer wieder für längere Zeit aus unserem Gesichtsfeld. Über uns wird eine Überführung gebaut: Kräne heben gigantische Betonteile an ihren Platz.

»Wir sind jetzt nördlich der Stadt«, sagt Anupam. »Gleich werden Sie Wazirabad sehen, wo die Briten den Fluss aufgestaut haben.«

Wir steigen über die Leitplanke und gehen auf den Fluss zu. Am Ufer ist eine kleine Barackensiedlung mit ein paar Streifen Ackerland. Wir kommen an einen breiten, stinkenden Kanal.

»Das ist die größte Kloake, die sich in den Fluss ergießt. Die gesamten Abwässer von Nord-Delhi fließen hier durch. Der Kanal hat eine ungeheure Kapazität. Ich würde sagen, er ist sechs bis sieben Meter tief.«

Die Flüssigkeit in dem Kanal wirkt wie rasch fließender Teer. Wo sie die Ufer berührt, ist jede Vegetation weggebrannt. Dämpfe steigen davon auf, und Anupam und ich müssen husten. Der Geruch ist eigenartig – nicht nur menschliche Exkremente, sondern auf dieser Grundlage auch eine satte pflanzliche Note und etwas chemisch Scharfes.

»Möchten Sie etwas über diesen Abwasserkanal hören? Der Kanal, den die Moguln gebaut haben, mündet jetzt hier, also der, der aus über hundert Kilometern Entfernung kristallklares Wasser herangeschafft hat, das der Mogulkaiser in seinem Palast getrunken hat. Mit dem wussten die modernen Wasserwirtschaftler nichts anzufangen. Also haben sie dieses Wasser einfach in diesen Abwasserkanal geleitet, so dass es wieder in die Yamuna zurückfloss. Vor Kurzem war ich bei einer Sitzung des Trinkwasserverbands und hab denen das gesagt, aber der Vorsitzende hat gemeint, das sei unmöglich. Ich blieb dabei, er bat seine Leute, der Sache nachzugehen, und die kamen wieder und sagten: ›Es stimmt, Sir.‹ Das ist Irrsinn, weil wir hier nach sauberem Wasser lechzen. Und das saubere Wasser, das wir bekommen, mischen wir mit den Abwässern, ohne dass es jemals genutzt worden ist.«

Mir fällt ein Vers von einem Dichter des 18. Jahrhunderts namens Mir ein: »Meine weinenden Augen sind wie ein Kanal, mein gebrochenes Herz ist wie die Stadt Delhi.«

Wir steigen auf eine Mauer, um auf die Abwässer hinabzuschauen, die sich in den Fluss ergießen. Die beiden Ströme sind gleich stark, genau wie flussabwärts, wo die dunkle Yamuna sich mit dem hellen Ganges vereinigt. Hier ist die Yamuna hell, und die Abwässer der Stadt sind dunkel: Die beiden Farben fließen unter uns nebeneinander her.

»Dort drüben, auf der anderen Seite, kann man flussaufwärts den Staudamm sehen. Man sieht alle Rohre, durch die das saubere Wasser in die Stadt geleitet wird, wo es aufbereitet und verteilt wird. Die Abwässer fließen wieder in den Fluss, größtenteils ungeklärt. Das ist der erste Abwasserkanal, nur zweihundert Meter südlich vom Staudamm, wie Sie sehen. Weiter südlich gibt es noch viele solcher Kanäle, die in den Fluss führen. Diese Abwässer enthalten viele feste Abfälle, und das ist ein weiterer Grund, warum der Wasserspiegel ständig steigt. Der Fluss verlandet allmählich.«

Man bekommt hier nur schwer Luft, und wir gehen zur Straße zurück.

»Jetzt wissen Sie, warum der Fluss so aussieht«, sagt Anupam und klettert wieder über den Zaun. Wir sind stundenlang gelaufen, und er ist noch genauso kräftig und beweglich wie beim Aufbruch. »Das ist die Brühe, die Delhi in den Fluss abgibt, und so sieht die Yamuna in allen Städten flussabwärts aus. Mathura, wo Krishna geboren wurde und wo alle wie er einst im Fluss badeten, ist verseucht. Ebenso Agra, wo am Ufer das Taj Mahal erbaut wurde. Erst unterhalb von Agra, wo der Chambal in die Yamuna mündet, wird das Wasser wieder sauber. Der Chambal ist ebenfalls ein sehr großer Fluss: Er verdünnt die Abwässer Delhis.«

Anupam bemerkt mein Entsetzen über das, was wir gerade gesehen haben, und lacht.

»Kein Grund, deprimiert zu sein«, sagt er. »Die Menschen sind erst seit sehr kurzer Zeit auf diesem Planeten. Nicht länger als hunderttausend Jahre. Und in dieser Gegend gibt es sie erst seit ein paar tausend Jahren. Ihre Lebensspanne ist extrem kurz. Es stimmt, dass wir durch den technischen Fortschritt in der Lage sind, den Fluss sehr schnell zu schädigen. Es schmerzt, dass dies zu unseren Lebzeiten geschehen ist. Das hätte nicht passieren dürfen. Aber der Schaden wird nicht lange bleiben. Die Stadt liegt im Kampf mit dem Fluss, aber der Fluss ist Jahrmillionen alt, und Delhi kann den Kampf nicht gewinnen. Wenn es kein Delhi mehr gibt, wird die Yamuna immer noch fließen, und sie wird wieder sauber sein. Natürlich tut es weh, diesen Schaden zu sehen, aber mich deprimiert das nicht. Das kommt wieder in Ordnung. Natürlich nicht zu meinen Lebzeiten, aber ich nehme mich nicht wichtig genug, um mir einzubilden, alles müsste in der kurzen Zeit passieren, in der ich auf der Welt bin. Es wird geschehen, und das genügt. Die Geschichte ist sehr lang, und wir sind nur ein kleiner Teil von ihr.«

Für den größten Teil der Weltbevölkerung war das 20. Jahrhundert eine Epoche der Verelendung und des Richtungsverlustes, und diese Menschen ziehen aus ihm nur wenig Kraft und Inspiration für ihr heutiges Leben. Viele von ihnen haben das 21. Jahrhundert mit atemberaubender Energie angepackt, und das deshalb, weil sie von ihren schlimmen Erfahrungen im 20., das anders als in Europa und Amerika wenig Nostalgie bei ihnen weckt, hineinkatapultiert werden. Der globale Kapitalismus wird heute von Kriegern aus vielen Orten gestürmt, Menschen, die von der Vergangenheit abgeschnitten sind und deshalb, um eine Heimat zu finden, die Zukunft erobern müssen.

Die Geschichte, die wir in diesem Buch erzählt haben, in der ein Ort von glanzvollem Reichtum und hoher kultureller Verfeinerung von einer Kolonialmacht übernommen wurde, ein Ort, an dem Reichtum und Kultur durchgeschüttelt und umgestürzt wurden, an dem ein titanischer Machtkampf zu einer Völkermord-Katastrophe führte und eine postkoloniale Regierung ein massives planwirtschaftliches Projekt in Angriff nahm, das sich schließlich erschöpfte und von einer vehementen marktwirtschaftlichen Gegenreaktion abgelöst wurde – das ist, mit einigen Abwandlungen, die neuere Geschichte eines sehr großen Teils der Alten Welt. Von den heutigen gut zweihundert unabhängigen Ländern sind rund hundertvierzig nach 1900 entstanden; die meisten – wie beispielsweise Indien – sind nach dem zweiten Weltkrieg aus westeuropäischen Reichen oder, nach 1989, aus der Sowjetunion sowie dem von ihr dominierten Block hervorgegangen, und die meisten würden auf diesen Seiten etwas aus ihrer eigenen Geschichte wiederfinden. Meine Story ist eine lokale, aber sie ist auch die Story der globalen Mehrheit. Sie ist keine Ausnahme. Sie ist die normale Story unserer Zeit.

Bis vor Kurzem existierte die voll entwickelte Marktgesellschaft vor allem in den Regionen weiter, die bei der Erfindung des modernen Kapitalismus die wichtigste Rolle gespielt hatten – Amerika und Westeuropa –, und im Lauf der Jahrhunderte hatten diese Regionen eine Art Waffenstillstand zwischen der Gesellschaft und ihren sprunghaften Abkömmlingen zustande gebracht. Sie hatten ihren moralischen Widerwillen gegen die kapitalistische Propagierung von Materialismus und Habgier überwunden und eine philosophische Infrastruktur entwickelt, die der Marktgesellschaft einen gewissen Begriff von einem richtigen und sinnvollen Dasein vermittelte. Sie hatten marktunabhängige gesellschaftliche Mechanismen geschaffen, um einige der verheerendsten menschlichen Verwüstungen des Kapitalismus abzumildern, und sie hatten der Vorherrschaft des Marktes Grenzen gesetzt – um beispielsweise für das Wohl der Armen und Kranken zu sorgen oder die Integrität von Freizeit und Kultur aufrechtzuerhalten. Obwohl diese Gesellschaften enormes Leid und enorme soziale Gewalt erdulden mussten, während die Wellen der kapitalistischen Entwicklung durch ihre Völker gingen – Victor Hugo und Charles Dickens haben uns bleibende Parabeln dieser Prüfungen hinterlassen –, haben sie sich nicht vom Kapitalismus losgesagt, sondern weiter an sein gutartiges Potenzial geglaubt und darauf vertraut, dass er sich immer wieder auf neue, bessere Ziele würde ausrichten lassen.

Die Milliarden Menschen, die gegen Ende des 20. Jahrhunderts jählings dem globalen Kapitalismus ausgesetzt wurden, hatten sich nie auf diese Weise mit ihm arrangiert. Den meisten von ihnen hatte man sogar fast das ganze 20. Jahrhundert hindurch gesagt, der globale Kapitalismus sei die Quelle alles Bösen und sie dürften ihm keinesfalls erliegen. Er war kein eigenes System, das sie formen oder lenken konnten: Er war von Ausländern errichtet worden, die traditionell als herzlose, geistlose Imperialisten galten – und sie hatten eine ganz andere Vorstellung davon, was er war, wie er benutzt werden sollte und was er für sie tun konnte. Oft begaben sie sich mit großer

Freude und Begeisterung in ihn hinein, aber auch mit großen Ängsten: dass er ihnen nur Unglück bringen, dass er zu viel zerstören, dass er sie jenen Westlern ähnlich machen würde, deren Gier und Wertearmut ihnen bislang stets ihre moralische Überlegenheit bestätigt hatten. Dass sie sich im Angesicht des Kapitalismus dafür entschieden, sich ihm rückhaltloser hinzugeben oder zu verweigern als die Menschen im Westen, dass sie sich ihm mit anderen religiösen und philosophischen Vergangenheiten näherten, machte es ihnen unmöglich, ihre Zukunft aus der westlichen Geschichte abzuleiten. Es war klar, dass sie ganz andere Wege finden mussten, den Kapitalismus in ihre Sozialstruktur aufzunehmen, und dass sie dadurch das Wesen des kapitalistischen Systems selbst verändern würden.

Obendrein brachten viele dieser Orte die Erblast immenser historischer, in ihren Gesellschaften nicht sehr gründlich verarbeiteter Traumata mit. Da viele dieser Traumata sich tiefgreifend auf die *ökonomischen* Identitäten auswirkten – auf Vertrauen und Misstrauen gegenüber Ausländern und Abkommen mit ihnen sowie auf ihr Verständnis von Reichtum und Armut, Privateigentum und Gemeingut –, hatte man allen Grund zu der Annahme, dass diese Erblast sich in der Funktionsweise des globalen Systems bemerkbar machen würde. Wir haben uns daran gewöhnt, die globale Bedeutung des Holocaust zu akzeptieren, der schon recht bald Politik, Wirtschaft und Kultur der Welt beeinflusst hat; viele der anderen Ereignisse wie beispielsweise die Teilung Indiens waren ebenfalls »globale« Ereignisse, auch wenn ihre Auswirkungen lange Zeit überwiegend auf das geografische Gebiet beschränkt blieben, in dem sie stattgefunden hatten, und ihre inneren Konturen dem Rest der Welt verborgen blieben. Zu nennen sind hier nicht nur die Teilung Indiens, sondern auch die Hungersnöte in Stalins Sowjetunion, Maos Kulturrevolution, die Zerstörung ländlichen Lebens in Brasilien unter der Militärdiktatur und die damit einhergehende rasante Verstädterung. Wer vermöchte zu sagen, welche Spuren die Hungersnot in den fünfziger Jahren hinterlassen hat, der im Zuge von Maos Großem Sprung nach vorn zig Millionen Chinesen zum Opfer fielen? Denn selbst die grundlegendsten Fakten waren noch immer so unklar, dass niemand wissen konnte, wie diese Katastrophe sich auf diejenigen Überlebenden und deren

Nachfahren auswirken mochte, die sich jetzt der ganz anderen Mangel- und Überflusswirtschaft des Kapitalismus stellen mussten. Dadurch, dass diese lange zurückliegenden Ereignisse mit Verspätung im globalen Raum detonierten, wurden sie zum Bestandteil der universellen Geschichte. Wie der Holocaust wurden sie nun überall als Teil »unserer« Geschichte an Schulen unterrichtet. So bekam die ganze Welt die Erschütterung zu spüren.

Im Verlauf seiner dramatischen Expansion änderte sich der globale Kapitalismus grundlegend. Es war klar, dass alles sehr viel rauer werden würde. Viele neue Zentren waren, als sie in den globalen Kapitalismus einbezogen wurden, nicht auf Frieden, sondern auf Krieg bedacht. Bei nicht wenigen von ihnen hatte ihr Glaube an die Idee der »Gesellschaft« stark gelitten, und in einer Zeit, in der viele der dringendsten Probleme der Welt das Handeln einer kollektiven globalen Gesellschaft erfordert hätten, war es ungewiss, welche Rolle diese Krieger spielen würden. Es war klar, dass die Schaffung dieser »globalen Gesellschaft« eine enorme Empathie zwischen den Völkern und Kulturen der Welt voraussetzen würde. Nur so konnte die riesige Masse der Neulinge dazu gebracht werden, sich irgendwie für das System selbst zu engagieren oder auch nur ansatzweise zu glauben, dass es sich dabei nicht nur um einen Schwindel à la »The winner takes all« handelte, bei dem das einzige vernünftige Ziel nur sein konnte, dass man selbst zur kleinen Klasse der Ausbeuter statt zur viel größeren Masse der Ausgebeuteten gehörte.

Klar war aber auch, dass die empirische und philosophische Basis des Systems durch die Ankunft dieser neuen Mitglieder, die dem Kapitalismus nach wie vor sehr skeptisch gegenüberstanden, stark verbreitert werden würde. Das allein musste zwangsläufig neue Einsichten und Visionen hervorbringen. Möglich war sogar, dass das Ganze zu einem epochalen Aufblühen der Weltzivilisation führen würde – deren Kreativität und Vollkommenheit jedenfalls die Voraussetzungen dafür sein würden, dass das System sein utopisches und nicht sein apokalyptisches Potenzial verwirklichte.

Es gibt noch eine letzte Stelle am Fluss, die Anupam mir zeigen will. Wir sind weitergewandert, vom Staudamm in Wazirabad flussaufwärts, und haben das Wasser aus den Augen verloren. Anupam fragt Passanten nach dem Weg zu der Stelle, die er sucht, bekommt aber nur widersprüchliche Anworten. Es ist absurd, wie schwer es ist, diesen breiten Fluss zu finden.

»Ich bin hier zwanzig Jahre nicht mehr gewesen«, sagt er, »und alles hat sich verändert. Als ich das letzte Mal hier war, hat es noch nichts von alldem gegeben.«

Wir gehen eine belebte Straße entlang, die angeblich dorthin führt, wo er hin will. Der mit Schlaglöchern übersäte Belag wird gerade erneuert. Aus einem Tankwagen läuft Wasser in einen Zementmixer; wie alle Wassertankwagen leckt auch dieser an allen Ecken und Enden, so dass auch die Straße überschwemmt ist. Wir gehen bis ans Ende und steigen über eine Mauer. Ein Junge verbrennt eine Schaumstoffmatratze, um an den Stahl der Sprungfedern im Innern zu gelangen; der lichterloh brennende Schaumstoff verbreitet giftigen schwarzen Qualm. Anupam hält sich ein Taschentuch vor den Mund.

Wir befinden uns in einer Art Ödland und sehen eine Reihe Ziegelhäuser im Rohbau. Offenbar wurde hier seit Monaten nicht mehr weitergebaut, denn in den unfertigen Ziegelrechtecken wuchern drei Meter hohe goldene Gräser. Zwischen Bäumen sind Wäscheleinen gespannt, und der Boden ist mit Ziegeln bedeckt.

»Das ganze Gebiet hier liegt in der Schwemmebene«, sagt Anupam. »Die Häuser hier werden im Monsun alle überflutet. Deswegen hat bis vor Kurzem niemand hier gebaut. Aber Land ist so knapp geworden, dass die Menschen auch in Gegenden bauen, die einen Teil des Jahres nicht bewohnbar sind.«

In der Ferne ist der Fluss zu sehen. Wir gehen über den harten Boden. Fragmente von Pfeilern sind halb in der Erde vergraben. Wir erreichen eine Gruppe alter Tempel. Und dann liegt sie vor uns, die Yamuna: blau, ruhig, prachtvoll.

Mir stockt der Atem vor Staunen.

»Ja«, sagt Anupam verständnisvoll. »Nicht zu glauben, dass der Fluss auch so sein kann.«

Das ist nicht der schwarze, schlammige Kanal, an dem wir den ganzen Tag entlanggegangen sind. Das ist der ursprüngliche Fluss, sauber und fruchtbar.

Wir befinden uns in jedem Sinne »vor« Delhi. Bevor der Fluss auf die Stadt trifft. Bevor hier jemals eine Stadt war.

Jungen paddeln fröhlich im Wasser. Teichrallenfamilien gleiten über die Oberfläche. Ruderboote sind am Ufer vertäut, wo man noch in zwei Metern Tiefe den Grund sehen kann. In der Flussmitte befindet sich ein goldener Schilfgürtel; das gegenüberliegende Ufer muss zwei Kilometer entfernt sein. Hellblaue Eisvögel in den begehrlich übers Wasser geneigten Bäumen stoßen schrille Rufe aus. Eine Frau füllt Flusswasser in einen Plastikkanister.

Wir setzen uns auf die Stufen und betrachten den Fluss. Nahebei spielen Männer unter einem Pepulbaum Karten. Einer von ihnen ist ein nackter Sadhu.

»Ich weiß nicht, warum die hier diese Tempel gebaut haben«, sagt Anupam. »Das ist ein klarer Rechtsbruch: Irgendein Geschäftsmann, der meint, dass er einen Schrein am Ufer der Yamuna braucht, schmiert einen Beamten, damit der ihn hier bauen lässt. Würde mich wundern, wenn Gott Lust hätte, sich in so hässlichen Dingern aufzuhalten.«

Nach einer Weile sagt er noch: »Aber auch die werden verschwinden. Dafür wird der Fluss sorgen.«

Wir sind in der veränderten Klanglandschaft einer Flussmündung – über die Wasseroberfläche hinweg sind die Geräusche klar zu vernehmen. Vogelrufe schallen weithin.

Der Horizont ist offen, und das ist eine Erleichterung. Mir wird klar, wie sehr mein Dasein inzwischen von der Enge meiner Wahlheimat bestimmt ist. Diese Metropole, in der alles riesig ist, bietet kaum Gelegenheit, weiter zu sehen als auf die andere Straßenseite. Alles ist verstellt. Die Augen verlernen es, auf Unendlich zu fokussieren.

»Ich bin froh, dass Sie das gesehen haben«, sagte Anupam. »Jetzt wissen Sie, warum Delhi hier liegt. Es ist eine der schönsten Gegenden der Welt.«

Anmerkungen

1 Vivek Narayanan, »In the Early Days of the Delhi Metro«, 2005, in: Sudeep Sen (Hg.), *The HarperCollins Book of English Poetry*, Noida: HarperCollins India 2012, S. 528.

2 Mike Davis, *Late Victorian Holocausts: El Niño Famines and the Making of the Third World*, London: Verso 2002, S. 9-21.

3 Jawaharlal Nehru, *Sowjetrussland*, aus dem Englischen übertragen von Christa Schuenke, Berlin: Akademie-Verlag 1989, S. 17.

4 Bernard Weinraub, »Economic crisis forcing once self-reliant India to seek aid«, *New York Times* (29. Juni 1991).

5 Zehn Millionen Dollar waren für Gary Wendt, einen der höchstbezahlten Manager Amerikas, tatsächlich Kleingeld. Im Jahr nach seinem Treffen mit Raman Roy zahlte er seiner Exfrau Lorna eine Abfindung in Höhe von zwanzig Millionen Dollar. 2000 wurde er Chef des Finanzriesen Conseco und damit Mitglied des kleinen Kreises amerikanischer Manager, die über hundert Millionen Dollar im Jahr verdienen. Eine seiner ersten Amtshandlungen in der neuen Firma war das Outsourcing der gesamten Backoffice-Aktivitäten Consecos nach Indien.

6 Einige Monate nach diesem Interview wurde bekannt gegeben, dass sich Manish Arora und Paco Rabanne aus nicht genannten Gründen getrennt hatten.

7 Siehe Manisha Jha, »Noida sisters rescued after seven long months of self-imposed confinement«, *The Hindu* (13. April 2011).

8 Akash Kapur, »How India became America«, *New York Times* (9. März 2012).

9 Zitiert in Charles Babington, »Clinton urges Indian high-tech leaders to help poor«, *Washington Post* (25. März 2000).

10 »Obama's Passage to India: What He Needs to Do«, *Time* (2. November 2010).

11 »The Prize is India«, *Newsweek*, 20. November 2009.

12 Siehe z. B. den 1966 erschienenen Roman *Mitro Marjani* (unter dem Titel *To Hell With You Mitro* aus dem Hindi ins Englische übersetzt) von Krishna Sobti, der eine sinnliche junge Frau porträtiert, deren Hunger nach Erfahrung allerlei Turbulenzen im Haushalt ihres Mannes verursacht; ihre Schwiegermutter steht jedoch zu ihr und verteidigt sie in einer Art weiblicher Solidarität gegen die Angriffe der Männer in der Familie, auch gegen ihren eigenen Sohn.

13 Partha Chatterjee, »The nationalist resolution of the women's question«, in:

Kumkum Sangari und Sudesh Vaid (Hg.), *Recasting Women: Essays in Indian Colonial History*, New Brunswick: Rutgers University Press 1990, S. 237-239.

14 Ich danke Anand Vivek Taneja für diese Übersetzung.

15 Zusammengestellt aus Emma Roberts' parallelen Berichten über Delhi in *Scenes and Characteristics of Hindostan with Sketches of Anglo-Indian Society* (1835; eine Neuauflage erschien 2010 bei Cambridge University Press) und *Views in India, China and on the Shores of the Red Sea* (1835; die British Library brachte 2011 eine Neuauflage heraus).

16 Dank an Basharat Peer dafür, dass er mich mit diesem Gedicht bekannt gemacht und es für mich übersetzt hat.

17 Brief aus dem Jahr 1857, zitiert in Ralph Russell und Khurshidul Islam (Hg.), *Ghalib 1797-1869: Life and Letters*, Neu-Delhi: Oxford University Press India 1997, S. 148.

18 Brief aus dem Jahr 1861, zitiert in ebd., S. 252.

19 Zitiert in Malvika Singh und Rudrangshu Mukherjee, *New Delhi. Making of a Capital*, Delhi: Lustre 2009, S. 34.

20 Guido Gozzano, *Reise zur Wiege der Menschheit*, aus dem Italienischen übertragen und mit einem Anhang versehen von Olaf Posmyk, Berlin: Elfenbein Verlag 2005, S. 103 ff.

21 Zitiert in Singh/Mukherjee, *New Delhi*, a. a. O., S. 22.

22 Khushwant Singh, »My father the builder«, in: Maya Dayal (Hg.), *Celebrating Delhi*, Gurgaon: Penguin Books India 2010, S. 2-11.

23 Ich danke Baharat Peer für die englische Übersetzung des Gedichts von Colonel Oberoi.

24 Urvashi Butalia, *The Other Side of Silence. Voices From the Partition of India*, Gurgaon: Penguin Books India, 1998, S. 3; diesem Buch verdanke ich auch den folgenden historischen Überblick.

25 Siehe Pavan K. Varma, *Krishna: The Playful Divine*, Gurgaon: Penguin Books India 1995, S. 61, 206 und Anmerkung 19.

26 Veena Das, *Life and Words: Violence and the Descent into the Ordinary*, Oakland: University of California Press 2007, S. 23.

27 Ebd., S. 29.

28 Jatin Anand, »What makes Delhiites kill?«, *Hindustan Times* (10. Januar 2010).

29 Rahul Tripathi, »Confession of Vikas before cops«, *Times of India* (29. Mai 2008).

30 Zum Schutz von Identitäten wurde diese Passage aus zwei getrennten Interviews zusammengestellt.

31 Zitiert in Marshall Berman, *All That is Solid Melts into Air: The Experience of Modernity*, London: Verso 1983, S. 88.

32 Der Stern des Indian Coffee House sank mit dem Aufkommen der großen Kaffeehausketten, und 2011 wurde bekannt gegeben, dass das Indian Coffee

House seine Mietzahlungen nicht mehr leisten konnte und schließen musste. Neelam Pandey von der *Hindustan Times* gab das Alter der Institution um mehr als zehn Jahre zu gering an in seinem Bericht »After 42 years, sun to finally set on Indian Coffee House«, *Hindustan Times* (14. Juli 2011).

33 Philip Bowring, »Maoists who menace India«, *New York Times* (17. April 2006).

34 *Delhi Human Development Report*, online verfügbar unter: {http://planningcommission.nic.in/plans/stateplan/sdr_pdf/shdr_del06.pdf} (Stand Juli 2014).

35 N.N., »Parents of Nithari kids claim to have seen Dr Amit Kumar at the infamous D-5 house of pandher«, *Midday* (11. Februar 2008).

36 Das Zitat ist von Dr. N. Rangarajan und stammt von dem Blog www.teesutalk.blogspot.in (Stand Juli 2014).

37 Zitiert in Vikram Rautela, »Inside Nithari killer's mind: ›Would watch girls come in, even I felt the urge‹«, *The Indian Express* (12. Oktober 2009).

38 Zitiert in Krishnadas Rajagopal, »Nithari murder: SC upholds death sentence for Koli«, *The Indian Express* (16. Februar 2011).

39 Dilip Bobb und Ramesh Vinayak, »Portrait of evil«, *India Today* (22. Januar 2007). Ich verdanke diesem Artikel den größten Teil meiner Angaben über die Verbrechen von Nithari.

40 Zitiert in ebd.

41 Für diese Anekdote bin ich Raghu Karnad zu Dank verpflichtet.

42 Shri Mulgaokar, »The grimmest situation in 19 years«, *Hindustan Times* (3. November 1966), zitiert in Ramachandra Guha, *India After Gandhi: The History of the World's Largest Democracy*, Delhi: Pan Macmillan India 2008, S. 415.

43 Guha, *India After Gandhi*, a.a.O., S. 569.

44 Das, *Life and Words*, a.a.O., S. 113-114.

45 Ebd, S. 168.

46 N.N., »Key players in bofors scandal«, *India Today* (28. April 2009).

47 Michael Walton und Aditi Gandhi, »Where do India's billionaires get their wealth?«, *Economic and Political Weekly* (6. Oktober 2012), S. 10-14.

48 N.N., »Lok Sabha polls to cost more than US presidential election«, *Mint* (1. März 2009).

49 Dev Kar, *The Drivers and Dynamics of Illicit Financial Flows from India: 1948-2008*, Global Financial Integrity, Washington DC, 2010.

50 Pranab Mukherjee, *Black Money: White Paper*, Ministry of Finance, Neu-Delhi, 2012.

51 Dieses Gespräch fand 2010 statt, als der russische Oligarch Boris Beresowski in England im Exil lebte. Im März 2013 wurde er in seinem Haus in Berkshire tot aufgefunden, mutmaßlich nach Suizid.

52 Aus einem Bericht auf der Website von DLF (2010).

53 Gavin du Venage, »Guptas in spotlight over South African dealings«, *The National* (19. März 2011).

54 Ebd.

55 Michael Bleby, »The Gupta interview: A peek behind the Sahara curtain into the ›Gupta desert‹«, *Business Day* (4. März 2011).

56 United Nations Children's Fund, *The State of the World's Children 2013*, online verfügbar unter: {http://www.unicef.org/sowc/}, und Planning Commission, Regierung Indiens, *Delhi Human Development Report 2013*, online verfügbar unter: {http://www.delhi.gov.in/wps/wcm/connect/DoIT_Planning/planning/misc./index+human+development+report+2013} (beide Stand Juli 2014).

57 Mihir Srivastava, »Sprinting to disaster«, *India Today* (25. September 2010).

Dank

Die Gespräche mit den Personen, die in diesem Buch zu Wort kommen, waren eines der größten Privilegien meines Lebens. Da ich die Identität dieser Menschen nicht preisgegeben habe, weil ich ihre Privatsphäre schützen möchte, kann ich sie an dieser Stelle nicht namentlich nennen. Nichtsdestotrotz möchte ich jedem Einzelnen von ihnen von ganzem Herzen für die offene und enthusiastische Art danken, mit der sie mir von ihren Erfahrungen berichtet haben.

Ich danke auch meinen Eltern, nicht so sehr dafür, dass sie ihre Geschichten mit mir geteilt, sondern für den Mut, mit dem sie sie durchlebt haben.

Enorm bereichert haben mich auch die anregenden Diskussionen mit Freunden und Bekannten, von denen ich hier nur einige aufzählen kann: Moushmi Basu, Gautam Bhan, Gautam Bhatia, Shalini Bhutani, Arani Bose, Eisha Chopra, Taru Dalmia, William Dalrymple, Puru Das, Veena Das, Sapna Desai, Ashish Dhawan, Raseel Gujral, Satish Gujral, Pankaj Vir Gupta, Deepti Kapoor, Raghu Karnad, Bharti Kher, Martand Khosla, Romi Khosla, Nadine Kreisberger, Siddhartha Lokanandi, Diya Mehra, Pratap Bhanu Mehta, Anurag Mishra, Rajat Mitra, Geetika Narang, Reena Nath, Nadan Nilekani, Ritesh Pandey, Basharat Peer, Gary Reid, Pradip Saha, Vivek Sahni, Aditi Saraf, Chiki Sarkar, Jonathan Shainin, Abhishek Sharan, Sher Singh, Ayesha Sood, Jyoti Thottam, Madhu Trehan und Ashutosh Varshney.